조선후기 재이론 연구

동아대학교 석당학술총서 47

조선후기 재이론 연구

경 석 현 지음

혜안

책머리에

대학에 입학해 역사 공부를 시작한 지 21년이 지났다. 무언가를 이루기에 결코 짧은 시간은 아니지만, 끝이 보이지 않는 역사 공부 앞에서는 이제야 겨우 한 걸음 내디딘 기분이다. 부족하게나마 이렇게 한 권의 책을 상재(上梓)하는 것은 지금까지의 공부를 돌아보고 앞으로의 과제를 정리해 보기 위함이다. 남은 학문의 여정을 꿋꿋하게 헤쳐 나가겠다는 다짐으로 이 책을 내놓는다.

석사 과정에 입학하고 바로 군 휴학을 했는데, 이때 우연한 기회로 남효온(南孝溫)의 「소릉추복소(昭陵追復疏)」를 읽었다. 소릉은 문종의 비(妃)이자 단종의 친모인 현덕왕후 권씨의 능호이다. 권씨는 세자빈 시절 단종을 낳고 3일 만에 사망했지만, 문종이 즉위한 후 왕후로 추존되어 문종의 정비가 되었다. 그런데 세조 초 이른바 '단종복위운동'의 여파로 아들 단종은 노산군으로 강봉(降封)되고, 자신은 폐서인되어 종묘에서 출향(黜享)되었다.

그리고 성종 9년(1478) 4월 남효온이 소릉을 추복해야 한다는 상소를 올렸다. 이는 세조 정권을 향한 문제 제기로서, 당시로서는 목숨을 걸어야 할 정도로 위험천만한 일이었다. 그런데 이렇게 위험천만한 일을 남효온이 '흙비[雨土]'를 구실로 제기했다는 점이 흥미로웠다. 권씨를 다시 왕후로 추복해야 흙비의 재이를 해소할 수 있다는 논리였는데, 도대체 흙비가 얼마나 심각한 재이(災異)였길래 이렇게 과감한 언론 활동을 할 수 있었을까가 의문이었다. 이에 관한 선행 연구를 찾아보게 되었고, 이것이 재이론(災異

論) 연구의 시작이었다.

복학하고 나서도 한동안은 남효온의 재이론을 공부했다. 그러다가 또 우연한 기회로 『조선왕조실록(朝鮮王朝實錄)』과 『승정원일기(承政院日記)』의 재이 기사를 비교해 보게 되었다. 인조~현종 대까지를 비교해 보았는데, 실록의 재이 기사가 선별적으로 취사(取捨)된 것이라는 사실을 발견하고 이를 바탕으로 석사학위논문을 쓰게 되었다. 실록의 재이 기사는 16~17세기의 것이 다른 시기의 것보다 월등히 많다. 선행 연구에서는 이를 16~17세기 소빙기 기후변화의 소산으로 보았다. 실록 재이 기사를 시기별로 통계 내 기사량의 많고 적음으로 기후변화를 논증한 것이다. 그런데 선행 연구의 연구 방법은 실록의 재이 기사가 '선택된 자연'이라는 점에서 적절하지 않다고 생각했다. 오히려 문제는 그러한 취사선택이 왜 발생했는가였다. 석사학위논문에서는 일단 성종·연산군 대의 정치적 우여곡절을 겪고 중종 대 이후 구언(求言)-응지상소(應旨上疏)와 같은 재이를 근거로 하는 언론 활동이 이전보다 활발해지면서 16세기 실록에 실린 재이 기수의 수도 늘어나게 되었다는 소결을 냈다.

그런데 이러한 소결이 마음에 쏙 들지는 않았다. 예외적인 경우도 많았고, '활발'의 정도를 정량적으로 파악하기도 어려웠다. 또 재이 기사를 고(古)기후 연구에 활용할 수 없냐는 질문에도 선뜻 답하기가 어려웠다. 언급만 하고 제대로 수습하지 못한 내용이 많았고, 박사 과정에 진학해서는 다른 연구 주제를 모색해 볼 겨를도 없이 자연히 해결하지 못한 문제에 몰두하게 되었다.

먼저, 관상감의 측후 단계부터 연대기 자료에 수록되기까지 재이 기사 생성의 전(全) 과정을 엄정히 따져 보기로 했다. 어느 단계에서 어떤 선택이 일어나는지 살펴보기 위해서였다. 당시 눈에 들어온 자료는 『동궁일기(東宮日記)』였다. 관상감은 매일 측후한 내용을 단자(單子)에 정리해서 승정원과 시강원에 보고했고, 승정원과 시강원에서는 보고받은 단자 내용을 각 일기에 옮겨 적었다. 그래서 『승정원일기』만큼이나 『동궁일기』에도 많은 양의 재이 기사가 남게 되었다. 더욱이 몇 차례 화재를 입은 『승정원일기』보다 원사료에 더 가까울 거라는 생각도 들었다.

이를 분석해 보니, '선택'은 관상감 관원이 측후하는 단계에서부터 일어났다. 사실 모든 자연 현상을 객관적으로 기록하는 것은 불가능하다. 이상(異常) 현상만 기록한다고 하더라도, 메뉴얼에 따라 '재이'로 규정된 현상만 측후하고 기록했기 때문에, 사실상 모든 이상 현상을 객관적으로 기록한 것도 아니었다. 그리고 관상감으로부터 보고받은 내용을 승정원과 시강원에서 그대로 일기에 옮겼다 해도, 최종 실록에는 소수의 선택된 재이만이 수록되었기 때문에, 역시나 실록의 재이 기사를 장기적으로 통계 내는 연구 방법은 적절하다고 할 수 없었다.

다음 과제는 역사에 남은 재이를 통해 이를 남긴 사람들의 재이관(災異觀) 내지 자연인식(自然認識)을 들여다볼 수 있을까 하는 문제였다. 만약 역사에 남겨진 재이가 선택된 것이라면 거기에는 분명 기준이 있을 거라는 생각에서였다. 그리고 이 점은 개인이 펴낸 재이 문헌에서 더 뚜렷할 것이라는 추정에서, 여러 재이 문헌을 하나씩 분석해 보기로 했다. 『재이고(災異考)』(17세기 중반), 『역대요성록(歷代妖星錄)』(17세기 후반), 『역대수성편람(歷代修省便覽)』(17세기 후반), 『천동상위고(天東象緯考)』(18세기 초반), 『문헌비고(文獻備考)』「상위고(象緯考)」(18세기 중·후반) 등 여러 재이 문헌에 수록된 재이 기사를 사학사적으로 분석해 저자의 재이론(災異論)을 추출해 보았다.

검토 결과, 이러한 문헌 속의 재이 기사는 저자의 기획 의도와 편찬 목적에 따라 '잘' 정돈된 사료(史料), 그 자체였다. 기획 의도와 문제의식이란 기본적으로 재이를 맞은 군주에게 공구수성(恐懼修省)을 요청하는 것이지만, 개별적으로 보면 편찬 시점의 정치적 이해관계에 얽혀 있는 게 다수였고, 동국·증정 문헌비고 상위고에서는 18세기 중·후반 서학(西學)의 전래와 수용, 그리고 이로 인한 재이론의 갈등 양상도 엿볼 수가 있었다.

끝으로 재이론의 변화상을 구축해 보고 싶었다. 원형은 어떤 모습이었고 어떠한 변화 과정을 거쳐 역사 속으로 사라지게 되었는지, 그 변화 과정을 체계적으로 정리해 보고 싶었다. 이전까지는 한국 사상사의 흐름에 따라 동중서(董仲舒)의 재이론에서 주희(朱熹)의 재이론으로 변화했고, 19세기 말 서양 근대과학의 유입으로 해체·소멸했다고 보았다. 물론 이러한 설명에 동의할 수 없었고, 나름 체계적으로 설명해 보고자 적절한 연구 방법론을 고민하게 되었다.

고민 끝에 사상의 이론과 기능에 주목하게 되었다. 하나의 사상을 이론과 기능으로 나누고 양자를 정합적으로 구조화하여 이것의 변화를 체계화하는 방법이었다. 이를 재이론에 접목해 보면, 천인감응론이나 우주론, 음양오행설 등은 이론의 영역에, 그리고 재이를 근거로 하는 언론 활동이나 다양한 재이 대책은 기능의 영역에 속한다. 성립 당시 양자의 관계는 어떠했으며, 양자는 서로 어떠한 영향을 주고받으며 변화했는지, 그리고 그 동인(動因)은 무엇이었는지, 끝으로 해체·소멸의 과정은 어떠했는지 등을 시기별로 살펴보게 되었다. 이를 위해 조선 재이론의 원형이라 할 수 있는 동중서 및 주희의 재이론을 이론과 기능의 측면에서 분석하고, 한국에서는 이것이 어떻게 발현되었는지 고려 중기부터 19세기 중반까지 개괄적으로 정리해 보았다.

분석을 해보니, 재이론은 이론의 영역보다는 기능의 영역이 변화를 추동한 측면이 더 컸다. 천인감응(天人感應)에 대한 강한 천착은 재이론에 대한 강한 반발로 나타났고, 재이론의 이론적 정비는 결국 재이론의 안정적인 활용을 목적으로 하는 것이었다. 재이론의 해체·소멸에서도 이론의 균열보다는 기능의 쇠퇴와 형해화가 더 큰 요인이었다는 사실도 알 수 있었다.

박사학위논문에는 이상에서 검토한 내용을 담았다. 물론 온전하게 담지 못했고, 학위를 받고 나서 보완한 내용도 적지 않다. 그리고 이 책은 박사학위논문에, 현재까지 보완한 내용을 더하여 구성했다. 보완해야 할 점은 여전히 많지만, 모두(冒頭)에서 언급했듯이, 지금까지 재이론을 공부하면서 품었던 고민과 나름대로 내린 결론을 일차적으로 정리하고, 앞으로 풀어야 할 숙제가 무엇인지 짚어보고자 이 책을 출간하게 되었다.

앞으로 풀어야 할 숙제를 간략하게 짚어보면 다음과 같다. 먼저 관상감에 대한 검토가 부족했다. 관상감은 매일 재이를 측후하고 보고하고 연구하는 기관이었다. 따라서 관상감의 재이 관련 활동이 사실상 재이론 메커니즘의 출발점이라고 할 수 있다. 관상감의 활동이 없었더라면 정치 현장에서 재이론은 작동할 수 없었을 것이다. 그런데 이 책에서는 이 과정에서 일어난 일은 모두 생략하고 조정에 보고된 이후의 상황만을 검토했다. 관상감에서 일어난 일련의 재이 관련 활동과 이것이 조정에 보고된 후 논의된 양상은 분명 서로 영향을 주고받으며 시기별로 변화했을 거란 생각이 든다.

다음으로 연대기 자료 속 재이 기사의 적절한 활용법이다. 특히, 어떻게 하면 연대기 자료의 재이 기사를 기후·환경 연구에 활용할 수 있을까가 고민이다. 신중해야 한다는 생각에는 변함이 없지만, 합리적인 방법만 마련되면, 충분히 활용할 수 있지 않을까 하는 기대도 있다. 연대기 자료에 '언제 어떤 재이가 있었다'라는 기록이 있으면, 그날에는 분명히 그 재이가 있었다. 이는 틀림없는 사실이다. 합리적인 활용법은 아마도 이 지점에서 마련될 것으로 보인다.

그리고 비교사적 연구를 수행하지 못한 게 많은 아쉬움으로 남는다. 한국의 재이론을 공부하면서 중국과 일본의 사정이 궁금했다. 재이론의 이론적 구조는 한중일 삼국이 같았겠지만, 이것이 발현된 양상은 그렇지가 않았던 것 같다. 특히, 중국에서는 재이론이 관례화·형식화의 차원을 넘어 황제권을 실질적으로 견제하는 논리로 활용되었는지 의견이 나뉜다. 재이론 활용 양상에서 나타난 동아시아 삼국의 차이를 비교·분석하는 작업은 분명 흥미롭고 의미 있는 연구가 될 것이다.

끝으로 재이론의 성립과 해체에 관한 문제이다. 성립과 관련하여, 한국 재이론의 원형을 찾지 못했다. 추정이지만, 유교식 재이론과는 다른 유형의, 또는 그에 견줄 만한 등가의 사상체계가 한국 고대사회에 존재하지 않았을까 하는 생각이 있다. 이에 관해서는, 선행 연구를 참고하여, 한국 고대사회의 술수(術數) 문화라고만 언급했는데, 본격적인 연구가 필요하다.

아울러, 해체와 관련하여, 이 책에서는 재이론을 오래전에 사라진 사상체계라고 했지만, 오늘날 국가·사회적 재난의 논의 양상을 보면, 꼭 그렇지만도 않은 것 같다. 비록 재이의 내용은 달라졌을지라도, 그 논의의 속성과 문화는 그대로 계승된 듯하다. 가령, 재난 관련 논의가 쉽게 정치 문제로 비화(飛火)되고, 정치적 이해관계 속에서 각 주체가 재난을 스스로에게 유리하게끔 해석하고, 원인 규명보다는 대책 마련을 중심으로 논의하고, 무엇보다 논의가 반복적이라는 측면에서 여전히 이어지고 있는 게 아닌가 하는 생각이 든다. 기회가 된다면, 현대의 재난학 또는 재난인문학의 관점에서 전통 재이론을 분석해 보는 연구도 수행해 보고 싶다. 여력이 닿는 한 이상의 숙제를 하나씩 풀어 나가면서 학문에 정진하고자 한다.

이렇게라도 해서 많은 분께서 베풀어 주신 은혜에 보답할 수 있다면 참으로 다행일 것이다. 지도교수이신 구만옥 선생님께 입은 은혜는 평생 갚아도 다 갚지 못할 것이다. 선생님은 대학에 입학한 이래 지금까지 학문과 삶의 스승이시다. 호승심을 이기지 못해 경거망동하는 제자를 언제나 인자하게 품어주셨다. 그리고 늘 겸손한 자세로 학문에 임해야 한다고 당부하셨다. 선생님의 학문과 인품을 존경하고 닮고자 노력했지만, 아직 갈 길이 멀다. 강의실에서 처음 뵈었던 날 청년 시절 선생님의 모습이 아직도 생생하다. 다산초당 앞에서 들었던 격조 높은 강연의 감동과 울림도 여전하다. 그때부터 지금까지 선생님은 변함없이 한결같으시다. 선생님의 가르침을 마음속 깊이 새기고, 앞으로도 선생님을 따라 즐겁게 공부하고 싶다.

조인성 선생님께 입은 학은(學恩)도 결코 잊을 수 없다. 선생님께서는 흉내는커녕 엉성하고 어설펐을 학부생의 졸업논문을 꼼꼼히 읽고 첨삭해 주시면서 분에 넘치는 용기와 격려를 보내주셨다. 이때 선생님께 받은 용기와 격려가 이후 대학원 공부에서 정말로 큰 힘이 되었다. 그리고 박사학위논문 심사에서는 심각한 오류 몇 가지를 바로잡아 주셨고, 중요한 사료도 손수 다시 해석해 주셨다. 다시 한번 감사의 말씀을 올린다.

석사학위논문 심사 때 돌아가신 김태영 선생님께서 재미있는 공부를 했다며 칭찬해 주셨던 게 생각난다. 직접 배우지는 못했지만, 대학원 시절부터 선생님의 책과 논문을 많이 읽었다. 선생님의 연구를 읽을 때마다 수십 년 전에 간파하신 거라고는 믿기 어려울 정도로 깊은 통찰을 마주하게 된다.

박윤재 선생님께서는 직장에 다니는 제자를 위해 대학원 수업을 야간에 진행하는 호의를 베풀어 주셨다. 퇴근하고 선생님 수업에서 가졌던 격의 없는 토론과 격렬한 논쟁이 무척이나 그립다.

박성래 선생님과 정호훈 선생님께서 박사학위논문 심사를 맡아주셨다. 박성래 선생님께서는 재이론을 공부한다는 이유만으로 아무런 인연이 없는 까마득한 후배의 논문 심사에 참여해 주셨다. 사실 한국의 재이론 연구는 선생님에 의해 시작되었다고 해도 과언이 아니다. 심사 과정에서 많은 가르침을 주셨는데, 온전히 담지 못해 송구할 따름이다. 그리고 정호훈 선생님께서는 직접 연구실로 불러 논문의 목차 구성, 문제의식, 개별적 사실의 서술 등을 조목조목 짚어주셨다. 선생님의 지적과 조언 덕분에 논문의 짜임새를 한 층 갖출 수 있었다.

경희대 사학과에 입학해 이정빈, 이현태 두 선배님이자 선생님을 만난 건 그야말로 행운이다. 두 분이 안 계셨더라면 고된 대학원 생활을 견디지 못했을 것이다. 그리고 두 분께는 지금까지도 공부와 생활에서 많은 도움을 받고 있다. 진심으로 감사의 인사를 올린다. 아울러 같은 지도교수님 아래에서 함께 조선시대사를 공부한 구도영, 이태준, 한지영, 편소리, 곽성훈, 진현우, 주남주, 김진실, 김재섭, 구민우, 김태경, 빈재경, 강민지 등 선후배·동료께도 감사의 말씀을 올린다.

석사 과정을 마치고 약 2년 동안 국립고궁박물관에서 근무했고, 박사 과정을 수료하고 현재까지 약 11년 동안 국립대구과학관에서 근무하고 있다. 이 사이에 국립중앙과학관에서도 1년 정도 근무했다. 직장 생활과 학문 활동을 함께하는 게 고달플 때도 많지만, 덕분에 생활의 구애 없이 공부에 전념할 수 있었다. 이 또한 복(福)이라 생각하고, 근무하는 동안 인연을 맺은 동료 임직원께 감사드린다.

이 책은 동아대학교 석당학술원의 지원을 받아 '석당학술총서'의 이름으로 출간하게 되었다. 늦어도 2024년 상반기에는 출간할 계획이었는데, 차일피일 미루다 1년 이상 지체되고 말았다. 좋은 기회를 주고, 또 여러 사정을 헤아려준 준 동아대학교 석당학술원 구성원께 고맙다는 인사를 올린다. 아울러 이 책의 간행을 맡아준 도서출판 혜안의 관계자께도 감사드린다.

끝으로 이 책의 출간은 전적으로 가족의 지지와 성원 덕에 가능했다는 사실을 밝힌다. 아들이 하는 일이라면 언제까지나 믿고 기다려주신 친가의 부모님과 세속의 삶 속에서 학문을 병행하는 사위를 보며 노심초사하셨을 처가의 부모님께 이 책이 작게나마 안도(安堵)가 되길 바란다. 결혼하고 3년 동안 박사학위논문을 썼고, 이후로 7년 동안 논문을 보완하며 이 책을 썼다. 공부한다는 핑계로 가정에 소홀했고, 그러는 동안 집안 살림과 서준·서은 두 남매의 육아는 고스란히 아내의 몫이었다. 지난 10년의 세월을 인고하며 옆자리를 묵묵히 지켜준 사랑하는 아내 김상미와 출간의 기쁨을 함께 나누고 싶다.

2025년 10월

대구 비슬산 아래에서

목 차

표 | 그림 목차

제1장 서론

조선왕조의 정치권력은 천명(天命)이 그 원천이었다. 국가=국왕의 정치권력은 천명을 바탕으로 행사되었고, 정치권력을 행사하기 위해서는 무엇보다 천명이 확보되어야 했다. 이 점은 조선 태조의 즉위교서(卽位敎書)에서 엿볼 수 있다.

> 왕은 이르노라. 하늘이 백성을 낳고 군장(君長)을 세운 것은 백성이 서로 잘 살아가도록 보살피고, 서로 평안하도록 다스리라는 뜻에서이다. 그러므로 군주의 도리[君道]에는 잘함과 못함[得失]이 있고, 백성의 마음[人心]에는 따름과 돌아섬[向背]이 있다. 천명(天命)이 머무르고 떠나는 것[去就]은 여기에 달려 있다. 이것은 변치 않는 이치이다.[1)]

군주가 백성을 잘 다스려 민심(民心)을 얻는 것이 정치의 궁극적 목표라고 했을 때 천명은 이러한 군주의 정치를 가능하게 하고 또 정당하게 하는 이념적 근원이었다. 이렇듯 조선왕조의 정치권력은 천명에 의해 정당화되었고, 여기에서 존립의 근거를 마련했던 국가가 조선왕조였다.

그렇다면 국왕의 천명 수수(授受) 여부는 어떻게 확인했을까. 실체가

---

1) 『太祖實錄』 卷1, 元年 7月 28日(丁未), "王若曰, 天生蒸民, 立之君長, 養之以相生, 治之以相安. 故君道有得失, 而人心有向背, 天命之去就係焉, 此理之常也."

있는 것도 아니고 개념도 추상적이라 즉위교서에 이와 같은 내용을 담는다고 해서 천명의 수수 여부가 입증되는 것은 아니었다. 조선에는 몇 가지의 도구와 장치가 있었는데, 그중 하나가 바로 재이(災異)였다.

> 정경세(鄭經世)가 계(啓)하여 말하였다. "자라와 물고기의 이변(異變)은 지난 경연 때 이미 아뢰었습니다. 근래 남쪽에서 올라온 사람의 말을 들어보니 물 위에 죽어 있는 것이 끝이 없었다고 합니다. … 비록 이것이 어떤 일의 응험인지는 알지 못하겠습니다만, 변괴(變怪)가 이와 같으니 어찌 근심하고 두려워하는 마음을 갖지도 않은 채 허물 면하기만 생각하겠습니까. 또 이 일은 한 편으로는 근심거리이지만 다른 한 편으로는 기쁜 일입니다. 천명(天命)이 이미 끊어졌다면 재이는 나타나지 않습니다. 천심(天心)이 아직 우리나라를 보살피기 때문에 〈하늘이〉 인애(仁愛)하여 재변(災變)을 보인 것입니다."[2)]

선조 28년(1595) 9월 임진왜란(壬辰倭亂)이라는 미증유의 전란(戰亂)을 겪고 재이를 통해 천명의 단절 여부를 파악하고 있는 조선 관료의 모습에서 재이를 천명의 가시적 표상(表象)으로 여겼다는 사실을 볼 수가 있다. 재이가 출현한 이유를 특정할 수는 없지만 재이가 출현한 이상 국왕은 자신의 정치를 돌아보고 두려워하는 마음으로 반성하지 않을 수 없었다. 그러나 재이가 출현했다는 것은 분명 자신에게 천명이 있다는 뜻이었다. 그래서 재이의 출현은 한편으로는 근심이었지만 다른 한편으로는 다행이기도 했다.

재이란, 모두가 그러한 것은 아니지만, 자연 현상 중에서 수·한재(水·旱災)나 우박·서리와 같이 인간 사회에 피해를 주는 '재해(災害)'와 일·월식(日·月蝕)이나 유성(流星)·혜성(彗星), 또는 동·식물의 기이한 형상과 같이 비(非)일

2) 『宣祖實錄』 卷67, 28年 9月 17日(丙戌), "鄭經世啓曰, 鱉魚之變, 已達於頃日筵中, 近聞自南來人之言, 則死於水上者無限云. … 雖不知其某事之應, 而變怪如此, 寧不惕然動念, 思免厥愆. 且此事, 一可憂而一可喜. 天命已絶, 則災異不見, 天心尙眷我國, 故仁愛而示變."

상적으로 일어나는 '변이(變異)'를 합하여 재이라고 했다.

이러한 재이가 천명 수수의 징표가 될 수 있었던 것은 재이론(災異論)의 사상적 배경에 유교(儒敎)의 천명사상(天命思想)이 있었기 때문이다.[3] 하늘로부터 천명을 받은 유덕(有德)한 군주만이 하늘을 대신하여 만물을 다스릴 수 있고[代天理物], 반대로 군주가 덕을 잃고 부덕(不德)한 정치를 하면 천명은 거두어져 다른 유덕한 자에게로 옮겨간다[易姓革命]는 것이 천명사상의 요지이다.

여기에서 재이론은 '사전 경고와 시정'이라는 중간 과정을 구성한다. 즉, 군주가 덕을 잃고 부덕한 정치를 행하더라도 하늘이 단번에 천명을 거두는 게 아니라 사전에 '재이'라는 견고(譴告)를 내려 군주가 스스로 자신의 부덕을 깨우쳐 반성하게끔 한다는 것이다. 만약 군주가 재이를 계기로 자성(自省)하여 덕을 회복하면 하늘은 천명을 거두지 않고, 반대로 군주가 재이를 맞아서도 반성하지 않고 계속 부덕한 정치를 이어가면 하늘이 천명을 거둔다는 게 재이론의 기본적인 논리이다. 그래서 재이가 비록 군주의 부덕의 소치였기는 하나, 동시에 천명을 받은 군주에게만 내려지는 '자성의 기회'라는 의미도 있었기 때문에 군주의 천명 수수를 입증해 주는 징표가 될 수 있었다.

유교정치사상에서는 덕(德)을 매개로 하는 천인합일(天人合一)의 이상사회를 지향한다. "덕으로써 하는 정치란 비유컨대 북극성이 제자리에 있고 뭇별들이 그를 향해 도는 모습과 같다"라는[4] 『논어(論語)』의 경구(警句)는 유교정치사상의 이와 같은 성격을 압축적으로 보여준다. 그리고 그 연장선에서 천명에 의해 정당화된 군주의 통치와 이를 정점으로 하는 제(諸) 인간·사회의 질서에 어떤 부덕한 행위가 있게 되면 '인도(人道)=천도(天道)'의

---

3) 미조구치 유조 외 엮음(김석근·김용천·박규태 옮김), 『中國思想文化事典』, 책과함께, 2011, 318쪽.

4) 『論語集註』 卷1, 爲政, 60쪽(영인본 『四書集註』, 保景文化社, 1984의 쪽수. 이하 같음), "子曰, 爲政以德, 譬如北辰, 居其所, 而衆星, 共之."

원리에 따라 자연에도 '부덕한 현상', 즉 재이가 일어난다고 본다.

이른바 '재이론'이란 이렇게 인간·사회 질서의 혼란이 우주·자연 질서의 동요를 초래한다고 보는 관념과 논의를 아우르는 역사적 용어이다. 재이론은 기본적으로 인간과 사회와 자연의 비정상적인 질서에 관한 논의이다. 하지만 그 이면에는 시대(時代)와 논자(論者)가 '정상(正常)'이라고 여긴 인간·사회의 '바른 질서'가 있고, 주목해 보아야 하는 점 역시 재이론의 이면에 있는 '정상의 바른 질서'이다.

국가=국왕의 통치, 나아가 그 존립의 명분을 천명에서 찾았기 때문에, 재이론의 역사적 운명은 조선왕조의 그것과 같을 수밖에 없었다. 이 책은 이렇게 조선왕조와 역사적 운명을 함께 한 재이론에 대해 탐구한다. 재이론이 조선 사회에서 어떻게 존재했고, 어떠한 변화를 겪었으며, 그것이 갖는 역사적 의미는 무엇인지 추적하는 게 이 책의 목표이다.

한국의 재이론 연구는 아직 많이 부족한 편이다. 인접 분야라 할 수 있는 우주론(宇宙論)이나 자연인식(自然認識)의 영역에서 상당한 성과가 있었던 것과는 대조적이다.[5] 한국의 재이론 연구는 재이 기록의 신빙성을 검토하는 문제에서 출발했다. 지금까지 알려진 바로는 『삼국사기(三國史記)』에는 1,000건, 『고려사(高麗史)』에는 6,500건, 『조선왕조실록(朝鮮王朝實錄)』에는 27,900건 정도의 재이 기록이 실려 있다고 한다.[6] 사서(史書) 속에서 이러한

---

5) 한국의 전근대 과학사 연구는 과학사상을 중심으로 수행되었다고 해도 과언은 아니다. 宇宙論과 自然認識 연구가 중심이었고, 근래까지 가장 활발히 연구되고 있는 분야라고 할 수 있다. 근래 과학사상 연구의 현황은 다음의 논고가 참고된다. 임종태, 「朝鮮後期 科學史 硏究의 쟁점과 과제」, 『歷史學報』 191, 2006, 449~463쪽 ; 구만옥, 「[과학사] 한국 전통과학사 연구 : 심화를 위한 다양한 모색」, 『歷史學報』 207, 2010, 273~294쪽 ; 문중양, 「한국과학사 연구의 현황과 쟁점-전근대 천문지리학 및 우주론 연구를 중심으로-」, 『역사와 현실』 92, 2014, 343~371쪽 ; 임종태, 「[과학사] 實學에서 中國의 문제로」, 『역사학보』 231, 2016, 401~418쪽 ; 이정, 「[과학사] 물질, 삶과 만나는 변방의 낯선 과학」, 『역사학보』 247, 2020, 489~512쪽 ; 구만옥, 「한국 전근대 과학기술사 연구의 현황과 과제」, 『한국과학사학회지』 42-3, 2020, 629~663쪽.

6) 李泰鎭, 「고려~조선 중기 天災地變과 天觀의 변천」, 李基白 외, 『韓國思想史方法論』, 小花, 1997, 116쪽, 〈표 3-4〉 ; 박성래, 『한국과학사상사』, 책과함께, 2012, 589쪽.

재이 기록을 마주하게 되면 한 번쯤 '이 기록들은 과연 얼마나 믿을 수 있는 기록일까'라는 의문을 품게 된다. 재이론 연구는 사료 비판의 일환이라고도 할 수 있는 이와 같은 합리적 의심에서 시작되었다. 그런 만큼 과학적인 검증이 가능한 천문 현상에 관한 기록부터 검토되었다.

먼저 『삼국사기』 재이 기록의 진위(眞僞)가 논의되었다. 특히 67건의 일식 기록이 문제였다. 일제강점기 이래로 『삼국사기』의 일식 기사는 김부식(金富軾, 1075~1151) 등 편찬자가 중국 정사(正史)에서 베꼈거나 혹은 조작한 것이라고 이해되었다.[7] (이하, '전재설(轉載說)'로 축약) 『삼국사기』 일식 기사의 대부분이 중국의 그것과 일치하고, 중국에서만 볼 수 있었던 일식이 『삼국사기』에 적혀 있다는 이유에서였다.

이에 대해 홍이섭(洪以燮, 1914~1974)은 김부식 등이 『삼국사기』를 편찬하면서 중국 문헌을 참고하긴 했지만, 고구려, 백제, 신라의 독자적인 천문 관측 기록도 있다면서 '전재설'을 부분적으로 반박했다.[8] 그러나 한동안은 '전재설'이 한국사학계의 통설이었다. 예컨대 1960년대 후반부터 1970년대 중반까지 『삼국사기』 사론(史論)의 성격에 대한 논쟁이 있었는데,[9] 그것을 자주적이라 본 연구든,[10] 사대적이라 본 연구든,[11] 또는 『삼국사기』 전체

---

7) 飯島忠夫, 「三國史記の日食記事について」, 『東洋學報』 15-3, 東京 : 東洋學術協會, 1926, 126~140쪽(飯島忠夫, 『支那古代史と天文學(飯島忠夫著作集 3)』, 東京 : 第一書房, 1982, 311~329쪽에 재수록).

8) 洪以燮은 고구려의 기록에 대해서는 "그러나, 高句麗本紀의 觀測記錄을 검토하면 高句麗側 것만이 정확한 경우가 있기 때문에, 高句麗의 사회와 문화 발달의 수준에서 대조해 보아 독자적인 觀測이 있었던 것이라고 하겠다."(45~46쪽) 그리고 백제의 기록에 대해서도 "이것은 同 史記의 撰述 當時에 中國側의 문헌에서 借用한 것도 있었겠지만 일부는 百濟 자신이 독자적으로 관측하여 기입한 것도 있다."(60쪽)라고 하여 『三國史記』의 고구려와 백제 천문 관측 기록 중에는 독자적인 기록도 있다고 했다. 다만 신라의 경우는, "新羅時代에도 사실 관측 기록이 있었던 것이나, 『三國史記』 撰述時에 年代의 加上과 事大的인 誤謬에서 中國側의 기록을 혼합함에서 新羅史의 日蝕關係 기사에 대한 誤記 漏脫이 심해졌던 것이다"(76쪽)라고 평가하였다. 괄호 안은 洪以燮, 『朝鮮科學史』(『洪以燮全集 I (科學史·海洋史)』, 연세대학교 출판부, 1994의 쪽수.

9) 李基白, 「回顧와 展望 : 古代」, 『歷史學報』 49, 1971, 10쪽 ; 河炫綱, 「回顧와 展望 : 高麗」, 『歷史學報』 72, 1976, 24쪽.

기록의 분석과 평가 위에서 판단해야 한다며 유보한 연구든[12] '전재설'에는 암묵적으로 동의했다.

그러다 1970년대 중반 기존의 '전재설'이 부정되고 『삼국사기』 일식 기사의 독자 관측설이 제기되었다. 세 가지 근거가 제시됐는데, 첫째, '전재설'에서는 연대 계산을 잘못했고, 둘째, 삼국이 모두 중국으로부터 역서(曆書)을 받아 일식을 계산했으므로 『삼국사기』의 일식 기사가 중국의 그것과 같은 것은 '전재설'의 근거가 될 수 없으며, 셋째, 오폴처의 일식표[Oppolzer's eclipse maps][13]와 『삼국사기』의 일식 기사를 비교한 결과 『삼국사기』의 일식 기사는 삼국시기 당대인이 직접 관측하여 남긴 기록이 틀림없다는 것이었다.[14]

이어서 『삼국사기』 재이 기록에 대한 나름의 합리적인 평가가 발표됐다. 성격과 발생 일자가 불명확한 다수의 재이 기록이 고려 중기까지 전승되어 오다가 김부식 등이 『삼국사기』를 편찬하면서 그것들을 중국 정사와 비교하여 실증하고, 개명(開明)한 용어로 바꾸고, 또 발생 일자를 붙여 기사화한 것이 『삼국사기』의 재이 기사라는 것이었다. 동시에 허탄(虛誕)한 초자연적인 내용의 재이는 모두 제외했을 것이라고도 했다.[15]

---

10) 高柄翊, 「『三國史記』에 있어서의 歷史敍述」, 『東亞交涉史의 硏究』, 서울대학교 출판부, 1970, 92쪽.

11) 金哲埈, 「高麗中期의 文化意識과 史學의 性格-『三國史記』의 性格에 대한 再認識-」, 『韓國史硏究』 9, 1973, 83쪽.

12) 申瀅植, 「新羅史의 時代區分-『三國史記』 內容分析을 中心으로-」, 『韓國史硏究』 18, 1977, 8쪽.

13) '오폴처의 食典'이라고도 불린다. 오폴처(1841~1886)는 오스트리아의 천문학자로, 死後 출간된 『Canon der Finsternisse(식의 법칙)』에는 B.C.1208년부터 A.D.2161년까지의 일식과 B.C.1207년부터 A.D.2163년까지의 월식이 계산되어 있다. 李殷晟, 『曆法의 原理分析』, 正音社, 1985, 311쪽 참고.

14) Kim, Yong-woon, "A Study of the Records of Solar Eclipses in SamgukSagi(1)," *Korea Journal*, Vol. 16-7(July), 1976, pp.32~36 ; 김용운·김용국, 「『삼국사기』의 일식 기사」, 『(개정증보판)韓國數學史』, 살림, 2009, 67~68쪽, 71쪽.

15) Park, Seong Rae, "Portents and Politics in Early Yi Korea, 1392-1519," Ph.D. Dissertation, University of Hawaii, 1977, pp.18~22. 朴星來는 韓國硏究院의 영문 반간지 *Journal*

‘전재설’을 반박한 이상의 두 연구는 학계에 상당한 반향을 일으켰고,[16] 또 관련 연구의 시기와 대상도 확대시켰다.[17] 특히 1970년대 후반부터 과학사학계는 천문재이 기록의 과학성을 입증하는 연구를 연이어 발표했다. 일식에 관해서는 『삼국사기』에 이어 『증보문헌비고(增補文獻備考)』가 분석되었다. 한편에서는 오폴처의 일식표와 『증보문헌비고』의 일식 기록을 비교하여 두 자료가 대체로 부합됨을 밝혔고,[18] 다른 한편에서는 ‘사로스 식주기’와 ‘이넥스 식주기’[19]에 비추어 『증보문헌비고』의 일식 기록이 이들과 얼마나 일치하는가를 밝혔다.[20] 후자에서는 『증보문헌비고』 소재 387건의 일식 기록을 분석하여 두 식주기에서 이탈하는 41건에 대해 수정 작업을 진행하기도 했다.

조선후기의 혜성 관측 자료도 검토되었는데, 『승정원일기(承政院日記)』의 혜성 기록과 조선후기의 「성변측후단자(星變測候單子)」를 통해서 조선시기 혜성 관측의 정밀성과 그 태도에서의 엄정함이 드러났다.[21] 「성변측후단자」는 현대적 수준의 혜성 관측 자료라는 평가도 받았다.[22] 이러한 성과에

---

*of Social Science and Humanities*에 2년[46호(1977년 12월)~49호(1979년 6월)] 동안 박사학위논문을 분리하여 연재했고, 논문은 1998년에 단행본으로 출간되었다[*Portents and Politics in Korean History*, Seoul : Jimoondang, 1998].

16) 예컨대 申瀅植은 金容雲과 朴星來의 연구가 발표된 이후 기존의 입장을 바꿔 ‘轉載說’을 부정했다. 申瀅植, 『『三國史記』 硏究』, 一潮閣, 1981, 202쪽 참고.

17) 당시의 연구 동향은 宋相庸, 「韓國科學史 硏究略史」, 『韓國科學史學會誌』 3-1, 1981, 135쪽 ; 宋相庸, 「韓國學硏究 半世紀 : 科學史」, 『震檀學報』 57, 1984, 208쪽 등 참고.

18) 玄正晙, 「韓國의 古代 日蝕記錄에 관하여」, 『東方學志』 22, 1979, 138쪽.

19) 사로스(Saros) 식주기란 223삭망월(29.530588×223=6,585.32일) 동안의 식주기를 말하고, 이넥스(Inex) 식주기란 358삭망월(29.530588×358=10,571.95일) 동안의 식주기를 말한다. 李殷晟, 앞의 책, 1985, 314~318쪽 참고.

20) 李殷晟, 「한국의 日食記錄의 과학적 처리」, 『韓國科學史學會誌』 2-1, 1980, 83~84쪽.

21) 羅逸星, 「觀象監과 現代天文學-星變測候單子-」, 『東方學志』 20, 1978, 209~232쪽 ; 羅逸星, 「『承政院日記』와 朝鮮 正祖時代의 天文觀測記錄」, 『한국천문학회지』 12-1, 1979, 35~40쪽 ; 羅逸星, 「朝鮮 英·正祖 두 時代의 天文記錄(1)-彗星篇」, 『東方學志』 29, 1981, 193~239쪽 ; 羅逸星, 「延世大學校 所藏 星變 및 客星謄錄」, 『東方學志』 34, 1982, 207~247쪽 ; 羅逸星, 「朝鮮 觀象監의 星變測候單子」, 『百濟硏究』 17, 1986, 215~229쪽.

22) 朴成桓, 「朝鮮 顯宗時代의 彗星觀測」, 『東方學志』 31, 1982, 67~103쪽 ; 朴成桓, 「朝鮮

힘입어 『선조실록(宣祖實錄)』의 객성(客星)[케플러 초신성] 기록이 연구되었고,[23] 『고려사』「천문지(天文志)」의 혜성과 유성 기록을 『수서(隋書)』·『송사(宋史)』 등의 관련 기록과 비교하여 그 과학성을 밝히는 연구도 수행되었다.[24]

1990년대에 들어서는 일식과 더불어 『삼국사기』 소재의 달·행성 엄폐 현상과 금성이 낮에 보이는 현상의 신뢰성이 검증되었다. 여기에서는 천체 역학적 계산을 통해 해당 날짜에 이 현상들이 실제로 발생했었다는 사실을 입증했다. 그리고 일식에 대해서는 일식의 최적 관측지, 최대 식분값, 실현율 등을 구해 동아시아의 고대 사서(史書) 중 『삼국사기』가 가장 높은 신뢰도를 갖는다고도 평가했다.[25]

고려시기의 재이 기록도 계속 연구되었다. 『고려사』「천문지」의 일월식 기록이 분석되었고,[26] 태양흑점 기록이 검토되었다.[27] 특히 후자에서, 태양의 흑점은 11.3년의 단주기 활동과 97년의 장주기 활동을 하는데, 연구 결과 고려시기의 흑점 관측 기록은 실제의 태양 활동을 잘 반영하고 있는 자료임이 밝혀졌다. 이어서 고려시기의 흑점 현상이 사서에 모두 기록되지는 않았지만, 사실이 아닌 현상을 거짓으로 기록하지도 않았다면서 고려시

顯宗 5年(1664) 大彗星의 軌道」, 『韓國科學史學會誌』 4-1, 1982, 52~64쪽.

23) 유경로, 「『조선왕조실록』에 기재된 Kepler 超新星의 관측기록」, 『天文學論叢』 5-1, 1990, 85~94쪽.

24) 朴同玄, 「『高麗史』「天文志」에 기록된 彗星에 關해서」, 『韓國文化研究院論叢』 2, 1960, 179~196쪽 ; 朴同玄, 「「高麗史天文志」에 기록된 流星에 관한 研究(1)」, 『德成女大論文集』 9, 1980, 29~53쪽 ; 朴同玄, 「「高麗史天文志」에 기록된 流星에 관한 研究(2)」, 『德成女大論文集』 13, 1984, 3~35쪽.

25) 박창범·라대일, 「三國時代 天文현상 기록의 독자 관측사실 검증」, 『한국과학사학회지』 16-2, 1994, 200~201쪽 ; 박창범, 「日本 古代 日蝕記錄의 分析」, 『韓國科學史學會誌』 18-2, 1996, 166쪽. 다만, 일식 관측지의 추적 결과 삼국의 강역이 중국 대륙에 있었다는 등의 주장은 비역사적이며 동의하기 어렵다. 이후 『삼국사기』의 일식 기록이 주는 정보가 소략하여 최적 관측지 계산에 어려움이 있다는 반론이 제기되기도 했다[Lee, Ki-won, "A Study of Solar Eclipse Records during the Three Kingdoms Period in Korea," *Journal of Korean Earth Science Society*, Vol.29-5, 2008(sep), pp.408-418].

26) 羅逸星, 「『高麗史』「天文志」의 日月食 記錄」, 『東方學志』 96, 1997, 1~28쪽.

27) 양홍진·박창범·박명구, 「고려시대 흑점과 오로라 기록에 보이는 태양활동주기」, 『천문학논총』 13, 1998, 181~208쪽.

기 천문 기록의 신뢰도를 높이 평가했다.

그리고 고려시기의 유성(流星)과 유성우(流星雨) 기록을 검증한 연구에서는 당시의 유성우 활동과 오늘날의 그것이 크게 다르지 않다면서 "우리나라 옛사람들이 남긴 관측 기록은 실제 자연의 모습을 그대로 읽어낼 수 있을 정도로 꾸준하고 정밀하고 정직"하다며 그것의 신뢰성을 인정했다.[28] 이후 유성과 유성우의 신뢰성 검증은 삼국~조선시기로 확장되었고 역시나 정직하고 정확한 기록이라는 결과가 도출되었다.[29] 그리고 조선 성종 21년(1490) 11월의 혜성이 사분의자리(Quadrans Muralis) 유성우의 기원임을 밝힌 연구는 한국 천문 기록의 우수성을 세계적으로 인정받은 성과라고 할 수 있다.[30]

이상의 연구를 통해 검증한 결과 한국의 역사서에 수록된 천문재이 기록은 대체로 '과학적', 그러니까 사서(혹은 자료)를 편찬하는 과정에서 허위로 조작하지 않은, 당대인이 실제로 관측한 내용을 바탕으로 하는 자연 관측 기록이라고 할 수 있겠다. 물론 검증이 불가능한 기상 현상이나 초자연적인 현상에 관한 기록이 문제로 남는데, 재이를 관측하고 기록할 때 천체 현상, 기상 현상, 그 밖의 현상을 구별하여 각각에 이질적인 태도를 보이지는 않았던 듯하다. 여타의 재이 현상도 천체 현상처럼 사실 그대로 관측하고 기록하지 않았을까 하는 생각이다.

---

28) 안상현·배현진·조혜진·정성욱, 「천년 전의 별똥비」, 『천문학논총』 17-1, 2002, 23~40쪽.

29) Yang, Hong-jin·Park, Chang-bom·Park, Myeong-gu, "Analysis of Historical Meteor and Meteor Shower Records : Korea, China, and Japan," *Icarus*, Vol. 175, 2005, pp.1~29.

30) 양력으로 환산하면 1491년 1월 2일부터 2월 12일까지 혜성 관측이 이루어졌다. 이때의 혜성 관측은 천문학사적 의의가 상당하다. 관련 연구에 따르면 이 혜성은 '사분의자리(Quadrans Muralis)' 유성우의 기원이라고 한다. 유성우란 하늘의 어떤 지점(복사점)으로부터 유성이 단시간에 많이 떨어지는 현상으로, 이는 혜성이 태양 주위를 지나가면서 뿌려놓은 먼지 입자 대역을 지구가 통과할 때 일어나는 것으로 알려져 있다. 복사점이 사분의자리에 있는 사분의자리 유성우는 매년 1월 초에 관측되며 사자자리 유성우와 더불어 시간당 떨어지는 유성의 개수가 가장 많은 유성우 중의 하나라고 한다. 자세한 논의는 Lee, Ki-Won·Yang, Hong-Jin·Park, Myeong-Gu, "Orbital elements of comet C/1490 Y1 and the Quadrantid shower," *Monthly Notices Of The Royal Astronomical Society*, Vol. 400-1, 2009, pp.1389~1393 참고.

한편 역사서에 수록된 재이가 당대인이 직접 관측하고 경험하여 남긴 기록이라면 그들은 왜 그러한 활동을 했을까. 한국 재이론의 사상사적 연구는 1970년대 후반 재이 기록의 신뢰성을 검증하는 가운데 이루어졌다. 박성래(朴星來)는 훗날의 회고를 통해 처음에는 재이 기사의 과학적인 규칙성을 확인해 보고자 관련 연구를 시작했으나, 재이 기사의 통계 분석으로는 유의미한 결론을 얻지 못했고 연구 끝에 한국 역사서 속의 재이는 '과학적 기록'이 아닌 '정치적 기록'이라는 결론을 내리게 되었다고 밝혔다.[31)]

여기에서의 '정치적'이란 누군가가 인위적으로 조작했다는 의미가 아니다. 사서(史書) 속의 재이는 '순수한' 자연 관찰 기록이 아니라 사서 편찬자의 판단에 따라 '남겨진' 사료(史料)로서의 성격이 더 크다는 의미이다. 그리고 판단의 기준은 재이의 '쓸모'였다고 한다. 예컨대 『세종실록(世宗實錄)』에 수록된 세종 대 초기의 햇무리 기사는, 훗날 실록 편찬자가 세종 재위 초에 상왕으로 있었던 태종을 의식하여 의도적으로 삽입한 것이라고 분석했다.[32)] 재이 기록을 생산하고 처리하는 정치사상적 맥락을 읽어야 한다는 지적이었는데, 연구 내용의 타당성은 차치하고서라도 이전까지는 역사학계나 과학사학계에서 버려두다시피 한 재이 기록과 재이론을 처음으로 주목했다는 점에서 연구사적 의의가 크다.[33)]

이후 재이론의 사상사적 연구는 고려시기를 중심으로 진행되었다.[34)]

---

31) 박성래, 앞의 책, 2012, 589~590쪽. 박성래는 1992년부터 2002년까지 10년 동안 35회[3~42호]에 걸쳐 계간 『과학사상』(범양사)에 한국의 재이론 전반을 연재했고, 이 책은 이를 엮은 것이다.

32) Park, Seong Rae, *Portents and Politics in Korean History*, Seoul : Jimoondang, 1998, pp.195~197.

33) 신동원은 박성래의 재이론 연구에 대해 "과학사학계에게는 그간의 유물이나 업적 중심의 한국과학사를 벗어나 본격적으로 자연관을 다뤘다는 점에서, 역사학계에게는 고대와 중세의 정치 현상을 설명하는 데 필수적인 자연 현상의 역사적 중요성을 일깨워주었다는 점에서 가치가 있었다"라고 평가했다. 신동원, 「박성래 선생님과 한국과학사」, 『한국과학사학회지』 26-2, 2004, 132쪽 참고.

34) 고려시기 재이론 연구의 현황은 채웅석, 「고려시대 災異 연구의 현황과 과제」, 채웅석 편저, 『동아시아 전통사회 재해 사료의 특징과 활용』, 혜안, 2023, 41~80쪽 참고.

먼저 고려 유교정치사상 속에서 재이론의 의미를 탐색하는 연구가 수행되었다.[35] 여기에서는 「홍범오행전(洪範五行傳)」(『상서대전(尙書大傳)』)과 『한서(漢書)』·『수서(隋書)』 등 중국의 역대 사서와 유교 경전을 바탕으로 『삼국사기』와 『고려사』에 적용된 사례를 구체적으로 찾아내 한국 천문·오행사상(天文·五行思想)의 원류와 그것의 역사적 전개를 추적했다. 또 다른 연구에서는, 고려에서는 유가(儒家)에서 정한 정상적인 질서를 수호하고자 비정상인 재이를 적극 활용했었다고 평가했다.[36] 여기에서는 재이를 유가의 질서 속에서 시간[時]·공간[場]·종류[類]의 측면에서 정상에서 벗어난 일체의 우주만물로 규정하고, 그 기저에 유교정치사상의 정상성에 대한 욕구가 깔려 있다고 보았다.

재이론이 고려의 유교정치사상을 한 단계 진전시켰다는 평가도 있었다.[37] 고려전기에는 재이가 하늘이 국왕에게 왕도정치를 행하라고 내리는 천견(天譴)으로 이해되었다고 한다. 천인감응적 재이설에 기반하여, 왕이 덕을 닦기 위한 수단으로 경학적(經學的) 기반 위에서 무일(無逸)이나 홍범(洪範)에 대한 이해가 깊어졌고, 이를 통해 고려의 왕도정치론(王道政治論) 또한 한층 발전하게 되었다고 한다. 그리고 고려후기 성리학의 수용 이후에는 재이에 대한 대응으로서의 소재(消災) 노력과 왕권에 대한 인식이 점차

35) 李熙德, 『高麗儒敎政治思想의 硏究』, 一潮閣, 1984(初版)·1997(重版) ; 李熙德, 『韓國古代自然觀과 王道政治』, 韓國硏究院, 1994(혜안, 1999) ; 李熙德, 『高麗時代 天文思想과 五行說 연구』, 一潮閣, 2000. 이희덕 연구의 의의는 申瀅植, 「[서평]李熙德 著, 『韓國古代自然觀과 王道政治』(서울 : 韓國硏究院, 1994), p.283」, 『歷史學報』 147, 1995, 374~380쪽 참고.

36) 秦榮一, 「妙淸亂에 관한 一考察-災異觀과 관련하여-」, 서울대학교 대학원 국사학과 석사학위논문, 1984, 1~57쪽 ; 秦榮一, 「高麗前期의 災異思想에 관한 一考-君王의 성격과 관련하여-」, 邊太燮 편, 『高麗史의 諸問題』, 삼영사, 1986, 493~511쪽 ; 秦榮一, 「『高麗史』 五行·天文志를 통해 본 儒家秩序槪念의 分析」, 『국사관논총』 6, 1989, 99~146쪽 ; 秦榮一, 「三國史記·諸王·災異」, 『제주대학교논문집』 34(인문·사회과학편), 1992, 207~228쪽. 그간의 연구 성과는 秦榮一, 『고려국왕과 재이사상』, 제주대학교출판부, 2010으로 출간되었다.

37) 韓政洙, 「高麗前期 天變災異 와 儒敎政治思想」, 『韓國思想史學』 21, 2003, 43~79쪽 ; 韓政洙, 「고려후기 天災地變과 王權」, 『歷史敎育』 99, 2006, 135~164쪽.

왕도적 성인 군주관 및 천명관으로 전이되었다고 한다. 아울러 『예기(禮記)』 「월령(月令)」도 재이 해석의 주요 텍스트였다고 하면서, 「월령」에는 농업을 바탕으로 한 유교적 예제 정비와 천인감응적 정치 운영의 원리가 담겨 있으며 정치 행정과 군사, 농정 및 소재(消災)에서 「월령」이 널리 이용되었다고 한다.[38)]

고려시기 재이론 연구의 주요 텍스트인 『고려사』「오행지(五行志)」에 대한 분석도 있었다. 「천문지」가 재이 기사의 신뢰도나 과학성 검증에 주로 활용됐다면 「오행지」는 재이론이나 자연관(自然觀) 연구에 자주 활용되었다. 「오행지」 연구는 거의 정형화되어 있다는 것이 특징이다. 먼저 중국으로부터 유입된 오행사상에 대해 검토하고, 「오행지」의 재이 기사를 분석해 고려시기의 오행사상과 자연관을 파악한 후 이것이 인사(人事)와 어떻게 연관되는지 차례로 대비한다.[39)]

조선전기의 재이론은 '왕권과 신권의 대립과 갈등'이라는 시각에서 연구되었다. 태조~세종 대 재이론은 왕권 강화의 수단으로 활용되었고,[40)] 성종 대 재이론은 대간의 성장과 언권(言權)의 신장 속에서 언로(言路)로서의 기능이 크게 향상되었으며,[41)] 연산군 대에는 국왕이 언론 탄압의 연장에서 재이론에 폭력적으로 대응하면서 신료와 충돌하였고,[42)] 중종반정 이후

---

38) 韓政洙, 「고려시대 『예기』 월령사상의 도입」, 『사학연구』 66, 2002, 49~78쪽 ; 韓政洙, 『한국 중세 유교정치사상과 농업』, 혜안, 2007 ; 한정수, 「고려시대 월령과 국가 운영」, 『쌀·삶·문명연구』 4, 2010, 24~48쪽.

39) 金永炫, 「高麗時代의 五行思想에 관한 一考察」, 『忠南史學』 2, 1987, 1~48쪽 ; 김일권, 『『고려사』의 자연학과 오행지 역주』, 한국학중앙연구원, 2011 ; 이정호, 「『高麗史』 五行志의 체재와 내용-自然災害의 발생추세를 중심으로-」, 『韓國史學報』 44, 2011, 7~36쪽 ; 이정호, 「高麗前期 異變現象 기록을 통해본 災異觀과 위기인식-『高麗史』 五行志 기록을 중심으로」, 『역사와 담론』 80, 2016, 231~269쪽 ; 이승민, 「11~12세기 한·중 재해 기록과 五行志의 자료적 성격」, 『한국중세사연구』 67, 2021, 43~76쪽.

40) 金勳埴, 「麗末鮮初 君主修身論의 性格」, 서울대학교 대학원 국사학과 석사학위논문, 1983, 1~50쪽 ; 權延雄, 「朝鮮前期 經筵의 災異論」, 『歷史教育論集』 13·14, 1990, 597~616쪽 ; 남지대, 「재이와 태종의 왕권」, 『인문과학연구』 13, 서원대 인문과학연구소, 2003, 47~76쪽.

41) 송웅섭, 「조선 초기 言路로서의 求言」, 『奎章閣』 248, 2016, 63~93쪽.

명종 대까지 재이론은 언권의 신장과 함께 다시 왕성하게 전개되었다는 것이[43] 개괄적인 흐름이다.[44]

조선전기 재이론을 구언(求言)을 통한 유교 민본이념(民本理念)의 구현이라는 관점에서 분석한 연구도 있다.[45] 여기에서는 조선 초기의 구언을 잘못된 정치의 근원을 찾아내 이를 바로잡아 천도와 인사를 조화시킴으로써 재이를 그치게 하고 민생을 안정시키려는 수단이라고 보았다. 구언을 통한 재이의 해소를 민본정치의 한 표현으로 본 것이다. 그리고 구인에 따른 응지상소의 내용을 분석하면 여론 주도층이 누구였고, 그들이 사회 문제를 무엇이라고 보았으며, 또 그것을 어떤 방식으로 해결하려고 했는지, 그리고 이것의 이념적 근거는 무엇이었는지 등을 종합적으로 판단할 수 있다면서 시기별 응지상소 분석의 중요성을 강조했다.[46]

---

42) 張學根, 「燕山君의 災異論에 대한 認識變化-君權·言權 論爭을 中心으로-」, 『慶南史學』 7, 1995, 5~40쪽.

43) 임혜련, 「明宗 前半期 災異論과 垂簾聽政 認識」, 『韓國思想과 文化』 53, 2010, 107~134쪽 ; 경석현, 「『朝鮮王朝實錄』 災異 기록의 재인식-16세기 災異論의 정치·사상적 기능을 중심으로-」, 『韓國史硏究』 160, 2013, 47~82쪽.

44) 조선전기 災異論의 개괄적인 흐름은 박성래, 앞의 책, 2012, 제2부 5장 '조선 초기의 정치와 재이', 463~583쪽에 잘 정리되어 있다.

45) 李碩圭, 「朝鮮初期의 天人合一論과 災異論」, 『震檀學報』 81, 1996, 89~106쪽 ; 李碩圭, 「朝鮮初期의 求言-民本政治·言路擴大와 관련하여-」, 『韓國思想史學』 15, 2000, 163~196쪽 ; 李碩圭, 「朝鮮初期의 응지상소자」, 『朝鮮時代史學報』 20, 2002, 55~78쪽 ; 李碩圭, 「朝鮮初期 應旨上疏에 나타난 制度論」, 『朝鮮時代史學報』 39, 2006, 5~37쪽 ; 李碩圭, 「조선 초기 應旨上疏를 통해 본 成宗代의 변화」, 『朝鮮時代史學報』 41, 2007, 5~42쪽 ; 李碩圭, 「연산군·중종대 求言의 성격 변화와 그 의미」, 『史學硏究』 88, 2007, 617~652쪽 ; 이석규, 「조선 명종대의 求言과 민본이념의 변질」, 『조선시대사학보』 51, 2009, 89~134쪽. 이상의 연구는 『조선 전기 민본사상과 민』, 국학자료원, 2020으로 묶여 출간되었다.

46) 조선전기의 재이론과 구언은 성종 대를 기점으로 크게 달라졌다고 한다. 민생과 직결되었던 한재의 재이로서의 심각성이 약화되었고 햇무리나 태백주현처럼 국왕의 안위를 상징하는 재이가 중시되면서 민생이 외면당했다고 한다. 응지상소의 내용도 제도의 개혁을 통해 민생을 안정시키려는 내용이 주를 이루다가 성종 대 이후에는 국왕의 도덕적 실천만을 강조하는 내용이 주를 이루게 되었다고 한다. 이 결과 명종 대에 가서는 민본정치 이념이 변질되어 현실 정치에서는 '휼민(恤民)'에 대해 무관심하게 되었다고 한다. 한편 조선 성종 대 朱子學的 災異論의 대두와 정치·사상적 의미는 이후 이상호, 「『朝鮮王朝實錄』에 나타난 成宗期 災異觀의 특징」, 『국학연구』 21, 2012,

조선후기 재이론 연구는 사회변동과 세계관의 확대 등에 따른 자연인식의 전변(轉變)이 촉발한 재이론의 변화상을 추적하는 데에 집중되었다. 대체로 이법천관(理法天觀)을 바탕으로 하는 주자학적 재이론은 조선후기의 사회변동과 서양 천문학의 유입 등으로 서서히 균열·해체되어 간 것으로 이해된다.[47] 물론 이러한 과정이 단선적이고 획일적으로 전개된 것은 아니다. 서양 천문학의 새로운 자연 지식을 수용한 지식인들도 대부분은 재이는 기수(氣數) 또는 액운(厄運)에 불과하다면서 인사(人事)와의 인과성은 부인하면서도, 재이론의 가치는 징험(徵驗)에 있지 않고 군주의 수성(修省)에 있다면서 재이론의 폐지 문제에서는 보수적이고 절충적인 태도를 보였다.[48] 이익(李瀷, 1681~1763)의 재이론에 대한 '양면적'[49] 또는 '한계와 극복'이라는[50] 평가는 이러한 맥락에서 이해할 수 있다.[51] 이와 같은 사상적 균열에도 일선 정치 현장에서 재이론이 고수된 까닭은 정치사상으로서 재이론의 정치적 효용(效用) 때문이었다.[52] 17세기 정치 현장에서 재이론이 활용된

357~387쪽 ; 경석현, 「15세기 후반 朱子學的 災異論의 대두-성종 9년(1478) 南孝溫(1454~1492)의 「昭陵追復疏」를 중심으로-」, 『조선시대사학보』 81, 2017, 171~206쪽에서 구체적으로 논의되었다.

47) 具萬玉, 「朝鮮後期 尊君卑臣論의 災異觀-許穆(1595~1682)의 春秋觀과 災異論을 중심으로-」, 한국사연구회 편, 『한국 실학의 새로운 모색』, 경인문화사, 2001, 323~374쪽 ; 具萬玉, 「朝鮮後期 日月蝕論의 變化」, 『韓國思想史學』 19, 2002, 185~228쪽.

48) 경석현, 「조선후기 當食不食 논의와 그 의미」, 『東方學志』 189, 2019, 173~205쪽.

49) 최정연, 「성호 이익의 재이설의 양면성과 실천론-『성호사설』을 중심으로-」, 『한국학연구』 47, 인하대학교 한국학연구소, 2017, 537~569쪽.

50) 이정림, 「李瀷의 새로운 災異 분류와 재이에 대한 책임 소재의 확대」, 『한국과학사학회지』 42-1, 2020, 97~123쪽.

51) 반면 이익의 재이론이 갖는 중세적 한계를 지적하는 연구도 있는데, 가령 임종태, 「17·18세기 서양 과학의 유입과 분야설의 변화-『星湖僿說』 「分野」의 사상사적 위치를 중심으로-」, 『한국사상사학』 21, 2003, 391~416쪽 ; 박권수, 「술수와 재이에 대한 이익의 견해」, 『성호학보』 3, 2006, 99~134쪽 등이다.

52) 최정연은 이익의 재이론을 "재이를 인간의 행위와 무관한 자연 현상으로 보는 관점이 조선후기 지식계에 광범하게 확산되어 있던 점을 고려해 보면, 성호가 천견론적 재이설을 정당화하기 위해 이기론과 기수론, 귀신론, 중천설 등과 같은 전통지식을 다양하게 동원한 것은 상당히 예외적인 경우이다. 그가 이러한 입장을 고수한 이유는

맥락을 분석한 근래의 연구들은 정치적 논의에서 재이가 얼마나 유용하고 효과적인 도구였는지를 잘 보여준다.[53]

한편 재이 문헌에 관한 연구도 꾸준히 수행되었다. 1990년대 중반 『조선왕조실록』의 재이 기록이 전수 조사되었다. 이것은 '17세기 소빙기(小氷期 : a little ice age)' 이상기후를 실증적으로 밝힌 연구였는데,[54] 학계에 끼친 영향이 적지 않았고, 이후 17세기 소빙기 이상기후를 바탕으로 하는 조선후기사 연구도 활기를 띠게 되었다.[55] 대체로 17세기 소빙기 기후 변동에

인간과 사회의 선(善)을 고취시키기 위해 설계된 재이설의 효용성을 포기하지 못했기 때문으로 짐작된다"라고 평가하였다[최정연, 앞의 글, 2017, 563쪽]. 이렇게 17·18세기 전통 재이론이 이와 같은 사상적 변화를 겪을 무렵 이것이 실제 정치 현장에서 활용된 양상은 경석현, 「조선후기 재이론의 정치적 기능의 변질과 관습화」, 『韓國史硏究』 188, 2020, 293~330쪽 참고.

53) 하서정, 「仁祖대 災異에 대한 인식과 대응」, 『대구사학』 127, 2017, 157~187쪽 ; 하서정, 「孝宗대 정국변화와 災異 논의의 활용」, 『대구사학』 134, 2019, 203~235쪽 ; 서정현, 「숙종대 초기 尹鑴 상소문에 나타난 災異論의 추이와 성격」, 성균관대학교 대학원 사학과 석사학위논문, 2022 ; 경석현, 「17세기 중반 災異論의 政略的 활용과 정치적 갈등」, 『고궁문화』 16, 2023, 209~232쪽. 이보다 앞서 趙允旋은 災異論을 군주의 의무를 관리·감독할 수 있는 도구라고 평가한 바 있다. 서구의 군주권이 계약에 의해 정당화되었던 반면에 동양에서는 천명에 의해 정당화되었고, 만인의 행복을 위해 천명이 부여되었던 만큼 군주에게는 만인의 행복을 실현해야 할 의무가 있었으며, 군주가 이 의무를 성실히 수행하는지 관리·감독할 수 있는 도구가 재이론이었다고 보았다. 趙允旋, 「朝鮮後期 天觀과 災異論의 自然法思想的 접근」, 『仁荷史學』 10, 2003, 497~526쪽 참고.

54) 李泰鎭, 「小氷期(1500-1750) 천변재이 연구와 『朝鮮王朝實錄』」, 『역사학보』 149, 1996a, 203~236쪽 ; 李泰鎭, 「小氷期(1500-1750)의 天體 現象的 원인-『朝鮮王朝實錄』의 관련 기록 분석-」, 『國史館論叢』 72, 1996b, 89~126쪽.

55) 17세기 소빙기 이상기후를 바탕으로 하는 조선후기사 연구는 일일이 열거하기 어려울 정도로 많다. 그 연구의 현황은 다음의 논고가 참고된다. 박근필, 「17세기 小氷期 氣候 연구의 현황과 과제」, 『大邱史學』 80, 2005, 287~318쪽 ; 고태우, 「한국 재난 인식 연구의 성과와 과제-근대 이전 시기 역사학계의 연구를 중심으로-」, 『인문학연구』 59, 2020, 33~62쪽 ; 김미성, 「조선시대 생태환경사 연구의 현황과 과제-기후사·재해사 관련 연구를 중심으로-」, 『생태환경과 역사』 8, 2022, 49~90쪽 ; 계승범, 「국내 한국사학계의 환경·기후 문제 연구 동향과 과제-소빙기 학설의 활용을 중심으로-」, 『韓國史學史學報』 46, 2022, 11~48쪽 ; 박혜정, 「21세기에 읽는 17세기 위기-17세기 위기 논쟁의 기후사적 재고-」, 『역사학보』 258, 2023, 159~193쪽.

의한 장기적인 자연재해와 연이어 일어난 수·한재로 농경지는 황폐화되고 농업 생산량은 감소했으며 이로써 조선은 사회·경제적 '위기'에 직면하게 되었다고 본다.[56] 사실 재이 문헌에 관한 연구도 처음에는 17세기 소빙기 이상기후를 바탕으로 수행되었다. 17세기 자연재해가 빈번하게 발생하는 상황에서 군주(君主)에게 요구되는 성학(聖學)을 담보할 수 있는 재이에 관한 각종 저술이 진상되었고, 그중 하나가 허목(許穆, 1595~1682)의 『춘추재이(春秋災異)』라는 것이었다.[57]

반면 근래에 수행된 연구는 재이 문헌의 분석을 통해 당대인의 재이관(災異觀)과 자연인식에 접근한다. 조선후기의 주요 재이 문헌인 17세기 중반의 『재이고(災異考)』, 17세기 후반의 『역대요성록(歷代妖星錄)』과 『역대수성편람(歷代修省便覽)』, 18세기 초반의 『천동상위고(天東象緯考)』, 18세기 후반의 『문헌비고(文獻備考)』「상위고(象緯考)」와 『송사전(宋史筌)』「오행지」에 대한 실증적인 연구가 그것이다.[58]

이상에서 한국 재이론 연구의 현황을 간략히 살펴보았다. 그동안 적지 않은 성과가 있었는데, 이러한 성과를 낼 수 있었던 배경을 보면, 첫째, 연구에 활력을 불어넣어 준 몇 차례의 전기(轉機)가 있었다. 첫 번째 전기는 식민사관의 극복이 중요한 시대적 과제였던 1970년대 중반 『삼국사기』

56) 대표적으로 국사편찬위원회 편, 『한국사 30(조선 중기의 정치와 경제)』, 탐구당, 2003, 'Ⅳ. 자연재해·전란의 피해와 농업의 복구', 305~475쪽의 서술이 그러하다.

57) 李東麟, 「許穆의 春秋災異論에 나타난 '漢學的' 경향」, 『韓國史論』 49, 서울대학교 국사학과, 2003, 127~183쪽.

58) 홍승태, 「『宋史筌』「五行志」의 "災異" 기록과 그 의미」, 『한국사학사학보』 28, 2013, 209~232쪽 ; 경석현, 「17세기 『재이고(災異考)』의 자연 기록과 그 의미」, 『한국과학사학회지』 37-1, 2015, 147~173쪽 ; 경석현, 「18세기 초 최천벽(崔天璧, 1640~1713)의 『천동상위고(天東象緯考)』 연구」, 『韓國思想史學』 51, 2015, 365~402쪽 ; 경석현, 「18세기 후반 『문헌비고(文獻備考)』「상위고(象緯考)」의 재이(災異) 기록과 재이론(災異論) 연구」, 『韓國思想史學』 54, 2016, 215~256쪽 ; 경석현, 「17세기 현종 대 『역대요성록(歷代妖星錄)』의 정치 지향적 재이론(災異論)」, 한국유교문화진흥원 편, 『충청국학 학술총서 3(과학의 눈으로 세상을 본 충청의 지식인들)』, 한국유교문화진흥원, 2024, 149~185쪽 ; 경석현, 「조선 현종 9년(1668) 이옥(李沃, 1641~1698)의 『역대수성편람(歷代修省便覽)』 편찬과 존군적(尊君的) 재이론」, 『한국문화』 110, 2025, 213~250쪽.

일식 기사의 독자 관측설 발표였다. 한국의 재이론 연구는 이 덕분에 가능했다고 해도 과언은 아니다. 두 번째 전기는 1990년대 중반 17세기 소빙기 이상기후설의 발표였다. 사실 유럽의 17세기 위기론과 소빙기설이 국내 학계에 알려진 것은 1970년대 말이고,[59] 이후 한반도에서의 17세기 소빙기 이상기후가 연구되긴 했으나,[60] 역사학계에서 재이(론) 문제에 본격적인 관심을 두게 된 계기는 1990년대 중반 실록 재이 기록의 전수조사를 바탕으로 하는 17세기 소빙기 이상기후설의 발표였다고 할 수 있다. 세 번째 전기는 2020년의 코로나-19(COVID-19)이다. 이를 계기로 기후위기와 생태환경 등 지구적 차원의 다양한 문제에 관한 관심이 촉발되었다. 많은 학회가 이 문제를 주제로 삼아 학술대회를 개최하고 특집호를 간행했다.[61] 그리고 2021년 제64회 전국역사학대회의 주제가 "역사 속 위기와 대응"이었고, 2022년 제65회 전국역사학대회의 주제가 "환경과 인간"이었던 것에서도 이와 같은 학계의 분위기를 읽을 수 있다. 또 종합 학문으로서 '재해학(災害學)'의 학문적 체계화를 이루려는 시도[62] 역시 이러한 맥락에서 진행된 것이라고 할 수 있다. 이처럼 한국의 재이론 연구는 몇 차례의 전기를 맞으면서 활발히 수행되었다.

둘째, 인문학과 자연과학의 학제 간 연구이다. 재이론 연구가 처음 시작된 1970년대 중반만 해도, 인문학과 자연과학의 학제 간 연구가 일반적이지는

---

59) 許眞映, 「17世紀 危機論에 대한 一考」, 『大丘史學』 15·16, 1978, 569~585쪽 ; 洪致模, 「17世紀 西歐의 危機論에 대한 檢討」, 『論文集』 1, 總神大學校, 1981, 89~115쪽 ; 羅鍾一, 「17世紀 危機論과 韓國史」, 『歷史學報』 94·95, 1982, 421~473쪽.

60) 金蓮玉, 「韓國의 小氷期 氣候-歷史 氣候學的 接近의 一試論」, 『地理學과 地理教育』 14, 1984, 1~16쪽 ; 金蓮玉, 「朝鮮時代의 氣候環境-史料 分析을 中心으로-」, 『地理學論叢』 14, 1987, 411~423쪽.

61) 여호규, 「한국사 연구의 신경향과 패러다임 전환을 위한 제언」, 『역사학보』 251, 2021, 29쪽. 이 밖에도 2020~2023년에 발표된 『역사학보』(역사학회) '회고와 전망'의 많은 연구사 정리 논고는 코로나-19 이후의 이와 같은 학계의 변화된 연구 풍토를 지적하고 있다.

62) 채웅석 편저, 『동아시아 전통사회 재해 사료의 특징과 활용』, 혜안, 2023 ; 허태구 등, 『동아시아 전통사회 재해 인식과 대응』, 혜안, 2024.

않았다.[63] 비교적 왕성할 것처럼 보이는 과학사 분야도 처음에는 혼란이 적지 않았다.[64] 이와 같은 연구 환경에서 재이론 연구는 학제 간 연구의 효시였다고 할 수 있다. 재이 기록의 과학성에 관한 연구는 현대 천문학, 물리학, 수학 전공을 바탕으로 하는 과학사학자에 의해 수행되었다.[65] 그들은 『삼국사기』, 『고려사』, 『조선왕조실록』, 『승정원일기』, 『증보문헌비고』, 「성변측후단자」 등에 산재해 있는 주요 천문재이 현상, 특히 일월식이나 혜성, 태양의 흑점과 같은 주기성을 갖는 천체 현상에 주목하여 천체역학적 계산을 통해 해당 기록의 진위를 가렸다. 규칙적인 천체 현상은 정연한 물리법칙에 의하여 일어나기 때문에 천체역학적 계산이나 자연에 남아 있는 증거를 통해 기록의 진위를 과학적으로 밝힐 수가 있다.[66] 그리고 이렇게 해서 연구한 결론이 바로, 사서 속의 재이 기록은 당대인이 허위로 조작하지 않은, 즉 그들의 관측과 경험을 바탕으로 하는 자연 관측 기록이라는 것이다. 사실 이후에 수행된 재이론과 자연인식에 대한 정치·사상적인 연구는 결국 재이 기록에 관한 이러한 연구 성과에 힘입은 것이라고 할 수 있다. 이러한 점에서 한국의 재이론 연구는 인문학과 자연과학의 학제 간 연구의 중요한 성과 중 하나라고 평가할 수 있을 것이다.

---

63) 김우창, 「학제간 연구와 인식론적 반성」, 『인문사회과학논총』 3-1, 인제대학교 인문사회과학연구소, 1996, 33쪽, "오늘날 한국의 대학들을 뒤흔들어 놓고 있는 문제가 한둘이 아니지만, 그중에 하나는 교육부에서 나오고 있는 학부제 시행의 압력입니다. 잘은 모르지만, 그것은 여러 가지로 세분되고 장벽으로 나뉘어 있는 과들의 구분을 느슨하게 하거나, 또는 없애서, 폭넓은 학문적 접근을 가능하게 하고 그것에 근거해서 연구와 교수를 진행할 체제를 갖추라는 압력으로 생각됩니다. 그러니깐 학제적 또는 다학문적 연구와 교수는 이미 현실적 요구가 되어 있는 셈입니다."

64) 가령, "한국사학계가 과학사를 수용하는 데 소홀했음을 반성해야 한다"는 지적이나[한영국, 「科學史와 韓國史」, 『한국과학사학회지』 4-1, 1982, 169쪽], "과학사는 한국사에서 무시할 수 없을 만큼 훌륭한 연구를 내놓아야 할 것이다"라는 지적[宋相庸, 「韓國學研究半世紀 : 科學史」, 『震檀學報』 57, 1984, 216쪽] 등이 참고된다. 참고로 『역사학보』(역사학회)의 '회고와 전망'에 '科學史'가 포함된 것은 1996년부터이다. 朴星來, 「科學史」, 『역사학보』 152, 1996, 405~430쪽 참고.

65) 宋相庸, 앞의 글, 1984, 204쪽.

66) 박창범·라대일, 앞의 글, 1994, 168쪽.

셋째, 역사 문헌의 전산화와 데이터베이스[DB] 구축이다. 역사 문헌의 전산화와 DB 구축이 한국사 연구의 새로운 지평을 열었다는 점을 새삼 되짚을 필요는 없겠지만,[67] 한국사의 여느 분야 못지않게 재이론 연구는 이를 전후로 하여 양적·질적인 면에서 한 단계 성장할 수 있었다. 『승정원일기』에 수록된 방대한 양의 재이 기록이 전량 분석될 수 있었던 것은 『승정원일기』의 탈초 및 전산화 작업 덕분이었고,[68] 조선후기 서울의 기상(氣象) 연구도 이로써 가능했다.[69] 또 사서 속의 기상·기후 관련 자료를 추출하여 자료집을 만들고, 수백 년간의 기상·기후 자료를 통계 처리해서 기후 환경을 복원할 수 있었던 것도 많은 역사 문헌의 전산화와 DB 구축 덕분이었다고 할 수 있다.[70]

그러나 이러한 성과에도 불구하고 한국의 재이론 연구에는 다음과 같은 문제가 있다. 첫째, 재이 기록의 성격을 명확히 규명하지 않은 채 무분별하게 연구에 활용했다. 특히 17세기 소빙기 연구가 그러하다. 국내 17세기 소빙기 연구는 대부분 연대기 자료의 재이 기록을 바탕으로 한다. 재이 기록이 기본적으로 자연 관측 자료이고 남아 있는 양도 많으며 무엇보다도 믿을 수 있는 기록이라는 점에서 기상·기후 연구에 폭넓게 활용되었다. 기본적으로는 "'재이는 군주의 부덕 때문'이라는 유교 특유의 재이 관점으로 기상 관측을 충실하게 기록한 자료가 그 어느 나라보다 풍부하게 남아 있어 17세기 기후를 비교적 소상히 파악할 수 있다"[71] 또는 "『조선왕조실록』,

67) 한국사 역사 문헌의 전산화 사업은 1990년대 초반 인문학자와 소프트웨어 기술자의 공동 작업으로 시작되었다. 이 사업은 방대한 분량의 연구자료를 연구자들이 어떻게 하면 손쉽게 열람하고 검색할 수 있을까에 관한 고민에서 출발하였다. 그 과정과 현재 구축된 현황 등은 최근 김희만, 「한국사 디지털 자료의 활용 현황과 과제」, 『韓國史學史學報』 48, 2023, 41~70쪽 참고.

68) 박권수, 「『승정원일기』 속의 천변재이 기록」, 『史學硏究』 100, 2010, 70쪽.

69) 이준호, 「1623~1800년 서울지역의 기상기후 환경-'승정원일기'를 토대로-」, 『한국지역지리학회지』 22-4, 2016, 856~874쪽 ; 김일권, 「『승정원일기』(1623-1910)의 조선후기 서리(霜) 기상기록 연구」, 『朝鮮時代史學報』 87, 2018, 297~338쪽.

70) 한국의 전근대 환경사 연구의 이와 같은 연구 경향은 구만옥, 앞의 글, 2020, 641~645쪽 참고.

『승정원일기』를 비롯한 조선시대의 풍부한 사료들은 소빙기에 대한 세계적인 기록들이다. 다양한 문헌자료를 확보하여 자연과학적 연구와 연계하고, 이를 동아시아적 관점에서 비교하면 보다 선명하게 소빙기의 모습을 그려낼 수 있을 것이다"와[72] 같은 인식이 바탕에 깔려 있다.

재이 기록이 자연 관측 기록이고 또 거짓으로 기록하지는 않았을 것이란 생각에 이것을 고(古)기후 연구에 적합한 자료로 여기곤 하지만 이것은 그리 간단한 문제가 아니다. '유교 특유의 재이 관점'은 지극히 비(非) 객관적인 시각이다.[73] 똑같은 자연 현상이라 할지라도 정치적 상황에 따라 혹은 계절·절기와 같은 자연·환경적 조건에 따라 그것은 '재이'일 수도 있고 아닐 수도 있었다. 그리고, 만약 재이라고 인정되면 관측·기록되어 남겨졌지만 그렇지 않으면 보고조차 되지 않았다. 더욱이 보고된 재이 기록이라 할지라도 연대기 자료를 편찬하는 과정에서 기록의 취사선택과 고의적인 누락은 얼마든지 있을 수 있었다.[74] 그래서 연대기 자료의 재이 기록을 17세기 소빙기 연구에 활용하고자 한다면 이와 같은 맥락을 고려하여 재이 기록에 당시의 자연 상황이 얼마나 정확하게 그리고 객관적으로 반영되어 있는가를 따져 보아야 한다.[75]

---

71) 김덕진, 『대기근 조선을 뒤덮다-우리가 몰랐던 17세기의 또 다른 역사』, 푸른역사, 2008, 28쪽.

72) 김문기, 「17세기 중국과 조선의 小氷期 기후변동」, 『역사와 경계』 77, 2010, 155쪽.

73) 朴星來, 「論壇 I : 李泰鎭교수 "'小氷期'(1500~1750년)의 天體 現象的 원인-『朝鮮王朝實錄』의 관련 기록 분석-"」, 『歷史學報』 149, 1996, 241~242쪽 ; 朴星來, 「보론 : 한국사의 자연 현상 기록과 그 정확성」, 앞의 책, 2012, 586~592쪽.

74) 조선 세종 대 『高麗史』를 편찬하면서 재이 기록의 加減이 있었다는 사실은 이미 오래전에 밝혀졌던 바인데[邊太燮, 「編纂過程을 통하여 본 『高麗史』」, 『『高麗史』의 硏究』, 三英社, 1982, 24~25쪽], 17세기 소빙기설 연구에서는 "실록 편찬자들의 天變地異에 대한 기록 정신은 확고부동한 것으로 고의적인 누락을 의심할 필요는 없다"라고 단정했다[이태진, 앞의 논문, 1996b, 98쪽].

75) 이러한 문제의식은 박성래, 앞의 글, 1996 ; 2012 ; 박권수, 앞의 글, 2010, 67~71쪽 ; 경석현, 「17세기(인조~현종) 연대기 자료의 災異 기록 재검토」, 『朝鮮時代史學報』 68, 2014, 135~138쪽에서 확인할 수 있고, 연구사 정리 논고인 고태우, 앞의 글, 2020, 39~40쪽 ; 김미성, 앞의 글, 2022, 73~75쪽 ; 계승범, 앞의 글, 2022, 16쪽·23쪽·25~26쪽

사서(史書) 속의 재이 기록을 당대인이 직접 관측하고 기록한 믿을 수 있는 기록이라고 본다면 왜 이것이 문제가 될까. '믿을 수 있는 기록'의 의미는 발생하지도 않은 현상을 거짓으로 지어서 기록한 것이 아니라 관측한 바에 따라 사실대로 정확히 기록했다는 뜻이다. 그래서 만약 어떤 사서에, '언제 어디에서 금성(金星)이 낮에 보이는 태백주현(太白晝見)이 일어났다'라는 기록이 있으면 그날 그곳에서는 분명 태백주현이 관측되었던 것이라고 할 수 있다. 그런데 이때의 태백주현 기록은 수록되어야 할 이유가 있었기 때문에 사서에 남게 된 것이고, 만약 이유가 없었다면 태백주현이 실제로 있었을지라도 사서에는 수록되지 않았을 가능성이 크다. 그래서 사서에 태백주현 기록이 있다면, 이는 분명 실제의 관측을 바탕으로 하는 것이겠지만, 사서에 태백주현 기록이 없다고 해서 실제로도 없었다고 할 수는 없다. 이것은 사서에 기록된 태백주현 기록의 진위를 가리는 것과는 다른 성격의 문제이다.[76] 이 점을 고려하지 않고 사서 속의 재이 기록을 장기적으로 통계 처리하면 실제의 자연 상태와는 다른 왜곡된 결과가 도출될 수도 있다. 사서 속의 재이 기록은 '사료(史料)'의 일부이다. 적절한 방법론이라면 당대의 자연[기후] 상황을 복원하는 데에 활용할 수도 있겠지만,[77] 재이가

에서도 지적하였다.

76) 근래의 연구에 따르면 『朝鮮王朝實錄』에는 4,663건의 太白晝見 기록이 있다고 한다. 천체역학적 계산을 통해 검증한 결과 대부분은 실제 관측하여 기록한 과학적으로 타당성이 높은 기록들이라고 한다. 연구에서는 실록의 태백주현 기록에서 1.6년의 주기성을 발견했는데, 이것은 금성의 합주기와 관련이 있는 것이라고 하고, 또 다른 1.0년의 주기는 황사 현상의 간접적인 영향이 반영된 것이라고 추정했다. 이와 관련해서는 Jeon, Junhyeok·Kwon, Young-Joo·Lee, Yong-Sam, "A new interpretation of the historical records of observing Venus in daytime with naked eye : Focusing on the meteorological factors in the astronomical observation records," *Advances in Space Research*, Vol. 61-8, 2018, pp.2116~2123 참고. 이러한 연구를 보면 사서에 남아 있는 太白晝見 기록은 대부분 당대인의 실제 관측과 경험을 바탕으로 한다는 사실을 알 수 있다. 그러나 실록에 4,663건의 태백주현 기록이 있다고 해서 조선 태조~철종대까지 실제로 발생한 태백주현 현상이 4,663회였다고 해서는 안 될 것이다.

77) 재이 기록이 갖는 근본적인 한계를 보완하고 통계적 신뢰성을 높이려는 작업이 있어 주목된다. 기상학에서 활용하는 건습지수와 대조하여 가뭄 기록을 보정하거나,

관측되고 기록된 역사적 맥락을 읽고 그 의미를 파악하는 작업이 우선이라고 생각한다.

둘째, 특정 시기와 인물, 문헌 연구에 집중한 나머지 한국사의 전개 과정에 따른 거시적인 변화상을 체계적으로 구성하지 못했다. 지금까지 한국의 재이론은 유교정치사상의 전개에 따라, 즉 고려 성종 대 유교정치사상의 정립, 고려후기 성리학의 수용, 조선전기 성리학 이해의 심화라는 한국 사상사의 큰 흐름에 따라 연구되었다고 할 수 있다. 그러나 그것의 구체적인 내용을 들여다보면 시기별 재이론의 차별성을 확인하기가 어렵다. 고려와 조선의 재이론은 무엇이 같고 무엇이 다를까. 기본적으로는 동중서 이래 천인감응론을 바탕으로 하는 재이론이 주를 이루었다고 본다. 재이는 하늘이 부덕한 왕에게 내리는 견고였다는 인식, 국왕이 재이 해소를 위해 공구수성(恐懼修省)하고 피전감선(避殿減膳)하는 모습, 군주는 재이를 두려워하며 실정(失政)을 반성하는 계기로 삼았다는 기조 등은 어느 시기에나 통용되었던 재이론의 주된 내용이고, 이와 같은 설명으로 고려와 조선의 재이론은 내용상 큰 차이가 없어 보이기도 한다. 그러다 보니 정치·사상적으로 재이론의 영향이 분명하게 확인되는 고려전기부터 사회변동과 사상계의 변화가 일어나기 전인 조선전기까지로 연구의 시기가 편중되는 문제가 발생하게 되었다.

이 문제를 해결하기 위해서는 재이론의 성립과 발전과 쇠퇴를 일관된 구도 속에서 통시적·공시적으로 검토해야 한다고 생각한다. 한국 사회에서

'가뭄'을 측정할 수 있는 지표를 개발하여 통계자료를 보완하는 등의 시도이다. 이와 관련해서는 李旭, 「15세기 후반 기후특성의 비교사적 고찰-『조선왕조실록』 기후 관련 기록 신빙성 검토의 한 사례-」, 『국학연구』 21, 2012, 389~415쪽 ; 이정철, 「조선 태조·정종·태종연간 가뭄 기록과 가뭄 상황」, 『국학연구』 23, 2013, 499~527쪽 ; 이상호, 「세종 즉위기 3년간(즉위년~세종 2년)의 기상·기후 현상과 세종의 대처」, 『한국학논집』 57, 2014, 217~244쪽 ; 이정철, 「조선왕조실록 가뭄 현상의 기록과 실제-세종 즉위년~세종 18년을 중심으로」, 『국학연구』 25, 2014, 421~451쪽 ; 이정철, 「조선왕조실록 가뭄 기록과 그 실제-세종 대(1418~1450)를 중심으로」, 『국학연구』 29, 2016, 41~76쪽 등 참고.

재이론이 성립할 수 있었던 조건들, 그리고 재이론의 발전을 이끌었던 요인들, 끝으로 재이론이 존재할 수 없게 된 역사적 환경을 구조적으로 파악하고, 재이론의 정치·사상사적 변천과 그것의 의미 등을 고민해야 한다. 이러한 과제에 관해 이 책에서 주목하는 것은 재이론이 역사적으로 맡았던 역할과 기능이다. 가령, 기본적으로는 동중서의 재이론이 통용되었다 할지라도 시기별로 정치 현장에서 활용된 맥락과 전개 양상 등은 달랐다는 것이다. 이는 재이에 대한 논설, 구인교지, 응지상소문 등에 대한 분석을 통해 파악할 수 있다. 그동안은 재이론의 사상적 구조와 철학적 의미를 파악하는 데에 치중했다고 할 수 있는데, 재이론처럼 큰 변화가 없어 보이는 사상일수록 그 역할과 기능에 대한 고찰은 필수적이다.

셋째, 전통과학과 근대과학을 '비합리/합리', '비과학/과학'과 같이 이분법적으로 이해하는 태도는 오래전부터 비판을 받았지만, 재이론의 해체와 소멸에 관한 문제에서는 여전히 근대주의적인 시각이 남아 있다. 즉, 19세기 말 서양 근대과학을 접한 조선(인)의 세계관과 자연인식상 대전환이 일어났고, 이것의 영향으로 전통 재이론이 역사적으로 사라지게 되었다는 것이다.[78] 이것은 '사상의 대체'라는 관점에서만 재이론의 해체와 소멸을 설명한 탓에서 발생한 문제라고 할 수 있다. 예컨대, 근대 기상학의 도입이 전통 재이설의 해체를 이끌었다고 보는 것처럼,[79] 19세기 말에 유입된 서구 근대과학이 전통사상을 빠르게 대체하면서 재이론이 사라지게 되었다고 설명한다. 직관적으로는 그럴 것도 같지만, 이 또한 간단한 문제는 아니다. 가령, 서구 근대과학을 마주하기 이전에는 세계관과 자연인식의 전환이 없었는지, 아니면 세계관과 자연인식의 전환은 있었으나 재이론 자체에는 아무런 변화가 없었던 것인지, 그렇다면 계산을 통한 일월식 예측이 가능해진 상황에서도 일월식 재이론이 고수된 까닭은 무엇인지 등과 같이, '사상의

78) 재이론에 대한 이와 같은 이해는 이미 19세기 말부터 있었다. 박성래, 『한국사에도 과학이 있는가』, 교보문고, 1998, 230~231쪽 참고.

79) 김연희, 『한국 근대과학 형성사』, 들녘, 2016, 256쪽.

대체'라는 관점에서는 설명되지 않는 부분이 적지 않다.

19세기 말에 유입된 서구 근대과학은 재이론의 이론적·철학적 '허구'를 파헤치는 데 집중했다. 그런데 사실 재이론이 이론적·철학적으로 완벽하게 논리적이어서 2,000년이 넘은 시간 동안 존속할 수 있었던 것은 아니다. 재이론의 경험적 또는 논리적 차원의 결함은 이미 오래전부터 지적되었고, 적나라한 비판과 거부가 제기된 적도 많았다. 그런데도 재이론이 오랫동안 존속할 수 있었던 것은 재이론의 고유 역할과 기능 때문이라고 할 수 있다. 재이론의 역할과 기능을 대체할 수 있을 만한 중세사상이 존재하지 않는 상황에서 재이론을 쉽게 폐기할 수는 없었을 것이다. 재이론의 이론적·철학적 결함에 대한 지적은, 수준과 강도는 달랐을지라도 이전부터 있었던 것이고, 그럼에도 재이론이 오랫동안 존속하였다는 사실에서 볼 때 재이론의 해체와 소멸에 관한 문제에서는 재이론의 사상적 결함을 드러내는 것보다 역할과 기능의 쇠퇴(衰頹)가 더 중요하지 않았을까 하는 생각이다. 즉, 한편에서는 이른바 '사상의 대체'가 이루어졌고, 다른 한편에서는 오랫동안 담당해 왔던 재이론의 역할과 기능이 무의미해지고 퇴색되면서, 재이론이 해체와 소멸의 수순을 밟게 된 것이 아닌가 하는 생각이 든다.

요컨대 한국의 재이론 연구는 적지 않은 성과가 있었음에도, 재이 기록의 성격을 명확히 규명하지 않고서 무분별하게 연구에 활용했고, 한국사의 전개 과정에 따른 거시적인 변화상을 체계적으로 구성하지 못했으며, 재이론의 해체와 소멸에 관해서는 근대주의적인 관점에서 벗어나지 못했다는 문제를 갖고 있다.

이러한 문제를 해결하기 위해서는 무엇보다도 조선후기 재이론 연구가 시급한 과제로 떠오른다. 사서 속 재이 기록에서 당대인의 자연인식과 세계관 등을 파악하고자 한다면 재이 문헌이 풍부하면서도 연대기 자료 속에서는 기록의 증감이 뚜렷이 확인되는 조선후기가 우선적인 검토의 대상이 된다. 또한, 조선후기 사회변동과 사상계의 재편에 따른 재이론의 변화상을 규명할 수 있을 것이고, 조선후기 재이론의 기능과 역할이 어떻게 변화해 갔는지도 해명할 수 있을 것이다.

이 책에서는 다음에 유의하여 조선후기 재이론을 고찰할 것이다. 우선, 발전이나 쇠퇴가 아닌 역사적 변화에 관심을 둘 것이다. 역사적 산물의 변화상을 추적하는 것이야 역사 연구에서는 당연한 목적이겠지만, 이 책은 '재이론이 왜 그토록 조선 사회에서 오랫동안 영향력을 발휘할 수 있었을까, 그리고 그토록 오랫동안 영향력을 행사했던 재이론이 언제 어떻게 사라지게 되었을까'라는 소박한 의문에서부터 출발한다.

이른바 니덤식의 목적론적 과학사 이해에서는 전통사회 속에 존재했던 자연관의 부정(否定)과 소멸을 '발전'으로 파악한다. 그런데 근래에는 적어도 서양과학의 적극적인 수용을 '발전'으로, 그리고 전통 자연관의 유지·존속을 '정체' 내지 '쇠퇴'로 보지 않는다.[80] 이 책에서 주목하는 것 역시 발전이나 쇠퇴가 아닌 역사적 변천이다. 이러한 물음에 대한 탐구는 역사적 맥락[context] 속에서 진행되어야 할 것이며 목적론적인 해석도 경계한다. 재이론의 종언이 과연 발전인가 쇠퇴인가의 논의에 강하게 천착할 경우 변화상의 추적이라는 연구의 초점이 자칫 흐려질 수도 있다. 이 책에서는 애초의 소박한 의문에 집중하려고 한다.

다음으로, 재이 기록을 재이론 연구에 활용할 수 있는 적절한 연구방법론에 대해 고민할 것이다. 재이 기록을 활용한 재이론 연구에서는 사상사적 접근과 사학사적 접근을 병행하는 것이 중요하다. 기록된 재이의 내용과 그것의 참위적(讖緯的) 의미를 파악하는 것이 일차적 과제겠으나, 재이가 기록으로 남겨지게 된 경위와 역사적 맥락을 파악해야 그 의미를 온전히 이해할 수 있다. 가령, 『동국문헌비고』「상위고」의 재이론 연구가 참고되는데, 처음 편찬한 서호수(徐浩修, 1736~1799)와 나중에 증정한 이만운(李萬運, 1723~1797)의 상반된 자연인식을 고려하지 않고서는 「상위고」에 수록된 재이 기록의 성격을 정확히 이해할 수는 없다.[81] 재이 기록에 대한 사상사적

80) 과학주의적·목적론적 과학사 서술과 그 문제점에 대해서는 김영식, 『과학, 역사 그리고 과학사』, 생각의 나무, 2008, 133~149쪽 참고.

분석 못지않게 재이 문헌에 대한 사학사적 분석 또한 중요한 연구 활동이 될 것이다.

끝으로, 재이론의 변화, 즉 성립과 발전과 해체의 역사적 과정을 하나의 체계 속에서 설명하고자 한다. 이를 위해서는 재이론의 내적인 이론체계의 변화와 외적인 정치적 기능의 변천을 정합적으로 구조화해야 한다는 생각이다. 하나의 사상을 온전히 이해하기 위해서는 그 사상의 내적인 이론체계와 시대적 또는 사회적 기능이라는 외적인 요소를 유기적으로 살펴보아야 한다. 이 점에서 사상의 이론체계 분석을 담당하는 철학과 사상의 시대·사회적 기능의 탐구를 담당하는 사학은 사상사를 해명하는 두 개의 수레바퀴라고 할 수 있다.[82]

재이론으로 보면 내적인 이론체계의 분석에서는 천인감응론(天人感應論)이나 음양오행설(陰陽五行說), 주재천(主宰天)·이법천(理法天) 등의 개념이, 그리고 외적인 정치적 기능의 분석에서는 구언(求言)과 응지상소(應旨上疏), 언론 활동 등의 영역이 주요 검토 대상이 된다. 양자를 보면 재이론의 이론적 내용이 정치적 기능을 만든 측면도 있고, 정치적 기능의 변화가 이론적 재편을 이끈 측면도 있다. 양자를 유기적으로 파악하여 재이론의 역사상을 구조화하는 작업을 통해 역사적 흐름에 따른 재이론의 변화상을 체계적으로 파악해 볼 예정이다.

81) 경석현, 앞의 글, 2016, 215~256쪽.

82) 한국사상사학회 편, 『한국사상사입문』, 서문문화사, 2006, '서문', 4쪽, 예컨대 한국사상의 主潮였던 유불도 三敎는 각각의 이론체계가 있고 또 각 시대와 사회에서 담당했던 정치·사회적 기능이 명확했다. 유불도 삼교의 이론체계에 따라 이것의 정치·사회적 기능이 규정되기도 했고, 반대로 정치·사회적 요구에 따라 이것의 이론체계가 재편되기도 했다. 양자의 유기적인 상호작용으로 유불도 삼교의 사상사적 발전이 이루어졌고, 그래서 사상사 연구는 이론체계와 시대·사회적 기능의 양면을 모두 살펴보아야 한다.

제2장 재이론의 이론체계와 정치적 기능

—동중서(董仲舒)와 주희(朱熹)의 재이론을 중심으로—

이 책의 관심 사항은 조선후기 주자학적(朱子學的) 재이론의 변화이다. 특히, 이론체계의 변동에 따른 정치적 기능의 성쇠를 추적하여 재이론의 변화를 구조적으로 규명하는 것이 주된 목표이다. 따라서 주자학적 재이론의 이론체계와 정치적 기능을 파악하는 것이 첫 번째 과제가 된다. 그런데 이 과제는 재이론을 정치사상으로 체계화시킨 동중서의 논의에서부터 시작해야 한다. 왜냐하면, 주희의 재이론은 기본적으로 동중서의 그것을 계승한 것이기 때문이다. 특히, 정치적 기능의 측면에서 양자는 연속성이 강하다. 동중서가 재이론을 군신(君臣) 간 소통의 창구로 기능하게 했고, 주희가 그 소통의 내용을 군주의 도덕적 수양으로 귀결시킨 것이므로, 동중서 재이론의 역사적 유산이 주희에게 계승되었다고 할 수 있다. 즉, 조선에서 영위된 주자학적 재이론의 원형은 두말할 것도 없이 주희의 재이론이지만, 이것은 동중서의 재이론을 계승한 것이므로, 동중서 이래 주희에 이르기까지 재이론의 변천을 살펴야 주자학적 재이론을 정확히 이해할 수 있다. 이에 조선의 주자학적 재이론에 대한 본격적인 검토에 앞서 동중서와 주희의 재이론에 대해 살펴보고자 한다.

1. 동중서(董仲舒) 재이론의 이론적 양면성과 정치적 소통

동아시아에서 재이론을 처음으로 체계화한 인물은 한(漢)의 동중서(董仲舒, 기원전 179~기원전 104)이다. 동중서 재이론의 체계화는 천견설(天譴說)과 천인감응론(天人感應論)의 결합으로 요약할 수 있다.[1] 천견설은 의지를 가진 하늘이 덕을 잃은 군주에게 벌을 내린다는 관념으로 『서경(書經)』이나 『시경(詩經)』 등에서 맹아가 발견되고, 『묵자(墨子)』에는 "천자가 선(善)을 행하면 하늘이 상을 주고, 천자가 악(惡)을 행하면 하늘이 벌[=재이]을 준다"라고 분명하게 나와 있다.[2] 한편 천인감응론은 하늘(또는 자연)과 인간이 음양(陰陽)의 기(氣)를 통해 서로 감응한다는 사유체계로, 인간(사회)의 음양의 부조화가 하늘의 음양의 부조화로 이어져 재이가 발생한다고 설명한다.[3]

동중서의 재이론에서는 천견설과 천인감응론이 모두 확인된다. 먼저 "재이의 근원은 모두 국가의 실정(失政)에서 나온다. 국가의 실정은 작은 조짐[맹아]에서 시작하는데, 그러면 하늘이 재해를 내려 견고(譴告)한다. 견고했는데도 변화를 알지 못하면 괴이를 보여 놀라게 한다. 놀라게 했는데 두려워하지 않으면 재앙이 이내 이른다"[4]라는 설명에서 천견설을 확인할 수 있다. 그리고 "홍수는 음기가 양기를 압도하여 생긴 것이다. 음기가 양기를 압도하는 것은 비천한 것이 존귀한 것을 내리누르는 양상이다. 일식의 원인도 마찬가지다. 모두 〈인간 사회의〉 아랫것이 윗것을 범한 것으로 천한 것이 귀한 것을 손상케 한 것은 순서를 거스른 것이다"[5]라는

---

1) 미조구치 유조 외 엮음(김석근·김용천·박규태 옮김), 『中國思想文化事典』, 책과함께, 2011, 318~319쪽.

2) 풍우 지음(김갑수 옮김), 『동양의 자연과 인간 이해, 중국의 천인관계론』, 논형, 2008, 55~61쪽.

3) 존 헨더슨 저(문중양 역주), 『중국의 우주론과 청대의 과학혁명』, 소명출판, 2004, 44쪽.

4) 『春秋繁露』 卷8, 必仁且智, 54쪽(董仲舒 著, 『春秋繁露』, 上海 : 上海古籍出版社, 1989의 쪽수. 이하 같음), "凡災異之本, 盡生於國家之失, 國家之失乃始萌芽, 而天出災害以譴告之, 譴告之, 而不知變, 乃見怪異以驚駭之, 驚駭之, 尙不知畏恐, 其殃咎乃至."

설명에서 천인감응론을 확인할 수 있다.

그런데 천견설과 천인감응론은 서로 모순되는 사유체계이다.[6] 천견설에 따라 유의지(有意志)의 하늘이 인간에게 재이를 내린다고 보면 하늘과 인간의 감응은 굳이 필요하지 않고, 반대로 천인감응에 따라 음기와 양기의 상호 소장(消長)이나 성쇠(盛衰)와 같은 기의 작용으로 재이가 발생한다고 보면 재이를 내리는 주체로서 유의지의 하늘은 없어도 된다. 그렇다면 동중서는 왜 서로 모순되는 두 사유체계를 결합한 것일까.

동중서는 한의 유교 국교화(國敎化)를 이끈 인물로 평가받는다.[7] 한 무제(武帝)가 건원(建元) 원년(기원전 140)에 내린 책문(策問)에 현량(賢良)으로 천거된 동중서가 「현량대책(賢良對策)」[8]을 지어 올렸는데 무제가 이것을 답안으로 채택하면서 한의 유교 국교화가 이루어지게 되었다.

무제는 현량과 문학(文學) 100여 명을 뽑아 '대도(大道)의 요체와 지론(至論)의 핵심'에 대해 듣고자 책문을 내렸다.[9] 그리고 동중서가 올린 대책의

---

5) 『春秋繁露』 卷3, 精華, 22쪽, "大水者, 陰滅陽也. 陰滅陽者, 卑勝尊也, 日食亦然, 皆下犯上, 以賤傷貴者, 逆節也." ; 同 卷13, 同類相動, 76쪽, "天有陰陽, 人亦有陰陽, 天地之陰氣起, 而人之陰氣應之而起, 人之陰氣起, 天地之陰氣亦宜應之而起, 其道一也."

6) 董仲舒 사상 속에서 양자의 모순을 최초로 지적한 인물은 일본의 津田左右吉이다. 津田左右吉, 「前漢の儒敎と陰陽學」, 『儒敎の硏究(津田左右吉全集16)』, 東京 : 岩波書店, 1987, 238쪽 참고.

7) 戶川芳郎·蜂屋邦夫·溝口雄三 지음(조성을·이동철 옮김), 『유교사』, 이론과실천, 1990, 74쪽.

8) 武帝와 董仲舒가 天人에 관계된 내용을 세 번에 걸쳐 문답을 주고받았다고 하여 「天人三策」이라고도 한다. 董仲舒 대책문에는 다음과 같은 특징이 있다. 첫째, 경전을 자주 인용했다는 점, 둘째, 『春秋公羊傳』의 영향을 받아 이치의 해석이 세밀하고 비교적 사변성이 강하다는 점, 셋째, 비유법을 효과적으로 사용했다는 점, 넷째 賦의 영향을 받아 대구법과 구법의 변환을 자주 사용했다는 점이다. 박재경, 「조선시대 對策의 중국 대책 수용양상-董仲舒의 「天人三策」을 중심으로-」, 『정신문화연구』 40-2, 2017, 135~136쪽 참고.

9) 『漢書』 卷56, 傳26, 董仲舒傳(8책, 2,495쪽-班固 撰(顔師古 注), 『漢書』, 北京 : 中華書局, 1962의 책수와 쪽수. 이하 같음), "武帝卽位, 擧賢良文學之士前後百數, 而仲舒以賢良對策焉. 制曰, 朕獲承至尊休德, … 故廣延四方之豪俊, 君國諸侯公選賢良修潔博習之士, 欲聞大道之要, 至論之極." 이하 董仲舒의 「賢良對策」 분석은 안대회 편역, 『(개역판)漢書列傳』, 까치글방, 2010을 참고했다.

요지는 다음과 같다.

> 『춘추(春秋)』의 대일통(大一統)은 천지의 변함없는 이치[經]이자 고금에 통용되는 법[誼]입니다. 지금은 스승마다 도(道)가 다르고, 사람마다 논의가 다르며, 백가(百家)마다 방법이 다르고 지향하는 뜻이 같지 않아 이로써 위에서는 통일을 하지 못하고 법제를 자주 바꾸며 아래에서는 무엇을 지켜야 할지 모릅니다. 신의 어리석은 생각으로는, 육예(六藝)의 과목과 공자(孔子)의 저술에 있지 않은 것은 모두 그 도(道)를 끊어 함께 번져 나가는 것을 막아야 합니다. 사악하고 편벽된 학설이 사라진 연후에야 통치의 기강이 하나로 되고 법도가 밝아져 백성이 따를 바를 알게 될 것입니다.[10]

요컨대 유교정치사상(儒教政治思想)에 기반을 둔 일원적인 통치 기강의 확립이 그 대책의 요지였다.[11] 동중서의 진단에 따르면, 당시는 선대에 덕(德)과 교화(敎化)를 맡았던 관리를 없애고, 오직 법을 담당하는 관리만으로 백성을 다스리는 시대로 공자(孔子)가 말한 학정(虐政)이 행해지던 때였다.[12] 아래에서 학정이 행해진다면 덕과 교화가 사방에 펼쳐질 수는 없었

---

10) 『漢書』 卷56, 傳26, 董仲舒傳(8책, 2,523쪽), "春秋大一統者, 天地之常經, 古今之通誼也. 今師異道, 人異論, 百家殊方, 指意不同, 是以上亡以持一統, 法制數變, 下不知所守. 臣愚以爲諸不在六藝之科孔子之述者, 皆絶其道, 勿使竝進. 邪辟之說滅息, 然後統紀可一而法度可明, 民知所從矣."

11) 히하라 도시쿠니 지음(김동민 옮김), 『국가와 백성 사이의 漢-한 제국, 덕치와 형벌의 이중주-』, 글항아리, 2013, 48쪽.

12) 『論語集註』 卷20, 堯曰, 192쪽, "子張曰, 何謂四惡, 子曰, 不教而殺, 謂之虐, 不戒視成, 謂之暴, 慢令致期, 謂之賊, 猶之與人也出納之吝, 謂之有司." 한편 董仲舒의 賢良對策은 眞僞 문제와 관련하여 논란이 적지 않다. 심지어 班固의 僞作이라는 견해도 있다. 그러나 대체로 동중서가 대책문을 작성해 제출한 것은 분명하다고 인정된다. 다만, 어디까지가 동중서의 견해인지가 문제인데, 최근 연구에 따르면 『論語』를 인용하여 논지를 전개한 구절은 조작 가능성이 낮은 부분이라고 한다. 이에 관해서는 김종희, 「董仲舒의 『論語』 활용과 그 의미-天人三策 분석을 중심으로-」, 『中國古中世史研究』 65, 2022, 204쪽 참고.

다.[13] 그런데 동중서가 보기에 진(秦)의 뒤를 이은 한(漢)은 마치 '썩은 나무와 더러운 흙으로 덮인 담장'과 같은 처지라 아무리 선정(善政)을 베풀려 해도 어찌할 수가 없는 상황이었다.[14]

이럴 때 필요한 것이 바로 경장(更張)이었다. 비유하자면 악기에 새로운 줄을 매어야 할 때 매지 않는다면 아무리 훌륭한 악사가 있다고 해도 연주를 잘할 수 없듯이, 경장해야 할 때 경장하지 않으면 아무리 위대한 현인(賢人)이 나타난다고 해도 나라를 잘 다스릴 수 없는 것이었다.[15] 즉 동중서는 법과 형벌이 주를 이루었던 진 이래의 학정을 개혁하여 덕과 교화가 중심이 되는 유교 정치의 구현을 역설한 것이었다.

동중서는 유교정치사상에 입각한 통치 기강[統紀]의 확립이 필요한 이유를 인간의 불완전한 성품 때문이라고 했다. 사람마다 요수(夭壽)와 인비(仁鄙)가 다르고 성품이 고르지 못하기 때문에 인간 사회에는 타율적 규제를 속성으로 하는 예(禮)가 필요한데,[16] 이것의 내면화는 덕에 의한 교화로써 이루어져야 했다. 동중서는 『논어』를 인용하여 군자의 덕은 바람과 같고 소인의 덕은 풀과 같아서 바람이 풀 위에서 불면 풀은 반드시 바람 따라 휩쓸려 쓰러진다고 했다.[17] 불완전한 성품을 가진 백성을 덕으로써 교화해야 한다는 의미였다. 이런 까닭으로 덕치가 행해진 요순(堯舜) 시대에는 백성이 어질고 장수했으며, 폭정이 행해진 걸주(桀紂) 시대에는 백성이 비루하고 요절한 것이라고

---

13) 『漢書』 卷56, 傳26, 董仲舒傳(8책, 2,502쪽), "今廢先王德敎之官, 而獨任執法之吏治民, 毋乃任刑之意與. 孔子曰, 不敎而誅謂之虐. 虐政用於下, 而欲德敎之被四海, 故難成也."

14) 『漢書』 卷56, 傳26, 董仲舒傳(8책, 2,504쪽), "今漢繼秦之後, 如朽木糞墻矣, 雖欲善治之, 亡可奈何."

15) 『漢書』 卷56, 傳26, 董仲舒傳(8책, 2,504~2,505쪽), "竊譬之琴瑟不調, 甚者必解而更張之, 乃可鼓也, 爲政而不行, 甚者必變而更化之, 乃可理也. 當更張而不更張, 雖有良工不能善調也, 當更化而不更化, 雖有大賢不能善治也."

16) 『漢書』 卷56, 傳26, 董仲舒傳(8책, 2,501쪽), "或夭或壽, 或仁或鄙, 陶冶而成之, 不能粹美, 有治亂之所生, 故不齊也. 孔子曰, 君子之德風也, 小人之德屮也, 屮上之風必偃. 故堯舜行德則民仁壽, 桀紂行暴則民鄙夭."

17) 『論語集註』 卷12, 顔淵, 137쪽, "季康子問政於孔子曰, 如殺無道, 以就有道, 何如. 孔子對曰, 子爲政, 焉用殺. 子欲善, 而民善矣. 君子之德風, 小人之德草. 草上之風, 必偃."

했다. 불완전한 성품을 가진 백성을 덕으로써 교화하는 예를 확립하기 위해서는 유교 정치의 구현이 필요한 것이었다.

그런데 군주가 이러한 경장을 추진하기 위해서는 강력한 군주권이 뒷받침되어야 했다. 이에 동중서는 천견설과 천인감응론을 결합한 재이론을 통해 강력한 군주권을 사상적으로 뒷받침했다.[18] 그는 하늘과 소통[감응]이 가능한 자는 유일하게 천명(天命)을 받은 군주뿐이라고 하여 군주의 권위를 세웠다. 그리고 재이를 군주 수명(受命)의 증거로 설정하여 군주를 일방적인 처벌에서 해방시켰다. 사실 천견설에서 재이는 실정을 저지른 군주에게 하늘이 일방적으로 내리는 벌이므로 군주에게 하늘과 재이는 모두 두려운 대상이 된다. 그런데 동중서의 재이론에서 재이는 하늘이 군주를 사랑하고 있다는 증거이기도 했다. 설령 군주가 도를 잃더라도 하늘은 군주를 사랑하여 패망에 이르지 않게 하려고 미리 경고하여 실정을 바로잡을 기회를 주고자 재이를 낸다는 것이었다.[19] 재이는 하늘이 군주에게 주는 '사랑의 매'였던 것이다. 그래서 재이를 맞은 군주는 낙심할 것이 아니라 실정을 되돌리고자 노력하면 되는 것이었다. 학문을 열심히 하면 견문이 넓어지고 지혜가 밝아지는 것이었다. 또 도를 열심히 실천하면 덕이 날마다 일어나고 공적은 크게 쌓이는 것이었다. 이는 모두 재이를 돌이키는 데에 효과가 있는 것들이었다.[20] 이렇게 해서 동중서의 재이론은 강력한 군주권을 뒷받

18) 특히 『墨子』에서 확인되는 天譴說에서는 天意의 표출이 곧바로 그 대상[=군주]의 興亡과 직결된다. 그러나 董仲舒는 天意와 興亡 사이에 天人의 同類 感應을 통한 災異의 발생을 삽입하여 天意의 대상, 즉 군주의 역할에 주목했고, 이로써 논의의 중심축이 군주로 옮겨가게 했다. 쉽게 말해 그 징표=災異에 군주가 어떻게 반응하느냐에 따라 국가의 흥폐가 결정된다고 보았기 때문에 결국 군주의 정치적 역할이 최대의 관심사가 되는 것이었다. 이에 관해서는 김동민, 『춘추논쟁, 중국 최초의 대일통 제국을 탄생시킨 사유의 격돌』, 글항아리, 2014, 146~147쪽 참고.

19) 『漢書』 卷56, 傳26, 董仲舒傳(8책, 2,498쪽), "臣謹案春秋之中, 視前世已行之事, 以觀天人相與之際, 甚可畏也. 國家將有失道之敗, 而天乃先出災害以譴告之, 不知自省, 又出怪異以警懼之, 尙不知變, 而傷敗乃至. 以此見天心之仁愛人君而欲止其亂也."

20) 『漢書』 卷56, 傳26, 董仲舒傳(8책, 2,498~2,499쪽), "自非大亡道之世者, 天盡欲扶持而全安之, 事在彊勉而已矣. 彊勉學問, 則聞見博而知益明, 彊勉行道, 則德日起而大有功, 此皆可使還

침할 수 있었다.

그러나 재이론을 통한 군주권 확보는 근원적으로 한계가 있을 수밖에 없었다. 군주 권력의 원천이 '하늘'이었던 이상, 군주권이 하늘의 권위를 초월할 수는 없었다. 물론 이때의 하늘은 푸른빛을 내는 자연의 하늘이 아니라 분명한 목적과 가치를 함의한 하늘이었다.

예컨대 하늘은 인(仁)이라고 했다. 하늘은 만물을 기르고 보살피는 일을 끝없이 하므로 하늘의 뜻은 끝이 없는 인이라는 것이었다. 그래서 하늘로부터 명을 받은 자, 즉 군주는 하늘로부터 인을 얻어 인의 정치를 해야 한다고 했다. 수명(受命) 군주가 하늘[=인]을 높이면, 부형(父兄)과 자제(子弟)는 친하게 되고, 충신(忠信)과 자혜(慈惠)의 마음이 생기고, 예의(禮義)와 염치(廉恥)의 행동을 하게 되고, 역순(逆順)의 시비(是非)를 가리는 정치가 있게 되는 것이었다.[21)]

또 하늘의 도에서 가장 중요한 것은 음양이라고 했다. 그 속성을 보면, 양은 덕이고 음은 형벌인데, 덕은 생장을 주관하고 형벌은 살생을 주관한다. 이런 까닭으로 양은 항상 여름에 머물면서 만물의 생장과 양육을 일삼고, 음은 항상 겨울에 머물면서 공허하고 아무것도 하지 않는 상태에 놓인다고 했다. 이 점에서 볼 때 하늘은 덕에 임하지 형벌에 임하는 게 아니었다. 그러므로 하늘의 뜻을 받들어야 하는 군주는 형벌이 아닌 덕과 교화로써 정치에 임해야 하는 것이었다.[22)] 이처럼 군주는 하늘을 본받아 인의 정치를 펼쳐야 하고, 또 음을 낮추고 양을 높이는, 즉 형벌이 아닌 덕에 의한 정치를 해야 하는 것이었다.

至而有效者也."

21) 『春秋繁露』 卷8, 王道通三, 67쪽, "仁之美者在於天, 天仁也, 天覆育萬物, 既化而生之, 有養而成之, 事功無已, 終而復始, 凡擧歸之以奉人, 察於天之意, 無窮極之仁也. 人之受命於天也, 取仁於天而仁也, 是故人之受命天之尊, 父兄子弟之親, 有忠信慈惠之心, 有禮義廉讓之行, 有是非逆順之治."

22) 『漢書』 卷56, 傳26, 董仲舒傳(8책, 2,502쪽), "天道之大者在陰陽. 陽爲德, 陰爲刑, 刑主殺而德主生. 是故陽常居大夏, 而以生育養長爲事, 陰常居大冬, 而積於空虛不用之處. 以此見天之任德不任刑也. … 王者承天意以從事, 故任德教而不任刑."

요컨대 동중서는 진 이래의 학정을 끝내고 백성을 덕으로써 교화하는 인정(仁政), 즉 유교 정치가 필요하다고 역설했다. 이를 위해서는 강력한 군주권을 바탕으로 한 경장이 필요했는데, 강력한 군주권은 어디까지나 인의 정치, 곧 덕과 교화의 정치를 위해서만 발동되어야 했고, 군주의 자의적인 권력 남용은 허용될 수 없었다.

동중서는 강력한 군주권을 지지하면서도 이것의 무한한 확장을 방지하고자 '재이'라는 장치를 두어 그 한계도 함께 제시했다. 그래서 동중서의 재이론은 사상적으로는 강력한 군주권을 지지하면서도 현실 정치에서는 이것에 제약을 가한다. 이 점에서 동중서 재이론은 양면성(兩面性)을 띤다고 할 수 있다.

그렇다면 재이가 일어나면 군주와 신료는 무엇을 어떻게 해야 했을까. 재이는 군주의 과오와 실정에 대한 신호였기 때문에[23] 무엇이 과오이고 실정인지 파악하는 절차가 필요했다.

> 이로써 보면 천재(天災)는 과오(過誤)에 응한 것이 지극하고, 변이(變異)의 등장은 명백히 두려워해야 한다. … 성주(聖主)와 현군(賢君)은 오히려 충신(忠臣)의 간언(諫言)을 즐겁게 받아들여서 천견(天譴)을 수용한다.[24]

동중서에게 천견의 수용이란 군주가 충신의 간언을 기꺼이 수용하는 것[樂受忠臣之諫]이었다. 재이의 원인은 군주의 실정이고, 실정을 고쳐야 재이가 사라지는 것이므로 재이를 맞은 군주는 신료에게 실정의 구체적인 내용과 해결책을 물어 구하고, 신료는 이에 응하여 군주에게 간언을 상주해야 했다. 아마도 동중서는 군주와 신료가 질문하고 답변하는 과정에서 유교정

---

23) 『春秋繁露』 卷8, 必仁且知, 54쪽, "故見天意者之於災異也, 畏之而不惡也, 以爲天欲振吾過, 救吾失, 故以此報我也."

24) 『春秋繁露』 卷8, 必仁且知, 54쪽, "以此觀之, 天災之應過而至也, 異之顯明可畏也, … 聖主賢君尙樂受忠臣之諫, 而受天譴也."

치사상의 이념을 확인하고 그것을 구현하기 위한 구체적 방안을 모색하라는 의미에서 '천견의 수용'을 곧 군주의 '간언 수용'이라고 했던 것 같다. 훗날의 구언(求言)과 응지상소(應旨上疏)의 전통은 이렇게 하여 만들어지게 된 것으로 보인다.[25)]

동중서 재이론의 역사적 의의는 바로 여기에서 찾을 수 있다. 양면적 속성의 재이론을 통해 군신(君臣)이 서로 국정 현안을 주제로 토론하는 전통을 만들어 냈다는 점이다. 재이를 통해서라면 군주건 신료건 서로 명분이 있기 때문에 논의에 가담할 수가 있었다. 재이론은 기본적으로 군주권의 절대성을 인정해 주었기 때문에 군주로서 논의에 적극적으로 가담할 수가 있었다. 또 신료의 입장에서 군주권의 무한한 팽창을 견제하고 정치적 소신을 펼치는 데에 재이론만큼 유용한 논리체계도 없었다. 이렇게 하여 동중서 재이론은 양면적 성격을 띠는 소통의 기제(機制)로 기능하게 되었다.

2. 한(漢) 대 재이론의 참위(讖緯)·예언화(豫言化)

동중서가 체계화한 재이론을 현실 정치에서 구현하기란 결코 쉬운 일이 아니었다. 동중서는 자신의 재이론을 직접 펼친 적이 있다. 한 무제 건원 5년(기원전 136)에 고조(高祖)의 능묘와 능묘 안의 전각에서 화재가 발생하자, 동중서는 『춘추』를 근거로 화재가 발생한 이유는 무제의 실정 때문이라는 내용의 주문(奏文)을 작성했다. 그런데 동중서에게 문안차 인사 왔던

25) 선행 연구에 따르면, 漢에서는 황제 스스로 재이에 대해 자책하며 失政의 원인과 해결책을 묻는 '罪己詔'가 58회[前漢 28회, 後漢 30회] 내려졌다고 한다. 다만 시대와 상황에 따라 罪己詔를 내리는 목적은 달랐던 듯하다. 황제가 실권을 장악한 후 자신의 德을 널리 선양하기 위해 내린 적도 있고, 內外朝 간의 격렬한 정치 투쟁의 산물이었던 적도 있었다고 한다. 이에 대해서는 김석우, 『자연재해와 유교국가-漢代의 災害와 荒政 硏究-』, 일조각, 2006, 154쪽 참고.

주보언(主父偃)이 주문을 훔쳐 무제에게 상주했고, 전후 사정을 몰랐던 동중서의 제자 여보서(呂步舒)는 주보언이 상주한 동중서의 주문을 어리석은 글이라며 비난했다. 이 일로 주문을 작성한 동중서는 사형될 뻔했으나, 무제의 조칙으로 사면되었다. 이후로 동중서는 재이에 대해 일절 언급하지 않았다고 한다.[26] 이렇듯 재이를 아무리 군주 수명의 증거로 삼는다고 해도 전제적 권력을 휘두르는 군주에게 실정을 직언한다는 것은 위험천만한 일이었다.

이후로 한에서는 재이론의 이론적 변형이 일어났고, 동중서의 재이론과는 전혀 다른 성격의 재이론이 전개되었다. 재이론이 참위(讖緯)·예언적(豫言的)으로 변한 것이다.[27] 동중서는 재이를 군주가 '이미 저지른' 실정에 대한 하늘의 견고라고 했는데, 이론적 변형이 일어난 후 재이는 '아직 일어나지 않은' 미래의 사변(事變)을 미리 알려주는 전조(前兆)로 바뀌었다.

예컨대 한 소제(昭帝) 원봉(元鳳) 3년(기원전 78) 휴홍(眭弘)의 상서(上書)를 보자.[28] 이해 정월에 태산(泰山)의 큰 돌이 스스로 일어서고, 상림원(上林苑)

26) 『漢書』 卷56, 傳26, 董仲舒傳(8책, 2,524쪽) ; 戶川芳郎·蜂屋邦夫·溝口雄三 지음(조성을·이동철 옮김), 앞의 책, 1990, 75쪽.

27) 金谷治 외 지음(조성을 옮김), 『中國思想史』, 이론과실천, 1986, 103쪽 ; 히하라 도시쿠니 지음(김동민 옮김), 앞의 책, 2013, 122쪽. 그리고 미래의 천체 운동을 예측한다는 점에서 前漢代 太初曆의 改曆도 讖緯說의 발달과 관련이 깊다고 할 수 있다. 이에 관해서는 Lee, Sung Kyu, "Ancient Chinese Astrology : Its Characteristics and Influences on Chinese Thought," *Journal of the Korean History of Science Society*, Vol. 6-1, 1984, pp.39~43 참고.

28) 『漢書』 卷75, 傳45, 眭兩夏侯京翼李傳(10책, 3,153~3,154쪽), "孝昭元鳳三年正月, 泰山萊蕪山南匈匈有數千人聲, 民視之, 有大石自立, 高丈五尺, 大四十八圍, 入地深八尺, 三石爲足. 石立後有白烏數千下集其旁. 是時, 昌邑有枯社木臥復生, 又上林苑中大柳樹斷枯臥地, 亦自立生, 有蟲食樹葉成文字, 曰公孫病已立. 孟推春秋之意, 以爲石柳, 皆陰類, 下民之象, 泰山者, 岱宗之嶽, 王者易姓告代之外. 今大石自立, 僵柳復起, 非人力所爲, 此當有從匹夫爲天子者. 枯社木復生, 故廢之家公孫氏當復興者也. 孟意亦不知其所在, 卽說曰, 先師董仲舒有言, 雖有繼體守文之君, 不害聖人之受命. 漢家堯後, 有傳國之運. 漢帝宜誰差天下, 求索賢人, 禪以帝位, 而退自封百裏, 如殷周二王後, 以承順天命. 孟使友人內官長賜上此書. 時, 昭帝幼, 大將軍霍光秉政, 惡之, 下其書廷尉. 奏賜孟妄設襖言惑衆, 大逆不道, 皆伏誅. 後五年, 孝宣帝興於民間, 卽位, 征孟子爲郞." 이에 대한 분석으로는 鄭東哲, 「漢代 災異說의 一考察-眭弘의

의 말라죽은 나무가 다시 살아나는 이변이 발생했다. 이에 휴홍은 『춘추』의 뜻으로 유추하여 이 재이는 음의 종류이자 하민(下民)의 상(象)으로 인력(人力)으로 어찌할 수 있는 바가 아니며 필부(匹夫)가 천자가 될 것이라고 예언했다. 그리고 소제에게 현자를 구해서 제위를 선양해야 한다고 주청했다. 결국 휴홍은 '요망한 말을 만들어 대중을 미혹[惑]시켰다'라는 이유로 주살(誅殺)되었다.

동중서의 재이론을 따랐다면 이때 태산과 상림원의 재이는 소제의 실정에 대한 하늘의 견고로 보는 것이 타당하다. 그러므로 소제는 자신의 실정이 무엇인지 물어 구하고, 휴홍은 소제가 유교 정치에 충실하기 위해서는 무엇을 어떻게 해야 하는지 간언해야 했다. 그런데 휴홍이 상서한 내용은 이와는 전혀 달랐다. 태산과 상림원의 재이를 보고서 '일반 백성 중 천자에 즉위하는 자가 있을 것이다'라는 예언을 하고 현자에게 선위할 것을 요청했다. 그리고 소제는 대중을 미혹시켰다는 이유로 휴홍을 사형에 처했다. 휴홍이 상언한 내용이나 이에 대한 소제의 대응은 동중서가 체계화한 재이론과는 거리가 먼 것이었다.

재이론의 예언화에는 두 가지 배경이 있다.[29] 첫째, 결과보다는 내적 동기를 더 중요하게 여기는 춘추공양학(春秋公羊學)의 학문 태도가 미래의 조짐을 판별하는 경향으로 나타났다. 『춘추』는 외적인 사실이나 결과보다는 이것을 추동한 의지가 선인지 악인지를 더 중시한다. 그리고 만약 악의(惡意)라면 어떤 일이 일어나기 전에 미리 예방하는 것을 우선으로 한다. 이러한 태도가 재이론과 결합하면서 과거의 사실뿐 아니라 장래에 발생할 법한 '좋지 않은' 사태도 문제시되었다. 둘째, 역학(易學)의 괘기설(卦氣說)과 같은 점후(占候) 방법이 실용화되고 역학자 맹희(孟喜)·경방(京房)의 상수역(象數易) 이론이 재이설과 결합하면서 『주역(周易)』의 예점적(豫占的) 성격이 재이론에도 영향을 미쳤다. 역이 미래를 점치고 장래를 예견하므로 이를 흡수한

上書와 昭帝의 卽位 背景-」, 『東亞硏究』 4, 1984, 201~234쪽 참고.
29) 히하라 도시쿠니 지음(김동민 옮김), 앞의 책, 2013, 124~129쪽.

재이론이 예언적 경향을 띠게 된 것은 자연스러운 일이었다. 역사적으로 한(漢) 대에 유행한 재이론이라고 하면 동중서의 재이론이 아니라 이렇게 참위·예언화된 재이론을 말한다. 이러한 재이론의 이론적 변형이 한 대 재이론의 유행을 이끌었다고도 볼 수 있다.

재이의 정의도 달라졌다. 동중서는 천지의 만물 중에 일상적이지 않은 변을 '이(異)', 그중 작은 것을 '재(災)'라고 했다. '재'가 항상 먼저 이르고 '이'는 이를 따른다고 했다. '재'는 하늘의 견고이고 '이'는 하늘의 위엄인데, '재'로써 먼저 견고했음에도 알지 못하면 '이'로써 위엄을 보여 두렵게 한다고 했다.[30]

그런데 후한(後漢) 대 『백호통의(白虎通義)』에서는 다음과 같이 정의되었다.

> 재이는 무엇을 말하는가? 『춘추잠담파(春秋潛潭巴)』에서는 "재는 손상[傷]이라는 뜻으로 일에 따라서 질책하는[誅] 것이고, 이는 괴이[怪]라는 뜻으로 먼저 일어나 마음으로 느끼고 움직이게 하는 것"이라고 했다.[31]

『춘추잠담파』는 한의 대표적인 『춘추』 위서(僞書)이다.[32] 여기에서는 '재'를 '일에 따라서 일어나는 견책'이라고 했지만, '이'에는 '아직 그렇게 발생하기 이전에 미리 알려주어 마음으로 느끼고 움직이게 하려는' 예점(豫占)의 성격이 포함되어 있다. 동중서는 '불상의 변'을 큰 '이'와 작은 '재'로 구분해 작은 '재'가 먼저 이르고 큰 '이'가 나중에 이른다고 했지만, 『백호통의』에서는 재이를 사후에 질책으로서 일어나는 '재'와 사전에 전조

---

30) 『春秋繁露』 卷8, 「必仁且智」, 54쪽, "其大略之類, 天地之物有不常之變者, 謂之異, 小者謂之災. 災常先至而異乃隨之. 災者, 天之譴也, 異者, 天之威也. 譴之而不知, 乃畏之以威."

31) 『白虎通義』, '災變', 850-34쪽(『四庫筆~記小說叢書(『白虎通義』 外13種)』, 上海 : 上海古籍出版社, 1992의 쪽수), "災異者, 何謂也. 春秋潛潭巴曰, 災之言傷也, 隨事而誅. 異之言怪也, 先發感動之也."

32) 히하라 도시쿠니 지음(김동민 옮김), 앞의 책, 2013, 129쪽.

(前兆)로서 일어나는 '이'로 정의한 것이다. 재이론의 예언화로 재이의 정의도 이렇게 변화했다.

재이론은 이러한 예언화 과정을 거치면서 '원인론'보다는 '대책론'을 중심으로 발달하게 되었다. 동중서 재이론에서 재이의 원인은 군주의 실정이었다. 하지만 앞서 동중서의 사례에서도 보았듯이, 그야말로 죽음을 각오하지 않고서는 전제적인 군주에게 그의 실정을 과감히 주청할 수는 없었을 것이다. 더욱이 재이를 전조로 간주하면 인사(人事)의 문제는 아직 도래하지 않은 것이 되므로 그 논의는 자연히 곧 도래할 인사 문제를 예방하고 대책을 세우는 데로 집중될 수밖에 없었다.

이러한 재이론이 정치 세력 간의 대립 속에서 활용되면 정적(政敵) 제거에 탁월한 논리가 될 수 있었다. 정치 세력 간의 대립이 치열하게 전개되는 와중에 재이가 발생하면, 과거의 경험이 더해져 정적 제거가 재이 대응책으로 제시될 수 있었다. 쉽게 말해, '과거에 누가 어떤 일을 저질렀을 때 어떤 재이가 있었는데, 지금 같은 재이가 발생한 것으로 보아 그가 또 어떤 일을 저지르려고 하는 듯하다'와 같은 설명이 가능했고, 이를 정적 제거에 이용한 것이다.[33)]

권력 투쟁의 연장에서 재이에 대한 책임을 재상(宰相)이 질 때도 있었다. 황제와 환관이 '재상 자리'를 거래해 경제적 이익을 취하고자 재이에 대한 책임을 재상에게 전가하는 일도 있었고, 관료 사회의 기강을 바로잡는다는 차원에서 무능한 재상의 교체가 재이 대책으로 단행되는 일도 있었다.[34)]

그런데 한(漢) 대의 재이론이 이렇게 폭력적으로만 전개되었던 것은 아니다. 재이 대책으로 군주에게 인정(仁政)을 요구한 예도 적지 않다.

---

33) 『漢書』 卷36, 傳6, 楚元王傳(7책, 1,931쪽), "前弘恭奏望之等獄決, 三月地大震. 恭移病出, 後復視事, 天陰雨雪. 由是言之, 地動殆爲恭等." 劉向이 災異를 활용해 弘恭 등을 정치적으로 공격한 사정에 대해서는 김석우, 앞의 책, 2006, 166~168쪽 참고.

34) 影山輝國, 「漢代における災異と政治 : 宰相の災異責任を中心に」, 『史學雜誌』 90-8, 1981, 46~68쪽.

위험을 무릅쓰고 군주의 실정을 파헤치는 대신 사변을 예방한다는 차원에서 군주에게 인정의 실천을 요구한 예도 많다. 이때 재이는 군주에게 인정을 요구하는 유용한 정치적 수단이 되었다.

> 장제(章帝) 장화(章和) 2년(88) 여름, 가뭄이 들었다. 이때 장제가 붕(崩)한 후 보태후(竇太后) 형제가 권세를 부리고[用事] 사치스럽고 방자하였다. … 『공총(孔叢)』에 따르면, 건초 원년(76) 큰 가뭄이 들어 천자가 걱정하니 시어사(侍御史) 공풍(孔豊)이 이에 상소하여 말하였다. "신이 듣건대 선하지 않은 일을 하여 재이가 이르렀다면 그 응보를 받은 것이지만 선한 일을 하고도 재이가 이르렀다면 시운(時運)을 만난 것입니다. 폐하께서 즉위한 지 얼마 되지 않아 백성을 상처 살피듯 돌보셨으나 불행히도 흉년이 들었으니 이는 시운에 들어맞은 것일 뿐 〈폐하의〉 정치·교화[政敎]가 〈재이를〉 부른 것은 아닙니다. 옛날에 성탕(成湯)도 가뭄을 만났을 때 자책하며 사냥을 그치고[省畋] 쌓아둔 곡식을 풀었고[散積], 시종을 줄이고[減御] 음식을 덜어[損食], 대풍년을 만나셨습니다. 생각건대, 폐하는 성탕의 일을 하지 않으셨습니다." 천자가 그 말을 받아들여 따르니 3일 만에 비가 내렸다.[35)]

한 장제 장화 2년(88) 여름의 가뭄 기사를 보면, 가뭄의 원인으로 보태후 일가의 비위만 거론됐을 뿐 당시에 취해진 가뭄 대책은 확인되지 않는다.

---

35) 『後漢書』, 志13, 五行1(11책, 3,278쪽-范曄 撰(李賢 等注), 『後漢書』, 北京 : 中華書局, 1965의 책수와 쪽수), "章帝章和二年夏, 旱. 時章帝崩後, 竇太后兄弟用事奢僭. … 孔叢曰, 建初元年大旱, 天子憂之, 侍御史孔豐乃上疏曰, 臣聞爲不善而災報, 得其應也, 爲善而災至, 遭時運也. 陛下卽位日淺, 視民如傷, 而不幸耗旱, 時運之會耳, 非政敎所致也. 昔成湯遭旱, 因自責, 省畋散積, 減御損食, 而大有年. 意者陛下未爲成湯之事焉. 天子納其言而從之, 三日雨卽降." 주지하듯, 劉宋 范曄에 의해 찬술된 『후한서』는 모반에 연루된 범엽의 죽음과 禍가 자신에게 미칠 것을 두려워한 謝儼의 처분에 의해 本紀와 列傳만이 남아 있는 상태였다. 이후 蕭梁의 劉昭가 東晉 司馬彪의 八志(律曆, 禮儀, 祭祀, 天文, 五行, 郡國, 百官, 輿服)에 注釋을 붙여 30권으로 編制를 확정하여 범엽의 『후한서』를 보충하였다. 홍승현, 「『後漢書』「五行志」譯註 I」, 『중국사연구』 122, 2019, 206쪽 참고.

그런데 주석으로 달린 이보다 12년 전에 시어사(侍御史) 공풍(孔豊)이 올린 상소가 참고된다. 즉, 선을 행하고도 가뭄의 재이는 닥칠 수 있고, 결코 장제의 정치·교화가 잘못되어 가뭄이 든 것은 아니라고 위로하면서도 성탕(成湯)의 선정을 요구했다. 구체적으로는 '성전산적(省畋散積)'과 '감어손식(減御損食)'이었는데, 장제는 흔쾌히 수용했고, '3일 만에 비가 내렸다'는 선정의 결과도 응험(應驗)으로 기록되었다.

동중서의 재이론을 따른다면, 이때의 가뭄은 장제의 실정이 부른 것이다. 그래서 공풍은 장제의 실정이 구체적으로 무엇인지 상주하고 장제는 그것의 시정을 통해 가뭄에 대처해야 했다. 그런데 예언화된 재이론에서는, 공풍이 지적했듯이 이때의 가뭄은 장제의 실정이 초래한 것이 아니었다. 오히려 장제는 백성을 정성스레 보살피는 선정을 베풀었음에도 시운이 좋지 않아 가뭄을 만난 것이었다. 이러한 위로와 함께 성탕의 선정을 요청했던 것이니 장제로서는 기꺼이 수용할 수 있었을 것이다.

이러한 배경에서 한 대에는 음양론(陰陽論)에 바탕을 둔 다양한 재이 대책이 시행되었다. 특히 한발(旱魃) 대책이 그러했다. 창고를 헐어 기민을 구제하고, 사신을 파견해 백성을 위로하고, 농번기의 토목공사를 정지하는 등 현실적이고 실용적인 대책이 시행되었다. 아울러 형정(刑政)을 재검해 억울한 옥살이나 가혹한 형벌은 없었는지 살펴 감형·사면하는 녹수(錄囚)·여수(慮囚) 등도 인정(仁政)의 시책으로 시행되었다. 피전(避殿)·감선(減膳)·철악(撤樂)도 같은 맥락에서 시행된 것이다. 많은 백성이 재이로 고통받는데, 군주가 화려한 정전에 머물며 호화로운 생활을 계속하는 것은 도덕적으로 옳지 못하고 천의(天意)에도 어긋나는 일이라고 여겨, 군주는 자신을 책망한다는 차원에서 정전을 피하고 음식을 줄이고 음악을 거두어 책임을 통감하며 천견에 답하고자 했다. 훗날 한국과 중국에서 정치적 관행처럼 행해진, 이른바 유교 정치의 재이 대책은 이렇게 해서 마련된 것이다.[36]

---

36) 이와 관련하여 "罪己詔'에 등장하는 德政의 내용을 분석한 결과, 재이 문제를 통하여 국가의 신성성이 강조되었다기보다는 오히려 민본적 정치 이상이 정책화되었음을

한편 재이론의 예언화는 정사(正史)의 재이 기사 정리 방식에도 영향을 주었다. 『한서(漢書)』의 재이 기사는 「천문지(天文志)」와 「오행지(五行志)」에 수록되어 있다. 「천문지」는 우주론이나 천체운행론과 같이 천문의 원리를 설명한 부분과 천문 현상 및 그 의미를 밝힌 부분으로 나뉜다. 전자는 『사기(史記)』「천관서(天官書)」의 내용과 거의 같고 후자는 『한서』에 와서 크게 달라진 부분이다. 특히 후자에서는 천문 현상[=재이]과 인사(人事)의 대응 관계를 구체적·전면적으로 보여준다. 여기에서 재이는 인사의 전조(원인)로, 그리고 인사는 재이의 응험(결과)으로 정리되었다. 「오행지」의 정리 방식도 이와 같다. 「오행지」는 주지하듯 『한서』에서 처음 편찬된 것이다. 여기에는 오행에 관한 일반적인 설명과 다양한 재이, 그리고 재이에 대한 해석이 남겨 있다. 「오행지」에서도 재이는 인사의 원인으로, 인사는 재이의 결과로 정리되었다. 심지어는 재이론이 체계화되기 이전에 일어난 재이도 이처럼 정리했다.[37] 즉 재이론의 예언화로 원인인 재이와 결과인 인사가 건건이 대응되어 정리된 것이다.

> 성제(成帝) 원연(元延) 원년 7월 별이 동정(東井)에 패(孛)하였다. … 마침내 왕망(王莽)이 나라를 찬탈하였다.[38]

확인할 수 있었다. 국가는 형벌의 집행을 완화하고 세금의 경감을 시도하였다. 이것은 재이의 다수가 인민의 생존을 위협한 재해였음을 상기한다면 매우 자연스러운 일이다"라는 평가도 참고된다. 김석우, 앞의 책, 2006, 178쪽 참고.

37) 이상의 『漢書』「天文志」·「五行志」에 대해서는 이문규, 『고대 중국인이 바라 본 하늘의 세계』, 문학과지성사, 2000, 167~196쪽 참고.

38) 『漢書』 卷27, 志7, 五行, 下之下(5책, 1,518쪽), "元延元年七月辛未, 有星孛于東井, 踐五諸侯, 出河戍北率行軒轅太微, 後日六度有餘, 晨出東方. 十三日夕見西方, 犯次妃長秋斗塡蜂炎再貫紫宮中. 大火當後, 達天河, 除於妃后之域. 南逝度犯大角攝提, 至天市而按節徐行, 炎入市, 中旬而後西去, 五十六日與倉龍俱伏. 谷永對曰, 上古以來, 大亂之極, 所希有也. 察其馳騁驟步, 芒炎或長或短, 所歷奸犯, 內爲後宮女妾之害, 外爲諸夏叛逆之禍. 劉向亦曰, 三代之亡, 攝提易方. 秦項之滅, 星孛大角. 是歲, 趙昭儀害兩皇子. 後五年, 成帝崩, 昭儀自殺. 哀帝卽位, 趙氏皆免官爵, 徙遼西. 哀帝亡嗣. 平帝卽位, 王莽用事, 追廢成帝趙皇后哀帝傅皇后, 皆自殺. 外家丁傅皆免官爵, 徙合浦, 歸故郡. 平帝亡嗣, 莽遂篡國."

성제 원연 원년(기원전 12) 7월의 '유성패우동정(有星孛于東井)' 기사 뒤에 왕망이 한을 찬탈한 사건이 배치되었다. 기사를 보면, 이때 패성은 오제후(五諸侯)를 지나 다시 하술(河戌)에서 나와 헌원(軒轅)과 태미(太微)를 지나갔고 또 동쪽에서 나왔다가 다시 서쪽에서 관측되었다. 그런데 이 패성의 운동은 이후에 벌어지는 일련의 정치적 사건을 예고하는 것이었다. 즉 조소의(趙昭儀)가 두 황자(皇子)를 살해한 일, 5년 뒤 성제(成帝)가 죽고 조소의가 자살한 일, 애제(哀帝)가 즉위한 후 후사(後嗣)를 남기지 못하고 죽은 일, 그리고 평제(平帝) 즉위 후 조황후(趙皇后)와 부황후(傅皇后)가 폐위되어 자살하고 평제가 후사 없이 죽자 마침내 왕망이 왕위를 찬탈한 일 등의 전조였다. 이렇게 성제 원연 원년 7월의 패성 출현은 5년 후 왕망의 왕위 찬탈 사건의 전조로 정리되었다. 『한서』 천문·오행지의 재이 기사는 대부분이 이러한 방식으로 기재되었다. 물론 여기에 투영된 재이론 역시 동중서의 그것과는 거리가 먼 것이었다.

이러한 재이 기사 구성에는 반고(班固, 32~92)의 정치적 의도가 담겨 있다. 「오행지」에는 오행(五行), 오사(五事), 황극(皇極)의 실정으로 인해 발생한 재이와 동중서, 유향(劉向), 유흠(劉歆)의 논의가 실려 있는데, 그 내용을 보면, 대부분이 정치적 변란에 관한 것이다. '오행'은 관리, 권신, 외척, 후부인 등의 전횡이, '오사'는 제후와 제후왕의 반란이, '황극'은 황제의 실정이 주를 이룬다. 후한 초, 명제(明帝)에게 발탁되어 『한서』를 편찬한 반고는 전한 초의 여러 사변, 가령 여씨(呂氏) 일족의 농단이나 제후왕의 반란 등이 일어나 다시금 한이 혼란에 빠지는 것을 경계해야 했다. 특히 자신이 직접 경험한 왕망의 왕조 찬탈은 결코 되풀이되어서는 안 되는 역사였다. 반고는 정치적 사건에 재이를 연결하여 정치적 혼란을 경계하고자 했던 것이다.[39)]

재이를 군신 간 소통의 기제로 만든 것은 동중서의 공(功)이라고 할 수

39) 권민균, 「『漢書·五行志』를 통해 본 班固의 災異觀」, 『중국사연구』 125, 2020, 63~89쪽.

있다. 하지만 동중서 이후에 전개된 한(漢) 대의 재이론은 동중서가 본래 체계화한 그것과는 전혀 다른 것이었다. 동중서는 군주의 '천견 수용'이란 곧 군주의 '간언 가납'이라고 했다. 하지만 전제적인 군주권이 발휘되는 현실 정치에서 이것이 온전히 구현되기란 결코 쉬운 일이 아니었다. 이러한 정치적 한계에 한 대의 사상적 유행, 즉 춘추공양학과 역학의 괘기설 등이 더해져 동중서 이후 재이론은 예언화의 변화를 겪었다. 사후에 일어난 '결과'였던 재이가 사전에 일어난 '전조'로 바뀌게 된 것이다. 그러다 보니 재이론은 재이의 원인을 규명하는 '원인론'보다는 곧 도래할 인사 문제의 대책을 마련하는 '대책론'을 중심으로 발달하게 되었다. 이 무렵 재이론은 정적 제거에 활용되기도 했지만, 대체로는 군주에게 인정(仁政)을 요구하는 기제로 기능하였다. 재이로 예고된 사변을 예방한다는 자원에서 군주에게 인정의 실천을 요구했다. 특히 정전을 피하고, 상선을 줄이고, 음악을 물리고, 형벌에 관용을 베푸는 대책이 이 무렵부터 시행되었다. 그리고 재이론의 예언화로 정사(正史)의 천문·오행지에 재이 기사는 전조인 재이와 결과인 인사가 건건이 대응되어 실리게 되었다. 여기에는 재이와 정치적 사건을 연결하여 정치적 혼란을 경계하고자 했던 반고의 역사관이 투영돼 있다. 하지만 결국 이러한 재이론 활용 때문에 한(漢)의 재이론은 견강부회(牽强附會)가 심하다는 비판을 받게 되었다.

3. 송(宋) 대 합리적 재이관과 주희(朱熹)의 이학적(理學的) 재이론

후대의 학자들은 재이와 인사를 건건이 대응시켜 이해하는 방식을 '모사모응(某事某應)'이라고 했다. '어떤 좋지 않은 일은 어떤 재이의 응험으로 일어난 것이다' 정도의 의미이다. 예컨대 북송(北宋)의 정이(程頤, 1033~1107)는 동중서의 천인상여론(天人相與論)은 나름의 의미가 있었지만, 이후에 등장한 한유(漢儒)가 이것을 지나치게 밀고 나갔다고 보았다. 특히 모사모응식의 재이 해석에 문제가 있다고 지적했다.[40]

사실 모사모응의 재이론은 후한(後漢) 대부터 비판을 받았다. 후한의 왕충(王充, 27~100)이 천인(天人) 사이의 상관관계를 비판했다고는 하나[41] 그가 『논형(論衡)』을 지은 이유는 재이론이 참위설과 결합하여 자연 세계를 주술적이고 신비적인 대상으로 삼으려는 태도가 번지자 이를 경계하려는 데에 있었다.[42]

당(唐) 대에는 천인분이(天人分二)의 논의도 있었다. 유종원(柳宗元, 773~819)은 『천설(天說)』에서 천지 만물의 본원은 물질적인 기(氣)이며 모든 현상은 음양 두 기의 자기운동이라고 했다. 그리고 하늘이 사람에게 상벌을 내리는 것도 아니고, 하늘은 하늘일 뿐이고 인간은 인간일 뿐이라며 양자의 사상적 분리를 주장했다. 그는 하늘이나 자연이 의지(意志)를 가진 것도 아니고 상선벌악(賞善罰惡)하지도 않는다며 천인분이의 자연관을 보였다. 또 유우석(劉禹錫, 772~842)은 『천론(天論)』에서 만물은 모두 음양의 두 기를 타고 형태를 얻게 되며 하늘과 인간 역시 예외가 될 수 없다고 했다. 그리고 하늘[자연]과 인간은 서로 능력이 다르다고 했다. 하늘은 만물을 낳을 수는 있지만 다스릴 수 없고, 반대로 인간은 만물을 낳을 수는 없지만 다스릴 수 있다고 했다. 하늘과 인간은 서로 감응할 수 없고 상호 분리되어 있으며 인간의 화복은 인간이 초래한 것일 뿐이라며 천견설적 사고를 부정했다.[43] 당 대의 이와 같은 천인분이의 자연관은 송(宋) 대에 더 합리적이고 정교한 재이론이 등장하게 되는 발판이 되었다.

---

40) 『二程遺書』 卷22, 下, 附雜錄後(上, 304쪽-『二程集』, 北京 : 中華書局, 2004(2版)의 책수와 쪽수), "又問, 漢儒談春秋災異如何. 曰自漢以來, 無人如此, 董仲舒說天人相與之際, 亦略見些模樣. 只被漢儒推得大過, 亦何必說某事有某應."

41) 존 헨더슨 저(문중양 역주), 앞의 책, 2004, 119~126쪽.

42) 마이클 로이 지음(이성규 옮김), 『고대 중국인의 생사관』, 지식산업사, 1987, 107~108쪽 ; 이문규, 「『論衡』에 나타난 王充의 自然觀」, 『한국과학사학회지』 15-2, 1993, 150쪽.

43) 풍우 지음(김갑수 옮김), 앞의 책, 2008, 159~161쪽 ; 미조구치 유조 외 엮음(김석근·김용천·박규태 옮김), 앞의 책, 2011, 321~322쪽.

한편 일본의 과학사학자 야마다 케이지(山田慶兒)는 “북송 대의 지식인이 재이관(災異觀)을 진심으로 믿고 있었다고 보는 것은 너무나 소박한 생각이다”라고 평가했다.[44] 천문학을 비롯한 자연과학의 발달과 자연 지식의 진보로[45] 후한에서 북송에 이르는 동안 재이를 천견으로 이해하는 태도나 하늘이 재이로써 인사에 관여한다는 식의 사유는 희미해지게 되었던 것 같다. 송의 유학자들은 한유(漢儒)의 천견설이나 천인감응론을 견강부회로 치부했고, ‘억지로’ 이끈 논의라며 믿을 수 없다고 폄훼했다.

하지만 재이론이 정치 현장에서 폐기되었던 것은 아니다. 송 대 지식인이 재이론을 견강부회로 치부하면서도 폐기하지 않고 계속 활용한 사정은 ‘믿음’보다는 ‘정치·사상적 필요’의 측면에서 이해하는 게 더 적절할 듯하다. 우선, 이학(理學)에서는 기본적으로 사서오경(四書五經)과 같은 선진(先秦)의 유교 경전을 모범으로 삼는데, 여기에는 천인(天人)에 관한 논의가 수없이 많다. 유학자들에게는 이것을 천리(天理)를 매개로 하는 정연한 논리로 설명해야 할 의무가 있었다. 나아가 재이가 군주에게 공구수성을 요구할 수 있는 유력한 무기였다는 점도 중요한 고려 대상이었을 것이다. 군주권에 제약을 가할 수 있는 대체 기제를 마련할 수 없는 이상 그 회의와 불신만으로는 재이론을 부정하거나 폐기할 수 없었을 것이다.[46]

---

44) 야마다 케이지 지음(김석근 옮김), 『朱子의 自然學』, 통나무, 1991, 233쪽.

45) 야부우치 기요시 지음(전상운 옮김), 『중국의 과학문명』, 민음사, 1997, 77~127쪽 ; 조셉 니덤 지음·콜린 로넌 축약(이면우 옮김), 『중국의 과학과 문명 : 수학, 하늘과 땅의 과학, 물리학』, 까치, 2000, 83~276쪽.

46) 李成珪는 災異論의 虛構가 밝혀졌음에도 災異論을 포기할 수 없었던 이유에 대해 다음과 같이 설명했다. “修己는 聖人의 學을 지향하는 宋學이 특히 강조하는 덕목이었다. 그러나 그 修己가 災變과 결합되어 강조된 것은 역시 災異論이 군주에게 恐懼修省을 요구할 수 있는 가장 유력한 무기로 판단하였기 때문인 것 같다. 『漢書』 오행지에 제시된 精緻한 災異論의 공식도 결국 이 목표를 보다 효과적으로 달성하기 위한 것이었던 만큼 그 精緻함이 오히려 재이론의 불신과 파탄을 초래한다면 그것은 당연히 포기되어야 하지만, 災異論의 虛構가 비록 밝혀졌을지라도 황제를 구속할 수 있는 유효한 新機制가 확보되지 않는 한, 그 회의와 불신도 덮어 버리지 않을 수 없다는 것이 곧 관료사대부들의 입장이었던 것이다.” 李成珪의 논의는 李成珪, 「史官의 傳統과 中國 歷史敍述의 特色」, 가락국사적개발연구원 편, 『강좌 한국고대사』 5, 가락국사적개

이러한 이유에서 송의 유학자들은 한의 재이론을 견강부회라고 비판하면서도 더 합리적이고 정교한 이론으로 재편하게 되었다. 요컨대 천인감응(天人感應)에 강하게 천착(穿鑿)해서는 안 되고 천리(天理)에 맞는 인사 운영을 해야 한다는 것이었고, 또 하늘을 인격화하여 하늘의 유의지적 측면을 부각해서는 안 되고 천리에 맞는 강상윤리(綱常倫理)의 실천을 재이론의 중심에 두어야 한다는 것이었다. 이 점은 주희의 재이론을 통해 확인할 수 있다.

주희의 자연학에는 두 가지의 배경이 있다. 하나는 『장자(莊子)』에서 시작되어 『역(易)』·『회남자(淮南子)』를 거쳐 『정몽(正蒙)』에 이르러 결정(結晶)된 기(氣) 철학이고, 다른 하나는 송 대까지 비약적으로 발전한 중국의 과학·기술이다.[47] 이러한 배경에서 주희는 세상의 모든 현상을 기의 작용으로 설명하며 초자연적인 현상에 대한 미신적 믿음을 거부했다.[48] 또 진보한 천문학 지식을 바탕으로 일월식의 규칙성을 인정했고, 일월식은 재이가 아니라고 선언한 북송 휘종(徽宗)의 조서에도 동의했다.[49]

그러나 주희는 군주에게 허물과 잘못이 쌓이면 이것이 상서롭지 않은 일에 감응하여 일월식이나 산의 붕괴, 냇물의 고갈, 수재와 한재, 흉년의 변이가 일어날 것이라는 제자의 말에 동의했고,[50] 또 천자(天子)가 법도를 따르지 않으면 하늘의 별과 땅의 산천에 변괴(變怪)가 있을 것이라는 언급도 했다.[51] 그리고 일월식이 비록 상도(常度)이지만 군주가 덕을 닦고 바른

발연구원, 2002, 264~265쪽 참고.

47) 야마다 케이지 지음(김석근 옮김), 앞의 책, 1991, 26쪽.

48) 미우라 쿠니오 지음(이승연 옮김), 『주자와 기 그리고 몸』, 예문서원, 2003, 79~98쪽 ; 김영식, 『주희의 자연철학』, 예문서원, 2005, 172쪽.

49) 『朱子語類』 卷2, 理氣下, 天地下(14책, 139쪽-朱熹 撰(朱傑人·嚴佐之·劉永翔 共主編), 『朱子全書』, 上海 : 上海古籍出版社, 2002의 책수와 쪽수. 이하 같음), "日月食皆是陰陽氣衰. 徽廟朝曾下詔書, 言此定數, 不足爲災異, 古人皆不曉曆之故." ; 야마다 케이지 지음(김석근 옮김), 앞의 책, 1991, 234쪽 ; 김영식, 앞의 책, 2005, 268쪽.

50) 『朱子語類』 卷62, 中庸1, 第1章(16책, 2,030쪽), "文蔚曰, 且如人主積累愆咎, 感召不祥, 致有日月薄蝕, 山崩川竭, 水旱凶荒之變, 便只是此類否. 曰, 固是如此."

정치를 하면 일어나야 할 식(食)이라도 일어나지 않을 수 있고, 반대로 군주가 덕을 잃고 바른 정치를 하지 않으면 일어나지 않아야 할 식(食)이라도 일어날 수 있다고 했다.[52]

현대인의 시각으로 보면 재이론에 대한 주희의 태도는 '이중적'이라고 할 수 있다. 주희가 이렇게 이중적인 태도를 보인 이유는 재이에 대한 과학적이고 합리적인 이해와 설명이 가능했음에도 재이론을 고수해야 하는 역사적 현실 때문이었다고 생각한다. 즉 자연 현상에 대한 '과학적인' 인식과는 무관하게 정치·사상적인 필요에 의해 재이론을 고수한 까닭에 재이론에 대한 태도가 이렇게 이중적으로 나타난 것 같다.

동중서 이래로 재이론은 정치적으로 유용한 소통의 기제로 활용되었고, 이 점은 주희가 활동했던 남송 대에도 마찬가지였다. 주희는 순희(淳熙) 12년(1185) 겨울 태보(太保) 사호(史浩, 1106~1194)에게 쓴 편지글에서[53] 재이로써 직언을 구하는 것은 역대로 상전(相傳)된 것이며 고실(故實)을 갖추고 있다고 했다.

> 지금 조정에서는 우려하지 않아도 되는 일에 대해서는 이미 지나치게 방비하면서 깊이 걱정해야 할 일에 대해서는 아직 아무런 조처도 취하지 않고 있으니 저로서는 매우 당혹스럽습니다. <u>무릇 재이로써 직언을 구하는 것은 역대로 상전(相傳)된 것이며 고실(故實)을 갖추고 있습니다</u>. 명공은 천하의 대로(大老)이시니 진실로 나라를 근심하는 마음을 지녀야지 세무(細務)를 살피는 것은 마땅치 않습니다. 원컨대 이런 뜻을 가지고 상(上)께 한 말씀 하시어 〈명공의〉 유은(幽隱)한 정이 상께 전해지도록 하신다면 천하의 말이 모두 명공의 말이 될 것이고 또 이로 인해 〈상의〉 눈을 밝히고

---

51) 『朱子語類』 卷38, 論語20, 鄕黨, 第10節(15책, 1,397쪽), "天子有天下, 則天下鬼神屬焉. … 若縱欲無度, 天上許多星辰, 地下許多山川, 如何不變怪."

52) 주희의 일월식론에 대해서는 야마다 케이지 지음(김석근 옮김), 앞의 책, 1991, 233~246쪽 ; 구만옥, 「朝鮮後期 日月蝕論의 變化」, 『韓國思想史學』 19, 2002, 193~195쪽 참고.

53) 陳來, 『朱子書信編年考證』, 上海 : 上海人民出版社, 1987, 227쪽.

귀를 잘 들리게[明目達聰] 함으로써 화기를 불러오면 이는 모두 명공의 공이 될 것입니다.[54]

주희는 사호에게 재이를 구실로 '한 말씀' 올리라고 권유했다. 양면적 성격의 재이론은 군주와 신료 모두에게 논의에 참여할 수 있는 명분을 제공해 주었기 때문에 군신 간 소통의 창구로서 기능할 수 있었다. 이는 이미 오래된 전통이었고, 주희가 활동하던 남송 대에도 변함이 없었다.

그리고 재이론의 논리는 정치적 주장을 전개하는 데에도 효과적이었다. 주희는 소흥(紹興) 32년(1162) 8월 7일에 생애 첫 봉사를 올렸다.[55] 그는 여기에서 이제 막 즉위한 효종(孝宗)에게 첫째, 제왕학(帝王學)을 충분히 익힐 것, 둘째, 내수외양(內修外攘)의 정책을 시급히 써서 금(金)과는 어떠한 타협도 불가하다는 주전론(主戰論)을 확립할 것, 셋째, 조정의 정치 기강을 바로 세울 것 등을 요구했다.[56] 그리고 효종이 자신의 견해를 수용해야

---

54) 『晦庵集』 卷27, 書時事出處·箚子, 「答史太保別紙」(21책, 1,198쪽-朱熹 撰(朱傑人·嚴佐之·劉永翔 共主編), 『朱子全書』, 上海 : 上海古籍出版社, 2002의 책수와 쪽수. 이하 같음), "今朝廷於其不足慮者既已過爲之防, 而於其深可畏者反未有處, 熹甚惑焉. <u>夫以災異而求直言, 歷世相傳, 具有故實</u>. 明公身爲天下大老, 誠有憂國之心, 亦不當俯及細務. 願以此意爲上一言, 使幽隱之情得以上通, 則天下之言皆明公之言, 而明目達聰, 感召和氣, 皆明公之功矣."

55) 주희의 정치 경력은 명성에 비해 미미하다. 주희는 南宋 紹興 23년(1153) 그의 나이 24세에 泉州 同安縣 主簿에 처음 발탁되어 4년 동안 지방에서 말직 생활을 했고, 이후로 20년 동안은 관직을 떠나 있었다. 순희 5년(1178)부터 동 9년(1182)까지 南康郡 知事와 浙東 提擧를 역임했고, 紹熙 원년(1190)부터 이듬해까지 漳州 지사를 지냈다. 그리고 소희 5년(1194) 그의 나이 65세에 換章閣待制兼侍講에 임명되어 중앙 정계에 진출했고, 慶元 2년(1196) 韓侂冑(1152~1207)의 정치적 공격[慶元黨禁]으로 정계에서 축출되었다. 그런데 주희의 정치사상은 어렵지 않게 확인할 수 있다. 주희는 관직에 있건 없건 정치 현안에 대해 높은 관심을 보였다. 특히 많은 封事를 통해서 자신의 정치적 견해를 밝혔다. 주희의 관직 이력과 생애는 미우라 쿠니오 지음(이승연·김영식 옮김), 『인간주자』, 창작과비평사, 1996 ; 이동희, 『주자』, 성균관대학교출판부, 2007, 27~92쪽 참고. 특히 주희 말년의 慶元黨禁에 대해서는 미우라 쿠니오 지음(이승연·김영식 옮김), 앞의 책, 1996, 220~248쪽 ; 이동희, 앞의 책, 2007, 83~89쪽 ; 이욱근, 「1196년 慶元黨禍의 사상정국에서 주희의 정치적 좌절을 통해서 본 주희의 도학정치고찰」, 『東洋古典硏究』 37, 2009, 474~507쪽 등 참고.

56) 朱子思想硏究會 譯, 『朱子封事』, 혜안, 2011, 41~42쪽.

하는 이유를 재이론으로 설명했다.

> 더군다나 가뭄과 메뚜기 떼의 재이가 수천 리를 덮었습니다. 폐하께서 시작하는 처음에 깨끗한 정사를 펼쳐 행동과 뜻에 지나침이 없는데도 천계(天戒)의 노함이 이렇게도 심한 것에는 분명 이유가 있을 것입니다. 어리석은 신은, 이 재앙은 하늘[天心]이 폐하를 사랑하심이 깊어 정치를 잘못하고 행실에 과오가 있기를 기다리지 않고 미리 경계하려는 뜻을 보인 것이라고 생각합니다. 이로써 폐하의 마음을 일깨워 성대한 덕의 큰 훌륭함[美]을 처음부터 끝까지 온전히 견지케 하여 그 누구도 훼방할 수 없게 하려는 것입니다. 마치 상(商)의 중종(中宗)과 주(周)의 선왕(宣王)이 재이를 계기로 덕을 닦아 국가의 중흥을 이룬 것과 같습니다. 그러므로 이 세 가지 정책을 자주 살펴 신속히 도모함으로써 민심에 따르고 하늘의 뜻에 응답해야 합니다.[57]

자신의 세 가지 제안을 수용하고 실천하는 것이 천의(天意)를 따르고 재이에 대응하는 방책이라는 것이었다. 재이론을 활용하면 이렇게 정치적 주장을 효과적으로 펼 수가 있었다. 요컨대 주희가 활동한 남송 대에도 재이론은 여전히 군신(君臣) 간의 유용한 소통의 기제였고, 정치적 주장을 전개하는 데에도 효과적이었다.

그런데 주희의 재이론은 동중서의 재이론이나 한(漢) 대에 유행한 재이론과는 질적으로 다른 것이었다. 더욱이 한 이래의 참위·예언적 재이론은 견강부회로 치부되었고 극복해야 할 대상이기도 했다. 재이론의 지속 가능한 활용을 위해서는 이것의 사상 내적인 변화가 필요했고, 주희는 자신의 군주성학론(君主聖學論)을 전개하면서 재이론을 비중 있게 활용함으로써

57) 『晦庵集』 卷11, 封事, 「壬午應詔封事」(20책, 578~579쪽), "又況旱蝗之災環數千里, 陛下始初淸明, 行誼未過, 而天戒赫然, 若此其甚, 其必有說矣. 臣愚竊以爲此乃天心仁愛陛下之厚, 不待政過行失, 而先致其警戒之意, 以啓聖心, 使盛德大美, 始終純全, 無可非間, 如商中宗周宣王因災異而修德, 以致中興也. 是宜於此三術, 屢省而亟圖之, 以順民心, 以答天意."

재이론을 이론·사상적으로 재편하게 되었다.

주희는 동중서 재이론을 일정 부분 계승했다. 사실 위 봉사의 '천심(天心)이 폐하를 인애(仁愛)하여'라는 수사적(修辭的) 표현은 동중서의 논의를 인용한 것이다. 본래 동중서는 "하늘은 군주를 사랑하니 군주가 도를 잃더라도 패망에 이르지 않게 하려고 미리 경고하여 실정을 바로잡을 기회를 주려고 재이를 낸다"라고 했다.[58)]

그는 동중서를 '한유(漢儒)'의 틀에서는 벗어나지 못했지만, 분명 수준 높은 학자라고 평가했다. 이어서 동중서는 순수(純粹)한 학자이고, 그의 학문은 매우 바르며 뭇사람들과 비교할 바가 아니라고 했다.[59)] 그리고 동중서의 글 중에는 「천인삼책(天人三策)」이 가장 순수하다고 했다.[60)] 주희는, 한유(漢儒)는 훈고만을 말했고 서한(西漢) 말년에 이르러 이치[理]에 근접한 논의가 나왔지만, 끝내는 전체(全體)를 보지 못했다고 하면서 동중서의 「천인삼책」이 그나마 이치[理]에 가장 근접했다고 했다. 물론 동중서 역시 한유(漢儒)의 기풍[氣味]에서는 벗어나지 못했다고 보았다. 하지만 강도역왕(江都易王)에게 한[61)] "어진 이는 의(義)를 바로잡을 뿐 이(利)를 도모하지 않고, 도(道)를 밝힐 뿐 공(功)을 계산하지 않는다"라는 말은[62)] 분명한 유자(儒者)의 말이라고 했다.[63)]

---

58) 『漢書』 卷56, 傳26, 董仲舒傳(8책, 2,498쪽), "國家將有失道之敗, 而天乃先出災害以譴告之, 不知自省, 又出怪異以警懼之, 尙不知變, 而傷敗乃至. 以此見天心之仁愛人君而欲止其亂也. 自非大亡道之世者, 天盡欲扶持而全安之, 事在强勉而已矣."

59) 『朱子語類』 卷137, 戰國漢唐諸子(18책, 4,240쪽), "漢儒惟董仲舒純粹, 其學甚正, 非諸人比."

60) 『朱子語類』 卷87, 禮4, 小戴禮, 總論(17책, 2,941쪽), "漢儒最純者莫如董仲舒. 仲舒之文最純者莫如三策."

61) 戶川芳郎·蜂屋邦夫·溝口雄三 지음(조성을·이동철 옮김), 앞의 책, 1990, 74쪽, "그는 현량으로서 策問(천자의 자문)에 답신할 기회를 얻었다. 이것이 그의 유명한 賢良對策(책문에 대한 대답) 세 가지이다. 이것이 인정되어, 江都國(뒤의 廣陵國)의 國相이 되고, 廣陵(오늘날 강소성 揚州市)에 부임, 江都의 易王인 劉非(재위 B.C.154~127)에 종사하였다. 무제의 형으로 교만하고 용맹함을 좋아했던 역왕을 예의를 가지고 덕으로 감화시켜 오히려 존경받았다."

62) 『漢書』 卷56, 傳26, 董仲舒傳(8책, 2,524쪽), "夫仁人者, 正其誼不謀其利, 明其道不計其功."

또 주희는 동중서를 호안국(胡安國, 1074~1138)과 비교해 다음과 같이 평가했다.

> 어떤 사람이 "호문정(胡文定 : 호안국)의 학문은 동중서와 비교하여 어떻습니까?"라고 묻자, 답하여 말하길, "호안국은 '자신에게서 얻은 것은 남에게도 베풀 수 있고, 옛것에서 배운 것은 오늘날에도 행할 수 있다'고 믿었다. 다른 사람들은 모두 '자기에게서 얻은 것은 남에게 베풀 수 없고, 옛것에서 배운 것은 오늘날 행할 수 없다'고 여겨 얕고 비루하다. 그러나 호안국은 동중서에 비하면 얕고, 동중서는 옛사람에 비하면 얕다"라고 했다. 또 말하길, "동중서는 본원(本原)을 얻었다. 예컨대 '마음을 바르게 하고 몸을 닦으면 치국평천하(治國平天下)를 이룰 수 있다'라는 말이나 '인의예악(仁義禮樂)은 모두 그 도구[具]이다'라는 말은 모두 훌륭하다. 육선공(陸宣公 : 陸贄)이 사안을 논하는 방식은 정밀하나 본원(本原)에 관해서는 동중서만 못하고, 동중서가 사안에 임하는 방식은 오히려 선공만 못하다"라고 했다.[64]

주희는 동중서가 학문적으로는 옛 성인의 수준에는 미치지 못하지만, 호안국보다는 뛰어나고 학문의 근본 이치를 터득한 인물이라고 평가했다. 다만 당의 육지(陸贄, 754~805)와 비교해서 사안을 논의하는 측면은 뛰어나지만, 사안에 임하여 실행하는 측면은 부족했다고 보았다. 요컨대 주희는, 부족한 점이 있기는 하지만, 동중서를 '이치에 가까이 가 본원을 얻은 학자'로

---

63) 『朱子語類』 卷137, 戰國漢唐諸子(18책, 4,247쪽), "劉淳叟問, 漢儒何以溺心訓詁而不及理. 曰, 漢初諸儒專治訓詁, 如教人亦只言某字訓某字, 自尋義理而已. 至西漢末年, 儒者漸有求得稍親者, 終是不曾見全體. … 唯董仲舒三篇說得稍親切, 終是不脫漢儒氣味. 只對江都易王云, 仁人正其義不謀其利, 明其道不計其功, 方無病, 又是儒者語."

64) 『朱子語類』 卷101, 程子門人, '胡康侯'(17책, 3,385~3,386쪽), "或問, 胡文定之學與董仲舒如何, 曰, 文定卻信得於己者可以施於人, 學於古者可以行於今. 其他人皆謂得於己者不可施於人, 學於古者不可行於今, 所以淺陋. 然文定比似仲舒較淺, 仲舒比似古人又淺. 又曰, 仲舒識得本原, 如云, 正心修身可以治國平天下, 如說, 仁義禮樂皆其具, 此等說話皆好. 若陸宣公之論事, 卻精密, 第恐本原處不如仲舒. 然仲舒施之臨事, 又卻恐不如宣公也. 學蒙."

인정했고, 이것이 그가 재이론을 전개하면서 동중서를 인용한 이유였을 것이다.

그런데 주희의 재이론은 동중서의 그것과 지향하는 바가 궁극적으로 달랐다. 동중서는 덕치가 행해지는 유교 국가의 건설을 염원했고, 이것의 실현을 위해서는 군주권=통치권이 확고해야 한다고 생각했다. 다만 진(秦) 이래의 학정(虐政)을 목도한 한(漢) 초의 지식인으로서 자의적인 군주권 선횡을 예방하고자, 사상적으로는 강력한 군주권을 지지하되, 현실에서는 제약을 가할 수 있는 양면적 성격의 재이론을 세웠던 것이다. 그래서 동중서 재이론에서 재이의 원인, 즉 실정은 덕과 교화의 유교 정치가 행해지지 않은 정치·사회 현실이었다. 이 점에서 동중서의 재이론은 이상적인 국가체제의 구현을 지향한다고 할 수 있다.[65]

반면에 주희의 재이론은 그 초점이 지극히 군주 개인의 도덕적 수양에 맞춰져 있다. 동중서가 군주에게 덕치(德治)를 요청한 것이라면, 주희는 군주에게 수덕(修德)을 요청한 것이라고 할 수 있다. 이와 관련해서는 '황극(皇極)'에 대한 주희의 해석이 참고된다.

주지하듯 『상서(尙書)』 「홍범(洪範)」은 기자(箕子)가 주(周) 무왕(武王)에게 '치국(治國)의 도'를 전수하기 위해 지은 텍스트이다. 한 대까지는 『홍범오행전(洪範五行傳)』이나 『한서』 「오행지」 등을 통해 재이론적 관점에서 해석되다가 송 대에 이르러 군주의 바람직한 정치를 설명하는 데에 활용되었다.[66]

주희는 「홍범」에 치도(治道)의 핵심이 있다고 보았고, 천하의 대강(大綱)이 갖춰져 있다고 했다. 특히 홍범구주(洪範九疇) 중 다섯 번째인 '황극'을 군주 정치의 심법(心法)이라고 보았다.[67] 주희는 이런 황극을 중심으로 홍범구주

---

65) 존 헨더슨은 동중서 재이론과 송 대 재이론의 차이에 대해 "동중서가 이상적인 관료제적 국가체제의 모델을 구현하기 위해서 그러한 믿음[=재이론]을 견지했던 것과는 달리 송대의 이학자들은 도덕적 원리의 우주론적 기초를 세우기 위해서"라고 설명했다. 존 헨더슨 지음(문중양 역주), 앞의 책, 2004, 152쪽 참고.

66) 吾妻重二, 『朱子學の新研究』, 東京 : 創文社, 2004, 84~88쪽.

67) 『朱子語類』 卷79, 尙書2, 洪範(17책, 2,704쪽), "說洪範 … 又云, 今人只管要說治道, 這是治道

를 체계화했다. 요컨대 다섯 번째인 황극을 중심으로 앞의 사주는 황극을 세우는 방법, 뒤의 사주는 황극을 세운 효험이라고 했다.[68]

이렇게 홍범구주의 중심이 되는 황극은 군주가 천하의 모범이 되는 표준을 세운다는 의미였다. 당시에는 황극을 '대중(大中)'이라고 풀이했는데,[69] 주희는 이러한 풀이는 의리(義理)가 없는 것이라며,[70] "'황극'의 '황'은 군주를 뜻하고, '극'은 군주 자신이 천하의 본보기가 되어 천하 사람들이 그것을 보고 표준으로 여기게끔 하는 것을 가리킨다"라고 했다.[71] 이렇게 홍범의 정치는 군주가 천하의 모범이 되는 표준을 세우는 일에서 비롯되는 것이었다.[72] 만약 황극이 세워지지 않으면 인사에는 육극(六極 : 凶短折·疾·憂·貧·惡·弱)이, 하늘에는 구징(咎徵)이 생긴다고 했다. 홍범의 정치는 황극에 달려 있고, 황극을 세우는 실제는 군주에게 달려 있으니, 군주의 소임은 이렇게 막중한 것이었다.[73]

군주제하에서 군주는 정치의 정점에 있었으므로 정치 현장에서 군주의 존재는 절대적일 수밖에 없다. 그러나 송 이후의 군주권은 그 이전과는 성격을 달리한다. 귀족제가 폐지되고 군벌 세력이 제거된 후 군주권을

最緊切處. 這箇若理會不通, 又去理會甚麼零零碎碎. 問洪範諸事. 曰, 此是箇大綱目, 天下之事, 其大者大概備於此矣. 問皇極. 曰, 此是人君爲治之心法."

68) 『朱子語類』 卷79, 尙書2, 洪範(17책, 2,705쪽), "五行最急, 故第一, 五事又參之於身, 故第二, 身旣修, 可推之於政, 故八政次之, 政旣成, 又驗之於天道, 故五紀次之, 又繼之皇極居五, 蓋能推五行, 正五事, 用八政, 修五紀, 乃可以建極也, 六三德, 乃是權衡此皇極者也, 德旣修矣, 稽疑庶徵繼之者, 著其驗也. 又繼之以福極, 則善惡之效, 至是不可加矣."

69) 『朱子語類』 卷79, 尙書2, 洪範(17책, 2,711쪽), "今人將皇極字作大中解了."

70) 『朱子語類』 卷79, 尙書2, 洪範(17책, 2,714쪽), "今人皆以皇極爲大中, 最無義理."

71) 『朱子語類』 卷79, 尙書2, 洪範(17책, 2,705쪽), "又曰, 皇, 君也, 極, 標準也."; (同, 2,708쪽), "皇極二字, 皇是指人君, 極便是指其身爲天下做箇樣子, 使天下視之以爲標準."

72) 『朱子語類』 卷79, 尙書2, 洪範(17책, 2,710쪽), "人君修身, 使貌恭, 言從, 視明, 聽聰, 思睿, 則身自正. 五者得其正, 則五行得其序. 以之稽疑, 則龜從, 筮從, 卿士從, 庶民從, 在庶徵, 則有休徵, 無咎徵. 和氣致祥, 有仁壽而無鄙夭, 便是五福. 反是則福轉爲極."

73) 『朱子語類』 卷79, 尙書2, 洪範(17책, 2,709쪽), "若是不能建極, 則其在人事便爲六極, 在天亦爲咎徵. 其實都在人君身上, 又不過敬用五事而已, 此卽篤恭而天下平之意. 以是觀之, 人君之所任者, 豈不重哉."

위협할 만한 요소가 사라졌다. 그리고 과거를 통해 관직에 진출한 사대부(士大夫)는, 자신을 선발한 황제와 문생(門生)으로서의 관계를 직접 맺으면서 군주에게 '충성을 다하는' 관료가 되었다. 군주권에 도전할 만한 분권적 요소가 제거되어 송 대 군주 중심의 집권체제는 더욱 강화되었다.[74] 그러니까 '군주가 천하의 모범이 되는 표준이 되어야 한다'라는 주희의 인식은 이렇게 송 대 이후에 한층 강화된 군주의 집권력을 배경으로 하는 것이었다.

군주에 대한 이와 같은 인식은 첨예한 정치 문제에서 더욱 강조되었다. 주희는 대금(對金) 강경 주전론자(主戰論者)였다.[75] 이 문제와 관련하여 주희는 당시 남송이 직면한 정치적 문제를 "강화(講和)의 계책이 결정되어 삼강(三綱)이 무너지고 만사(萬事)가 잘못되고, 독단(獨斷)의 언사가 나와 군주의 뜻이 위에서 교만해지고, 국시(國是)의 논설이 행해져 공론이 아래에서 막히니 이 세 가지가 큰 근심의 근본"이라고 설명했다.[76] 주화론(主和論)이 독단적으로 행해져 마치 이것이 나라의 옳은 논의이자 기본 방침[國是]이 된 정치 현실이 큰 근심이라는 지적이었다.

주희는 국시(國是)란 천리를 따르고 인심에 부합하여 천하가 모두 옳다고 여기는 것이라고 했다. 그래서 진실로 천하가 옳다고 인정하는 국시라면, 비록 작은 땅이나 한 사람의 백성조차 다스릴 권한이 없더라도, 이를 잘못된

---

74) 辛聖坤, 「唐宋變革期論」, 서울大學校東洋史學硏究室 編, 『講座中國史 Ⅲ』, 지식산업사, 1989, 22~44쪽 ; 河元洙, 「宋代 士大夫論」, 서울大學校東洋史學硏究室 編, 앞의 책, 1989, 71~125쪽.

75) 개설적으로 보면, 南宋과 金의 和議는 남송 高宗 紹興 8년(1138)에 처음 논의되었고 4년 뒤인 紹興 12년(1142)에 성립되었다. 和議는 이후로 20년 동안 지속되다가 高宗 紹興 31년(1161)에 깨지게 되었는데, 金의 海陵王이 새롭게 즉위하면서 수도를 만주의 上京 會寧府에서 燕京으로 옮기고 南征을 시도했기 때문이다. 그러나 南宋의 저항으로 金의 南征은 실패했고, 金 내부의 반란으로 海陵王이 암살되고 世宗이 즉위하면서 다시 和議가 성립되었다. 이때가 南宋 孝宗 乾道 원년(1165)이었다[申採湜, 『東洋史槪論』, 三英社, 1993, 416~417쪽]. 그러니까 주희는 이 남송 효종 대에 이루어졌던 두 번째 화의를 반대했던 것이다.

76) 『晦庵集』 卷24, 書時事出處, 「與陳侍郎書」(21책, 1,085쪽), "蓋講和之計決而三綱頹萬事隳, 獨斷之言進而主意驕於上, 國是之說行而公論鬱於下, 此三者, 其大患之本也."

것이라 할 수는 없다고 했다. 그러나 당시의 국시는 천하가 옳다고 여기는 바에 부합하지도 않을뿐더러, 천하가 억지로 옳다고 여기게끔 하는 것이라고 했다. 그래서 상(賞)을 내걸어 회유하고 엄한 형벌로 위협해 불평하는 사대부의 입을 강제로는 막아도, 천하의 진정한 시비(是非)는 결코 속일 수 없다고 했다.[77] 이는 독단적으로 행해진 주화론이 국시로 '둔갑'한 정치 현실에 대한 비판이었다.

그런데 이러한 '둔갑'은 결국 군주의 마음에 의해 결정되는 것이었다.

> 그러나 이 말을 하는 자는 진실로 군주 심술(心術)의 폐단을 틈타지 않고서는 〈군주의 마음으로〉 들어갈 길이 없습니다. 이것은 제가 전날의 편지에서 다른 것에는 미칠 겨를도 없이 '군주 마음의 그릇된 것을 바르게 하라'는 것으로 깊이 명공(明公)께 기대한 바입니다. 이 세 가지 설을 깨뜨리지 않고서는 천하의 일을 어떻게 할 수도 없으며, 군주의 마음이 바르지 않다면 이 세 가지 설을 또 어떻게 깨뜨릴 수 있겠습니까.[78]

명공은 이부시랑(吏部侍郎) 진준경(陳俊卿)을 말한다. 주희는 진준경에게 군주 마음의 폐단을 바로잡아야 한다고 했다. 주화론자들이 군주 마음의 폐단을 틈타 주화론을 국시로 '둔갑'시켰다고 보고 이것을 타파하기 위해서는 궁극적으로 군주가 마음의 폐단을 없애고 마음을 바르게 다잡아야 한다고 보았다.[79]

---

77) 『晦庵集』 卷24, 書時事出處, 「與陳侍郎書」(21책, 1,086쪽), "夫所謂國是者, 豈不謂夫順天理合人心而天下之所同是者耶. 誠天下之所同是也, 則雖無尺土一民之柄, 而天下莫得以爲非, 況有天下之利勢者哉. 惟其不合乎天下之所同是而彊欲天下之是之也, 故必懸賞以誘之, 嚴刑以督之, 然後僅足以劫制士夫不齊之口, 而天下之眞是非則有終不可誣者矣."

78) 『晦庵集』 卷24, 書時事出處, 「與陳侍郎書」(21책, 1,085쪽), "然爲是說者, 苟不乘乎人主心術之蔽, 則亦無自而入. 此熹所以於前日之書不暇及他, 而深以夫格君心之非者有望於明公. 蓋是三說者不破, 則天下之事無可爲之理, 而君心不正, 則是三說者又豈有可破之理哉."

79) 『晦庵集』 卷24, 書時事出處, 「與陳侍郎書」(21책, 1,087쪽), "嗚呼. 此三說者, 其爲今日大患之本明矣. 然求所以破其說者, 則又不在乎他, 特在乎格君心之非而已."

그런데 이는 비단 주화론을 타파하는 데에만 필요한 것은 아니었다. 이것은 주희 정치론의 핵심이라고도 할 수 있다. 순희 7년(1180)의 「경자응조봉사(庚子應詔封事)」[80]에서는 '천하 국가의 중요한 일은 백성을 구휼하는 것보다 큰 것은 없고, 백성의 구휼은 부세의 경감에 달려 있고, 부세를 경감하기 위해서는 군정(軍政)을 잘 다스려야 한다고 일찍부터 생각해 왔다'라고 하면서 합리적인 군정과 부세의 경감이 백성을 구휼하는 근본이라고 했다. 그런데 이는 보다 근원적으로 군주가 자신의 심술(心術)을 바로잡아야 가능한 것이라고 했다. 그러면서 동중서의 "마음을 바로잡음으로써 조정을 바로잡고, 조정을 바로잡음으로써 백관을 바로잡고, 백관을 바로잡음으로써 만백성을 바로잡고, 만백성을 바로잡음으로써 천하사방을 바로잡는다"[81]라는 논의가 바로 그것이라고 했다.[82] 주화론을 타파하고 부세를 경감해 백성을 구휼하기 위해서는 무엇보다도 군주가 그렇게 하고자 하는 '바른 마음'을 가져야 한다는 뜻이었다. 그래서 군주의 마음이 바르면 천하의 일은 한 가지라도 바르지 않을 수가 없고 반대로 군주의 마음이 바르지 않으면 천하의 일은 한 가지라도 바를 수가 없다고 한 것이다.[83] 요컨대

---

80) 이때 朱熹는 南康郡 知事로 있었는데, 「庚子應詔封事」에서는 南康郡의 사정을 들어 南宋 사회의 폐단과 그 대책을 강구하였다. 朱熹는 군비 조달을 위해 각종 세금의 과세율을 높인 결과 많은 사람들이 고충을 겪고 있으므로 이를 근본적으로 재검토해야 한다고 주장했다. 朱子思想硏究會 譯, 앞의 책, 2011, 66~67쪽 참고.

81) 『漢書』 卷56, 傳26, 董仲舒傳(8책, 2,502~2,503쪽), "春秋深探其本, 而反自貴者始. 故爲人君者, 正心以正朝廷, 正朝廷以正百官, 正百官以正萬民, 正萬民以正四方." 朱熹는 특히 董仲舒의 '正心以正朝廷'과 '命者天之令也'의 두 구절을 좋아했던 것 같다[『朱子語類』 卷137, 戰國漢唐諸子(18책, 4,242쪽), "曰, 仲舒本領純正, 如說正心以正朝廷, 與命者天之令也, 以下諸語皆善"].

82) 『晦庵集』 卷11, 封事, 「庚子應詔封事」(20책, 581쪽), "臣嘗謂天下國家之大務莫大於恤民, 而恤民之實在省賦, 省賦之實在治軍. 若夫治軍省賦以爲恤民之本, 則又在夫人君正其心術以立紀綱而已矣. 董子所謂正心以正朝廷, 正朝廷以正百官, 正百官以正萬民, 正萬民以正四方, 蓋謂此也."

83) 『晦庵集』 卷11, 封事, 「戊申封事」(20책, 590~591쪽), "蓋天下之大本者, 陛下[=宋孝宗]之心也. … 臣之輒以陛下之心爲天下之大本者, 何也. 天下之事, 千變萬化, 其端無窮, 而無一不本於人主之心者. 此自然之理也. 故人主之心正, 則天下之事, 無一不出於正. 人主之心不正, 則天下之事, 無一得由於正."

주희 정치론의 핵심은 군주가 마음을 바르게 하는 것, 즉 정심(正心)이었다.

주희는 군주가 '바른 마음'을 가져야 하는 이유를 재이론으로 설명했다. 이 점에서 주희의 정치론 전개에서 재이론은 사상적으로 매우 유용하게 활용되었다고 할 수 있다. 주희는 재이를 포함하여 모든 자연 현상을 음양의 기(氣)로 설명했다.[84] 어떠한 재이든 음기와 양기가 조화롭지 못해서, 특히 양기가 미약하고 음기가 왕성해 일어난다고 보았다. 예컨대 가을·겨울의 뇌박(雷雹)이나 많은 비로 곡식이 상하는 것, 또 산이 무너지고 땅이 꺼지는 등의 재이는 모두 음기가 왕성하고 양기가 미약하여,[85] 또 음사(陰邪)가 양덕(陽德)을 침범하여 발생한다고 했다.[86]

재이의 원인을 음성양미(陰盛陽微)로 파악했던 만큼 재이를 해소하기 위해서는 양기를 다시 왕성하게 그리고 음기를 다시 미약하게[陽盛陰微] 만들어야 했다. 주희는 자연과 인간은 천리를 매개로 음양의 두 기를 공유한다고 여겼기 때문에 인간(사회)의 천리 회복을 통해 자연의 두 기를 순조롭게 할 수 있다고 보았다.[87] 주자학에서는 사람이 태어나면서부터 품부(稟賦)받은 본성(本性)을 (천)리,[88] 그리고 인간의 본연지성(本然之性) 회복이 곧 천리의 회복이라고 본다. 성은 마음에 내재된 리이기 때문에[89] 본성의 회복은

---

84) 미우라 쿠니오 지음(이승연 옮김), 앞의 책, 2003, 79~98쪽.

85) 『晦庵集』 卷14, 奏箚, 「論災異箚子」(20책, 684쪽), "臣竊思惟, 間者以來, 災異數見, 秋冬雷雹, 苦雨傷稼, 山摧之驗, 無所不有, 皆爲陰盛陽微之證."

86) 『晦庵集』 卷14, 奏箚, 「經筵留身面陳四事箚子」(20책, 678쪽), "而累日以來, 竊觀天意, 雷霆之後, 繼以陰雨, 沈鬱不雨, 夜明晝昏. 此必政事設施, 大有未厭人望, 以致陰邪敢干陽德者."

87) 『朱子語類』 卷69, 易5, 乾下(16책, 2,321쪽), "問履霜堅冰至. 曰陰陽者, 造化之本, 所不能無, 但有淑慝之分. 蓋陽淑而陰慝, 陽好而陰不好也. 猶有晝必有夜, 有暑必有寒, 有春夏必有秋冬." ; 『性理大全』 卷27, 陰陽, 16ㄴ(3책, 1,857쪽-胡廣 外(孔子文化大全編輯部 편집), 『性理大全』, 山東省 : 山東友誼書社, 1989의 책수와 쪽수), "天地間無兩立之理, 非陰勝陽, 卽陽勝陰, 無物不然, 無時不然, 寒暑晝夜, 君子小人, 天理人欲."

88) 『孟子集註』 卷6, 告子章句上, 353쪽, '告子曰, 性, 猶杞柳也, 義, 猶桮棬也, 以人性爲仁義, 猶以杞柳爲桮棬.'의 註, "性者, 人生所稟之天理也."

89) 『朱子語類』 卷5, 性理2(14책, 223쪽), "心以性爲體, 心將性做餡子模樣. 蓋心之所以具是理者, 以有性故也."

성이 내재되어 있는 마음을 바르게 하는 정심(正心)으로써 가능했다.

그런데 천지 만물 가운데 인간만이 오직 바른 기운을 얻어 자신의 본성을 온전히 지킬 수가 있고, 인간 중에서도 군주만이 홀로 정기(正氣)의 왕성함을 받아 본성을 더욱 온전히 지킬 수 있다고 했다.[90] 그래서 군주의 정심이 인사의 천리를 회복하는 요체가 되는 것이었다. 천하만물(天下萬物)의 근본이 군주의 정심에 있다고 한 이유가 바로 이것이었다.

주희는 독실한 성학(聖學)의 탐구를 통해 정심을 이룰 수 있다고 했다. 학문이 바른데도 마음이 바르지 않은 경우는 드물고 반대로 학문이 바르지 않은데도 마음이 바른 경우 또한 드물다고 했다.[91] 그리고 군주가 학문을 하거나 안 하거나, 또 학문의 내용이 바르거나 바르지 않거나는 군주의 마음에 달렸다고 했다.[92] 군주의 학문이란 요순(堯舜) 이래 역대 성인(聖人)의 가르침을 체득하는 것이었다. 유학의 경전을 탐구하고 역대(歷代)의 자취를 살펴서 마음에 품는 것이 군주의 학문이었다.[93] 군주의 학문=제왕(帝王)의 학문을 성학이라고 하는 까닭이 여기에 있었다.

결국 주희에게 재이란 군주의 마음이 바르지 않고 또 성학을 독실하게 탐구하지 않는 자세에 대한 경고였다. 그래서 군주는 재이를 도덕적 반성과 성찰의 계기로 삼아야 한다고 한 것이다. 옛 성왕(聖王)이 재이를 만나 덕을 닦고 일을 바르게 한 것을 본받아 극기자신(克己自新)하여 아침저녁으로 반성하고, 말을 하거나 일을 행할 때 황천상제(皇天上帝)가 위에 있는 듯이

---

90) 『晦庵集』 卷14, 奏箚, 「乞進德箚子」(20책, 674쪽), "天地之大, 無不生育, 固爲萬物之父母矣. 人於其間, 又獨得其氣之正, 而能保其性之全, 故爲萬物之靈. 若元后者, 則於人類之中, 又獨得其正氣之盛, 而能保其全性之尤者, 是以能極天下之聰明, 而出乎人類之上, 以覆冒而子畜之. 是則所謂作民父母者也."

91) 『晦庵集』 卷12, 封事, 「己酉擬上封事」(20책, 618~619쪽), "講學以正心者. … 學之正而心有不正者鮮矣, 學之邪而心有不邪者亦鮮矣."

92) 『晦庵集』 卷11, 封事, 「壬午應詔封事」(20책, 572쪽), "然則人君之學與不學, 所學之正與不正, 在乎方寸之間."

93) 『晦庵集』 卷11, 封事, 「壬午應詔封事」(20책, 573쪽), "獨得乎堯舜禹湯文武周公孔子之所傳矣. 於是考之以六經之文, 監之以歷代之跡, 會之於心."

하면 재이는 사라질 것이라고 했다.[94] 주희의 재이론에서는 군주의 정심을 통한 천리의 회복이 미재(弭災)의 관건이었고, 그의 재이론은 이렇게 군주성학론(君主聖學論)으로 귀결되는 것이었다.

주희의 정치론에서 군주는 독실한 성학의 탐구를 통해 정심을 이루고 천하의 모범이 되는 도덕적 표준을 세워야 하는 존재였다. 군주가 사욕에 치우치지 않고 또 간사한 무리에게 마음의 허점을 보이지 않으려면 본인 스스로가 도덕적으로 완벽한 인간이 되어야 했다. 그러나 현실에서는 이것이 쉽지 않았고 또 군주에게 그러한 자세를 요청할 수 있는 근거 또한 마련하기가 어려웠다. 이러한 상황에서 재이론은 유용한 사상적 준거가 되었다. 재이론을 통해서라면 군주에게 성학을 탐구할 것, 정심을 이룰 것, 천하 모범의 표준이 될 것을 천인합일(天人合一)의 정연한 논리로 요청할 수가 있었다.

성리학의 역사적 의의는 "정치적 권위는 도덕적 권위를 수반할 때 진정한 의미를 갖는다"라는 사실을 확인시켜 주었다는 점에 있다.[95] 송(宋) 대 황제의 권한이 더욱 강화된 상황에서 성리학자들은 황제=군주를 사(士)와 동일한 계층의 인간으로 간주하고 사와 마찬가지로 '성인(聖人)의 학(學)'에 종사해야 한다고 주장했다. 참된 '공(公)'의 실현은 '성인의 학'을 실천하는 자들이 '성인의 도'를 추구하는 가운데서만 온전히 실현될 수 있다고 보았다. 이는 군주의 위상을 변화시키는 결과를 낳았는데, 성인의 학을 학습하고 성인의 도를 추구하는 군주만이 군주로서 자격이 있고 신료에게 충성을 요구할 수 있다는 것이었다.

도덕적 권위가 정치적 권위보다 더 우월하다는 것을 군신이 서로 인정한 가운데 유일한 공(公)으로 인정받는 '성인의 도'를 현실 정치에서 구현하려

---

94) 『晦庵集』 卷14, 奏箚, 「論災異箚子」(20책, 685쪽), "古之聖王遇災而懼, 修德政事, 故能變災爲祥, 其效如此. 伏願陛下視以爲法, 克己自新, 蚤夜思省, 擧心動念, 出言行事之際, 常若皇天上帝臨之在上, … 則庶乎災害日去而福祿日來矣."

95) Peter K. Bol 지음(김영민 옮김), 『역사 속의 성리학』, 예문서원, 2010, 208~224쪽.

했던 이들이 주희를 대표로 하는 성리학자였다. 그런데 문제는 이러한 도학정치(道學政治)를 어떻게 실현할 것인가 하는 점이었다. 바로 여기에서 재이론이 유용하게 활용되었다. 주자학에서는 재이를 군주의 마음이 바르지 않고 또 성학을 독실하게 탐구하지 않는 자세에 대한 경고로 간주했기 때문에, 재이론을 통해서라면 도학정치의 필요성을 효과적으로 피력할 수가 있었다.

동중서 이래로 재이론은 군신 간 소통의 창구로서 기능했다. 재이론은 기본적으로 군주권의 절대성을 인정해 주었고, 군주는 이를 배경으로 논의에 적극적으로 참여했다. 동시에 신료는 재이론을 통해 군주권의 무한한 팽창을 억제하고 자신의 정치적 소신을 미재책(弭災策)으로 제시할 수가 있었다.

주희는 송(宋) 대 천관(天觀)의 변화를 배경으로 재이론을 군주성학론의 우주론적 근거로 활용하며 사상적으로 재편했다. 주희는 동중서 재이론을 이학적으로 재해석하며 '소통의 창구'라는 정치적 유용성에 '군주성학론'이라는 사상적 유용성을 더했다. 주자학에서는 재이를 군주의 마음이 바르지 않고 또 성학을 독실하게 탐구하지 않는 자세에 대한 경고로 간주했다. 그래서 재이론을 활용하면 도학정치(道學政治)의 필요성을 효과적으로 피력할 수가 있었다. 이렇게 해서 재이론은 도학정치의 전개에서 정치·사상적으로 유용한 기제가 되었다.

제3장 고려~조선 初 유교정치사상의 전개와 재이론의 변화

1. 고려 중기 신유학(新儒學)의 영향과 합리적 재이관의 형성

삼국 및 통일신라의 한화정책(漢化政策)이 본격화되기 이전 한국 고대사회의 천재지변(天災地變)의 정치와 사상은 술수(術數)의 형태로 영위되었다.[1] 그리고 피전(避殿)·감선(減膳)·철악(撤樂)·녹수(錄囚)·여수(慮囚)와 같은 한(漢) 대에 시행된 음양론에 바탕을 둔 재이 대책은 4~5세기 무렵 시작된 것으로 보이고,[2] 이어서 6세기 무렵에는 점을 치고 길흉을 예측하고 음양오행을 풀이하던 무당들이 중국식 관료제하에서 '박사'로 편재되었다.[3] 이후 집권체제가 완성됨에 따라 술수 문화의 활동들이 관료제 속에 공식·제도화되었다.

그런데 조선 초까지도 한국의 재이론에는 유교·불교·도교에 토속신앙 및 풍수도참적 요소가 혼재되어 있었다. 선행 연구에 따르면, 고려 초기

1) 박권수, 『한국의 술수과학과 문명』, 들녘, 2022, 40~57쪽.

2) 전덕재, 「삼국과 통일신라시대 가뭄 발생 현황과 정부의 대책」, 『韓國史研究』 160, 2013, 28쪽.

3) 양기석, 「百濟 박사제도의 운용과 변천」, 『백제문화』 49, 2013, 135~139쪽 ; 최일례, 「한국 고대 기록자로서 '史'의 원형에 대한 접근-巫, 巫者, 占者, 日者, 日官의 기능 및 변화를 단서로-」, 『歷史學研究』 75, 2019, 18~20쪽.

현종 대에서 문종·선종 대까지는 유·불·선 삼교가 복합된 양상을 보이다, 숙종 대부터는 불교, 토속신앙, 도교 등 종교성이 강한 대책들이 많이 행해졌고, 다시 말기에는 도교가 쇠퇴하고 유가적 요소와 불교적 요소가 공존하는 추세를 보였다고 한다.[4]

아래에서는 이러한 흐름을 염두에 두고 한국 재이론의 역사에서 하나의 변곡점이라고 할 수 있는 고려 중기 재이론의 변화에 대해 살펴보고자 한다. 고려 중기에는 북송(北宋) 대 신유학(新儒學)의 영향으로[5] 합리적 재이관이 형성되었다. 그 핵심 내용은 천인감응에 대한 강한 천착을 거부하고 재이를 군주 수성의 기제로만 활용한다는 것이었다. 이러한 재이관은 당시 관료지식인이 보편적으로 공유했던 바이고, 『삼국사기(三國史記)』에도 반영되었다. 한편 고려 초까지는 예보된 일식(日食)이 일어나지 않거나 이를 보지 못하면 백관이 하례의 표문을 올리곤 했는데, 고려 중기 합리적 재이관이 형성된 이 무렵부터 중지된 것으로 보인다. 또 고려후기 이곡(李穀)의 「원수한(原水旱)」에서 볼 수 있듯 인사(人事) 중심의 재이론도 전개되었다. 고려의 재이론은 이러한 변화를 겪으면서 점차 유교적 재이론으로 경도되었다.

1) 북송(北宋)의 합리적 재이관과 『삼국사기(三國史記)』의 재이론

고려의 재이론이 다원적으로 영위되었다고는 하지만 그중에서도 논의의 중심은 유교적 재이론이었다. 대체로 성종 대를 기점으로 군주에게 책기(責

---

4) 이태진, 「고려~조선 중기 天災地變과 天觀의 변천」, 이기백 등, 『韓國思想史方法論』, 小花, 1997, 102쪽. 한편 日官이 占辭와 함께 올린 재이 해소 대책도, 유학의 군주수신론적 대응이 중심이면서도 불교·도교의 도량과 齋醮, 祕術, 풍수도참사상에 따른 왕의 移御와 移都 등을 포함하여 사상·종교의 다원성이 반영되었다고 한다. 채웅석, 「고려시대 日官 災異 占辭의 자료적 특징과 기능」, 채웅석 편저, 『동아시아 전통사회 재해사료의 특징과 활용』, 혜안, 2023, 157~169쪽 참고.

5) 李丙燾, 「高麗中期의 儒學」, 『韓國儒學史』, 亞細亞文化社, 1987, 67~72쪽 ; 李源明, 「高麗中期 北宋性理學의 傳來와 性格考」, 『서울여자대학논문집』 18, 1989, 79~94쪽 ; 문철영, 「고려중기 사상계의 동향과 新儒學」, 『國史館論叢』 37, 1992, 53~59쪽.

리)와 수덕(修德)을 요구하는 유교정치사상의 재이론이 크게 확대되었다고 본다.[6] 그리고 이러한 고려전기 유교정치사상의 재이론은 다원적인 종교·사상체계 속에서 유교가 정치 이념으로서 강화되고 유교문화가 확산하는 데에 기여했다고 평가받는다.[7]

한편 인종 23년(1145)에 편찬된『삼국사기』에는 모두 1,002건의 재이 기사가 실려 있다.[8] 이는『삼국사기』전체 기사의 27.4%나 되는 분량이다.[9] 이렇게 다량이 수록됐다는 점에서 재이의 수록은『삼국사기』편찬에서의 범례로도 상정된 바 있다.[10] 그런데 이러한『삼국사기』의 재이 기사에는 고려 중기의 합리적 재이관(災異觀)이 반영돼 있다.

이와 관련하여, 우선 인종 대 김부식(金富軾, 1075~1151)이, 문종~인종 대 국왕이 음양비술(陰陽祕術)이나 풍수지리에 관심을 보인 것은 잘못이라고 지적하며 유교적 합리주의를 표방하고, 이 연장선에서 인종 대에 추진된 서경천도(西京遷都)·칭제건원(稱帝建元)·금국정벌(金國征伐)은 부당하다는 점을 강조하기 위해『삼국사기』를 편찬했다고 본 견해가 주목된다.[11] 그리고 김부식이 천인감응론은 받아들였지만, 종교적·신비주의적 대응이 아니라 군주수덕론(君主修德論)에 바탕을 둔 대응을 강조했고,『삼국사기』의 재이 기사는 천의(天意)의 절대성·운명론을 보여주기 위한 것이 아니라 군주의 덕치(德治)가 천(天)을 감동케 하고, 음양의 조화를 가져와 천견(天譴)을 막을 수 있다는 정치론에 따른 것이라는 지적도 참고된다.[12]

---

6) 李熙德,『高麗儒敎政治思想의 硏究』, 一潮閣, 1984(初版)·1997(重版), 39~55쪽.

7) 韓政洙,「高麗前期 天變災異와 儒敎政治思想」,『韓國思想史學』21, 2003. 68~74쪽.

8) 朴星來,「百濟의 災異記錄」,『百濟硏究』17, 1986, 208쪽.

9) 申瀅植,「『三國史記』本紀內容의 統計的 分析」,『『三國史記』硏究』, 一潮閣, 1981, 76쪽, 113쪽, 144쪽, 184쪽. 신라본기 기사의 26.8%, 고구려본기 기사의 24%, 백제본기 기사의 31%가 재이 기사라고 한다.

10) 조인성,「『三國史記』凡例의 摸索-本紀 記事의 選定 基準을 中心으로-」,『韓國古代史硏究』40, 2005, 269~272쪽.

11) 金塘澤,「高麗 仁宗朝의 西京遷都·稱帝建元·金國征伐論과 金富軾의『三國史記』편찬」,『歷史學報』170, 2001, 15~21쪽.

한편 『삼국사기』의 사론(史論)을 통해 편찬자의 편찬 의도를 직접적으로 읽을 수 있는데, 사론의 작성 과정에서 『신당서(新唐書)』와 『신오대사(新五代史)』가 비중 있게 참고되었다고 한다.[13] 김부식의 유교적 합리주의에는 『신당서』와 『신오대사』가 영향을 주었고, 『삼국사기』의 재이 기사에는 이 점이 반영된 것으로 보인다. 따라서 『신당서』와 『신오대사』의 재이론을 살펴보면 김부식이 『삼국사기』를 편찬하면서 견지했을 재이관을 추측해 볼 수 있지 않을까 생각한다.

『신당서』와 『신오대사』는 북송 대 구양수(歐陽脩, 1007~1072)가 편찬을 주도했다. 『신당서』는 북송 인종(仁宗) 가우(嘉祐) 5년(1060)에 완성됐고, 『신오대사』는 완고(完稿) 이후 몇 차례의 개수를 거쳐 신종(神宗) 희녕(熙寧) 5년(1072)에 최종 완성됐다. 두 사서의 재이관은 이전 『구당서(舊唐書)』의 그것과는 확연히 다르다. 『구당서』의 천문·오행지는 황제의 성덕(盛德)을 과시하기 위해 편찬된 것이라고 할 수 있다.[14] 재이를 맞은 황제가 수덕(修德)했다는 사실을 칭송하는가 하면, 재이는 인사와 무관하다면서 황제를 위로하는 사례도 많다. 또 재이에 대한 책임이 없는데도 황제가 재이를 계기로 자신의 부덕을 탓하며 더욱 성실히 수성(修省)했다는 '성군(聖君)의 상'을 선전하는 사례도 다수 수록되었다.

반면에 『신당서』와 『신오대사』에서는 무리한 견강부회를 비판하고 일체의 사응(事應)도 거부했다. 먼저 『신당서』의 천문·오행지에서는 '재이는 하늘이 천자에게 주는 견고(譴告)'라는 점을 강조했다. 「천문지」의 서문에서는 "천상(天象)이 변이를 보이는 것은 인군(人君)을 견고(譴告)하려는 것이므로 모든 유사(有司)는 마땅히 삼가 기록해야 한다"라고 언급했다.[15] 그리고 「오행지」의 서문에서는 저술의 의도를 다음과 같이 밝혔다.

---

12) 蔡雄錫, 「고려 인종대 '惟新' 정국과 정치갈등」, 『한국사연구』 161, 2013, 21~31쪽.

13) 이강래, 「『삼국사기』의 성격」, 『정신문화연구』 24-1, 2001, 36쪽.

14) 李成珪, 앞의 글, 2002, 254~255쪽.

15) 『新唐書』 卷31, 志21, 天文1, 序(3책, 806쪽-歐陽修·宋祁 撰, 『新唐書』, 北京 : 中華書局, 1975의 책수와 쪽수. 이하 같음), "至於天象變見, 所以譴告人君者, 皆有司所宜謹記也."

> 공자는 『춘추』에 재이를 기록하면서 그 사응(事應)을 드러내지 않았는데 대개 그것을 삼가서다. 천도는 아득하고 순순히 사람을 일깨워주지 않으므로 군주[君子]는 그 변이를 보면 하늘이 견고하려는 까닭을 알고서 공구수성(恐懼脩省)을 할 뿐이다. 만약 사응을 미루어 보면 맞는 것도 있고 맞지 않는 것도 있으며 같은 것도 있고 같지 않은 것도 있다. 맞지 않고 같지 않은 것에 이르면 장차 군주가 게을러져 〈재이를〉 우연한 것으로 알고서 두려워하지 않을 것이다. 이것이 그 깊은 뜻이다.[16]

재이와 사응은 맞는 것도 있고 맞지 않는 것도 있어서 사응을 일일이 드러내면 맞지 않는 부분에 이르러 군주가 재이를 우연한 것으로 알고서 두려워하지 않을 수도 있다는 우려 때문에 사응은 배제하고 재이로써 군주에게 공구수성을 요청하고자 「오행지」를 작성했다는 것이다.

이어서 『신오대사』를 보면,[17] 『신오대사』에는 오행지가 없고 천문지에 해당하는 「사천고(司天考)」가 있으나 사천관(司天官)의 재이 측후 자료만이 취합돼 있어 전통적인 천문지와는 성격이 다르다.[18] 즉 『신오대사』에는 전통적인 천문·오행지가 없는 것이다. 구양수는 그 이유를 다음과 같이 밝혔다.

> 오호라. 성인이 죽은 이후에 이단(異端)이 일어났다. 진한(秦漢) 이래 학자들이 재이에 미혹되어 천문·오행의 설이 대단히 번잡했다. 내가 서술한

16) 『新唐書』 卷34, 志24, 五行1, 序(3책, 873쪽), “孔子於春秋, 記災異而不著其事應, 蓋愼之也. 以謂天道遠, 非諄諄以諭人, 而君子見其變, 則知天之所以譴告, 恐懼脩省而已. 若推其事應, 則有合有不合, 有同有不同. 至於不合不同, 則將使君子怠焉. 以爲偶然而不懼. 此其深意也.”

17) 『新五代史』는 歐陽脩의 私撰史書였으나 歐陽脩 死後에 正史에 편입되었고 南宋 대 이후부터는 『舊五代史』를 대체하여 五代를 바라보는 주류 시각과 이념이 되었다[安芮璿, 「歐陽脩 『新五代史』의 서사 기획-『舊五代史』와의 비교를 중심으로-」, 『中國語文論叢』 74, 2016, 179쪽].

18) 『新五代史』 「司天考」에는 언제 어떤 재이가 있었는지만 적혀 있고 占星的 풀이나 事應的인 해석은 일체 배제되었다.

바가 부득이 『춘추』와 다르지만 생각해 보면 알 수 있을 것이다.[19]

구양수는 공자가 『춘추』에 재이를 '기록만' 했을 뿐 어떠한 언급도 하지 않았다고 했다. 또 하늘과 사람을 끊은 것은 아니지만 그렇다고 하늘을 사람에 참동(參同)시키지도 않았다고 했다.[20] 그러면서 그는 '하늘이 과연 인사에 관여하는가[天果與於人乎]'에 대해 근본적으로 회의했다. 여기에 어떤 정답이 있다는 것은 아니었지만, 구양수는 잘 모르겠다고 하면서도 잘 모르기 때문에 하늘을 항상 존중하고 멀리하며, 또 인간과 더불어 다를 바가 없으므로 단지 인사를 닦을 뿐이라고 했다.[21] 특히 왕자(王者)는 천하를 다스리고 생민(生民)을 자식처럼 기르며 덕정(德政)을 널리 행함으로써 인심(人心)에 순응하는데, 이것이 곧 하늘을 받드는 '봉천(奉天)'이라고 했다.[22] 즉 구양수가 진한(秦漢) 이래의 '미혹한' 재이설을 경계하면서도 「사천고」에 재이를 정리한 이유는 '군주의 봉천' 때문이었다. 요컨대 『신당서』와 『신오대사』에서 확인되는 구양수의 재이관은 재이를 지나치게 견강부회해서는 안 되지만 군주의 공구수성을 위해서는 재이가 필요하다는 것이었다.[23]

---

19) 『新五代史』 卷59, 考2, 司天考2, 序(3책, 706쪽-歐陽修 撰(徐無黨 註), 『新五代史』, 北京 : 中華書局, 1974의 책수와 쪽수. 이하 같음), "嗚呼, 聖人旣沒, 而異端起. 自秦漢以來, 學者惑於災異矣, 天文五行之說, 不勝其繁也. 予之所述, 不得不異乎春秋也, 考者可以知焉."

20) 『新五代史』 卷59, 考2, 司天考2, 序(3책, 705쪽), "昔孔子作春秋而天人備. 予述本紀, 書人而不書天, 予何敢異於聖人哉. 其文雖異, 其意一也. 自堯舜三代以來, 莫不稱天以擧事, 孔子刪詩書不去也. 蓋聖人不絶天於人, 亦不以天參人. 絶天於人則天道廢, 以天參人則人事惑, 故常存而不究也. 春秋雖書日食星變之類, 孔子未嘗道其所以然者, 故其弟子之徒, 莫得有所述於後世也."

21) 『新五代史』 卷59, 考2, 司天考2, 序(3책, 705쪽), "然則天果與於人乎, 果不與乎. 曰, 天, 吾不知, 質諸聖人之言可也. … 其果與於人乎, 不與於人乎, 則所不知也. 以其不可知, 故常尊而遠之, 以其與人無所異也, 則修吾人事而已."

22) 『新五代史』 卷59, 考2, 司天考2, 序(3책, 706쪽), "然則王者君天下, 子生民, 布德行政, 以順人心, 是之謂奉天."

23) 宋의 재이론에 대한 "漢代의 것과 같은 도식적 설명이 아니라 당시 집권 세력에 대한 정치적이고 道義的인 책임을 묻는 것이었다. 즉 이러한 주장은 당시 위정자가 災異 현상을 가벼이 여기지 말고 이러한 하늘의 견책에 대해서 자신의 실정을 되돌아보고 도의적 책임감을 지녀야 한다는 것을 강조함이었다"라는 평가나[김한신, 「唐·宋代

『삼국사기』의 재이 기사에서 엿보이는 김부식의 재이관도 이와 유사하다. 우선 재이 기사에 일체의 사응을 삭제한 것은 『신당서』와 닮았고,[24] 『삼국사기』에 별도의 천문·오행지를 두지 않은 것은 『신오대사』와 같다. 무엇보다 『삼국사기』에는 '재이(災異)-점사(占辭)-응험(應驗)'이 하나의 묶음으로 이루어진 재이 기사가 단 한 건도 없다. 이는 철저히 『신당서』와 『신오대사』의 영향이라고 생각한다.[25)]

역대 천문·오행지의 재이 기사는 대부분이 아래와 같이 '재이-점사-응험'의 묶음으로 구성되어 있다.

> **[재이]** 원수(元狩) 원년(기원전 122) 5월 을사 그믐 일식이 있었다. 유수(柳宿) 6도(度)에 위치하였다. **[점사]** 『경방역전(京房易傳)』에서는 이때 해가 오른쪽에서 먹히기 시작했다고 추정했고, 법(法)에서는 군주가 신하를 잃는다고 했다. **[응험]** 이듬해 승상 공손홍(公孫弘)이 죽었다.[26)]

위는 『한서』「오행지」에 실린 재이 기사이다. 이렇게 '재이-점사-응험'을 건건이 연결 짓는 태도는 모사모응(某事某應)의 재이 인식을 바탕으로 한다. 전한(前漢) 후기부터 참위·예언적인 재이론이 유행하면서 재이 기사가 이와

災異論의 변화-『舊唐書』「五行志」 및 『新唐書』「五行志」에 대한 분석을 중심으로-」, 『中國古中世史硏究』 60, 2021, 94~102쪽], "송대 학자들은 정파를 막론하고 자연 현상과 변화에 대해 비이성적 사고와 신비주의적 인식을 거부하고 자연과학적 합리적 사고방식으로 이해하려 하였다. 그들에게 재해는 자연 변화의 일상적 모습으로 이해되었으며, 한서 오행지에서 보이는 견강부회식 해석에 거부감을 보이며 비판적 인식을 보였다"라는 평가도[이석현, 「중국 재이관의 성립과 변용」, 『인문사회과학연구』, 부경대 인문사회과학연구소, 2021, 269쪽] 참고된다.

24) 『新唐書』 卷34, 志24, 五行1, 序(3책, 873쪽), "故考次武德以來, 略依洪範五行傳, 著其災異, 而削其事應云."

25) 李熙德은 이러한 『三國史記』 재이 기사의 특징을 '고립되어 있다'고 평가한 바 있다. 李熙德, 『韓國古代 自然觀과 王道政治』, 혜안, 1999, 335~336쪽 참고.

26) 『漢書』 卷27, 志7, 五行, 下之下(5책, 1,502쪽), "[災異] 元狩元年五月乙巳晦, 日有食之, 在柳六度. [占辭] 京房易傳推以爲, 是時日食從旁右, 法曰君失臣. [應驗] 明年, 丞相公孫弘薨." [ ]는 인용자.

같은 방식으로 기재되기 시작했는데, 이러한 사응설(事應說)적인 재이론은 이후 적지 않은 문제를 낳았고, 북송의 구양수가 경계한 것 역시 바로 이러한 방식의 재이 해석이었다. 그런데 『삼국사기』에는 이와 같은 재이 기사가 없다. 이는 분명 구양수와 『신당서』 및 『신오대사』의 영향인 것으로 보인다.

다만 정치·군사적 사변(事變)의 전조(前兆)처럼 기재된 재이 기사가 몇 건 있긴 하다.

> (가) (차대왕) 20년(165) 봄 정월 그믐에 일식이 있었다. 3월에 대조대왕(大祖大王)이 별궁(別宮)에서 홍(薨)했다. 나이는 119세였다. 겨울 10월에 연나부(椽那部) 조의(皁衣) 명림답부(明臨荅夫)는 백성들이 견디지 못함을 이유로 왕을 시해했다. 차대왕이라 호(號)하였다.[27]

> (나) (진덕왕) 원년(647) 8월 남방에 혜성이 나타났고, 뭇 별들이 북쪽으로 흘러갔다. 겨울 10월 백제 병사가 무산(茂山)·감물(甘勿)·동잠(桐岑)의 세 성을 에워싸므로 왕이 유신(庾信)으로 하여금 보(步)·기병(騎兵) 1만 명을 거느리고 가서 막게 하였다.[28]

(가)에서는 일식 기사 뒤에 태조왕의 죽음과 차대왕의 시해 사건이 연이어 배치되어 있어 일식이 그 전조처럼 보이고, (나)에서는 혜성 기사 뒤에 백제의 신라 침략 사건이 배치되어 있어 혜성이 그 전조처럼 보인다. 그리고 백제의 재이 기사 중에도 왕의 죽음을 예고하는 듯한 것이 7건가량 된다.[29] 그러나 이러한 기사 배치만으로 김부식이 재이를 정치·군사적 사변의 전조

---

27) 『三國史記』 卷15, 高句麗本紀3, 次大王, "二十年, 春正月晦, 日有食之, 三月, 大祖大王薨於別宮, 年百十九歲, 冬十月, 椽那皁衣明臨荅夫, 因民不忍弑王, 號爲次大王."

28) 『三國史記』 卷5, 新羅本紀5, 眞德王, "元年, … 八月, 彗星出於南方, 又衆星北流, (以下十六字缺), 冬十月, 百濟兵圍茂山甘勿桐岑三城, 王遣庾信, 率步騎一萬以拒之."

29) 朴星來, 앞의 글, 1986, 210쪽.

로 삼았다고 단정할 수는 없다.[30] 아마도 숱한 사변을 겪은 인종에게 재이로써 경계의 메시지를 주려는 의도가 아니었나 싶다. 즉 '재이를 보면 사변이 일어나지 않을까 항상 삼가고 조심하라'는 뜻에서 이와 같이 기재한 것으로 보인다.

이 무렵 관료 지식인의 자연관과 재이 인식은 구양수의 그것과 같았다. 인종 12년(1134) 5월 국자사업(國子司業) 임완(林完, 1088~1152)은 천심이 군주를 사랑[仁愛]하여 재이를 보인 것이라고 하면서 덕을 닦아 천의에 부응해야 한다고 했다. 또 군주가 덕을 닦아 하늘에 응하면 복을 기약하지 않아도 복이 저절로 이르고, 덕을 닦지 않고 헛된 형식만 일삼으면 이익이 없을 뿐만 아니라 전적으로 하늘을 모독하는 것이라고 했다.[31] 무신집권기 김양경(金良鏡)은 의종(毅宗) 사찬(史贊)에서 '재이를 두려워할 것이 아니라 실덕(失德)과 실정(失政)을 두려워해야 한다'라고 한 당(唐) 명종(明宗) 때 강징(姜澄)의 논의와, 이를 '정치가가 경계로 삼아야 할 옳은 말'이라고 한 구양수의 평가를 근거로 군주의 수덕(修德)과 바른 정치를 강조했다.[32] 또 이규보(李奎報, 1168~1241)는 재이를 맞은 군주는 덕을 닦고 인정을 베풀어야 한다고 했다. 특히 그는 천을 이법적(理法的) 존재처럼 여겼고, 천과 인간은 도(道)를 통해 연관을 맺고 영향을 준다고 했다.[33] 이어서 권경중(權敬中)은 명종(明宗) 16~19년(1186~1189)에 발생한 재이에 대해 유교 경전과 중국 사서의 천문·오행지의 재이설을 인용하여 논의했는데, 명종이 군주로서 덕을 갖추지도 못하고 무신정권하에서 인사 질서를 바로잡지도 못하는 등 왕도(王道)를 구현하지 못해 재이가 일어났다고 보았다.[34]

요컨대 고려 중기에는 북송 대 신유학의 영향으로 합리적 재이관이 형성되

30) 朴星來, 앞의 글, 1986, 210쪽 ; 이희덕, 앞의 책, 1999, 27~28쪽.

31) 『高麗史節要』 卷10, 仁宗 12年 5月, 國子司業林完上疏.

32) 『高麗史』 卷19, 世家19, 毅宗, (24年), 史臣金良鏡贊.

33) 김인호, 「이규보의 현실이해와 정치경제 개선론」, 『學林』 15, 1993, 22~32쪽.

34) 李熙德, 「王道와 天災地變-『高麗史』 權敬中傳의 檢討-」, 『高麗時代 天文思想과 五行說 研究』, 일조각, 2000, 142~164쪽.

었다. 이 점은 『신당서』와 『신오대사』의 영향을 받은 『삼국사기』를 통해 짐작할 수 있다. 『신당서』와 『신오대사』는 북송의 구양수가 편찬을 주도했는데, 그는 재이를 견강부회해서는 안 되지만 군주의 공구수성을 위해서는 필요하다는 나름의 합리적인 재이관을 갖고 있었다. 김부식은 이 영향으로 『삼국사기』에 별도의 천문·오행지를 두지 않았고, 재이 기사도 사응설적으로 기술하지 않았다. 재이를 견강부회해서는 안 되지만, 군주의 공구수성을 위해서는 필요하다는 합리적 재이관은 고려 중기 관료 지식인에게서 폭넓게 확인된다.

2) 일식(日食) '불견표하(不見表賀)' 중지의 정치·사상적 의미

고려 중기 합리적 재이관의 면모를 엿볼 수 있는 사례로 일식(日食)의 '불견표하(不見表賀)'를 중지한 일을 들 수 있다. 고려에서는 예보된 일식이 일어나지 않거나 기상 여건이 좋지 않아 보지 못할 경우 백관(百官)이 하례(賀禮)의 표문(表文)을 올렸다. 주지하듯 해는 양(陽)을, 달은 음(陰)을 상징했다. 음[달]에 의해 양[해]이 가려지는 현상이 일어날 뻔했는데, 일어나지 않게 되었다는 안도에서 하례의 표문을 올렸던 것이라고 할 수 있다.

그런데 고려 중기 이후 백관의 하례가 중지되었다. 관련 기록을 검토해 보면, 12세기 중반부터는 '예보된 일식을 보지 못했다'라는 기록만 있을 뿐 '하례를 올렸다'는 기록은 보이지 않는다. 물론 백관의 하례가 실제로는 거행되었고, 기록에만 빠진 것일 수도 있지만, '일식 불견표하'의 유래와 의미를 생각해 보았을 때 이는 고려 중기 합리적 재이관에 따라 정책적으로 중단된 것임이 분명하다.

계산을 통한 일월식(日月食)의 예보가 자료상으로 확인되는 시기는 11세기 초이다. 현종 21년(1030) 4월 을유 현종은 월식 예보 오류는 술가(術家)가 정밀하지 못해 발생한 일이라며 어사대(御史臺)에 추국(推鞫)을 지시했다.[35] 그리고 문종 원년(1047) 3월 을해 초하루에 일식이 있었는데, 태사국(太史局)

의 춘관정(春官正) 유팽(柳彭)과 태사승(太史丞) 유득소(柳得韶)가 사전에 예보하지 못했다는 이유로 어사대에서 파직(罷職)시켜야 한다고 주청했다. 이때도 어사대에서는 일월식은 음양의 상도(常度)이므로 계산만 정확하면 미리 알 수 있는데 현재의 담당 관원이 직분을 다하지 않아 예보하지 못한 것이라고 했다.[36] 그러니 늦어도 11세기 초에는 계산을 통한 일월식의 예보가 이루어졌다고 할 수 있겠다.

그런데 예보된 일식을 보지 못하는 경우가 있었다. 계산 실수로 혹은 기상 여건이 좋지 않아서 예보된 일식을 보지 못한 것이다. 이 경우 고려에서는 신료들이 국왕에게 하례의 표문을 올렸다.

> 현종 16년(1025) 11월 기묘 초하루 태사(太史)가 마땅한 일식이 일어나지 않았다고 아뢰었다. 뭇 신료가 하례(賀禮)의 표문(表文)을 올렸다.[37]

> 정종 11년(1045) 4월 정해 초하루 태사(太史)가 마땅한 일식이 구름에 가려 보이지 않았다고 아뢰었다. 뭇 신료가 하례(賀禮)의 표문(表文)을 올렸다.[38]

> 예종 8년(1113) 3월 임자 초하루 태사(太史)가 일식이 구름에 가려 보이지 않았다고 아뢰었다. 백료(百僚)가 하례(賀禮)의 표문(表文)을 올렸다.[39]

그런데 고려 중기 인종 대 이후로는 이러한 모습이 보이지 않는다. 인종

---

35) 『高麗史』 卷5, 世家5, 顯宗 21年, "夏四月乙酉, 敎曰, … 又今正月十五日, 奏太陰食, 而卒不食. 此必術家未精也, 御史臺推鞫以聞."

36) 『高麗史節要』 卷4, 文宗1, 文宗 元年, "三月乙亥朔. 日食. 御史臺奏, … 今春官正柳彭太史丞柳得韶等昏迷天象, 不預聞奏. 請罷其職. 制, 原之. 復駁曰, 日月食者, 陰陽常度也. 曆算不愆, 則其變可驗, 而官非其人, 人失其職. 豈合便從寬典. 請依前奏科罪. 從之."

37) 『高麗史』 卷5, 世家5, 顯宗 16年, "冬十一月己卯朔, 太史奏, 日當食, 不食. 群臣表賀."

38) 『高麗史』 卷6, 世家6, 靖宗 11年, "夏四月丁亥朔, 太史奏, 日當食, 陰雲不見. 群臣表賀."

39) 『高麗史節要』 卷8, 睿宗2, 睿宗 8年, "三月壬子朔. 太史奏, 日食, 密雲不見. 百僚表賀."

13년(1135) 정월 을사 초하루에 일식이 구름에 가려 보이지 않았는데, 백관이 하례의 표문을 올렸다는 기록은 없다.[40] 신종 4년(1201) 11월 무신 초하루 때도 마찬가지였다.[41] 이후에 확인되는 '일식의 불견' 기사에서도 백관이 하례의 표문을 올렸다는 내용은 볼 수가 없다. 이는 기록의 누락이 아닌 정책적 중단으로 보인다.

일식과 월식이 모두 재이였긴 하나 굳이 구분하자면 일식이 더 '심각한' 재이였다. 이미 오래전부터 일식은 좋지 않은 현상으로 여겨졌지만, 월식은 주기적으로 반복되는 일상적인 현상으로 인식되었다.[42] 일식을 더 '좋지 않은' 현상으로 간주한 이유는 해가 갖는 상징성 때문이었다. 해는 '양의 정수[正陽之精]이고 인군의 상[人君之象]이다'라는 관용구는 해와 일식에 관한 설명에서 어렵지 않게 볼 수 있다. 이러한 관념의 연원은 밝히기가 쉽지 않지만, 그 의미를 분명하게 확인할 수 있는 것은 『진서(晉書)』「천문지(天文志)」부터이다.[43] 일식을 군주와 관련된 것으로 이해하는 관념은 오래전부터 있었지만, 이것을 본격적 그리고 전면적으로 군주에게 발생할 중요한 사변의 조짐으로 해석하는 모습은 『진서』「천문지」에서 처음으로 발견된다.

당의 이순풍(李淳風, 602~670)이 편찬한 『진서』「천문지」는 시기적으로 위(魏, 220~265)-서진(西晉, 265~316)-동진(東晉, 317~420)의 내용을 포함한다. 이 동안 일식은 80회 일어난 것으로 돼 있는데, 『한서』나 『후한서』의 일식 기록과 비교해 보면 그믐의 것 대비 초하루의 것 비율이 월등히 높아졌고, 무엇보다도 이전까지는 분야설(分野說)에 따라 해석되던 일식이 이때부터는 황제의 폐위나 죽음, 반란과 같은 일신상의 문제와 직결되어 설명되기 시작했다.[44]

---

40) 『高麗史』 卷16, 世家16, 仁宗 13年, "十三年, 春正月乙巳朔, 日食, 密雲不見."

41) 『高麗史』 卷21, 世家21, 神宗 4年, "十一月, 戊申朔, 日食, 隱不見."

42) 陳遵嬀, 『中國天文學史』 第三冊, 台北 : 明文書局, 1984, 178쪽.

43) 이문규, 「『晉書』「天文志」의 천문 사례-해와 달에 관한 현상을 중심으로-」, 『한국과학사학회지』 23-1, 2001, 29~33쪽.

44) 이문규, 앞의 글, 2001, 32~33쪽.

> 해는 태양의 정수이고 〈만물의〉 양생(養生)을 주관하며 은덕(恩德)을 베푸는 인군의 상이다. 인군에게 허물이 있으면 〈해는〉 반드시 그 재이로써 드러내 알려준다. 그러므로 해와 달은 도가 있는 나라에서 밝고 인군이 길하고 창성하고 백성이 안녕하다. … 일식은 음이 양을 침범하고 신하가 군주를 가리는 상으로 〈일식이 있으면〉 나라가 망한다.[45)]

이처럼 『신서』 「천문지」에서는 해를 직접 군주의 상이리고 했다. 헤에 '어떤 문제'가 생기면 군주에게도 좋지 않은 문제가 생겼거나 혹은 생길 것으로 간주했다. 해는 군주를, 달은 신하를 상징했기 때문에 일식은 신하가 군주를 가린 '심각한' 재이로 여겨졌다. 그래서 일식은 군주의 죽음이나 왕조의 멸망을 암시하는 재이가 되었다.

『진서』 「천문지」는 7세기 중엽(644년) 당(唐) 대에 편찬되었다. 그런데 당 초의 황극력(皇極曆)부터는 계산을 통한 일월식의 정확한 예측이 가능했다.[46)] 바꿔 말하면 일월식이 규칙적으로 일어나는 자연 현상, 즉 상도(常度)라는 점을 알면서도 일식을 심각한 재이로 간주했다는 뜻이다.

당 대 재이론의 중요한 특징 중 하나가 재이를 황제의 칭송에 적극적으로 활용했다는 것이다.[47)] 아래에서 당 태종 대 황재(蝗災)에 관한 에피소드를 하나 보자.

> 정관(貞觀) 2년(628) 6월 경기(京畿)에 가뭄이 들고 메뚜기가 곡식을 먹었다. 태종은 원(苑) 안에 있다가 메뚜기를 줍고 기원하며 말하였다. "사람은 곡식으로 목숨을 삼는데, 네가 곡식을 해치니, 이것이 우리 백성을 해치는구나. 백성에게 잘못이 있으면 나에게도 〈잘못이〉 있다. 네가 만약 영(靈)이

---

45) 『晉書』 卷12, 志2, 天文中(2책, 317쪽-房玄齡 撰, 『晋書』, 北京 : 中華書局, 1974의 책수와 쪽수. 이하 같음), "日爲太陽之精, 主生恩德, 人君之象也. 人君有瑕, 必露其慝以告示焉. 故日月行有道之國則光明, 人君吉昌, 百姓安寧. … 日蝕, 陰侵陽, 臣掩君之象, 有亡國."

46) 藪內淸, 『中國の天文曆法』, 東京 : 平凡社, 1969, 93쪽.

47) 李成珪, 앞의 글, 2002, 253~255쪽.

통한다면 다만 나를 먹고 우리 백성은 해치지 마라." 〈태종이〉 장차 메뚜기를 삼키려 하니 시신(侍臣)은 병에 걸릴 것을 우려하여 급히 제지하였다. 그러자 태종은 "재이가 내 몸에 옮겨지기를 바라는데, 어찌 병을 피하겠는가"라고 하면서 메뚜기를 삼켰다. 이 해에 메뚜기는 근심이 되지 않았다.[48]

당 태종이 메뚜기를 집어 먹었다는 게 수사적인 표현인지 아니면 실제로 있었던 사실인지는 판단하기 어렵지만, 황재를 막고자 하는 태종의 애민(愛民)의 자세는 잘 묘사되어 있다. 이것은 재이가 음양의 일이며 황제를 벌하는 천견으로 볼 수 없다는 인식에도 닿는다. 예컨대 수환(水患)은 음양의 상리(常理)이므로 천견으로 볼 수 없고 성심(聖心)에도 매이지 않는다는 식이었다.[49] 그리고 이 연장선에서 재이는 음양의 소화일 뿐 황제는 덕을 잘 닦으면 그만이라는 논의가 등장했다.

영휘(永徽) 4년(653) 8월 20일, 운석(隕石) 18개가 동주(同州) 풍익현(馮翊縣)에 떨어졌는데 빛이 났고 우레와 같은 소리가 났다.

고 종 : 이것은 상사(祥事)인가 아니면 짐의 정치에 잘못이 있어 일어난 것인가.

우지녕 : 『춘추』에 '운석우송오(隕石于宋五)'라는 구절이 있는데 내사과(內史過)는 이것[운석이 떨어진 일]은 음양의 일이지 길흉이 생기지는 않는다고 했습니다. 자고로 재변이란 아득하여 헤아릴 수가 없고 다만 아마도 물(物)이 스스로 그러한 것이지 반드시 인사에 관계된 것은 아닙니다. 폐하께서 계구(誡懼)하는 조서를 내어 몸소 자책하고 반성하면 반드시

48) 『舊唐書』 卷37, 志17, 五行(2책, 1,363쪽-劉昫 等撰, 『舊唐書』, 北京 : 中華書局, 1975의 책수와 쪽수. 이하 같음), "貞觀二年六月, 京畿旱, 蝗食稼. 太宗在苑中掇蝗, 呪之曰, 人以穀爲命, 而汝害之, 是害吾民也. 百姓有過, 在予一人, 汝若通靈, 但當食我, 無害吾民. 將呑之, 侍臣恐上致疾, 遽諫止之. 上曰, 所冀移災朕躬, 何疾之避, 遂呑之. 是歲蝗不爲患."

49) 『舊唐書』 卷37, 志17, 五行(2책, 1,352쪽), "(貞觀十一年七月)況水之爲患, 陰陽常理, 豈可謂之天譴而系聖心哉."

복(福)이 되지 않을 리 없습니다.[50]

『춘추좌씨전』에 따르면, 노(魯) 희공(僖公) 16년(기원전 644) 봄에 송(宋)에 다섯 개의 운석이 떨어지고 여섯 마리의 새가 바람에 밀려 송의 수도를 지나가는 일이 있었다고 한다. 이때 주(周)의 내사(內史) 숙흥(叔興)이 송을 방문했는데, 송 양공(襄公)이 그에게 이것이 어떤 조짐이며 어느 나라에 길흉이 있겠냐고 물었다. 그러자 숙흥은 "금년에는 노(魯)에 상사(喪事)가 많고 내년에는 제(齊)에 난(亂)이 있을 것이며 군주[=송 양공]께서는 장차 제후(諸侯)의 패주(霸主)가 되지만 결과가 좋지 못할[不終] 듯합니다"라고 했다. 그런데 그 뒤 숙흥은 물러 나와 다른 사람에게는 양공이 나에게 잘못 물었다고 하면서 "이것[다섯 운석과 여섯 새의 일]은 음양의 일이지 길흉이 생기는 것은 아니다"라고 고쳐 말했다고 한다. 즉 길흉은 사람으로 말미암아 생기는 것인데 군주의 명을 거역할 수가 없어 거짓 점으로 대답했다는 것이었다.[51] 그러니까 우지녕은 '운석은 음양의 일이지 길흉이 생기는

50) 『舊唐書』 卷37, 志17, 五行(2책, 1,350쪽), "永徽四年八月二十日, 隕石十八于同州馮翊縣, 光曜, 有聲如雷. 上問于志寧曰, 此何祥也, 當由朕政之有闕. 對曰, 按春秋, 隕石于宋五, 內史過曰, 是陰陽之事, 非吉凶所生. 自古災變, 杳不可測, 但恐物之自爾, 未必關於人事. 陛下發書誡懼, 責躬自省, 未必不爲福矣."

51) 『春秋左氏傳』, 僖公, 16年, "[經]十有六年春王正月戊申朔, 隕石于宋五, … [傳]十六年春, 隕石于宋五, 隕星也【但言星, 則嫌星使石隕, 故重言隕星. 附注, 林曰星, 陽物, 隕至地, 則化爲石】 六鷁退飛, 過宋都, 風也【六鷁遇迅風而退飛, 風高不爲物害, 故不記風之異】 周內史叔興聘于宋, 宋襄公問焉曰, 是何祥也, 吉凶焉在【祥, 吉凶之先見者. 襄公以爲石隕鷁退, 能爲禍福之始, 故問其所在】 對曰今茲魯多大喪【今茲, 此歲. 附注, 林曰, 大喪, 魯季友公孫茲卒】明年齊有亂, 君將得諸侯而不終【魯喪, 齊亂, 宋襄不終, 別以政刑吉凶他占知之】退而告人曰, 君失問, 是陰陽之事, 非吉凶所生也【言石鷁, 陰陽錯逆所爲, 非人所生. 襄公不知陰陽而問人事, 故曰君失問, 叔興自以對非其實, 恐爲有識所譏, 故退而告人】吉凶由人. 吾不敢逆君故也 【積善餘慶, 積惡餘殃, 故曰吉凶由人, 君問吉凶, 不敢逆之, 故假他占以對】." 우지녕은 이 고사의 '內史叔興'을 '內史過'라고 칭했는데, 두 인물은 동일인이 아니다. 淸 吳偉業(1609~1671)이 편찬한 『梅村家藏藁』에서는 "周平王 이후 卿士大夫로 왕실을 힘써 도운 자 중 內史過와 內史叔興 등은 災祥과 生死의 表應을 점쳤으니 文史와 卜筮에 가까운 것이었다[『梅村家藏稿』 卷23, 文集 1, 「王室卿士論」, "周平王以後, 卿士大夫克奬王室者, … 而內史過內史叔興之屬, 災祥生死, 占其表應, 近乎文史卜視之間"]"라고 했다. 우지녕의

것은 아니'라는 이 『춘추』의 고사를 인용하여 '운석은 인사와는 관계가 없다'라고 하면서 고종을 안심시켰던 것이다. 재이는 음양의 조화일 뿐 인사와는 관계가 없으므로 걱정할 것이 없고, 계구(誡懼)하는 조서를 내리고 스스로 자책하고 반성하면 반드시 복이 온다는 것이었다.

재이와 인사를 서로 무관하다고 하면 재이에 대한 황제의 책임은 사라진다. 하지만 그럼에도 재이로써 자신의 부덕을 자책하고 반성한다면 황제는 '더 없는' 성군(聖君)이 된다. 이와 같은 재이론의 전개하에서 재이는 황제의 치세(治世)를 과시하는 유익한 수단이 되었다.

그리고 이것을 일식에 적용하면, 계산의 착오로 혹은 기상 조건의 악화로 관측이 안 된 일식을 황제의 성덕(盛德) 칭송에 활용할 수가 있었다. 즉 황제가 덕을 잘 닦아 일어나야 할 일식도 일어나지 않게 되었다는 논리가 만들어지게 되었다.

> **(일식)** 덕종(德宗) 정원(貞元) 8년(792) 11월 임자 초하루. 이보다 앞서 사천감(司天監) 서승사(徐承嗣)가 아뢰기를 "역법에 의하면 8분에 합식(合食)하는데 지금 3분에서 식이 물러났습니다. 점에 의하면 군주가 성명(盛明)하면 음이 숨고 물러난다고 합니다. 역사에 기록할 것을 청합니다"라고 하니 이것을 따랐다.[52]

792년 11월 초하루에 일식이 8분(分) 동안 있을 거라고 예보됐으나 실제로는 3분(分) 만에 끝났다. 아마도 계산 착오였을 것이다. 그런데 이것은 덕종이 성명(盛明)하여 음이 숨고 물러나 일식이 일찍 끝난 것으로 '포장'되었다. 틀린 일식 예보가 오히려 황제의 성덕을 칭송하는 데에 활용된 것이다.

그리고 예보된 일식이 일어나지 않으면 신료들은 황제의 성덕을 칭송하며

착오였던 듯하다.

52) 『舊唐書』 卷36, 志16, 天文下(2책, 1,318쪽), "(日蝕)(德宗貞元)八年十一月壬子朔, 先是司天監徐承嗣奏, 據曆, 合蝕八分, 今退蝕三分. 准占, 君盛明則陰匿而潛退, 請書于史. 從之."

하례를 올렸다.

> 대종(代宗) 광덕(廣德) 2년(764) 5월 정유 초하루. 마땅한 일식이 일어나지 않았다. 뭇 신료가 하례(賀禮)를 올렸다.[53]

> 덕종(德宗) 정원(貞元) 6년(790) 정월 무술 초하루. 유사(有司)가 마땅한 일식이 일어나지 않았다고 아뢰었다. 백료(百僚)가 하례(賀禮)를 올렸다.[54]

> 덕종(德宗) 정원(貞元) 7년(791) 6월 경인 초하루. 유사(有司)가 일식(日蝕)을 아뢰었으나 구름에 가려 보이지 않았다. 백료(百僚)가 하례(賀禮)를 올렸다.[55]

황제에게는 예보된 일식이 일어나지 않는 게 오히려 더 좋은 기회였다. 일식까지도 막을 수 있는 성군이라는 점을 공표할 수 있었기 때문이다. 황제의 덕이 충만해서 일어나야 할 일식도 막아냈다고 하면 이보다 더 좋은 선전 도구는 없었을 것이다. 그리고 이러한 상황에서는 일식의 점성적 의미가 심각할수록 더 극적인 반전을 연출할 수가 있었다. 황제의 폐위나 죽음, 반란을 의미하는 일식이 예보는 되었으나 일어나지 않았다면, 심지어 황제의 성덕으로 막은 것이라면, 이것은 황제의 권위를 더 세워줄 수도 있는 것이었다.

그런데 북송 대 이후에 변화가 일어났다. 재이에 잘 대처한 황제를 칭송하거나 일식의 불식으로 하례를 올리는 일이 자취를 감추게 된 것이다.

---

53) 『舊唐書』 卷36, 志16, 天文下(2책, 1,325쪽), "廣德二年五月丁酉朔, 日當蝕不蝕, 群臣賀."

54) 『舊唐書』 卷36, 志16, 天文下(2책, 1,318쪽), "(日蝕)(德宗貞元)六年正月戊戌朔, 有司奏合蝕不蝕, 百僚稱賀."

55) 『舊唐書』 卷36, 志16, 天文下(2책, 1,318쪽), "(日蝕)(德宗貞元)七年六月庚寅朔, 有司奏蝕, 是夜陰雲不見, 百官表賀."

(정원) 8년(792) 11월 임자(壬子) 초하루. 일식이 있었다. 미수(尾宿) 6도에서 있었고 송(宋)의 분야이다.[56)]

이 기사는 『신당서』의 당 덕종 정원 8년(792) 11월 초하루의 일식 기사이다. 앞에서 본 『구당서』에는 식이 예정보다 일찍 끝나 황제의 성명(盛明)을 칭송했다는 내용이 포함되어 있는데, 『신당서』에는 그와 같은 내용 없이 일식이 있었다는 사실만이 간략히 기술되어 있다.[57)] 같은 날의 일식 기사이지만 『구당서』와 『신당서』의 서술 태도는 이처럼 다르다.

『신오대사』의 서술 태도도 이와 유사하다.

명종(明宗) 천성(天成) 3년(928) 2월 정축 초하루.

『구오대사』 : 일식이 있었다. 구름에 가려 보이지 않았고, 백관(百官)이 하례를 올렸다.[58)]

『신오대사』 : 일식이 있었다.[59)]

『구오대사(舊五代史)』와 『신오대사』의 928년 2월 초하루의 일식 기사를 비교해 보면, 『구오대사』에는 '백관이 하례를 올렸다'는 내용이 있지만, 『신오대사』에는 없다. 『신당서』와 『신오대사』에는 황제를 칭송하거나 하례를 올렸다는 내용이 없고, 이렇게 '언제 일식이 있었다' 정도로만 간략히 적혀 있다. 물론 이와 같은 기록 및 서술상의 변화는 찬자인 구양수가 이끈 것이라고 할 수 있다.

---

56) 『新唐書』 卷32, 志22, 天文2(3책, 830~831쪽), "(日食)(貞元)八年十一月壬子朔, 日有食之, 在尾六度, 宋分也."

57) 『新唐書』 「天文志」에는 94건의 일식 기사가 있는데 '當蝕不蝕'이나 '陰雲不見' 류의 기사는 단 한 건도 없다.

58) 『舊五代史』 卷139, 志1, 天文志(6책, 1,848쪽), "(日食)(明宗天成)三年, 二月丁丑朔, 日蝕. 其日陰雲不見, 百官稱賀."

59) 『新五代史』 卷59, 考2, 司天考2(3책, 708쪽), "(天成)三年二月丁丑朔, 日有食之."

일식이 예보되면 군주는 수성(修省)의 자세를 취해야 했다.

> 순우(淳祐) 5년(1245) 12월 임오. 태사(太史)가 내년 정월에 일식이 있을 거라고 아뢰었다. 이종(理宗)은 이달 21일부터 피전감선(避殿減膳)을 하고, 백사(百司)에서 궐정(闕政)을 찾아 행하며, 무릇 재변을 해소할 수 있는 자는 숨김없이 직언하라는 조칙을 내렸다. 6년 봄 정월 신묘 초하루. 일식이 있었다.[60]

송 이종 순우 5년(1245) 12월 임오일에, 내년 정월 초하루에 일식이 있을 거란 예보가 있었다. 그리고 그 예보는 정확히 맞았다. 일식이 예보되면 군주는 덕을 닦고 기양하는 자세를 취해야 했다. 이것은 구체적으로 정전을 피하고 반찬 수를 줄이고[避殿減膳], 잘못된 정치를 찾아 고치고[講行闕政], 직언을 구해 들어 숨김이 없도록 하는 것[直言毋隱]이었다.

그리고 일식의 불견에 따른 백관의 하례는 중지되었다.

> 유사(有司)에서 마땅한 식이라도 고사(故事)에는 식분(食分)이 다 차지 않거나 혹은 경사(京師)에서 보이지 않으면 모두 하례를 표(表)하였다고 아뢰었다. 사마광이 "(일식을) 사방에서는 봤으나 경사에서만 보지 못한 것은 인군이 음사(陰邪)에 가려진 것으로, 천하가 모두 아는데 조정에서만 유독 알지 못하니 그 재이됨이 응당 매우 심합니다. 하례는 마땅치가 않습니다"라고 아뢰니 이를 따랐다.[61]

---

60) 『宋史』 卷43, 本紀43, 理宗3(3책, 834쪽), "(淳祐)五年十二月壬午, 太史奏來歲正旦日當食, 詔以是月二十一日避殿減膳, 命百司講行闕政, 凡可以消弭災變者, 直言毋隱. 六年春正月辛卯朔, 日有食之."

61) 『宋史』 卷336, 列傳95, 司馬光呂公著, "有司奏日當食, 故事食不滿分, 或京師不見, 皆表賀. 光言, 四方見, 京師不見, 此人君爲陰邪所蔽, 天下皆知而朝廷獨不知, 其爲災當益甚, 不當賀. 從之."

당 대에는 부정확한 일식 예보에 재이를 황제의 성덕 과시에 활용하려는 태도가 더해져 예보된 일식이 일어나지 않거나 보이지 않으면 군신(群臣)이 하례를 올렸다. 아마 고려도 이러한 영향을 받아 12세기 초까지는 일당식불식(日當食不食) 때 군신이 하례의 표문을 올렸던 것 같다.

그런데 북송 대 천관(天觀)의 변화와 합리적 재이관의 형성으로 일식이 예보되면 황제는 수성(修省)에만 전념해야 했고, 설령 일어나지 않거나 보이지 않더라도 하례는 부당한 것으로 평가받았다. 고려 역시 이러한 변화에 따라 일당식불식 때 군신이 하례의 표문을 올리는 정치 관행이 중지된 것으로 보인다. 이러한 변화 역시 고려 중기의 합리적 재이관을 배경으로 하는 것이라고 할 수 있겠다.

3) 이곡(李穀)의 「원수한(原水旱)」과 인사(人事) 중심의 재이론

북송 대 신유학의 영향으로 고려 중기 합리적 재이관이 형성되었다. 그리고 이를 배경으로 14세기 초반 재이의 문제에서는 인간의 능동적인 대처가 더 중요하다는 인사 중심의 재이론이 등장했다. 이 점은 이곡(李穀, 1298~1351)의 「원수한(原水旱)」에서 엿볼 수 있다. 여기에서 말하는 '인사 중심'이란 '군주의 책임'을 뜻한다. 이곡은 재이 해소의 문제를 군주의 의지 문제로 풀었다. 군주의 도덕적인 심성수양 문제까지 논의한 것은 아니지만, 재이의 해소에서 군주의 역할이 왜 중요한가를 논리적으로 설명했다.

우선 이곡은 수한(水旱)이 천수(天數)인지 아니면 인사(人事)인지 회의했다. '천수'의 관점에서는 제요(帝堯)와 탕왕(湯王)도 면하지 못했으므로 인사와 관계없이 정해진 수에 따라 발생한다고 볼 수도 있고, '인사'의 관점에서는 선악의 응보가 수한을 불러온다고 볼 수도 있었다.[62] 당시에는 인사가

---

62) 『稼亭集』 卷1, 雜著, 「原水旱」, 1ㄱ(3책, 101쪽-『(影印標點)韓國文集叢刊』, 한국고전번역원(민족문화추진회)의 책수와 쪽수이고, 앞의 숫자와 기호[1ㄱ]에서 숫자는 版心 번호를, 기호는 版心의 오른쪽 면[表]은 'ㄱ', 왼쪽 면[裏]은 'ㄴ'을 뜻한다. 이하 같음), "水旱果天數

아닌 천수로 보는 경향이 짙었다고 한다. 옛날 삼대의 시절에는 인사를 닦아 천수에 대응했기 때문에 9년과 7년의 수한이 닥쳐도 백성이 병들지 않았는데 지금은 천수로만 여기고 인사를 닦지 않아 수한이 오면 1, 2년 사이에도 백성이 구렁에서 나뒹굴게 된다고 했다.[63]

그런데 이곡이 보기에 당시에는 인사를 닦지 않는 것은 아니었다. 수한에 대비하여 해와 달과 날[歲·月·日]을 살피고[64] 물자를 저장한 것은 인사를 닦았다고 할 만한 것이있다. 하지만 전년(前年)에 수한을 겪은 후로 백성이 매우 고통을 받고 있어 다방면으로 구료(救療)했지만, 효과를 보지 못하는 실정이었다.[65])

이곡은 백성을 다른 곳으로 옮기고 양식을 주어 배고프고 목마른 자를 먹고 마시게 하면 눈앞에 닥친 위급함은 면할 수 있지만, 이것은 수한을 근본적으로 해결하는 방법이 아니라고 했다.[66] 그가 지목한 근본적인 해결 방법은 지방관의 투명하고 공정한 지방 행정이었다. 백성의 삶은 으레 유사(有司)에게 맡겨져 있었다. 이해(利害)에 관계된 것이 있으면 자식이 부모에게 하듯 백성은 유사에게 호소한다. 만약 유사가 부모 같다면 부모는 자식에게 해를 끼치려 하지 않기 때문에 백성을 상대로 이익을 계산하지 않겠지만, 지금의 유사는 그렇지가 않다는 게 문제였다. 만약 갑과 을 두 사람이 송사를 진행하면 돈이 없는 사람이 죄인이 되기 때문에 이것이 백성의 원통함이 되고 수한이 '수한'이자 재이가 되는 이유였다.[67]

乎, 果人事乎. 堯湯未免, 天數也, 休咎有徵, 人事也."

63) 『稼亭集』 卷1, 雜著, 「原水旱」, 1ㄱ(3책, 101쪽), "古之人修人事以應天數, 故有九七年之厄而民不病, 後之人委天數而廢人事, 故一二年之災, 而民已轉于溝壑矣."

64) 이 내용은 『書經』 「洪範」의 "王이 살필 것은 해[歲]이고 卿士는 달[月]이고 師尹은 날[日]이다"라는 구절을 인용한 것이다[曰王省惟歲, 卿士惟月, 師尹惟日].

65) 『稼亭集』 卷1, 雜著, 「原水旱」, 1ㄱ(3책, 101쪽), "國家非惟省歲月日, 且有儲備, 人事可謂修矣. 自去年之水旱而民甚病, 多方救療之不得其要, 何哉."

66) 『稼亭集』 卷1, 雜著, 「原水旱」, 1ㄱ~ㄴ(3책, 101쪽), "嘗聞之父老, 曰移民移粟, 食飢飲渴, 僅足以紓目前之急, 若欲因其已然之迹而防其未然之患, 盍亦究其原."

67) 『稼亭集』 卷1, 雜著, 「原水旱」, 1ㄴ(3책, 101쪽), "夫民之寄命者有司, 凡有利害, 必赴而訴之,

더욱이 유사를 감시하는 감사(監司)나 감사를 감시하는 감찰(監察)은 각자의 직분을 다하지 않고 모두 서로 빌붙어 의지하고 서로 덮어주며 감싸주고 있었다.[68] 이곡은 만약 오늘의 백성이 옛날의 유사를 만나보면, 또 오늘의 유사가 옛날의 감사를 만나보면, 그리고 오늘의 감사가 옛날의 감찰을 만나보면 그래도 백성이 구렁에서 나뒹구는 일은 면할 것이라고 토로했다.[69]

이곡에게 수한이 천수인지 인사인지는 그다지 중요한 문제가 아니었다. 수한을 맞은 백성을 구제하는 일이 현실에 닥친 문제였는데, 절기를 살피고 곡식을 저장했다 나눠주는 것은 미봉책에 불과했다. 근본적인 해결을 위해서는 백성의 삶에 절대적인 영향을 미치는 유사-감사-감찰의 지방 행정이 공정하고 투명해져야 했다. 이것이 해결되지 않는다면 수한은 천수든 인사든 재이일 뿐이있다.

> 그렇다면 천수든 인사든 그 요점은 탐관오리를 제거하는 것일 따름이다. 만약 탐관오리를 제거하려고 한다면 성헌(成憲)에 모두 갖추어져 있다. 그리고 그 법을 적용하여 시행하는 것은 천하를 주재(主宰)하는 자에게 달려 있을 뿐이다. 이에 원수한(原水旱)을 짓는다.[70]

공정한 지방 행정을 위해서는 성헌(成憲)에 따라 법을 집행해야 하고 이것은 결국 천하를 주재하는 자, 즉 군주에게 달려 있다는 결론이었다. 요컨대 「원수한」에서 이곡은 수·한재(水·旱災)의 예방을 위해서는 대민(對民) 지방

若子於父母, 然父母之於子, 袪其害而已, 豈計其利己乎. 今之有司則不然, 設二人爭訟, 甲若有錢, 乙便無理, 其民安得不死冤, 其氣安得不傷和乎, 此所由召水旱也."

68) 『稼亭集』 卷1, 雜著, 「原水旱」, 1ㄴ(3책, 101쪽), "監有司曰監司, 凡有貪廉, 卽按而誅賞之. 監監司曰監察, 凡有賢否, 卽察而黜陟之. 今皆不然, 間有志古者, 反不見容於時. 盖今日之監司, 卽前日監察, 今日之監察, 卽前日有司, 相扳援相蔽覆, 故如此."

69) 『稼亭集』 卷1, 雜著, 「原水旱」, 1ㄴ~2ㄱ(3책, 101쪽), "苟使今之民, 一見古之有司, 今之有司, 一見古之監司, 今之監司, 一見古之監察則吾赤子庶免溝壑矣."

70) 『稼亭集』 卷1, 雜著, 「原水旱」, 1ㄴ(3책, 101쪽), "然則天數也人事也, 其要去貪而已. 如欲去貪則有成憲具在, 擧而行之, 在乎宰天下者耳, 作原水旱."

행정을 어지럽히는 지방관을 처벌해야 한다고 했다. 그리고 이것의 실현을 위해서는 무엇보다도 군주의 의지가 중요하다고 했다. 군주가 성헌에 따라 탐관오리를 제거하여 지방 행정의 공정성과 투명성을 높이는 것이 백성을 구제하는 근본적인 방안이자 재이를 없애는 요체가 된다는 것이었다.

일단 재이 해소의 요체를 군주의 의지 문제로 귀속시킨 점은 주자학적 재이론과 유사하다. 그러나 이곡은 그 의지의 실천을 위해서는 군주가 성학을 학습하고 도덕적인 심성수양을 해야 한다는 논의에까지는 미치지 못했다. 이 점에서 이곡의 논의는 주자학적 재이론과는 일정한 차이를 보인다. 다만 재이에 대한 인식과 대응 태도는 주목해 볼 필요가 있다. 재이가 천수이든 인사이든 인간의 능동적인 대응이 중요하다는 이곡의 지적은 고려 중기 이후의 합리적인 재이관을 바탕으로 하는 것이다. 천인감응에 천착한 수동적인 대응이 아니라 어떠한 재이든 인간의 능동적인 대응이 필요하다는 한 단계 발전한 재이 인식이라고 할 수 있겠다. 이와 같은 합리적인 재이 인식에 주자학의 이기심성론(理氣心性論)과 군주론(君主論)이 결합하면 이 논의는 주자학적 재이론으로 발전할 수도 있는 것이었다. 즉 고려 중기 이래의 합리적인 재이관의 형성은 주자학적 재이론의 등장에 중요한 토대가 되었다고 할 수 있겠다.

한국의 재이론은 고려 중기의 이론적 변화를 겪고서 정치적 활용도가 한층 제고되었다. 고려 중기에 있었던 재이론의 이론적 변화란 천인감응에 대한 강한 천착의 거부였다. 천인감응의 원리는 원론적 차원에서만 인정하고, 재이는 군주 수성의 기제로만 활용해야 한다는 것이 변화의 주된 내용이었다.

이러한 변화를 이끈 것은 역설적이게도 당시의 만연했던 '천인감응에 대한 강한 천착'이었다. 일찍이 이병도(李丙燾, 1896~1989)는 이에 대해 다음과 같이 평가했다.

> 요컨대 당시 고려에서는 밖으로는 금국(金國)의 커다란 세력이 나타나 만주(滿洲)를 석권하고 요·송(遼·宋)을 토멸하고 고려를 위압하여 고려 군신으로 하여금 의구(疑懼) 불안을 금하지 못하게 하였으며, 안에 있어서는 이·척(李·拓)의 난으로 조종 이래의 대궐이 오유(烏有)에 돌아가고 왕권은 쇠미하고 기강은 문란하고 기개·도덕 기타에 이르기까지 부패와 침체의 상태를 면하지 못하였다. 비록 권신(權臣)을 몰아내고 대권(大權)을 다시 찾았지만, 그 창이(瘡痍)는 매우 컸으며, 더구나 인종(仁宗) 즉위 이래 천변재이(旱魃 雨雹 같은 것)가 자주 나타나 거의 영세(寧歲)가 없었다.
>
> 내외의 국정이 이러한지라 위정자(爲政者) 특히 왕실의 심사(心事)는 미루어 생각할 수 있다. 이러한 시국에 처하여 매양 예민히 활동하는 자는 고려시대에는, (저 전통적으로 역사적 근거를 가진) 부도(浮屠), 음양(陰陽), 지리(地理), 도참(圖讖)의 비술(秘術)을 농(弄)하는 술수(術數)의 무리니, 이때야말로 그러한 여러 가지 비설(祕說)을 농(弄)할 수 있는, 일대 호기(好期)를 주었다고 말할 수 있다.
>
> 서경(西京) 대화궁(大花宮)의 창조, 묘청(妙淸) 등의 서경천도운동(西京遷都運動)은 즉 이런 기회에 계획한 것으로 …71)

고려 인종 대 이자겸·척준경의 난 등 정치적 사변이 이어지고, 거듭되는 천재지변으로 부도·음양·지리·도참의 비술(秘術)을 하는 술수(術數)의 무리가 일대의 호기(好期)를 맞게 되었으며, 서경 천도는 이런 기회에서 계획된 것이라는 분석이다. 부도·음양·지리·도참의 비술이 견강부회가 심하다는 점은 당시의 관료 지식인도 공감했을 것이다. 다만 오랜 전통이고 왕실 구성원이 이를 통해 심리적 안정을 취하여 묵인한 측면도 있었을 법하다. 그러나 이러한 술수로 국가적 반란을 정당화하려는 시도는 용인할 수 없었을 것이고, 고려 중기 재이론의 변화는 이러한 배경에서 일어나게 되었다.

71) 李丙燾, 『(改訂版)高麗時代의 研究-特히 圖讖思想의 發展을 中心으로-』, 亞細亞文化社, 1980, 197쪽.

간혹 천인감응의 이론과 재이론의 논리적 완결성을 비례하는 것으로 여겨 전자가 약해지면 후자에도 금이 갈 거라고 이해한다. 그런데 재이론의 역사를 살펴보면, 재이론의 존치 여부에서는 이론의 논리적 완결성보다는 기능의 정치적 효용성이 더 중요했다고 할 수 있다.

견강부회가 심한 '모사모응'적인 재이 해석으로는 재이론을 지속적으로 활용할 수 없었다. 그래서 인간의 대응, 특히 군주의 역할을 강조하는 합리적 재이론으로의 재편이 일어나게 되었다. 그리고 이를 통해 재이론의 정치적 효용성은 한층 높아지게 되었다. 이후로 모사모응적인 재이론은 차츰 사라지게 되었고, 여말선초에는 이러한 합리성을 바탕으로 왕조 교체와 정권 안정화에 정치·사상적으로 기여하며 역사적 소명을 다하게 되었다.

2. 조선 초기 정권 안정화와 재이론의 역할

여말선초의 재이론에 관한 기존의 연구는 사상과 이론의 '혼재'에 초점이 맞춰져 있다. 이는 두 가지 측면에서의 혼재인데, 하나는 '유불도(儒佛道)의 혼재'이고, 다른 하나는 '동중서 재이론과 성리학의 혼재'이다. 전자는 유교식 대응이 주였지만 불교·도교식 대응 또한 여전했다는 것이고, 후자는 성리학을 수용한 인물도 재이론만큼은 동중서의 그것을 견지했거나 '주재적(主宰的) 천관(天觀)'을 따랐다는 것이다.

각각의 설명을 간략히 살펴보면 먼저 전자에 관해서는 "(그러나) 고려 말의 사상계가 그랬던 것처럼 조선 초의 사상계 역시 유교적인 사상이 지배적이지는 않았다고 생각한다. … 우선 불교적 태도를 볼 수 있다. 그에 못지않게 풍수지리설에 도참사상이 곁들여진 반응도 많다. 음양오행 사상을 함께 생각해도 좋을 것이다. 나아가 곧 사그라지게 되는 도교적 반응까지 얽혀 나타나는 것이 조선 초의 자연관이다"가 참고된다.[72)]

이어서 후자에 관해서는 "정도전의 혁명사상(革命思想)은 일종의 비과학적인 신비사상(神秘思想)으로서의 천인감응설(天人感應說) 내지는 재이설(災異說)을 기초로 한다는 점에서 한계점을 지니고 있는 것은 사실이다",[73] "변계량은 일면 주자학적 이론의 틀을 수용하면서도 … 특히 자연인식에 있어서는 동중서의 자연인식을 많은 부분 수용하고 있다는 것이 특이하다",[74] "주자성리학을 받아들였으면서도 한편으로는 고려시대 이래의 비주자학적(非朱子學的) 성격을 아울러 지녔던 조선 초기 유교의 특징은 천인합일론에서도 찾아진다",[75] "적어도 천변재이에 대한 반응에서 조선왕조 초기의 왕정은 동중서 세계에의 의존도가 높았던 것이 틀림없다. 그러나 이것이 곧 송대에서 시작된 새로운 유학의 세계를 모르고 있었다는 것을 의미하지는 않는다",[76] "이들(=新法派士大夫)은 주자학적 군주관이나 군주관계론을 지향했지만 주자학적인 천관(天觀) 곧 이법적(理法的) 천관(天觀)을 견지하지는 않았다"[77]가 참고된다.

그리고 이러한 혼재의 이유는 성리학의 사상적 한계 또는 결함에서 찾는다. 먼저 전자에서는 성리학의 종교적 기능의 부재로 설명한다. 즉, "(조선초의) 소재기양(消災祈禳)을 위한 불사(佛事)는 … 불교 자체가 차지하고 있던 종교적인 측면에서 해석되어야 할 것이다. … 일부 유신(儒臣)들의 이론상의 반대에도 불구하고 완전히 버릴 수 없는 종교적인 요구의 소치라고 하여야 할 것이다. … 개편·전환되어 가던 유교적인 정치체제로서도 초극(超克)할 수 없었던 천변지재(天變地災)에 대한 구원의 손길은 불교를 완전히 버릴 수가 없었다기보다도 산천신(山川神)·성황신(城隍神) 및 도교와 아울

72) 박성래, 『한국과학사상사』, 책과함께, 2012, 422쪽.

73) 韓永愚, 『(改訂版)鄭道傳思想의 硏究』, 서울대학교출판부, 1983, 107쪽.

74) 김홍경, 「卞季良의 哲學思想 硏究-自然認識과 人間觀을 중심으로-」, 『민족문화』 14, 1991, 131~132쪽.

75) 이석규, 「조선초기의 天人合一論과 災異論」, 『진단학보』 81, 1996, 93쪽.

76) 이태진, 「고려~조선 중기 天災地變과 天觀의 변천」, 이기백 등, 『韓國思想史方法論』, 小花, 1997, 120~121쪽.

77) 都賢喆, 『高麗末 士大夫의 政治思想硏究』, 一潮閣, 1999, 236~237쪽.

러 불식(佛式)인 소재기양을 거듭 설행하지 않을 수 없었던 것이다”라는 것이다.[78]

그리고 후자에서는 역성혁명과 왕조 교체의 근거 확보에는 동중서 재이론이 성리학의 재이론보다 더 용이했다고 한다. 즉, “이 시기에는 성리학의 이법적 천관보다는 한당 유교적 천관이 크게 영향을 미쳤다. 특히 고려에서 조선으로의 왕조 교체의 정당화 논리로서 동중서의 천인감응, 천결설에 근거한 천인합일설이 쓰였다. 성리학적 군주관이나 군신관계론을 지향하였지만, 한당 유교의 주재천 혹은 인격천으로서의 천관이 왕조 교체·역성혁명을 유효하게 설명할 수 있었기 때문이다. 성리학 이전의 천관은 재이나 기타 재앙에 대한 해소 방법이 불교와 도교처럼 초월적 존재에 의지하는 경향이 강하였던 사실과 밀접하다”라는 것이다.[79]

이와 같은 여말선초의 재이론에 관한 기존의 연구는 사상과 이론의 차별성을 부각한다. 유·불·도의 차이는 물론이고 동중서 재이론과 성리학적 재이론, 또는 주재천관(主宰天觀)과 이법천관(理法天觀)의 사상·이론적 차이를 들어, 각각을 서로 이질적인 재이론으로 간주한다. 특히, 후자와 관련해서는 “정도전은 관념적인 리(理)보다 능동적인 기(氣)의 존재를 상대적으로 더 중시하는 경향을 나타낸다. … ‘천즉리(天卽理)’라는 명제를 받아들인 주자(朱子)로부터 그들이 비교적 자유로웠음을 보여주는 것이다. … 변계량과 정도전은 천(天)을 주재자적(主宰者的) 천(=天譴的 天)으로 인식하였고, 이 점에서 동중서와 유사하다”라고[80] 해서 동중서 재이론과 성리학적 재이론의 바탕이 되는 천관(天觀)을 각각 주재천관(主宰天觀)과 이법천관(理法天觀)으로 규정

78) 韓㳓劤, 『儒教政治와 佛教-麗末鮮初 對佛教施策-』, 一潮閣, 1993, 54쪽. 한편 혁파의 대상이었던 불교·도교의 의례가 조선 건국 이후에도 설행되었던 것은 일종의 관습의 연장이었다는 설명도 있다. 李能和(李鍾殷 역), 『朝鮮道教史』, 普城文化社, 1977, 122쪽 ; 車柱環, 『韓國道教思想研究』, 서울대학교출판부, 1983, 57쪽 참고.

79) 도현철, 「성리학의 수용과 조선의 지배이념」, 한국사상사학회 편, 『한국사상사입문』, 서문문화사, 2006, 200~201쪽.

80) 이석규, 앞의 글, 1996, 93~94쪽.

해 양자를 대비시킨다.

여말선초의 재이론은 이상의 검토 내용에서 크게 벗어나지는 않을 듯하다. 다만, 여기에서는 다음의 두 가지 성격을 추가로 고려하고자 한다. 하나는 재이론의 동질성이다. 앞서 보았듯이, 재이를 견강부회해서는 안 되지만 군주의 공구수성을 위해서는 필요하다는 합리적인 재이관을 바탕으로, 재이가 '천수(天數)든 인사(人事)든' 천인감응에 천착한 수동적인 대응이 아니라 인간의 능동적인 대응이 필요하다는 인식은 고려 중기 이래로 형성되어 있었다. 그래서 다양한 방식의 대응이 있었다고 하더라도, 그것은 종교·신앙적 믿음의 발로였다기보다는 그것을 실천하고 영위함으로써 얻어지는 효과를 기대한 것이었다고 보는 게 더 적절할 듯하다. 나아가 재이에 대응하는 방식은 달랐더라도, 재이에 대응함으로써 얻어지는 정치·사회적 효과는 유사하지 않았을까 하는 생각도 든다. 다양한 방식의 대응에 종교·신앙적으로 의지한 것이 아니라 이를 행함으로써 발생하는 정치·사회적 효과를 기대했다는 것이다. 이 점에서는 차별성보다는 동질성이 더 크다고 할 수 있다.

다른 하나는 재이론의 역사성이다. 일단 중국에서 기원전 2세기에 형성된 동중서 재이론이 한국에서는 14세기까지 통용되었다고 보는 시각은 비역사적이다. 동중서 재이론의 역사적 유산은 후대로 전승되면서 논자나 당대의 현실에 따라 끊임없이 변용되고 재평가되었다. 정치적으로 활용된 재이론의 연원을 '동중서'라 할 수는 있겠지만, 그 자체를 '동중서 재이론'이라고 하는 것은 적절하지 않다. 이 점은 주희 역시 마찬가지였다. 앞서 보았듯이, 주희는 동중서의 학문을 높이 평가하며 재이론 전개에서 동중서의 논의를 적잖게 활용했다. 가령, 주희 재이론의 '정심술(正心術) 입기강(立紀綱)' 논의는[81] 동중서의 '정심(正心)' 논의를[82] 원용한 것이다. 그런데 이는 주희에

---

81) 『晦庵集』 卷11, 封事, 「庚子應詔封事」(20책, 581쪽), "臣嘗謂天下國家之大務莫大於恤民, 而恤民之實在省賦, 省賦之實在治軍. 若夫治軍省賦以爲恤民之本, 則又在夫人君正其心術以立紀綱而已矣. 董子所謂正心以正朝廷, 正朝廷以正百官, 正百官以正萬民, 正萬民以正四方,

의해 재해석된 것이지, 이를 두고 주희의 재이론을 동중서의 그것이라고 해서는 안 될 것이다. 한편 동중서와 주희의 재이론은, 그 기능적 측면에서는 유사하다. 동중서는 재이론을 군신(君臣) 간 소통의 창구로 기능하게 했고, 주희는 그 소통의 내용을 군주의 도덕적 수성(修省)으로 재해석했던 것이니 동중서 재이론의 역사적 유산이 주희에게 일면 전해진 것이라고 볼 수 있다. 사실 기존 연구에서는 역성혁명과 왕조 교체의 근거 확보에는 동중서 재이론이 더 유용했다고 보았는데, 오히려 "주사학적 정치사상의 영향을 받은 여말선초의 수신론(修身論)이 여말의 귀족세력에 의해 약화되었던 왕권을 강화하고 그 왕권을 정점으로 한 강력한 중앙집권화를 추진해 나가던 당시의 유학자들에게 훌륭한 이념적 무기가 되었다"고 본 연구도 있다.[83] 따라서 재이론의 이러한 역사성을 고려할 때 여말선초에 정치적으로 활용된 재이론을 동중서 재이론과 성리학적 재이론으로 이분해서 파악하는 방식은 적절하지 않다.

아래에서는 이상의 검토와 문제의식을 바탕으로 여말선초의 이론·사상적으로 이질적인 재이론이 '정권의 안정화'라는 공통의 목표를 달성하기 위해 활용된 양상을 차례로 살펴볼 것이다.

1) 여말선초 재이론의 양면적 활용

여말선초의 왕조교체기에는 재이론의 양면성이 극단적으로 나타났다.

蓋謂此也."

82) 『漢書』 卷56, 傳26, 董仲舒傳(8책, 2,502~2,503쪽), "春秋深探其本, 而反自貴者始. 故爲人君者, 正心以正朝廷, 正朝廷以正百官, 正百官以正萬民, 正萬民以正四方."

83) 金勳埴, 「麗末鮮初 君主修身論의 性格」, 서울대학교 대학원 국사학과 석사학위논문, 1983, 42쪽. 여기에서는 우·창왕의 폐위와 조선의 역성혁명, 태종의 즉위 등을 합리화하고 그에 의해 중앙집권화를 추진해 나가기 위해서 여말선초의 유학자들은 고려 이래로 존재해 오던 유교적 정치사상 가운데서 재이사상과 연결된 수신론을 주목하였고, 그와 같은 사상에 의해 그들의 정치적 행위의 정당성에 대한 합리화가 이루어졌다고 보았다.

고려말 공양왕을 향한 정치적 공세[=군주권 제약]와 조선왕조 창건의 사상적 명분[=군주권 지지]이 모두 재이론으로써 만들어졌다. 이러한 재이론의 양면적 활용은 동중서 재이론에서 유래한 것이라고 할 수 있다.[84)]

우선, 공양왕을 향한 정치 공세에 활용되었다. 공양왕 3년(1391) 4월 26일(계미) 공양왕은 일관(日官)으로부터 객성(客星)의 출현을 보고 받고 두려움이 깊어진다면서 본인과 시정(時政)의 잘못을 숨김없이 말하라며 구언했다.[85)] 이에 응하여 대사성 김자수(金子粹)는 국대비전[=공양왕 모후]보다 왕대비전[=공민왕 정비]에 먼저 문안할 것, 왕세자 책봉을 명(明) 입조(入朝) 후로 늦출 것, 불교와 무속을 폐할 것, 파직된 간신(諫臣)을 등용할 것을 요구했다.[86)] 또 낭사 허응(許應, ?~1411) 등은 대비를 궁궐 근처로 모실 것, 세 궁주의 공상(供上)을 파하고 창곡을 두텁게 할 것, 불교를 폐할 것, 대소신료의 사치를 근절하고 검소한 풍속을 숭상할 것을 요구했고,[87)] 이조판서 정총(鄭摠, 1358~1397)은 관료의 등용을 공정히 할 것, 형벌을 공평히 할 것, 불교를 폐지할 것을 요구했다.[88)]

정당문학 정도전(鄭道傳, 1342~1398)도 응지상소를 올렸다. 공양왕은 평소 성현이 이룬 법(法)을 본 적이 없고 일을 처리하는 데에 당대에 통용되는 사무(事務)를 알지도 못하여 덕을 닦는 것도 부족하고 정사에도 잘못[闕]이 있다고 했다.[89)] 그가 지목한 궐정(闕政)은 두 가지였는데, 하나는 상벌을 사사롭게 행한다는 것이고, 다른 하나는 불교와 도교를 숭상한다는 것이었다. 먼저 상벌은 하늘이 정하며 군주는 하늘을 대신해서 행할 뿐인데, 공양왕

84) 사상적으로는 강력한 군주권을 지지하면서도 현실에서는 군주권에 제약을 가하는 것이 동중서 재이론의 특징이다. 본서 제2장 1절 참고.

85) 『高麗史』 卷46, 世家46, 恭讓王, 3年 4月 癸未.

86) 『高麗史』 卷120, 列傳33, 諸臣, 金子粹. 金子粹의 열전에는 朴礎의 불교 배척 상소도 실려 있다.

87) 『高麗史』 卷46, 世家46, 恭讓王, 3年 5月 戊戌, 郎舍許應等上疏.

88) 『高麗史』 卷46, 世家46, 恭讓王, 3年 5月 庚戌, 吏曹判書鄭摠上書.

89) 『高麗史』 卷119, 列傳32, 諸臣, 鄭道傳, "殿下平日, 未嘗讀書以考聖賢之成法, 未嘗處事以知當世之通務, 安敢保德之必修而政之無闕歟."

은 하늘의 뜻을 무시하고 상벌을 사사롭게 처리한다고 했다.[90] 이것은 우·창왕의 후손과 그 추종 세력을 정치적으로 제거하지 않는 처사에 대한 문제 제기였다. 이해 정월 5군(軍)이 혁파되고 삼군총제사(三軍摠制使)가 설치되었는데, 이성계(李成桂, 1335~1408)와 조준(趙浚, 1346~1405), 정도전은 각각 삼군도총제사와 좌군총제사, 우군총제사를 맡아 군권(軍權)을 장악했다. 정도전은 이를 계기로 반대 세력을 축출해 나갔다.[91] 우왕과 창왕을 옹립했다는 명분으로 이색 계열 사대부의 주살(誅殺)을 요청한 것도 이 시기였다. 즉, 정도전은 공양왕이 상벌을 사정(私情)으로 하면서 우·창왕의 후손과 그 추종 세력을 처벌하지 않은 것을 궐정이라고 한 것이다.

다음으로 정도전은 공양왕 즉위 이후 도량[道場]을 궁궐보다 높게 짓고, 절에서는 항상 법석(法席)을 베풀고, 도전(道殿)의 초제(醮祭)는 아무 때나 열고, 무당(巫堂)의 제사는 번잡하고 어수선하게 지낸다고 비판했다.[92] 그는 이것을 선(善)하지 않은 일이라고 했다. 도량과 초제를 지내면 나라는 부유해지는 게 아니라 수척해지고 백성은 장수하지 못하고 궁핍해진다고 했다.[93] 참고로 이때의 척불론(斥佛論)은 불교 교리를 비판하는 수준을 넘어 고려의 국시(國是)를 부정하는 차원에서 제기된 것이었다.[94] 예컨대 김초는 역대 국왕의 숭불(崇佛)을 '만세의 대폐(大弊)'라고까지 했다.[95] 공양왕 3년 5월의

90) 『高麗史』 卷119, 列傳32, 諸臣, 鄭道傳, "賞曰天命, 刑曰天討, 言天以賞刑之柄, 付之人君, 爲人君者, 代天而行之耳. 賞刑雖曰出於人君, 固非人君所得私而出入之也. 殿下卽位以來, 蒙賞受刑之人, 有事同而施異者."

91) 韓永愚, 앞의 책, 1983, 27~28쪽.

92) 『高麗史』 卷119, 列傳32, 諸臣, 鄭道傳, "殿下卽位以來, 道場高峙於宮禁, 法席常設於佛宇, 道殿之醮無時, 巫堂之祀煩瀆."

93) 『高麗史』 卷119, 列傳32, 諸臣, 鄭道傳, "此殿下以爲善事, 而不知其實非善事, 以爲富國, 而不知國實瘠, 以爲壽民, 而不知民實窮."

94) 이정주, 「朝鮮 建國을 둘러싼 正統과 異端의 激突-高麗 恭讓王 3年 斥佛論爭 참가자 분석-」, 『韓國史學報』 10, 2001, 256쪽.

95) 『高麗史節要』 卷35, 恭讓王 3年 5月, "成均博士金貂上書曰, … 所謂怪者釋氏也, … 然其禍福之說, 妖妄尤甚 … 然殿下中興, 一新法制, 若萬世大弊一朝能去, 則功不在禹下, 而堯舜之治可及也." 김초는 공양왕의 분노를 사 사형될 뻔했으나 鄭夢周의 변론으로 구제되었다.

척불론은 정도전의 주도로 이루어진 정치 공세였고, 공양왕의 부덕함을 부각시켜 국왕의 권위를 추락시키는 데에 그 목적이 있었다고 하겠다.[96)]

정도전은 동중서의 논의를 인용하여 천심이 인군을 사랑하여 재이를 먼저 내려 견고한 것이라고 하면서 공구수성할 것을 주문했다.[97)] 그러나 내심 이때의 재이를 고려 패망의 조짐이라 여겼을 법도 하다. 동중서는 나라가 장차 망하려고 할 때 하늘은 재해(災害)→ 괴이(怪異)의 순서로 견고하고 그래도 군주가 알지 못하면 패망에 이르게 한다고 했다.[98)] 아마도 정도전은 이 '패망에 이른다'는 대목에 주목했던 것이 아닌가 생각된다.[99)]

한편 재이론은 조선왕조 개창의 정당성을 세우고 국왕의 천명(天命) 수수(授受)를 천명(闡明)하는 데에도 활용되었다. 조선의 건국 이전부터 그 주체 세력이 풀어야 했던 숙제 중 하나가 천명 문제였다. 국왕으로 즉위한 이성계 본인부터가 고려의 관료였으므로 역성혁명(易姓革命)을 설득력 있게 설명하지 않으면 조선의 건국과 그의 즉위는 사욕에 따른 정권쟁탈이 될 뿐이었다. 그래서 왕조 개창 초기에는 그들이 거행한 역성혁명의 당위성을 밝히고 조선의 건국을 정당화하는 정치·사상적 작업이 필요했다.

그들은 천명과 인심은 공양왕을 떠났고 이를 이어받은 태조가 새로운 나라를 세워 즉위하였다는 논리를 폈다. 예컨대 위화도회군 직후 남은(南誾,

---

『高麗史』 卷117, 列傳30, 諸臣, 李詹 참고.

96) 이익주, 「고려말 신흥유신의 성장과 조선 건국」, 『역사와 현실』 29, 1998, 36쪽.

97) 『高麗史』 卷119, 列傳32, 諸臣, 鄭道傳, "董子曰, 天心仁愛人君, 先出灾異, 以譴告之, 欲其恐懼修省之也."

98) 『漢書』 卷56, 傳26, 董仲舒傳(8책, 2,498쪽), "國家將有失道之敗, 而天乃先出災害以譴告之, 不知自省, 又出怪異以警懼之, 尙不知變, 而傷敗乃至. 以此見天心之仁愛人君而欲止其亂也. 自非大亡道之世者, 天盡欲扶持而全安之, 事在强勉而已矣."

99) 李熙德은 동중서의 재이론이 공양왕의 군주권 부정의 논리로 원용되었다고 했고[李熙德, 앞의 책, 2000, 176쪽], 韓永愚는 고려왕조가 民心과 天命을 잃었다는 것은 공양왕대에 계속되었던 재이의 발생이 그것을 증명한다고 했다[韓永愚, 앞의 책, 1983, 109쪽]. 모두 정도전의 재이상소를 근거로 하고 있지만 사실 이러한 해석의 근거가 될 만한 구절은 없다. 다만 이 당시 정도전이 새로운 왕조의 건설을 염원하고 있었기 때문에 이때의 재이를 '패망의 조짐'으로 생각했을 법은 하다.

1354~1398)이 조인옥(趙仁沃, 1347~1396)과 더불어 이성계의 추대를 은밀히 계획했는데 이때부터 이미 뭇사람들은 공공연하게 '천명과 인심이 그에게 소속되었는데 어째서 왕위에 오를 것을 청하지 않느냐'고 했다고 한다.[100] 그리고 이성계의 즉위는 좌시중 배극렴(裵克廉, 1325~1392)과 우시중 조준 등 16인이 천명과 인심의 소재를 파악하고서 논의 끝에 추대로 이루어졌다고 했다.[101]

그런데 천명의 수수는 이렇게 간단하게 입증할 수 있는 게 아니었다. 태조 4년(1395) 11월에 제2차 표전(表箋) 문제가 일어났다.[102] 조선은 명에 고명(告命)과 인신(印信)을 요청하는 표전을 보냈는데, 홍무제가 표전에 인용된 '주(紂)의 고사'를 보고 무례하다고 한 것이다.[103] 『맹자(孟子)』의 걸주(桀紂) 고사는[104] 태조가 천명을 받아 즉위하였다는 사실을 언급할 때 자주

---

100) 『太祖實錄』 卷1, 總書, "南誾自威化島回軍之時, 與趙仁沃等密議推戴, 及還, 以告殿下, 殿下曰, 此大事, 不可輕言. 時衆心爭相推戴, 或有於稠人廣衆中揚言曰, 天命人心, 已有所屬, 何不亟爲勸進."

101) 『太祖實錄』 卷2, 元年 9月 16日(甲午), "功臣都監上言, 門下左侍中裵克廉右侍中趙浚等十六人, 灼知天命人心之所在, 決議定策, 推戴殿下, 以成大業."

102) 朴元熇, 「명과의 관계」, 국사편찬위원회 편, 『한국사 22 : 조선왕조의 성립과 대외관계』, 탐구당, 2003, 310~312쪽 참고. 表箋 문제란 조선이 명에 보낸 표전 속에 譏侮 또는 戲侮의 뜻이 있는 글자가 섞여 있다고 하여, 명 태조가 조선 사신을 억류시키는 동시에 표전을 지은 책임자를 압송해 오도록 요구한 사건이다. 태조 대에 총 세 차례 있었는데, 1차 표전 문제는 太祖 4年 10月 賀正表箋 속에 '輕薄戲侮'의 문구가 있다고 하여 賀正使 柳玽를 억류시키고 撰文者 鄭道傳을 보내도록 요구한 사건이다. 2차 표전 문제는 太祖 4年 11月 太祖의 告命과 印信을 요청하는 표전 속의 '引用紂事'가 무례하다고 하여 일어나게 되었다. 이때도 사신으로 갔던 鄭摠은 억류되었고 鄭道傳의 管送을 재차 요구했으나 河崙과 權近을 보내 수습하였다. 3차 표전 문제는 太祖 6年 8月 千秋使 柳灝의 千秋啓本이 문제가 되어 찬문자를 보내올 때까지 사신을 억류하겠다고 통고하여 온 사건이다. 그런데 조선과의 3차 표전 문제가 진행되던 중 明의 황제 교체가 일어나 표전 문제는 종결되었다. 이후로 명이 조선 표전에 대해 譏侮 또는 戲侮를 이류로 불만을 제기하는 일은 일어나지 않았다.

103) 『太祖實錄』 卷9, 5年 3月 29日(丙戌), "計稟使鄭摠一行人, 來自京師, … 又咨曰, … 今朝鮮每遇時節, 遣人進賀表箋, 似乎有禮, 然文辭之間, 輕薄肆侮, 近日奏請印信誥命狀內, 引用紂事, 尤爲無禮."

104) 『孟子集註』 卷2, 梁惠王章句下, 222쪽, "齊宣王問曰, 湯放桀, 武王伐紂, 有諸. 孟子對曰, 於傳有之. 曰臣弑其君可乎. 曰賊仁者謂之賊, 賊義者謂之殘, 殘賊之人謂之一夫, 聞誅一夫紂

인용하던 구절이다.[105] 태조를, 걸·주를 몰아내고 즉위한 탕왕(湯王)과 무왕(武王)에 빗대어 천명 수수와 역성혁명을 정당화했는데, 홍무제는 이 점을 무례하다고 지적했다. 평민 출신의 명 태조 홍무제는 열등의식이 강했던 인물로 즉위 3년(1370)에는 『맹자』를 읽고 분노하여 맹자를 향배(享配)에서 빼도록 한 일도 있었다.[106] 그리고 조선 태조 대에 있었던 세 번의 표전 문제는 모두 명초 '문자옥(文字獄)'의 일환으로 일어났던 것인데, 우연히도 문자옥의 발단이 『맹자』 구절이었다.[107] 천명을 받아 역성혁명으로 조선을 건국했다는 조선 태조와 건국 주체세력의 논리는 이렇게 명과의 관계에서 마찰을 일으킬 소지가 있었다.

이와 더불어 제천례(祭天禮) 논쟁이 불거졌다. 제천례는 천명을 받은 군주가 하늘에 직접 호소할 수 있는 군주 고유의 의례였다. 삼국시기 이래로 한국에서는 정기 또는 비정기적으로 제천례가 거행되었고, 고려에서 원구제(圓丘祭)가 제천례로서 거행되었다. 그런데 조선 건국 이후 '조선의 군주는 황제(천자)로부터 책봉을 받은 제후이므로 봉토인 조선 영내의 산천(山川)에만 제사 지낼 수 있을 뿐 제천례는 제후의 명분을 저버리는 참월한 행위이다'라는 제천례 반대 논리가 등장했다.[108] '천자제천지(天子祭天地), 제후제산천(諸侯祭山川)'(『禮記』「曲禮」下)의 논리는 태조가 천명을 수수했다는 논리와 상충하는 것이었다. 제후로서 천명을 받았다는 논리는 성립할 수가 없었다. 원구제 폐지 요청은 조선 건국 직후인 태조 원년(1392) 8월부터 있었다.[109]

矣, 未聞弑君也."

105) 『太祖實錄』 卷1, 元年 7月 20日(己亥), 司憲府의 상소 참고.

106) 曺永祿, 「明太祖(재위 1368~1398)의 君主權 강화와 言路 개방책」, 高柄翊先生回甲紀念史學論叢刊行委員會 편, 『歷史와 人間의 對應(高柄翊先生回甲紀念史學論叢)』, 한울, 1984, 116쪽.

107) 朴元熇, 「明初 文字獄과 朝鮮表箋問題」, 『史學硏究』 25, 1975, 95쪽. 公孫丑 下篇의 '士誠小人也' 구절이 明初 文字獄의 발단이었다고 한다.

108) 金泰永, 「朝鮮 初期 祀典의 成立에 對하여-國家意識의 變遷을 中心으로-」, 『歷史學報』 58, 1973, 111쪽 ; 최종석, 「조선 초기 제천례와 그 개설 논란에 대한 재검토-태종·세종대를 중심으로-」, 『朝鮮時代史學報』 67, 2013, 50쪽.

그러나 태조 3년(1394) 8월 21일(무자) 예조에서는 공식적으로 원구제를 폐지할 수 없다고 했다.[110] 이후 원구제 찬반 논쟁은 태종·세종 대까지 이어졌고 결국 『국조오례의(國朝五禮儀)』에서 빠지게 되었다. 이렇게 천명의 수수를 공표하는 일은 대내외적으로 쉬운 일이 아니었다.

조선 초기에는 이러한 갈등을 피하면서 안정적으로 천명 수수를 공표할 수 있는 대안이 필요했다. 천문과 재이는 바로 이러한 배경에서 관심을 받았다. 즉 『서경(書經)』의 「요전(堯典)」과 「순전(舜典)」에 뿌리를 두고 있는 '관상수시(觀象授時)는 제왕의 첫 번째 임무'라는 유교 정치 이념의 보편적 가치를 통해 천명의 수수를 공표하고 봉천(奉天)의 정치를 표방한 것이다. 태조 4년(1395) 12월의 천상열차분야지도(天象列次分野之圖) 각석은 이러한 맥락에서 이해할 수 있다.[111]

아울러 이 연장선에서 재이도 관심의 대상이었다.

> 태조가 도승지 한상경에게 명하여 도평의사사에 전지(傳旨)하여 말하길, "왕씨의 제사가 끊어지고 하늘이 나로 하여금 나라를 세우게 한 것은 실로 이 백성을 위한 것이다. 만약 경천근민하지 않으면 하늘이 기필코 재앙을 내릴 것이다"라고 하였다.[112]

태조는 조선왕조의 창건이 천명에 의한 것이란 점을 분명히 밝혔다. 그래서 하늘을 공경하고 부지런히 백성을 돌보는 일[敬天勤民]이 자신의 책무라고 했다. 그리고 이 책무를 다하지 않으면 하늘이 재이를 내릴 거라고

---

109) 『太祖實錄』 卷1, 元年 8月 11日(庚申), "圓丘, 天子祭天之禮, 請罷之."

110) 『太祖實錄』 卷6, 3年 8月 21日(戊子), "禮曹啓曰, 吾東方自三國以來, 祀天于圓丘, 祈穀祈雨, 行之已久, 不可輕廢. 請載祀典, 以復其舊, 改號圓壇. 上從之."

111) 『陽村集』 卷22, 跋語類, 「天文圖詩[誌]」, 1ㄱ(7책, 220쪽), "臣近竊惟, 自古帝王奉天之政, 莫不以曆象授時爲先務, 堯命羲和而秩四時, 舜在璣衡而齊七政, 誠以敬天勤民爲不可緩也."

112) 『太祖實錄』 卷6, 3年 6月 24日(壬辰), "命都承旨韓尙敬, 傳旨于都評議使司曰, 王氏絶祀, 天乃俾予肇造邦家, 實爲斯民也. 若不敬天勤民, 天之降殃必矣."

했다. 재이는 천명을 받은 군주가 책무를 다하지 않을 때 일어난다는 인식에서 천명 수수의 증거가 되었고, 경천근민의 책무를 되새기게 하는 계기가 되었다.

이어서 태종은 이러한 재이론을 정치에 적극적으로 이용했다.

> 또 천둥이란 인군의 상징인데 편치 않고 좋지 않게 누차 인(人)·물(物)에 벼락 치니 그 변고가 심하다. 그러나 옛사람이 천심은 인군을 사랑[仁愛]하여 먼저 재이를 보내 경고한다고 했으니 하늘이 어찌 나를 끊어버리겠는가.[113)]

태종의 위 언급은 동중서 재이론의 핵심적 논의로,[114)] 정도전이 공양왕의 궐정을 지적할 때 활용한 것이기도 하다. 그런데 여기에서는 재이를 맞은 걱정보다는 해소할 수 있다는 자신감이 더 강하게 느껴진다. 정도전이 '재이가 출현했음에도 알지 못한다면 하늘이 패망케 할 것이다[尙不知變, 而傷敗乃至]'라는 대목을 강조했다면, 태종은 '하늘은 군주를 어진 마음으로 사랑하여 난리를 그치게 하려는 것이다[天心之仁愛人君而欲止其亂]'라는 대목에 주목한 것이라고 할 수 있다.

관련 연구에 따르면 태종은 재이를 재위의 정당성을 다지는 데에 활용하고, 신료들에게 그 직임을 다하도록 채근하는 수단으로 이용했으며, 끝내는 권신을 몰아내는 방편으로 삼았다고 한다.[115)] 그리고 태종은 병권을 장악하고 외척 세력을 제거하기 위해 이른바 '선위 표명'을 전략적으로 활용했는데, 이것은 강력한 군주권을 뒷받침하는 동중서의 재이론을 배경으로 하는

---

113) 『太宗實錄』 卷31, 16年 5月 20日(辛亥), "且雷者人君之象也, 而不寧不令, 屢震人物, 其變甚矣. 然古之人曰, 天心仁愛人君, 先出災異以警告之, 天豈絶我哉."

114) 『漢書』 卷56, 傳26, 董仲舒傳(8책, 2,498쪽), "國家將有失道之敗, 而天乃先出災害以譴告之, 不知自省, 又出怪異以警懼之, 尙不知變, 而傷敗乃至. 以此見天心之仁愛人君而欲止其亂也. 自非大亡道之世者, 天盡欲扶持而全安之, 事在强勉而已矣."

115) 남지대, 「재이와 태종의 왕권」, 『인문과학연구』 13, 서원대학교 인문과학연구소, 2003, 29쪽.

것이었다고도 한다.[116]

재이론에는 군주권을 지지하는 측면과 군주권을 제약하는 측면이 모두 있다. 이는 동중서 재이론의 역사적 유산이라고 할 수 있다. 여말선초의 관인·유자는 재이론의 이러한 특징을 효과적으로 활용했다. 고려 말에는 공양왕의 궐정을 지적하는 데에, 또 조선 초에는 태조의 즉위와 왕권을 지지하는 데에 재이를 적극적으로 활용했다. 즉 여말선초의 재이론은 고려 왕소의 패망과 조선왕조의 건국을 동시에 설명할 수 있는 정치사상으로 기능했다고 할 수 있겠다.

2) 불교·도교식 재이론의 정치적 의미

여말선초에는 불교·도교식 재이론도 여전했다. 불교식 재이 해소 방책은 소재도량(消災道場)을 말한다. 소재도량은 불교의 치성광여래(熾盛光如來)를 주존으로 하는 불교의례로 고려시기 이래 가장 많이 설행된 의식이다.[117] 그리고 도교식 재이 해소 방책은 초제(醮祭)인데, 소재도액(消災度厄)을 목적으로 밤에 공물을 차려 놓고 기원문[靑詞]을 올려 천황(天皇), 태일(太一), 성수(星宿) 등에 제사를 지내던 의식이다.[118] 소재도량과 초제의 설행 사례를 살펴보면 다음과 같다.

> (소재도량) 성변(星變)이 누차 보여 승려를 시좌소(時坐所)에 모아 소재도량을 열었다. 상(上)과 중궁(中宮)이 예불(禮佛)을 올리고 분향(焚香)하였다.[119]

---

116) 류창규, 「조선 초기 太宗과 河崙의 天譴論을 빙자한 정국 운영 양상」, 『역사학연구』 45, 2012, 65~93쪽.

117) 정진희, 「고려 熾盛光如來 신앙 고찰」, 『정신문화연구』 36-3, 2013, 313~342쪽 ; 김수연, 「소재도량(消災道場)을 통해 본 고려시대의 천문기양사상(天文祈禳思想)」, 『韓國思想史學』 45, 2013, 153~194쪽 참고.

118) 金澈雄, 「高麗中期 道敎의 盛行과 그 性格」, 『도교문화연구』 10, 1996, 180쪽.

119) 『太祖實錄』 卷4, 2年 10月 29日(辛丑), "以星變屢見, 集僧徒於時坐所, 設消災道場, 上與中宮, 禮佛行香."

(초제) 얼음이 얼지 않고 안개가 끼어 좌승지 최이(崔迤)를 보내어 소격전(昭格殿)에서 태일성(太一星)[=北極星]에 초제(醮祭)를 지내 시령(時令)이 조화롭기를 빌게 하였다.[120)]

조선 초기의 불교·도교식 재이론과 관련해서는 다음의 기사가 주목된다. 태종 즉위년(1400) 12월 18일(무신) 달이 헌원성(軒轅星)을 범하는 재이가 있었다. 이날 경연이 열렸는데, 이 자리에서 재이에 관한 중요한 대화가 오갔다.

(경연에 나아갔다. 좌산기 이복시(李復始)가 입시했다. 지경연사 성석린(成石璘)이 『대학연의(大學衍義)』를 진강했다.)

태　종 : 인군은 천재(天災)·지괴(地怪)가 이르면 곧 기양(祈禳)을 베푸는데 의리에 어떠한가?

경연관 : (모두) 기양은 폐할 수 없습니다.

태　종 : 내가 들으니 아래에서 사람의 일이 바르면 위에서 하늘의 기운이 순조로워진다고 하니 사람의 일이 순조롭지 못하면 하늘의 기운 또한 따라서 순조롭지 못한 것이 있게 될 것이다.

태　종 : (또 물었다.) 소격전(昭格殿)에서 별에 제사 지내는 일은 영이(靈異)함이 누차 보였으므로 소홀히 할 수 없다. 그 나머지 음사는 없애는 것이 어떠한가?

경연관 : 천자와 제후와 사서인은 각기 제사하는 신(神)이 있습니다. 천자인 연후에야 천지에 제사 지낼 수 있고, 제후인 연후에야 산천에 제사 지낼 수 있습니다. 지금 우리나라의 풍속에 비록 서인(庶人)이라도 산천에 제사 지내니 예로서는 마땅히 금해야 합니다.

태　종 : 지금 풍속이 귀신을 숭상하여 모두 신(神)의 음조(陰助)가 아니면

120) 『太祖實錄』 卷4, 2年 11月 20日(辛酉), "以無氷且霧, 遣左承旨崔迤, 醮太一于昭格殿, 以祈時令調和."

그 삶을 편안히 할 수 없다고 여긴다. 만일 금령(禁令)을 내리면 백성이 기쁘게 수긍하지 않고 도리어 원망할 것이다.

김 첨 : 고제(古制)에 이사(里社)를 세우는 법이 있습니다. 백성들을 모두 제사 지내게 하면 백성들이 모두 기쁘게 따르고 음사가 또한 장차 근절될 것입니다.[121]

이날 경연에서 오갔던 대화는 조선 초기 재이론에 대한 몇 가지의 중요한 사실을 전해준다. 우선 불교식 기양은 의리에 어긋나는 일로 간주되지 않았다. 태종이 이것을 물었던 까닭은 당시 불교의 처지 때문이었을 것이다. 불교가 고려후기 이래로 폐단이 드러나면서 혁파의 대상으로 여겨졌기 때문에 의리에 어긋나는지를 물었을 것이다. 그러나 의외로 경연관들은 모두 폐지할 수 없다고 했다. 그 까닭은 이어진 태종의 발언에서 짐작할 수 있다. 즉 인사가 바르면 천기(天氣)도 순조롭고 인사가 순조롭지 못하면 천기 또한 순조롭지 못하다는 천인감응의 자연인식 속에서 불교식 기양이 미재(弭災)의 한 가지 방책으로서 간주되었던 것이 아닌가 싶다.

그리고 초제도 폐지의 대상이 아니었다. 일단 태종은 초제의 영이(靈異)함을 들어 음사에서 제외했다. 그리고 경연관들은 서인(庶人)의 산천 제사는 금지해야 한다고 하면서도 초제에 관해서는 특별한 언급을 하지 않았다. 태종과 경연관들은 초제를 제외한 나머지 음사의 폐지를 논의하면서, 잡신(雜神)을 숭상하는 민간의 풍속을 고려했을 때 음사를 갑자기 폐지할 경우 부작용이 일어날 수 있으므로 이사(里社)의 법을[122] 세워 음사를 대체한다는

---

121) 『定宗實錄』 卷6, 太宗 卽位年 12月 18日(戊申), "月犯軒轅. 御經筵, 左散騎李復始入侍. 知經筵事成石璘, 進講大學衍義, 上曰, 人君致天災地怪, 便設祈禳, 於義如何. 經筵官皆曰, 祈禳不可廢也. 上曰, 予聞人事正於下, 則天氣順於上, 人事有不順, 則天氣亦從而有不順者矣. 上又問曰, 昭格殿醮星之事, 靈異屢著, 不可忽也, 其餘淫祀, 去之如何. 經筵官等對曰, 天子諸侯士庶人, 各有所祭之神. 天子然後祭天地, 諸侯然後祭山川. 今我國俗, 雖庶人亦皆祭山川, 禮當禁之. 上曰, 今俗尙神, 而皆以爲非神之陰助, 無以安其生也. 若下禁令, 民不悅服, 反有怨咨. 應教金瞻對曰, 因古制立里社之法, 使民皆得祀焉, 則民皆悅從, 而淫祀亦將絶矣."

122) 里社祭는 향촌에서 지낸 社稷祭 정도로 볼 수 있는데, 널리 시행되었던 것 같지는

대책을 마련했다.

태종은 초제를 영이(靈異)하다고 했다. 사실 초제는 원구제가 아닌 제천례로서 천명의 수수를 효과적으로 밝힐 수 있는 의식이었다. 태종 2년(1402) 9월 14일(갑오) 우레의 재이가 발생하자 태종은 예문관 대제학 이첨(李詹, 1345~1405)에게 소격전(昭格殿)에서 초제를 거행해 유성(流星)과 뇌전(雷電)의 재변을 기양하고 시령이 조화롭기를 빌도록 했다.[123] 이때 초제의 청사(靑詞)는 변계량이 지었다.

> 삼헌. 하늘이 높아 비록 형체와 소리의 응험이 끊어진 듯 일컫지만 분명 사람이 부른 바로 반드시 휴구(休咎)의 징험이 나타납니다. 이에 견고의 가르침을 받들고사 정성을 기울이는 간절한 마음이 이릅니다. 생각건대 내 하찮은 자질로 이 커다란 나라의 터전을 이어 받으니 상제(上帝)의 명을 감당하기 어렵습니다. 마땅히 밝은 공경을 두텁게 하고 민정(民情)을 두려워하며 박애(博愛)의 어짊을 베풀어야 하는데, 제가 이 두 가지에 능하지는 못해도, 한 시각도 감히 잊은 적이 없습니다. 하물며 일관의 보고를 들어보니 기율(氣律)이 순조롭지 못하다고 하고 때아닌 우레가 들리며 유성의 견고가 거듭됩니다. 생각에 잠겨 깊이 헤아려 봐도 싹트기 전에는 알기 어려워 화(禍)를 뉘우쳐 상서(祥瑞)가 나오길 우러러 하늘의 도움에 의지하려 합니다.[124]

초제는 군주가 하늘과 직접 소통하는 제사였다. 변계량이 작성한 청사에

않다. 韓㳓劤, 「朝鮮王朝 初期에 있어서의 儒教理念의 實踐과 信仰·宗教-祀祭問題를 中心으로-」, 『韓國史論』 3, 서울대학교 국사학과, 1976, 163~166쪽 참고.

123) 『太宗實錄』 卷4, 2年 9月 14日(甲午), "遣藝文館大提學李詹, 行醮于昭格殿. … 至是, 行醮禳流星雷電之變, 且祈時令調和."

124) 『春亭集』 卷10, 靑詞, 「昭格殿行雷電流星祈禳醮禮三獻靑詞」, 7ㄱ~ㄴ(8책, 134쪽), "三獻. 謂天盖高, 雖絶形聲之驗, 惟人所召, 必示休咎之徵. 爰承譴告之加, 盍致祈傾之懇. 念予眇質, 襲此丕基, 帝命難諶. 宜篤緝熙之敬, 民情可畏, 當施博愛之仁, 吾斯二者之未能, 其敢頃刻而罔念. 況聞日官之有告, 乃陳氣律之不調, 旣奔雷之非時, 復流星之示譴. 沉思熟慮, 亦難燭於未萌, 悔禍産祥, 惟仰憑於陰隲."

서도 태종은 상제(上帝)의 명을 받아 즉위하였음을 밝혔다. 그리고 우러러 상제에 의지하여[憑] 유성과 뇌전의 재이에 대응했다. 즉 태종은 재이를 계기로 천제(天帝)의 권위를 끌어왔던 것이다.[125] 훗날 조광조(趙光祖, 1482~1519)가 도학(道學)으로서가 아니라 천제를 끌어와 권위를 세우려는 중종의 태도를 문제 삼아 소격서(昭格署)의 혁파를 주장한 점을[126] 떠올려보면 초제가 갖는 정치적 의미를 짐작할 수 있을 것이다.

조선 초기 재이론은 군주의 천명 수수를 입증해 주고 경천근민의 정치를 담보해 주는 수단이었다. 그래서 군주와 신료는 모두 재이에 소홀할 수 없었고, 불교와 도교가 이단으로 비판받는 상황에서도 소재기양과 초제에는 비교적 관대했다. 즉 재이에 적극적으로 대응한다는 차원에서 기존의 불교식 기양과 도교식 초제가 허용되었던 것 같다. 요컨대 이때의 기양과 초제는 불교와 도교의 종교·신앙적 측면보다는 재이에 대응하고 천명에 부응하는 하나의 수단으로서 주목받고 또 기능한 것이라고 할 수 있겠다.

3) 주자학의 왕도정치(王道政治)와 권근(權近)의 재이론

왕도정치(王道政治)의 구현을[127] 목적으로 하는 주자학의 수용과 학습은 고려말부터 시작되었다. 이 시기 주자학은 '구방유신(舊邦維新)'[128]이라는

---

125) 崔先惠는 조선 초기의 초제가 왕의 절대성·신성성을 상징적으로 표현하여 왕권을 옹호해주는 의례로서의 구실을 담당하였다고 평가했고[崔先惠, 「조선초기 태조·태종대 醮祭의 시행과 왕권 강화」, 『韓國思想史學』 17, 2001, 384쪽], 김철웅은 卞季良이 董仲舒의 天譴說을 바탕으로 靑詞를 서술했고, 修道救世의 차원에서 유교와 도교의 절충을 시도했다고 평가했다[김철웅, 「변계량의 사상과 도교 인식」, 『국학연구』 46, 2021, 132쪽].

126) 정두희, 『조광조』, 아카넷, 2001(증보신장판), 164~166쪽.

127) 王道政治란 『孟子』에서 거론되었고 주희에 의해 재구성된, 요순 삼대의 理想 정치를 표방하는 유교·주자학의 이상사회론이라고 할 수 있다. 조선의 유학자는 군주가 德으로써 仁政을 베풀고 백성은 分에 맞는 안정된 생활을 영위하는 조화롭고 균형 잡힌 이상사회의 구현을 염원하며 주자학을 학습했다고 할 수 있다.

128) 『高麗史』 卷115, 列傳28, 諸臣, 李穡, "周雖舊邦, 其命維新, 將不在於今日乎."

고려왕조의 중흥을 과업으로 국가적 학문·사상으로서의 역할을 담당했다.[129] 고려말의 유학자들은 현학적인 이기심성론(理氣心性論)보다는 난세(亂世)를 치세(治世)로 바꾸는 경세론(經世論)에 더 관심을 보였고, 그들의 주자학은 개혁사상으로서의 성격이 짙었다. 주자학의 교학화(敎學化)가 이루어지는 동안 개혁적 성향의 사대부가 형성되었고 이들 중 급진적인 일부가 무장세력과 함께 개혁을 넘어 혁명을 통해 건국한 나라가 조선왕조였다.

주자학을 경세론의 측면에서 이해하는 경향은 조선 건국 이후에도 계속되었다. 조선의 건국을 둘러싸고 개혁파 유학자 내에서 분열과 갈등이 빚어지기도 했으나, 태종 대에는 봉합되었고,[130] 조선 초기의 관인·유자는, 그 선배 세대가 그러했듯이, 주자학을 국정 교학으로 확립해 나갔고 왕도정치의 실현을 궁극의 목표로 삼고서 학문과 정치에 임했다.

대표적인 인물로 권근(權近, 1352~1409)이 있다. 권근은 조선 초기 주자학적 정치 이념을 확립하고 조선 주자학의 학문적 기초를 닦은 인물로 평가받는다.[131] 그는 이색의 문인으로 정도전과는 정치적으로 대립했던 인물이다. 스승 이색과 함께 역성혁명에 반대했고 이 여파로 유배되기도 했다.[132] 그러나 태조 2년(1393) 3월에 다시 조선 조정에 출사했고, 태종 원년(1401)에는 좌명공신(佐命功臣)에 책봉되기도 했다.[133] 권근은 역성혁명에 참여하지

---

129) 金泰永, 『朝鮮性理學의 歷史像』, 경희대학교 출판부, 2006, 27~43쪽.

130) 이와 관련해서는 '反革命'과 '反王朝'를 구분해야 한다는 견해가 있다. 고려말에 反易姓革命의 입장을 가졌던 사대부들도 대부분 조선왕조의 개창 이후에는 개국공신들과 마찬가지로 親王朝的인 입장을 취했다는 것이다. 김훈식, 「朝鮮初期의 정치적 변화와 士林派의 등장」, 『韓國學論集』 45, 2011, 30쪽 참고.

131) 도현철, 「권근, 조선 유학의 기틀을 마련하다」, 『내일을 여는 역사』 47, 2012, 155쪽.

132) 『陽村集』 卷首, 「陽村先生年譜」, 4ㄴ~5ㄱ(7책, 11쪽). 年譜에 따른 권근의 유배 과정은 다음과 같다. 1차 탄핵 및 황해도 牛峯 유배(1389.10)→ 2차 탄핵 및 경상도 寧海 이배(1389.12)→ 鷄林獄·興海 이배(1390.2)→ 金海 이배(1390.4)→ 清州獄(1390.5)→ 석방(1390.7)→ 3차 탄핵 및 전라도 益州 유배(1390.7)→ 從便(1390.11)→ 충주 양촌 은거(1390.11)→ 조선 조정에 출사(1393.3)

133) 권근의 생애와 교유관계, 官歷 등은 姜文植, 『권근의 경학사상 연구』, 일지사, 2008, 25~105쪽 참고.

않았으면서도 조선 초기의 핵심 정치 세력에 편입된 대표적인 인물이라고 할 수 있다.

권근은 평생 경학(經學)을 연구했다. 이는 그의 『입학도설(入學圖說)』이나 『오경천견록(五經淺見綠)』과 같은 저술을 통해 확인할 수 있다. 그리고 그의 경학관(經學觀)은 경세론으로 연결되는데, 양자를 잇는 이론이 바로 천인합일론(天人合一論)이다.[134] 권근은 '천리(天理)에 부합하는 인도(人道)의 실천'이 곧 왕도정치를 구현하는 요체라고 인식했다.

이 점은 그의 재이론에서도 확인할 수 있다. 권근은 정종 원년(1399) 10월 8일(갑진) 대풍(大風)·폭우(暴雨)·뇌전(雷電)·우박(雨雹)의 재이로 인한 구언교에 응하여 응지상소를 올렸는데, 그는 여기에서 미재(弭災)의 요체를 '정심술(正心術)', 즉 군주가 심술을 바르게 하는 것이라고 했다.[135]

> 하나는 심술을 바르게 하는 것입니다. 군주의 일심(一心)은 백성을 다스리는 근원이고 하늘을 감동시키는 중추[樞機]이니 바르게 하지 않을 수 없습니다.[136]

'정심술'이 워낙에 주자학적 재이론의 핵심이기도 하지만 그가 정치적 포부를 밝히는 상소에서 정종에게 '정심술'을 요구한 것은 의미심장하다.[137]

---

134) 姜文植, 「權近의 五經 인식-經學과 經世論의 연결을 중심으로-」, 『泰東古典硏究』 24, 2008, 80~83쪽.

135) 이때 권근은 ① 正心術, ② 崇孝敬, ③ 勤聽政, ④ 戒遊畋, ⑤ 立詞訟之限, ⑥ 示政令之信 등 여섯 가지의 時政을 언급했다. 이 중 ①~③은 본령이고, ④~⑥은 구체적인 각론이라고 할 수 있다. 그래서 권근의 재이론은 ①~③을 위주로 살펴보는 것이 효과적이다.

136) 『定宗實錄』 卷2, 元年 10月 8日(甲辰), "簽書中樞院事權近上書, 陳時政六事, 一曰正心術. 人主一心, 治民之本源, 感天之樞機, 不可以不正也."

137) 이 상소의 정치적 의미가 작지 않다. 권근은 태조 2년 3월에 조선 조정에 출사했지만 1차 왕자의 난이 일어날 때까지는 정치적으로 큰 역할을 담당하지 못했다. 대부분은 實職에 있지 않았고, 있더라도 교육과 文翰 관련 직책에 국한되었다. 권근의 정치적 지위가 상승하게 된 것은 1차 왕자의 난으로 개국공신세력이 위축된 이후였고, 이 정종 원년 10월의 재이상소는 자신의 정치적 입지가 커져가는 정치적 전환기에

권근은 『입학도설』에서 휴구(休咎)의 유무를 오사(五事)와 황극(皇極)으로 설명했다. 그는 오사를 얻어 황극이 서면 오행이 순조롭게 되어 상서가 응하고, 오사를 잃어 황극이 서지 않으면 재이가 응한다고 했다. 즉 권근은 오사를 얻어 황극을 세워야 천도(天道)와 인도(人道)가 합치되는 천인합일의 정치를 이룰 수 있다고 보았다.[138]

홍범에서 말하는 오사는 모(貌)·언(言)·시(視)·청(聽)·사(思)이고, 구주의 중심이 되는 황극은 군주가 천하의 모범이 되는 표준을 세운다는 의미이다. 그래서 '오사를 얻어 황극을 세운다'는 것은 군주가 모·언·시·청·사의 오사를 바르게 하여 천하의 모범이 되는 표준을 세운다는 의미가 된다.

권근은 군주가 오사를 닦아 황극을 세우는 도(道)는 '경(敬)' 한 글자에 있다고 했다.[139] 이 말의 의미는 그의 심론(心論)에서 유추해 볼 수 있다. 『서경』「대우모(大禹謨)」에는 '인심유위(人心惟危), 도심유미(道心惟微), 유정유일(惟精惟一), 윤집궐중(允執厥中)'이라는 열여섯 글자 심법(心法)이 있다. 도심(道心)과 인심(人心)의 근원적 차이를 드러낸 구절이라고 할 수 있다. 권근은 심(心)의 체(體)는 하나인데 용(用)은 둘이라고 하면서 성명(性命)에서 발원(發原)한 것을 정(情)에 속하는 도심, 그리고 형기(形氣)에서 생겨난 것을 의(意)에 속하는 인심이라고 했다. 도심은 처음부터 선(善)하지 않음이 없으나 단서가 희미하고 발현이 어려우므로 도심은 유미(惟微)하다고 하는 것이고 주경(主敬)하여 확충해야 한다고 했다. 반면에 인심의 기미에는 선악(善惡)이 있어 인심의 형세는 위태롭고 무너져 내리므로 인심은 유위(惟危)하다고 하는 것이고 따라서 더욱 주경(主敬)하여 이 위태로움을 다스려

제출된 것이다.

138) 『入學圖說』, 洪範九疇天人合一圖, 下, 205쪽(權近 著, 權德周 譯, 『入學圖說』, 乙酉文化社, 1990(5版)의 원문 쪽수. 이하 같음), "五事得而皇極立, 則五行順而雨暘燠寒風之休徵應. 五事失而皇極不立, 則五行汨而雨暘燠寒風之咎徵應焉, 是其天人相爲流通感應之道, 可謂明矣."

139) 『入學圖說』, 洪範九疇天人合一圖, 下, 205쪽, "然則修五事而立皇極者, 其道何由在乎. 敬之一字而已. 敍疇聖人以敬加於五事之上, 所以示萬世人主以心法也, 爲人主者, 可不念哉."

이겨내야 한다고 했다.[140]

주경(主敬)은 북송 대 이정(二程)이 주돈이(周敦頤, 1017~1073)의 주정(主靜)을 대신하여 제시한 수양론이다.[141] 본성 함양 공부이며 주요 내용은 '마음을 하나로 집중하여 달아나지 않도록 하는 것'[主一無適]이다. 마음을 한 가지 뜻에 전일하게 하여 마음속의 리를 주로 하면 조금의 해이함이나 태만함도 있을 수 없으니 이것이 바로 주경이라고 했다.[142] 주경은 남송 대 주희에 의해 가장 보편적이고 전면적인 수양법이 되었다.[143] 경은 천리를 밝게 하고 인욕을 사라지게 하는 것이라고 했다. 또 사람이 경을 얻으면 마음이 맑아지고 천리가 찬연히 빛나게 되므로 한 치의 힘쓸 곳도 없고 또 힘쓰지 않을 곳도 없게 된다고 했다.[144] 즉 경이란 사람의 마음을 천리에 완전히 합일시키는 공부법이 되는 것이었다.

권근도 이러한 개념을 수용했다. 그는, 학자는 경으로써 내면을 바르게 하여 혼미함을 제거하고 밝음을 회복한다고 했다.[145] 인욕의 맹아를 막고 천리의 바름을 확충하려면 항상 도심이 주인이 되어 인심이 명령을 듣게 해야 하고, 그런 후에야 위태로움이 편안해지고 은미한 것이 드러나 동정(動靜)에 오류가 없게 된다고 했다.[146] 그렇지 않으면 인욕은 날로 커지고 천리는 날로 소멸되어 이 마음의 작용이 정욕(情欲)과 이해(利害)의 일에

---

140) 『入學圖說』, 天人心性分釋之圖, 142쪽, "其體則一, 而用則有二, 其發原於性命者, 謂之道心, 而屬乎情, 其初無有不善, 其端微而難見, 故曰道心惟微, 必當主敬以擴充之. 其生於形氣者, 謂之人心, 而屬乎意, 其幾有善有惡, 其勢危而欲墜, 故曰人心惟危, 尤必當主敬以克治之."

141) 蒙培元 지음(홍원식·황지원·이기훈·이상호 옮김), 『성리학의 개념들』, 예문서원, 2008, 835쪽.

142) 『河南程氏遺書』 卷15, 人關語錄(上, 169쪽), "所謂敬者, 主一之謂敬. 所謂一者, 無適之謂一. 且欲涵泳主一之義, 一則無二三矣. … 至於不敢欺, 不敢慢, 尙不愧於屋漏, 皆是敬之事也."

143) 蒙培元 지음(홍원식·황지원·이기훈·이상호 옮김), 앞의 책, 2008, 839쪽.

144) 『朱子語類』 卷12, 學6, 持守(14책, 372쪽), "敬則天理常明, 自然人欲懲窒消治. 人能存得敬, 則吾心湛然, 天理粲然. 無一分著力處, 亦無一分不著力處."

145) 『入學圖說』, 天人心性分釋之圖, 141쪽, "學者要當敬以直內, 去其昏而復其明也."

146) 『入學圖說』, 天人心性分釋之圖, 142쪽, "遏人欲之萌, 充天理之正, 常使道心爲主而人心聽命, 然後危者安, 微者著, 動靜云爲, 自無差謬."

불과해지므로 경의 자세를 취하지 않을 수 없다고 했다.[147] 결국 그에게 경이란 인욕에 의해 가려진 마음의 본연을 회복하는 수양이 되었다. 성명의 바름에서 발원하는 도심을 드러나게 하고 형기(形氣)의 사사로움에서 발원하는 인심을 억제하는 존양성찰(存養省察)의 수양의 자세가 곧 경이 되는 것이었다.

요컨대 권근은, 군주가 주경하여 인욕을 제거하고 천리를 확충하여, 모·언·시·청·사의 오사를 바르게 하고 천하의 모범이 되는 표준을 세우면 오행이 순조로워지고 재이가 사라지게 되니 이것이 곧 천도와 인도가 합치되는 천인합일의 정치를 이루는 방법이라고 보았다. 그래서 권근은 재이 해소의 방책으로 정종에게 '정심술'을 제시했던 것이다.

대풍·폭우 등의 재이가 있기 전 정종은 종친과 함께 강음현(江陰縣) 원중포(原中浦)에서 사냥을 했다.[148] 권근은 그 사이에서 즐기는 마음이 싹트고, 이 마음이 한 번 싹트는 것은 놀려는 마음이 절도를 잃는 시초가 되므로 재이가 미리 견고한 것이라고 했다. 그래서 그는 정종에게 공구수성하여 허심탄회하게 간언을 받아들이고, 사사롭게 즐기는 편안함에 빠지지 말고, 즐기려는 욕심을 따르지 말라고 당부했다. 이를 이루기 위해서는 경의 자세로써 심술을 바르게 하고 부지런히 실덕(實德)에 힘을 써야 하는 것이었다. 이것이 곧 민생(民生)을 다스리고 천도(天道)에 응하는 길이 되는 것이었다.[149]

군주가 경의 자세로 심술을 바르게 하는 문제는 곧바로 예(禮)의 실천 문제로 연결된다. 권근은 경과 예의 관계에 관해 다음과 같이 설명했다.

---

147) 『入學圖說』, 天人心性分釋之圖, 142쪽, "不然則人欲日長, 天理日消, 此心之用不過情欲利害之事, 雖有人形, 其違禽獸不遠矣, 可不敬哉."

148) 『定宗實錄』 卷2, 元年 10月 1日(丁酉), "率宗親畋于江陰縣之原中浦, 路上射獐獲之."

149) 『定宗實錄』 卷2, 元年 10月 8日(甲辰), "往者殿下, 巡幸西郊, 明日雷雨, 又明日夜, 有星變, 旣還明日, 又大震雷, 災異荐至. 蓋當馳騁射獵之際, 殿下之心, 必以爲樂. 樂心一萌, 卽是般遊無度之漸, 故天現異, 以彰譴告. … 伏惟殿下, 恐懼修省, 虛懷納諫, 毋溺宴私之安, 毋徇嗜欲之樂, 持敬以正心術, 克勤以懋實德, 以治民生, 以應天道."

『곡례(曲禮)』에서는 '공경하지 않음이 없고[毋不敬], 엄숙하기를 생각하는 듯하고[儼若思], 편안하고 명확하게 말하고[安定辭], 백성을 편안하게 한다[安民哉]'고 했다. … 무불경(毋不敬)은 예의 전체를 통칭하여 말한 것이다. 엄약사(儼若思)는 경(敬)이 밖으로 드러나 중(中)에 뿌리를 둔 것이다. 안정사(安定辭)는 경(敬)이 중(中)에 보존되어 밖으로 드러난 것이다. 군자의 주경(主敬)한 공이 이와 같이 언모(言貌)에 드러나니, 안과 밖이 서로 길러져 한 터럭의 오만함도 없게 되고 그러므로 그 효과가 안민(安民)에 이른다. 이것이 수기치인(修己治人)의 도(道)이며 학문의 시종을 이루는 것이다.[150]

권근은 예의 전체가 경이라고 했다. 그리고 '엄약사'나 '안정사' 등 예의 구체적인 모습은 경이 마음속에서 발현된 것이라고 했다. 올바른 예를 실천하기 위해서는 경의 자세가 필요하다고 본 것이다. 경의 자세가 필요한 이유는 인정(人情)에 연연하는 것을 막기 위해서라고 했다. 인정은 예가 아니므로 경의 마음으로 인정을 억제하고 예를 확립해야 한다는 것이었다.[151] 이것을 앞의 심론과 연결해 보면, 주경하여 인욕을 제거하고 천리의 바름을 회복하는 것은 곧 경으로써 인정을 억제하고 올바른 예를 확립하는 것과 상통한다.

권근에게 올바른 예란 계서적인 상하(上下)의 신분 질서였다.

예가 있으면 즉 상하(上下)의 분(分)이 정해져 서로 편안해지고 예가 없으면 시비(是非)가 괴란(乖亂)되어 반드시 위태롭다. 사람에게 예의 중요

---

150) 『禮記淺見錄』 卷1, 曲禮上, 1章, 119쪽(韓國精神文化硏究院 哲學·宗敎硏究室 編, 『五經淺見錄』, 韓國精神文化硏究院, 1995의 쪽수. 이하 같음), "曲禮曰, 毋不敬, 儼若思, 安定辭, 安民哉. … 近按毋不敬者, 統言禮之全體也. 儼若思, 敬之見於外者, 本乎中也. 安定辭, 敬之存於中者, 發乎外也. 君子主敬之功, 見乎言貌如此, 內外交養而無有一毫之慢, 故其效至於安民, 此修己治人之道, 學之成始成終者也."

151) 『禮記淺見錄』 卷9, 禮器, 35章, 285쪽, "前篇云禮治於人情, 而此言近人情者, 非禮之至者, 禮雖本於人情, 然其近於常情之所欲者, 又非禮之至者也. 故君子敬謹之心, 不敢以近而褻者, 陳於大祭, 是亦因人情而治之也."

함이 이와 같으니 배우지 않을 수 없는 것이다.[152]

권근은 사람에게 예가 있으면 그 분(分)을 얻게 돼 안정되므로 반드시 살아나는 도가 있고 예가 없으면 그 분(分)을 잃게 돼 위태로우므로 반드시 죽는 이치가 있으니 족히 그 예의 중요함을 명확히 해야 한다고 했다. 그리고 사람들에게 무례한 것을 경계(警戒)토록 해야 한다고 했다.[153] 그는 명확한 신분 질서의 확립이 사회 안정을 실현하는 방도라고 보았다. 이 점은 권근이 상소에서 군주의 '정심술' 다음으로 '숭효경(崇孝敬)'을 제시한 것과 관련이 있다.[154] 부자의 관계는 그대로 군신의 관계로 연결되니 군주는 신하의 하늘이 되고 어버이는 자식의 하늘이 된다.[155] 상하 간의 엄격한 분(分)의 구분과 각각에 차별적인 예의 적용이 안정된 사회를 이룰 수 있다는 인식하에서 권근은 정종에게 '숭효경'을 제시했다.

권근의 군신관(君臣觀)은 이러한 계서적인 예적 질서를 바탕으로 형성되었다.[156] 권근은 군주가 천인합일의 실현을 위한 정치 운영의 실질적인 주도자가 되어야 한다고 했다. 이는 정도전의 재상정치론과는 근본적으로 달랐다. 권근은 재상의 역할은 군주를 보필하는 수준에 머물러야 하고 정치의 실권은 군주에게 있어야 한다고 했다. 권근은 군주가 정치를 주도하고 신하는 이를 따르는 것이 천리에 부합하는 정치라고 보았다.

그러나 이러한 군신관이 군주권의 절대화로 이어지지는 않았다. 군신의 관계에서 중요한 것은 조화였다. 권근은 군신의 관계를 양(陽)과 음(陰)으로 보고 '양이 부르고 음이 화답하면 비를 만들지만 음이 먼저 부르면 양이

152) 『禮記淺見錄』 卷1, 曲禮上, 15章, 122쪽, "近按有禮, 則上下分定而相安, 無禮, 則是非乖亂而必危. 禮之於人, 其重如此, 故不可以不學也."

153) 『禮記淺見錄』 卷8, 禮運, 4章, 260쪽, "然人有禮則得其分而安, 故有必生之道, 無禮則失其分而危, 故有必死之理, 足以明其禮之甚重, 而警乎人之無禮者也."

154) 『定宗實錄』 卷2, 元年 10月 8日(甲辰), "二曰崇孝敬. 孝者, 人倫之本, 王化之源."

155) 『定宗實錄』 卷2, 元年 10月 8日(甲辰), "君爲臣之天, 父爲子之天."

156) 권근의 君臣觀은 강문식, 앞의 책, 2008, 271~280쪽을 참고하였다.

화답하지 않으므로 비가 오지 않는다'고 했다.[157] 그리고 '군주가 부르고 신하가 화답하면 반드시 공이 이루어지니 마치 양이 부르고 음이 화답하면 비의 은택이 내리는 것과 같다'고 하여[158] 군신 간의 조화를 강조했다.

이 점은 권근이 상소에서 '정심술'과 '숭효경'에 이어 '근청정(勤聽政)'을 제시한 대목에서도 엿볼 수가 있다. 정사(政事)를 부지런히 들으라는 주문은 신료와 함께 정치를 하라는 요구였다. 권근은 공의(共議)로써 하는 정치에는 세 가지의 유익함이 있다고 했다. 첫 번째는 대신(大臣)을 공경하고 중요하게 여기게 된다는 것이고, 두 번째는 신료와 함께 정치를 한다는 것이고, 세 번째는 군신의 도가 합치된다는 것이었다.[159] 권근이 보기에, 당시에는 조회(朝會)가 끝나면 정종이 바로 내전(內殿)으로 들어가 조정에 앉아 정사를 듣지 않고 또 대신을 불러 정사를 의논하지 않아 군신의 정이 서로 접하지 못하고 떨어져 거의 고려말의 상황과 다를 바가 없었다.[160] 그래서 그는 신료들로부터 정사를 듣고 대신들과 의논할 것을 요청했다.[161] 요컨대 그의 예론과 군신관에서 확인되는 상하 간의 계서적인 질서는 배타적인 관계가 아니라 조화로운 관계를 지향하는 것이었다.

권근은 천리(天理)에 부합하는 인도(人道)의 실천이 왕도정치를 구현하는 요체라고 보았다. 이는 그의 경학과 경세론에서 엿볼 수 있고, 재이론에도 잘 나타나 있다. 그는 조선왕조에 출사하여 처음으로 제기한 재이상소에서 '정심술', '숭효경', '근청정' 등을 재이 해소의 방책으로 제시했다. 이것은 군주의 수신(修身)과 이를 바탕으로 하는 사회적 예(禮)의 확립, 그리고

---

157) 『周易淺見錄』, 易說上經, 小畜, 卦辭, 56쪽, "陽倡而陰和, 則交而成雨, 自陰倡, 則不和而不雨."

158) 『周易淺見錄』, 易說上經, 小畜, 卦辭, 56쪽, "竊意, 君倡而臣和, 則必功成, 猶陽倡陰和而雨澤降."

159) 『定宗實錄』 卷2, 元年 10月 8日(甲辰), "共議政治, 有三益焉. 敬重大臣一也, 共論政治二也, 君臣道合三也."

160) 『定宗實錄』 卷2, 元年 10月 8日(甲辰), "今我殿下, 受朝禮畢, 卽入于內, 未嘗坐朝聽政, 亦未嘗引大臣論政, 君臣之情, 邈不相接, 殆與前朝之季, 無以異焉."

161) 『定宗實錄』 卷2, 元年 10月 8日(甲辰), "願殿下, 每於衙日受朝之後, 坐而聽政, 或入于內, 則引大臣論議."

정치 구성원 간의 조화로 요약할 수 있다. 군주가 주경(主敬)하여 정심(正心)을 이루고, 이를 바탕으로 올바른 예적(禮的) 질서를 확립하고, 또 정치적으로 군신 간의 조화를 이루는 것이 재이를 없애는 방안이자 천리에 부합하는 인도의 실천이며 왕도정치를 구현하는 요체라고 본 것이다.

권근의 주자학은 공권력(公權力)과 집권력(集權力)을 강화하는 중앙집권적인 정치체제에 부합했다고 평가할 수 있다.[162] 그리고 그의 학문과 사상이 조선 초기 주자학의 성격과 방향을 결정하였던 만큼[163] 조선 초기 주자학은 중앙집권적인 정치체제의 공적(公的) 질서를 확립하는 데에 기여했다고 할 수 있다.

권근은 조선 초기 주자학 전수의 중심 공간이었던 성균관에서[164] 유생 교육을 주관하면서 조선의 문교정책을 총괄했다. 권근의 학풍·문풍 아래에서 양성된 이른바 '관학파(官學派)'[165] 관인·유자는 성종 대까지 조선의 학계와 정계를 지배했다. 그들은 대부분 성균관에 입학하여 과거를 통해 관직에 진출했고, 집현전과 같은 문한(文翰) 기관에서 근무하며 문물·제도의 정비와 주자학적 사회·윤리질서의 보급을 주도했다. 세종 대의 학술·문화 사업은

162) 도현철, 앞의 글, 2012, 170쪽. 권근이 태종 대에 중용될 수 있었던 것은 그의 이와 같은 학문·사상이 태종의 정치 이념과 일치했기 때문이다.

163) 琴章泰, 『朝鮮前期의 儒學思想』, 서울대학교출판부, 1997, 93쪽과 204쪽. 한편 권근은 세종 대에 그 功績을 인정받아 文廟從祀에 자주 거론되었으나 節義에 흠결이 있다고 하여 끝내 배향되지 못했다. 池斗煥, 「朝鮮前期 文廟從祀 論議-鄭夢周·權近을 중심으로-」, 『釜大史學』 9, 1985, 254쪽 참고.

164) 李成茂, 「鮮初의 成均館研究」, 『歷史學報』 35·36, 1967, 226~230쪽 ; 金泰永, 앞의 책, 2006, 95~112쪽.

165) 김홍경, 『조선초기 관학파의 유학사상』, 한길사, 1996, 24쪽, "대부분 성균관 출신이었다. 조선 초기의 성균관은 건국공신이나 훈신에 의해 장악되어 그들의 자녀를 중앙관계에 진출시키는 발판으로 기능하였고, … 관학파 유학자는 성균관의 수업을 통해서 이미 학문적 유대감을 형성하였던 것이다" ; 同 27쪽, "이렇게 볼 때 조선 초기에는 도통계열의 학맥과는 다른 또 하나의 학맥이 있었음을 알 수 있다. 그것은 멀리 이색에게서 발원하여 정도전과 권근, 하륜 등 이색 문하 중 조선 왕조의 사업에 적극적으로 동참하였던 여말의 개혁파 관리들을 경과하고, 이어 태종~세조대에 본격적으로 활동하였던 관학파 유학자에게 전해진다."

이들이 이룩한 대표적인 성과이다. 관학파 관인·유자의 학문과 사상을 배경으로 태종·세종 대 공적 질서에 입각한 중앙집권적인 국가체제가 구축되었다고 할 수 있겠다.

조선 초기 유불도의 재이론은 정권 안정화에 기여하며 나름의 정치·사상적 임무를 수행했다고 평가할 수 있다. 고려말 공양왕을 향한 정치적 공세와 조선왕조 창건의 사상적 명분이 모두 재이론으로 만들어졌다. 이러한 재이론의 양면성은 동중서가 처음 입론할 때 형성된 것이다. 여말선초의 관인·유자는 동중서 재이론의 이 점에 주목하여 고려왕조의 패망과 조선왕조의 건국을 일관된 논리로 설명했다. 이와 더불어 불교식 기양과 도교식 초제는 '재이에 대한 적극적인 대응'이라는 측면에서 용인되었던 것 같다. 종교·신앙적 믿음에서가 아니라 천명에 부응하는 수단으로 간주했던 것이다. 한편 태종·세종 대 공적(公的) 질서에 입각한 중앙집권적인 국가체제의 구축은 권근으로 대표되는 조선 초기 관학파 관인·유자의 주자학을 배경으로 하는 것이었다. 그들은 이러한 정치·사상적 요구를 재이론으로 제기하며 조선 초기 집권체제를 정비해 나갔다.

제4장 15세기 후반~16세기 주자학적 재이론의 대두와 전개

1. 15세기 후반 주자학적 재이론의 대두–남효온(南孝溫)의 「소릉추복소(昭陵追復疏)」을 중심으로–

세조 대 이후 공적(公的) 질서에 입각한 중앙집권적인 국가체제에 균열이 가기 시작했다. 이 점은 두 가지 측면에서 살펴볼 수 있다. 첫째, 세조는 법과 제도와 같은 공적인 기준에 입각한 통치보다는 자신으로의 권력 집중을 추구하며 전제적인 왕권을 행사하려 했다.[1] 둘째, 세조의 국정 운영은 표면적으로는 국왕이 무소불위의 권력을 행사하는 것처럼 보였지만 실제로는 무리한 집권으로 말미암아 소수의 핵심 측근에게 기댈 수밖에 없는 상황에서 권력이 일부의 인사들에게 집중되는 폐쇄성을 띠고 있었다.[2]

15세기 후반의 이른바 1세대 사림(士林)은 세조의 이러한 패권주의적

---

1) 金泰永, 「朝鮮초기 世祖王權의 專制性에 대한 一考察」, 『韓國史研究』 87, 1995, 145쪽.

2) 최승희, 「世祖代 國政運營體制」, 『朝鮮初期 政治史 研究』, 지식산업사, 2002, 337~343쪽. 한편 朝會는 관인 일반이 국왕을 공적으로 접할 수 있는 사실상의 유일한 기회였는데, 세조는 관인 일반과 만나는 朝參을 축소하고 제한된 소수의 관원과 만나는 常參을 강조하는 방식으로 조회를 시행했다. 더욱이 觀射나 設酌과 같은 사적인 성격의 모임을 활성화함으로써, 공식적인 채널에 의한 일정의 운영은 더욱 파행적인 양상을 보일 수밖에 없었다. 이와 관련해서는 姜制勳, 「朝鮮 世祖代의 朝會와 王權」, 『史叢』 61, 2005, 124~129쪽 참고.

통치 행태에 반(反)하여 등장했다.[3] 그들은 세조의 전제적인 왕권 행사와 그 측근의 비리 및 전횡을 주자학적 의리(義理)·명분론(名分論)에 입각하여 비판하고 당시의 정치·사회적 모순을 이것의 이념과 실천으로 극복해 보고자 했다. 특히 그들은 인륜설(人倫說)과 강상론(綱常論)이라는 유교·주자학의 가장 보편적인 논리에 따라 자신들의 정치적 주장을 합리화하려고 시도했다.[4] 극단적인 패권 통치를 추구했던 세조의 치세를 거치면서 조선 초기의 주자학은 경세론 중심에서 의리·명분론 중심으로 변화했다.

주희를 대표로 하는 송(宋) 대의 성리학자들은 참된 '공(公)'의 실현은 '성인(聖人)의 학(學)'을 실천하는 자들이 '성인의 도'를 추구하는 가운데서만 온전히 실현될 수 있다고 보고, 군주도 사(士)와 마찬가지로 '성인의 학'에 종사할 것을 요구했다.[5] 나아가 성인의 학을 학습하고 성인의 도를 추구하는 군주만이 군주로서 자격이 있고 신료에게 충성을 요구할 수 있다고 했다. 정치적 권위보다는 도덕적 권위가 더 우월하다는 것을 군신(君臣)이 서로 인정한 가운데, 유일한 공(公)으로 인정받는 '성인의 도'를 현실 정치에서 구현하려 했던 이들이 바로 주자학자였다.

경세론을 중시했던 여말선초 관료 지식인에게는 이와 같은 도학정치(道學政治)에 대한 열망이 잘 발견되지 않는다. 그들에게 의리(義理)란 '신하의 도리는 오직 군주가 명한 바이니 부르면 오고 물리치면 떠나며 죽음도 피하지 않는 것' 그 자체였다.[6] 그러나 도학정치의 실천을 의리의 본령으로 삼았던 사림은 군주의 명을 듣고서 바삐 달려가는 것이 의리일 순 없었다.[7] 오직 도학정치의

---

3) 金泰永, 『朝鮮性理學의 歷史像』, 경희대학교 출판국, 2006, 269쪽 및 302쪽.

4) 김용흠, 「조선전기 勳舊·士林의 갈등과 그 政治思想的 含意」, 오영교 편, 『조선 건국과 경국대전체제의 형성』, 혜안, 2004, 363~383쪽.

5) Peter K. Bol 지음(김영민 옮김), 『역사 속의 성리학』, 예문서원, 2010, 208~224쪽.

6) 『陽村集』 卷40, 行狀, 「牧隱先生李文靖公行狀」, 8ㄴ(7책, 348쪽), "門人權近亦貶忠州, 路見公(=李穡), 以所聞於人者告之, 公曰, 是則詐也. 人臣之道, 唯君所命, 召之則來, 揮之則去, 死且不避, 往來何恤焉."

7) 『牛溪集』 續集 卷3, 簡牘, 「與宋雲長翼弼」, 34ㄴ(43책, 187책), "義理精微, 隨所遇而不同, 何嘗有定本乎. 出處進退, 惟義所在而已, 何必聞命奔走, 爲人臣分義之當然乎."

구현이라는 자신의 뜻을 펼칠 수 있느냐가 출처(出處)의 기준이었다.

15세기 후반의 사림은 세조 대의 패권정치를 경험하면서 도학정치를 염원하게 되었다. 이러한 경향은 성종 대부터 나타나기 시작했다. 그들은 군주에게 성명(性命)의 근원을 탐구하고 심성(心性) 수양에 힘쓸 것을 강조했다. 그리고 도학정치의 효과적인 논의를 위해 재이론에 주목했다. 도학정치의 구현을 위한 정치·사상적 기제로서 재이론이 활용되기 시작한 것이다. 이른바 '주자학적 재이론'의 대두라고 하겠다.

도학정치의 구현을 염원했던 15세기 후반의 사림은 재이론을 활용하여 주자학 정치론의 필요성을 역설했다. 재이를 통해서라면 군주에게 심성수양(心性修養)과 성학 탐구를 강도 높게 요구할 수 있었다. 천명(天命)을 받아 대천리물(代天理物)하는 군주로서는, 재이론에 근거한 이와 같은 정치적 요구를 수용하지 않을 수가 없었다. 그들의 정치론 전개에서 재이론은 유용하게 활용되었고, 이러한 재이론의 정치·사상적 유용성은 16세기 재이론의 활성화로 이어지게 되었다.

한편 이 무렵의 달라진 '구언과 응지상소'의 정치 문화도 주자학적 재이론 대두의 중요한 배경이었다. 이전에도 재이에 따른 구언과 응지상소는 있었지만, 관인층은 구언을 정치 참여의 창구로 활용하지 않았고, 국왕도 구언을 통치상의 문제점을 파악하고 이를 해결하려는 수단으로 간주하지 않았다.[8] 무엇보다 응지상소라 해도 처벌이 잦았다.[9] 그런데 성종 대 이후 '응지상소 처벌 불가'의 원칙이 적극적으로 천명되었다.[10] 이로써 응지상소를 보호하는 기조가 강화되었고, 재이론이 주목받게 되었다.

15세기 후반의 사림은 세조 대 이래의 훈구(勳舊)와 정치적으로 대립했다.

---

8) 李碩圭, 「朝鮮初期의 求言」, 『韓國思想史學』 15, 2000, 167쪽.

9) 『高麗史節要』 卷27, 恭愍王2, 恭愍王 11年 10月 ; 『高麗史』 卷117, 列傳 30, 鄭夢周傳. 恭愍王은 대간이 응지상소를 올려 자신의 허물을 지적하자 대간을 불러 힐책했고, 恭讓王이 구언했을 때 성균박사 金貂가 불교를 맹신하는 왕을 비난하자 왕이 그를 죽이려 했다.

10) 송웅섭, 「조선 초기 言路로서의 求言」, 『奎章閣』 48, 2016, 84쪽 참고.

특히, 사림은 훈구와의 정치적 대립에서 돌파구를 마련하고자 할 때 왕실 특정 인물에 대한 의리론을 자주 활용했다.[11] 성종 대 소릉(昭陵)의 복위 주장이나 중종 대 폐비신씨(廢妃愼氏)의 복위 주장이 대표적인 예이다. 전자는 유학(幼學) 남효온(南孝溫, 1454~1492)이, 후자는 담양부사 박상(朴祥, 1474~1530)과 순창군수 김정(金淨, 1486~1521)이 제기했다. 그런데 이들은 모두 재이론을 활용해서 논의를 전개했다. 성종 대 소릉 복위 주장은 성종 9년(1478) 4월의 흙비가 계기였고, 중종 대 폐비신씨 복위 주장은 중종 9년(1514) 9월의 천둥과 번개가 계기였다. 논지는 간단했다. 재이를 없애기 위해서는 소릉과 폐비신씨를 복위해야 한다는 것이었다. 그러나 이들이 불러온 정치적 파장은 컸다. 의문은, 그들은 왜 주자학적 의리·명분론을 전개하면서 새이론을 활용했냐는 것이다.

아래에서는 남효온의 「소릉추복소(昭陵追復疏)」를 분석해 이 의문에 답해 보려고 한다. 남효온은 「소릉추복소」를 통해 인륜(人倫)과 강상(綱常)이라는 유교·주자학의 가장 보편적 가치에 따라 '단종복위운동'으로 폐서인되고 종묘에서 출향된 문종비(文宗妃) 현덕왕후(顯德王后) 권씨(權氏)[昭陵]의 복위를 요청했다. 남효온의 「소릉추복소」를 분석해 보면 성종 대 주자학 정치론의 구현 노력과 주자학적 재이론의 대두 사이의 관련성을 엿볼 수 있을 것이다.

1) 「소릉추복소(昭陵追復疏)」의 정치적 배경

(1) 성종 9년(1478)의 '무술지옥(戊戌之獄)'

남효온의 「소릉추복소」를 정치사적으로 이해하기 위해서는 먼저 성종 9년의 '무술지옥(戊戌之獄)'에 대해 살펴보아야 한다. 무술지옥이란 성종

11) 金容欽, 앞의 글, 2004, 366쪽.

9년[戊戌年] 5월 8일(己巳)에 있었던 유자광(柳子光, 1439~1512)과 임사홍(任士洪, 1445~1506)의 옥사 사건을 말한다. 무술지옥에 관한 기록은 『연산군일기』에 짤막하게 나오는데, 여기에는 무술지옥이 무오사화(戊午士禍)가 있기 20년 전에 무오사화의 주동자들이 일시적으로나마 실각한 사건이라고 기술되어 있다.

> 식자(識者)는 한탄하며 말한다. '무술의 옥사'는 바른 무리[正類]가 사악한 무리[邪黨]를 공격한 것이고, '무오의 옥사'는 사악한 무리가 바른 무리를 모함한 것이다. 20년 사이에 〈바른 무리가〉 한 번은 이겼고 한 번은 패했으며 다스려짐과 어지러움은 이를 따랐다. … 만약 무술년의 군자가 능히 그 율(律)을 다 적용했다면 어찌 오늘의 화(禍)가 있었겠는가.[12]

위의 기록은 『연산군일기』에 수록된 무오사화의 사평(史評) 끝부분에 실려 있다. 무오사화를 주동한 '사악한 무리'가 20년 전에는 '바른 무리'에게 정치적으로 패했었다면서, 당시 바른 무리가 법률을 엄격하게 적용하지 않은 여파가 무오사화에까지 미치게 되었다는 설명이다. 여기에서 말하는 무술년, 즉 성종 9년의 사악한 무리는 유자광과 임사홍을, 그리고 바른 무리는 이들의 정치적 축출을 주도했던 젊은 사류(士類)를 말한다. 그리고 남효온의 「소릉추복소」도 이들의 축출에서 한몫했다.

성종 9년 5월에 있었던 유자광과 임사홍의 옥사를 간략히 살펴보면 다음과 같다. 이들의 옥사는 다소 엉뚱한 문제에서 시작되었다. 성종 8년(1477) 7월 종친 안창부정(安昌副正) 이심(李諶)의 처 조씨(趙氏)와 칠원현감(漆原縣監) 김주(金澍)가 서로 재혼했다. 두 사람의 재혼은 과부가 된 조씨의 중매 제안으로 이루어졌다. 그런데 조씨의 오라비인 조식(趙軾)은 김주가 자신의 누이동생을 강간했다고 고발했다.[13] 의금부의 조사 결과 이는 조식의 무고

12) 『燕山君日記』 卷30, 4年 7月 29日(癸亥).

13) 『成宗實錄』 卷82, 8年 7月 8日(癸酉) ; 9日(甲戌).

임이 밝혀졌고, 대신들의 중론은 조식의 무고죄 처벌로 모아졌다. 그런데 사헌부의 입장은 달랐다. 만약 집안이 가난하고 의지할 곳이 없는 과부라면 재가를 허락해도 괜찮겠지만 조씨의 경우는 형편이 나쁘지 않은데도 스스로 중매를 제안한 것이기 때문에 강상(綱常)의 예법에 어긋난다는 것이었다.[14)]

이때 조씨와 김씨의 재혼 문제를 놓고서 승정원 승지들 사이에서 반목이 일어났다. 동부승지 홍귀달(洪貴達, 1438~1504)은 모든 승지가 조식의 무고죄 처벌은 불가하다는 의견을 냈다고 성종에게 보고했다.[15)] 그런데 알고 보니 이것은 '모든 승지'의 의견이 아니었다. 형방승지였던 도승지 현석규(玄錫圭, 1430~1480)는, 우선 조씨와 김주가 서로 합의하에 재혼한 것을 조식이 강간이라고 거짓 고발했으니 조식은 마땅히 무고죄로 다스려야 하고, 다음으로 도승지인 본인과 상의도 없이 승정원 전체의 의견이라며 성종에게 보고한 홍귀달을 비롯한 나머지 승지들도 잘못이라고 지적했다.[16)]

사헌부에서 홍귀달과 나머지 승지들을 조사한 결과 그들이 조식을 보호하기 위해 미리 입을 맞추고 '조씨와 김주의 재혼'을 '김주의 조씨 강간' 사건으로 몰아간 정황이 드러났다.[17)] 이에 대한 문책으로 홍귀달은 고신을 박탈당했고, 우부승지 손순효(孫舜孝, 1427~1497)는 외방으로 좌천되었다.[18)]

이렇게 일단락되나 싶었는데, 대간은 현석규에게도 잘못이 있다면서 그를 탄핵했다. 즉, 현석규가 자신과 상의하지 않은 홍귀달을 나무랄 때 예(禮)로써 하지 않고 성을 내며 소매를 걷어붙이고 '너'라 칭하면서 욕설을 했었다는 것이다. 현석규는 사실이 아니라고 했지만, 대간을 위시한 젊은 관료들의 의견은 예의를 상실한 현석규도 탄핵해야 한다는 쪽이었다.[19)]

---

14) 『成宗實錄』 卷82, 8年 7月 17日(壬午).

15) 『成宗實錄』 卷82, 8年 7月 8日(癸酉).

16) 『成宗實錄』 卷82, 8年 7月 9日(甲戌) ; 당시의 승정원 승지는 都承旨 玄錫圭, 左承旨 李克基, 右承旨 任士洪, 左副承旨 韓僩, 右副承旨 孫舜孝, 同副承旨 洪貴達이었다.

17) 『成宗實錄』 卷82, 8年 7月 12日(丁丑) ; 14日(己卯).

18) 『成宗實錄』 卷82, 8年 7月 16日(辛巳).

19) 『成宗實錄』 卷82, 8年 7月 17日(壬午).

그런데 여기에서 성종은 한 가지 의문을 던졌다. 현석규와 홍귀달이 다툰 내용을 대간이 어떻게 알았냐는 것이었다. 현석규와 홍귀달의 다툼은 승정원 승지 사이에서 일어난 일로 누군가 외부로 발설하지 않으면 대간에서는 결코 알 수 없는 일이었다. 왕명의 출납을 담당하는 승정원의 승지는 비밀 유지가 필수인데 이것이 지켜지지 않은 것이었다. 성종의 계속된 추궁 끝에 비밀을 누설한 자는 우승지 임사홍으로 밝혀졌다.[20] 이후 한 달 가까이 이어진 진실 공방 끝에 임사홍과 좌승지 이극기(李克基, ?~1489), 그리고 좌부승지 한한(韓僩)은 다른 관직으로 전보되었다.[21]

그러자 이번에는 무령군(武靈君) 유자광이 현석규의 언행을 비난하는 상소를 올렸다. 거짓으로 보고한 홍귀달의 잘못도 크지만, 예의염치에 어긋난 현석규의 행동도 조정을 능욕한 언동이라고 상소했다.[22] 성종은 조씨와 김주의 재혼 문제로 불거진 승정원 승지 사이의 반목을 현석규를 제외한 나머지 승지들의 교체로 갈음하려 했으나, 유자광의 상소는 이러한 성종의 조치에 대한 문제 제기였다. 그래서 성종은 승정원 승지 전원을 교체한다는 의미로 현석규를 승지직에서 물리되, 사헌부 대사헌으로 승진발령을 내 현석규를 보호하려는 자신의 뜻도 내비쳤다.[23] 현석규에 대한 성종의 비호는 조정 내 그에 대한 체임 요청으로 돌아왔다. 현석규에 대한 대간의

---

20) 『成宗實錄』 卷82, 8年 7月 18日(癸未).

21) 『成宗實錄』 卷83, 8年 8月 17日(辛亥).

22) 『成宗實錄』 卷83, 8年 8月 23日(丁巳).

23) 『成宗實錄』 卷83, 8年 8月 26日(庚申). 그리고 얼마 뒤에는 玄錫圭를 刑曹判書에 임명했다[『成宗實錄』 卷83, 8年 8月 29日(癸亥)]. 성종이 이토록 玄錫圭를 총애한 데에는 그럴만한 사정이 있었다. 성종은 재위 7년 만에 垂簾聽政과 院相制를 마치고 親政을 하게 되었다. 성종은 親政의 시작과 함께 왕명출납의 체계를 재편했는데, 내관이 아닌 승정원의 승지가 직접 출납토록 했고, 자신이 신임하던 玄錫圭를 都承旨에 임명했다. 성종은 승정원의 정비를 통해 자신의 친정체제를 구축했던 것이다[김범, 『사화와 반정의 시대』, 역사비평사, 2007, 39~40쪽]. 현석규가 성종의 총애를 받았던 이유는, 그가 淸要職의 公論에 입각하기보다는 국왕의 입장을 옹호하려는 경향이 짙었기 때문이다[宋雄燮, 「조선 성종대 公論政治의 형성」, 서울대학교 대학원 국사학과 박사학위논문, 2011, 89쪽]. 현석규가 대간으로부터 공격을 받고, 또 소인배로 내몰렸던 이면에는 이와 같은 사정이 있었다.

탄핵은 끊이지 않았고, 유자광도 재차 상소를 올려 그의 체직을 요청했다.[24)]

그런데 유자광의 이 두 번째 상소가 또 다른 문제를 일으켰다. 유자광은 현석규를 당(唐) 덕종 대의 노기(盧杞)와 송(宋)의 왕안석(王安石)에 비유하면서 소인배라고 힐난했는데, 공교롭게도 유자광이 상소를 올린 날 경연석상에서 지평 김언신(金彦辛)도 이와 똑같은 비유를 들며 현석규를 헐뜯었던 것이다. 성종은 두 사람이 사전에 모의했냐면서 유자광·김언신과 대립각을 세웠다. 유자광은 대신이라는 이유로 처벌은 면했지만, 김언신은 항쇄(項鎖)를 차고 스스로 친국(親鞫)에 임해서야 화를 면할 수 있었다.[25)]

성종 8년 7월 김주와 조씨의 재혼 문제에서 촉발된 이 사건은 승정원 승지 간의 반목을 낳았고, 다시 성종과 대간 사이의 대립으로 이어졌다. 다소 사소한 사회 문제가 첨예한 정치 문제로 번졌던 이유는 친정을 시작한 지 얼마 되지 않은 성종과 원상제의 폐지 이후 설 곳을 잃은 세조 대 이래의 대신들, 그리고 탄핵권이 크게 높아진 대간 중에서 누구 하나 정국을 주도해 나가지 못했기 때문이다.[26)] 성종의 친정 이후 일종의 권력 공동화 현상이 나타난 것이다.

이러한 정계 구도에서는 사소한 문제라도 결론이 나지 않은 채 쉽게 다른 문제로 전이될 수 있었다. 성종 8년 7~9월에 있었던 현석규 탄핵 사건도 마찬가지였다. 김언신의 친국 소동 이후 성종과 대간 간의 대립은 수그러들었고 대간의 탄핵 수위도 점차 낮아지다가 결론이 나지 않은 가운데 사건은 흐지부지되었다. 잘못이 분명하게 드러난 홍귀달과 손순효만이 처벌을 받았고, 승정원 내부의 일을 누설한 임사홍이나, 김언신과 사전에 모의했다고 의심받은 유자광의 경우는 이런저런 논의 끝에 무마되었다. 그들은 혐의를 벗은 것도 아니고 그렇다고 그에 대한 책임을 진 것도 아니라서 약간은 찜찜한 채로 시일을 보내게 되었고, 7개월 뒤에 이 문제가 다시금

---

24) 『成宗實錄』 卷84, 8年 9月 5日(己巳).

25) 『成宗實錄』 卷84, 8年 9月 8日(壬申).

26) 鄭杜熙, 「朝鮮 成宗 9年 "戊戌之獄"의 정치적 성격」, 『서강인문논총』 29, 2010, 407쪽.

불거져 결국 옥사를 치르게 된 것이다.

성종 9년 4월 1일(임진) 흙비[土雨]가 내렸다. 곧이어 성종은 흙비를 그치게 할 방도를 중외(中外)의 대소신료에게 구해 듣겠다면서 구언했다.[27] 이와중에 승지 인사가 단행됐는데, 임사홍과 홍귀달이 각각 도승지와 좌부승지에 임명되었다.[28] 승지의 신규 임명이 있던 날 주계부정(朱溪副正) 이심원(李深源, 1454~1504)은 응지상소를 올려 다양한 정치 현안에 대해 논의했다. 특히 김종직(金宗直, 1431~1492)의 문인인 정여창(鄭汝昌, 1450~1504)과 정극인(丁克仁, 1401~1481), 그리고 강응정(姜應貞)을 천거하면서 동시에 세조대 이래의 공신(功臣)을 중용하면 나라가 위태로워진다고 했다.[29]

그리고 얼마 뒤 유학 남효온이 「소릉추복소」를 올렸다.[30] 모두 8가지 사안에 대해 논의했는데 마지막 8번째인 '소릉추복(昭陵追復)'에 관한 건이 단연 논란이 되었다. 이는 '단종복위운동'으로 폐서인되고 종묘에서 출향된 문종비 현덕왕후 권씨의 복위를 요청한 것인데, 그 의미는 세조의 즉위 과정에서 자행된 반인륜적 행위와 그에 편승하여 권력을 독점한 세조 대 이래 대신의 비윤리적 행태를 우회적으로 비판한 것이었다. 나아가 세조와 그를 옹립한 대신의 존립 명분 자체를 궁극적으로 부정한다는 뜻이기도 했다.[31]

남효온의 상소에 대해서 임사홍은 소릉의 추복은 신하로서는 감히 말할 수 없는 것이라며 죄 줄 것을 요청했고, 이어서 이는 세조 대 이래의 대신을 중용해서는 안 된다고 한 이심원의 상소와 상통하는 것이라며 두 사람을 붕당으로 몰았다.[32] 그리고 한명회(韓明澮, 1415~1487)와 서거정(徐居正,

27) 『成宗實錄』 卷91, 9年 4月 1日(壬辰).
28) 『成宗實錄』 卷91, 9年 4月 8日(己亥).
29) 『成宗實錄』 卷91, 9年 4月 8日(己亥).
30) 『成宗實錄』 卷91, 9年 4月 15日(丙午).
31) 정두희, 『(증보신장판)조광조』, 아카넷, 2001, 116~120쪽 ; 李賢珍, 「조선전기 昭陵復位의 추이와 그 의미」, 『朝鮮時代史學報』 23, 2002, 61쪽 ; 이병휴, 「15世紀 後半·16世紀初의 社會變動과 金宗直 및 그 門人의 對應」, 『歷史敎育論集』 35, 2005, 248쪽.

1420~1488)을 필두로 한 대신들 역시 이심원과 남효온의 처벌을 요청했다.[33)]

한편 사헌부에서는 재이를 맞아 상하(上下)가 서로 수성(修省)하자는 의미에서 금주령(禁酒令)의 하교를 요청했다.[34)] 통상 재이가 발생하면, 군주는 자신의 허물을 반성한다는 의미에서 화려한 대전을 피하고[避殿], 기름진 음식을 줄이고[減膳], 궐내의 각종 연회(宴會)를 정지하곤 했는데, 사헌부의 금주령 요청은 이러한 맥락에서 이해할 수 있다.

그런데 임사홍은 이심원과 남효온에 이어 사헌부의 금주령 요청까지지도 비판했다. 술이란 본래 사람이 먹고 마시는 것으로 재이를 만난 군주가 수성하고 금주해야 한다는 것은 말이 그렇다는 것이지 일일이 지킬 필요는 없다는 것이었다. 이어서 그는 흙비가 내린 것도 자연의 운수(運數)일 뿐 국왕은 개의치 않아도 된다고 했다.[35)]

그러자 양사(兩司)와 양관(兩館)의 관원은 즉각 반발했고 임사홍과 유자광의 탄핵 요청이 쇄도했다. 이들은 재이를 운수로 해석한 임사홍을 간신이라 하며, 지난 현석규 탄핵 사건 때의 일을 다시금 거론했다. 즉 임사홍이 자신의 심복인 간원 박효원(朴孝元)을 시켜 대간 내부에서 현석규에 대한 탄핵 여론을 조성하게끔 종용했다는 증언이 나왔고, 현석규 사건에 대해 재조사한 결과 박효원이 임사홍으로부터 사주를 받았음이 밝혀졌다. 그리고 현석규를 당의 노기와 송의 왕안석에 비유하며 소인 취급했던 유자광과 김언신도 임사홍과 사전에 모의했음이 드러났다. 이로써 임사홍, 유자광, 김언신, 박효원 등은 붕당을 조성했다는 죄목으로 유배(流配)되었다.[36)] 이상

---

32) 『成宗實錄』 卷91, 9年 4月 15日(丙午).

33) 『成宗實錄』 卷91, 9年 4月 24日(乙卯).

34) 『成宗實錄』 卷91, 9年 4月 21日(壬子).

35) 『成宗實錄』 卷91, 9年 4月 21日(壬子).

36) 『成宗實錄』 卷92, 9年 5月 8日(己巳). 任士洪은 義州에, 柳子光은 東萊에, 朴孝元은 富寧에, 金彦辛은 江界에 流配되었다. 『燃藜室記述』에 따르면, 柳子光이 任士洪·朴孝元 등과 함께 玄錫圭를 排擠하려 하다가 그 계략이 실패하여 귀양을 가게 된 것이라 한다[『燃藜室記述』 卷6, 成宗朝故事本末, 「任士洪欲擠玄錫圭」(2책, 43쪽-『國譯 燃藜室記述』, 민족문화추진회, 1982(修訂重版)의 책수와 쪽수]. 즉 성종 8년 7~9월에 있었던 현석규 탄핵

이 성종 9년 무술지옥 사건의 전말이다.

현석규 탄핵 사건과 임사홍·유자광 옥사 사건에서 공통적으로 나타나는 부분이 있는데, 바로 대간의 역할이다. 대간의 일관된 주장은 일종의 '공론(公論)'이었다. 성종 대에는 국왕과 신료 사이에서 폭넓은 견제가 이루어지면서 각 정치집단의 사적인 이해관계가 축소되고 주자학 정치론[道學]을 표방한 공론에 기반을 둔 정국 운영이 전개되었다.[37] 쉽게 말해 국왕에게 충성하는 것보다 도학에 바탕을 둔 도덕적 가치와 권위를 현실 정치 속에서 구현하는 것이 더 중요한 정치 활동으로 자리 잡게 되었다는 것이다. 현석규와 임사홍이 서로 반목하긴 했으나, 두 사람은 모두 도학적 입장을 견지했다기보다 국왕의 사적인 입장을 대변하거나, 조정의 계서적 질서를 중시했던 탓에 대간으로부터 탄핵을 받았다.

특히 남효온의 「소릉추복소」처럼 공론이 구언에 따른 미재책(弭災策), 즉 재이 해소의 방책으로 제기되거나 논의되면, 그것은 극론(極論)일지라도 지지를 얻을 수가 있었다. 남효온이 미재책으로 제기한 소릉의 추복이 주자학 정치론의 도덕적 가치를 구현하는 데에 부합했으므로[38] 방법[구언-응지상소]적으로나 내용[소릉추복]적으로 대간의 논죄를 피할 수가 있었다. 연산군·중종 대에 미재(弭災)의 방책으로 '소릉추복'이 계속해서 제기된 것도 우연은 아닐 것이다.[39] 미재책으로서 '소릉추복'은 주자학 정치론의 구현을 위한 구체적인 요청에서 제기된 것이었다. 그리고 이러한 방식의 논의가 거듭되었다는 사실은 주자학 정치론의 구현 요청에서 주자학적

사건이 이듬해 5월 무술옥사가 일어나게 된 근원적인 계기였던 것이다.

37) 宋雄燮, 앞의 글, 2011.

38) 김용흠, 앞의 글, 2004, 366쪽. 사실 세조 대 이래 대신의 입장에서야 이심원과 남효온의 재이상소가 '극언'이었지 젊은 관료 사이에서는 공감대를 형성했을 가능성이 크다. 『成宗實錄』에는 없지만, 金馹孫은 성종 22년(1491) 10월 19일(壬戌)에 忠淸都事를 사직하면서 「請復昭陵疏」를 올렸다[『濯纓集』 續集 上, 疏(17책, 298쪽)]. 아마도 연산군 4년(1498)에 무오사화를 겪으면서 『성종실록』에서 빠지게 된 것으로 보인다. 이것은 남효온 이후로 성종 대에 소릉 복위에 공감하는 여론이 있었다는 사실을 방증한다.

39) 『燕山君日記』 卷5, 元年 5月 28日(庚戌) ; 『中宗實錄』 卷18, 8年 3月 2日(辛未).

재이론이 얼마나 유용했었는지를 잘 말해준다. 바로 이 점에서 성종 대 주자학 정치론의 구현 노력과 주자학적 재이론 사이에는 밀접한 관련이 있다는 것이다.

(2) 응지상소의 정치적 안전성

한편 남효온은 성종의 구언에 따른 응지상소를 제출한 것이었기 때문에 무사할 수 있었다.

한명회 : 소릉을 다시 세우는 일은 더욱이 신자(臣子)로서 감히 말해서는 안 되는 바입니다. 국문(鞫問)을 청합니다.

성 종 : 구언하고서 또 국문하는 것이 옳겠는가?

안관후 : 전하께서 이미 구언의 전교를 내렸으니 말이 옳다면 쓰고 옳지 않다면 버리면 됩니다. 지금 만약 국문하면 여러 신하 중에 감히 말하는 자가 없을 것이니 남효온의 말을 죄주는 것은 불가합니다.

성 종 : 그렇다.[40]

구언이란 군주가 재이를 초래한 실정(失政)의 구체적인 내용을 신민(臣民)에게서 구(求)하여 듣는 정치 행위였다.[41] 재이가 발생하면 군주는 통상 구언의 동기, 자신의 자책, 구언의 대상, 진언의 범위 등을 교지(敎旨)로 발표했다. 그리고 이렇게 구언교(求言敎)가 있게 되면 신민은 여기에 부응하

---

40) 『成宗實錄』卷91, 9年 4月 20日(辛亥), "領事韓明澮啓曰, 昭陵復立之事, 尤臣子所不敢言也. 請鞫之. 上曰, 求言而又鞫之, 可乎. 大司諫安寬厚啓曰, 殿下既下求言之敎, 言之善者用之, 其不善者舍之可也. 今若鞫之, 則群臣無敢言者, 孝溫之言不可罪也. 上曰, 然."

41) 군주가 일상적인 정치 활동을 하면서 다양한 현안을 묻는 행위도 포괄적인 의미에서 求言이라고 할 수 있다. 그러나 이렇게 광범위하게 정의할 경우 분석적인 연구가 어려우므로 통상 敎旨의 형태로 공식 발표한 求言敎를 '구언'으로 간주한다. 이에 대해서는 李碩圭, 앞의 글, 2000, 165쪽, 주4 참고.

여 나름대로 생각한 재이의 원인과 해소의 방책을 적어 상소했는데 이를 응지상소라고 한다. 남효온의 「소릉추복소」가 바로 여기에 해당한다.

조선 초 이래로 구언에 관해서는, 신료는 직언(直言)하고 군주는 가납(嘉納)하는 것이 미덕으로 여겨졌다. 권근은 구언의 핵심을 '신료의 직언과 군주의 가납'이라고 하면서, 구언에 응한 직언이 지나치다 하여 벌을 주면 뒤이어 직언할 사람이 없을 것이고, 말이 지나치더라도 마음만은 나라를 위한 것이니 먼 미래를 내다보아 용납해야 한다고 했나.[42] 구언은 언론 활동의 안전성을 보장하는 정치적 '안전 장치'였다.[43]

구언과 관련하여 성종 대에 나타난 특징이 몇 가지 있다. 첫째, 구언교에 명시되는 구언의 대상 즉 응지상소를 올릴 수 있는 대상이 기존의 유직(有職)·유품자(有品者)에서 무직(無職)·무품자(無品者)로 확대되었다.[44] 이를 계기로 생원·진사와 같이 관직은 없으나 유교적 소양을 갖춘 유자(儒者)의 상소 제출이 가능하게 되었다.[45]

둘째, 응지상소를 올리는 주체가 개인에서 관서(官署)로 옮겨갔다. 성종 대 이전에는 참상관 이상의 현직 관리가 개인 자격으로 상소하는 경우가 대부분이었다. 그런데 성종 대에는 한 개인이 상소하는 사례는 급격히 줄고 사헌부나 사간원, 그리고 홍문관의 언론 삼사(三司)의 응지상소가 집중적으로 나타났다.[46] 특히 삼사에서는 구언 기회를 활용하여 권세가에 대한 비판, 외척 문제, 조정의 기강 해이 등 정치적으로 민감한 사안에 관한

---

42) 『陽村集』 卷32, 「論臺職任啓本」, 13ㄴ~14ㄱ(7책, 288쪽), "敢言不諱, 人臣之勁節, 優容弗咈, 人主之盛德. 故在言責者, 其言雖過, 必須優容者, 有二道焉. 今日苟以過言罪之, 則明日進直言者, 亦必畏憚而不敢盡言, 是塞言路一也. 其言雖過, 其心卽爲公室納忠也, 其與阿附諂佞, 負公室而便身圖者不同, 固可優容, 以勸來者二也. … 此聖人好善求言之要道, 萬世人主之大法也."

43) 특히 성종 대 求言의 정례화와 응지상소에 대한 포용적 분위기는 성종 대 언론 활성화의 중요한 배경이었다. 송웅섭, 앞의 글, 2011, 148~158쪽 참고.

44) 李碩圭, 「朝鮮初期의 응지상소자」, 『朝鮮時代史學報』 20, 2002, 60쪽 ; 송웅섭, 앞의 글, 2016, 83쪽.

45) 성종 대 이전 유생의 상소는 '闢異端' 상소가 대부분이었다. 金燉, 『朝鮮前期 君臣關係研究』, 서울대학교 출판부, 1997, 14~31쪽 참고.

46) 李碩圭, 앞의 글, 2002, 64~65쪽.

진언을 확대해 나갔다.[47]

셋째, 응지상소에 담긴 재이 해소의 방책에도 변화가 있었는데, 법규의 제정이나 제도의 개혁을 주요 미재책으로 제기하던 이전과는 달리 군주의 도덕적 반성과 수성을 미재의 핵심 과제로 제기하는 경우가 증가했다.[48] 그리고 제도 개혁에서도 경제나 사회 분야보다 정치, 특히 인사 분야에 대한 문제 제기가 늘었다.[49]

넷째, '응지상소 처벌 불가' 원칙이 적극적으로 천명되었다. 언론에 대한 탄압이 심했던 세조 대[50]의 구언은 형식에 불과했고,[51] 예종 대에는 구언에 대한 응지상소를 문제 삼아 국문하기도 했다.[52] 그런데 성종 대에는 응지상소라면 진언한 사람을 처벌해서는 안 된다는 원칙이 국왕인 성종을 통해 천명되었고, 대간과 대신 역시 언론 보호의 입장에서 응지상소 처벌 불가의 입장을 지지했다.[53] 남효온은 이러한 정치적 배경에서 「소릉추복소」를 제출한 것이다.

2) 남효온(南孝溫)의 『소학(小學)』 인식과 「소릉추복소(昭陵追復疏)」

남효온의 본관은 의령으로 개국공신인 남재(南在, 1351~1419)·남은(南誾,

47) 송웅섭, 앞의 글, 2016, 87쪽.

48) 李碩圭, 「조선 초기 應旨上疏를 통해 본 成宗代의 변화」, 『朝鮮時代史學報』 41, 2007a, 11쪽. 이와 같은 경향은 통계적 분석으로도 엿볼 수가 있다. 성종 대에는 제도의 정비나 개혁을 요구하기 보다는 군주의 도덕적 실천이나 修省을 요구하는 재이상소가 월등히 증가하였고, 이러한 경향은 연산군·중종 대에 이르기까지 계속해서 짙어졌다고 한다. 비율로 보면 성종 대에는 전체 재이상소의 46%, 연산군 대는 57%, 중종 대는 77%라고 한다. 이와 관련해서는 이석규, 「연산군·중종 대 求言의 성격 변화와 그 의미」, 『史學研究』 88, 2007b, 631쪽 참고.

49) 이석규, 앞의 글, 2007a, 17쪽.

50) 崔承熙, 『朝鮮初期 言官·言論 研究』, 서울대학교 출판부, 1976, 141~147쪽.

51) 이석규, 앞의 글, 2000, 181쪽.

52) 『睿宗實錄』 卷2, 即位年 11月 13日(己巳) ; 12月 6日(壬辰).

53) 송웅섭, 앞의 글, 2016, 86쪽.

1354~1398) 형제가 남효온의 5대조이다. 남은이 비록 1차 왕자의 난 때 정도전과 함께 희생됐지만, 남재는 태종 대에 영의정까지 지내며 가문을 이끌었다.[54] 그리고 남재의 손자 삼 형제 중 첫째 남지(南智, ?~1453)는 문음(門蔭)으로 관직에 나아가 좌의정까지 지냈고,[55] 둘째 남간(南簡)은 문과에 급제하여 예문관 직제학까지 지냈으며,[56] 셋째 남휘(南暉, ?~1454)는 태종의 4녀 정선공주(貞善公主)와 혼인하고 숭정대부(崇政大夫) 의산군(宜山君)에 봉해졌다.[57] 남효온 가문은 조선 건국 이후 세종·문종 대까지 명실상부한 명문 가문이었음이 틀림없다.

그런데 단종 대 이후부터 남효온 가문은 정치적으로 시련을 겪었다. 사실 남지는 황보인(皇甫仁, 1387~1453)·김종서(金宗瑞, 1383~1453)와 함께 단종의 보필을 부탁 받은 문종의 고명대신이었다. 그리고 둘째 딸이 안평대군(安平大君)의 아들 의춘군(宜春君)과 혼인을 해 안평대군과는 사돈 사이이기도 했다. 이런 사연에서 계유정난(癸酉靖難) 때 화를 입을 법도 했지만, 그 전에 풍을 얻어 면한 것으로 보인다.[58]

무엇보다도 남효온의 당숙부인 남이(南怡, 1441~1468)의 옥사가 컸다. 이 시기는 공신책봉[封功]의 여부가 가문의 성세(盛世)에 큰 영향을 주었는데,[59] 남효온 가문에서는 남이가 '이시애의 난' 때 전공을 세워 적개 1등

54) 남재는 이방원과 가까웠던 것 같고, 남은은 정도전과 가까웠던 것 같다[韓永愚, 「朝鮮開國功臣의 出身에 대한 硏究」, 『朝鮮前期社會經濟硏究』, 乙酉文化社, 1983, 128쪽]. 이 덕에 남재는 태종 대 전 기간에 걸쳐 고위직을 두루 지내며 왕실과 사돈도 맺게 되었다. 태종 대 남재를 비롯한 조선 개국공신의 정치적 중용은 鄭杜熙, 『朝鮮初期政治支配勢力硏究』, 一潮閣, 1983, 50쪽 참고.

55) 『文宗實錄』 卷10, 元年 10月 27日(壬辰).

56) 『世宗實錄』 卷89, 22年 5月 1日(壬寅).

57) 『太宗實錄』 卷31, 16年 2月 4日(丁卯).

58) 『國朝人物考』 卷1, 相臣, '南智'(上, 32쪽-영인본 『國朝人物考』, 서울大學校圖書館, 1978의 책수와 쪽수. 이와 같음). 남지는 癸酉靖難으로 시호를 받지 못해 성종 20년(1489)에서야 '忠簡'이라는 시호를 받게 되었다[『成宗實錄』 卷225, 20年 2月 8日(丙申)].

59) 李泰鎭, 「15世紀 後半期의 '鉅族'과 名族意識-『東國輿地勝覽』 人物條의 分析을 통하여-」, 『韓國史論』 3, 서울대학교 국사학과, 1976, 296쪽. 계유정난 이후에 책봉된 靖難功臣,

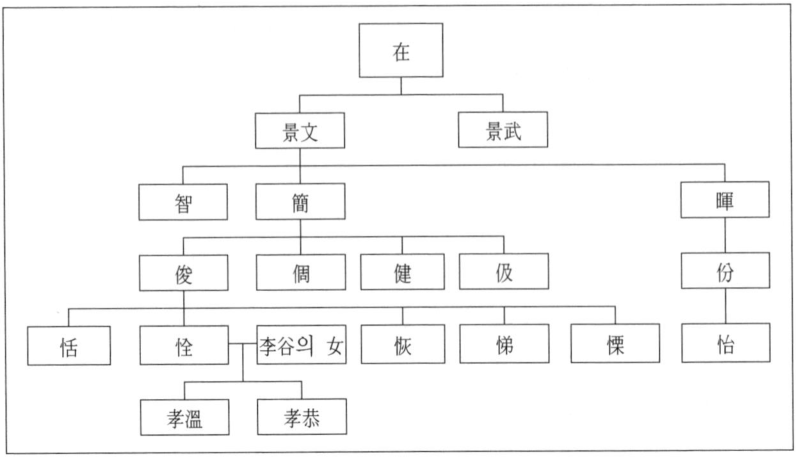

〈그림 4-1〉 15세기 의령남씨(宜寧南氏) 남효온(南孝溫)의 가계도

공신에 올랐으나 얼마 지나지 않아 한명회와 정치적으로 갈등을 일으키며 희생되었다.[60) 『의령남씨족보(宜寧南氏族譜)』에 따르면 남이의 동생 군수(郡守) 남초(南怊)는 연좌되어 진도에 유배되었고, 개령현감(開寧縣監) 남개(南愾)는 비인[舒川]에 유배되었다가 무인년[중종 13년(1518)]에야 관작이 회복되었다고 한다.[61) '남이옥사' 이후 남효온 가문의 가세는 기운 것으로 보인다.[62)

남효온 또한 가문의 영광을 잇지 못하는 자신의 처지를 자조하곤 했다.[63)

세조 즉위 후 儒臣에 대한 회유로써 책봉된 佐翼功臣, '이시애의 난' 이후에 책봉된 敵愾功臣, '南怡獄事' 이후에 책봉된 翊戴功臣, 성종 즉위 직후에 책봉된 佐理功臣 등 약 20년 동안 책봉된 다섯 공신이 단종 대부터 성종 대 초반까지 국정을 장악했던 훈척계 관료집단이라 할 수 있다. 鄭杜熙, 앞의 책, 1983, 257~261쪽 참고.

60) '이시애의 난' 진압에 참여했던 젊은 무신이 주로 적개공신에 책봉되었는데, 이들이 기존의 공신 집단과 정치적으로 갈등을 빚어 촉발된 사건이 '남이옥사'이다. 정두희, 앞의 책, 1983, 237~238쪽 참고.

61) 宜寧南氏族譜編纂委員會 編, 『宜寧南氏族譜1』, 宜寧南氏族譜編纂委員會, 1992, 37쪽.

62) 조선 초기 남효온 가문의 정치적 몰락에 대해서는 정출헌, 「추강 남효온의 생애자료에 한 변증과 탐색-한 인간의 삶을 재구하는 集成年譜를 편찬하기 위한 서설-」, 『大東漢文學』 35, 2011, 171~173쪽 참고.

63) 김성언, 『남효온의 삶과 시』, 태학사, 1997, 222쪽.

상소 이후 관직을 포기하며 처사로서 자처했던 탓도 있겠으나[64] 계유정난과 남이옥사에 따른 가문의 위기가 보다 근원적인 배경이었을 것이다. 세조와 세조 대 이래의 대신에 대한 남효온의 반감은 이와 같은 집안 배경에서 자연스레 생겨났을 것으로 보인다.

한편 남효온은 김종직(金宗直, 1431~1492)의 문인으로 정여창, 김굉필, 김일손(金馹孫, 1464~1498) 등과 교유했다.[65] 이들의 학문 성향은 『소학(小學)』에 집약된 주자학적 강상윤리의 실천궁행(實踐躬行)으로 요약될 수 있다.[66] 김종직과 그의 문인인 이른바 '초기 사림'계 유자(儒者)가 주자학적 실천윤리를 강조한 것은 고려후기 주자학의 수용 양상과 관련이 깊다. 고려후기 원에서 전래한 주자학은 허형(許衡, 1209~1281)의 실천적 주자학이다.[67] 허형은 요·금·원의 북방 민족이 중국을 지배하면서 발생한 사회 질서의 혼란을 안정시키기 위해서는 현학적인 성리설보다 일상에서의 강상윤리 실천이 더 필요하다고 보고 '쇄소응대(灑掃應對)'의 『소학』에 주목하게 되었다.[68] 그리고 강상윤리의 실천을 강조하는 허형의 학풍은 고려 말

---

64) 『燕山君日記』 卷31, 4年 8月 16日(己卯), "孝溫少讀書, 有大志. 在成宗朝上書言事, 語有觸諱, 至被囚鞫. 自知其志不可行於世, 遂任放不羈, 不與時俗俯仰." 남효온은 자신의 뜻을 펼칠 수 없음을 알게 된 후 세상과 더불어 俯仰하지 않고 처사로서의 삶을 살았다. 이러한 태도에서도 명분과 의리를 출처의 중요한 기준으로 삼았었다는 점을 엿볼 수가 있다.

65) 『秋江集』 卷7, 「師友名行錄」, 22ㄴ~32ㄴ(16책, 137~142쪽) ; 정성희, 『조선 도학의 분수령, 김종직』, 성균관대학교출판부, 2009, 89~101쪽. 한편 南孝溫의 「師友名行錄」에 金馹孫은 없다. 연산군 대에 戊午士禍를 겪으면서 南孝溫의 師友 명단에서 金馹孫이 빠진 듯하다. 그러나 둘의 교유는 분명하게 확인된다. 남효온은 김일손의 문장이 마치 긴 강과 큰 바다와 같고 국사를 논하고 인물의 시비를 가리는 것이 마치 푸른 하늘의 밝은 해처럼 명백하여 벗 중에 제일이라고 했다[『濯纓集』 續集 下, 附錄, 「請從祀聖廡疏」, 5ㄱ(17책, 304쪽)]. 그리고 남효온은 김일손의 대과 급제를 축하하는 시를 짓기도 했다[김성언, 앞의 책, 1997, 526~530쪽].

66) 金泰永, 앞의 책, 2006, 268~269쪽 ; 尹仁淑, 『조선전기의 사림과 『소학』』, 역사비평사, 2016, 28~39쪽.

67) 文喆永, 「麗末 新興士大夫들의 新儒學 수용과 그 특징」, 『韓國文化』 3, 1982, 114쪽.

68) 金洪徹, 「許衡의 思想과 元代 朱子學의 定立-實踐躬行과 朱子學 官學化와 關聯하여-」, 한양대학교 대학원 사학과 박사학위논문, 2004, 25~26쪽 ; 李遠碩, 「魯齋 許衡

사회 모순을 타개하려는 신흥사대부의 현실인식과 만나 사상계의 주류적 위치를 점하게 되었고,[69] 이것이 사학(私學)적 전통을 타고 김종직과 그 문인에게로 계승되었다.[70]

이러한 학문 성향은 남효온에게서도 확인된다. 남효온이 「소릉추복소」를 올리고 얼마 후 기사관 안윤손(安潤孫, 1450~1520)은 남효온과 그 무리가 소학계(小學契)를 만들어 '소학의 도'를 행한다고 언급했다.[71] 그리고 남효온은 「사우명행록(師友名行錄)」을 통해 사우(師友)의 『소학』 실천을 '명행(名行)'으로 기록하기도 했다. '사람들이 국가의 일을 물으면 소학동자(小學童子)가 어찌 대의(大義)를 알겠냐'며 사양했다던 김굉필의 일화도 유명하다.[72]

남효온에게 '『소학』의 도'란 어떤 의미였을까. 주지하듯 주자학은 중세의 불평등한 사회체제－지주와 전호의 생산관계－를 명분론과 의리론으로써 합리화하고 정당화한 학문이다.[73] 사회 구성원 각자가 봉건적인[불평등한] 분(分)을 내면화하고, 이를 지켜나가면서 조화를 이루면 사회 질서는 자연히 안정되리라 본 것이다. 그러기 위해서는 지배층[지주]이건 피지배층[전호]이건 학습을 통해 자신의 분수를 알고 이것을 불변의 관념으로 받아들여야 했다. 이를 위해 주희가 지은 책이 바로 『소학』이다.

『소학』은 주희가 대학 입문 전 소학 과정의 교재로 편찬한 만년(58세, 1187년)의 저작이다.[74] 『소학』은 크게 내편과 외편으로 나뉜다. 내편에는 「입교(立敎)」, 「명륜(明倫)」, 「경신(敬身)」, 「계고(稽古)」 네 편이 있고, 외편에는 「가언(嘉言)」, 「선행(善行)」 두 편이 있다. 『소학』에는 삼강오륜(三綱五倫)

(1209~1281)의 생애와 철학사상」, 『奎章閣』 29, 2006, 232쪽.

69) 文喆永, 「고려후기 新儒學 수용과 士大夫의 의식세계」, 『韓國史論』 41·42, 서울대학교 국사학과, 1999, 360~361쪽.

70) 金泰永, 앞의 책, 2006, 259~260쪽 ; 윤인숙, 앞의 책, 2016, 35~36쪽.

71) 『成宗實錄』 卷91, 9年 4月 24日(乙卯).

72) 『秋江集』 卷7, 雜著, 「師友名行錄」, 21ㄴ(16책, 137쪽), "金宏弼字大猷, 受業於佔畢齋, … 人問國家事, 必曰, 小學童子何知大義."

73) 守本順一郎(김수길 역), 『東洋政治思想史硏究』, 동녘, 1985, 141~150쪽.

74) 이동희, 『주자』, 성균관대학교출판부, 2007, 277~278쪽.

을 근간으로 하는 인간·사회관계 속의 윤리 덕목이 들어 있다. 나아가 삼강오륜의 윤리 덕목 즉, 수직적이고 불평등한 인간·사회관계가 왜 합리적이고 당연한 질서인가를 자연주의적으로 정당화하여 설명한다.

하늘은 높고 땅은 낮다. 천지자연이 본래 그러하듯 인간·사회관계에도 본디 그 지위[名位]에 따라 상하(上下)·존비(尊卑)·귀천(貴賤)의 분수[分]가 정해져 있고, 이러한 명분론적 인간·사회관계를 숙명처럼 인식하고 이것의 유지를 위해 실천궁행하는 태도가 올바른 이치[義理]라는 게 『소학』의 주된 내용이다.[75] 요컨대 『소학』에는 인간·사회 질서 속에서 삼강오륜의 실천을 합리화하고 정당화하는 논리가 담겨 있고, 이것은 주자학적 의리·명분론 그 자체였다. 이러한 점에서 남효온이 추구한 '『소학』의 도'는 주자학적 명분론과 의리론에 입각한 인간·사회 질서였다고 할 수 있다.

남효온의 「소릉추복소」에는 바로 이러한 문제의식이 투영되어 있다. 남효온은 상소에서 ① 혼인을 바르게 할 것[正婚嫁], ② 수령을 잘 고를 것[擇守令], ③ 사람 쓰는 것과 버리는 것을 삼갈 것[謹用捨], ④ 내수사를 혁파할 것[革內需司], ⑤ 무당과 부처를 물리칠 것[闢巫佛], ⑥ 학교를 일으킬 것[興學校], ⑦ 풍속을 바로 잡을 것[正風俗], ⑧ 소릉을 추복할 것[追復昭陵] 등을 거론했다.[76]

마지막의 '추복소릉'이 단연 논란이었지만 나머지 논의들도 결코 가벼운 사안은 아니었다. ① '정혼가'는, 겉으로는 부부와 남녀의 도리를 바르게 해야 한다는 인륜설과 강상론에 관계된 것으로 보이지만[77] 사실 남효온이 지적한 문제는 당시 혼인 풍속에서 만연해 있던 사치 풍조였다. 남녀가 혼인할 즈음에 서로 화려함과 사치를 다투어 남보다 낫게 하려고 힘써 사족의 자녀가 혼인할 시기를 잃어 홀로 사는 자가 많아 문제라는 것이었

75) 金駿錫, 「朝鮮前期의 社會思想-『小學』의 社會的 機能 分析을 중심으로-」, 『韓國 中世 儒教政治思想史論 I』, 지식산업사, 2005, 137~152쪽.

76) 『成宗實錄』 卷91, 9年(1478) 4月 15日(丙午) ; 『秋江集』 卷4, 上書, 「上成宗大王書」, 1ㄱ~9ㄴ(16책, 76~80쪽).

77) 『秋江集』 卷4, 上書, 「上成宗大王書」, 1ㄴ(16책, 76쪽), "臣聞詩首關雎, 易起乾坤, 正夫婦也."

다.[78] 당시는 '당물(唐物)'이라 불린 명(明) 수입 사치품을 장만하지 않고서는 성례(成禮)가 되지 않는다고 할 정도로 혼인에서의 사치 문제가 심했다.[79]

당시의 사림은 이러한 사치 풍조의 근본적인 원인으로 왕실 구성원과 특권층의 식화(殖貨)와 상업 독점을 꼽았는데,[80] 남효온도 ④ '혁내수사'에서 왕실의 모리 행위를 비판했다. 옛날 군주는 백성과 더불어 이익을 다투지 않았는데 지금은 주군(州郡)에 사제(私第)를 건립해 '본궁농사(本宮農舍)'라고 일컬으며 쌀·베·비단을 비축하여 날마다 백성과 매매하며 이익을 취한다는 것이었다.[81] 재물이란 본래 나라에 없으면 백성에게 있고 백성에게 없으면 나라에 있으므로 결국 내수사의 재물과 곡식은 백성에게서 나온 것이라고 지적했다.[82] 내수사로 대표되는 왕실 및 특권층의 재화 축적이 사회 전반에 사치 풍조를 낳았고 이것이 결국 혼인 풍속을 어지럽힌다는 문제 제기였다.

⑦ '정풍속'에서는 풍속 교화의 문제에 대해서 언급했다. 남효온은 사도(司徒)의 직책이 폐지된 이후로 풍속이 날로 각박해졌고 시(詩)·서(書)의 교육이 해이해져 옛 풍속을 회복하기 어려웠는데,[83] 이제 고려의 비색(否塞)한 운수가 다하고 조선의 태평한 운수가 열려 다시 '사도의 법'과 시·서의 교육을 시행할 때가 되었다고 했다.[84]

---

78) 『秋江集』 卷4, 上書, 「上成宗大王書」, 2ㄱ(16책, 76쪽), "今則不然, 婚嫁之際, 爭相華侈, 務勝於人, 故士族子女, 多失時曠居."

79) 『成宗實錄』 卷142, 13年 6月 9日(丙午).

80) 朴平植, 『朝鮮前期商業史硏究』, 지식산업사, 1999, 333~335쪽.

81) 『秋江集』 卷4, 上書, 「上成宗大王書」, 4ㄱ(16책, 77쪽), "是故, 古之人君, 不與民爭利, 不蓄私藏, … 今則不然, 各於州郡, 建立私第, 稱爲本宮農舍, 私蓄穀米布帛, 日與民買賣取息."

82) 『秋江集』 卷4, 上書, 「上成宗大王書」, 4ㄴ(16책, 77쪽), "嗚呼, 天之生財, 只有此數, 不在民則在國, 不在國則在民, 臣不知內需司之財穀, 獨不出於吾民乎."

83) 『秋江集』 卷4, 上書, 「上成宗大王書」, 6ㄴ(16책, 78쪽), "自司徒之職廢, 而風俗日趨於薄, 自詩書之敎弛, 而風俗不能復古."

84) 『秋江集』 卷4, 上書, 「上成宗大王書」, 7ㄱ~ㄴ(16책, 79쪽), "高麗五百年間, 風俗極否, 娶同姓無異禽獸, 減親喪自同獷俗, 子論其父者有之, 奴論其主者有之, 以及辛禑之世, 極矣. 否極泰來, 我朝啓運, 列聖相承, 其傳至於殿下, 則正當治極之秋也. 司徒之法, 今可復行也, 詩書之敎, 今可復擧也."

사도의 법이란 유향소(留鄕所)를 통한 향촌 교화를 말한다. 조선 초기 유향소는 치폐를 반복하다가 세조 말엽에 전국적으로 혁파되었고, 성종대 사림은 『주례(周禮)』의 향사례(鄕射禮)와 향음주례(鄕飮酒禮)를 통한 향촌 교화를 목적으로 유향소의 복립을 요구했다.[85] 『주례』의 향사례와 향음주례는 주(周) 대에 향촌 교화 업무를 맡았던 사도가 의례의 법을 각 지방에 내려주는 것에서부터 시작한다. 향사례는 '효제(孝悌)·충신(忠信)·호례불란자(好禮不亂者)'를 내세워, 그리고 향음주례는 '연고유덕(年高有德)·재행(才行者)'을 내세워 불효(不孝)·부제(不悌)·불목(不睦)·불인(不姻)·불임휼(不任恤)한 자, 다시 말해 향촌 질서 파괴자의 교화를 목적으로 한다.[86] 그러므로 이를 시행하자는 것은 곧 유교·주자학의 강상윤리를 보급하여 향촌 질서를 바로잡자는 의미였다.

한편 남효온은 풍속이 바르지 못한 사례로 특정 인물의 비리를 고발했다. "몸이 옥당(玉堂)에 있고 지위가 당상(堂上)에 이른 자가 녹(祿)이 적지 않은데도 한 명의 누이를 포용하여 양식을 주어 생활할 수 있게 하지 않는다"[87]며 특정 인물의 부도덕함을 폭로했다. 이 인물은 다음날 바로 자백한 홍문관 부제학 유진(兪鎭)이었다.[88] 이어서 남효온은 유진을 불효·불목의 형벌로 처벌하고 나머지를 경계하면 교화가 시행되고 풍속이 바로잡혀 재이가 사라질 것이라고 했다.[89]

남효온은 ⑥ '흥학교'에서도 유진을 고발했다. 남효온은 당시 성균관의 훈고(訓詁)와 사장(詞章)에 치중하는 학문 경향과 청운(靑雲)의 벼슬만을

---

85) 『周禮』에 나오는 鄕射禮와 鄕飮酒禮는 향촌질서의 재확립과 안정을 도모하는 대책으로 주목받았다. 이태진, 『(증보판)한국사회사연구』, 지식산업사, 2008, 151~223쪽 참고.

86) 이상은 이태진, 앞의 책, 2008, 190~200쪽 참고.

87) 『秋江集』 卷4, 上書, 「上成宗大王書」, 7ㄴ(16책, 79쪽), "今有身居玉堂, 位至堂上者, 祿非不多矣, 而不得容一妹, 化糧資生, 傷風敗俗, 自上犯之, 況其下者乎."

88) 『成宗實錄』 卷91, 9年 4月 16日(丁未).

89) 『秋江集』 卷4, 上書, 「上成宗大王書」, 8ㄱ(16책, 79쪽), "臣愚妄願殿下用周官不孝不睦之刑, 罰一人以警其餘, 則敎化行而風俗正矣, 敎化行而風俗正則災可弭矣."

좇는 과거(科擧) 지향적인 학문 태도를 비판했다.[90] 그러면서 "내가 저 사람에게서 도를 배우려 하나 저 사람은 도가 없고, 내가 저 사람에게서 업(業)을 배우려 하나 저 사람은 업이 없다"라고[91] 했는데, 여기에서 남효온이 도와 업이 없다고 한 성균관의 사유(師儒)가 바로 유진이었다.[92]

유진은 성종 원년(1470) 1월 27일(병오) 한명회의 추천으로 성균관 사표(師表)가 되었는데, 당시 이조에서도 유진을 '훈고만을 대강 익혔다'고 평가했다.[93] 남효온은 한 사람의 현인군자를 얻어 사표로 삼으면 배우는 자들이 저절로 바르게 되고, 사람들은 효제충신(孝悌忠信)이 가히 귀하다는 것과 사장말습(詞章末習)이 가히 비루하다는 것을 알게 되며, 학교가 일어나 인재가 배출된다고 했다. 그리고 인재가 배출되어 모두 명신(名臣)이 되면 재이를 없앨 수 있다고 했다.[94]

특정 인물을 추천하기도 했다. ③ '근용사'에서 남효온은 경연(慶延, ?~1482)을 추천했다. 문·무·잡과와 승음(承蔭)·이임(吏任)의 절목 외에도 효자·순손(順孫)을 찾아 등용하기도 한다면서[95] 경연을 중용해야 한다고 건의했다. 경연은 청주경씨(淸州慶氏) 출신으로 고려 공민왕 대의 문하시중 경복흥(慶復興, ?~1380)의 7세손이자 좌랑 경신직(慶臣直)의 아들이었다. 교류했던

---

90) 『秋江集』 卷4, 上書, 「上成宗大王書」, 6ㄱ(16책, 78쪽), "訓詁之學, 詞章之習, 其入人也深, 其誤人也久, 爲師儒者徒事於句讀, 爲弟子者爭名於甲乙. 摛章繪句, 騈四儷, 傍蹊曲徑, 已干青雲, 殿下誰得而使之."

91) 『秋江集』 卷4, 上書, 「上成宗大王書」, 6ㄱ~ㄴ(16책, 78쪽), "其意蓋曰, 我於彼學道則彼無道, 我於彼學業則彼無業."

92) 『成宗實錄』 卷91, 9年 4月 20日(辛亥).

93) 『成宗實錄』 卷2, 元年 1月 27日(丙午). 유진이 성균관에서 강의하던 무렵[1470~1478년] 남효온도 성균관에서 수학하고 있었다. 송웅섭, 「김종직 문인 그룹 형성 무대로서의 '서울'」, 『서울학연구』 31, 2008, 64~74쪽 참고.

94) 『秋江集』 卷4, 上書, 「上成宗大王書」, 6ㄴ(16책, 78쪽), "得一賢人君子, 以爲師表, 則學者之習自爾正, 人知孝悌忠信之爲可貴, 而詞章末習之爲可陋, 學校興而人才出矣, 人才出而蔚爲名臣則災可弭矣."

95) 『秋江集』 卷4, 上書, 「上成宗大王書」, 3ㄴ(16책, 77쪽), "國家用人, 有文武之科, 有雜學之科, 有承蔭之目, 有吏任之目, 科目之外, 又有孝子順孫之搜訪."

인물로는 김종직과 강응정, 김시습(金時習, 1435~1493) 등이 확인된다.[96)]

경연은 효성(孝誠)으로 유명했다. 성종 7년(1476) 5월 27일(기사) 우승지 임사홍은 『경국대전(經國大典)』의 장려조(奬勵條)를[97)] 근거로 효성이 뛰어난 경연을 특별히 채용해야 한다고 건의했다.[98)] 그리고 얼마 뒤 경연은 사재감 주부에 제수되었고,[99)] 니산현감(尼山縣監)이 되어 고향으로 돌아갔다.[100)] 남효온은 경연의 기국(器局)이 니산현감을 뛰어넘으므로 조정에 불러 중용해야 한다고 했다. 경연을 신임하면 경연보다 어진 이들이 천리를 마나하지 않고 모일 것이고 현인군자가 조정에 가득하여 왕가(王家)를 도우면 재이를 없앨 수 있을 것이라 했다.[101)]

⑤ '벽무불'은 주자학적 의리론에 기초한 벽이단(闢異端) 운동의 일환이었다.[102)] 남효온은 무불(巫佛)에 대한 정부 정책의 한계를 꼬집었다. 나라에 성수청(星宿廳)과 선교종(禪敎宗)이 여전하니 백성도 무당과 부처를 섬기고,[103)] 이로써 생사화복(生死禍福)을 모두 무당에 말미암은 것으로 여기고, 또 수요(壽夭)·귀천(貴賤)·사후(死後)의 영고(榮苦)를 모두 불교에 말미암은 것으로 여겨 천신(天神)을 속이고 화기(和氣)가 손상된다고 했다.[104)] 이는

---

96) 『佔畢齋集』 卷6, 詩, 「淸州訪南溪道士明日却寄」, 5ㄴ(12책, 254쪽), "南溪道士, 卽慶友人延自號也." ; 『秋江集』 卷1, 詩, 「壬寅二月日聞慶徵君哀訃」, 27ㄴ(16책, 28쪽), "故人, 如中和齋姜應貞, 山人金時習之儔."

97) 『經國大典』 卷3, 「禮典」, 奬勵.

98) 『成宗實錄』 卷67, 7年 5月 27日(己巳).

99) 『成宗實錄』 卷69, 7年 7月 1日(壬寅).

100) 『國朝人物考』 卷33, 休逸, '慶延'[宋時烈](中, 699쪽), "吏曹直除六品職, 旋拜尼山縣監, 吏民畏愛."

101) 『秋江集』 卷4, 上書, 「上成宗大王書」, 3ㄴ~4ㄱ(16책, 77쪽), "國人皆不以百里之器期之, 竟以尼山縣監歸任. … 今殿下信任慶延, 則賢於慶延者豈遠千里哉. 賢人君子濟濟在朝, 左右王家則災可弭矣."

102) 조선 초기 儒生의 闢異端 상소에 대해서는 金燉, 앞의 책, 1997, 21~41쪽 참고.

103) 『秋江集』 卷4, 上書, 「上成宗大王書」, 5ㄱ~ㄴ(16책, 78쪽), "是以, 百姓皆曰, 國家亦有星宿廳, 小民何事獨不事巫, 國家亦有禪敎宗, 小民何事獨不事佛."

104) 『秋江集』 卷4, 上書, 「上成宗大王書」, 5ㄴ(16책, 77쪽), "以謂人死人生人禍人福皆由於巫. … 以謂人壽人夭人貴人賤人死身後之榮苦皆由於佛, 謾天欺神, 莫甚於此, 傷天地之和, 此一端也."

국가적 차원에서 음사와 불교를 확실하게 배격하지 않는다는 지적이었다. 그래서 남효온은 국무당[國巫]을 혁파하면 음사는 저절로 사라질 것이고, 주지(住持)를 없애면 불사(佛事)는 저절로 그칠 것이라며 국가적 차원의 무불 배격을 요구했다.[105)]

② '택수령'에서는 지방관, 특히 수령(守令) 선발을 엄격히 해야 한다고 했다. 수령 선발은 백성의 생사고락과 직결된 문제였다.[106)] 당시 수령은 흉년을 맞아도 백성을 잘못 다스린 죄로 처벌받을까 봐 제대로 보고하지도 않고, 굶주림을 호소하는 유민(流民)에게는 감독하는 수고로움을 근심하여 구휼미를 때에 맞게 주지도 않는다고 했다. 혹여나 굶주림을 면하려고 부잣집에서 사채라도 빌려 쓰면 훗날 돌아오는 고통은 심장의 살을 도려내는 것에 맞먹었다. 결국 부자(富者)는 들판 길을 잇는 넓은 논밭을 갖게 되지만, 빈자(貧者)는 송곳 하나 세울 땅도 없게 되어 부잣집 종이 되거나 승려가 되어 마을이 쓸쓸히 비게 되는 사태에 이르게 된다는 것이었다.[107)]

이상으로 남효온의 「소릉추복소」를 살펴보았다. 남효온은 여기에서 첫째, 유교·주자학의 가장 보편적 가치인 인륜설과 강상론을 강조했고, 둘째, 교화를 통한 사회풍속의 정화와 이단의 배척을 요구했으며, 셋째, 부를 독점하는 왕실과 특권층을 고발했고 부정과 비리를 저지른 인물을 탄핵했다. 그는 조선왕조의 '경국대전체제'가 점차 와해해 가는 현실을 바라보면서 가장 시급히 해결해야 할 과제로서 「소릉추복소」를 올렸고, 여기에는 『소학』의 실천윤리를 통해 주자학적 인간·사회 질서를 구현하고자 했던 남효온의 문제의식이 잘 반영되어 있다. 요컨대 남효온이 제시한 재이

105) 『秋江集』 卷4, 上書, 「上成宗大王書」, 5ㄴ(16책, 77쪽), "殿下先革國巫, 則淫祀不勞而自息, 殿下先去住持, 則佛事不勞而自止矣, 異端息而天人和則災可弭矣."

106) 『秋江集』 卷4, 上書, 「上成宗大王書」, 2ㄴ(16책, 76쪽), "蓋四海之政, 人君不能自治, 分諸守令, 苟非其人, 民受其殃矣."

107) 『秋江集』 卷4, 上書, 「上成宗大王書」, 2ㄴ(16책, 76쪽), "年饲歲歉則病其獲撫字乖方之罰, 不以實聞, 流民告飢則病其有監臨斗量之勞, 不以時給, 民孰能枵腹忍飢, 以竢斗升之濟. 於是轉而歸富家, 貸私債, 待其胼胝之功甫訖, 鞭撻之苦滋甚, 醫得眼前之瘡, 剜割心頭之肉. 是故, 富者田連阡陌, 貧者無立錐之地, 或托富家爲奴, 或剃頭髮爲僧, 閭閻蕭條, 什亡四五."

해소의 방책은 『소학』의 실천윤리를 통해 주자학적 인간·사회 질서를 구현하는 것이었다.

3) 남효온(南孝溫)의 주자학적 자연인식과 재이론

남효온의 주자학적 재이론은 기본적으로 이학적(理學的) 자연인식을 바탕으로 한다. 따라서 그의 재이론을 검토하기에 앞서 그의 이학적 자연인식을 살펴볼 필요가 있다. 남효온의 이학적 자연인식은 몇 가지 논설(論說)을 통해 엿볼 수 있는데, 그의 문집에 있는 「옥부(屋賦)」, 「심론(心論)」, 「귀신론(鬼神論)」이 그것이다.

우선 「옥부」는 우언(寓言)적으로 지은 글이다. 여기에는 노장(老莊)사상과의 대결 속에서 주자학적 심성수양론을 정립해 나가는 그의 정신적 갈등과 고투가 묘사되어 있다.[108] 주희는 『맹자』의 '구방심(求放心)'을 논하면서 '마음은 신명(神明)의 집이자 한 몸의 주재(主宰)'라고 했고,[109] 또 몸과 마음을 각각 집과 집주인에 비유하여 집에 주인이 있으면 집이 항상 깨끗한 상태로 유지되듯 몸에도 마음이 주인으로서 자리를 잡고 있어야 한다고 했다.[110] 이에 남효온은 마음이 주인이라면 외물(外物)의 욕심은 손님[客]이 된다면서, 주희의 논의에 객자(客者)의 설을 더하여 외욕(外慾)을 극복하는 공부를 형용하고자 「옥부」를 지었다고 밝혔다.[111]

---

108) 안세현, 「15세기 후반~17세기 전반 성리학적 사유의 우언적 표현 양상과 그 의미」, 『民族文化硏究』 51, 2009, 225~231쪽.

109) 『朱子語類』 卷98, 張子之書(17책, 3,305쪽), "心是神明之舍, 爲一身之主宰."

110) 『朱子語類』 卷59, 孟子9, 仁人心也章(16책, 1,914쪽), "'學問之道無他, 求其放心而已.' 諸公爲學, 且須於此著切用工夫. 且學問固亦多端矣, 而孟子直以爲無他. 蓋身如一屋子, 心如一家主. 有此家主, 然後能洒掃門戶, 整頓事務. 若是無主, 則此屋不過一荒屋爾, 實何用焉."

111) 『秋江集』 卷1, 賦, 「屋賦」, 1ㄱ(16책, 15쪽), "朱子以身比屋, 以心比屋主而曰, 有主則灑掃庭戶, 整齊墻隅, 無主則屋不過一荒涼耳. 後之知其爲身心之體, 而修治得倫者, 亦賴有是說也. 余嘗反覆索玩 心旣爲主, 則凡外物之欲爲客矣, 不可不加客者之說, 形容克之之功, 於是立主客之說, 爲屋賦."

남효온은 「옥부」의 첫머리에서 '일음일양(一陰一陽)→ 양의(兩儀)→ 오행(五行)→ 만물(萬物)'의 우주 생성 과정에서 우주적 존재로서 인간[생명]의 탄생을 설명했다.112) 음양의 기에서 만물로 이어지는 우주생성론은 고전적인 우주론에서도 확인되는데, 그 배후에 주재자로서 리(理)=태극(太極)을 설정하는 것이 주자학적 우주론의 특징이다.113) 즉, 주희는 『주역』의 '일음일양(一陰一陽)을 도(道)라 한다'114)를 '음양이 되게 하는 것이 도이다'라고 해석하여115) 음양오행의 '기화(氣化)'를 통해 우주와 생명의 원초적인 탄생을 설명하는 동시에 그 기화의 과정을 주관하는, 즉 활동하게 하는 형이상학적인 원리로서 도(道)=리(理)를 설정했다.116) 이것은, 리(理)를 우주 만물의 생성과 존재를 주재하는 근본적인 이치=본체(本體)로 보았다는 점에서 리본체론(理本體論)이라 할 수 있고, 이러한 우주론이 남효온에게서도 확인되는 바 "무극(無極)이 태극(太極)이니117) 한 번 음이 되게 하고 한 번 양이 되게 하는 것이 도이다"라는 것이었다.118)

이어서 남효온은 우주적 존재인 인간에게 도덕성을 부여했는데 그 도덕성의 근원은 다름 아닌 천리(天理)였다. 그리고 처음의 성[本然之性]을 잃지 않도록 날로 수양하고 삼가야 한다고 했다.119) 남효온이 경계했던 것은

---

112) 『秋江集』 卷1, 賦, 「屋賦」, 1ㄴ(16책, 15쪽), "一陰一陽, 兩儀闔闢, 雷霆風雨之鼓潤, 寒暑日月之綜錯, 磨盪乎五行, 陶鑄乎萬物, 屋於其間, 塊然其出."

113) 具萬玉, 『朝鮮後期 科學思想史 硏究 Ⅰ』, 혜안, 2004, 78쪽.

114) 『周易正義』 卷7, 「繫辭」 上, 11ㄱ(1책, 148쪽), "一陰一陽之謂道, 繼之者善也, 成之者性也."

115) 『朱子語類』 卷74, 易10, 上繫 上, 第五章(16책, 2,522쪽), "一陰一陽之謂道, 陰陽是氣, 不是道, 所以爲陰陽者, 乃道也."

116) 『性理大全』 卷2, 通書 1(1책, 204~205쪽), "故曰一陰一陽之謂道, 繼之者善也, 成之者性也. 此亦易文, 陰陽, 氣也 形而下者也, 所以一陰一陽者, 理也, 形而上者也, 道卽理之謂也."

117) 朱熹는 無極을, 太極을 수식하는 하나의 형용어로 사용했다. 이것은 周敦頤가 『太極圖說』에서 말한 無極의 본의와는 다르지만, 조선의 관인·유자는 周敦頤보다는 朱熹의 의견을 더 따랐다. 한국사상사연구회 편, 『조선 유학의 개념들』, 예문서원, 2002, 34쪽 참고.

118) 『秋江集』 卷5, 論, 「性論」, 31ㄴ(16책, 106쪽), "無極而太極, 所以爲一陰一陽者道也."

119) 『秋江集』 卷1, 賦, 「屋賦」, 1ㄴ(16책, 15쪽), "受上帝命, 性得無極, 懼厥初之或戕, 日孜孜而修飭."

외물(外物)의 욕심이었다. 이것이 「옥부」의 핵심 내용이라 할 수 있는데, 주인 옹(翁)이 수양을 통해 '손님의 유혹'을 극복한다는 것이다.

남효온이 극복해야 한다고 한 '손님의 유혹'은 다름 아닌 도교적 세계관이었다.[120]

(가) 천백 명의 도적을 거느린 객(客)이 … 의기양양 밖에서부터 들어와 점섬 주인 옹을 유혹하며 말하길, "노자는 절학(絶學)을 주창했고 장자(莊子)는 거협(胠篋)을 설파했다. 수레바퀴 같은 죽음과 삶에서 어찌 집에 있는가"라고 하였다.[121]

(나) 내가 너를 죽이지 않으면 네가 필시 나를 죽이겠다. 이에 〈주인옹이〉 우두머리 객을 베었다. … 우주를 굽어보니 한 채의 집이 윤택해져 온갖 이치가 넉넉해졌다. … 집이란 곧 건곤옹(乾坤翁)인 태극(太極)이다.[122]

(가)는 손님이 도교적 세계관의 안락함을 들어 주인을 유혹하는 장면이다. 그러나 (나)에 보이는 주인 옹의 자세는 단호하다. 수양을 통한 천리(天理)의 보존으로 손님의 유혹을 물리친다는 의지가 엿보인다. 요컨대 사람에게는 마음이 근본이고 외물에도 흔들림 없이 하늘로부터 부여받은 마음을 온전하게 보존해야 한다는 것이었다.

「심론(心論)」에서는[123] 인간은 자연을 본받아 형성된 존재라고 했다. 우선

---

120) 이러한 대결 구도는 15세기 후반 理學的 宇宙論이 종래의 非주자학적 宇宙論을 부정하면서 대두된 역사상과 상통한다. 조선 초기 人格天에 대한 비판과 理法天의 지향은 具萬玉, 앞의 책, 2004, 51~63쪽 참고.

121) 『秋江集』 卷1, 賦, 「屋賦」, 1ㄴ~2ㄱ(16책, 15쪽), "客有領賊千百者, … 施施然從外來, 浸浸然誘主人翁曰, 老著絶學, 莊說胠篋, 車輪死生, 何有於屋."

122) 『秋江集』 卷1, 賦, 「屋賦」, 4ㄱ(16책, 16쪽), "我不汝殺, 汝必我殺, 乃斬首客, … 俯仰宇宙, 一屋其潤, 萬理其富, … 屋乃乾坤翁太極."

123) 南孝溫은 마음에 대한 鄭汝昌과의 異見을 밝히기 위해 「心論」을 지었다고 한다(『秋江集』 卷5, 論, 「心論」, 29ㄴ(16책, 105쪽), "自勵明經飭行, 近世無比, 自仁有遠大之略, 所見如是,

사람의 신체 중 머리는 하늘을, 발은 땅을, 살갗은 흙을, 혈기는 물을, 머리의 일곱 구멍은 칠요(七曜)를, 몸의 사지는 사상(四象)을, 모발은 초목을, 호흡은 조석(潮汐)을 본받은 것이라고 했다.[124] 그뿐만 아니라 인간의 생각과 감정까지도 자연을 본받은 것이라고 했다. 모(貌)·언(言)·시(視)·청(聽)·사(思)의 오사(五事)는 오행(五行)을, 인의예지(仁義禮智)의 사성(四性)은 원형리정(元亨利貞)의 천덕(天德)을, 희(喜)·위(威)·노(怒)·애(哀)·구(懼)·욕(欲)·송(訟)의 칠정(七情)은 우로(雨露)·상설(霜雪)·풍정(風霆)·초목영락(艸木零落)·일월박식(日月薄食)·부영발육(敷榮發育)·천서수동(天西水東)을 본받은 것이라고 했다.[125] 이처럼 인간은 자연의 질서인 천도(天道)를 본받아 형성된 존재이고, 이 천도를 실현할 수 있게 하는 주체가 다름 아닌 마음이라고 했다.[126] 자연을 본받은 인간의 성정(性情)과 의지(意志)의 작용이 모두 마음으로 말미암아 시작되므로, 마음은 만물(萬物)과 만사(萬事)의 근본이 된다고 했다.[127]

「귀신론(鬼神論)」에서는 귀신을 이기론에 따라 재해석했다.[128] 남효온은 귀신을 굴신(屈伸)하는 음양의 두 기로 보았다. '귀(鬼)'는 '돌아간다[歸=屈]'라

余所疑者茲, 故竝著于篇, 以廣異聞"]. 自勖은 鄭汝昌의 호이고, 自仁은 미상이다.

124) 『秋江集』 卷5, 論, 「心論」, 25ㄴ(16책, 103쪽), "頭圓體天也, 足方體地也, 肌肉體土也, 血氣體水也, 骸骨體□也, 頭有七竅, 體七曜也, 身有四支, 體四象也, 毛髮體艸木也, 呼吸體潮汐也."

125) 『秋江集』 卷5, 論, 「心論」, 25ㄴ~26ㄱ(16책, 103쪽), "然此猶形骸也, 由形而施於思也亦然. 天一生水於北而貌體之, 地二生火於南而言體之, 天三生木於東而視體之, 地四生金於西而聽體之, 天五生土於中而思體之. 體元而有仁, 體亨而有禮, 體利而有義, 體貞而有智. 有喜以體雨露也, 有威以體霜雪也, 有怒以體風霆也, 有哀以體艸木零落也, 有懼以體日月薄食也, 有欲以體敷榮發育也, 有訟以體天西水東也."

126) 『秋江集』 卷5, 論, 「心論」, 26ㄱ(16책, 103쪽), "合七曜五行飛潛動植而目之曰道, 妙百骸五事四性七情而總之曰心."

127) 『秋江集』 卷5, 論, 「心論」, 25ㄱ(16책, 103쪽), "夫心在腔裏, 而寂然之謂性, 感發之謂情. 幾焉之謂意, 之焉之謂志. 分而爲三千三百, 合而爲無聲無臭, 無不由此心始焉. 此心之所以爲萬物萬事之根本歟."

128) 南孝溫의 「鬼神論」은 閔晶熙, 「朝鮮前期의 巫俗과 政府政策」, 『學林』 21, 2000, 27~30쪽 ; 이욱, 「朝鮮前期 鬼神論에 관한 연구」, 『종교연구』 15, 1998, 264~275쪽 ; 김현, 「조선유학에서의 귀신 개념」, 한국사상사연구회 편, 『조선유학의 자연철학』, 예문서원, 1999, 351~365쪽 ; 구만옥, 「조선전기 朱子學的 自然觀의 형성과 전개-'理法天觀'의 自然學的 의미를 중심으로-」, 『韓國思想史學』 23, 2004, 111~115쪽 참고.

는 뜻이고, '신(神)'은 '펼친다[伸]'라는 뜻으로 천지 사이에서 펼쳐지는 것은 모두 신(神)이고 흩어져서 돌아가는 것은 모두 귀(鬼)이므로, 양의(兩儀)·칠요(七曜)·28수(宿)·12지(支)에서 인금(人禽)·초목(草木)·풍운(風雲)·상로(霜露)·뇌전(雷電)·벽력(霹靂)에 이르기까지 귀신이 아닌 것이 없다고 했다.[129] 요컨대 겉에 드러난 것은 기(氣)이고 속에 은미한 것은 리(理)이며 귀신은 이것을 총칭하여 이른 말이라고 했다.[130]

남효온은 귀신이 어떤 지각이나 감정을 갖고 인간에게 화복(禍福)을 내려주는 게 아니라고 했다. 농부가 심은 게 적으면 수확이 적고 심은 게 많으면 수확이 많듯이, 사람의 화복도 사람이 스스로 취하는 것이지 귀신이 내려주는 게 아니라고 했다.[131] 그래서 '귀신은 각각 형상과 마음이 있어 사람에게 질병을 끼치고, 만약 사람이 술과 음식을 마련하여 기도하면 귀신이 기뻐하여 병을 거두어 간다'라는 무당의 설은 이치에서 한참 벗어난 말이 되었다.[132]

그리고 기도[禱]는 인간의 마음에 사심(私心)이 없도록 하는 것이라고 했다. 내 마음의 신명이 귀신의 신명이고, 내 마음에서 사심을 없애면 귀신에게도 사심이 없게 된다고 했다. '사심을 없게 한다'는 것은 '천리의 바름을 따른다'는 것으로, 신하가 군주를 위하는, 자식이 부모를 위하는, 아내가 남편을 위하는, 아우가 형을 위하는, 벗이 벗을 위하는 마음이 절박하여 털끝만큼도 사사로움과 거짓 없이 천리의 바름[正]을 따르면 이것이 곧 귀신과 감응하는 이치라고 했다.[133]

---

129) 『秋江集』 卷5, 論, 「鬼神論」, 34ㄴ~35ㄱ(16책, 107~108쪽), "余嘗聞, 鬼者歸也, 神者伸也. 然則天地之間, 至而伸者皆神也, 散而歸者皆鬼也. 夫自兩儀七曜二十八宿十二辰, 以及人禽艸木風雲霜露 雷電霹靂, 無往而非鬼神也."

130) 『秋江集』 卷5, 論, 「鬼神論」, 35ㄴ(16책, 108쪽), "其著者氣也, 其微者理也, 總而言之曰鬼神."

131) 『秋江集』 卷5, 論, 「鬼神論」, 37ㄴ(16책, 109쪽), "人之禍福, 自然默定於冥冥之中, 非鬼神禍某而福某也. 譬如農夫治畝, 種小者穫小, 種多者穫多, 是乃人之自取禍福, 非鬼神恤人禍福也."

132) 『秋江集』 卷5, 論, 「心論」, 37ㄴ~38ㄱ(16책, 109쪽), "若今巫家之說, 曰鬼神各自有形與心, 祟人疾病, 人若設酒食而禱之, 則神具醉飽, 喜而收病, 則去於理遠矣."

133) 『秋江集』 卷5, 論, 「心論」, 38ㄱ(16책, 109쪽), "曰, 然則子朱子所謂禱是正理, 何據. 曰, 吾心之神明, 卽鬼神之神明. 吾心之無私, 卽鬼神之無私. 夫臣爲君, 子爲父, 婦爲夫, 弟爲兄, 朋友爲朋友, 迫切之至情, 無一毫私僞, 而純於天理之正, 則此感彼應之理."

또 사요(邪妖)와 여괴(厲怪)는 기(氣)가 변하여 된 것이지 그 이치는 본체에서 벗어날 수 없으며 이 또한 도(道)라고 했다.[134] 그러므로 사요와 여괴는 물론이고 돌림병 등의 전염은 귀신에 의한 것일 수 없었다.[135] 이는 하늘의 기에 의한 것으로, 하늘의 기는 어디까지나 사람의 행위에 감응하니, 사람의 기가 아래에서 조화로우면 하늘의 기가 위에서 조화롭고 사람의 기가 아래에서 어그러지면 천도(天道)가 위에서 감응한다고 했다. 가뭄이나 기근, 전쟁이나 토목공사 뒤에 사람의 신음과 괴로움으로 화기(和氣)가 손상되어 사요와 여괴가 생기는 것이지 사명(司命)이 만물을 해치려는 뜻을 품고서 그러는 게 아니라고 했다.[136]

그런데 이러한 이치를 알면서도 귀신이나 괴이함에 미혹되는 이유는 과연 뭘까. 남효온은 마음속에 의심과 두려움이 가득하여 그런 것이라고 했다. 마음의 실상은, 잡으면 보존되지만 놓으면 달아난다고 했다. 마음이 달아나면 사념(邪念)이 생기고 사념이 생기면 외물에 끌리기 마련이라는 것이었다.[137] 요컨대 남효온에게 천행(天行)·지행(地行)의 기와 창진(瘡疹)·오종(五種)의 질병과 감상(感傷)의 소치와 학기(瘧氣)·발반(發斑)의 병과 요사한 사람[妖人]의 속임수, 지신(地神)·적호(的呼)의 궤변은 모두 이기(理氣)에서 벗어나는 것이 없고 또한 귀신이라 해도 무방한 것이었다.[138]

---

134) 『秋江集』 卷5, 論, 「心論」, 45ㄴ(16책, 113쪽), "至於氣之變也, 爲邪妖厲怪, 而理亦體物而不遺者, 亦或然之道也."

135) 『秋江集』 卷5, 論, 「心論」, 46ㄱ~ㄴ(16책, 113쪽), "或曰, 人死之鬼則然矣, 吾子謂邪妖厲怪, 皆實有而非誣, 則今夫時疫之家, 傳相染人, 人以爲鬼神, 信乎."

136) 『秋江集』 卷5, 論, 「心論」, 46ㄴ(16책, 113쪽), "曰, 斯則非鬼也, 乃天行之氣也. 曰, 天之於物, 主於生養, 顧豈有害物之心哉. 曰, 人爲感之也. 夫人氣和於下, 則天氣和於上, 人氣乖於下, 則天道應於上矣. 或大旱饑饉之餘, 師旅土木之際, 呻吟苦痛之聲, 感傷和氣, 非司命有意於害物也."

137) 『秋江集』 卷5, 論, 「鬼神論」, 49ㄴ~50ㄱ, "然則此二者非眞有地獄鬼哭, 心之疑畏, 誠中而有物矣. 夫心之爲心, 操則存, 捨則亡, 亡則邪念生, 邪念生則物引之而已." 南孝溫의 이러한 설명은 金時習의 학설을 인용한 것이었다[『秋江集』 卷5, 論, 「鬼神論」, 49ㄱ~50ㄱ(16책, 115쪽), "東峯金時習嘗謂余曰, … 東峯此說, 最爲破愚之指南, 故余引以爲證"]. 金時習의 鬼神論은 「鬼神」[『梅月堂集』 文集, 卷17, 雜著, 27ㄴ~30ㄴ(13책, 354~355쪽)]과 「鬼神說」[『梅月堂集』 文集, 卷20, 說, 19ㄱ~ㄴ(13책, 383쪽)] 참고.

이상 「옥부」, 「심론」, 「귀신론」 등에서 확인되는 남효온의 자연관은 주자학적 자연인식 그 자체라고 할 수 있다. 리(理)를 우주 만물의 생성과 존재를 주재하는 본체(本體)로 본 것이나, 인간을 자연의 질서인 천도를 본받아 형성된 존재로 규정하고 이 천도의 실현 주체를 인간의 마음으로 설정한 것이나, 천리의 바름을 따르면 삼강오륜이 구현되고 이것이 곧 귀신과 감응하는 이치라고 한 것 등은 모두 주자학적 자연인식의 전형을 보여준다.

그리고 그의 재이론은 이러한 주자학석 자연인식을 바탕으로 한다.

> 신은 배우지 못하고 학술이 없으며 견문이 비천하여 진실로 어떤 일이 어떤 상서로움을 부르고 어떤 일이 어떤 재앙을 부르는지 알지 못합니다. 그러나 일에서 상고하고 마음에서 헤아려 보면, 나의 마음이 곧 천지의 마음이고 나의 기운이 곧 천지의 기운인 것입니다. 사람의 마음과 사람의 기운이 순하면 곧 하늘의 마음과 하늘의 기운이 순하고, 사람의 마음과 사람의 기운이 순하지 못하면 곧 하늘의 마음과 하늘의 기운이 순하지 못한 것이니, 하늘의 마음과 하늘의 기운이 순하지 못한 것이 재이가 내리는 까닭입니다. 신의 어리석고 망령된 생각으로는, 소릉의 폐위는 사람의 마음이 순하지 않음에 하늘의 마음이 순하지 않은 바임을 알 수가 있습니다.[139]

요컨대 군주의 마음과 기운은 곧 하늘의 마음과 기운이므로 군주의 마음과 기운이 순하지 못해 하늘의 마음과 기운이 순하지 못하게 된 것이고, 이것이 재이의 원인이라는 것이었다. 이는 소릉의 폐위를 통해서 알 수 있는데, 결국 군주로서 마음을 순하게 하고 소릉을 회복하면 하늘의 마음도 순하게

---

138) 『秋江集』 卷5, 論, 「鬼神論」, 50ㄴ(16책, 115쪽), "然則所謂天行地行之氣, 瘡疹五種之疾, 感傷所致, 瘧氣發斑之病, 妖人所誣, 地神的呼之詭, 無往而出於理氣, 雖指爲鬼神, 亦可也."

139) 『秋江集』 卷4, 上書, 「上成宗大王書」, 8ㄱ~ㄴ(16책, 79쪽), "臣不學無術, 聞見淺鄙, 固不知某事招某祥也, 某事招某災也. 然稽之於事, 酌之於心, 則吾之心卽天地之心, 吾之氣卽天地之氣. 人心人氣之順, 乃天心天氣之順, 人心人氣之不順, 乃天心天氣之不順, 天心天氣之不順, 災之所以降也. 臣愚妄意昭陵之廢, 於人心未順, 天心所未順, 從可知矣."

되고 재이도 없앨 수 있을 것이란 뜻이었다. 이러한 배경에서 재이를 없애기 위해서는 군주가 마음을 바로잡고 심성수양을 해야 한다는 논리가 형성되었다.

주희의 정치론에서 군주는 독실한 성학의 탐구를 통해 정심(正心)을 이루고 천하의 모범이 되는 도덕적 표준을 세워야 하는 존재였다. 군주가 사욕(私欲)에 치우치지 않고 또 간사한 무리에게 마음의 허점을 보이지 않으려면 군주 스스로가 도덕적으로 완벽한 인간이 되어야 했다. 그러나 현실에서는 이것이 쉽지 않고 또 군주에게 그러한 자세를 요청할 수 있는 근거도 마련하기가 어려웠다. 이러한 상황에서 재이론은 유용한 사상적 준거가 되었다. 재이론을 통해서라면 군주에게 독실하게 성학을 탐구할 것과 정심을 이룰 것과 천하에 모범이 되는 표준이 될 것을 천인합일의 정연한 논리로써 요구할 수가 있었다. 주자학에서 재이론은 그 정치론의 우주론적 근거를 마련해 주었다.[140)]

사실 '군주의 마음은 천하의 대본(大本)이고 만화(萬化)의 근원이므로 군주가 마음을 바로잡는 것이 정치의 요체가 된다'라는 논의는 조선전기 사림에게서 공통적으로 나타난다. 정치의 시비(是非)와 사회의 강약(强弱)·성쇠(盛衰) 등이 모두 군주의 일심(一心)에 달려 있다고 보고 국가의 치란(治亂)을 군주의 윤리·도덕의 문제로 간주한 것이다. 왜냐하면 주자학 정치론을 표방한 정치 운영을 위해서는 군주의 정치적 판단이나 정책적 결정이 도덕적 표준에 합당해야만 했기 때문이다. 그래서 그들은 군주성학론을 통해 사소한 언행에서부터 정책 현안을 처리하는 부분에 이르기까지 일체 군주의 행위가 도덕적 표준에 합당한가를 끊임없이 검증했고, 군주에게 인격적 완성과 도덕적 솔선수범을 요구했으며, 나아가 군주의 권한과 권력 행사를 도덕적·윤리적으로 제약하고자 했다.[141)]

140) 본서 제2장 3절 참고.

141) 金貞信, 「朝鮮前期 勳舊·士林의 政治思想 比較」, 연세대학교 대학원 사학과 박사학위논문, 2008, 215쪽.

『소학』의 실천윤리를 통해 주자학적 인간·사회 질서를 구현하고자 했던 남효온은 구체적으로 8가지의 정치·사상적 요구를 했는데 이것은 결국 성종의 의지에 의해 실현될 수 있는 것이었다. 그래서 무엇보다도 성종의 의지가 중요했고, 사심(私心)과 사욕(私欲)에 치우치지 않는 천리(天理)에 부합하는 마음가짐과 자세가 필요하다고 본 것이다. 이와 같이 군주성학론으로 귀결되는 주자학적 재이론을 통해서는 주자학적 인간·사회 질서를 구현하려는 남효온의 문제의식을 효과적으로 설명할 수가 있었고, 주자학 정치론의 구현에서 그 재이론은 상당히 유용한 논리적 준거를 제공해 주었다. 이것이 바로 남효온이 주자학 정치론의 전개에서 재이론을 활용했던 이유였다. 요컨대, 남효온을 비롯한 15세기 후반의 사림은 주자학적 의리·명분론에 입각하여 당시의 사회 모순을 극복하고자 했고, 여기에서 주자학적 재이론은 정치·사상적으로 유용하게 활용되었다.

주자학 정치론의 필요성을 역설하는 데에서 재이론은 매우 유용한 기제(機制)였다. 안전한 언론 활동을 보장해 주었고, 주자학 정치론이 왜 필요한지, 또 이것을 조선 사회에서 왜 구현해야 하는지를 설명해 주었다. 재이론을 통해서라면 다소 위험한 논의도 가능했고, 또 주자학의 학문·사유체계 내에서는 천인합일(天人合一)의 정연한 논리로써 소신을 펼칠 수가 있었다.

재이론의 이러한 정치·사상적 유용성은 이것의 존치(存置) 여부를 결정짓는 중요한 요인이었다고 할 수 있다. 설령 재이론의 논리가 의심스럽더라도 안전한 언론 활동을 보장하고 또 정치적 소신을 펼치는 데에 유용하다면 이것을 대체할 수 있을 만한 새로운 기제가 마련될 때까지는 활용하는 것이고, 반대로 안전한 언론 활동을 보장하지 못하고 또 정치적 주장을 펴는 데에도 효과적이지 못한 상황이 초래되면 더는 존재할 수가 없는 것이었다. 그래서 조선 사회에서 재이 발생의 과학적 원리를 어떻게 파악해나갔는가를 추적하는 작업 못지않게 재이론의 정치·사상적 유용성이 언제 어떻게 주목받고 외면되었는가를 추적하는 작업 역시 필요하다.

2. 16세기 주자학적 재이론의 전개와 정치적 활용

『조선왕조실록』의 재이 기사에 관한 통계적 연구를 살펴보면 다음의 〈표 4-1〉과 같이[142] 16세기의 것이 월등히 많다는 사실을 확인할 수 있다. 기존 연구에서는 이를 16~17세기 소빙기 이상기후의 증거로 삼았지만, 그보다는 '재이론의 정치적 역할과 비중의 확대'라는 차원에서 이해하는 편이 더 합리적일 것 같다. 재이론의 정치적 중요성이 높아지면서 기록으로 남게 된 재이 기사도 늘어난 것으로 보인다.

〈표 4-1〉『조선왕조실록』 재이 기사의 시기별 수록 현황(건)

1392-1500	1501-1600	1601-1700	1701-1800	1801-1850	합계
3,537	10,894	6,863	3,652	724	25,670

정치 현장에서 재이론은 구언(求言)의 하교, 응지상소(應旨上疏)의 제출, 미재책(弭災策)의 논의 등으로 구체화되었다. 재이가 보고되면 국왕은 재이 해소의 방안을 구해 듣겠다며 구언교를 반포했고, 관인·유자는 저마다의 문제의식에 따라 재이의 원인을 분석하고 대책을 개진했다. 재이론은 대부분 이러한 정치 활동을 통해서 논의되었다. 재이에 관한 논의가 활발하게 전개될수록 재이의 역할과 비중은 커질 수밖에 없고, 그러한 역할과 비중의 확대가 다량의 재이가 기록으로 남게 된 요인이었던 것으로 보인다.

이와 관련하여 조선전기 왕대별 구언의 빈도가 참고된다. 조선전기[태조~명종] 구언의 횟수는 다음의 〈표 4-2〉와 같다.[143]

142) 이태진, 『새韓國史-선사시대에서 조선 후기까지-』, 까치글방, 2012, 315쪽. 이태진은 이전에도 몇 차례 통계 수치를 제시한 바 있는데, 저마다 다소 차이가 있어 가장 마지막에 발표한 연구를 참조했다.

143) 이석규, 앞의 글, 2000, 180쪽, 〈표 2〉; 이석규, 앞의 글, 2007b, 650~651쪽, 〈부표〉; 이석규, 앞의 글, 2009, 104쪽, 〈표 3〉 등을 활용해서 파악했다.

〈표 4-2〉 조선전기[태조~명종] 왕대별 구언(횟수/재위년)

태조	정종	태종	세종	문종	단종	세조	예종	성종	연산	중종	인종	명종	합계
3/7	1/2	10/18	6/33	0	0	2/14	0	17/26	7/13	37/39	1/1	16/23	100/175

구언이 많으면 미재 논의도 잦을 수밖에 없고, 반대로 구언이 적으면 미재 논의 또한 뜸할 수밖에 없다. 통계적 연구에 따르면, 1회 구언 대비 제출된 응지상소의 수는 조선 초기 성종 대까지는 3.47건, 연산군 대는 2.75건, 중종 대는 1.5건, 명종 대는 1.36건 정도였다고 한다.[144] 구언이 관인·유자의 응지상소를 이끌었다는 점에서 재이론의 활성화 정도와 서로 비례한다고 할 수 있다. 〈표 4-2〉에서 주목되는 시기는 중종~명종 대이다. 이 시기에는 구언이 이전보다 더 자주 하교되었고, 그만큼 재이론도 더 활발히 논의되었다고 할 수 있다. 이를 통해 〈표 4-1〉에서 16세기 실록에 다량의 재이 기사가 수록된 배경을 짐작할 수 있다. 그렇다면 이 시기에는 왜 이토록 재이론이 활발히 논의되었던 것일까. 아래에서 이 시기 활발히 논의된 재이론의 내용과 그것의 역사적 의미에 대해 살펴보자.

1) 언권(言權)의 신장과 재이론의 활성화

성종 대 삼사의 언권(言權)이 강화되었다는 점은 주지의 사실이다.[145] 삼사의 언권 강화는 재이론의 발달과 관련이 깊다. 이에 관한 실증적인 연구가 있는데, 태조~성종 대까지 응지상소의 주체를 분석해 보면 성종 대 이후로 언론기관 명의로 제출된 상소가 급증한다고 한다.[146] 이전에는 대부분 개인 명의로 제출되었지만, 성종 대 이후 사헌부·사간원·홍문관 등 언론기관의 명의로 제출되는 것이 급격히 늘어났다는 것이다.

144) 이석규, 「조선 明宗代의 求言과 民本理念의 변질」, 『朝鮮時代史學報』 51, 2009, 109~110쪽.
145) 崔承熙, 앞의 책, 1976, 147~150쪽 ; 李秉烋, 『朝鮮前期 畿湖士林派 硏究』, 一潮閣, 1984, 46~47쪽 ; 남지대, 「朝鮮 成宗代의 臺諫 言論」, 『韓國史論』 12, 서울대학교 국사학과, 1985, 133~134쪽 ; 鄭杜熙, 『朝鮮 成宗代의 臺諫 硏究』, 韓國硏究院, 1989, 145~148쪽.
146) 이석규, 앞의 글, 2002, 64쪽.

대체로 성종 대에는 재이론으로써 제기되는 대간의 공론(公論)은 수용해야 한다는 인식이 있었다. 가령, 성종 21년(1490) 12월 6일(계축) 혜성이 나타나자, 사간원에서는 재이의 원인을 최흥손(崔興孫)·이계맹(李繼孟, 1458~1523)·민영견(閔永肩)에게로 돌리면서 이들을 파면해야 한다고 상소했다.[147] 의정부 대신은 "어찌 사람을 잘못 등용해서 재이가 발생한 것이겠냐"고 하면서도[148] 공론을 받아들여야 재이가 사라질 것이라며 간언의 수용을 촉구했다.[149] 이렇듯 상소의 내용이 지나치더라도 재이에 따른 대간의 공론은 수용해야 한다는 것이 성종 대의 인식이었다.[150]

그러나 재이론으로 제기되는 대간의 공론에는 근원적인 한계도 있었다. 이것이 천의(天意)에 부합한다는 보장이 없었기 때문에, 군주와 마찰을 빚을 가능성이 늘 있었다. 재이 해소의 방안이라고 상주하는 대간의 간언은 대체로 군주가 듣기에 불편한 것이었고, 군주로서는 듣기 불편한 간언을 수용해야 한다고 압박하는 관인·유자의 재이론이 반가울 리 없었다.

성종 24년(1493) 10월 23일(갑신) 대사헌 허침(許琛, 1444~1505)은 천둥의 재이를 핑계 삼아 영의정 윤필상(尹弼商, 1427~1504)을 비롯한 많은 대신을 논박했다.[151] 그런데 성종은 "대간의 말이 공론이기는 하나 대간의 말이라고 하여 모두 다 따를 수는 없다"라며 반대 의사를 밝혔다.[152] 뒤로 엿새 동안이나 논박이 이어지자[153] 성종은 대간의 재이론을 다음과 같이 비판했다.

---

147) 『成宗實錄』 卷248, 21年 12月 6日(癸丑), "臣等竊謂, 去此三人, 以答天譴, 則人心快矣, 人心快, 則天心其有不正乎. 古語云, 應天以實, 不以文. 伏願殿下潛心焉."

148) 『成宗實錄』 卷248, 21年 12月 6日(癸丑), "沈澮議, 星變, 臣未知其故. 然豈應用人之非."

149) 『成宗實錄』 卷248, 21年 12月 6日(癸丑), "洪應議, … 只願廣納公論, 深自抑畏, 以消災咎."

150) 『成宗實錄』 卷248, 21年 12月 6日(癸丑), "盧思愼議, … 天豈爲永肩等二三細瑣小臣, 以譴告之哉. … 今當天變, 上下恐懼之時, 諫院之疏, 雖有過中, 出於公議, 納諫之美, 奚啻一言之善."

151) 『成宗實錄』 卷283, 24年 10月 23日(甲申), "而乃於十月十九日, 大雷以雨, 降此變異, 天威不遠, 譴告甚明, 此誠殿下抑畏修省之時也."

152) 『成宗實錄』 卷283, 24年 10月 23日(甲申), "仍傳曰, 臺諫之言爲公論, 不可不從也. 然不可以爲臺諫之言而一從也. 今疏中所論, 予所難處."

153) 『成宗實錄』 卷283, 24年 10月 26日(丁亥) ; 同 29日(庚寅).

> 그대들이 비록 '아무 재상은 간사하고 아무 재상은 탐욕스럽다'라고 하면서 일일이 파면해 버리려고 하나 그대들의 말이 과연 모두 하늘의 뜻에 부합하겠는가? 만약 하늘의 뜻에 부합하지 않은데도 한갓 그대들의 말만 들어주면 천변이 또한 이로 말미암아 일어나지 않을 것이라고 어찌 알겠는가? 그대들이 내 뜻을 알지 못하는 것이 아닌데 말이 이처럼 극도에 이르는 것은 무엇 때문인가?[154]

대간에서는 윤필상 등 대신을 체직하는 것이 공론이며 하늘의 뜻[天意]에 부합하는 것이라고 했지만, 성종의 지적처럼 무엇이 하늘의 뜻에 부합하는지는 아무도 알 수가 없었다.[155] 이 점이 재이론이 갖는 근원적인 한계였다. 누구도 '하늘의 뜻'을 물질적 증거로써 입증할 수가 없었기 때문에 성종의 반론에 대해 논리적으로 답변할 수가 없었다. 다만 '재이는 하늘이 대천리물(代天理物)하는 군주에게 내리는 천견(天譴)'이라는 군신(君臣) 간의 보편적인 인식하에서, 정치 관행상 공론의 소재처였던 대간의 간언은 수용하지 않을 수가 없었던 것뿐이다. 성종이 비록 '대간의 말을 따른 것은 아니'라고 했지만, 끝내 영의정 윤필상과 좌의정 이철견(李鐵堅, 1435~1496)의 사직을 윤허한[156] 배경에는 이와 같은 정치 문화가 있었다.

이러한 정치 문화는 연산군 대에 크게 훼손되었다. 연산군은 성종 대에 비대해진 대간의 활동을 폭력적으로 탄압했는데,[157] 언론 탄압의 연장에서

---

154) 『成宗實錄』 卷283, 24年 10月 29日(庚寅), "傳曰, 爾等雖以某宰相爲邪, 某宰相爲貪欲, 一一罷去, 然爾等之言果皆合於天意乎. 若不合於天意而徒聽爾等之言, 則安知天變亦不由斯而起也. 爾等非不知予意, 而言之至於此極, 何也."

155) 『成宗實錄』 卷283, 24年 10月 29日(庚寅), "朝廷宰相, 非一而必指的言之者, 是公論也. 公論所在, 安有不合於天意乎. … 傳曰, 爾等所謂希旨迎合者, 指何事耶."

156) 『成宗實錄』 卷283, 24年 10月 29日(庚寅), "傳于臺諫曰, 今遞領議政左贊成, 非從臺諫之言也."

157) 金燉, 「燕山君代의 君·臣 權力關係와 그 推移」, 『歷史敎育』 53, 1993, 198쪽 ; 에드워드 와그너(이훈상·손숙경 옮김), 『조선왕조 사회의 성취와 귀속』, 일조각, 2007, 105~108쪽 ; 김범, 『사화와 반정의 시대-성종·연산군·중종과 그 신하들-』, 역사비평사, 2007, 117쪽.

재이론 또한 위축시켰다.[158] 예컨대 연산군 6년(1500) 4월 21일(갑진) 관상감으로부터 성변(星變)을 보고받은 연산군은 제조 김응기(金應箕, 1455~1519)를 불러 성변의 내용을 물었다. 김응기가 이때의 성변을 혜성이라고 하자 연산군은 정확하지 않으니 묵과하라는 지시를 내렸다. 대간이 알게 되면 혜성을 이유로 간언할 것이 분명하다는 이유에서였다.[159] 같은 해 10월 27일(무신)에는 사헌부와 홍문관에서 올린 재이상소를 삭거(削去)했고,[160] 재위 10년(1504) 10월 7일(갑자)에는 재상(宰相)과 조사(朝士)가 사가(私家)에 소장한 천도(天圖)를 보고 재이의 여부를 판단한다며 모두 회수하라고 했다.[161] 급기야 말년에는 간의대(簡儀臺)를 헐고 관상감(觀象監) 마저 혁파했다.[162]

연산군의 폭정은 중종반정 이후 청산의 대상이 되었다. 이는 재이론의 측면에서도 마찬가지였는데, 재이론을 탄압했던 연산군과 달리 중종은 즉위 초부터 재이에 적극적으로 대응했다. 우선 중종은 반정 군주로서 본인에게 천명(天命)이 있음을 천명(闡明)할 필요가 있었다. 군주로서 반정을 통해 왕위에 올랐다는 것은 왕위 계승의 명분상 약점이었다.[163] 더군다나 중종은 반정 주도자들에 의해 추대된 국왕이었다. 즉위 초 중종의 정치적

---

158) 張學根, 「燕山君의 災異論에 대한 認識變化-君權·言權 論爭을 中心으로-」, 『慶南史學』 7, 1995, 27쪽.

159) 『燕山君日記』 卷37, 6年 4月 21日(甲辰), "傳曰, 此未可的知, 然不可喧說. 若漏言於臺諫, 則又必紛紛來說矣."

160) 『燕山君日記』 卷39, 6年 10月 27日(戊申), "司憲府弘文館因雷變求言上疏. … 弘文館疏, 後被削去."

161) 『燕山君日記』 卷56, 10年 10月 7日(甲子), "深源家亦有天圖, 宰相朝士家, 豈無天圖乎. 不肖之徒私藏天圖, 指論變異, 皆令收入. 如有不入, 後露者, 治罪節目議啓."

162) 『燕山君日記』 卷60, 11年 11月 24日(乙巳), "命移報漏閣于昌德宮, 撤簡儀臺."; 同 卷63, 12年 7月 20日(丁酉), "不肖之人, 妄以私意論災變, 是亂天紀也. 觀象監革之爲便." 반면에 정연식은 연산군의 이 조치가 실제로 이행되지는 않았을 것이라고 보았다. 정연식, 「조선시대 觀天臺와 日影臺의 연혁-창경궁 일영대와 관련하여-」, 『한국문화』 51, 2010, 268쪽 참고.

163) 김돈, 「朝鮮中期의 反正과 王權의 위상」, 『典農史論』 7, 2001, 362쪽.

기반은 약했고,[164] 이러한 상황에서 재이에 대한 적극적인 대응은 군주의 천명 수수를 공식적으로 표명하고 군주로서의 권위를 세우는 계기가 될 수 있었다.

그런데 중종 대 초반 재이론의 부활을 이끈 건 중종보다도 언권(言權)의 회복을 도모했던 언론 삼사였다. 삼사에서는 중종에게 구언을 요청하고 응지상소를 올리는 방식으로 언권을 강화해 나갔다. 이 과정에서 재이가 효과적으로 이용되었다.

중종은 즉위 첫해에만 두 번의 구언을 했는데, 아래의 사료는 그 두 번째 구언의 경과를 잘 보여준다.

> 윤희손 : 근래 일기(日氣)가 매우 따뜻하고 음양이 조화롭지 못합니다. 전하께서 즉위한 때를 당하여 천재(天災)가 이와 같으니 구언하시길 청합니다. 이전에도 구언하였으나 정론(正論)을 펴는 이가 한 사람도 없었던 것은 〈신료들이〉 분명히 '〈국왕이〉 대간의 말도 좇지 않는데 〈정론을〉 말해봐야 이익될 것도 없다'라고 여겼기 때문입니다.
>
> 중 종 : (좌우에게) 〈구언을 청하는〉 이 말이 어떠한가.
>
> 유순정 : 전에 비록 구언했더라도 지금 또 천시(天時)가 조화롭지 못하니 다시 구언해도 무엇이 해롭겠습니까.[165]

대사간 윤희손(尹喜孫, ?~1522)은 중종 원년(1506) 12월 19일(계해) 중종에게 날씨가 따뜻하다는 이유로 구언의 하교를 요청했다. 중종은 대신에게 의견을 물었고, 영의정 유순정(柳順汀, 1459~1512)은 구언해도 해로울 게 없다고 답했다. 이로부터 3일 뒤 중종은 즉위 후 두 번째 구언을 하교했다.[166]

---

164) 에드워드 와그너(이훈상·손숙경 옮김), 앞의 책, 2007, 119~120쪽.

165) 『中宗實錄』 卷1, 元年 12月 19日(癸亥), "大司諫尹喜孫曰, 近來日氣甚暖, 陰陽不調. 當殿下卽祚之時, 而天災如此, 請求言. 前此亦求言, 而無一人陳正論者, 必以爲不從臺諫之言, 雖言之, 而無益也. 上顧問左右曰, 此言何如. 領事柳順汀曰, 前雖求言, 今又天時不調, 復求何妨."

166) 『中宗實錄』 卷1, 元年 12月 22日(丙寅).

그래서 중종의 이 두 번째 구언은 대간의 요청에 의한 것이었다고 할 수 있다.

그리고 구언을 요청했던 윤희손은 곧바로 대사헌 이계맹과 함께 다음과 같은 응지상소를 올렸다.

> 하물며 지금은 성화(聖化)가 오래지 않아 예악(禮樂)·형정(刑政)·교화(敎化)의 갖춤이 모두 수거(修擧)되지 못하였고, 조종의 양법(良法)과 선정(善政)은 모두 좇아 지켜지지 못합니다. 〈그리하여〉 천재(天災)와 시변(時變)이 자주 나타나 경계함을 알리니 전하께서는 진실로 저 우(禹)가 소의한식(宵衣旰食)하고, 문왕(文王)이 불황가식(不遑暇食) 했듯이 해야 합니다. 그런데 이런 생각은 하지 않고, 다시 사찰(寺刹) 세우는 것을 급무로 삼으면서 하교하길 〈다시 사찰 세우는 것은〉 조종의 유명(遺命)을 받들고 대비(大妃)의 전교에 따르는 것이라고 했습니다. 전하께서는 사사(寺社)의 복립(復立)을 조종의 자손을 위한 계책이라고, 그리고 대비(大妃)의 뜻에 따르는 것을 양지(養志)의 효도라고 여기시는 겁니까.[167]

윤희손은 사찰의 재건을 조종의 유명(遺命)이자 대비(大妃)의 전교라 여기며 강행하려 하는 중종의 태도를 비판했다. 사찰 복립(復立)은 실정(失政)이며, 이것이 재이의 원인이라는 지적이었다. 윤희손은 구언을 요청할 때부터 이러한 문제의식을 품고 있었을 것이다. 구언에 대한 응지상소를 통해서는 자신의 정치적 주장을 비교적 안전하게 제기할 수 있었기 때문에, 그는 처음부터 이러한 비판적인 언론 활동을 염두에 두고 구언을 요청했을 것이다.

167) 『中宗實錄』 卷2, 2年 1月 12日(丙戌), "大司憲李繼孟大司諫尹喜孫等上疏. 其略曰, … 況今聖化未久, 禮樂刑政敎化之具, 皆未修擧, 祖宗之良法善政, 皆未遵守. 天災時變, 疊見戒告, 殿下固當如禹之宵衣旰食文王之不遑暇食. 而不以此爲意, 以復立寺刹爲急務, 敎以奉祖宗遺敎順大妃慈旨. 殿下以復寺社, 爲祖宗燕翼之謀, 以順慈旨, 爲養志之孝乎."

중종 초 통치체제의 재편은 삼사의 언론 기능 회복이 그 중심이었다. 왜냐하면, 당시의 관인·유자는, 연산군 대의 폭정은 언권의 약화, 즉 왕권 견제 기능의 축소에서 초래되었다고 여겼기 때문이다.[168] 이러한 점에서 대사간 윤희손의 구언 요청과 응지상소 개진은 삼사의 언권이 강화되는 과정에서 드러난 현상이었다고 할 수 있겠다. 구언이 있으면 이에 근거하여 안전하게 언론 활동을 전개할 수 있었기 때문에, 구언에 이은 재이론 전개는 언권 강화에 효과적이었을 것이다.

사실 '하늘의 인애(仁愛)'를 들먹이며 국왕에게 구언을 요청하는 것은 하나의 구실일 뿐이며 주목적은 뒤이어 전개할 언론 활동에 있었다. 중종 3년(1508) 7월에는 반정공신의 논공행상을 두고 국왕·대신·삼사 간에 치열한 논쟁이 펼쳐졌다. 논쟁을 주도했던 삼사는 정국공신(靖國功臣)에게 공과(功過)와 관계없이 지나치게 큰 보상이 주어졌다며 이것의 철회를 요구했다. 대신은 삼사의 주장을 일정 부분 수용하여 당상관으로 승진한 관원의 관직을 개정하는 것으로 논쟁을 수습하려 했다. 그러나 중종은 논공행상은 이미 끝난 일이고 다시 관직을 개정한다면 정책에 불신이 생길 우려가 있으므로 가자(加資)의 개정은 불가하다는 태도를 보였다. 더욱이 중종은 대신의 절충안으로 관직의 환수가 결정된 공신에게 다시 증직된 관직과 자품을 돌려주자고까지 했다.[169]

이와 같은 중종의 주장은 결과적으로 중종을 고립시켰다. 공신 세력의 정치적 입지는 반정 이후 점차 축소되었고,[170] 지나친 공신 책봉으로 반정의 명분에 큰 허점이 생긴 상황에서[171] 삼사와 마냥 충돌만 할 수도 없었다. 이때도 공신 세력과 대신의 중론은 삼사와 타협하자는 '가자(加資)의 개정'이었다. 결국 중종은 대신의 정치적 지원을 받을 수 없는 고립된 상황에서

168) 이병휴, 앞의 책, 1984, 75쪽 ; 金燉, 앞의 책, 1997, 114쪽.
169) 중종 초 加資 개정 논의는 정두희, 앞의 책, 2000, 39~49쪽 참고.
170) 이병휴, 「朝鮮 中宗朝 靖國功臣의 性分과 動向」, 『大邱史學』 15·16, 1978, 312쪽.
171) 정두희, 앞의 책, 2000, 65쪽.

무리하게 독자적인 행보를 보였던 것이다.

이후 대간은 재이 상소를 통해 중종을 압박했다. 태백주현이 발생하자 성변의 원인은 가자(加資)의 남발에 있고 이것의 회수를 통해 재이를 해소할 수 있으며 이것이야말로 중종이 재변을 만나 공구수성하는 실제라고 했다.[172] 그런데 중종은 태백주현에 더 적극적인 모습을 보였다. 구언을 통해 새로운 국면을 조성하고자 했던 것이다.[173] 구언을 하고 재이에 솔선하여 책임지는 모습을 보여줌으로써 고립된 상황에서 국왕으로서의 권한을 내세우려 했던 것으로 보인다. 그러자 홍문관에서는, 구언은 헛된 문식[虛文]이라며 도리어 중종의 구언을 비판하고 나섰다.

> 지금 대간이 실직(失職)하고, 공론(公論)이 행해지지 않는데도 도리어 남발된 가자(加資)를 제수한다면 장차 어떻게 천재(天災)를 없앨 수 있겠습니까. 이제 비록 감선철악(減膳撤樂)하고 구언을 하교했으나 모두 다 헛된 문식[虛文]입니다. 남발된 가자를 다시 제수하는 것으로 재변을 없애고자 하는 것은 무익할 뿐만 아니라 위란(危亂)의 단서가 될 것입니다. 간언을 빨리 들어주시는 것이 마땅하겠습니다.[174]

관인·유자에게 국왕의 구언은 궁극적인 목적이 될 수 없었다. 국왕에게 구언의 하교를 요청한 이유는 뒤이어 전개할 언론 활동 때문이었지 국왕이 체면치레로 반포하는 구언은 허문(虛文)에 불과했다. 이렇게 구언을 허문이라고 비판하는 대목에서 중종 대 초반 언론 활동의 목적이 어디에 있었는가를 분명하게 읽을 수 있다.

한편 구언교에 자주 인용된 '하늘은 군주를 어진 마음으로 사랑한다'는

---

172) 『中宗實錄』 卷6, 3年 7月 14日(庚戌).

173) 『中宗實錄』 卷6, 3年 7月 18日(甲寅).

174) 『中宗實錄』 卷6, 3年 7月 17日(癸丑), "弘文館啓曰, 今臺諫失職, 公論不行, 而還授濫加, 將何以弭天災乎. 今雖減膳撤樂, 下求言之敎, 皆爲虛文也. 欲還授濫加而弭災, 非徒無益, 危亂之端, 兆於此矣, 宜亟聽納."

뜻의 '천심인애인군(天心仁愛人君)'이라는 경구가 있다. 이는 동중서 재이론의 핵심 구절로[175] '군주는 천명을 받은 존재이며 하늘은 군주를 버리지 않는다'라는 의미가 담겨 있다. 그런 만큼 조선 초기 태종은 이 구절을 이용해서 국왕으로서의 권위를 내세우기도 했는데,[176] 이 무렵 이 구절은 '군주를 향한 하늘의 경고'라는 의미로 각색되었다.

김종직의 제자였던 정희량(鄭希良,1469~1502)은[177] 성종 22년(1491) 「천심인애인군(天心仁愛人君)」이라는 부(賦)를 지어 진사시에서 2등을 했다.[178] 그는 하늘이 군주의 태만과 거침을 경계시키고자 이따금 요얼(妖蘖)을 내린다고 했다. 하지만 몸을 낮춰 반성하면 화(禍)를 복(福)으로 바꿀 수 있고, 그러므로 어진 군주[哲王]가 두려워하며 떤 것은 하늘의 경고가 분명하다고 했다. 이는 봄에 얼음을 밟는 듯 조심하고, 호랑이 꼬리를 밟는 듯 신중히 하는 것이라고 했다. 또 나라가 장차 위태로워지는 것을 두려워하고, 뒤돌아 스스로 신칙하는 것을 생각하는 것이라고 했다.[179] 그렇다면 구체적으로 무엇에 대한 경고라는 것이었을까?

> 군자가 재야에 있다면 어떻게 등용할 것인가? 소인이 조정에 있다면 어떻게 물리칠 것인가? 전장(典章)을 오랫동안 시행하지 못했다면 어떻게 회복할 것인가? 백성이 곤궁하고 굶주리면 어떻게 구제할 것인가?[180]

---

175) 『漢書』 卷56, 傳26, 董仲舒傳(8책, 2,498쪽), "國家將有失道之敗, 而天乃先出災害以譴告之, 不知自省, 又出怪異以警懼之, 尙不知變, 而傷敗乃至. 以此見天心之仁愛人君而欲止其亂也. 自非大亡道之世者, 天盡欲扶持而全安之, 事在强勉而已矣."

176) 『太宗實錄』 卷31, 16年 5月 20日(辛亥), "且雷者人君之象也, 而不寧不令, 屢震人物, 其變甚矣. 然古之人曰, 天心仁愛人君, 先出災異以警告之, 天豈絶我哉."

177) 한희숙, 「연산군대 虛庵 鄭希良의 現實認識과 그 변화」, 『한국인물사연구』 22, 2014, 194~196쪽.

178) 『虛庵遺集』 續集, 卷2, 附錄, 「有明朝鮮國待敎虛菴鄭先生行狀出本家世稿[鄭惕]」, 3ㄱ(18책, 55쪽), "辛亥國子課試, 作梧桐賦, 大爲申參議從護所知."

179) 『虛庵遺集』 續集, 卷1, 雜著, 賦, 「天心仁愛人君進士第二」, 4ㄴ(18책, 50쪽), "要欲戒其怠荒, 肆以降之妖蘖, 倘側身而修省, 可轉禍而爲福. 故哲王之戰慄, 懼告譴之昭晳. 涉春氷之兢兢, 履虎尾之翼翼. 恐國家之將危, 思反躬而自飭."

‘천심인애인군’의 의미를 이러한 과실에 대한 경고라고 하면, 군주는 이를 결코 자신에게 유리하게 이용할 수 없다. 자신의 궐정이 무엇인지 물어 구하고, 부지런히 정사(政事)를 돌보며, 부족한 덕을 닦아야 할 뿐이었다. 그러면서 정희량은 실제에 정성을 다하고 꾸미지 않으면 재변을 길조로 바꿀 수 있다고 하면서 이것이 하늘이 보이지 않는 곳에서 인애(仁愛)하고 묵묵히 도와주는 까닭이라고 했다.[181]

호남 출신으로 이황(李滉, 1501~1570)의 제자였던 박광전(朴光前, 1526~1597)도[182] ‘천심인애인군’의 의미를 이와 유사하게 풀었다. 박광전은 우뚝 솟은 하늘과 아득히 낮은 곳에 있는 사람은 서로 멀리 떨어져 있어 만나기가 어려운데 어떻게 하늘이 인군을 인애하는 마음을 갖는다는 것인지 자문했다. 그러면서 묵묵히 말이 없는 하늘은 소리와 냄새의 자취는 없지만, 대신 굽어살피는 하늘은 형상(形象)을 드러내 보인다고 했다.[183] 그래서 사람이 천심을 헤아리고자 한다면, 소리와 냄새가 없는 하늘에서는 자취를 찾을 수가 없고, 하늘에 나타난 형상에서 추측해야 하늘의 가르침을 볼 수 있다고 했다.[184]

그가 말한 형상이란 바로 재이였다. 하늘이 군주를 인애하고 있다는 것은 재이를 통해 알 수 있다고 했다.

---

180) 『虛庵遺集』 續集, 卷1, 雜著, 賦, 「天心仁愛人君進士第二」, 4ㄴ(18책, 50쪽), “君子之在野, 何以陟之. 小人之在朝, 何以斥之. 典章久闕, 何以復之. 庶民阻飢, 何以粒也.”

181) 『虛庵遺集』 續集, 卷1, 雜著, 賦, 「天心仁愛人君進士第二」, 4ㄴ~5ㄱ(18책, 50~51쪽), “敬克勤而修政, 盡在我之厥德. 誠以實而不以文, 又何難夫變災而作吉. 此天之所以仁愛默佑於冥冥者也.”

182) 고영진, 「이황학맥의 호남 전파와 유학사적 의의」, 『退溪學과 韓國文化』 32, 2003, 84~85쪽.

183) 『竹川集』 卷4, 雜著, 「天心仁愛人君論」, 5ㄱ(39책, 329쪽), “論曰, 巍乎奠高者, 天也, 渺爾處卑者, 人也, 天人之遼逈, 邈邈乎其難接也. 肰則天之於人君, 果有仁愛之心乎, 幽默不言之天, 無聲臭之可迹. 天之於人君, 果無仁愛之心乎, 眷顧臨汝之天, 有形象之昭示.”

184) 『竹川集』 卷4, 雜著, 「天心仁愛人君論」, 5ㄱ~ㄴ(39책, 329쪽), “人之欲則天心者, 求之於無聲臭之天, 則天無迹可尋也. 人之欲則天心者, 推之於有形象之天, 則天有示可鑒也.”

> 그러므로 하늘에 인애하는 마음이 없다면 인군의 덕을 권면할 까닭도 없고, 하늘에 재이의 발현이 없다면 인애의 마음이 드러날 까닭도 없다. 재이가 상(象)을 드리워 보임으로써 인애의 발현을 구하니 조심하고 몸을 닦고 반성하게 하는 것이 인애의 마음이고, 재이를 바꿔 상서로 만드는 것이 인애의 마음이다. 하늘은 인군에게 이렇게 지극하니, 나는 선유(先儒)의 설에서 느끼는 바가 많다.185)

그런데 군주에 대한 하늘의 인애하는 마음은 맹목적인 것이 아니었다. 그는 군주의 덕이 부족하면 하늘과 더불어 그 체(體)를 함께 할 수 없고, 군주의 정치가 이지러지면 하늘과 더불어 그 용(用)을 함께 할 수 없으니, 이 경우 하늘은 그저 하늘이고 군주는 그저 군주일 뿐이라고 했다. 그러면 하늘은 위엄과 재앙을 보이고 이것이 진실로 두려운 것이라고 했다. 그러나 하늘의 순유(諄諭)한 뜻은 재해(災害)를 먼저 낸 것에서 알 수 있고, 하늘의 간절한 성정은 괴이(怪異)가 연이어 일어나는 데에서 알 수 있으니, 한재와 수재의 변이는 수덕(修德)의 바탕이고, 우레와 혜성의 괴이는 옥성(玉成)의 기초라고 했다.186) 요컨대 하늘이 군주를 무조건적으로 인애하는 것이 아니니 군주는 재이를 수덕정사(修德政事)의 계기로 삼아야 한다는 주문이었다.

정희량과 박광전의 논의는 '천심인애인군'에서의 '인애'는 사실상 '경고'라는 것이었다. 아마도 당시 대부분의 관인·유자는 이 구절을 이처럼 이해하고 있었을 것이다. 그리고 이 구절을 군주가 스스로에게 유리하게끔 자의적으

---

185) 『竹川集』 卷4, 雜著, 「天心仁愛人君論」, 5ㄴ(39책, 329쪽), "故天無仁愛之心, 則無以勸人君之德, 天無災沴之發, 則無以著仁愛之心. 以災沴之發垂象, 究仁愛之發見, 則使之警懼修省者, 仁愛之心也, 使之轉災爲祥者, 仁愛之心也. 天之於人君, 亦其至矣, 吾於先儒氏之說, 多有感焉."

186) 『竹川集』 卷4, 雜著, 「天心仁愛人君論」, 6ㄱ~ㄴ(39책, 329쪽), "君之德虧, 而與天不得同其體, 君之政缺, 而與天不得同其用, 則天自天也, 君自君也. 以難諶之天, 用勦絶之威, 以靡常之天, 示祝降之喪, 固可懼也, 固可畏也. 而諄諄之意, 寓於災害之先出, 懇懇之情, 寄於怪異之繼作, 旱魃霖滂之變, 修德之資也, 震眚彗孛之怪, 玉成之地也."

로 해석하는 것도 용인할 수 없었을 것이다.

> (성상께서) 즉위하신 이후 재변이 연이어 출현하고 있는데, 이는 비록 하늘의 인애이지만, 성상께서 '천심인애(天心仁愛)'만 믿고서 경계하고 삼가지 않으면 수성(修省)의 마음은 작아질 것입니다. 항상 스스로 두려워하며 '하늘의 마음이 어찌 편하지 못한가?'라 하면서 두려워하는 마음을 지극히 하여 경계하고 수성한다면 재변이 저절로 사라질 것입니다.[187]

'천심인애'라고는 하지만, 군주는 이 구절을 글자 그대로 믿어서는 안 되고, 항상 경계하며 수성해야 한다는 것이었다.

조선 초기에는 군주가 재이를 자신의 통치에 유리하게 활용하는 경우가 종종 있었다. 가령, 태종은 재이를 신료들에게 직임을 다하도록 채근하는 수단으로 이용했고, 권신(權臣)을 몰아내는 방편으로도 삼았다.[188] 천명(天命)·천리(天理)의 형식적 대행자는 군주이지만, 실질적인 대행자는 재상이기 때문에 재이가 발생하면 그에 대한 책임은 군주 혼자서 지는 것이 아니라 재상도 동시에 져야 한다고 여겨졌다.[189] 태종 대에는 이러한 재이 인식이 실제 정치에 적용되면서 재이가 태종의 국정 장악에 이용되었다. 그리고 세종은 재이에 실증적이고 합리적으로 대응했다. 『고려사(高麗史)』를 편찬하면서 재이 기사의 수록을 두고 토론하는 모습이나[190] 수시로 발생하는

187) 『宣祖實錄』 卷2, 元年 12月 2日(丙子), "上御晝講于文政殿, 講論語先進篇. 奇大升進啓曰, … 臨御以後, 災變連出, 是雖天心之仁愛, 然自上恃以天心仁愛, 而不爲戒謹, 則修省之念小矣. 常自惕慮曰, 天心何爲而不寧乎. 多致恐懼之心, 戒謹修省, 則災變自消矣."

188) 남지대, 「재이와 태종의 왕권」, 『인문과학연구』 13, 서원대학교 인문과학연구소, 2003, 47~75쪽. 태종의 재이 활용에 관해서는 "태종은 재이에 대해 임금인 자신이 책임진다고 선언하고, 또 그런 의지를 보여줌으로써 지배권을 확실히 하는 데 도움을 받았다"라는 평가도 참고된다. 박성래, 『한국과학사상사』, 책과함께, 2012, 481쪽 참고.

189) 韓永愚, 『(改訂版)鄭道傳思想의 硏究』, 서울대학교출판부, 1983, 141쪽.

190) 邊太燮, 『『高麗史』의 硏究』, 三英社, 1982, 25~26쪽. 요컨대 "이처럼 작은 星變은 기록할 것이 못된다. 高麗實錄에 실려 있는 天變地怪라도 正史에 실려 있지 않은 것은 전례에 따라 모두 添入하지 말라"는 것이었다.

달무리를 재이에서 제외시키는 조치,[191] 또 황우(黃雨)의 원인을 송화(松花)로 파악하는 태도[192] 등에서 세종의 그러한 면모를 엿볼 수 있다.[193] 세조는 정치에 불교식 상서(祥瑞)를 동원했다.[194] 세조는 서기(瑞氣), 감로(甘露), 우화(雨花), 부처의 현상(現相)과 같은 불교식 상서를 공덕(功德)의 결과로 삼으며 자신의 전제정치를 강화했다. 이처럼 조선 초기에는, 비록 방식은 달랐지만, 군주가 재이를 자신의 통치에 유리하게 활용하는 경우가 종종 있었다.

그런데 성종 대 이후 정치·사상적 변화를 거치면서 군신(君臣) 간 재이론 활용에 불균형이 초래되었다. 군주가 재이를 정치적으로 유리하게 활용할 수 있는 여지가 사라지게 되었다. 연산군 4년(1498) 9월 2일(정유) 연산군은 우박을 자신의 부덕의 소치로 인정하면서도 『문헌통고(文獻通考)』를 인용해 이를 음(陰)이 양(陽)을 위협하는 형상이라며 신하가 강성해서 우박이 내린 거 아니겠냐고 신료를 압박한 적이 있는데, 승정원의 답변은 재이를 막는 방법은 군주가 스스로 덕(德)을 닦는 길밖에는 없다는 것이었다.[195] 이후에도 연산군은 재이를 신료를 채근하고 압박하는 수단으로 종종 이용하려고 했지만, 그럴 때마다 언관(言官)과 마찰을 빚었고 이러한 갈등이 결국 재이론에 대한 폭력적인 탄압으로 이어지게 되었다.[196] 중종반정 이후

---

191) 『文宗實錄』 卷3, 卽位年 9月 4日(乙巳), "先是凡有氛祲, 書雲觀必察而啓之, 幷及月暈, 至是上曰, 月暈非是異災, 其令書雲觀勿啓."

192) 『世宗實錄』 卷92, 23年 5月 1日(丙申), "由是觀之, 固非天降, 亦非地出, 乃積日松花之飛, 因雨而浮, 無疑也."

193) 그렇다고 해서 자연의 이상 현상에 대해 과학적으로 설명하려는 노력을 체계적으로 시작했다는 의미는 아니다. 세종은 재위 내내 전통 재이론을 그대로 따랐고, 신료와 재이의 문제로 갈등을 겪은 적도 없었다. 이와 관련해서는 박성래, 앞의 책, 2012, 491~499쪽 참고.

194) 權延雄, 「世祖代의 佛教政策」, 『震檀學報』 75, 1993, 206~210쪽 ; 박성래, 앞의 책, 2012, 504~513쪽.

195) 『燕山君日記』 卷31, 4年 9月 2日(丁酉), "傳曰, 昨日雨雹, 實由予不德, 固當恐懼修省, 然予觀文獻通考, 以雹爲陰脅陽之象, 無乃臣强而然耶. 承政院啓, … 其所以弭之之道, 不過皇自敬德而已. … 願上敬身修德, 以答天譴."

다시 언권이 신장되고 재이론이 활성화되었는데, 이때부터는 대간의 공론(公論)을 수용하는 것만이 재이에 대한 군주의 올바른 대응으로 여겨졌고, 체면치레하는 감선철악(減膳撤樂)이나 구언은 '헛된 문식(文飾)'이라는 비판을 면하지 못했다.[197] 혹여나 대간의 간언을 힐책하면 이는 폐조(廢朝) 때나 있을 법한 일이고 그렇게 해서는 진실로써 하늘에 응답할 수 없다는 반발을 샀다.[198]

사상적으로는 군주권을 지지하면서도 현실에서는 군주권을 견제하는 재이론의 양면성은 동중서 재이론의 유산이라고 할 수 있다. 그런데 조선의 관인·유자는 15세기 후반~16세기 초반 정치·사상적 변화를 겪으면서 재이론을 군주권을 견제하고 제약하는 논리로 재편했고, 그들의 정치적 요구를 관철하는 데에 실효성 높은 기제로 활용했다. 한편 동중서 자신도 재이론을 실제 정치에 활용하려다 죽을 뻔한 고비에 처하기도 했지만, 중국의 역대 왕조에서 재이론이 활용된 양상을 보면, 재이의 책임을 군주 한 사람에게 물었던 것은 다분히 관례화·의례화된 것이었고, 이를 가지고 재이설이 군주권을 억제하는 효과를 수행했다고 말하기는 어렵다는 게 대체적인 평가이다.[199] 그러나 이 무렵 조선의 재이론은 '관례화·의례화'의 차원을 넘어 군주권 제약에 실질적인 효과를 내는 정치사상으로 작동했다. 그만큼 재이론 활용을 둘러싼 군신(君臣) 간 갈등 또한 잦았고, 이 과정에서 새로운 논의도 펼쳐지게 되었다.

---

196) 張學根, 「燕山君의 災異論에 대한 認識變化-君權·言權 論爭을 中心으로-」, 『慶南史學』 7, 1995, 5~40쪽.

197) 『中宗實錄』 卷6, 3年 7月 17日(癸丑), "弘文館啓曰, 今臺諫失職, 公論不行, 而還授濫加, 將何以弭天災乎. 今雖減膳撤樂, 下求言之敎, 皆爲虛文也. 欲還授濫加而弭災, 非徒無益, 危亂之端, 兆於此矣, 宜亟聽納. 六啓不允."

198) 『中宗實錄』 卷18, 8年 3月 2日(辛未), "持平柳灌曰, 臺諫爲國耳目, 不得不論啓, 而上詰責之, 或命囚之, 此非聖世之美事, 乃廢朝之事也. 廢朝之事, 豈意復見於今日乎. 如此則可謂應天以實乎. 凡事須以實而後, 可以應答天譴."

199) 미조구치 유조 외 엮음(김석근·김용천·박규태 옮김), 『中國思想文化事典』, 책과함께, 2011, 320쪽.

2) 주자학적 재이론의 심화와 군주성학론(君主聖學論)

재이론의 안정적인 논의는 이를 인정하고 존중하는 성숙한 정치 문화를 배경으로 가능했다. 그런데 연산군 대에 경험했듯이 이는 군주의 태도에 따라 얼마든지 파행적으로 전개될 수 있었다. 특히, 시비(是非)가 나뉘는 정치 현안일수록 갈등의 소지가 컸다. 이러한 연유에서 중종 대 이후 재이론은 군주에게 도덕적인 심성수양을 강하게 요구하는 방향으로 발달하게 되었다.

중종 즉위년부터 20년 동안 재이에 대한 대응을 통계적 방법으로 조사한 연구에 따르면 특정 업무의 정지가 6건, 훈련의 정지가 4건, 관형(寬刑)이 74건, 소방(疏放)이 14건, 그리고 공구구성(恐懼修省) 요구가 219건이었다고 한다.[200] 또 태조~중종 대까지 응지상소의 내용을 분석한 연구에 따르면, 응지상소의 내용을 군주에게 도덕적 실천을 요구하는 '수성'과 구체적인 법이나 제도의 시정을 요구하는 '제도'로 나눌 때, 성종 대 이전까지는 평균 31% 정도였던 수성의 비율이, 성종 대에는 46%, 연산군 대에는 57%, 중종 대에는 77%까지 증가했다고 한다.[201] 이러한 통계적 연구들은 당시의 재이론이 얼마나 심성론(心性論)적인 논의에 경도되어 있었는지를 말해준다.

천의(天意)의 절대적 기준이 존재할 수 없다 보니 재이 해소의 방책이라고 하더라도 재이론은 쉽게 '옳고 그름'의 분별 논란에 휩싸일 수가 있었다. 그래서 16세기의 사림은 군주가 도덕적인 심성수양을 바탕으로 항상 바른 마음을 길러 사심(私心)과 사욕(私欲)에 치우치지 않은 상태에서 공사(公私), 시비(是非), 선악(善惡), 호오(好惡), 정사(正邪) 등을 분별할 줄 알아야 하고, 이를 분별하려면 수기치인(修己治人)의 학문, 즉 성학(聖學)을 학습해야 한다고 했다. 주자학 정치론의 구현을 '절대적인 옳음'으로 여겼던 16세기의

---

200) 이태진, 「고려~조선 중기 天災地變과 天觀의 변천」, 이기백 외 著, 『韓國思想史方法論』, 小花, 1997, 124쪽, 〈표 3-9〉 참고.

201) 이석규, 앞의 글, 2007b, 631쪽.

사림은 이를 위해 군주는 '쉼 없이' 성학을 연마해야 한다고 했다.

중종 9년(1514) 9월 27일(병술) 뇌변(雷變)이 발생하자 중종은 '허물을 고쳐서 천견에 답하겠다'며 구언했다.[202] 그리고 이듬해 8월 8일(임술) 담양부사 박상(朴祥, 1474~1530)과 순창군수 김정(金淨, 1486~1521)은 응지상소에서 폐비신씨(廢妃愼氏)의 복위(復位) 문제를 거론했다.[203] '부부의 도'가 천하의 근본이기 때문에 폐비신씨의 복위를 통해 재이를 없앨 수 있다는 논리였다. 이 상소의 핵심은 폐비신씨의 폐위를 이끌었던 박원종·유순정·성희안 등 반정 삼공신을 규탄하는 것이었다.[204] 이 문제는 당시 정국의 뇌관과도 같았고, 이후 치열한 논쟁이 전개되었다.

그런데 논쟁의 양상은 이전과는 사뭇 달랐다. 응지상소였음에도 언론 삼사에서는 이를 '사의(邪議)'로 규정하고 서의를 추궁해야 한다며 박상과 김정을 논박했다.[205] 반면에 대신은 그들이 구언에 응하여 상소한 것이므로 처벌해서는 안 된다고 했다.[206] 대간은 종사(宗社)의 안위(安危)를 들어 그들의 처벌을 주장한 것이고,[207] 대신은 구언에 따른 언론 활동은 보호해야 한다는 명분을 들어 그들의 처벌을 반대한 것이다.

---

202) 『中宗實錄』 卷20, 9年 9月 27日(丙戌).

203) 『中宗實錄』 卷22, 10年 8月 8日(壬戌); 『訥齋集』 附錄, 卷2, 疏, 「請復故妃愼氏疏」, 1ㄱ~10ㄱ(19책, 96~100쪽).

204) 정두희, 앞의 책, 2001, 95쪽.

205) 『中宗實錄』 卷22, 10年 8月 11日(乙丑), "大司憲權敏手大司諫李荇執義許遲司諫金乃文掌令金瑛持平蔡忱文瓘獻納柳墩正言表憑啓曰, 潭陽府使朴祥淳昌郡守金淨上疏, 敢發邪議, 至爲駭愕, 請拿致詔獄, 推其所以. 此二人, 非無識者, 稍識文字, 而如此, 必有其意."

206) 『中宗實錄』 卷22, 10年 8月 11日(乙丑), "領議政柳洵左議政鄭光弼右議政金應箕左贊成張順孫右贊成金詮右參贊南袞見其疏, 而啓曰, 國家大事, 已定多年, 而今發狂妄之議, 至爲非矣, 罪之當矣. 然雖拿推, 豈有他意. 必以疏中之語置對耳. 大抵求言之後, 所陳雖極狂悖, 拿來推之, 似爲過矣."

207) 사실 이때는 대간 내부에서도 의견이 나뉘었다. 특히, 趙光祖의 등용이 하나의 분기였다. 中宗 10年 8月 22日(丙子) 朴祥과 金淨의 상소가 조정에서 한참 논란을 일으키고 있을 무렵 趙光祖가 알성문과에서 급제했다. 趙光祖는 成均館 典籍에 이어 같은 해 11月 20日(壬寅) 司諫院 正言에 임명되었고, 朴祥과 金淨의 처벌을 주장한 대간을 비판했다. 이를 계기로 대간 내부에서도 지지와 반대가 나뉘게 되었고, 이 사건은 새로운 국면으로 접어들었다. 정두희, 앞의 책, 2001, 103~109쪽 참고.

그리고 이조판서 안당(安瑭, 1461~1521)은 의견이 이처럼 나뉘는 상황을 보고 다음과 같이 발언했다.

> 재상(宰相)과 대간(臺諫)이 서로 시비(是非)를 다투면 위에서 분변하는 게 옳습니다. 재상의 말이 옳으면 재상의 말을 좇고 대간의 말이 옳으면 대간의 말을 좇아야지 오로지 대간의 말만 따른다면 이는 한쪽으로 치우치는 것입니다. 대저 대간은 허물을 바로잡고 잘못을 규찰하며, 재상은 국시(國是)를 유지합니다. 처음 의논을 내리셨을 때 의정부와 육조에서는 모두 추고하여 치죄하는 것은 안 된다고 했고, 지금까지도 논란하여 마지않는 것은 곧 국시가 있기 때문입니다. 예로부터 모름지기 국시가 조정에 있고 난 후에야 정치를 할 수 있었으니, 다른 데 있게 하는 것은 매우 불가합니다. 대저 대간이 시비를 다툴 때도 간혹 착오하는 수가 있으니, 원컨대 모름지기 자세히 시비를 살펴서 국시가 항상 조정에 있도록 해야 할 것입니다.[208]

안당은 박상과 김정의 처벌을 반대하며 대간의 말을 무조건적으로 따라서는 안 된다고 했다. 특히, 재상과 대간은 시비(是非)를 다툴 수 있으며 이럴 때 중요한 것은 군주의 주체적인 판단 능력이라고 했다. 시비가 나뉘는 국정 현안에 대해서는 군주가 이를 주체적으로 판단할 수 있어야 한다는 지적이었다.

중종 대의 군주성학론(君主聖學論)은 이와 같은 환경 속에서 전개되었다. 군주에게 성학의 학습을 요청하는 문제는 주자학적 재이론의 핵심 논의였다. 주자학에서는 재이를 군주의 마음이 바르지 않고 성학을 독실하게 탐구하지 않는 자세에 대한 경고로 보았고, 군주는 재이를 도덕적 반성과

---

208) 『中宗實錄』 卷22, 10年 8月 26日(庚辰), "瑭曰, 宰相臺諫, 相爲是非, 自上分辨, 可也. 宰相之言是, 則從宰相之言, 臺諫之言是, 則從臺諫之言, 若專以臺諫之言爲可從, 則是, 一偏矣. 夫臺諫, 繩愆糾謬, 而宰相, 持國是者也. 其初下議之時, 政府六曺皆以爲不可推治, 而迄今論之不置, 是乃國是所在也. 自古須使國是, 在於朝廷然後, 可以有爲, 而在於他, 則甚不可也. 夫臺諫爭是非之際, 亦或有錯誤之時, 願須細察是非, 使國是常在朝廷, 可也."

성학 탐구의 계기로 삼아야 한다고 했다. 주자학적 재이론에서는 군주의 정심(正心)을 통한 천리(天理)의 회복이 재이 해소의 관건이었고, 주자학적 재이론의 핵심 논의는 이렇게 군주성학론으로 이어졌다.

군주성학론은 이언적(李彦迪, 1491~1553)에 의해 본격적으로 논의되었다.[209] 이언적은 57세 때인 명종 2년(1547) 윤9월 양재역벽서사건(良才驛壁書事件)의 여파로 평안도 강계부(江界府)에 안치되었는데,[210] 여기에서 그는 명종 8년(1553) 11월에 사망할 때까지 학문 연구에 매진하며 『대학장구보유(大學章句補遺)』, 「봉선잡의(奉先雜儀)」, 『구인록(求仁錄)』, 「진수팔규(進修八規)」, 『중용구경연의(中庸九經衍義)』(미완성) 등을 지었다.[211]

이 중에서 「진수팔규」는 그의 군주성학론이 집약되어 있는 노작이다. 연보에 따르면, 『주역』의 '진덕수업(進德修業)'의 뜻을 취하고[212] 여덟 소목으로 부연해 국왕의 성학에 도움이 되고자 지었다고 한다.[213] 여덟 조목이란 ① 명도리(明道理), ② 입대본(立大本), ③ 체천덕(體天德), ④ 법왕성(法往聖), ⑤ 광총명(廣聰明), ⑥ 시인정(施仁政), ⑦ 순천심(順天心), ⑧ 치중화(致中和)이다. 이밖에 세자 교양(教養)도 한 조목으로 삼았다.[214]

---

209) 金泰永, 『조선 전기 사회와 사상』, 경희대학교 출판문화원, 2023, 182쪽, "그(=이언적)는, 16세기 사림 가운데서도 道學과 王政論을 하나의 원리로 관통하는 이론체계를 구현하고 최후의 순간까지 그것을 현실에 관철시켜 보려는 시도를 계속한 최초의 儒賢이라고 이해되고 있다."

210) 『晦齋集』, 「文元公晦齋先生年譜」, 15ㄴ(24책, 494쪽), "(嘉靖)二十六年丁未, 先生五十七歲, 閏九月, 江界府安置. 有無賴子匿名謗國良才驛壁, 副提學鄭彦慤見之, 取糊紙以啓, 或曰, 彦慤送女子, 仍經宿自爲之云. 因以大加罪乙巳諸人, 先生亦在其中, 江界府安置."

211) 『晦齋集』, 「文元公晦齋先生年譜」, 16ㄴ~17ㄴ(24책, 494~495쪽), "(嘉靖)二十八年己酉, … 十月, 大學章句補遺成. … 二十九年庚戌, … 八月, 奉先雜儀成. … 十月, 求仁錄成, … 進修八規成. … 三十二年癸丑, … 中庸九經衍義, 修未及成書, 十一月二十三日乙丑, 以疾終."

212) 『周易傳義』, 上, 卷1, 乾, "九三曰, 君子終日乾乾夕, 若厲无咎, 何謂也. 子曰, 君子, 進德修業, 忠信, 所以進德也, 修辭立其誠, 所以居業也."

213) 「進修八規」는 李彦迪의 死後인 명종 21년(1566) 9월 그의 아들 李全仁이 명종에게 받쳤다[『明宗實錄』 卷33, 21年 9月 4日(辛卯)].

214) 『晦齋集』, 「文元公晦齋先生年譜」, 17ㄱ(24책, 495쪽), "進修八規成. 取易經進德修業之義, 衍爲八條. 以爲聖學之助. 一曰, 明道理, 二曰, 立大本, 三曰, 體天德, 四曰, 法往聖, 五曰, 廣聰明, 六曰, 施仁政, 七曰, 順天心, 八曰, 致中和, 又爲教養儲宮一條云."

이언적의 군주성학론은 두 번째 조목인 '입대본'에 잘 나와 있다. 여기에서 이언적은, 정치의 성패와 민생의 향방은 오직 군주의 일심(一心)·심술(心術) 여하에 달려 있다고 보고, 수신제가(修身齊家)의 학문을 당면의 실천 과제로 제시했다.

> 신이 살펴보건대 선유(先儒) 주희(朱熹)는 군주의 마음을 천하의 큰 근본으로 여겼습니다. 그 말에 "천하의 일은 천번만화(千變萬化)하여 그 단서가 무궁(無窮)하지만 군주의 마음에 근본하지 않은 것은 하나도 없다. 그러므로 군주의 마음이 바르면 천하의 일이 바르지 않은 게 없고, 군주의 마음이 바르지 않으면 천하의 일이 사특하지 않은 것이 없으니, 이는 자연의 이치이다."라고 했습니다. 대개 군주는 억조창생(億兆蒼生)의 위에 위치하여 만기(萬幾)의 정사를 다스리니, 그 마음이 크게 공정하고 지극히 발라 마치 해가 중천에 떠서 만물을 비추듯이 치우치거나 가려짐이 없어야 합니다. 그래야만 호령을 내고 정령을 시행하며 어진 이를 임용하고 간사한 사람을 물리치는 것이 모두 도리에 맞아 조정이 바르게 되고 백관과 만백성이 모두 바르게 되는 것입니다. 만약 털끝만큼이라도 치우치거나 바르지 못한 사욕에 가려져 마음에 보존한 바와 발하는 바에 조금이라도 차질이 생긴다면, 대본(大本)이 이미 바르지 못한데 어떻게 조정을 바르게 하고 백관을 바르게 하여 사방과 만백성에게 미칠 수 있겠습니까.[215]

이언적은 주자의 정치론을 인용해 본인의 정치사상을 펼쳤다.[216] 요컨대

---

215) 『晦齋集』 卷8, 疏, 「進修八規」, 3ㄱ~ㄴ(24책, 433쪽), "其二曰, 立大本. 臣按先儒朱熹以人主之心, 爲天下之大本. 其言曰, 天下之事, 千變萬化, 其端無窮, 而無一不本於人主之心者, 故人主之心正, 則天下之事無有不正, 人主之心不正, 則天下之事無有不邪, 此自然之理也. 蓋人君位億兆之上, 理萬幾之政, 其心廓然大公, 儼然至正, 如日中天, 照臨萬物, 無所偏蔽. 然後發號施令, 任賢退邪, 皆合於理, 而朝廷以正, 百官萬民皆得其正矣. 如或有一毫私邪之蔽, 而所存所發少有差失, 則大本已不正矣, 又何以正朝廷正百官, 以及四方萬民乎."

216) 『晦庵集』 卷11, 封事, 「戊申封事」(20책, 590~591쪽). 본서 제2장 3절의 주83 참고.

군주의 정심(正心)은 '마치 중천에 뜬 해가 만물을 조림하는' 것과 같아서 크고 공정하고 지극히 바르지 않으면 안 된다는 것이었다. 털끝만큼이라도 사욕에 가려져서는 안 되는 게 군주의 바른 마음이고, 그렇지 않으면 조정과 만백성 모두 바를 수가 없다고 했다.

이언적이 이러한 정치관을 만년에서야 갖게 된 것은 아니다. 중종 대 관료 생활을 하면서부터 군주성학론을 강조했는데, 역시나 주자학적 재이론은 탁월한 기제였다. 이 점은 중종 34년(1539) 10월 20일(갑신) 전주부윤 시절 제출한 「일강십목소(一綱十目疏)」를 통해 확인할 수 있다.[217] 「일강십목소」는 같은 해 4월 25일(임술) 해를 꿰뚫은 무지개[貫日之虹]와 태백성이 낮에 보이는 재이 등으로 인해 반포된 구언에[218] 대한 응지상소였다.

이언적은 상소의 내용을 하나의 강(綱)과 열 개의 목(目)으로 구성했다. 강은 체(體)로서 정치의 근본이고, 목은 용(用)으로서 법도를 제정하는 방법인데, 강이 바르게 행해지면 목은 저절로 시행된다고 보았다.[219] 이 강의 요지가 바로 성학(聖學)에 힘쓰라는 것이었다.

> 신은 청컨대 먼저 하나의 강(綱)을 말씀드리고 열 개의 목(目)은 차후에 하겠습니다. 무엇을 일러 강이라 하냐면 바로 군주의 심술(心術)입니다. … 그러므로 군주의 마음이 바르면 만사(萬事)가 다스려지고 인심(人心)이 바르게 되어 화기(和氣)가 지극해질 것입니다. 〈만약〉 군주의 마음이 바르지

217) 『中宗實錄』 卷92, 34年 10月 20日(甲申) ; 『晦齋集』 卷7, 疏, 「一綱十目疏」, 1ㄱ~29ㄴ(24책, 417~431쪽). 이언적의 「一綱十目疏」 분석은 金丁鎭, 「道德政治의 哲學的 意義와 中庸九經行義 考察-晦齋 李彦廸先生의 道學思想을 中心으로-」, 『韓國의 哲學』 9, 慶北大學校 退溪研究所, 1980, 169~210쪽 ; 李志慶, 「16世紀 士林派 政治思想 研究 : 晦齋 李彦迪을 中心으로」, 『社會科學研究』 8, 西原大學校 社會科學研究所, 1995, 175~200쪽 ; 오종록, 「'一綱十目疏'에 나타나는 李彦迪의 政治思想과 中宗 末葉의 政治」, 『新羅文化』 33, 2009, 59~87쪽 등 참고.

218) 『中宗實錄』 卷90, 34年 4月 25日(壬戌), "因變求言, 雖似涉於循例, 廣詢博訪, 冀有補於將來. 惟爾政府, 體予至意, 曉諭中外."

219) 『晦齋集』 卷7, 疏, 「一綱十目疏」, 28ㄱ(24책, 430쪽), "蓋爲治之要, 其綱有一, 其目有十. 綱者, 體也, 出治之本也. 目者, 用也, 制治之法也, 一綱擧則十目無不張矣."

않으면 만사(萬事)가 어그러지고 인심(人心)이 어긋나 포악한 기운[戾氣]이 응하니 이러한 이치는 필연입니다. … 여기에서 군주의 마음은 바르지 않을 수 없고, 그 심술(心術)을 바르게 하는 요체 또한 반드시 학문으로 말미암아 얻게 되는 것임을 볼 수 있습니다.[220)]

이언적은 군주의 마음이 바르지 않아 재이가 발생한 것이라고 했다. 군주의 마음이 바르지 않으면 만사가 어그러지고, 만사가 어그러지면 인심이 어긋나 이것이 곧 포악한 기운, 여기(戾氣)가 생기는 원인이자 재이가 발생하는 이유라는 것이었다. 그래서 재이를 해소하기 위해서는 무엇보다도 군주의 정심(正心)이 필요하다고 한 것이다.

군주의 정심(正心)은 학문을 통해 가능했다. 이언적이 중종의 정심(正心)을 위해 제시한 학문은 요순(堯舜) 삼대의 정치를 탐구하는 성학(聖學)이었다.

신은 항상 전하께서 뜻은 요순(堯舜)의 도(道)에 두면서 경연[經幄]에서 진강할 때는 삼대 이상(以上)의 성경(聖經)·현전(賢傳)으로 근본을 삼지 않고 매번 말세(末世)에 편집해서 호번(浩繁)한 것을 취하여 구경(究竟)하기가 쉽지 않은 책으로 진독(進讀)하는 것을 괴이하게 여겼습니다. 그와 같은 책은 제도와 사물의 번잡함은 자세하지만 성인의 밝고 정성스러운 뜻에 이르러서는 정밀하고 한결같은 요체가 모두 갖춰져 있지 않습니다. … 당우(唐虞) 삼대의 시절에 어찌 이와 같은 책이 있었겠습니까. 〈오직〉 심학(心學)뿐이었습니다. 하나의 리[一理]로 만사(萬事)를 관통할 수 있고, 하나의 마음[一心]으로 만화(萬化)를 통솔할 수 있습니다. 제왕(帝王)의 학문은 이치를 궁구하고 마음을 바르게 하는 것뿐입니다. 이치를 탐구하고 마음을

220) 『晦齋集』 卷7, 疏, 「一綱十目疏」, 7ㄱ~ㄴ(24책, 420쪽), "臣請先言一綱而次及十目焉, 何謂一綱, 人主之心術是也. … 故人主之心正, 則萬事理人心順而和氣至. 人主之心不正, 則萬事乖人心拂而 戾氣應, 此理之必然也. … 於此見人君心術之不可不正, 而其所以正心術之要, 又必由學而得矣."

바르게 하면 저절로 수신제가[修身正家]에 족할 것이고 나라와 천하에까지 미치게 될 것입니다. 엎드려 빌건대, 전하께서는 말단을 섭렵하는 것은 중단하시고 근본을 힘써 공부하는 데에 오로지 뜻을 두십시오.[221]

군주가 궁리(窮理)와 정심(正心)을 하려면 성학의 요체가 집약되어 있는 성경·현전을 탐독해야 했다. 그러니 그가 보기에 성경·현전을 탐독하는 데에 전력을 쏟아야 할 경연에서 성학의 내용이 호번(浩繁)하게 정리된 책을 읽는 것은 잘못된 학습 방법이었을 것이다.[222] 이러한 학문 연마는 '경(敬)=주일무적(主一無適)'의 자세로 꾸준하고 쉼 없이[不息] 해야 했다. 그리고 학문 탐구가 '불식'에 이르면 군주의 덕과 마음이 하늘과 합치되고 천심(天心)이 기뻐해 마침내 재이가 사라지게 되는 것이었다.[223] 이것이 재이의 해소를 위해 군주가 성학에 힘써야 하는 이유였다.

한편 16세기 중반 주자학적 재이론의 심화 과정에서 나타난 군주성학론의 내용은 송희규(宋希奎, 1494~1558)의 「재이책(災異策)」에서도 살펴볼 수 있다. 송희규는 경상도 성주(星州) 출신의 사림으로, 이언적과는 사마시 합격[중종 8년, 1513] 동기였다. 이 인연으로 관직 생활을 하는 동안 이언적과 친밀하게 지냈던 것 같다.[224]

송희규는 중종 14년(1519) 문과에 급제했다. 그리고 명종 원년(1546)

---

221) 『晦齋集』 卷7, 疏, 「一綱十目疏」, 8ㄴ~9ㄱ(24책, 420~421쪽), "臣常怪殿下有志堯舜之道, 而至於經幄進講, 則不以三代以上聖經賢傳爲本, 而每取末世所輯編帙浩繁, 未易究竟之書進讀. 如此等書, 詳於制度事物之繁, 而至於聖人明誠之旨, 精一之要, 蓋有未備焉. … 唐虞三代之世, 豈有此書, 心學而已矣. 一理可以貫萬事, 一心可以統萬化. 帝王之學, 窮理正心而已矣. 理窮心正, 自足以修身正家而及於國天下矣. 伏願殿下姑舍末流之涉獵, 專意本源之功力."

222) 『中宗實錄』 卷92, 34年 10月 20日(甲申), "時, 進講大學衍義補, 故及之." 당시 경연에서 강론한 책은 『大學衍義補』였다.

223) 『晦齋集』 卷7, 疏, 「一綱十目疏」, 9ㄴ(24책, 421쪽), "夫敬者, 聖學之所以成始而成終者也. 易曰, 天行健, 君子以自强不息. 又曰, 君子終日乾乾, 夕惕若, 厲无咎. 所謂日乾夕惕者, 乃所以常存敬畏而自强不息者也, 自强不息, 而至於無息則合乎天矣. 人主德合於天, 心一於天, 而天心之不豫, 災變之不消, 無是理也."

224) 이상필, 「倻溪 宋希奎의 生涯와 文學」, 『南冥學硏究』 47, 2015, 74쪽.

예빈시정(禮賓寺正) 시절 중시(重試)에도 뽑혀 통정대부로 승진한 뒤 대구부사에 제수되었다.[225] 이때 중시 문제가 재이에 관한 것이었고, 송희규가 작성하여 제출한 답안이 현재 그의 문집에 남아있는 「재이책」이다.

당시 명종이 낸 문제는 재이를 상서로, 또 폐단의 관습을 충성스럽고 정성스러운 마음으로 바꾸는 방도였다. 명종은 부족한 덕으로 왕위를 이어받아 밤낮으로 조심하고 두려워하는 마음으로, 오직 천심을 받들어 따르고 백성을 보살펴 편안하게 할 생각만 한다고 했다. 그러면서 조금이나마 화기(和氣)가 보응하길 바랐는데, 즉위한 이래 여름에는 홍수, 가을에는 우박, 겨울에는 천둥과 지진이 있었고, 또 왜구가 쳐들어와 변방은 평온하지 않고, 풍년이 들지 않아 백성은 기근과 역병을 근심한다고 했다. 그런데도 조정에는 화목한 풍속이 없고, 사류(士類) 중에는 들뜨고 가벼운 이들이 많아, 천재시변(天災時變)이 여기에 이르렀으니, 어찌 재이를 부른 까닭이 없겠냐며 그 방도에 관해 물었다.[226] 송희규는 장문의 답변을 제출했는데, 요약하면 재이가 발생한 원인은 군주인 명종 자신에게서 찾아야 하고, 바른 대응이란 결국 군주의 독실한 성학(聖學) 외에는 없다는 것이었다.

그는 총론격으로 군주 정치의 실질은 대본(大本)과 대기(大幾)라고 했다. 먼저 스스로 마음의 한 가지 실질[實]을 굳건히 하면 천하의 온갖 거짓을 소각할 수 있고, 스스로 마음의 한 가지 실질[實]을 주재하면 천하의 온갖 헛됨을 제거할 수 있다고 했다. 그렇게 안으로 실질적인 덕[實德]을 쌓고 실질적인 정치[實政]를 펼치는 것은, 대본을 세워 만물(萬物)을 조화롭게 하는 데에 있고, 대기를 삼가 만화(萬化)를 운행하는 데에 있다고 했다.

---

225) 『倻溪集』 卷2, 附錄, 墓誌, 6ㄴ~7ㄱ(속2책, 116~117쪽), "正德八年中進士. 己卯登文科, 初除成均學諭, 屢遷爲典籍. … 丙午以禮賓寺正, 中重試第二人, 陞通政, 卽除大邱府使."

226) 『倻溪集』 卷1, 策, 「灾異策」, 12ㄱ~ㄴ(속2책, 98쪽), "王若曰, 予以否德, 叨守丕基, 日夜兢惕, 思惟奉順天心, 撫綏羣生, 庶幾和氣之應, 而卽阼以來, 夏潦秋雹, 冬雷地震, 島夷構釁而邊圉靡寧, 歲不登稔而民患饑疫. 朝無雍穆之風, 士多浮薄之習, 天災時變, 乃至於此, 豈無所召而然歟. 其變災異致祥瑞. 化弊俗爲忠慤之道. 子大夫素講之矣. 其各悉著于篇. 以副予虛竚之意."

대본을 세우지 않고서 자신의 하늘을 닦으면 하늘의 조화가 응답하지 않고, 대기를 살피지 않고서 유신(維新)의 정치에 이르면 보이지 않는 근심을 없앨 수 없다고 했다. 그래서 대본과 대기가 군주 정치의 실질이라는 것이었다.[227)]

그는 명종이 성왕(成王)의 덕으로 문왕(文王)과 무왕(武王)의 왕통[統]을 이었다고 했다. 여기에 안으로는 문정왕후[慈聖]의 도움과 밖으로는 대신(大臣)의 보좌 덕분에 천변(天變)은 모두 사라져 화기(和氣)가 울창해지고, 인심(人心)은 다시 두터워져 조야(朝野)가 크게 바뀌어야 마땅하다고 했다.[228)] 그런데 당시는 추위와 더위가 고르지 않고, 여섯 기운[六氣]이 순조롭지 않고, 천재(天災)와 지괴(地怪)가 일어나 명종을 깨우치려는 탄식이 극심하고, 조정에서는 나라의 법도[綱維]가 흔들리고, 사류(士類)는 헛된 논의만 많이 해 화목한 풍조가 사라져 명종이 두려워하고 근심하는 처지였다.[229)]

송희규가 보기에 당시는 명종이 백성의 고통을 살피는 데에 마음을 다하지 않음이 없는데도 백성은 그 생(生)을 살아가면서 그 업(業)을 즐기지 못하는 상황이었다. 이는 명종의 정치에서 하나의 큰 누(累)였다. 또 원방의 인민[遠人]을 편안하게 하는 데에 마음을 다하지 않음이 없는데도 왜구의 교화는 막히고 왕래를 빈번히 하면서 날마다 우리의 허실을 살펴 난리를 피우고자 마음먹는 자가 때도 없이 끊이지 않는 상황이었다. 이는 명종의 큰 걱정이자 조정이 반대로 돌아보고 오래 생각해 보아야 하는 문제였다.[230)]

---

227) 『倻溪集』 卷1, 策, 「災異策」, 12ㄴ(속2책, 98쪽), "臣對, 臣聞堅吾心之一實而銷天下之百妄, 主吾心之一實而去天下之百虛. 然蘊實德而發實政, 則在乎立大本而致和萬物, 在乎謹大幾而運行萬化也. 不立大本而修在我之天, 則無以應在天之和, 不察大幾而致維新之治, 則無以弭未形之患. 然則大本也大幾也, 豈非人君爲治之實乎."

228) 『倻溪集』 卷1, 策, 「災異策」, 12ㄴ~13ㄱ(속2책, 98~99쪽), "恭惟主上殿下以成王之德, 纘文武之統, 慈聖補治於內而興宣仁之功烈, 大臣燮輔於外而效司馬之相業, 宜其天變盡銷而和氣翢邕, 人心還厚而朝野丕變."

229) 『倻溪集』 卷1, 策, 「災異策」, 12ㄴ~13ㄱ(속2책, 99쪽), "奈之何寒暑不平, 六氣不順, 天災地怪, 警予之嘆方劇. 朝廷之上, 綱維不振, 士多浮議, 雍穆之風如掃, 以貽聖上之惕慮也."

230) 『倻溪集』 卷1, 策, 「災異策」, 13ㄴ~14ㄱ(속2책, 99쪽), "今殿下無不盡心於恤民隱, 而民不得遂其生樂其業. … 則豈非聖政之一大累乎. 殿下無不盡心於綏遠人, 而島夷梗化, 往來飄忽,

그런데 그는, 명종이 근심할 것은 하늘에 있지도 않고, 백성에 있지도 않고, 적국이나 외환에 있지도 않고, 보이지 않게 숨어 있지도 않다고 했다. 즉 군주가 천재의 변이를 걱정한다면 창창(蒼蒼)한 하늘에 책임 지울 것이 아니라 자신의 마음이 있는 곳을 다스려야 한다는 것이었다.[231] '마음을 다스린'다는 의미는 곧 실질의 정치를 펴는 데에 마음을 두고 힘써야 한다는 뜻이었다.

> 왜구가 스스로 분란을 일으킨다 해도, 만약 계책[籌謀]과 전략[帷幄]을 세우고 승리할 수 있는 좋은 책략[良謀]이 이미 정해져 있으면, 또 웃고 즐기는 사이라도[笑談樽俎] 물리칠 수 있는 묘수[妙筭]가 이미 무르익으면, 멀리 있는 오랑캐는 근심이 되지 않습니다. 또 백성이 비록 먹을 것이 부족하다고 하나, 군주가 백성을 사랑하는 진실한 마음으로 백성을 구제하려는 실질적인 정치를 베풀어 고통을 살피고 아픈 곳을 어루만진다면, 부모 섬기고 처자식 기르며 살아갈 수 있으니[仰事俯育][232] 생명을 살리고자 하는 하늘의 뜻을 얻을 수 있을 것입니다.[233]

왜구를 방비할 수 있는 좋은 전략을 미리 세우고, 백성의 고통을 줄이고 온전한 삶을 살게 할 실질적인 대책을 갖춘다면 왜구의 침략이나 백성의 굶주림은 근심거리가 안 된다는 것이었다.

그가 보기에 가장 걱정해야 하는 것은, 왜구의 침략이나 백성의 굶주림이

日窺我虛實而欲逞陸梁之心者, 無時不已也, 此固聖上之軫慮, 而廟堂之却顧長思者也."

231) 『倻溪集』 卷1, 策, 「灾異策」, 14ㄱ(속2책, 99쪽), "則人主之所憂者, 不在天不在民, 不在敵國外患, 而隱於無形也. 何也. 殿下憂天災之變也, 則不責於蒼蒼之天, 而治吾方寸之地."

232) 『朱子語類』 卷35, 論語17, 泰伯篇(15책, 1,303쪽), "植云, 民可使之仰事俯育, 而不可使之知其父子之道爲天性, 可使之奔走服役, 而不可使之知其君臣之義爲當然. 及諸友擧畢, 先生云, 今晩五人看得都無甚走作."

233) 『倻溪集』 卷1, 策, 「灾異策」, 14ㄴ~15ㄱ(속2책, 99~100쪽), "島夷雖自構釁, 籌謀帷幄, 決勝之良謀已定, 笑談樽俎, 折衝之妙筭已熟, 則何慮乎遠夷哉. 生民雖曰艱食, 殿下推愛民之誠心, 施濟民之實政, 痒疴休戚, 摩撫吹呴, 則仰事俯育, 豈不得遂其生生之天哉."

아니라, 눈에 보이지 않는 곳에 숨어 있는 것이었으니, 바로 천하의 근본을 세우고 천하의 기틀을 잡는 것이었다.[234] 그런데 그가 보기에 당시는, 풍속은 날로 무너지고 사습(士習)은 날로 비루해져, 바른 무리가 오르려 해도 음사(陰邪)가 가득한 상황이었다. 또 사람들은, 기름이나 가죽처럼 매끄럽고 부드러워 믿기 어려웠고, 부엌과 방구석을 다니며 아첨하기에 바빴다. 말은 뜬구름 같고 행동은 사특해 편안한 조정을 요동시키고, 없으면 얻으려 근심하고 있으면 잃을까 근심하여[患得患失][235] 구차한 형편이 만연해 있었다. 그가 근심한 문제는 바로 이와 같은 당시의 세태였다.[236]

그가 우선 제시한 대책은 군자를 가까이 두고 소인을 멀리하라는 것이었다. 군자는 천지 사이의 한 마리 봉황과 같아서 출현하면 천하의 상서가 보응하고, 들어가면 천하의 기대[望]가 멀어진다고 했다. 또 소인은 천지 사이의 한 마리 여우·쥐·벌·전갈과 같아서 내쫓으면 조정의 복(福)이 되지만, 돌아오면 조정의 재앙이 된다고 했다. 이로써 군주가 태평성대를 여는 방도는 군자를 안으로 들이고 소인을 밖으로 내쫓아, 들뜨고 경박한 습속을 사라지게 하고, 간사하고 사특한 무리가 밝은 무리 속에서 용인되지 못하게 하는 것이었다.[237]

결국 군주가 걱정해야 하는 것은 하늘에 있지도, 백성에 있지도, 왜구에 있지도 않았다.[238] 군주는 자신을 돌아보며 책임을 통감해야 했다.

---

234) 『鄕溪集』 卷1, 策, 「灾異策」, 15ㄱ(속2책, 100쪽), "當今之最當憂者, 藏於冥然杳然之間, 則立天下之本, 執天下之機者,"

235) 『論語』 卷9, 陽貨, 176쪽, "子曰, 鄙夫可與事君也與哉, 其未得之也, 患得之, 旣得之, 患失之, 苟患失之, 無所不至矣."

236) 『鄕溪集』 卷1, 策, 「灾異策」, 15ㄱ~ㄴ(속2책, 100쪽), "臣竊觀今之風俗日頹, 士習日卑, 衆正雖昇, 陰邪牽傀, 如脂如韋, 媚竈媚奧. 言浮行慝, 以撼鎭定之朝, 患得患失, 以逞狗苟之態. … 此愚臣之所以懷賈生之憂者也."

237) 『鄕溪集』 卷1, 策, 「灾異策」, 15ㄴ(속2책, 100쪽), "臣聞君子天地間一鳳凰也, 出則應天下之瑞, 入則孤天下之望, 小人天地間一狐鼠蠭蠆也, 去則爲朝廷之福, 返則爲朝廷之禍. 是以人君之開泰也, 內君子而外小人, 使浮薄之習潛消於冥冥之中, 邪枉之類不容於明明之列也."

238) 『鄕溪集』 卷1, 策, 「灾異策」, 16ㄱ(속2책, 100쪽), "… 臣故曰人主之所憂者, 不在天不在民不在夷也."

> 신이 듣기에, 많은 어려움이 나라를 일으키고, 깊은 근심이 성군을 만든다고[239] 합니다. 그 어려움을 생각하면서 스스로 반성하면 많은 어려움이란 것이 곧 전하를 편안하게 만들 것이고, 그 근심을 살펴보면서 스스로 꾸짖으면 깊은 근심이란 것이 곧 전하를 지킬 것입니다.[240]

군주가 자신을 돌아보고 책임을 통감하는 가운데 여러 어진 신하가 조정에서 조화를 이루면 만물이 아래에서 조화를 이룰 것이라고 했다. 그래서 지금 조정은 공경과 겸손의 뜻을 돈독하게 하고 예와 겸양의 풍조를 일으켜야 하며, 이렇게 조정이 조화로워지면 백관이 조화로워지고, 백관이 조화로워지면 만민이 조화로워지고, 만민이 조화로워지면 천지의 조화가 보응할 것이라고 보았다. 요임금 때 화평한 기운이 감돌았던 것이나 탕왕 때 만방을 화합하여 융화하게 한 것은[241] 모두 이러한 이치에 의한 것이었다. 그래서 공경과 겸손이 조화의 근본이 되고, 조화가 곧 재이를 없애고 풍속을 바꾸는 하나의 계기가 된다는 것이었다.[242]

결론적으로 강조한 것은 성학(聖學)에 대한 독실한 탐구였다. 그는 아무리 자질이 뛰어난 군주라도 지극한 도를 듣기는 어렵다고 했다. 그러면서 군주는 하늘로부터 밝은 달의 주옥과 야광의 벽옥을 받는다고 했다. 군주가 이것을 받아 밝고 깨끗한 곳에 두어 세계를 비추게 하면 삼황오제의 성군이 되고, 진흙 속 혼탁한 곳에 두어 빛을 가리고 덮으면 한당(漢唐)의 군주가

---

239) '多難興邦, 殷憂啓聖'의 고사는 『春秋左氏傳』의 "〈傳〉鄰國之難, 不可虞也, 或多難以固其國, 啓其疆土, 或無難以喪其國, 失其守宇注, 若何虞難"[『春秋左氏傳』, 魯昭公2, 4年]에서 기원하고, 이후에는 "或多難以固邦國, 或殷憂以啓聖明."[『晉書』 卷6, 帝紀5, 元帝, 建武元年, 6月丙寅]와 같이 관용구처럼 축약하여 인용한 듯하다.

240) 『倻溪集』 卷1, 策, 「災異策」, 16ㄱ(속2책, 100쪽), "臣聞多難興邦, 殷憂啓聖. 思其難而爲己之省, 則多難者乃所以安殿下也. 觀其憂而爲己之責, 則殷憂者乃所以保殿下也."

241) 『書經』, 堯典, "協和萬邦, 黎民於變時雍."

242) 『倻溪集』 卷1, 策, 「災異策」, 16ㄱ~ㄴ(속2책, 100쪽), "臣聞衆賢和於朝, 萬物和於下. … 今也使朝廷敦敬遜之義, 興禮讓之風, 則朝廷和而百官和, 百官和而萬民和, 萬民和而天地之和應矣. 堯之於變時雍, 湯之協和萬邦, 皆此道也. 然則敬遜爲和之本, 而和乃弭災化俗之一機也."

될 것이라고 했다. 그러면서 자신이 하늘로부터 부여받은 주벽(珠璧)의 보물, 즉 타고난 천성과 자질을 '광명'한 곳에 두고 '혼탁'한 곳에 두어서는 안 된다고 했다.[243)]

이는 비유적으로 표현한 것인데, 광명한 곳에 두어야 한다는 것은 곧 성학에 뜻을 두어야 한다는 의미였다. 즉, "만약 학문에 뜻을 두면 성경(聖敬)은 날로 높아져 해가 양곡(暘谷)에서 떠오르듯 만상(萬象)이 두루 새로워질 것이고, 만약 학문을 게을리하면 거울에 먼지가 생겨 해가 매곡(昧谷)에서 저물 듯 천지는 어두워질 것"이란 의미였다.[244)]

이를 위해서는 매일 경연에 나가 대신을 높여 예우하고 바른 선비를 친히 가까이 두어 치도(治道)를 강구해야 한다고 했다. 그러면서 우서(虞書)를 보면 요임금과 순임금의 정일(精一)한 학문을 알 수 있고, 주서(周書)를 보면 문왕과 무왕의 밝은[緝熙] 학문을 알 수 있다고 했다.[245)]

> 이 학문[堯舜精一之學과 文武緝熙之學]으로써 그 덕을 새롭게 하고 이 학문으로써 그 정사를 바르게 하면, 대본(大本)이 단단히 세워져 호령을 내실 때 한 치도 바름에서 나오지 않는 것이 없을 것이고, 대기(大幾)가 과감히 결단되어 인재를 쓰고 물리는 일이 한 치도 공정에서 나오지 않는 것이 없을 것이니, 진실로 만물을 조화롭게 하고 요순의 시대를 만들 수 있을 것입니다. 저 재이를 없애고 풍속을 변화시키는 방도는 지극히 하나의 작은 일일 따름입니다. 신은 간절하고 절실하고 두렵고 두려운 지극한 마음을 가눌 수 없어 삼가 대책문을 올립니다.[246)]

---

243) 『郿溪集』 卷1, 策, 「灾異策」, 17ㄱ(속2책, 101쪽), "聖策之終, 抑有獻焉. … 雖然美質易得, 至道難聞. 臣聞天有明月之珠夜光之璧, 畀之於人君. 人君受之而置之於虛明精一之地, 光照六合者, 三五之聖也. 置之於泥沙溷濁之中, 掩蔽光明者, 漢唐之君也. 臣不知殿下受天與之寶, 置之於光明乎, 置之於溷濁乎."

244) 『郿溪集』 卷1, 策, 「灾異策」, 17ㄱ(속2책, 101쪽), "若典于學則聖敬日躋, 如日出暘谷, 萬象俱新. 若倦于學則寶鑑塵生, 如日入昧谷, 天地蒙暗."

245) 『郿溪集』 卷1, 策, 「灾異策」, 17ㄱ~ㄴ(속2책, 101쪽), "臣願殿下日御經筵, 尊禮大臣, 親近正士, 講治道. 覽虞書則知堯舜精一之學, 覽周書則知文武緝熙之學."

송희규의 논리는, 재이의 원인은 밖에서 찾을 게 아니라 군주 자신에게서 찾아야 한다는 것이었다. 왜구의 침략이든 백성의 기근이든 마음을 다하여 대응하면 문제 될 것은 없었다. 그가 지목한 문제는 대본이 서지 않고 대기가 결단되지 않은 것이었다. 당시는 조정에 소인이 넘쳐나 조화가 깨지고 백성이 고통을 받는 상황이었다. 이를 위해서는 군주가 책임을 통감하며, 군자를 가까이 두고 조정과 온 천하를 조화롭게 해야 하는데, 이것은 군주의 독실한 성학 탐구를 통해 가능한 것이었다. 사질과 천성을 성학 탐구에 두고서, 경연에 나가 치도를 구하고, 학문에 힘써 성인의 가르침을 따르면 대본(大本)과 대기(大機)가 세워질 것이라고 했다. 이것이 곧 재이를 해소하는 방도라는 것이었다.

앞서 이언적의 논의에서도 보았지만, 군주의 수성(修省)이 강(綱)=체(體)로서 정치의 근본이고, 제도의 시정(是正)은 목(目)=용(用)으로서 부차적인 문제였다. 왕권이 전제적으로 행사될 때 어떠한 참화가 일어나는지 경험했던 사림에게 제도를 만들거나 고치는 문제는 군주의 심성수양과 도덕적 성찰에 비하면 부차적일 수밖에 없었을 것이다. 군주가 도덕적인 심성수양을 바탕으로 사심(私心)과 사욕(私欲)에 치우치지 않고 공사(公私)와 시비(是非)와 선악(善惡)을 정확히 판별한다면 제도의 문제는 그야말로 '저절로' 이루어지는 것이었다. 그래서 무엇보다도 군주에게 필요한 것은 수기치인(修己治人)의 학문, 즉 성학(聖學)이었던 것이다.

재이론을 통해서는 '소릉추복'이나 '폐비신씨 복위'와 같이 정치적으로 위험 부담이 큰 사안이 자주 논의되었다. 이렇게 시비(是非)가 나뉘는 정치 현안에 직면해서는 군주 스스로가 무엇이 '시'이고 '비'인지 분별할 줄 알아야 했고, 이를 위해서는 성학(聖學)을 닦아야 한다고 했다. 주자학적 재이론에서는 군주의 정심(正心)을 통한 천리(天理)의 회복이 미재(弭災)의 요체였고,

246) 『倻溪集』 卷1, 策, 「灾異策」, 17ㄴ(속2책, 101쪽), "以此學而新厥德, 以此學而正厥事, 大本立定而發號施令, 無一不出於正, 大幾夬斷而進退人才, 無一不出於公, 固可以爐錘萬物, 陶鑄唐虞矣. 彼弭災化俗之方, 特一細微耳, 臣無任激切屛營之至, 臣謹對."

그 논의는 자연히 군주성학론으로 귀결되었다.

3) 주자학적 재이론의 정치적 변용과 경장론(更張論)

16세기 주자학적 재이론을 가장 완결된 형태로 논의한 인물은 이이(李珥, 1536~1584)이다. 이이의 자연관과 재이론에 대해서는 그동안 적잖은 연구가 수행되었는데,[247] 여기에서 주목하고자 하는 것은 그의 경장론(更張論)이다. 그는 이 시기 여느 논자와 마찬가지로 천리(天理)의 회복을 재이 해소의 요체로 보았다. 그런데 그는 천리의 회복을 위해서는 군주의 성학과 함께 경장(更張)을 통한 안민(安民)이 필요하다고 했다.

그동안 재이론을 통해 경장이나 안민의 문제가 논의되지 않았던 것은 아니다. 하지만 대개 경장과 같은 제도의 개선은 '용(用)'이나 '목(目)'의 차선에 불과하고, 군주의 성학이 '체(體)'나 '강(綱)'의 근본이라고 했다. 군주가 성학만 잘 닦으면 나머지 문제는 자연히 해결되리라 본 것이다. 그런데 이이는 재이 해소의 방책으로 경장을 전면에 내세웠다. 이 점이 이전의 논의 양상과 다르다. 그리고 이후에 전개되는 많은 재이론, 특히 미재(弭災)를 위해 변통(變通)이 필요하다고 본 논의의 모범이 되었다는 점에서도 주목된다.

이이의 자연인식과 재이관을 엿볼 수 있는 논설로 그가 23세 때 작성한 「천도책(天道策)」이 있다. 「천도책」에서는 자연 현상을 '리(理)의 상(常)'과 '리(理)의 변(變)'으로 구분한다. 음양(陰陽)의 두 기(氣)가 조화로우면 자연은

---

247) 張會翼, 「조선 성리학의 자연관-李珥의 『天道策』과 張顯光의 『宇宙說』을 중심으로-」, 『과학과 철학』 2, 통나무, 1991, 13~47쪽 ; 尹絲淳, 「栗谷(李珥)의 自然觀」, 『民族文化研究』 25, 1992, 71~81쪽 ; 곽신환, 「이율곡(1536-1584)의 자연관-策文을 중심으로-」, 『인문학연구』 22, 숭실대학교 인문과학연구소, 1992, 1~27쪽 ; 김우형, 「『經筵日記』에 나타난 율곡의 災異觀」, 『율곡학연구』 18, 2009, 59~85쪽 ; 조민환, 「栗谷 李珥의 도교 비판에 기반한 자연재해 인식에 관한 연구」, 『도교문화연구』 56, 2022, 81~112쪽 ; 이난숙, 「율곡의 「천도책」에 담긴 천문 기상에 관한 인식과 재이관 고찰」, 『율곡학연구』 54, 2023, 37~66쪽.

절도(節度)를 잃지 않고 모두 화기(和氣) 속에 있어 이를 '리의 상'이라고 했다. 반면에 음양의 두 기가 조화를 잃으면 그 운동이 절도를 잃어 바람, 구름, 우레, 번개 등이 모두 괴기(乖氣)에서 나오게 돼 이를 '리의 변'이라고 했다. 그런데 리가 '상'이 되고 '변'이 되는 것은 모두 사람의 마음가짐에 달려 있다고 했다. 즉, 사람은 천지의 마음이라 사람의 마음이 바르면 천지의 마음도 바르고 사람의 기가 순하면 천지의 기 또한 순하므로 리가 '상'이 되고 '변'이 되는 것을 천도(天道)에만 맡겨서는 안 된다는 게 「천도책」의 대략적인 요지이다.[248]

그런데 이 「천도책」은 이이가 본격적으로 관직 생활을 하기 전인 명종 13년(1558) 겨울에 지은 것으로,[249] 여기의 '천리에 입각한 인간과 자연의 일원적이고 통일적인' 인식은 비교적 원론에 가깝다고 할 수 있다. 반면에 선조 7년(1574) 1월[250] 이이가 39세 때 작성한 「만언봉사(萬言封事)」에는 그의 십 수년간의 관직 생활 경험과 현실 인식이 반영되어 있다고 할 수 있다. 여기에서 이이가 제시한 재이 해소의 방책이 바로 경장(更張)이다.[251]

「만언봉사」의 내용은 방대한데, 요약하면 다음의 〈표 4-3〉과 같다.

---

248) 張會翼, 앞의 글, 1991, 17~20쪽.

249) 『栗谷全書』 卷33, 附錄1, 「年譜上」, 16ㄴ(45책, 284쪽), "(戊午三十七年 先生二十三歲) 冬, 魁別試解, 所對天道策, 見原編. 考官鄭士龍梁應鼎諸人, 見先生策曰, 吾輩經思數日, 始構此題, 而李某之短晷所對若此, 眞天才也."

250) 선조 7년(1574) 1월 4일(경진) 日變에 따른 구언이 있었고[『宣祖實錄』 卷7, 6年 12月 30日(丙子) ; 同 7年 1月 4日(庚辰)], 이이는 여기에 응하여 萬字가 넘는 긴 글의 封事, 즉 「萬言封事」를 지어 제출했다.

251) 김우형은 "이이의 재이관은 기본적으로 정주리학적 견해를 따라 치세에서는 재이가 발견되지 않고 주로 정치적 도덕적 혼란기에 발생한다고 보았지만, 점차 천도관의 변화와 함께 미묘한 변화를 보이고 있다. 「천도책」에서는 재이와 난세의 관계가 비교적 분명하고, 또한 그에 대한 대응책도 주로 근신하고 수양하는 것이었지만, 이후 『경연일기』에 나타난 재이관은 천도가 '아득하고 멀어서' 알기 어렵다는 견해와 함께 치세와 난세가 아직 결정되지 않은 초기에 모두 재이가 나타날 수 있다고 본다. 또한 재이에 대한 대응책에 있어서도 임금의 내적인 마음의 수양에만 치중해서는 안 되고, 마땅히 해야 할 책무를 다하되 예의 규범이나 법제를 개혁하는 노력을 기울여야 한다고 말하고 있다"라고 평가한 바 있다. 김우형, 앞의 글, 2009, 74쪽 참고.

〈표 4-3〉「만언봉사(萬言封事)」 내용 분석

구분		내용
서론		·재이는 하늘의 경고. 시의(時宜)를 모르고 실공(實功)에 힘쓰지 않으면 반성하는 마음이 간절해도 치적은 아득할 것
본론	1) 변통의 역사	
본론	중국	·왕도와 인정을 불변의 근본으로 삼되, 법제는 시대와 상황에 맞게 변통해야 함. 요순우 삼대에는 변통이 잘 이루어졌으나 이후에는 폐단이 생겨도 변통하지 않음. 법제의 변통을 통해 불변의 가치인 왕도와 인정을 지켜야 함
본론	조선	·태조~성종 : 시의에 따라 경제육전·경국대전·속록 등 법 제정 ·연산군 : 황란(荒亂)과 사치가 심했고, 공법(貢法)이 붕괴됨 ·중종~명종 : 거듭된 사화로 공신과 권신만 득세 ·시의에 맞는 변통을 통해 백성을 구제해야 함
본론	2) 현재의 상황 : 7가지의 실공이 없음(無實功)	
본론		(1) 상하가 서로 믿는 실공이 없음(上下無交孚之實) ·현재 군주는 신하의 충언을 믿지 않고, 신하는 군주에게 충언을 올리지 않음. 군신(君臣) 간 신뢰는 깨졌고, 조정은 불안
본론		(2) 신료들 사이에 일을 책임지고 수행하는 실공이 없음(臣鄰無任事之實) ·대관(大官)은 위에서 유유히 지내고, 소관(小官)은 사익만 추구하며, 대간은 책임만 면하고자 함. 청탁도 만연. 감사는 대접만 받으려 하고, 수령은 윗사람에게 아부만 하고, 그 사이에 서리배는 백성 착취만을 일삼고 있음
본론		(3) 경연에서 성취하는 실공이 없음(經筵無成就之實) ·지금 경연은 자주 열리지도 않고, 형식적으로 운영됨. 일부 신하가 성학(聖學)을 권유해도, 군주는 수용하지 않음
본론		(4) 현인을 불러 거두어 쓰는 실공이 없음(招賢無收用之實) ·형식적인 절차와 소극적 태도로 인해 현인이 등용되지 않음. 천거되어도 만나 벼슬만 줄뿐, 불러다 시험해 보지 않고, 천거된 자도 도를 실천하지 않음
본론		(5) 재이를 만나 하늘에 응하는 실공이 없음(遇災無應天之實) ·재이를 만난 군주는 수성하고 반성하는 태도를 보여야 하나, 피전감선과 같은 형식적인 대응만 있을 뿐, 백성의 고통을 덜어주는 근본적인 대책은 강구하지 않음
본론		(6) 여러 정책에 백성 구제의 실공이 없음(羣策無救民之實) ·오래된 법령으로 폐단이 생겨 민생이 안정될 수 없음. 민생 안정책으로 제시된 정책은 근본적인 해결책이 아니라 형식·표면적 대책이고, 백성이 혜택을 보지 못하고 있음
본론		(7) 인심이 선을 향하는 실공이 없음(人心無向善之實) ·선한 말을 따르고 존중하기보다는 비웃는 풍조가 퍼지고, 진실보다는 허위가 성행하고 있음. 백성 교화가 부족해 강상윤리가 무너졌음
본론		·소결 : 일곱 가지의 실공이 없어 국가 기강은 무너지고 백성은 고통받고 있음. 이를 해결하지 않으면 어떤 노력도 효과를 볼 수 없음
본론	3-1) 해결책① : 4가지 수기(修己) 방안	

		(1) 뜻을 분발하여 삼대의 치세를 실현하겠다고 기약할 것(奮聖志期回三代之盛) ·수신을 위한 참된 학문을 하고, 안민을 위한 참된 마음을 먹고, 어진 이와 함께 폐단을 개혁해 시국을 구하겠다는 큰 뜻을 품어야 함. 낡은 견해를 버리고 큰 뜻을 분발하여 지치(至治)의 정치를 일으키겠다고 기약할 것
		(2) 성학에 힘써 성의와 정심의 공효를 다할 것(勉聖學克盡誠正之功) ·궁리(窮理)·거경(居敬)·역행(力行)의 자세로 학문에 힘쓸 것. 사서오경과 선현의 격언 및 심경, 근사록 등의 책을 번갈아 읽으며 그 뜻을 깊이 연구할 것
		(3) 편벽된 사심을 버리고 지극히 공평한 도량을 넓힐 것(去偏私以恢至公之量) ·측근에게는 법 집행을 엄히 하고, 백성에게는 어짊이 미칠 수 있도록 공정한 자세를 취해야 함. 왕실 재물을 사물(私物)로 여기지 말 것. 한편에만 치우친 생각을 마음속에서 끊고 공평한 도량으로 감싸고 덮도록 할 것
		(4) 현명한 선비를 가까이 두고 충언을 들어 도움을 받을 것(親賢士以資啓沃之益) ·출신과 조야를 따지지 말고 현인을 구해 경연에 참석시켜 충성스러운 도움을 받아야 함. 학문 강론은 의리를 추구해야 하고, 정치 논의는 실효를 추구해야 함. 상하가 뜻에 간격이 없어지고 성리의 이론이 진취되면 성학이 완성될 것임
	3-2) 해결책②: 5가지 안민(安民) 방안	
		(1) 성심을 열어 신하들의 충정을 얻을 것(開誠心以得羣下之情) ·군주가 정성으로 대하면 신하 또한 충성을 다하고, 위험한 일도 마다하지 않음. 마음을 열어 신하가 거리낌 없이 충정을 바칠 수 있는 정치 분위기를 조성해야 함
		(2) 공안을 개정하여 포악하게 거두는 폐해를 제거할 것(改貢案以除暴斂之害) ·연산군 시절 사치가 심해 공안에 추가 공물을 책정. 이후 70년 동안 권간이 정치를 장악해 고치지 못함. 불산공물에 의한 백성의 피해가 막중하고, 파산에 이르게 됨. 공안을 개정하고, 방납의 폐단도 금해야 함.
		(3) 절약과 검소함을 숭상하여 사치 풍조를 혁거할 것(崇節儉以革奢侈之風) ·현재 생산이 소비를 따라가지 못하고 있음. 음식 상차림은 허영이 심하고, 의복은 화려함을 경쟁함. 왕실의 공봉규례를 조종의 예에 맞게 줄이고, 군주가 몸소 검소한 생활을 실천해서 내외의 모범이 되어야 함
		(4) 선상(選上)의 제도를 변통해 공천(公賤)의 고통을 구제할 것(變選上以救公賤之苦) ·공천(公賤)은 빈민인데, 과도한 선상 부담으로 파탄에 이르게 됨. 관리의 부패로 뇌물을 주는 고을은 적게 배정하고, 그렇지 않은 고을은 과도하게 배정함. 선상제를 폐지하고 신공(身貢)으로 대체 필요. 노비의 수를 조사하여 공납 면포의 총계를 정비해야 함
		(5) 군정(軍政)을 개혁하여 내외의 방비를 굳건히 할 것(改軍政以固內外之防) ·현재 군정의 폐단 : 장수의 부패와 군졸 착취, 비효율적인 지역 배치, 부실한 군적 관리, 과다한 부역 명목과 가혹한 징수 ·변통 방안 : 변장들 자립 지원, 군사 훈련 성과 관리, 지역 내 군사 배치 강화, 군적의 실질적 관리, 부역 간소화, 변경 지역의 자위 능력 강화
결론	·현재 권간이 나라를 어지럽히고 조종의 은택이 되고 있어 근본적인 개혁이 필요함. 변통의 추진은 유능한 인재에게 맡기고, 외부의 반대나 모함에 흔들려서는 안 됨. 3년 내 개혁의 효과가 나타나지 않으면 기망의 죄로 처벌할 것을 자청	

먼저, 이이는 중국과 조선의 역사를 개관하면서 시의(時宜)에 따른 경장과 이를 통한 백성의 구제가 왜 중요한지를 설명했다. 그리고 현재의 상황을 일곱 가지의 실공이 없는 '무실공(無實功)'의 상태로 규정했는데, 이는 사실이 일곱 가지의 실공에 힘써야 한다는 반어적 서술이었다. 끝으로 '무실공(務實功)'의 행동 강령을 '수기(修己)'의 네 항목과 '안민(安民)'의 다섯 항목으로 나누어 제시했다. 요컨대 시의(時宜)를 알고 실공(實功)에 힘써야 한다는 것이었고, 이것이 곧 재이 해소의 대책이 된다는 것이었다.

> 여러 재이가 거듭 나타나 무사히 지나가는 날이 없는 것은 하늘의 인애(仁愛)가 지극한 것입니다. 전하께서 두려워하여 몸을 닦고 잘못을 반성하는 일을 어찌 조금이라도 게을리할 수 있겠습니까. 비록 그러하지만, 시의(時宜)를 알지 못하고 실공(實功)에 힘쓰지 않으면 삼가고 두려워하는 마음이 아무리 간절하더라도 치적은 끝내 아득할 것이니 민생을 어떻게 보전하고 하늘의 노여움을 어떻게 그치게 할 수 있겠습니까.252)

이이는, 재이를 맞은 군주는 도덕적인 수양도 해야 하지만, 적절한 때에 실질적인 공효(功效)에 힘을 쓰는 자세가 더 필요하다고 했다. 시의(時宜)에 따른 실공(實功)에 힘을 쓰지 않으면 도덕적인 수양이 간절하더라도 민생은 보존할 수 없고 재이는 없앨 수 없다는 것이었다. 도덕적 수양과 더불어 시의와 실공에 힘을 써 민생의 문제를 해결해야 재이를 없앨 수 있다는 뜻이었다. 이처럼 그는 「만언봉사」에서 군주의 수기(修己) 못지않게 안민을 위한 경장과 그 실천을 강조했다.253)

---

252) 『栗谷全書』 卷5, 疏箚, 「萬言封事」, 13ㄱ~ㄴ(44책, 98쪽), "衆災疊現, 日無虛度者, 乃皇天仁愛之至也. 殿下之兢惕修省, 其可少緩乎. 雖然, 不知時宜, 不務實功, 則危懼雖切, 治效終邈, 民生豈可保, 天怒豈可弭乎."

253) 김경래는 「만언봉사」의 특징을 "정리하면, 「동호문답」과 비교할 때, 「만언봉사」의 구성에서 주목할 만한 특징은 다음의 두 가지이다. 첫째, 시의론과 실공론이다. 글의 전반부에 시의성이 강한 주제를 담고 있는 만큼, 이 부분에 「만언봉사」의 가장

그렇다면 이이는 왜 이와 같은 재이론을 펼쳤던 것일까.[254] 먼저 명종~선조 대 정국과 재이론의 전개 양상이 주목된다. 명종 대 사림은 재이론을 문정왕후(文定王后)와 척신(戚臣) 세력을 향한 정치 공세에 자주 활용했다.[255] 가령, 명종 5년(1550) 5월 2일(을축) 부사용 김영(金鈴)은 갑진년[중종 39년, 1544]과 을사년[명종 즉위년, 1545] 사이의 재이는 문정왕후의 수렴청정 때문에 일어난 것이라고 상소했다가 주살되었다.[256] 문정왕후의 비호를 받던 선교(禪敎) 양종(兩宗)의 복실(復設) 문제와 내수사 운영도 명종 대 내내 재이의 원인으로 거론되었다.[257] 『명종실록(明宗實錄)』의 사론(史論)도 참고되는데,[258] 명종 원년(1546) 11월 30일(계미) 겨울에 복숭아꽃과 오얏꽃

핵심적 주장이 담겨 있다고 할 수 있다. 둘째, 「만언봉사」는 '안민'의 문제에 집중하고, '교화'의 문제는 비중 있게 다루지 않는다. 이 점은 「동호문답」은 물론 「성학집요」와도 다르다는 점에서 더욱 그 차이가 두드러진다"라고 정리한 바 있다. 김경래, 「宣祖代 초반의 정국과 栗谷 李珥의 개혁론」, 서울대학교 대학원 국사학과 박사학위논문, 2015, 110쪽 참고.

254) 물론 16세기 조선의 사회경제적 모순이 가장 근원적인 이유일 것이다. 이 시기의 사회경제적 모순은 "이미 16세기 후기 사림정치가 시작될 무렵에는 국가의 재정·경제가 파탄에 직면하였다. 가령 공납제도는 방납이라는 중간 농단자들의 사적인 謀利 행태로 보편화하고, 군역제도는 價布의 징수 형태로 변한 데다 족징·인징이라는 연좌행태로 만연하게 되었다. 기본 제도 자체가 변칙으로 작동될 뿐 아니라 오랜 훈척·권간들의 자의적·수탈적 지배행태로 말미암아 사익 위주로 富의 편중이 팽대한 반면에 공공 영역은 급속히 몰락하였다. 가령 국가의 기본 지반인 양인 자영농층이 대거 몰락하여 호세층의 사노비로 竊入하게 되었다는 사실이 그러하다. 국가 부·세를 담당하는 기층민의 몰락에 따라 국계와 민생은 결국 파탄의 위기상태로 돌입하지 않을 수 없었다"라는 지적에서 짐작할 수 있다[金泰永, 앞의 책, 2023, 299쪽]. 결국 이 시기의 사회경제적 모순의 심화가 이이가 경장론을 세운 근원적인 이유일 텐데, 여기에서는 연구의 목적상 재이론의 측면에 한정하여 살펴보기로 한다.

255) 임혜련, 「明宗 前半期 災異論과 垂簾聽政 認識」, 『韓國思想과 文化』 53, 2010, 120~126쪽.

256) 『明宗實錄』 卷10, 5年 5月 2日(乙丑).

257) 『明宗實錄』 卷11, 6年 2月 5日(癸亥) ; 同 卷14, 8年 6月 6日(辛巳) ; 同 26日(辛丑) ; 同 卷22, 12年 5月 11日(癸亥) ; 同 卷32, 21年 5月 12日(壬寅). 이른바 內需司와 불교 兩宗 문제는 명종 대의 핵심 정치 쟁점이었고, 이에 대한 정치적 공세는 결국 문정왕후를 향한 것이었다. 이에 관해서는 韓春順, 『明宗代 勳戚政治 研究』, 혜안, 2006, 171~270쪽 참고.

258) 車長燮, 「朝鮮前期 實錄의 史論」, 『國史館論叢』 32, 1992, 54쪽. 참고로 조선전기 실록[태조~명종]의 재이에 관한 사론은 총 158건인데, 이 중 126건(79.7%)이 『明宗實錄』에

이 핀 재이를 보고 당시의 사관은, 이는 음이 양을 침범하여 발생한 것으로, 원인은 어린 명종을 대신하여 임조(臨朝)하는 모후, 즉 문정왕후에게 있다고 기록했다.[259] 그리고 명종 2년(1547) 4월 16일(정유) 전국적으로 눈이 내린 재이에 대해 사관은 자전(慈殿)이 임조하고 간흉이 쓰이니 음이 왕성하고 양이 미약한 조짐이 나타난 것이라고 했고,[260] 또 명종 8년(1553) 정월 초하루에 일식이 일어나자 사관은, 일식은 음이 양을 위협하고 신하가 군주를 침범하는 형상으로 역적 윤원형(尹元衡, 1503~1565)이 을사년의 일[을사사화]로써 문정왕후를 동요시켜 옥사를 일으키고 명종을 위협해 제멋대로 하니 하늘이 경계를 보인 것이라고 적었다.[261] 한편 윤원형은 명종 19년(1565) 1월 겸영관상감사(兼領觀象監事)로 있으면서 관상감 측후단자의 외부 유출을 막아야 한다는 주장까지 했다. 관인·유자가 이를 보고 '망녕되게' 재이론을 펼친다며 전파되지 못하게 막아야 한다는 것이었다.[262] 이러한 건의에서도 이 시기 재이론의 정치 공세가 누구를 향한 것이었는지 짐작할 수 있다.

명종 대의 척신 정치는 명종 20년(1565) 4월 문정왕후의 죽음으로 종식되었다. 이어서 이에 대한 정치적 청산이 시작되었는데,[263] 소위 유신(維新)의 정치를 염원하는 정치적 요구가 재이론을 통해 다수 제출되었다. '간흉(奸凶)을 몰아낸 지금이 새로운 정치를 펼칠 적기이며 그 근본은 군주의 일심(一心)

수록되어 있다고 한다. 이는 『明宗實錄』의 전체 사론(1,439건)의 8.8%에 해당하는 분량이다.

259) 『明宗實錄』 卷4, 元年 11月 30日(癸未).

260) 『明宗實錄』 卷5, 2年 4月 16日(丁酉).

261) 『明宗實錄』 卷14, 8年 1月 1日(戊寅).

262) 『明宗實錄』 卷30, 19年 1月 29日(癸卯), "故在祖宗朝, 凡天變書啓之後, 只下政院而已, 不爲傳播於外間. 近者事不如古, 一下政院, 卽爲傳播外間喧說, 妄論事應, 極爲未安. 請依祖宗朝例, 使政院封入, 勿使傳播. 傳曰, 如啓. 史臣曰, … 至使人主, 不知恐懼修省, 吁可痛哉."

263) 金宇基, 『朝鮮中期 戚臣政治 硏究』, 集文堂, 2001, 118~121쪽. 가령, 을사사화를 비롯한 정치적 변화 과정에서 집권 세력의 정치 운영에 반대하다가 피화된 이들에 대한 疏放, 양종 복립·내수사의 인신 사용 등과 같은 명종 즉위 이후 續立된 정책에 대한 再勘定·再署出, 새로운 인사 관행의 확립 등으로 나타났다.

에 달려 있다'라는 것이었다.[264)]

이러한 정치적 요구를 엿볼 수 있는 논의가 바로 이준경(李浚慶, 1499~1572)의 재이론이다. 명종 21년(1566) 10월 30일(정해) 명종은 여름이 지났는데도 천둥과 번개가 잇따른다며 "직언[不諱之言]을 들어 인애(仁愛)의 견책에 응답하고자 한다"며 어필로 구언교를 내렸다.[265)] 이준경은 이에 응하여 장문의 응지상소를 올렸는데,[266)] 핵심 내용은 군주성학론이었다. 성인은 군주의 지위에 있으면서 중화(中和)에 합덕(合德)한 인물이었지만 요순과 같은 성인이 아니라면 군주라 할지라도 저절로 중화(中和)에 다다를 수 없으니, 군주로서 성인의 자질을 갖추지 못했다면 꾸준히 심성수양하고 성학을 탐구해야 한다는 것이었다. 그리고 여기에 부족함이 있으면 고치고 수양하는 데에 백배 힘써야 한다고 했다.[267)] 그래야 성인의 반열에 다다를 수 있고 삼대의 왕도정치가 구현된다는 것이었다.

명종 대 말에는 이렇게 유신의 정치를 요구하는 재이 상소가 연이어 제출되었다. '만사(萬事)의 기강은 군주의 일심(一心)에 달려 있고, 혁폐흥화(革弊興化)는 다른 데서 구할 것이 없다',[268)] '인주(人主)의 일심(一心)이 만화(萬化)의 근원이므로, 이 마음만 바르게 하면 만사가 모두 다스려지지 않을 리 없다',[269)] '전하의 일심(一心)이 만사(萬事)의 근본이고 만화(萬化)의 근원

---

264) 『明宗實錄』 卷31, 20年 10月 10日(癸酉), "其所以行之之本, 則只在於殿下之一心, 正心以正朝廷, 正朝廷以正百官, 百官正, 而四方萬民, 莫不一於正矣. 臣等俱以無狀, 待罪論思, 適値去奸之日, 亦一爲政之初也. 惓惓愛君之誠, 不能自已, 敢獻一得之遇, 冀裨維新之治. 伏願, 殿下垂察焉."

265) 『明宗實錄』 卷33, 21年(1566) 10月 30日(丁亥), "冀聞不諱之言, 用答仁愛之譴, 各以所懷, 悉陳無隱. … 此卽御筆也. 一十年來, 無此傳敎."

266) 『明宗實錄』 卷33, 21年 閏10月 15日(壬寅) ; 『東皐遺稿』 卷2, 疏, 「答災異求言疏時稱丙寅疏」, 9ㄱ~19ㄱ(28책, 281~286쪽).

267) 『東皐遺稿』 卷2, 疏, 「答災異求言疏時稱丙寅疏」, 12ㄱ(28책, 282쪽), "若非生知之聖, 則雖有天質之美, 萬機之繁, 一日之頃, 豈能盡合於中, 盡發於和乎. 其所謂中和者, 又豈任其生質, 聽其自爲, 一蹴而可到乎. … 工夫盡到, 然後德化光明, 太和坱圠."

268) 『明宗實錄』 卷32, 21年 2月 19日(辛巳), "大抵, 萬事之綱, 在於人君之一心, 革弊興化, 不可以他求."

이다'[270]와 같은 논의였다.

이러한 요구는 선조가 즉위한 이후에도 계속되었다. 그런데 선조는 군주성학론에 의문을 제기하며 부정적인 반응을 보였다. 선조 6년(1573) 11월 1일(정축) 백홍관일(白虹貫日)의 재이가 발생하자 선조는 영의정 이탁(李鐸, 1509~1576)과 좌의정 박순(朴淳, 1523~1589)을 불러 다음과 같이 말했다. "조정의 현인이 경연 자리에 많이 모여 대언(大言)을 다투듯이 진언하고 새로운 규례(規例)를 기꺼이 행하므로 마땅히 풍속이 순화되고 정사가 잘 거행되어야 할 것인데, 기강은 어지럽고 백성은 도탄에 허덕이며 인심은 아름답지 못하다"는 것이었다. 그러면서 "유자(儒者)에게는 한 터럭만큼의 공도 없고, 폐단은 오히려 권간(權奸)이 권력을 부리던 때보다 심하다"고 했다.[271] 조정의 신료가 재이 해소의 대책이라며 '대언'을 진언했지만, 현실은 여전히 폐단으로 가득하다는 비판이었다.

당시 사관은 선조의 비판을 다음과 같이 분석했다.

> 이 당시 이이(李珥)와 김우옹(金宇顒) 등이 경연에서 삼대(三代)를 끌어다가 상을 일깨우는 일이 많았는데, 상은 이를 채용하지 않고 도리어 재이(災異)의 발생을 대언(大言)의 효험으로 여겨 인심이 매우 두려워했다.[272]

이이와 김우옹(金宇顒, 1540~1603)이 '삼대(三代)를 끌어다 한 대언'이란 군주성학론이었을 것이다. 앞서 보았듯이, 군주성학론은 중종 대 이후의 지배적인 논의였고, 특히 척신 정치의 청산 과정에서 이준경을 비롯한

269) 『明宗實錄』 卷32, 21年 3月 10日(辛丑), "方今國事無有不弊, 如欲改之, 將不勝改, 但人主一心, 萬化之原也. 一正此心, 則萬事無不理矣."

270) 『明宗實錄』 卷32, 21年 3月 17일(戊申), "殿下一心, 萬事之本, 萬化之原也."

271) 『宣祖修正實錄』 卷7, 6年 11月 1日(丁丑), "白虹貫日. 上適親見之, 驚懼. 招領相李鐸左相朴淳, 下教曰, 朝廷賢人, 多聚經席之上, 大言競進, 喜行新例, 宜乎風淳政擧, 而綱紀板蕩, 邦本兀盡, 人心不美. 儒者無一毫之效, 反甚於曩日權奸用事之時, 此, 予所未曉也."

272) 『宣祖修正實錄』 卷7, 6年 11月 1日(丁丑), "是時李珥金宇顒等在經席, 動引三代, 多所剴切, 上不能採用, 反以災異爲大言之效, 人心甚懼."

다수의 사림이 개진했다. 이이와 김우옹 또한 이 연장에서 선조에게 '삼대를 끌어다' 성학을 강조했던 것일 텐데, 이에 대한 선조의 반응은 이처럼 부정적이었다. 참고로 이이가 「만언봉사」를 제출한 것은 이로부터 2개월 후의 일이다.[273]

사실 재이론에 대한 선조의 태도는 회의적이었다. 다음 선조 7년(1574) 1월 27일(계묘) 주강(晝講)에서의 대화를 보자.

> 천인(天人)과 재이에 관한 사안을 언급했다.
>
> 선 조 : 하늘과 사람의 이치를 내가 알지 못하니 자세히 진달하라.
>
> 김우옹 : 대체로 하늘과 사람은 하나의 이치[一理]입니다. 사람의 마음속에는 천도(天道)의 원형이정(元亨利貞)이 들어 있습니다. 〈둘은〉 아득히 합치되어 떨어진 틈이 없고, 〈서로〉 유행에서 쉼이 없습니다. 아래[인간]에서 밝고 밝으면 위[하늘]에서 빛나고 빛나는 까닭으로 서로 유통하여 재변과 상서의 감응이 어긋나지 않는 것입니다.
>
> 선 조 : 그렇다. 대체로 선행을 하면 〈하늘이〉 상서를 내리고 악행을 하면 재이를 내리니 본래 천리가 이와 같음은 틀림없다. … 수양제(隋煬帝)는 극도로 흉악하여 하늘이 돌보지 않아 재변이 없었다는데 이런 따위는 내가 알지 못하겠다.
>
> 김우옹 : 하늘과 사람은 하나의 이치인 까닭으로 감응이 있습니다. 어찌 사람이 그 사이에서 조작하여 희노(喜怒)를 주장할 수 있겠습니까. 그러나 옛사람이 말하길, '고종(高宗)은 하늘과 더불어 덕(德)이 합치되어 잘못이 있자 즉시 꿩이 우는 재이가 있었고, 수양제는 극도로 무도하여 하늘과 막혀 버렸기 때문에 아무런 감응(感應)이 없었다'고 하니 혹 그런 이치가 있는 듯도 합니다.
>
> 그 후의 경연에서도 상이 또한 이와 같은 질문을 했다.

273) 그리고 김우옹 또한 '先修己-後治人'을 바탕으로 經世를 위한 변통을 주장했다. 이경동, 「東岡 金宇顒의 현실인식과 經世論」, 『嶺南學』 70, 2019, 261~297쪽 참고.

김우옹 : 하늘이 뜻이 있어서 재이가 있거나 없는 게 아닙니다. 다만 사람에게 도(道)가 있느냐 없느냐에 따라 천리(天理)가 유행하기도 하고 막혀 버리기도 하는 차이는 있습니다. 그러므로 혹 이런 이치가 있을 듯도 합니다.

선　조 : 이것은 끝내 이해할 수가 없다. 그렇다면 걸(桀)은 극도로 악한 사람이었는데도 하(夏)에 재앙을 내려 죄가 드러나게 한 것은 무슨 까닭인가?

김우옹 : '크게 무도한 세상에는 재이가 없다'고 하는 말은 별도로 있는 하나의 도리인 듯합니다. 항상 그렇다는 것은 아닙니다.

그 후에 이이가 입시하자 상이 〈같은 것을〉 물었다.

이　이 : 하늘과 사람 사이에는 단지 선행을 하면 복을 받고 음행(淫行)을 하면 화를 받는 이치만 있을 뿐 '무도한 세상에는 재이가 없다'는 말은 옳은 말이 아닙니다.

상이 옳다고 여겼다.[274]

선조, 김우옹, 이이 세 사람은 천인감응의 이치를 주제로 토론했다. 선조는 천도(天道)와 재이론의 원리를 직관적으로 이해하고 싶어 했는데, 이는 그럴 수 있는 게 아니었다. 선조는 선을 행하면 상서가 출현하고 악을 행하면 재이가 일어난다는 이치는 알겠으나, 가령 걸과 수양제는 모두 악행을 저질렀

274) 『東岡集』 卷12, 「經筵講義」, 7ㄴ~8ㄴ(50책, 351쪽), "(甲戌正月)二十七日. … 言及天人災異之事. 上謂宇顒曰, 天人之理, 予未有知, 其細陳之. 宇顒啓曰, 大抵天人一理也. 人心腔子裏, 天道之元亨利貞具焉, 脗合無間, 流行不息, 所以明明在下, 赫赫在上, 流通相與, 而災祥之應不爽也. 上曰, 然, 大抵作善降祥, 作惡降災, 自是天理如此而不差也, 古人所謂仁愛人君, 在人君思之則如此耳, 天豈有意而爲之哉. 又言隋煬極惡窮凶, 上天不顧, 故無災, 此類, 予所未曉. 宇顒曰, 天人一理, 所以有感應, 豈有人爲於其間而主張喜怒哉. 然古人言高宗與天合德, 故纔有失, 卽有雊雉之異, 隋煬無道之極, 與天阻隔, 故漠然無應, 恐或有是理也. 其後筵中, 上又問此事. 宇顒又言天非有意而有災無災也. 但人之有道無道, 便有天理流行與阻隔之異, 故恐或有此理也. 上曰, 此終不可曉, 若爾則桀非不極惡, 而降災于夏, 以彰厥罪, 何也. 宇顒曰, 大無道之世, 無災云者, 此恐別有一道耳, 非謂常常如是也. 其後承旨李珥入侍, 上又問之. 珥曰, 天人之間, 只有福善禍淫之理, 大無道之世, 無災云者, 其說非是. 上以爲然."

지만 어째서 걸에게만 재이가 있었고 수양제에게는 없었던 것인지 물었다. 처음에 김우옹은 수양제 때 재이가 없었던 이유는 도(道)가 끊어지고 하늘과 소통이 막혀 재이가 없었던 것이라고 했으나 재이가 있었던 걸 때에 대해서는 정확한 답변을 하지 못하고 그와는 다른 별도의 이치가 있다고 얼버무렸다. 답변에 만족하지 못한 선조는 이이에게 똑같이 질문했고 이이는 '하늘과 사람 사이에는 단지 선을 행하면 복을 받고 음(淫)을 행하면 화를 받는 이치만 있을 뿐 다른 이치는 없다'라는 원칙만을 되풀이했다.

몇 개월 후 선조는 시신(侍臣)과 하늘의 형체와 하늘이 하늘인 이유, 그리고 천지육합(天地六合) 등에 대해 토론했는데, 이때도 시신이 많은 부분에 대답하지 못했다고 한다. 급기야 여기에 참여한 정자 홍적(洪迪, 1549~1591)은 "군주의 학문은 평범하고 실질적인 것에 힘써야지 높고 심원한 것을 궁구해서는 안 된다"고까지 했다. 그러나 선조의 태도는 한결같았다. 즉 "천도가 아무리 은미(隱微)해도 궁구하지 않으면 안 된다"는 것이었다.[275]

아마도 선조는 언제 어떻게 재이가 발생하는지 그 일관성 있는 메커니즘을 알고 싶어 했던 것 같다. 하지만 재이 발생의 메커니즘을 논리 정연하게 설명할 수 있는 사람은 아무도 없었다. 재이는 인사가 부른 것이 확실하지만 그 인사라는 게 정확하게 무엇인지 말할 수는 없다는 게 일반적인 설명이었다. 선조로서는 다소 답답할 수도 있었겠지만, 이것은 애초에 정치(精緻)하고 명쾌한 논리로서 설명할 수 있는 게 아니었다.

이이의 「만언봉사」는 이러한 분위기 속에서 제출되었다. 중종 대 이후 본격적으로 논의된 군주성학론이, 명종 대 말 척신 정치의 종식과 함께 유신의 정치를 요구하는 사림에 의해 다시금 왕성하게 제기되었는데, 애초 천도(天道)나 재이론에 회의적이었던 선조가 이러한 재이론에 부정적인 반응을 보이자, 이이는 선조의 이러한 부정적인 재이관에 대응하여, 기존

275) 『宣祖修正實錄』 卷8, 7年 10月 1日(壬寅), "上問筵臣以天之形體與天之所以爲天, 以及天地六合之外, 無慮數十條, 侍臣多不能對. 正字洪迪曰, 人君學問, 當就平實處着力, 不可窮高極遠也. 上曰, 此言似是而非也. 天道雖微, 不可不窮究."

군주성학론 중심의 재이론이 갖는 한계를 극복하고자[276] 더 현실적인 문제, 즉 '안민을 위한 경장'을 전면에 내세웠던 것이 아닌가 여겨진다.

한편 이이의 기(氣) 중심의 재이관도 살펴볼 필요가 있다. 이이는 난세(亂世)의 폭군(暴君)은 말할 것도 없고, 치세(治世)의 현군(賢君)도 재이는 피할 수 없다고 했다.

> 천도는 심오하여 진실로 헤아리기가 어렵습니다. 다만 옛 역사로써 보면 치(治)와 란(亂)의 형세가 이미 정해지면 별다른 재이는 없습니다. 재이는 반드시 장차 잘 다스려지려고 하거나 어지러워지려고 할 즈음에 일어나는 것으로 비록 어진 군주라도 재이는 면하지 못하는 것입니다.[277]

이는 재이론의 논리와 역사를 의심하는 선조를 위한 맞춤형 답변이었다. 성학을 잘 닦은 어진 군주라도 재이는 피할 수 없고, 그렇다면 '군주성학'만이 유일한 미재책이 될 수는 없는 것이었다.

이이는 이것을 기(氣)로 설명했다. 어진 자가 장수하고 어질지 않은 자가 요절하는 것이 정해진 리(理)이지만, 현실에서는 어진 안연(顔淵)이 요절하고 어질지 않은 도척(盜蹠)이 장수하는 것과 같았다.[278] 리(理)는 규칙적이고 항상적이지만, 기(氣)에 붙어 있는 리(理)는 그렇지 않다는 게 요지였다. 인간 사회는 기(氣)에 따라 늘 변하기 마련이므로 천도(天道)나 천리(天理)가 항상 일정하게 발현될 수는 없었다. 어진 사람도 요절하고, 치세에도 재이는 일어나며, 성군이라도 재이는 면치 못하는 게 현실이었다. 단지 현실의

276) 여기에 선조 초 이이가 신진사류로서 기존의 舊臣에 비판적이었고, 舊體制의 혁신을 추구했다는 점도 함께 고려할 필요가 있다. 이에 관해서는 金恒洙, 「宣祖 初年의 新舊葛藤과 政局動向」, 『國史館論叢』 34, 1992, 114~119쪽 참고.

277) 『栗谷全書』 卷30, 「經筵日記」 3, '萬曆九年辛巳', 90ㄴ(45책, 226쪽), "天道玄遠, 誠難窺測. 第以古史觀之, 治亂之形已定, 則別無災異. 災異必作於將治將亂之際, 雖賢君亦不免災."

278) 『栗谷全書』 拾遺, 卷5, 雜著, 「壽夭策」, 22ㄱ(45책, 560쪽), "顔淵短命, 盜蹠老死, 則所謂天佑天誅者, 果安在哉. 此則徒知理之爲理, 而不知理寓於氣者也."

인간은 시시각각 변하는 조건과 상황에 능동적으로 대처하고 이를 개선해 천리(天理)가 인간 세계에 올바르게 실현될 수 있도록 노력해야 한다는 게 이이의 생각이었다. 이이에게는 이 '개선'이 곧 경장이었던 것이고, 그래서 이이의 재이론은 경장론으로 이어지게 되었다.

그의 이러한 생각은 「만언봉사」의 각론에서도 읽을 수 있다. 재이에 대한 대응은 실질로써 해야지 형식으로 해서는 안 된다고 했는데, 그 실질이란 역시나 안민을 위한 경장이었다. 하늘과 군수의 관계는 마치 부모와 자식의 관계와 같다고 했다. 부모가 그 자식에 대해 노(怒)하여 말과 얼굴에 드러나면, 자식은 비록 잘못이 없더라도 반드시 더 공경하고 두려운 마음으로 뜻을 받들고 따라 반드시 부모가 노여움을 푼 후에야 안심할 수 있는데, 하물며 잘못이 있는 경우라면 더욱 허물을 자책하며 마음을 고치고 행동을 바꿔서 공경과 효성을 다해 반드시 부모가 기뻐하는 안색을 지니도록 해야지, 두려워하는 마음만 품고서 문을 닫고 가만히 있어서는 안 된다고 했다.[279)]

제왕의 천변(天變) 대응 또한 이와 같다고 했다. 자신을 돌이켜 보고 스스로 반성하며 정사에 잘못은 없는지 두루 살펴서 자신에게 아무 허물이 없고 정사에 결함이 없더라도 마땅히 더욱 닦고 힘쓰며 공경해 마지않아야 하고, 잘못이 없다고 해서 스스로 용서해서는 절대로 안 된다고 했다. 하물며 자신에게 허물이 있고 정사에 결함이 있는 경우라면 더 말할 것도 없었다.[280)] 반드시 구언(求言)해서 지혜와 견문을 넓히고, 현인을 등용해서 부족한 점을 채우고, 백성을 돌봐서 부지런히 무마해 주고, 폐정을 개혁해서 정사가 잘 다스려지게 해야 하는 것이었다. 그래서 반드시 전날의 잘못을 보정(補正)

279) 『栗谷全書』 卷5, 疏箚, 「萬言封事」, 20ㄴ(44책, 102쪽), "皇天之於人君, 若父母之於子也. 父母怒其子, 發諸辭色, 則子雖無過, 必倍加齊慄, 承顏順旨, 必得父母之底豫, 乃安於心, 況有過者尤當引咎哀謝, 革心改行, 起敬起孝, 必得父母愉悅之色, 可也, 不當但懷危懼, 拱手閉戶而已也."

280) 『栗谷全書』 卷5, 疏箚, 「萬言封事」, 20ㄴ(44책, 102쪽), "帝王之遭天變, 亦如是焉. 反躬自省, 周察疵政, 身無愆矣, 政無闕矣, 亦當益加修勉, 欽若不已, 未嘗以無過自恕也. 況於身有愆而政有闕者乎."

하고 하늘의 노여움을 되돌릴 수 있도록 힘써야 하는 것이었다.[281)]

그리고 하늘의 노여움을 되돌려 놓는 방안은 바로 백성을 편안하게 하는 '안민'이었다.

> 법령이 오래되면 폐단이 생기고 폐해는 백성에게 돌아가니 정책을 마련해 폐단을 바로잡는 것이 백성을 이롭게 하는 길입니다. 성상의 전교에, "군주는 국가에 의지하고 국가는 백성에 의지하니, 백관(百官)을 두고 여러 직책을 나누어 놓은 것은 오로지 민생을 위한 것일 뿐이다. 백성이 피폐해지면 나라가 장차 어디에 의지하겠는가"라고 하셨습니다. 신은 삼가 여러 번 거듭 읽고 자신도 모르게 감격의 눈물을 흘렸습니다. 위대한 말씀이고, 한결같은 마음입니다. 이것이야말로 참으로 백성을 편안케 하고 하늘의 노여움을 되돌려 놓을 일대 전기입니다.[282)]

이이는 군주가 성학을 열심히 닦은 치세(治世)에도 기(氣)의 작용으로 인해 재이가 일어날 수 있다고 보았다. 그래서 재이를 없애기 위해서는 군주의 성학(聖學)과 함께 경장을 통한 안민(安民)이 필요하다고 한 것이다. 그는 '성학을 통한 천리의 회복'이라는 원론만으로는 재이론를 효과적으로 활용하기 어렵다는 문제의식에서 이를 경장론으로 풀어낸 것이 아닌가 사료된다.

주자학적 재이론은 15세기 후반 사림(士林)의 도학정치(道學政治)를 향한 열망하에서 대두했다. 그들은 삼강오륜(三綱五倫)과 같은 유교·주자학의 가장 보편적인 강상윤리가 조선 사회 곳곳에서 구현되는 이상적인 사회를

---

281) 『栗谷全書』 卷5, 疏箚, 「萬言封事」, 20ㄴ~21ㄱ(44책, 102~103쪽), "必也求言以廣知見, 進賢以助不逮, 省民以勤撫摩, 革弊以興政治. 必務所以補前過廻天怒, 可也."

282) 『栗谷全書』 卷5, 疏箚, 「萬言封事」, 22ㄱ~ㄴ(44책, 103쪽), "法久弊生, 害歸於民, 設策矯弊, 所以利民也. 聖教有曰, 君依於國, 國依於民, 設百官分庶職, 只爲民生而已. 民旣擾蕩, 則國將何賴焉. 臣伏讀再三, 不覺感激流涕. 大哉王言, 一哉王心. 此眞安庶民回天怒之一大機也."

염원했고, 도학정치의 실천을 목적으로 주자학적 재이론을 펼쳤다. 도학정치의 구현을 절대적으로 옳은, 그래서 반드시 따라야 하는 '천의(天意)'로 간주했다. 그래서 어떠한 재이가 출현하든 주자학적 의리·명분에 따른 제 사회 질서의 구축과 실현을 재이 해소의 방안으로 내세웠다. 도학정치의 실현을 염원했던 사림은 재이론을 활용해 그 당위성과 필요성을 역설했고, 그들의 정치론 전개에서 재이론은 유용하게 활용되었다. 이러한 재이론의 유용성은 재이론이 활발히 논의될 수 있었던 중요한 요인이었다.

이러한 가치관에 공감하지 않는 인사는 배척의 대상이 되었고, 부합하지 않는 제도와 정책은 혁파의 대상이 되었다. 그리고 이는 마땅히 최고 권력자인 군주의 의지에 따라 좌우되었으므로, 이에 대한 시비(是非) 분별 또한 오롯이 군주의 몫일 수밖에 없었다. 그래서 군주가 사심(私心)과 사욕(私欲)에 치우치지 않고 무엇이 시(是)이고 비(非)인지 판단할 수 있으려면 도덕적인 심성수양을 바탕으로 수기치인(修己治人)의 학문, 즉 성학(聖學)을 닦아야 한다고 했다. 군주가 성학을 열심히 탐구하고 바른 마음을 길러 천리(天理)를 회복하는 것이 도학정치를 구현하는 최우선적인 과제였고, 곧 재이를 해소하는 요체라고 했다. 주자학의 논리 구조상, 주자학적 재이론은 자연스레 군주성학론으로 귀결될 수밖에 없었다.

주자학적 재이론은 수기(修己)에 관한 문제뿐 아니라 치인(治人)에 관한 사안도 광범위하게 담지하며 나름의 역할을 다했다. 다양한 사회·경제적 문제가 주자학적 재이론에 담겨 논의되었다. 조선이 직면한 당시의 현안이 재이론을 통해 활발히 논의되었다는 것은 이것이 그만큼 효과적인 언로였다는 사실을 말해준다. 만약 재이론이 공상(空想)으로만 존재했고, 현실 정치에서 아무런 효과를 내지 못하는 이론이었다면 재이론이 활발히 논의되는 양상은 나타나지 않았을 것이다. 이상의 검토에서 조선전기의 주자학적 재이론은 정치·사상적으로 상당히 유용하고 효과적인 소통의 기제였다고 평가할 수 있을 것이다.

제5장 17세기 초·중반 주자학적 재이론의 정치·사상적 변화와 대응

조선전기 주자학적 재이론이 정치·사상적으로 유용한 기제였던 것은 분명하지만 한계 또한 적지 않았다. 주자학적 재이론이 활발히 논의되는 동안 이것이 드러낸 한계는 다음의 세 가지 정도로 압축할 수 있다.

첫째, 언론 활동에 종속돼 있다는 구조적 한계이다. 주자학적 재이론은 16세기 언권(言權)의 신장과 함께 발달했다. 그런데 재이론을 활용한 언론 활동의 주된 관심은 사실 '재이'가 아니라 언론의 내용이었다. 주자학 정치론의 가치에 부합하는 인사 정책이나 제도 운영을 관철하고, 이것의 최종 책임자인 국왕의 역할과 책임을 강조하는 언론 활동이 주된 관심사였고, 재이론은 언론 내용의 논리적 정합성과 설득력을 높여주는 일종의 보조적 장치였다.

그런데 이러한 언론 활동은 당연히 정치 활동이었고, 재이론의 활용은 그 언론 활동의 정치적 향배 또는 담지자의 정치적 성향에 좌우될 소지가 컸다. 즉, 하나의 사상이나 이론으로서가 아니라, 정치적 언론 활동의 종속변수로서 기능하게 될 여지가 다분했다. 조선전기 주자학적 재이론을 둘러싼 군신(君臣) 간 또는 신료 간 갈등은 대부분 여기에서 기인한 것이고, 16세기 말~17세기 초 정치 세력의 분화 이후 재이론이 당론(黨論)을 대변하는 창구로 기능하게 된 것도 바로 이러한 구조적 취약성 때문이다. 문제는 이러한 활용이 주자학적 재이론의 본의를 퇴색시킨다는 것이었다. 정치적 이해관계 속에서 특정 목적이나 이익을 달성하는 데에 도구적 수단으로 전락하게 되면서 그 본의는 퇴색될 수밖에 없었다.

둘째, 원인론 설명이 어렵다는 현실적 한계이다. 이는 주자학적 재이론이 중세사상으로서 갖는 근원적인 문제였다. 동중서가 등장하기 훨씬 전부터 재이는 인사(人事)가 부른 것이라 했는데, 사실 '재이는 인사가 부른 것이다' 또는 '천인(天人)은 감응(感應)한다'라는 명제는 인간의 이성이나 경험, 또는 물질적 증거로는 입증할 수 없는 일종의 관념과도 같은 것이어서 신빙성 논란이 늘 좇아다녔다. 이미 전국시대 말기 순자(荀子)는 자연의 이상 현상은 어느 때나 일어나는 것으로 두려워할 필요가 없다고 했다.[1] 그리고 자연의 이상 현상은 하늘의 경고가 아니며 현실 정치를 잘하기만 하면 자주 나타나더라도 해를 끼치지 않는다고도 했다.[2] 재이론이 현실 정치에서 성행할수록 이에 대한 비판과 회의 역시 함께 제기되었고,[3] 재이론을 효과적으로 활용하기 위해서는 이러한 '방해'를 반드시 돌파해야 했다.

주자학적 재이론의 전략은 원인론의 단순화였다. 어떤 재이든 재이 발생의 원인을 '음성양미(陰盛陽微)'처럼 단순화시켜 재이의 원인을 일반적·보편적으로 설명했다.[4] 대신 다양한 국정 현안을 담고 국정의 최종 책임자인

---

1) 『荀子』, 「天論」, "星隊, 木鳴, 國人皆恐. 曰, 是何也, 曰, 無何也, 是天地之變, 陰陽之化, 物之罕至者也. 怪之, 可也. 而畏之, 非也. 夫日月之有蝕, 風雨之不時, 怪星之黨見, 是無世而不常有之."

2) 『荀子』, 「天論」, "天行有常, 不爲堯存, 不爲桀亡, 應之以治則吉, 應之以亂則凶, 彊本而節用, 則天不能貧, 養備而動時, 則天不能病, 修道而不貳, 則天不能禍, 故水旱不能使之飢渴, 寒暑不能使之疾, 袄怪不能使之凶."

3) 중국 고·중세의 災異論에 대한 비판·회의적인 논의는 풍우 지음(김갑수 옮김), 『동양의 자연과 인간 이해, 중국의 천인관계론』, 논형, 2008, 90~100쪽 ; 존 헨더슨 저(문중양 역주), 『중국의 우주론과 청대의 과학혁명』, 소명출판, 2004, 109~141쪽 참고.

4) 주자학적 재이론의 '陰盛陽微'는 본서 제2장 3절 참고. 한편 "재이에 관하여 개별적 대응관계를 정립하려 한 것은 陰陽五行說을 수용한 결과였다. 그러나 여러 가지 재이의 원인을 따로따로 찾는 것은 무리였고, 牽强附會에 빠지기 마련이었다. 그래서 후대에는 전반적 대응설이 점차 우세해지고, 개별적 대응설은 쇠퇴하게 된 것 같다"는 설명도 같은 맥락에서 이해할 수 있다. 權延雄, 「朝鮮前期 經筵의 災異論」, 『歷史教育論集』

군주의 역할과 책임을 강조해 군신(君臣)의 공감과 지지를 얻으려고 했다.

하지만 이성이나 경험으로 설명할 수 없다는 현실적인 한계는 여전했다. 아무리 이기심성론의 원론적인 개념을 원용한다고 해도 재이론의 이론과 현실은 같을 수 없었다. 이론적으로는 '선복음화(善福淫禍)'라고 하지만 실제 역사와 현실은 그렇지 않은 경우가 태반이다. 궁극적인 의문은 재이는 치세(治世)와 난세(亂世)를 가리지 않고 성군(聖君)의 시절이든 폭군(暴君)의 시질이든 종잡을 수 없이 발생하는데, 과연 인사가 불렀다고 할 수 있냐는 것이었다. 실제의 역사와 현실은 천인감응의 이치나 인도(人道)와 천도(天道)의 관계에 대한 의문을 갖게 하고, 이는 자칫 재이론의 존립을 위협할 수도 있는 문제여서 어떻게든 해소해야 하는 과제일 수밖에 없었다.

셋째, 군주성학론 위주의 미재책(弭災策)이 보인 현실성 부족의 한계이다. 16세기 관인·유자는 군주가 사심(私心)·사욕(私欲)에 치우침 없이 무엇이 공(公)이고 시(是)이고 선(善)인지 판단할 수 있으려면 성학을 닦아야 한다고 했다. 그런데 군주성학론의 반복적인 논의는 국왕의 정치적 피로감을 유발할 뿐만 아니라 사회경제적 모순에도 상대적으로 소홀했다. 16세기의 사림은 국왕이 '수기치인(修己治人)'만 달성하면 '치국평천하(治國平天下)'는 자연히 이루어지리라 믿었는데, 당시 사회경제적 모순의 심각성에 비추어 보면 군주성학론의 적시성은 현격히 낮았다. 이 점에서 앞서 본 이이(李珥)의 경장론(更張論)은 주자학적 재이론의 한계를 보완한다는 의미에서 한 단계 진전된 논의였다고 할 수 있다.

이상의 한계는 16세기 말~17세기 초 조선의 관인·유자가 풀어야 할 과제였다. 아래에서는 그들이 이러한 역사적 과제에 대응해 나간 모습을 하나씩 살펴보고자 한다. 첫 번째 문제와 관련해서는 정치 세력의 분화에 따른 재이론의 당론화(黨論化) 현상을 분석해 보고, 재이론을 둘러싼 정치적 갈등의 고조 속에서 재이론의 본의, 즉 군주의 공구수성(恐懼修省)을 다시금

13·14, 1990, 601쪽 참고.

강화한 지적 활동에 주목해 볼 것이다. 주자학적 재이론의 논의 구조에서 이것의 당론화와 정략적(政略的) 활용은 예견된 수순이었다. 따라서 무분별한 활용을 자제하는 자정 활동과 재이론의 본래 가치가 무엇인지 재확인하는 작업이 필요했다.

두 번째 문제와 관련해서는 역학(易學) 연구의 확산과 상수학(象數學)의 유행을 바탕으로 한 재이 기수설(氣數說)과 역학적(易學的) 재이론이 주목된다. 전자는 원인론 설명에 효과적이었고, 후자는 원인과 대책을 역리(易理)의 일관된 체계 속에서 합법칙적으로 설명하는 데에 효과적이었다. 모두 주자학적 재이론의 정합성과 설득력을 높이고자 했던 노력의 소산이었다.

세 번째 문제와 관련해서는 재이론과 변통론(變通論)의 결합이 주목된다. 17세기 중반 서인계 일부 및 근기남인계(近畿南人系)를 중심으로 현실사회 문제를 직접 거론하며 재이론을 변통론의 근거로 활용하는 논의들이 등장했다. 이러한 논의는 필연적으로 변통의 추동을 위한 국가 공권력의 신장을 요구했고, 나아가 존왕적(尊王的) 재이론이 등장하는 배경이 되었다.

1. 재이론의 정략적(政略的) 활용과 군주 수성론(修省論)의 강화

1) 재이론의 당론화(黨論化)와 정략적(政略的) 활용

16세기 초 주자학적 재이론은 삼사의 언권(言權) 신장을 배경으로 활성화되었다. 그러다 보니 주자학적 재이론은 대개 구언에 따른 응지상소를 통해 발의되었다. 그런데 문서 형식상 응지상소는 거의 정형화되어 있었다.[5]

---

5) 송혁기, 「災異 관련 應旨上疏文의 관습과 수사」, 『동아시아고대학』 33, 2014, 479쪽.

① 재이 현상 및 국왕의 구언 내용 요약
② 재이와 인사의 관계에 대한 원론 천명
③ 구언교지를 내린 국왕에 대한 칭송 및 경계
④ 구언에 응해 국왕에게 건의하는 내용
⑤ 당부와 마무리

응지상소는 대략 이렇게 다섯 단락으로 구분된다. ①~⑤를 관통하는 논리는 당연히 재이론이다. 압축하면 '①의 재이를 없애기 위해서는 ②의 재이와 인사의 원리에 따라 ③과 같은 국왕은 ④의 건의 내용을 수용해야 하니 ⑤와 같이 당부드립니다' 정도이다. 여기에서 재이론의 역할은 주장하는 바를 우주론적으로 정당화해 주고 국왕이 이를 수용해야 하는 당위성을 마련해 준다. 그래서 설득력이 높은 유용한 기제였다고 하는 것이다.

그런데 응지상소의 주된 관심은 '재이'가 아니라 ④ 국왕에게 건의하는 내용이었다. 재이론이 견강부회(牽强附會)인지 아닌지는 사실상 이것의 공감과 지지 여부로 판가름 났다. 만약 건의 내용이 공감과 지지를 얻지 못하면 여기에 활용된 재이론은 '한유(漢儒)가 천착(穿鑿)한 견강부회'로 치부되기 일쑤였다. 나아가 국왕에게 건의하는 내용은 당연히 정치성과 이념성을 띠기 마련이었고, 재이론은 이것을 뒷받침하는 논리로 활용되었으니, 재이론에 대한 판단은 건의 내용의 정치적 향배 또는 그 담지자의 정치적 성향에 좌우될 소지가 컸다. 따라서 이와 같은 논의의 구조상 재이론은 정치적 언론 활동에 종속될 수밖에 없었다.

선조 대 이후 재이론의 당론화는 바로 이러한 논의 구조 때문에 나타난 현상이라고 할 수 있다. 정치 세력이 동·서인으로 분화하고 언론 활동이 이에 따라 나뉘면서 재이론이 그 근거 논리로 복무하게 되었다. 재이론의 논의 구조에서 재이론의 당론화는 어쩌면 예견된 수순이었는지도 모른다.

재이론의 당론화 현상은 선조 11년(1578) 이른바 삼윤(三尹) 사건 때의 재이론 활용이 참고된다. 이해 10월 1일(무인) 경연에서 김성일(金誠一,

1538~1593)은 진도군수 이수(李銖)가 윤현(尹晛, 1536~1597)·윤두수(尹斗壽, 1533~1601)·윤근수(尹根壽, 1537~1616) 등 삼윤에게 뇌물을 주었다고 폭로했다.[6] 김성일은 윤현과 함께 이조전랑을 맡고 있었는데, 각각 동·서인 편에 있었고 사이도 좋지 않았다고 한다. 참고로 윤두수·근수는 윤현의 삼촌이다.

뇌물수수 사건을 계기로 이수는 구속되어 신문을 받았다. 그런데 부제학 허엽(許曄, 1517~1580)을 종주(宗主)로 삼았던 동인계 언관은 뇌물을 받은 자도 처벌해야 한다며 삼윤을 탄핵했다. 하지만 사건의 진상은 아직 밝혀지기 전이었고 선조는 이들의 요구를 수용하지 않았다.[7] 이때 삼윤의 탄핵 반대는 서인계 대사간 김계휘(金繼輝, 1526~1582)가 이끌었는데, 이를 계기로 동인계 언관은 삼윤을 감싸는 김계휘 등 서인을 함께 비난하기 시작했다.

이러한 정국에서 선조 12년(1579) 2월 1일(병자) 백홍관일(白虹貫日)의 재이로 선조가 구언했다. 사헌부에서는 응지상소를 올려 당시의 폐단을 논의하고 동·서의 시비를 분변(分辨)하면서 서인계 심의겸(沈義謙, 1535~1587)을 소인(小人), 정철(鄭澈, 1536~1593)과 김계휘를 사당(邪黨)이라고 배척했다.[8] 특히, 이식(李栻, 1522~1587)·홍혼(洪渾, 1541~1593)·정희적(鄭熙績, 1541~?) 등이 대간이 되어 여론을 이끌었는데, 이는 서인계 대신을 향한 동인계 언관의 공세였고,[9] 이후 정치 공방이 이어졌다.[10]

---

6) 『宣祖修正實錄』 卷12, 11年 10月 1日(戊寅).

7) 『宣祖修正實錄』 卷12, 11年 10月 1日(戊寅), "副提學許曄, 方爲東人所宗, 遂劾兩司不論受者之失, 而遞之. 新臺諫遂啓請罪三尹, 以懲貪風, 上不允."

8) 『宣祖修正實錄』 卷13, 12年 2月 1日(丙子), "白虹貫日者再, 上下敎求言. 司憲府上箚, 論時弊, 分辨東西是非, 始顯斥沈義謙爲小人, 鄭澈金繼輝爲邪黨."

9) 『宣祖修正實錄』 卷13, 12年 2月 1日(丙子), "於是, 新生之論爭起. 李栻洪渾鄭熙績等爲臺諫, 尤主張奮發, 欲按定國是, 以防西人再入之路."

10) 『宣祖修正實錄』 卷13, 12年 5月 1日(乙巳), "以李珥爲大司諫, 珥辭不至. 其疏曰, … 日者憲府之疏, 始敢顯斥西人爲邪黨, 以義謙爲小人, 議論之激, 極於此矣." 참고로 반년이 넘는 조사 끝에 뇌물수수는 소문으로 끝났고 이수는 풀려났다. 이정철은 이 사건을 겪으면서 동인과 서인은 더는 화해하기 어려운 사이가 되었다고 했다. 이정철, 「선조대 '동서분당' 전개의 초기 양상」, 『民族文化』 42, 2014, 276~285쪽 참고.

허엽을 대표로 하는 동인계 언관은 심의겸, 정철, 김계휘 등 서인계 대신의 배척을 백홍관일의 대응책으로 제시했다. 바로 이와 같은 재이론 활용이 이 무렵 재이론의 당론화 현상을 잘 보여주는 사례라고 할 수 있다. 서인계 대신을 소인이자 사당으로 배척해야 군자와 정당(正黨)이 바로 설 수 있다는 논리였는데, 이는 국왕과 다수 사림의 지지를 얻지 못했고, 공방의 대상이 되었다. 재이론이 워낙에 정치적 언론 활동에 종속돼 있다 보니 이러한 현상이 나타나게 된 것이다.

선조 대에는 이러한 현상이 반복적으로 나타났다. 이어서 보면, 선조 18년(1585) 9월 윤자신(尹自新, 1529~1601)이 호조참판에 제수되었다. 사헌부에서는 순서를 뛰어넘는 제수라며 체직을 요청했고 선조는 불허했다.[11] 마침 혜성이 출현하자[12] 언관은 혜성을 빌미로 그의 체직을 요청했다.[13] 체직 요청은 재이를 맞아 놀라고 두려워하는 마음에서 나왔고, 공론에 따른 사안[公事]이므로 따라야 한다는 것이었다.[14] 하지만 선조는 단호했다. 재이를 만나 수성하고 경척(警惕)하는 도리와 윤자신을 체직하는 문제는 관련이 없다고 반박했다.[15] 양사는 한 달이 넘도록 윤자신의 체직을 요청했지만, 선조는 재이의 해소는 자신에게 달린 것이므로 재이로 다투듯이 쟁변(爭辨)하지 말라고 일축했다.[16] 당시 양사의 체직 요청은 사실상 동인의 당론이었고, 선조 또한 이 점을 알고 있었다. 선조가 지적했듯이 윤자신의 임면과 혜성의 출현은 아무런 관련이 없다. 이는 동인의 정치적 이해관계에

11) 『宣祖實錄』 卷19, 18年 9月 25日(壬辰).

12) 『宣祖實錄』 卷19, 18年 9月 24日(辛卯) ; 25日(壬辰) ; 29日(丙申).

13) 『宣祖實錄』 卷19, 18年 9月 30日(丁酉), "兩司前啓尹自新事, 答曰, 不允."

14) 『宣祖實錄』 卷19, 18年 閏9月 2日(己亥), "府啓曰, 近來災變, 疊現層出, 君臣上下, 所當修省恐懼之不暇. 新及第遊街, 雖係勸奬之事, 該曹之啓請禁斷, 實出遇災警惕之意. 請依該曹公事施行."

15) 『宣祖實錄』 卷19, 18年 閏9月 2日(己亥), "答兩司曰, 可從之事, 則不從乎. 不須論改. 修省警惕之道, 不在於新及第之遊街與否. 自前遊街, 其意有在, 不可已也."

16) 『宣祖實錄』 卷19, 18年 閏9月 20日(丁巳), "若夫災異之作, 則不辟忝位, 其理固然, 夙夜兢惕. 若夫朝廷之事, 則惟天吏可以伐燕, 但當自察職事而已, 不必爭辨."

서 나온 당론이었을 뿐이다. 역시나 재이론이 정치적 언론 활동에 종속돼 있었던 탓에 이와 같은 현상이 나타났던 것이다.

문제는 그 정치적 언론 활동의 성격이었다. 이전에도 주자학적 재이론을 통해 특정 인물이나 정책에 대한 의리·명분론적인 시비(是非)·정사(正邪)를 분별하는 논의는 자주 있었다.[17] 그런데 선조 대 동서분당 전후의 정치적 갈등은 정치 세력 간 이해관계 속에서 야기된 것이고, 재이론의 활용 역시 이를 따른 것으로서 이전 시기의 논의 양상과는 같지 않았다. 이러한 재이론 활용으로는 주자학 정치론의 이념과 가치를 공유할 수 없었고 부작용도 컸다.

이어서 보면, 선조 20년(1587) 6월 1일(기미) 선조는 심한 가뭄으로 대신·육경·삼사의 장관(長官)을 인견하여 시정(時政)을 분의했다.[18] 그리고 대신은 심전(沈銓, 1520~1589)과 정척(鄭惕, 1517~1596)의 재서용을 요청했다. 이들은 선조 즉위 초 명종 대의 척신으로 지목되어 파직당한 인물들이었다.[19] 당시 두 사람은 모두 간사하고 탐욕스럽다고 평가받았는데, 선조의 생각도 다르지 않았다.

> 재이에 대응하는 요체는 진실로 이치[理]를 펴는 것을 우선으로 삼아야 한다. 그런데 만약 사리(事理)도 헤아리지 않고 오직 간사한 자들을 끌어와 시대에 편승하고 사람들을 기쁘게 하는 구실로 삼거나, 또 나를 경계시키는 하늘을 소인[細人]이 요행을 훔치는 구실로 삼는다면 음양을 바르게 다스리는 데에 그 도(道)를 얻지 못할 것이다.[20]

17) 성종 대 소릉추복 논의, 중종 대 폐비신씨 논의와 군자·소인 시비, 명종 대 내수사·양종 폐지 논쟁 등이 대표적인 예이다.

18) 『宣祖實錄』 卷21, 20年 6月 1日(己未), "以旱災切迫, 引見大臣六卿三司長官, 延訪時政."

19) 『宣祖實錄』 卷1, 卽位年 10月 24日(乙巳), "大臣請革貪風, 臺諫論啓, 同知沈銓, 陰邪貪毒, 攘奪人財之罪, 請命削奪官爵. 尙州牧使鄭惕, 邪毒貪婪, 請削官爵."

20) 『宣祖實錄』 卷21, 20年 6月 4日(壬戌), "應災之要, 固以伸理爲先. 而若不揆度事理, 唯以引進憸邪, 爲乘時悅人之助, 而以警予之天, 作爲細人竊幸之資, 則燮理陰陽, 未必能得其道."

선조가 보기에 두 사람을 재서용하는 것은 올바른 재이 대책이 아니었다. 나아가 선조는 심전과 정척을 서용하지 않아 가뭄이 들었다고 하는 논리를 수용할 수도 없었다.[21] 국왕 선조의 이와 같은 거부와 의심이 재이론의 당론화 및 정략적(政略的) 활용이 낳은 부작용이었다.

임란 이후 선조 대 말에는 군신(君臣)이 모두 재이에 관습적으로 대응했다. 가령, 선조 34년(1601) 2월 15일(갑신) 성주(星州)에서 지진이 일어났다. 천둥소리처럼 울렸고, 가옥이 흔들리고 인마(人馬)가 놀라 달아날 정도였다.[22] 이에 승정원은 해괴제(解怪祭)의 설행을 건의했고 선조도 수용했다.[23] 그리고 사관은 다음과 같은 사론을 남겼다.

> 송경공(宋景公)의 한마디 말은 천심(天心)을 돌리기에 충분했고, 성탕(成湯)의 여섯 가지 자책은 실로 성상 자신에게 있는 것이었다. 그런데 하교는 단지 해괴제의 추설(追設)에만 그쳤으니, 마음을 가다듬고 수성(修省)하는 도(道)는 이와 같은 허식에 있지 않다. 옛날에 재이를 만났을 때는 반드시 구언하고 어진 이를 만나 그 실정(失政)을 보완했다. 그런데 승정원이 전례에 따라 한 번 아뢰는 것 외에 대신은 말하지 않고 간관은 논하지 않아 보통 일로 보고 두려워할 것이 없는 듯하니, 어찌 탄식을 금하겠는가.[24]

해괴제는 종종 지냈던 것이긴 하나,[25] 문제는 재이 대응의 관습화였다.

---

21) 『宣祖實錄』 卷21, 20年 6月 4日(壬戌), "天之不雨, 果在於此乎. 是未可知也. 苞苴之人則敍之, 湯之六責, 一何舛也. 予誠愚昧, 不曉天道, 差乎. 古之人, 則當天災而擧賢材, 今之人則當大災而擧貪邪."

22) 『宣祖實錄』 卷134, 34年 2月 15日(甲申), "星州八莒縣, 有地動, 聲如雷, 殷殷起自東南, 轉向西北, 墻屋掀動, 人馬辟易, 良久乃定. 慶尙道觀察使金信元馳啓曰, 河陽縣監馳報內, 今二月初三日申時, 地震, 自西北, …"

23) 『宣祖實錄』 卷134, 34年 2月 16日(乙酉), "政院啓曰, 本月初三日地動, 因日官之啓, 該曹請行解怪祭, … 以備忘記傳曰, … 今雖告祭, 亦似未晩. 令禮曹察行."

24) 『宣祖實錄』 卷134, 34年 2月 16日(乙酉), "史臣曰, … 宋景一言, 足回天心, 成湯六責, 實在聖躬, 而溫綸只及於解怪之追設. 惕慮修省之道, 恐不在此虛文也. 古之遇災異之時, 則必能求言進賢, 以補其失政, 而政院循例一啓之外, 大臣無言, 諫官不論, 有若尋常, 而不足畏, 可勝嘆哉."

사관은 승정원이 관례처럼 한 번 아뢰고 대신과 간관은 아무 논의도 하지 않는 것이 마치 하나의 관습처럼 되었다고 지적했다. 실제로 임란 이후 재이론의 이러한 관습화 양상을 지적하는 사론은 적지 않다.[26] 모두 군신(君臣)의 피상적이고 관례화된 재이 대응을 비판하는 것이다.[27] 이 또한 재이론의 당론화 및 정략적 활용이 낳은 부작용이었다고 할 수 있다.

한편 재이론의 당론화 및 정략적 활용은 17세기 인조 대 이후에 본격화되었다. 양상은 선조 대와 유사했지만, 정도는 더 심했다. 주요 정치 논쟁에 활용되었는데, 똑같은 재이에 대해서도 정치적 입장에 따라 대응 방안이 달랐다. 당론에 따라 응지상소 처벌 불가 원칙도 쉽게 뒤집혔고, 처벌받는 경우도 적지 않았다.

이에 대한 본격적인 검토에 앞서, 광해군 대의 양상을 간략히 살펴보자. 광해군은 재위 내내 재이에 '소극'과 '회피'로 일관했다. 광해군은 구언을

---

25) 돌이 움직이고, 산이 무너지고, 바닷물이 붉어지고, 기이한 짐승이 출현하는 등의 '怪異'한 일이 일어나면 解怪祭를 지내곤 했다. 조선 초에는 書雲觀에서 주관하다가 문종 대에 해당 현상이 일어난 지역의 지방관이 주관하고 社稷을 주신으로 하는 유교식으로 개편되었다. 기양의 대상은 여럿이었으나 점차 축소되어 선조 대를 거치면서 지진만 남게 되었다. 『大典通編』에는 '세 개의 읍 이상에서 지진이 발생하면 중앙의 읍에서 解祭를 설행한다'고 되어 있다[『大典通編』 卷3, 禮典, 祭禮]. 이상은 이욱, 『조선시대 재난과 국가의례』, 창비, 2009, 121~127쪽 참고.

26) 『宣祖實錄』 卷82, 29年 11月 10日(壬寅) ; 同 卷130, 33年 10月 16日(丙戌) ; 同 卷134, 34年 2月 16日(乙酉) ; 同 卷155, 35年 10月 3日(辛卯) ; 同 卷158, 36年 1月 26日(癸未) ; 同 卷165, 36年 8月 11日(甲午).

27) 이러한 양상이 나타난 배경에는 기본적으로 동서분당 이후 재이론의 당론화 및 정략적 활용이 있을 것이고, 임란의 여파로 인한 정치 역동성의 저하도 고려 대상이다. 그리고 선조 대 말엽 집권 북인의 정치사상도 주목해 보아야 한다. 그들의 정치사상은 주자학 정치론과는 거리가 멀었다. 그들은 유교·주자학의 의리·명분이나 절대적인 天理의 구현보다는 변화하는 형세·시세에 능동적으로 또 유연하게 대처하는 實利를 추구했다. 그들은 治國의 근본은 군주의 내재적 도덕성 확립 여부가 아니라 禮나 法과 같은 외재적 규범의 실행에 달려 있다고 보았다. 그들은 엄격한 도덕주의에서 벗어나 있었고 도학적 세계로부터도 자유로웠다. 이러한 정치사상 하에서는 군주의 도덕적 심성수양을 위주로 하는 주자학적 재이론을 담지하기가 어려웠을 것이다. 16세기 말 북인의 정치사상은 정호훈, 『朝鮮後期 政治思想 硏究-17세기 北人系 南人을 중심으로-』, 혜안, 2004, 50~64쪽 참고.

재위 15년 2개월 동안 단 두 차례밖에 하지 않았다. 즉위년(1608)에 한 번, 그리고 이듬해(1609)에 한 번 한 것이 전부이다. 조선전기 태조~명종 대까지 175년 동안 100번, 평균적으로 1년 9개월마다 한 것에 비하면[28] 상당히 적은 수이다. 구언과 응지상소를 통해 정치 현안에 관한 토론이 이루어졌던 점을 생각해 보면 광해군 대에는 군신 간 소통에도 문제가 있지 않았을까 하는 생각도 든다.

광해군은 즉위년(1608) 2월 14일(신미) 임해군을 진도에 안치시키고,[29] 보름 뒤인 3월 2일(기축) 비망기를 통해 "중외(中外)로 하여금 소회를 다 진달하게 하여 가언(嘉言)이 숨겨지는 일이 없도록 하라"고 밝혔다.[30] 아마도 '임해군 옥사'를 재난이라 여겨 이를 극복하고 새로운 정치를 펼치겠다는 뜻에서 구언을 했던 것으로 보인다. 이것이 광해군 대의 첫 번째 구언이었다.

그런데 이러한 의도가 무색하게도 광해군 대의 첫 번째 구언은 폭력적으로 전개되었다. 광해군 즉위년(1608) 4월 교서관 저작 변경윤(邊慶胤, 1574~1623)은 이산해(李山海, 1539~1609) 등 대북세력을 비판하는 상소를 올렸다가 처벌받았다. 변경윤은 4월 12일(무진)에 첫 상소를 올렸는데, 이에 대해 광해군은 '근래에 기회를 틈타 사람을 모함하는 무리가 소장을 연달아 올린다'며 승정원을 나무랐다.[31] 그러자 변경윤은 이틀 뒤에 다시 '이산해의 죄를 바로 잡아 사림의 기풍을 북돋으라는' 장문의 응지상소를 올렸고,[32] 광해군은 변경윤의 관직을 박탈했다.[33]

같은 해 5월에는 대구부사 정경세(鄭經世, 1563~1633)가 응지상소를 올렸

28) 李碩圭, 「朝鮮初期의 求言-民本政治·言路擴大와 관련하여-」, 『韓國思想史學』 15, 2000, 180쪽 ; 李碩圭, 「연산군·중종대 求言의 성격 변화와 그 의미」, 『史學硏究』 88, 2007, 622쪽 ; 李碩圭, 「조선 明宗代의 求言과 民本理念의 변질」, 『朝鮮時代史學報』 51, 2009, 105쪽.

29) 『光海君日記』 卷1, 卽位年 2月 14日(辛未).

30) 『光海君日記』 卷1, 卽位年 3月 2日(己丑).

31) 『光海君日記』 卷1, 卽位年 4月 12日(戊辰).

32) 『光海君日記』 卷1, 卽位年 4月 14日(庚午).

33) 『光海君日記』 卷8, 卽位年 9月 22日(丙午).

다가 처벌받았다. 정경세는 광해군이 정창연(鄭昌衍, 1552~1636)을 이조판서에 임명하기 위해 노골적으로 무리하게 가망(加望)했다고 비판했다.[34] 정치사적으로 정경세의 상소는 광해군 즉위 초 광해군의 최측근을 중심으로 재편되는 정국에 대한 총체적인 문제 제기였다고 평가받는다.[35] 광해군은 정경세를 국문한 뒤 법률에 따라 처분하려 했으나,[36] 반대 여론이 일어[37] 삭직하는 선에서 끝냈다.[38]

변경윤과 정경세에 대한 처벌은 오랜 정치 관행을 무시하는 것이었고, 신료의 반발이 일어날 소지가 다분했다. 변경윤의 처벌에 관해 정언 윤형언(尹衡彦, 1571~?)은 구언하고서 응지상소를 벌주면 언로가 막힌다며 용서할 것을 요청했고,[39] 정경세 건의 경우 양사에서는 '정경세의 말이 비록 패만(悖慢)하지만 구언하고서 관대하게 대응하지 않으면 이 소문이 원근에 전파되고, 그렇게 되면 이것은 가벼운 사안이 못되니 성명(成命)을 거두어달라'고 요청했다. 하지만 광해군은 오히려 '그 죄에 따라 벌을 주었으면 정경세는 더 큰 형을 받았을 것'이라면서 '그의 행동을 조금 꾸짖은 것뿐이니 번거롭게 하지 말라'고 강경한 태도를 보였다.[40] 광해군 대의 구언 정치는 이렇게 시작부터 폭력적으로 전개되었다.

이어서 광해군 원년(1609) 5월 7일(정해) '가뭄이 몹시 심해 백성이 살길을 잃고 장차 죽어가게 되었다'며 상선(常膳)을 줄이고 구언과 죄수 심리 등의 일을 전례를 살펴 시행하라고 지시했다.[41] 이것이 광해군 대의 두 번째이자 마지막 구언이었다. 이때의 구언은 일종의 전략이었던 것으로 보인다. 나흘

---

34) 『光海君日記』 卷4, 卽位年 5月 7日(壬辰).
35) 韓明基, 「光海君代의 大北勢力과 政局의 動向」, 『韓國史論』 20, 서울대학교 국사학과, 1988, 287쪽.
36) 『光海君日記』 卷4, 卽位年 5月 10日(乙未).
37) 『光海君日記』 卷4, 卽位年 5月 11日(丙申).
38) 『光海君日記』 卷4, 卽位年 5月 14日(己亥).
39) 『光海君日記』 卷1, 卽位年 4月 24日(庚辰).
40) 『光海君日記』 卷4, 卽位年 5月 19日(甲辰).
41) 『光海君日記』 卷16, 元年 5月 7日(丁亥).

전[5월 3일(계미)] 강화도 교동(喬桐)으로 옮겨져 위리안치돼 있던 임해군이 갑자기 죽었다.[42] 교동 별장 이정표(李廷彪)가 죽였다는 설과[43] 교동 현감 이직(李稷)이 죽였다는 설이[44] 있었지만 정확한 사인은 밝혀지지 않았고, 대북세력에 의한 모살(謀殺)이라고만 인식되었으며, 최종적으로는 광해군에게 책임이 돌아갔다.[45]

이러한 상황에서 광해군이 구언하자 광해군에게 다소 유리한 여론이 형성되었다. 광해군의 측근인 승정원, 예조, 양사의 관원이 여론을 이끌었는데, 예컨대 '역괴 이진(李珒)[임해군]의 죄악은 천지가 용납할 수 없는 것으로 하늘이 명하여 죽인' 것이라고 했고,[46] 장례도 왕자의 예로서 해서는 안 된다는 상소가 줄을 이었다. 구언 이후 조정의 주요 논의는 급사한 임해군의 장례와 호칭을 어떻게 정할 것인가에 집중되었고, 구언의 계기였던 가뭄의 해소 방책은 전혀 논의되지 않았다. 광해군 대의 구언은 조선의 오랜 정치적 관행에 비추어 봤을 때 이례적이었다. 구언을 즉위 초에 두 번밖에 하지 않은 것도 그러하고, 응지상소자를 처벌한 것도 그러하며, 구언을 수성의 계기로 삼지 않고 본인에게 정치적으로 유리하게 이용한 모습도 그러하다.

사실 광해군이 재이를 중시했던 것 같지는 않다. 이는 몇 사례를 통해 엿볼 수 있다. 광해군 3년(1611) 10월 11일(정축) 이제 막 중수(重修)가 끝난 창덕궁으로의 이어(移御)가 이루어졌다.[47] 그리고 10월 15일(신사)에 이를 기념하는 연회가 열릴 계획이었다. 그런데 전날 밤 천둥번개와 우박의 재이가 발생하자[48] 연회의 설행 여부를 놓고 논란이 일었다. 통상 이렇게

---

42) 정확히는 4월 29일에 죽었는데 李廷彪가 병을 핑계로 늦게 보고한 것이다.

43) 『光海君日記』 卷16, 元年 5月 4日(甲申), "廷彪兇戾, 以別將守圍籬, 迫殺之."

44) 『燃藜室記述』 卷19, 「廢主光海君故事本末」, '臨海君之獄'(5책, 569쪽), "人皆疑縣監李稷殺之, 而不敢言."

45) 李迎春, 『朝鮮後期 王位繼承 硏究』, 集文堂, 1998, 124쪽.

46) 『光海君日記』 卷7 元年 5月 4日(甲申).

47) 宣祖 대 말부터 진행된 昌德宮 重修 공사는 光海君 3年 10月에 마무리되었고, 광해군은 10月 11日 世子의 嘉禮를 계기로 昌德宮에 移御하였다. 윤정, 「宣祖 후반~광해군 초반 궁궐 경영과 '慶運宮'의 수립」, 『서울학연구』 42, 2011, 289쪽 참고.

재이가 발생하면 연회는 취소하는 것이 관례였다.[49] 다만 승정원에서는 '창덕궁 중수'를 기념하는 의미가 있으니 연회는 열 되, 재이를 삼간다는 차원에서 성악(聲樂)은 거두자고 했다.[50] 연회도 열어선 안 된다는 강경한 반대도 아니고 나름의 합리적인 절충안이었는데, 광해군은 이를 거절했다. 그러자 우의정 이항복(李恒福, 1556~1618)은 정승으로서 재이가 발생했는데도 자리를 지키며 연회에 참석할 수 없다며 사직을 요청했고, 그제야 광해군은 잔치에 성악을 쓰지 말라 하며 이항복의 사직을 만류했다.[51]

광해군 4년(1612) 4~5월에는 김직재(金直哉, 1554~1612) 옥사(獄事)가 있었다.[52] 당시 광해군은 포도청을 사적으로 이용하여 국문을 직접 지휘했다.[53] 한편 5월 1일(갑오)은 개기일식이 예보된 날이었다. 그래서 전날인 4월 29일(계사) 대신들은 다음날 일식이 예보됐으므로 친국하지 말고 공초만 받으라고 요청했다. 그러나 광해군은 '역적을 토벌하는 일은 다른 일과는 같지 않다'며 친국을 강행했다.[54]

같은 해 9월 13일(갑진) 우레와 우박의 재이가 발생하자[55] 예정된 관무(觀武)의 중지를 요청하는 상소가 올라왔다. 하지만 이번에도 광해군은 오히려 금원(禁苑)에 거둥하는 게 무엇이 문제냐며 따져 물었고, 또 무재(武才)를 시열(試閱)하는 것은 편안할 때 위태로움을 잊지 않는 자세라며 예정된 관무를 강행했다.[56] 특히, 광해군은 "몇 번 울린 우레 때문에 문무(文武)의

---

48) 『光海君日記』 卷46, 3年 10月 14日(庚辰), "是夜, 雷電雨雹, 狀如大豆."

49) 이러한 경향은 선조 대 이후에 더욱 짙어진 것이다. 김종수, 「조선시대 궁중연향의 변천」, 『東方學』 6, 2000, 81~89쪽 참고.

50) 『光海君日記』 卷46, 3年 10月 15日(辛巳).

51) 上同.

52) 한명기, 앞의 글, 1988, 314쪽. 이른바 '金直哉 獄事'는 鄭仁弘의 晦退辨斥이 실패한 이후 대북세력의 정치적 입지를 넓혀주는 계기가 되었다.

53) 차인배, 「光海君 前半 逆獄事件과 捕盜廳의 活動」, 『역사민속학』 27, 2008, 17~21쪽.

54) 『光海君日記』 卷52, 4年 4月 29日(癸巳).

55) 『光海君日記』 卷57, 4年 9月 13日(甲辰).

56) 『光海君日記』 卷57, 4年 9月 14日(乙巳).

선비를 시험하지 않는다면 앞으로 존호를 올리는 일이나 상수연(上壽宴), 또 진하(陳賀) 등의 예도 아울러 정지해야 한다"면서[57] 재이로 인한 의례(儀禮)의 정지나 업무의 변경은 하지 않겠다는 뜻을 밝혔다.

재이에 대한 광해군의 태도는 '소극'과 '회피'였다. 기본적으로는 선조 대 말의 관습화된 재이론 대응과 주자학 정치론과는 거리가 멀었던 집권 북인의 정치사상이 배경이었을 듯하다. 나아가 왕위 계승의 종법 원리상 태생적으로 왕권이 약할 수밖에 없었던 점,[58] 명의 공식적인 책봉이 지연되었고 명의 절대적인 지지를 얻지 못했던 점,[59] 재위 내내 역모사건이 끊이지 않았던 점,[60] 정치적 지지 기반이 척신 정치 세력으로 제한되어 다수 신료로부터 광범위한 지지를 얻지 못했던 점[61] 등이 광해군의 정치적 입지를 위축되게 했는데, 아마도 이러한 정치 환경이 광해군으로 하여금 재이에 '소극'과 '회피'로 대응하게끔 만든 게 아니었나 싶다.

한편 반정 군주였던 인조는 '폐조(廢朝)' 광해군과 달리 재이에 적극적으로 대응했다. 광해군 재위 15년 동안 2회에 그쳤던 구언을 재위 27년 동안 16회나 하교한 점에서[62] 엿볼 수 있다. 그런데 인조 대에는 정치 세력이 분화하면서[63] 재이론도 정치적 이해관계 속에 얽히게 되었다. 재이론의 당론화 및 정략적 활용이 본격적으로 진행된 시기가 바로 인조 대이다.

인조 대 재이론의 당론화 및 정략적 활용은 주요 정치 논쟁을 통해 살펴볼 수 있다. 우선 인성군 이공(李珙, 1588~1628) 처벌 논의가 주목된다.[64]

---

57) 『光海君日記』 卷57, 4年 9月 14日(乙巳), "大槪以昨日數聲之雷, 不試文武之士, 則前頭上號上壽陳賀等禮, 竝停不行可矣."

58) 이영춘, 앞의 책, 1998, 110쪽.

59) 한명기, 「광해군의 즉위 환경과 明의 존재」, 『明淸史硏究』 56, 2021, 255~258쪽.

60) 권은나, 「광해군대 반역 사건을 통해 본 정국운영」, 『대구사학』 148, 2022, 6~20쪽.

61) 신명호, 「선조말·광해군초의 정국과 외척」, 『청계사학』 10, 1993, 77~105쪽.

62) 하서정, 「仁祖대 災異에 대한 인식과 대응」, 『대구사학』 127, 2017, 175쪽.

63) 金容欽, 『朝鮮後期政治史硏究 I-仁祖代 政治論 分化와 變通論-』, 혜안, 2006.

64) 仁祖 대 초반의 정국에서 仁城君 처벌 논의는 상당히 중요하다. 왜냐하면, 이것이 仁祖反正의 명분과 관련되어 있기 때문이다. 이른바 '廢母殺弟'가 광해군 폐위와 仁祖反

인성군을 처벌해야 한다는 주장은 인조반정 직후부터 있었다.[65] 특히, 이귀(李貴, 1557~1633)는 인성군이 광해군 대에 폐모정청(廢母庭請)에 참여했다면서 처벌할 것을 강력하게 주장했다. 반면에 정경세 등은 반정의 명분을 내세워 처벌해서는 안 된다고 맞섰다.[66] 인조는 인성군이 몇 차례의 역모 사건에 연루되었음에도 지친이라며 처벌하지 않다가 인조 2년(1624) 11월의 역모 사건을 계기로 이듬해 2월 25일(갑진) 강원도 간성군(杆城郡)에 안치시켰다.[67]

인조 3년(1625) 9월에도 논쟁이 있었다. 대사헌 김상헌(金尙憲, 1570~1652)은 천상(天象)의 경계가 갈수록 심해진다면서 구언의 하교를 요청했고, 인조는 이를 수용해 구언했다.[68] 그리고 10월 18일(계사) 검열 목성선(睦性善, 1597~1647)은 구언에 응하여 강원도 간성에 안치돼 있던 인성군의 무죄를

正의 명분이었는데 仁祖가 인성군을 처벌해 '殺弟'를 한다면 스스로 반정의 명분을 저버리게 되는 것이었다. 하지만 인성군을 추대하려는 역모 사건이 연이어 일어나는 상황에서 그를 내버려 둘 수만도 없었다. 즉, 인성군의 처벌 문제를 놓고 도덕적 명분주의[=인성군 처벌 금지]와 정치적 현실주의[=인성군 처벌]가 대립·갈등하는 상황이 연출된 것이다. 仁城君 처벌 논의의 정치사적 의미는 金容欽, 앞의 책, 2006, 83~125쪽 참고.

65) 仁城君은 宣祖의 후궁 靜嬪 閔氏의 소생으로 仁祖反正 당시 왕위에 오를 수 있는 6명의 후보 중 한 명이었다. 왕위에 오를 수 있었던 후보로는 仁城君을 포함해서 順嬪 金氏 소생 義昌君 李珖, 貞嬪 洪氏 소생 慶昌君 李珘, 溫嬪 韓氏 소생 興安君 李瑅·慶平君 李玏, 貞嬪 閔氏 소생 仁興君 李瑛·寧城君 李涁 등이 있었다. 이 중 仁城君은 후보 가운데 가장 연장자였고 光海君이 꺼릴 정도로 명망이 있었다고 한다. 참고로 仁祖 대에 李氏 왕족을 추대한 역모 사건은 10회 정도 있었는데, 추대된 인물로는 光海君이 7회로 가장 많고, 다음이 5회의 仁城君이었다고 한다. 특히 仁城君이 죽은 인조 6년까지 8회의 역모 사건 중 仁城君이 추대된 경우가 5회로 압도적이며 光海君을 복위시키더라도 바로 仁城君에게 전위하게 해야 한다는 주장도 있었다. 이러한 점에서 仁祖 대 초반 仁城君은 왕권을 위협할 만한 인물이었음이 분명하다. 이상의 논의는 金容欽, 앞의 책, 2006, 83~86쪽 참고.

66) 金容欽, 앞의 책, 2006, 90~95쪽.

67) 『仁祖實錄』 卷8, 3年 2月 25日(甲辰).

68) 『仁祖實錄』 卷10, 3年 9月 12日(丁巳), "上下敎求言曰, … 蓋從金尙憲之請也."; 『淸陰集』 卷17, 疏箚, 「憲府獨箚 亟下責己求言之敎, 深示悔悟改過之端, 以順人心以答天譴事, 同年九月」, 19ㄱ~22ㄱ(77책, 233~234쪽).

주장했는데 이것이 논란이 되었다. 목성선은 역모 주동자의 입에서 인성군이 거론된 것은 사실이지만 인성군이 그들과 내통하지 않았으므로 무죄라고 주장했다.[69] 인성군 처벌 논쟁에서 대체로 서인은 처벌할 것을, 그리고 남인은 처벌하지 말 것을 주장했는데,[70] 목성선의 응지상소는 바로 남인의 당론을 대변하는 것이었고 서인의 즉각적인 반발을 샀다.

10월 21일(병신)에는 교리 이경석(李景奭, 1595~1671)이, 23일(무술)에는 동지사 김상용(金尙容, 1561~1637)이, 24일(기해)에는 부제학 김상헌이, 25일(경자)에는 특진관 이귀가 목성선을 논박했다.[71] 양사에서도 반발했는데, 사간원에서는 목성선의 상소를 불태우라고 했고, 사헌부에서는 목성선을 파직하라고 했다.[72]

반면에 북인 출신으로 인성군 처벌을 반대했던 도승지 정온(鄭蘊, 1569~1641)은 응지상소의 내용이 과격하다고 하여 처벌하는 일은 광해군 대에나 있을 법한 일이라며 목성선을 벌주어서는 안 된다고 만류했다.[73] 정온의 주장이 '응지상소를 벌주어서는 안 된다'는 원론적인 차원의 것처럼 보이지만, 사실 이것은 인성군을 처벌해서는 안 된다는 남인의 당론이었다. 그래서 특정 당색이 투영된 재이론이었다는 점에서는 이경석·김상용·이귀 등의 그것과 다를 바 없었다. 나아가 정온은 인성군 사후인[74] 인조 8년(1630) 4월 응지상소를 올려 인성군이 억울하게 죽었다며 사면해 주어야 한다고까지 했다. 죄안(罪案)을 자세히 살펴 죄가 무겁지 않은 자는 깨끗이 용서해 주어야 재이를 막을 수 있다는 상소였다.[75] 당시 서인계 대간은 정온의

69) 『仁祖實錄』 卷10, 3年 10月 18日(癸巳).

70) 吳洙彰, 「仁祖代 政治勢力의 動向」, 『韓國史論』 13, 서울대학교 국사학과, 1985, 78~79쪽.

71) 『仁祖實錄』 卷10, 3年 10月 21日(丙申) ; 同 23日(戊戌) ; 同 24日(己亥) ; 同 25日(更子).

72) 『仁祖實錄』 卷10, 3年 10月 18日(癸巳) ; 同 19日(甲午).

73) 『仁祖實錄』 卷10, 3年 10月 26日(辛丑).

74) 仁城君은 인조 6년 柳孝立 역모 사건에 연루되어 진도에 유배되었다가 자살을 강요받고 죽었다[『仁祖實錄』 卷18, 6年 5月 14일(甲戌) ; 同 28日(戊子)].

75) 『仁祖實錄』 卷22, 8年 4月 16日(乙丑).

주장이 괴망(怪妄)하다면서 파직해야 한다고 맞섰다.[76)]

이어서 인조 대 원종추숭(元宗追崇) 논의도 참고된다. 인조의 즉위로 인조의 생부 정원군과 생모 계운궁에 대한 호칭과 예제를 놓고 일대 논쟁이 전개되었다.[77)] 인조 8년(1630) 2월 16일(병인) 예조참의 윤지경(尹知敬, 1584~1634)의 요청에 의한 구언이 있었다.[78)] 약 6개월 뒤 음성현감 정대붕(鄭大鵬)은 천변(天變)이 항상 나타나고 한재(旱災)가 끊이지 않으며 변방의 혼란이 계속되어 인민을 보존할 수 없는 것은 하늘 섬김[事天]이 경건하지 못하기 때문이라면서 소격서(昭格署)를 복구해 일월성신(日月星辰)에 대한 초제(醮祭)를 지내자고 건의했다. 이어서 계운궁의 상례(喪禮)는 초상(初喪) 때부터 지금까지 일체 국상(國喪)의 예법을 따르고 있는데 유독 추숭(追崇)하는 일만 거행하지 않아 일의 선후가 맞지 않다면서 원종과 계운궁의 추숭을 요청했다.[79)]

예조는 즉각 반발하여 일월성신에 대해서는 천자(天子)만이 제사 지낼 수 있고, 추숭례(追崇禮)는 조정에서 예경(禮經)을 상고하고 전례(前例)를 참고해 절차대로 진행할 예정인데 '무식한 자'가 감히 발설했다며 따르지 말라고 했다.[80)] 그리고 대사간 이명준(李命俊, 1572~1630)은 정대붕이 추숭례에 대해 망언했다며 논박했고,[81)] 사헌부에서는 정대붕을 사판(仕版)에서 삭제시킬 것을 요청했다.[82)]

---

76) 『仁祖實錄』 卷22, 8年 5月 2日(辛巳).

77) 논쟁의 전개 과정은 네 시기로 구분되는데, 첫째는 반정 직후부터 시작된 私廟 典禮 논쟁이고, 둘째는 계운궁의 죽음으로 촉발된 喪禮 논쟁이고, 셋째는 인조 6년(1628) 계운궁의 祔廟禮를 전후하여 본격화된 원종추숭 논쟁이고, 넷째는 원종추숭 이후 종묘에 부묘하기까지 전개된 종묘 入廟 논쟁이다. 金容欽, 앞의 책, 2006, 126~127 참고.

78) 『仁祖實錄』 卷22, 8年 2月 16日(丙寅).

79) 『仁祖實錄』 卷23, 8年 8月 2日(己酉).

80) 『仁祖實錄』 卷23, 8年 8月 2日(己酉), "疏下禮曹. 回啓曰, 日月星辰, 天子郊祭之禮. … 至於追崇之禮, 朝廷稽考禮經, 援引前例, 以爲一代之典, 而大鵬本以無識之人, 發身醫流, 乃敢投疏於已定之後, 尤極痛駭, 竝勿更議."

81) 『仁祖實錄』 卷23, 8年 8月 7日(甲寅).

반면에 추숭에 찬성했던 이귀는 정대봉을 논박한 이명준을 다시 논박했다.[83] 그리고 인조는 내심 정대봉의 응지상소가 반가웠을지 모르나 '자신이 아무리 덕이 없고 사리에 어둡더라도 정대봉의 의견을 좇아 추숭의 일을 단행할 것 같으냐'고 반문하면서도 '이미 구언할 때 응지상소의 내용이 지나치더라도 처벌하지 않겠다고 했는데, 예조와 양사 등에서 죄를 청하고 있으니 심하지 않냐'라며 이명준 등을 다그쳤다.[84]

또 인조 9년(1631) 3월 3일(신사) 태조의 어진(御眞)이 있는 강릉 집경전(集慶殿)에 화재가 발생했다.[85] 인조는 이튿날부터 3일 동안 숭정전(崇政殿) 앞에서 망곡례(望哭禮)를 거행하고, 조시(朝市)의 정지를 명했다. 아울러 양사(兩司)도 전계(前啓)를 정지했다.[86] 그리고 강릉부사 민응형(閔應亨, 1578~1662)과 집경전 근무자를 모두 불러 국문했다.[87] 이어서 다양한 미재(弭災) 논의가 전개됐는데, 승정원에서는 군주의 일심(一心)은 하늘을 움직일 수 있는 근본이라면서 스스로 반성하고 경계할 것을 촉구했고 아울러 언로를 넓게 열어 간언을 받아들이라고 요청했다.[88] 사간원에서는 강릉의 신임 부사 윤천구(尹天衢)는 적합한 인물이 아니라며 체차(遞差)를 요구했다.[89] 이어서 구언교도 내려졌다.[90] 그리고 6개월 뒤 지사 이귀는 다음과 같은 응지상소를 올렸다.

지사 이귀가 아뢰었다. … "지난번에 대간은 하늘에서 비가 내리지 않는

82) 『仁祖實錄』 卷23, 8年 8月 9日(丙辰).
83) 『仁祖實錄』 卷23, 8年 8月 9日(丙辰).
84) 『仁祖實錄』 卷23, 8年 8月 19日(丙寅).
85) 『承政院日記』 32冊, 仁祖 9年 3月 7日(辛巳). 보고에 따르면 집경전 화재는 3月 3日(丁丑)에 있었다.
86) 『仁祖實錄』 卷24, 9年 3月 7日(辛巳).
87) 『仁祖實錄』 卷24, 9年 3月 8日(壬午).
88) 『仁祖實錄』 卷24, 9年 3月 8日(壬午).
89) 『仁祖實錄』 卷24, 9年 3月 10日(甲申).
90) 『承政院日記』 32冊, 仁祖 9年 3月 11日(乙酉).

> 이유를 추숭 때문이라고 했는데, 성상께서 나이가 어린 임금도 아닌데 대간이 어떻게 감히 이처럼 기만한단 말입니까. 신은 고위(考位)가 정해지지 않아 가물었다고 생각합니다."[91]

이귀는 추숭 때문에 한재가 닥쳤다고 하는 대간의 주장을 위와 같이 비판했다. 추숭과 한재가 어떤 관련이 있을까도 의문이지만, 정치 공방 속에서 재이론을 이렇게 정쟁의 도구로 이용하면 그 본연의 의미는 퇴색될 수밖에 없다. 즉, 인조 10년(1632) 6월 이귀는 추숭 반대 논의에 이용되는 재이론을 다음과 같이 평가했다.

> 근래 추숭의 논의를 막으려는 자들을 보니, 의리(義理)로 논쟁해서는 이기지 못할 것을 알고는 거짓으로 재이의 설에 의탁하여 두렵게 겁을 주는 계책을 삼고서 혹 '추숭하고자 해서 크게 가물게 되었다'고 말하기도 하고, '입묘(入廟)하고자 해서 종묘의 계체(階砌)가 무너지게 되었다'고 말하기도 하니, 김상헌 무리의 미혹함이 참으로 심합니다. 하늘이 비를 내리지 않아도 추숭에 허물을 돌리고, 하늘이 수재(水災)를 내려도 추숭에 허물을 돌리니, 오늘날의 하늘 되기가 또한 어렵지 않겠으며 오늘날의 군상(君上)이 또한 피곤하지 않겠습니까. 하늘과 군상도 모두 허물 당함을 면하지 못하는데 하물며 까마득한 일개 늙은 신하가 어떻게 수많은 무리의 시기와 비난 속에서 스스로 보전할 수 있겠습니까.[92]

---

91) 『仁祖實錄』 卷25, 9年 9月 18日(己丑), "知事李貴進曰, … 頃日臺諫以爲, 天之不雨, 由於追崇云. 聖上不是幼沖之主, 臺諫何敢誣謾若是乎. 臣以爲考位未定, 故天旱也."

92) 『承政院日記』 37冊, 仁祖 10年 6月 16日(壬午), "近觀欲防追崇之論者, 以義理爭之, 則知其不勝, 故假托災異之說, 以爲恐愓之計, 或曰欲爲追崇, 故致大旱, 或曰欲爲入廟, 故宗廟階砌頹圮甚矣, 尙憲輩之惑也. 天不雨則歸咎於追崇, 天降災則歸咎於追崇, 爲今日之天者, 不亦難乎, 今日之君上, 不亦困乎. 天與君上, 俱不免見尤, 則況如藐然一介老臣, 何能自保於群猜衆咻之中乎."

이귀의 위 발언은 원종추숭 논쟁 와중에 나온 것이다. 인조 9년(1631) 5월 추숭을 강행하려 했던 인조는 신료들의 반대에 부딪혀 추숭의 일은 조용히 '강정(講定)'하라며 물러섰다.[93] 이때 추숭 반대의 논리 중 하나가 극심한 한재(旱災)였다. 승정원에서는 5월에 서리가 내리고 반년 동안 극심히 가문 것에 어떻게 연유가 없겠냐면서 추숭을 반대하는 대신들의 뜻을 따르라고 했다.[94] 그리고 인조 10년(1632) 2월 18일(병술)에는 행도승지 김상헌이 강우(降雨)로 종묘의 계체석이 무너진 것을[95] 보고 추숭을 반대하는 상소를 올렸다.[96] 계단은 등급과 같고, 등급은 명분과 같은 것이므로 계체석이 무너진 것은 명분이 무너진 것과 같다면서 원종을 추숭해서는 안 된다고 했다.

이와 같은 원종추숭 반대 논의에 대해 이귀는 '의리로 논쟁해서는 이기지 못하니 재이의 설에 의탁해 두렵게 겁을 주려는 것', 즉 일종의 협박이라고 비판했다. 가뭄은 비가 오지 않아 그런 것이고 종묘의 계체석이 무너진 것은 비가 많이 와서 그런 것인데, 비가 오지 않은 것이나 많이 온 것이나 다 원종추숭에 원인을 돌리므로 이를 재이를 끌어다 하는 협박이라고 한 것이다.

요컨대 선조 대 동서분당을 전후한 시기 붕당 간의 정치적 이해관계의 연장에서 재이론이 당론을 대변하는 경우가 잦아지게 되었고, 인조 대에는 정치 세력의 분화와 정치론의 분기 속에서 재이론의 당론화가 본격적으로 진행되었다. 이러한 과정을 거치면서 17세기 재이론의 정략적 활용이 일반화되었다. 이는 언론 활동에 종속돼 있던 재이론 논의의 구조적 한계가 초래한 현상이었다. 언론 활동이란 당연히 정치적 활동이었고, 재이론이 정치적 언론 활동에 종속돼 있다 보니 재이론은 언론 활동의 정치적 성향과

---

93) 『仁祖實錄』 卷24, 9年 5月 14日(丁亥).

94) 『承政院日記』 32冊, 仁祖 9年 5月 14日(丁亥).

95) 『承政院日記』 35冊, 仁祖 10年 2月 19日(丁亥).

96) 『仁祖實錄』 卷26, 10年 2月 18日(丙戌).

향배에 좌우될 소지가 컸다.

문제는 재이론의 당론화와 정략적 활용이 정치적 갈등을 초래하고 나아가 재이론의 효용성을 떨어뜨린다는 것이었다. 선조 대 동인계 언관이 재이론을 활용한 모습이나 인조 대 정치 논쟁에서 재이론이 활용된 모습을 보면, '재이는 천견(天譴)이다'라는 원론이 무색할 정도로 국왕의 거부가 잦았다. 심지어는 언론기관이 응지상소자를 처벌해야 한다고 나서는 경우도 많았다. 이러한 상황에서 국왕은 어떠한 대책도 진정성 있는 것으로 간주할 수 없었을 것이고, 이러한 요인들이 재이론의 효용성을 낮추었다.

그래서 정치적 언론 활동의 종속 변수로서가 아니라 재이론 자체의 의미와 가치를 강조하는 독립 변수로서 논의하는 지적(知的) 활동이 펼쳐지게 되었다. 재이론 자체의 의미와 가치는 결국 군주의 공구수성(恐懼修省)이었다. 이는 재이론의 정략적 활용을 경계하면서 재이론의 본의(本意)를 회복하고자 하는 정치·사상적 활동이었다고 할 수 있다. 17세기 국왕에게 수성(修省)할 것을 요청하는 재이 문헌이 잇따라 편찬된 것은 이러한 맥락에서 이해할 수 있다. 이로써 재이론 활용의 초점은 16세기 '언론과 소통'에서 17세기 '군주의 수신'으로 옮겨가게 되었다.

2) 군주 수성론(修省論)의 강화와 재이 문헌 편찬

재이론의 정략적 활용, 즉 특정 인물의 임면이나 특정 정책의 찬반이 재이를 부르거나 없앤다는 식의 논의는 사실상 모사모응(某事某應)의 사응설(事應說)로서 한(漢) 대의 예언적이고 참위적인 재이론에 가까운 것이다. 그렇다면 재이론의 정략적 활용은 실제로 예언·참위적인 재이관을 바탕으로 한 것이었을까.

그렇지는 않았던 것 같다. 재이론의 정략적 활용이 문제라는 것은 그렇게 활용한 당사자도 잘 알고 있었다. 가령, 재이론을 활용해 인성군 처벌에 반대했던 정온은 본인의 재이론 활용이 옳지 않았다고 고백했다. 그는 인조 11년(1633) 11월 응지상소를 올려 지난 재이론 활용은 자신의 잘못이었다고 인정했다.

> 신이 지난 경오년(1630, 인조 8)에 벼락이 떨어진 재변으로써 전지(傳旨)에 응하여 진언(盡言)하였다가 물의(物議)가 흉흉하고 대관(臺館)이 교대로 공격하며 참형(斬刑)을 요청하는 차자(箚子)가 한두 번에 그치지 않았으나, 다행스럽게도 전하께서 이리석은 충성심을 깊이 살피시이 끝까지 보호해 주신 덕에 오늘날까지 살고 있으니, 이것이 누구의 은혜이겠습니까. 신이 이 시점에서 지난번처럼 어리석게 어떤 재이는 어떤 일의 응험이고, 어떤 변이는 어떤 정사(政事)의 잘못 때문이라고 함부로 지적한다면, 조정에 있는 신하들은 반드시 전일에 요청했던 대로 청할 것이고, 전하께서는 마치 증삼(曾參)의 어머니가 그의 아들이 살인했다고 연거푸 세 사람이 고하자, 베를 짜다가 북을 팽개치고 달아난 것처럼 신을 의심하지 않을 수 없을 것이니, 신이 무엇 때문에 다시 싫어하는 말을 진달하여 스스로 헤아릴 수 없는 곳으로 빠져들겠습니까.[97]

인성군을 용서해야 재이를 없앨 수 있다는 논의는 스스로 인정했듯이 모사모응의 사응설에 가까운 것이었다. 당시의 대간이 정온을 논박했던 이유는, 물론 인성군 처벌 문제에 대한 입장 차도 있었겠지만, 정온이 재이론을 사응설처럼 활용한 탓도 크다.[98]

사실 재이에 대한 정온의 평소 생각은 주자학의 그것과 정확히 같은

---

97) 『桐溪集』 卷3, 疏箚啓, 「求言疏癸酉」, 30ㄱ(75책, 217쪽), "臣往在庚午, 以雷震之變, 應旨盡言, 而物議洶洶, 臺館交攻, 請斬之箚, 不一再而止, 幸賴殿下深察愚忠, 終始保全, 得有今日, 是誰之恩. 臣於此時, 又效前愚妄指某災之爲某事之應, 某變之爲某政之失, 則在廷之臣, 必有前日之請, 而殿下亦不免三至之投杼, 臣何故而更進忌諱之言, 自陷不測之地也."

98) 『仁祖實錄』 卷22, 8年 5月 2日(辛巳), "諫院啓曰, 逆珙罪狀, 昭著無疑, 王法已行, 國是大定, 而前大司憲鄭蘊, 獨倡怪妄之論, 至有復職之請. 其措語無倫, 眩亂是非之罪大矣. 豈可遞差而止哉. 請亟命罷職."

것이었다. 그는 정인홍(鄭仁弘, 1535~1623)을 통해 조식(曺植, 1501~1572)의 학문을, 그리고 조목(趙穆, 1524~1606)과 정구(鄭逑, 1543~1620)를 통해 이황(李滉, 1501~1570)의 학문을 계승했다고 평가받는다. 그리고 주자학을 바탕으로 하면서 경의(敬義)의 실천적인 학문 성향을 보였다고 한다.[99)]

인조 11년(1633) 11월에 올린 응지상소에서 정온의 재이론을 대략적으로 살펴볼 수 있다. 그는 재이를 부른 모든 조목에 대해 일일이 진계할 수는 없고 대본(大本)의 차원에서 대략만을 진언(陳言)하면,[100)] 천하의 만사(萬事)와 만물(萬物)은 군주의 마음에 달려 있다고 했다.[101)] 재이를 맞은 군주는 마음이 바르고 뜻이 성실한지 돌이켜보고, 마음이 바르고 뜻이 성실하다면 이를 더욱 힘쓰고, 그렇지 못하다면 두려운 마음을 더하여 마음속의 편협함과 간사함의 싹을 없애야 한다고 했다.[102)] 정온은 인조가 가끔 편애[偏私]의 누(累)와 허위(虛僞)의 잘못을 다 떨쳐내지 못한다고 꼬집었다. 그는 인조의 마음이 거울처럼 밝지 못하고 저울처럼 공평하지 못해 그런 것이라고 하면서 마음속 은미한 곳에 편애와 허위의 찌꺼기[滓]가 남아 있으면 천견(天譴)이 그림자와 메아리처럼 빠르게 오므로 두려워해야 한다고 덧붙였다.[103)]

아마 재이론을 정략적으로 활용한 논자의 대부분은 정온처럼 주자학적 재이론을 견지하고 있었을 것이다. 다만 논자는 모두가 정치적 이해관계

---

99) 송희준, 「桐溪 鄭蘊의 학통과 학문사상」, 『嶺南學』 26, 2014, 78~85쪽.

100) 『桐溪集』 卷3, 疏箚啓, 「求言疏癸酉」, 30ㄴ(75책, 217쪽), "天之示警, 夫豈徒然哉, 必有以也. 聖敎中十條, 皆足以召災致變, 而臣不暇逐條陳戒, 只就大本上, 爲殿下略陳焉."

101) 『桐溪集』 卷3, 疏箚啓, 「求言疏癸酉」, 30ㄴ(75책, 217쪽), "臣聞漢臣董仲舒, 以正心, 爲正朝廷百官萬民四方之本. 宋臣朱熹, 以君心, 爲太子大臣綱維風俗民力軍政之本. 漢宋之君, 以其言爲迂遠腐陳, 而不識其天下萬事萬物之無一不本於此心."

102) 『桐溪集』 卷3, 疏箚啓, 「求言疏癸酉」, 31ㄱ(75책, 218쪽), "殿下, 試於燕閑之中淸明之時, 反求諸心曰, 吾之心正歟, 未正歟, 吾之意誠歟, 未誠歟. 正而誠則加勉, 若有未正未誠之事, 則益加兢惕, 其疾敬德, 務恢虛明之體, 鋤去偏邪之萌."

103) 『桐溪集』 卷3, 疏箚啓, 「求言疏癸酉」, 31ㄱ~ㄴ(75책, 218쪽), "臣曾忝言地, 咫尺天威, 竊瞯殿下於聽納酬應之間, 或未能盡去偏私之累虛僞之失. 則是殿下之心未能如鑑之明如衡之平矣. 夫方寸之中, 隱微之際, 人所不知, 而己所獨知者, 或有査滓分寸之未明未平, 則其發於天譴者捷於響影, 可不懼哉, 可不懼哉."

속에 얽혀 있는 존재였고, 첨예한 대립의 국면에서 과도하게 재이론을 펼치다보니 이를 정략적으로 이용하게 된 것이 아닌가 싶다.

사실 사응설적인 재이론 활용은 조선 초기 이래로 철저한 검열의 대상이었다.

> 세 종 : 지진(地震)은 재이 중 큰 것이다. 그런 까닭에 경전(經傳)에 지진은 매번 썼고, 우레나 번개의 재변은 쓰지 않았다. 그러니 우레나 번개는 보통 일이다. … 우리나라에는 비록 지진으로 집이 무너지는 일은 없으나 지진이 하삼도에 매우 많으니 오랑캐의 변(變)이 있을까 의심된다.
>
> 권 채 : 우레나 번개는 천변(天變) 중 작은 것이고, 지진은 재변(災變) 중 큰 것입니다. 그러나 반드시 '어느 일을 잘해 휴징(休徵)이 감응하고, 어느 일을 잘못해 구징(咎徵)이 감응한다'고 말하는 것은 억지로 갖다 붙인 사리에 맞지 않는 논의입니다.
>
> 세 종 : 경(卿)의 말이 맞다. 천지(天地) 재이의 응험은 가까운 듯 멀다. … 한당(漢唐)의 여러 유자(儒者)가 재이의 설에 빠져 견강부회(牽强附會)한 것은 내가 취하지 않겠다.[104]

세종 14년(1432) 5월 5일(임술) 세종은 경연에서 하삼도의 잦은 지진을 들어 이적(夷狄)의 변란이 있지 않을까 걱정했는데, 이것이 바로 모사모응의 사응설적인 재이론으로서 군신(君臣) 모두가 멀리해야 하는 것이었다.

조선전기에는 "감히 어떤 일 때문에 어떤 재이가 왔다고 말할 수 없다",[105] "어느 일의 잘못으로 어떤 구징(咎徵)이 응(應)한다고 하는 것은 이른바

---

104) 『世宗實錄』 卷56, 14年 5月 5日(壬戌), "御經筵. 上曰, 地震, 災異之大者, 故經傳每書地震, 不書雷電之變, 雷電, 常事爾. … 我國雖無地震, 至頹屋者, 然地震甚多於下三道, 疑有夷狄之變. 權採對曰, 雷電, 天變之小者, 地震, 災變之大者. 然必曰, 某事得, 則某休徵應, 某事失, 則某咎徵應, 則牽合不通之論也. 上曰, 卿之言然矣. 天地災異之應, 或近或遠, … 漢唐諸儒, 皆泥於災異, 牽合附會, 予不取焉."

105) 『太宗實錄』 卷13, 7年 5月 22日(乙亥), "然豈敢指言以某事致某災."

한유(漢儒)의 꽉 막힌[膠固] 설이다”,[106] “오늘의 일변(日變)은 비록 어떤 일의 잘못이 부른 것인지는 알지 못하지만, 수덕(修德)이 대응의 근본이다”와[107] 같은 논평이 레토릭처럼 반복되었다. 이러한 견강부회에 대한 반복적인 검열은 재이론의 지속적이고 합리적인 활용을 위한 전략적 자정 활동이었다고 할 수 있다.[108]

17세기 초 장유(張維, 1587~1638)도 원칙적으로 재이를 견강부회해서는 안 된다고 했다.

> 한유(漢儒)는 '서수획린(西狩獲麟)'을 주(周)가 망한 재이와 한(漢)이 일어난 상서로 삼았다. 견강부회(牽强附會)가 여기에까지 이르렀으니 한바탕 웃을 일이다.[109]

'서수획린(西狩獲麟)'은 『춘추』 애공(哀公) 14년(기원전 481) 조(條)의 경문

---

106) 『成宗實錄』 卷222, 19年 11月 2日(辛酉), “然以爲某事之失而某咎徵應之, 則是所謂漢儒膠固之說, 不可與論天地造化之妙, 而殿下應天以實之道, 不可不盡也.”

107) 『明宗實錄』 卷6, 2年 12月 2日(己酉), “今之日變, 雖不知某事之失, 有以召之, 然修德其本也.”

108) 조선전기 견강부회에 대한 검열은, 다른 한편으로는 16세기 재이론의 활성화와도 관련이 깊다. 주자학에서는 개별 재이에 대한 事應說적인 재이 해석을 거부하고 어떠한 재이든 '陰盛陽微'로 일반화하여 파악한다. 그러다 보니 재이론에 활용할 수 있는 재이의 수가 월등히 늘어나게 되었다. 사실 햇무리·달무리, 流星, 태백주현 등은 '재이'라 부르기 무색할 정도로 빈번히 발생한다. 그런데 이러한 재이를 모두 陰盛陽微로 인해 天理가 어그러져 발생한 것으로 간주하면서 재이론의 소재로 활용할 수 있게 되었고, 빈번히 출현한 만큼 재이론 또한 활발히 개진할 수 있었다. 한편 이석규는 조선전기 求言의 소재를 보면 15세기에는 水旱災가 월등히 많지만, 16세기 이후가 되면 水旱災뿐 아니라 다양한 천문·기상 현상이 구언의 소재로 등장한다고 했다[이석규, 「연산군·중종대 求言의 성격 변화와 그 의미」, 『史學硏究』 88, 2007, 635~646쪽 ; 이석규, 「조선 明宗代의 求言과 民本理念의 변질」, 『朝鮮時代史學報』 51, 2009, 108~109쪽]. 그는 이러한 변화의 의미를 民本理念의 변질에서 찾았는데, 言權이 확대되고 재이론이 활성화되면서 재이론의 소재로 활용된 재이가 다변화 및 다양화된 것이 주요 배경이지 않았을까 사료된다.

109) 『谿谷漫筆』 卷1, 4ㄱ(92책, 563쪽), “漢儒以西狩獲麟, 爲周亡之異, 漢興之瑞, 傅會至此, 可一笑.”

이다.[110] '서쪽에서 수렵하다 기린을 포획하다' 정도로 풀이할 수 있다. 위 인용문의 한유(漢儒)는 후한(後漢) 말기에 활동했던 하휴(何休, 129~182)이다. 장유는 『춘추공양전(春秋公羊傳)』에 대한 하휴의 풀이를 '괴이하고 허탄하다'고 하면서 위와 같이 평가했다. 하휴는 '서수획린'을 보고 "공자는 천명을 우러러 헤아리고 시변(時變)을 굽어살펴 미래를 꿰뚫어 보고 무궁히 일어날 일을 예측했다. 한(漢)이 대란(大亂)의 뒤를 이을 것을 알고서 대란을 바로잡을 법을 만들어 주셨다"라고 했는데,[111] 장유는 이러한 하휴의 해석에 대해 "한(漢) 대 참위가의 설명이 이처럼 괴탄하다"고 비판했다.[112]

대신 장유는 재이를 군주 수성(修省)의 계기로 삼아야 한다고 했다.

> 재이를 꺼리고 아첨을 좋아하는 것은 군주[人主]의 공통된 병환으로 비록 밝은 군주라도 또한 피하기 어려운 바이다.[113]

장유는 당(唐)의 고사를 인용해서 부연했다. 당 개원 5년(717) 현종이 동도(東都)에 행차하려 할 때 태묘(太廟)의 4실이 무너져 내리는 일이 있었다.[114] 현종은 소복(素服)을 입고 정전을 피한 후 송경(宋璟, 663~737)과 소정(蘇

---

110) 『春秋』, 哀公, "十有四年春, 西狩獲麟."

111) 『春秋公羊傳注疏』 卷28, (哀公)十有四年春西狩獲麟, "得麟之後, 天下血書魯端門曰, 趨作法, 孔聖沒, 周姬亡, 彗東出, 秦政起, 胡破術, 書記散, 孔不絶. 子夏明日往視之, 血書飛爲赤烏, 化爲白書, 署曰演孔圖, 中有作圖制法之狀, 孔子仰推天命, 俯察時變, 却觀未來, 豫解無窮, 知漢當繼大亂之後, 故作撥亂之法以授之."

112) 『谿谷漫筆』 卷1, 4ㄱ~ㄴ(92책, 563쪽), "何休公羊傳解曰, 得麟之後, 天下血書魯端門曰, 趨作法, 孔聖沒, 周姬亡, 彗東出, 秦政起, 胡破術, 書記散, 孔不絶. 子夏明日往視之, 血書飛爲赤烏, 化爲白書, 署曰演孔圖, 中有作圖制法之狀. 孔子仰推天命, 俯察時變, 却觀未來, 豫解無窮. 知漢當繼大亂之後, 故作撥難之法以授之. 漢世讖緯家說, 怪誕如此."

113) 『谿谷漫筆』 卷2, 2ㄴ(92책, 594쪽), "諱災喜諂, 人主之通患, 雖明主亦所難免."

114) 『資治通鑑』 卷2, 唐紀 27, 玄宗, 開元 5年, "春, 正月, 癸卯, 太廟四室壞, 上素服避正殿. 時上將幸東都, 以問宋璟蘇頲, 對曰, 陛下三年之制未終, 遽爾行幸, 恐未契天心, 災異爲戒, 願且停車駕. 又問姚崇, 對曰, 太廟屋材, 皆苻堅時物, 歲久朽腐而壞, 適與行期相會, 何足異也. 且王者以四海爲家, 陛下以關中不稔幸東都, 百司供擬已備, 不可失信, 但應遷神主於太極殿, 更脩太廟, 如期自行耳. 上大喜, 從之, 賜崇絹二百匹. 己酉, 上行享禮於太極殿, 命姚崇五日一

頲, 670~727)에게 태실이 무너져 내린 이유에 관해 물었다. 그들은 "삼년복제를 마치지도 않고 느닷없이 행차하는 것이 천심(天心)에 맞지 않아 하늘이 재이로써 경계한 것"이라면서 행차를 그만두라고 간언했다. 반면에 요숭(姚崇, 650~721)은 "태묘의 건축 자재는 모두 부견(苻堅) 때[357~385]의 물건으로 점차 썩어 들어가다가 행차할 적에 마침 무너져 내린 것뿐이니 어찌 재이겠냐"고 하면서 무시했고, 현종은 기뻐하며 요숭의 말을 따랐다. 한편 저무량(褚無量, 651~734)은 "수문제(隋文帝)가 천하를 차지하고서 어찌 부견 때의 오래된 재목을 가져다가 태묘를 세웠겠냐"면서 요숭의 말은 단지 아첨하는 신하의 말일 뿐이며 하늘의 경계를 살펴 송경과 소정의 충직한 간언을 받아들이고 아첨하는 자의 말을 멀리하라고 했다. 현종은 저무량의 말을 듣지 않았고, 이에 대해 훗날 송(宋)의 호인(胡寅, 1098~1156)은 "군주의 잘못을 막지 못한 것은 그 죄가 작지만, 군주를 잘못으로 인도한 것은 그 죄가 크다"면서[115] "요숭이 현종을 잘못으로 인도한 죄가 심하다"고[116] 평가했다.[117]

> 현종은 지혜롭고 사리에 밝아 처음의 정치는 맑고 밝았고 요숭 또한 한 시대의 어진 재상이었다. 그런데도 이러한 잘못[過擧]에 빠지는 일을

朝, 仍入閣供奉, 恩禮更厚, 有大政輒訪焉. 右散騎常侍褚無量上言, 隋文帝富有天下, 遷都之日, 豈取苻氏舊材以立太廟乎. 此特諛臣之言耳. 願陛下克謹天戒, 訥忠諫, 遠諂諛. 上弗聽."

115) 『孟子集註』 卷12, 告子章句 下, 378쪽, "長君之惡, 其罪小, 逢君之惡, 其罪大. 今之大夫, 皆逢君之惡, 故曰, 今之大夫, 今之諸侯之罪人也."

116) 『致堂讀史管見』 卷20, 玄宗 上, "五年春太廟四室壞, 時將幸東都, 宋璟以爲不可. 姚崇曰, 太廟屋材, 皆苻堅時物, 朽腐而壞, 何足異也. 陛下以關中不稔, 故幸東都, 百司供擬已備, 不可失信, 但應遷神主於太極殿, 更脩太廟, 如期自行耳. 上大喜. 孟子曰, 長君之惡, 其罪小, 逢君之惡, 其罪大. 今之大夫, 皆逢君之惡. 姚崇於是其逢也甚矣."

117) 『谿谷漫筆』 卷2, 2ㄴ~3ㄱ(92책, 594~595쪽), "諱災喜諂, 人主之通患, 雖明主亦所難免. 開元五年, 玄宗將幸東都, 太廟四室壞. 上素服避殿, 以問宋璟蘇頲, 對曰, 陛下三年之制未終, 遽爾行幸, 恐未契天心, 故災異爲戒, 願且停之. 姚崇曰, 太廟屋材, 皆苻堅時物, 朽腐而壞, 適與行會, 何足異也, 百司供擬已備, 不可失信. 上大喜從之. 命崇五日一朝, 入閣供奉, 恩禮更厚. 褚無量言隋文帝富有天下, 豈取苻氏舊材, 以立太廟, 此特諛臣之言, 願陛下克謹天戒, 納忠諫遠諂諛. 上不聽. 胡致堂曰, 長君之惡, 其罪小, 逢君之惡, 其罪大. 姚崇於是乎其逢也甚矣."

면하지 못했으니 정말로 애석하고 두려운 일이다.[118]

장유는, 당 현종은 명군(明君)이고 요숭은 현상(賢相)이었지만 재이에 대해서만큼은 그렇지 못했다고 평했다. 명군과 현상이라면 재이를 경계의 대상으로 삼고 두려워해야 하는데 그들은 그렇지 않았다는 것이었다. 사실 요숭의 말처럼 태묘의 목재가 오래되어 우연히 무너졌던 것일 수도 있다. 하지만 우연한 재이일지라도 군주는 스스로 반성하는 사세를 취해야 하고, 신료는 군주가 그러한 자세를 취할 수 있도록 보좌해야 한다는 것이 장유의 생각이었다. 요컨대 재이를 견강부회해서는 안 되고, 군주는 재이를 공구수성(恐懼修省)의 기제로 삼아야 한다는 것이었다.

사실 장유는 인조 대 정치 논쟁에서 재이론이 정략적으로 활용되는 모습을 보면서 '재이를 견강부회해서는 안 되고, 군주는 재이를 공구수성의 계기로 삼아야 한다'는 소신을 지속적으로 드러낸 인물이다. 가령, 인조 3년(1625) 9~10월 구언 때는 인성군 처벌 논쟁이 있었는데, 장유는 재이론의 본의를 강조했다. 즉, 천하의 일은 모두 군주에게 달려 있고, 치(治)와 난(亂)에 도달하는 근본 역시 군주에게 달려 있다는 것이었다.[119] 군주는 이 세상을 어루만지며 모든 일에 대처하는 위치에 있는 만큼 하나라도 군주의 일이 아닌 게 없고 군주의 한마디 말과 행동 모두 치란(治亂)과 관계돼 있다고 했다. 특히, 요체는 군주의 심술(心術)이라고 역설했다. 그리고 마음을 다스리는 데에는 학문보다 좋은 것이 없으니 학문은 마치 병을 치료하는 약과 같은 것이라고 했다.[120] 또 인조 4년(1626) 9월의 상소에서는[121] 재이를

118) 『谿谷漫筆』 卷2, 3ㄱ(92책, 595쪽), "愚謂以玄宗之明達, 當初政淸明, 而姚崇亦一時賢相也, 乃不免陷此過擧, 吁可惜哉, 吁可懼哉."

119) 『谿谷集』 卷17, 疏箚, 「求言應旨疏」, 1ㄴ(92책, 270쪽), "臣聞天下之事, 可謂多矣. 致治非止一道, 致亂亦非一道, 然其本係於人主之身."

120) 『谿谷集』 卷17, 疏箚, 「求言應旨疏」, 1ㄴ(92책, 270쪽), "人君撫世應物, 無非事者, 一言一動, 悉關治忽, 然其要在於心術之微. 故古之君子, 必曰格君心之非, 必曰正心誠意者, 蓋爲捨此則無別方可試故也. 治心之術, 莫如學問. 所謂學問, 猶因病立藥."

121) 이는 응지상소는 아니었다. 인조 4년 9월 22일(신묘) 밤에 천둥·번개가 쳤고[『承政院日

견강부회해서는 안 되고, 군덕(君德)을 잘 닦고 세도(世道)를 밝혀, 천심(天心)이 기뻐하고 음양의 기운이 순조로워지면 재이는 없을 것이라고 했다. 그래서 군주는 재이를 두렵게 생각하며 덕을 닦아야 한다고 했다.[122]

다음 인조 6년(1628) 7월의 응지상소도 주목된다.[123]

> 신이 듣건대, 천도(天道)가 유행(流行)하면서 기수(氣數)가 서로 밀고 뒤섞여 정상적일 때도 있고 재변이 있을 때도 있고 넉넉할 때도 있고 부족할 때도 있습니다. 재이와 상서의 출현은 없었던 적이 없는데, 혹 하늘의 경고의 뜻에서 나오기도 했고, 혹 사람의 일에 감응되어 나오기도 했으니, 마치 한유(漢儒)가 오행(五行)을 논했던 것처럼 꼭 그 현상을 유추하여 억지로 끌어다 붙이려 한다면 천착(穿鑿)에 귀결될 것입니다.
>
> 하지만 옛 군주는 재이를 만나면 두려워하며 자신을 반성하면서 덕을 닦고 좋은 정치를 행하는 것으로 천견에 답해 재이는 재이가 되지 않고 나라가 편안히 잘 다스려졌습니다. 반면에 재이를 만나 혹 경계하지 않거나 경계하더라도 실질로써 하지 않아 천명(天命)이 끊어지고 혼란과 멸망이 뒤따른 적도 있습니다. 그러한즉 재이가 '재이'가 되는 것은 하늘에 달려 있지 않고 사람에게 달려 있고, 다른 사람으로 말미암은 것이 아니라 나로 말미암은 것입니다. 아, 그러니 두렵지 않겠습니까.[124]

記』 15冊, 仁祖 4年 9月 22日(辛卯)], 당시 홍문관 부제학이었던 장유는 이를 계기로 재이상소를 올렸다.

122) 『谿谷集』 卷17, 疏箚, 「玉堂論冬雷箚」, 34ㄴ(92책, 286쪽), "變不虛生, 必有其由. 天道玄微, 未易測度, 傅會災異, 先儒之所不取, 臣等固不敢指爲某事之應. 然若君德克修, 世道休明, 天心悅豫, 二氣調順, 則必無如此之變也. 惕厲修省之實, 唯在聖明之加之意也."

123) 이는 인조 6년 7월 27일(병술)의 求言[『仁祖實錄』 卷19, 6年 7月 27日(丙戌), "上以旱災, 下敎求言"]에 따른 응지상소였다.

124) 『谿谷集』 卷18, 疏箚, 「求言應旨箚」, 21ㄱ~ㄴ(92책, 301쪽), "臣聞天道流行, 氣數推盪, 有常有變, 有饒有乏. 災祥之作, 無代無之, 或出於天心之警告, 或由於人事之感召, 必欲推類曲傳, 如漢儒之論五行, 則歸於鑿矣. 然而古之人君, 遇災而懼, 側身自省, 修德行政, 以答天譴, 則災不爲災而國以治安. 厥或遇災而不戒, 雖戒而不以實, 則天用殄絶, 亂亡隨之. 然則災之爲災, 不在於天而在於人, 不由於人而由於我. 嗚呼, 可不懼哉."

이때도 한유(漢儒)의 사응설적인 재이론을 비판했다. 그는 재이가 어떻게 발생한 것이든 군주의 공구수성이 재이에 대응하는 실질이라고 했다. 역사에서 보듯, 기수(氣數)에 의한 것이든 사람이 부른 것이든 군주가 두려워하는 마음으로 스스로 반성하고 덕(德)으로 하는 정치를 행해야 재이를 없앨 수 있다고 했다.

장유는 줄곧 재이의 견강부회를 경계했다. 재이를 특정 인물이나 사안에 끌어다 정치적 주장을 펼치는 것은 '한유(漢儒)의 천착(穿鑿)'으로서 멀리해야 한다고 했다. 이는 당시 만연해 있던 재이론의 정략적 활용에 대한 비판이었던 것으로 보인다. 대신 장유는, 군주는 재이를 공구수성의 계기로 삼아야 한다고 강조했다. 이것이 장유가 생각한 재이론의 본의였다.

17세기 재이 문헌의 편찬은 이러한 맥락에서 이해할 수 있다. 정치적 언론 활동을 정당화하는 논리로서가 아니라 재이론 본연의 의미와 가치, 즉 공구수성을 강조하고 요청하는 차원에서 이루어진 지적(知的) 활동이었다.[125] 응지상소의 형태에서 벗어나 개별적인 하나의 문헌의 형태로 편찬된 것도 언론이 아닌 재이론의 본의를 드러내려는 취지에서였던 것으로 보인다.

17세기 이래 재이 문헌의 편찬 현황은 다음의 〈표 5-1〉이 참고된다.

〈표 5-1〉 17세기~18세기 초 재이 문헌 편찬 현황

연대	작자	서명
인조 11년(1633)	장현광(張顯光, 1554~1637)	『십육괘배진(十六卦排陳)』
효종 6년(1655)	미상	『재이고(災異考)』
현종 5년(1664)	김익렴(金益廉, 1622~1689)	『역대요성록(歷代妖星錄)』
현종 9년(1668)	이 옥(李 沃, 1641~1698)	『역대수성편람(歷代修省便覽)』
숙종 34년(1708)	최천벽(崔天壁, 1640~1713)	『천동상위고(天東象緯考)』

125) 조선의 災異論은 조선전기 諫諍權을 강화하는 계기로 작용하여 왕권을 제약하는 역할을 하다가 17세기 들어 국왕의 修省을 돕고 보완하는 형태로 활용되었다는 평가도 참고된다. 李東麟, 「17세기 許穆의 古學과 春秋災異論」, 서울대학교 대학원 국사학과 석사학위논문, 2000, 27~36쪽 참고.

재이 문헌 편찬의 사상사적 의미는 『춘추(春秋)』를 통해 유추해 볼 수 있다. 북송의 정이(程頤, 1033~1107)는 일식에는 비록 정수(定數)가 있지만, 성인이 『춘추』에 일식을 기록한 이유는 군주의 공구수성 때문이라고 했다.[126] 이러한 인식은 조선의 관인·유자도 공유했던 바이다. 김시습(金時習, 1435~1493)은 "『춘추』에 재이는 반드시 쓰고 의심스러운 것은 지웠다"면서 이것은 모두 "성인이 후세를 경계(警戒)하려는 것"이라고 했고,[127] 권벌(權橃, 1478~1548)은 "『춘추』에 일식을 반드시 기록한 것은 군주를 경계하려는 것이니 천상(天象)을 소홀히 해서는 안 된다"고 했다.[128] 또 기대승(奇大升, 1527~1572)은 "공자가 『춘추』를 지을 때 재이를 쓴 것은 후인(後人)을 경계하기 위함이었다"고 했다.[129]

이러한 인식은 17세기에도 통용되었다. 강석기(姜碩期, 1580~1643)는 "공자가 『춘추』를 짓고 특별히 재이를 적은 이유는 사응(事應)을 드러내 보이려는 데에 있지 않고 진실로 군주로 하여금 삼가 천계(天戒)에 답하게 하려는 데에 있을 뿐이다"라고 했고,[130] 민정중(閔鼎重, 1628~1692)은 "공자는 『춘추』를 지을 때 재이를 갖추어 썼다"면서 "역사를 상고해 보면 역대로 조정이 망할 때 반드시 재이가 있었다"고 했다.[131] 그리고 홍여하(洪汝河, 1621~1678)는 '봉천(奉天)의 도'를 쓴다는 대의에서 보면 주희가 『자치통감강목(資治通鑑綱目)』에 재이를 쓴 것[132]과 공자가 『춘추』에 재이를 쓴 것은 같은

---

126) 『二程遺書』 卷22, 下, 附雜錄後(上, 299쪽), "問春秋書日食, 如何. 曰日食有定數, 聖人必書者, 蓋欲人君因此恐懼修省, 如治世而有此變, 則不能爲災, 亂世則爲災矣."

127) 『梅月堂集』 卷4, 詩, 「讀春秋詩」, 32ㄴ~33ㄱ(13책, 162~163쪽), "災異必書疑則闕, … 此皆聖人警後世, … 知聖罪聖在此書."

128) 『冲齋集』 卷2, 雜著, 「春秋胡傳箚義」, 1ㄴ(19책, 355쪽), "日有食之, 春秋必書, 以戒人君不可忽天象也."

129) 『高峯論思錄』 卷上, 80ㄴ(40책, 180쪽), "四月二十九日, … 孔子作春秋, 書災異以戒後人, 朱子曰, 古之聖王, 遇災而懼, 修德正事, 故變災爲祥."

130) 『月塘集』 卷2, 疏箚, 「憲府因災異陳戒箚」, 19ㄴ~20ㄱ(86책, 315쪽), "昔者孔子之修春秋, 特書災異而不著事應者, 實欲人君無所不謹, 以答天戒耳."

131) 『老峯集』 卷2, 疏箚, 「因天災陳戒疏」, 3ㄱ(129책, 20쪽), "孔子著經, 備書災異, 考之諸史, 歷朝將亡, 必有變異, 斑斑具載."

의미라고 했다.[133]

그리고 허목(許穆, 1595~1682)은 숙종 7년(1681)에 지은 『춘추재이(春秋災異)』 서문에 공자가 『춘추』에 재이를 기록한 이유는 다음과 같다고 했다.

> 그러므로 『춘추』에 모든 재이를 반드시 기록한 이유는 군주에게 하늘의 경계를 소홀히 해서는 안 된다는 것을 경계하기 위해서였다. 천도(天道)가 재이를 내린 것과 성인이 특별히 기록한 것은 그 가르침이 같다.[134]

재이를 기록한다는 것의 의미는 '경계(警戒)', 그 이상 이하도 아니었다. 군주는 하늘을 소홀히 여겨서는 안 된다는 보편적인 인식하에 군주는 재이를 통해 공구수성의 자세를 갖춰야 한다는 것이었다. 재이론의 정략적 활용이 적잖은 부작용을 낳자, 이와 같은 재이론의 본의에 주목하게 됐을 것이고, 17세기 재이 문헌의 편찬이 갖는 의미는 일차적으로 여기에서 찾을 수 있을 것이다.

그렇다면 '공구수성(恐懼修省)'의 정확한 의미는 무엇이었을까. 사전적 의미는 '몹시 두려워하며 수양하고 반성한다'는 뜻이다. 공구수성의 정치적 실천이란 군주가 행하고 있는 정치의 내용을 유교정치사상에서 추구하는 정치 이념과 비교해 보고 부합하지 않는 것을 찾아 부합하도록 바로잡은 정치 활동 정도라고 할 수 있겠다. 다만 시대별로 추구했던 유교정치사상의 이념이 달라 공구수성의 구체적인 정치적 실천 또한 달랐다.

고려에서는 『서경(書經)』 「홍범편(洪範篇)」과 「무일편(無逸篇)」, 그리고 『예기(禮記)』 「월령(月令)」 등이 준거였다.[135] 주지하듯 「홍범편」은 하(夏)의

---

132) 『資治通鑑綱目』, 「凡例」, '災祥'(11책, 3,497쪽), "凡災異實書, 祥瑞或以示疑, 或以著僞, 乃書. 凡因災異, 而自貶損求言, 修政施惠者, 皆書, 無實者, 或不悉書."

133) 『木齋集』 卷10, 雜著, 「司天考論(出彙纂麗史天文志)」, 10ㄴ(124책, 517쪽), "然朱子述綱目, 於天變, 輒謹書之, 亦春秋之意, 夫史, 所以奉天道而作也."

134) 『記言』 卷62, 敍述 5, 「春秋災異序」, 1ㄱ(98책, 424쪽), "故春秋, 凡有災必書, 所以戒人君, 不可忽天之戒也. 天道之降災, 聖人之特書, 其敎一也."

우왕(禹王)이 남긴 정치 이념이고, 「무일편」은 주공(周公)이 성왕(成王)에게 바쳐 경계한 경구(警句)이다. 그리고 「월령」은 천시(天時)에 순응하는 정령(政令)이라고 할 수 있다.[136] 「홍범편」과 「무일편」이 군주의 수신(修身)과 수덕(修德)을 강조하는 정치 철학을 규정한다면, 「월령」은 천시·시령에 순응하는 정치의 실천을 규정한다.

그리고 조선에서는 군주에게 성학(聖學)에 힘쓸 것을 요구하면서 공구수성을 군주성학론(君主聖學論)으로 이끌었다. 요컨대 주자학에서는 재이를 군주의 마음이 바르지 않고 또 성학을 독실하게 탐구하지 않는 자세에 대한 경고로 간주한다.[137] 이에 따르면 군주의 마음이 바르지 않으면 만사(萬事)가 어그러지게 되고, 만사가 어그러지면 인심(人心)이 어긋나게 되어 이것이 곧 여기(戾氣)가 생기는 원인이자 재이가 발생하는 이유였다. 그래서 재이를 없애기 위해서는 무엇보다도 군주가 마음을 바르게 하는 것, 즉 정심술(正心術)[正心]이 필요했다. 군주의 정심(正心)은 학문을 통해 가능했는데, 여기에서의 학문이란 바로 요순 삼대의 정치를 탐구하는 성학(聖學)이었다. 학문의 구체적인 방법은 성학의 요체가 집약되어 있는 성경(聖經)·현전(賢傳)을 탐독하는 것이었다. 학문 탐구가 쉼 없이 이루어지면[不息] 군주의 덕과 마음이 하늘과 합치되고 천심(天心)이 즐거워져 마침내 재이가 사라지게 되는 것이었다. 즉, 17세기 군주 수성(修省)의 일반적인 의미는 군주성학론에서 찾을 수 있다.

한편 이전에도 재이를 별도의 문건으로 묶는 경우가 종종 있었다. 중종 12년(1517) 3월 29일(갑진)과 30일(을사) 평안도에 눈과 서리가 내려, 보리가

---

135) 韓政洙, 「高麗前期 天變災異와 儒教政治思想」, 『韓國思想史學』 21, 2003, 69쪽.

136) 「月令」은 『呂氏春秋』의 「十二紀」에서 유래되었다. 『呂氏春秋』 「十二紀」에는 열두 달[紀]의 천문·기후현상이 적혀있고, 이어서 농업생산의 측면과 통치자의 입장에서 실천해야 할 활동들이 정리되어 있는데, 이러한 열두 달의 月曆이 漢 대에 『禮記』에 편입되어 「月令」이 되었다. 양계초·풍우란 외(김홍경 편역), 『음양오행설의 연구』, 신지서원, 1993, 283~284쪽 참고.

137) 본서 제2장 3절 참고.

얼어 죽었다는 보고가 있었다.[138] 4월 1일(병오) 경상도에서는 알에서 나온 병아리가 갈비뼈에 다리 2개를 더 달고 태어났다는 장계가 올라왔다. 또 서울을 포함하여 전국적으로 눈이 내렸다는 보고도 있었다.[139] 그러자 중종은 재이를 그치게 할 수성의 도리를 듣고 싶다며 대신들을 인견했다. 여기에 참여한 시강관 이자(李耔, 1480~1533)는 근래 재이가 겹쳐 나오니 두려워하고 조심하며 삼가 수성하여 천견(天譴)에 답해야 하는데, 말만 하는 것보다는 글로 써 두는 것이 좋다면서 반정 이후 일어난 재이를 모두 적어 옆에 두고 마음에서 잊지 말라고 했다. 이에 중종은 반정 이후 일어난 재이를 모두 빠짐없이 서계(書啓)하라고 지시했다.[140] 이는 재이를 통해 반정 이후의 국정을 돌아보고 이를 수성의 계기로 삼겠다는 의미였다. 또 명종 9년(1554) 5월 27일(병인) 밤 혜성이 북두칠성 괴성(魁星) 앞에 출현했다는 보고가 있자 명종은 홍문관과 관상감에 일러 옛일을 상고해 보고하라고 지시했다.[141] 흥미롭게도 관상감에는 재이의 도형(圖形)을 그려 보고하라고 했다. 이는 역대로 어떠한 혜성이 있었는지 살펴보고 이를 쇄신과 수성의 기회로 삼겠다는 의도였다.

〈표 5-1〉의 재이 문헌도 넓게는 이러한 군주의 공구수성의 차원에서 편찬된 것이라 할 수 있다. 그런데 개별 문헌을 하나씩 살펴보면 구체적인

---

138) 『中宗實錄』 卷27, 12年 3月 29日(甲辰), "平安道江界熙川德川雲山雨雪深尺餘, 泉水成氷, 義州下霜, 禾苗枯."; 同 30日(乙巳), "隕霜, 平安道朔州隕霜."

139) 『中宗實錄』 卷27, 12年 4月 1日(丙午), "慶尙道觀察使金安國狀啓曰, 永川郡人家, 有雞生雛, 右脅別生兩脚云. … 雨雪 … 黃海道海州延安殷栗江陰安岳信川, 雨雪雨雹, 江原道淮陽金城通川杆城平康金化歙谷, 雨雪, 平安道朔州, 雨雪川凍, 全羅道珍山錦山長水, 雨雪, 龍潭沃溝靈巖, 雨雹, 慶尙道安陰咸陽, 雨雪."

140) 『中宗實錄』 卷27, 12年 4月 3日(戊申), "御朝講. … 耔又曰, 近來災變疊出, 當純陽用事之月, 萬物敷榮之時, 霜未可降, 而隕霜殺草, 此正兢惕側修, 以答天譴之時. 臣意以爲, 言之於口, 不若筆之書. 自上卽位以後, 凡變怪之事, 書諸座隅, 左右顧眄, 常常不弛于念, 可也. … 傳曰, 反正後, 凡災異之事, 其無遺書啓."

141) 『明宗實錄』 卷16, 9年 5月 27日(丙寅), "夜, 有星似彗, 出北斗魁前, 尾長一寸. 日官啓之, 上驚起仰觀, 仍傳曰, 近多災異, 又有如此星變, 至爲駭愕. 令弘文館及觀象監, 博考古事以啓, 且令觀象監, 圖形以入."

배경이나 목적, 지향점은 모두 다르다. 여기에서는 우선 효종 6년(1655) 9월 무렵 편찬된 작자 미상의 『재이고(災異考)』에 대해 살펴보고자 한다. 재이론의 정략적 활용이 낳은 문제 중 하나가 군신(君臣) 간 갈등인데, 『재이고』는 17세기 중반 재이론의 군신 간 갈등이 절정이었던 시기에 편찬된 재이 문헌이라는 점에서 이 시기 재이 문헌의 편찬이 갖는 의미가 무엇이었는지를 잘 보여준다.

17세기 전반 재이론을 둘러싼 군신 간 갈등은 '함묵(含默)'의 풍조에서 엿볼 수 있다. 인조 9년(1631) 10월 3일(계묘) 부제학 이경여(李敬輿, 1585~1657)는 대각(臺閣)의 '함묵성풍(含默成風)'을 다음과 같이 설명했다. 그는 근래의 언관이 보잘것없긴 하나 정치의 득실을 논하고 일에 따라 논열(論列)하는 것이 본래의 소임이고, 논한 내용이 채택할 만하면 쓰고 아니면 그만일 뿐인데, 인조는 용납하는 도량을 넓히지 않고 언관의 말을 듣기 싫어하는 기색을 보인다고 했다.[142] 언론의 옳고 그름을 따지는 것이 아니라 본의가 무엇인지 의심하고, 꾸짖어 책망하고, 체직하고, 지방으로 내쫓고, 좌천시키고, 관직 임명에서는 호오(好惡)의 사심(私心)을 드러내 보인다고 했다.[143] 이경여는 인조가 이렇게 언론의 내용을 나무라고 따르지 않아 '함묵'의 풍조가 생겼다고 했다.

> 관례에 따른 계(啓)나 책임을 피하려는 계(啓)를 잇달아 올려도 〈이것을〉 따르는 일이 보이지 않으니 그럭저럭 세월이나 보내면서 날로 분위기가 오염되고 있습니다. 입을 다물고 말하지 않는 것이 풍습을 이루어 상하(上下)가 서로 덮어주고 변변치 못한 처신만을 오히려 숭상하여 청의(清議)는

---

142) 『白江集』 卷6, 疏箚, 「玉堂條論八事箚」, 14ㄴ(87책, 312쪽), "今日臺閣之臣, 固藐然矣, 然而豈皆無忠君愛國之心哉. 殿下既付以耳目之任, 論思之責, 則隨事論列, 是其職耳. 言有可採, 卽宜快從, 雖或不中, 亦當優容. 而殿下未恢虛受之量, 先示厭聞之色."

143) 『白江集』 卷6, 疏箚, 「玉堂條論八事箚」, 15ㄱ(87책, 313쪽), "不察言論之是非, 不亮本心之無他, 非但不用其言, 或嚴譴而責之, 或特命而遞之, 或下情外之敎, 或斥黜下邑, 或廢置散地, 或於除拜之際, 顯示好惡之私."

날로 고립되고 언로(言路)가 막힌 것이 전과 차이가 없습니다.[144)]

비판적인 언론을 펼치는 것은 언관의 마땅한 소임인데 인조가 이것을 나무라기 때문에 언관이 입을 다물고 아무런 논의를 하지 않는다는 것이었다. '함묵'은 당시 이러한 갈등 양상을 상징적으로 보여주는 말이다.

그런데 이경여조차도 차자를 올리고 있지만, 이것은 인조에게 언론의 내용을 수용하라고 요칭하는 일종의 수사(修辭)였지 실제로 이 무렵 재이에 따른 언론 활동이 없었던 것은 아니다. 이경여는 자신의 정치적 주장을 관철하기 위해 반어조로 '함묵'의 풍조가 생겼다고 했을 것이다.

하지만 군신(君臣) 간 갈등이 고조되고, 처벌받는 응지상소자가 늘어나면서 '함묵성풍'은 반어가 아니라 점차 현실이 되어 갔다. 효종 대가 특히 심했는데, 대표적인 사례가 효종 5년(1654) 7월 황해감사 김홍욱(金弘郁, 1602~1654) 장살(杖殺) 사건이다. 효종 5년 6월 8일(병인) 폭우가 내렸다. 이로 인해 궐내에서 여러 명이 죽고 또 도성 내 하천이 불어 익사자가 발생했다.[145)] 다음날 효종은 구언했고,[146)] 김홍욱은 이에 응하여 억울하게 죽은 강빈(姜嬪, 1611~1646)의 원한으로 화기(和氣)가 손상되어 재이가 발생한 것이라며 강빈옥사를 재조사해 억울함을 풀어줘야 한다고 상소했다.[147)] 인조 대 말부터 불거진 강빈 신원(伸寃) 논의는 효종의 정통성과 직결된 문제였고,[148)] 처음부터 효종은 강빈의 신원 논의에 강한 불만을 표했다. 이에 재위 3년(1652) 6월 3일(계묘)에는 여러 세대 뒤라도 강빈의 일을

---

144) 『白江集』 卷6, 疏箚, 「玉堂條論八事箚」, 15ㄱ~ㄴ(87책, 313쪽), "循例之啓, 塞責之論, 連章累牘, 猶未見從, 悠悠泛泛, 日就汚下. 含默成風, 上下相蒙, 軟熟是尙, 淸議日孤, 言路之杜絶, 比諸向日."

145) 『孝宗實錄』 卷12, 5年 6月 8日(丙寅) ; 同 9日(丁卯).

146) 『孝宗實錄』 卷12, 5年 6月 9日(丁卯).

147) 『孝宗實錄』 卷13, 5年 7月 7日(甲午).

148) 金龍德, 「昭顯世子硏究」, 『史學硏究』 18, 1964, 483쪽 ; 吳恒寧, 「朝鮮 孝宗代 政局의 變動과 그 性格」, 『泰東古典硏究』 9, 1993, 66쪽.

언급하는 자가 있으면 역당(逆黨)으로 간주해 추국하라는 전교를 내리기도 했다.[149] 그래서 강빈옥사를 재론하는 것은 상당히 위험한 언론 활동이었다.

효종은 전교를 근거로 김홍욱을 국문했고, 김홍욱은 국문을 받다가 사망했다. 효종은 전교에 근거해 벌을 준 것일 뿐이라고 했지만[150] 당시의 여론은 김홍욱을 동정했다. 평소 김홍욱은 강빈옥사에 의심스러운 점이 있다고 여겼고[151] 구언에 응하여 의심스러운 단서를 진언한 것인데 억울하게 죽어 많은 이가 슬퍼했다고 한다.[152] 강빈옥사를 재조사해야 한다는 김홍욱의 주장이 과한 측면도 있지만, 오랜 정치 관행을 깨고 응지상소자를 처벌한 효종의 정치도 공감을 받기 어려웠다.

정언 강유후(姜裕後, 1606~1666)는 당시의 상황을 다음과 같이 평했다.

> 지난해에 김홍욱이 구언 교지에 응하여 진언했는데 망령되게 특교(特敎)의 큰 금령을 범하여, 상께서 진노하여 친히 나가 국문하니 며칠 만에 곤장을 맞고 죽었습니다. 원근(遠近)에서 보고들은 사람들이 기운이 빠지지 않은 이가 없고 말하는 것을 조심하는 것이 극에 달했습니다. 사대부가 서로 만나서 일상적으로 권면하는 것이 '함묵(含默)' 두 글자에 있지 않음이 없고 사람들은 대각 보기를 함정과 같이 여깁니다. 아, 이것이 무슨 상황입니까. 지난 겨울 이래로 구언의 교지가 재차 하교됐으나 교지에 응하여 진언한 자는 거의 없다시피 하여, 심지어 전하께서 조정에 나와 대관(臺官)이 말하지 않는 것을 한탄하는 데에까지 이르렀습니다.[153]

---

149) 『孝宗實錄』 卷8, 3年 6月 3日(癸卯).

150) 『孝宗實錄』 卷13, 5年 7月 15日(壬寅).

151) 金弘郁은 西人 내에서도 節義에 대한 신념이 강했던 淸西에 속한 인물이다. 이와 관련해서는 김인경, 「조선후기 慶州 金門의 형성과 성장-김홍욱 가문을 중심으로-」, 『朝鮮時代史學報』 64, 2013, 97쪽 참고.

152) 『孝宗實錄』 卷13, 5年 7月 17日(甲辰).

153) 『孝宗實錄』 卷15, 6年 7月 10日(壬辰), "上年金弘郁應旨進言, 而妄犯特敎之大禁, 天怒震疊, 親臨鞫問, 數日之內, 斃於杖下. 遠近瞻聆, 莫不沮喪, 以言爲戒, 至此而極. 士大夫相接之際, 尋常所勸勉者, 未嘗不在於含默二字, 而人之視臺閣, 如視陷穽. 噫嘻, 此何景象也. 去冬以來,

강유후는 당시의 분위기를 '함묵' 두 글자로 표현했다. 그런데 글자의 어조는 앞의 이경여가 사용한 것보다 무겁게 느껴진다. 요지는, 김홍욱의 상소 내용이 문제긴 하지만, 사림 정치가 시작된 이래로 중요한 정치참여의 수단이었던 구언에 따른 응지상소를 과연 국왕의 전교만으로 처벌할 수 있냐는 것이었다. 국왕이 오랜 정치적 관행을 깨고 응지상소자를 처벌하면 다수의 신료는 반발할 수밖에 없고, 이 점에서 강유후가 언급한 '함묵'은 일종의 침묵시위였다고 할 수 있다.

훗날 송시열(宋時烈, 1607~1689)은 효종과의 독대에서 김홍욱 장살 사건을 언급했다.[154] 설령 강빈의 역모 모의가 사실이더라도 응지상소를 올린 김홍욱을 죽인 것은 성급했다며 억지로 사람들의 입을 막는 것은 내면에 부족함이 있는 자나 하는 일이라고 했다. 효종은 법령에 따라 처벌한 것이라고 맞섰지만 결국 김홍욱의 관작을 회복시켰다.[155]

『재이고』는 효종 6년(1655) 김홍욱 장살 사건 직후 재이론을 둘러싼 군신(君臣) 간 갈등이 절정이었을 무렵 편찬되었다. 『재이고』에는 인조 2년(1624) 2월부터 효종 6년(1655) 9월까지 841일 치의 재이 기사가 수록되어 있다. 그런데 인조 대의 기사는 2년과 5년, 10년과 11년, 그리고 14~27년의 것만 있다. 그리고 가장 마지막 기사가 효종 6년 9월의 것이라 이 무렵에 편찬되었을 것으로 추정한다. 이때가 김홍욱 장살 사건 직후라는 점에서 효종을 향한 정치적 비판과 견제라는 의도가 다분히 보인다.

『재이고』에서는 다음의 두 가지 점이 주목된다. 하나는 『재이고』의 인사(人事) 기사이다. 『재이고』에는 〈표 5-2〉와 같이 총 16건의 인사 기사가

求言之旨再下, 而應旨進言者, 絶無而僅有, 至使殿下臨朝, 嘆臺官之不言."

154) 『宋子大全』 拾遺, 卷7, 雜著, 「幄對說話」, 11ㄱ~ㄴ(116책, 143쪽), "對曰, 設令姜直有逆謀, 然金弘郁豈有知其謀逆而救之之理乎. 不過所見如是, 而殿下殺之太遽, 人心尤不能平矣. 上曰, 予已定法令, 如有敢言者, 與姜同罪云, 則渠何敢不有此法而言之乎. 此予不得不誅也. 對曰, 此正所以來人言也, 姜旣以逆誅死則斯已矣, 何可復憂人之敢言, 而强設不敢言之禁, 以防人口乎. 此實內不足者之爲, 故人愈不能無疑也. 上良久曰, 以卿言更思之, 果如是矣."

155) 『孝宗實錄』 卷21, 10年 3月 27日(戊午). 효종과 송시열의 독대는 3월 10일에 있었고 김홍욱의 관작회복은 3월 27일에 이루어졌다.

있는데, 모두 17세기 전반의 국가적 변란(變亂)에 관한 것이다.

〈표 5-2〉『재이고(災異考)』의 인사 기사

<table>
<tr><th colspan="2">구분</th><th colspan="3">내용</th><th>비고</th></tr>
<tr><td rowspan="15">인조</td><td rowspan="3">2년(1624)</td><td colspan="2">2월 8일</td><td>因适亂南遷二十二日還都</td><td>첫 기사</td></tr>
<tr><td colspan="2">6월 10일</td><td>元子 會講後 宣醞</td><td></td></tr>
<tr><td colspan="2">7월 12일</td><td>天啓崩駕</td><td></td></tr>
<tr><td rowspan="8">5년(1627)</td><td rowspan="4">1월</td><td>17일</td><td>奴賊犯義州邊報入來</td><td rowspan="6">丁卯胡亂</td></tr>
<tr><td>21일</td><td>慈殿內殿西出江華</td></tr>
<tr><td>24일</td><td>世子南出全州</td></tr>
<tr><td>26일</td><td>自上離京</td></tr>
<tr><td>4월</td><td>10일</td><td>自上還都</td></tr>
<tr><td>5월</td><td>3일</td><td>三殿還都</td></tr>
<tr><td>8월</td><td>11일</td><td>興慶園遷葬</td><td></td></tr>
<tr><td>12월</td><td>3일</td><td>昭顯嘉禮</td><td></td></tr>
<tr><td rowspan="2">17년(1639)</td><td>4월</td><td>24일</td><td>章陵失火</td><td rowspan="2">왕릉 失火</td></tr>
<tr><td>5월</td><td>15일</td><td>英陵丁字閣失火惟一狂僧打鐘人定</td></tr>
<tr><td>20년(1642)</td><td>3월</td><td>9일</td><td>日本國送御書</td><td></td></tr>
<tr><td>22년(1644)</td><td>2월</td><td>12일</td><td>沈器遠謀叛</td><td>沈器遠 모반 사건</td></tr>
<tr><td>효종</td><td>원년(1650)</td><td>3월</td><td>11일</td><td>淸國求婚</td><td></td></tr>
</table>

『재이고』는 '이괄(李适)의 난'으로 인조가 남천(南遷)했다가 다시 환도했다는 인사 기사로 시작한다. 다음 정묘호란 당시 인조와 왕실 인물의 행적에 관한 기사가 6건 있고, 인조 17년(1639) 4월 24일 장릉(章陵)[元宗陵]의 실화(失火),[156] 5월 15일 영릉(英陵)[世宗陵] 정자각(丁字閣)의 실화,[157] 그리고 인조 22년(1644) 2월 12일 심기원(沈器遠, 1587~1644) 모반 사건 등이 실려 있다. 『재이고』의 인사 기사는 이렇게 전란(戰亂)이나 정변(政變)에 관한 것이 대부분이다. 재이의 응험처럼 보이기도 하지만, 효종을 향한 경계의 의미가 아니었나 싶다. 즉, 재이가 출현하면 이러한 전란이나 정변이 일어나지 않을까 경계하는 마음을 가져야 한다는 의미에서 재이와 함께 이러한 인사 기사를 수록한 것으로 보인다.

156) 『仁祖實錄』 卷38, 17年 3月 30日(丁亥), "章陵失火, 大王陵上西北隅幾半被燒."

157) 『仁祖實錄』 卷38, 17年 4月 29日(丙辰), "禮曹啓曰, 卽見英陵參奉馳報, 本月二十八日鷄鳴時, 丁字閣失火燒盡云."

이와 더불어 『재이고』의 인조 대 기사 연대 배치도 주목된다. 인조 대 기사는 2년과 5년, 10년과 11년, 그리고 14~27년에만 있는데, 이러한 연대 배치에서도 작성자의 의도를 읽을 수 있다. 순수하게 언제 어떤 재이가 있었는지를 정리하고자 했다면 굳이 인조 원년을 빼먹지 않았을 것이고, '이괄의 난으로 인조가 남천했다가 환도했다'는 기사를 첫머리에 싣지도 않았을 것이다. 그리고 인조 대 기록이 2년에서 5년으로 이어지는 것은 정묘호란 때문임이 분명하다. 인조 5년(1627) 1월 17일의 "노적(奴賊)이 의주의 변경을 침범했다는 보고가 왔다"라든지, 1월 21일의 "자전(慈殿)과 내전(內殿)이 강화(江華)로 서출(西出)했다", 1월 24일의 "세자(世子)가 전주(全州)로 남출(南出)했다", 1월 26일의 "국왕이 서울을 떠났다", 4월 10일의 "국왕이 환도했다", 그리고 5월 3일의 "삼전(三殿)이 환도했다"와 같은 당시 왕실 인물의 행적을 재이와 함께 수록함으로써 전란의 참혹함과 재이의 심각성을 효과적으로 전달할 수 있었을 것이다. 같은 맥락에서 인조 14년(1636) 이후의 재이를 매년 수록한 것은 병자호란을 고려한 배치임이 분명하다. 인사 기사와 인조 대 연대 배치에서 재이를 국가적 변란과 함께 정리하고자 했던 『재이고』 작성자의 의도를 읽을 수 있다.

다른 하나는 『재이고』의 '월오성범식입(月五星犯食入)' 기사이다. 『재이고』의 재이 중 수록 빈도가 가장 높은 것은 월오성범식입 현상이다. 월오성범식입은 달과 오행성이 서로 만나는 현상으로,[158] 당연히 규칙적인 천체 운동이다. 『재이고』에는 모두 142건의 월오성범식입 기사가 실려 있는데, 이는 다분히 작성자의 의도가 반영된 결과이다. 사실 17세기 관상감이 있었던

158) 동아시아 역법에서 五星은 水星[辰星], 金星[太白星], 火星[熒惑星], 木星[歲星], 土星[塡星]을 말한다. 그래서 月五星犯食入이라 하면 달과 五星과의 犯·食·入을 의미한다. 그런데 역대의 天文志나 史書를 보면, 五星과의 犯·食·入뿐 아니라 3垣 28宿의 恒星과의 犯·食·入도 구분 없이 기재되어 있다. 이는 『災異考』 또한 마찬가지이다. 참고로 '범'이란 달과 별의 빛이 서로 한 치 이내에서 미치는 것, '식'이란 별이 달 가운데로 들어가 형체가 보이지 않는 것, '입'이란 별이 달 가운데로 들어갔으나 형체는 보이는 것을 말한다. 成周悳(이면우·허윤섭·박권수 역주), 『서운관지』, 소명출판, 2003, 82쪽 참고.

서울에서 가장 많이 관측·보고된 재이 현상은 햇무리였다. 인조~현종 대의 『승정원일기(承政院日記)』를 검토해 보면 햇무리가 가장 높은 빈도로 확인되고 이어서 달무리와 유성, 안개, 태백주현 순이다.[159] 햇무리와 달무리, 유성과 안개, 그리고 태백주현은 '재이'라는 이름이 무색할 만큼 평상시에도 자주 관측되는 천문·기상 현상이다. 아마 관상감에서도 이 현상들을 가장 많이 관측·보고했을 것이다. 그런데 『재이고』 작성자는 〈표 5-3〉과 같이 여타의 재이는 대거 생략하면서 월오성범식입 현상은 전량을 수록했다.[160] 여기에는 분명 작성자의 의도가 반영돼 있다.

관상감의 천문학 교과서인 『천문유초(天文類抄)』에서는 월오성범식입의 점성적(占星的) 의미를 다음과 같이 설명한다.

> (㉠)달이 세성(歲星)에 입하면[161] 나라의 재상(宰相)이 축출되고 (㉡)〈달이 세성을〉 범하면 병란(兵亂)이 일어나며 백성이 유랑한다. (㉢)〈달이〉 태백성을 범하거나 입하면 인군(人君)이 죽고 또 병란이 일어난다. (㉣)〈달이〉 형혹성에 입하면 난신(亂臣)이 죽고 서로 죽이는 자가 있게 된다. 일설(一說)에는 여주(女主)가 직접 정치를 하여 천하가 어지러워진다고 한다. (㉤)〈달이 형혹성을〉 범하면 대장(大將)이 죽고 모반하는 신하가 있으며 백성이 굶주린다. (㉥)〈달이〉 진성(辰星)에 입하면 적신(賊臣)이 군주를 죽이고자 하고 3년을 넘지 않아 반드시 내란(內亂)이 있을 것이다. (㉦)〈달이 진성(辰星)을〉 범하면 천하에 홍수가 든다. (㉧)〈달이〉 전성(塡星)을 범하거나 입하면

159) 경석현, 「17세기(인조~현종) 연대기 자료의 災異 기록 재검토-『東宮日記』를 중심으로-」, 『朝鮮時代史學報』 68, 2014, 166쪽.

160) 〈표 5-3〉 『재이고』와 『승정원일기』의 재이 기사 수록 현황 비교(건)

구분	월오성범식입	태백주현	햇무리	달무리	유성
『승정원일기』	135	486	1,833	922	851
『재이고』	142	141	60	32	8

* 『재이고』의 기간에 한함.

161) 원문에는 '세성[목성]이 달에 入하면[歲星入月]'이라고 되어 있으나 '달이 목성에 入하면[月入歲星]'이라고 하는 게 옳다.

신하가 군주를 시해하고 〈달이 전성(塡星)과〉 합(合)하면 나라에 기근이 든다. ㉧〈달이〉 혜성에 입하거나 범하면 병란이 12년 동안 있고 큰 기근이 든다.[162)]

요컨대 월오성범식입의 점성적 의미는 '내란(內亂), 병란(兵亂), 기근(飢饉)'이라 할 수 있다. 이는 『진서』「천문지」와 『송사』「천문지」를 참고한 것이다.[163)] ㉠, ㉢, ㉣, ㉥은 『진서』「천문지」에서 확인된다. ㉠은 혜제(惠帝) 태안(太安) 2년(303) 11월 경진의 '세싱입월중(歲星入月中)'의 점사(占辭)에서,[164)] ㉢은 위(魏) 명제(明帝) 청룡(靑龍) 2년(234) 10월 무인의 '월범태백(月犯太白)'의 점사에서,[165)] ㉣은 효무(孝武) 태원(太元) 12년(387) 2월 무인의 '형혹입월(熒惑入月)'의 점사에서,[166)] ㉥은 효무 태원 13년(388) 12월 무자의 '진성입월(辰星入月)'의 점사에서 확인된다.[167)]

그리고 ㉡, ㉤, ㉦, ㉧, ㉨은 『송사』「천문지」에서 옮긴 것이다. 『송사』「천문지」는 월오성범식입을 일괄하면서 "(㉡)달이 세성(歲星)을 범(犯)하면 병란(兵亂)이 일고 기근이[168)] 들며 백성이 유랑한다. (㉤)〈달이〉 형혹성(熒惑

162) 『天文類抄』(서울대학교 규장학한국학연구원 奎中 1907), 下, 3ㄱ, "歲星入月國有逐相, 犯兵起民流. 太白犯入人君死又爲兵. 熒惑入有亂臣死, 若有相戮者, 一曰女親爲政天下亂, 犯大將死, 有叛臣民飢. 辰星入賊臣欲殺主, 不出三年必有內惡, 犯天下水. 塡星犯入臣弑主, 合國饑. 彗入或犯兵期十二年大饑."

163) 참고로 月五星犯食入을 災異로서 기록하고 이것의 점성적 의미를 밝힌 것은 『진서』「천문지」 단계가 처음이다. 「천문지」에 月五星犯食入을 기록하면서 전체 천문 현상에서 해와 달리 차지하는 비중이 높아지게 되었다. 이문규, 「『晉書』「天文志」의 천문 사례-해와 달에 관한 현상을 중심으로-」, 『한국과학사학회지』 23-1, 2001, 46쪽 참고.

164) 『晉書』 卷12, 志2, 天文中(2책, 91쪽), "惠帝太安二年十一月庚辰, 歲星入月中. 占曰, 國有逐相."

165) 『晉書』 卷12, 志2, 天文中(2책, 91쪽), "魏明帝 … 靑龍二年十月 … 戊寅, 月犯太白. 占曰, 人君死, 又爲兵."

166) 『晉書』 卷12, 志2, 天文中(2책, 92쪽), "孝武太元十二年二月戊寅, 熒惑入月. 占曰, 有亂臣死, 若有相戮者. 一曰, 女親爲政, 天下亂."

167) 『晉書』 卷12, 志2, 天文中(2책, 92쪽), "孝武太元 … 十三年十二月戊子, 辰星入月, 在危. 占曰, 賊臣欲殺主, 不出三年, 必有內惡."

168) 『宋史』「天文志」에는 '兵飢民流'라고 되어 있는데 『天文類抄』에는 '兵起民流'라고 되어 있다.

星)을 범(犯)하면 대장(大將)이 죽고 모반(謀叛)하는 신하가 있으며 백성이 굶주린다. (ⓞ)〈달이〉 전성(塡星)을 범(犯)하면 인신(人臣)이[169] 군주를 시해하고 합(合)하면 나라에 기근이 든다. (ⓢ)〈달이〉 진성(辰星)을 범하면 천하에 홍수가 들고, (ⓙ)혜성에 입(入)하거나 범(犯)하면 병란(兵亂)이 12년 동안 있고 큰 기근이 든다"라고 했다.[170]

『진서』 및 『송사』 「천문지」를 바탕으로 하는 월오성범식입의 점성적 의미는 17세기에도 통용됐다. 이는 허목의 『춘추재이』가 참고된다.

> 별이 달 가운데로 들어가면 나라가 망하고 군대는 파멸한다. 달이 세성에 입하면 재상이 축출되고 〈달이 세성을〉 범하면 병란이 일어나며 백성이 유랑한다. 〈달이〉 태백성을 범하거나 입하면 국군(國君)이 죽고 또 병란이 일어난다. 〈달이〉 형혹성에 입하면 난신이 서로 죽인다. 일설에는 여주가 직접 정치를 하여 천하가 어지러워진다고 한다. 〈달이 형혹성을〉 범하면 대장이 죽고 모반하는 신하가 있으며 백성이 굶주린다. 〈달이〉 진성(辰星)에 입하면 적신이 군주를 도모하고 3년을 넘지 않아 반드시 내란(內惡)이 있을 것이다. 〈달이 진성(辰星)을〉 범하면 천하에 홍수가 든다. 〈달이〉 전성(塡星)을 범하거나 입하면 신하가 군주를 시해하고 〈달이 전성(塡星)과〉 합하면 기근이 든다. 〈달이〉 혜성에 입하거나 범하면 병란이 12년 동안 있고 큰 기근이 든다.[171]

월오성범식입에 대한 『춘추재이』의 해석은 앞서 본 『천문유초』의 그것과

---

169) 『宋史』 「天文志」에는 '人臣弑主'라고 되어 있는데 『天文類抄』에는 '入臣弑主'라고 되어 있다.

170) 『宋史』 卷52, 志5, 天文5, 293쪽, "歲星犯之, 兵飢民流. 熒惑犯之, 大將死, 有叛臣民飢. 塡星犯之, 人臣弑主, 合國飢. … 辰星犯之, 天下水. … 彗星入或犯之, 兵期十二年, 大飢."

171) 『記言』 卷31, 敍述5, 「天地日月星辰三」, 17ㄴ(98책, 432쪽), "星入月中, 亡國破軍, 歲星入月有逐相, 犯兵起民流. 太白犯入, 國君死又有兵. 熒惑入, 亂臣相戮, 一曰女親爲政天下亂, 犯有大將死, 臣叛民飢. 辰星入, 賊臣謀君, 不出三年必有內惡, 犯天下水. 塡星犯入, 有臣弑君, 合飢. 彗入或犯, 兵期十二年大飢."

거의 같다. 허목이 『천문유초』를 직접 인용했다고 단정할 수는 없지만 『재이고』가 편찬될 무렵에도 월오성범식입의 의미는 여전히 '내란, 병란, 기근'이었던 것이다.

『재이고』의 작성자가 많은 재이 중 월오성범식입 현상을 다량으로 수록한 이유는 이러한 점성적 의미 때문일 것이다. 이로써 『재이고』의 편찬 의도는 더욱 명확해진다. 국가적 변란의 인사 기사를 넣은 것이나 '내란, 병란, 기근'의 의미가 있는 월오성범식입 현상을 다량으로 넣은 것이나 모두 효종에게 재이로써 경계(警戒)의 메시지를 전달하기 위한 것이었다.

실제로 17세기 전반에는 재이를 통해 국가적 변란을 경계해야 한다는 인식이 있었다. 이는 조경(趙絅, 1586~1669)의 논의에서 확인할 수 있다. 조경은 인조 18년(1640) 5월 사간에 제수된 뒤 노모의 간병을 핑계로 불응하며 「십조소(十條疏)」를 지어 제출했다.[172] 이 중 다섯 번째가 하늘의 경고를 소홀히 여기지 말고 병자년 이전의 일을 거울로 삼으라는 것이었다.[173] 조경이 언급한 병자년 이전의 재이는 인조 13년(1635) 3월 14일(갑자) 목릉(穆陵)[선조·의인왕후릉]과 혜릉(惠陵)[인목왕후릉]의 재변이었다.[174] 조경

---

172) 『仁祖實錄』 卷40, 18年 5月 9日(己丑) ; 『龍洲遺稿』 卷6, 疏, 「辭司諫疏」, 30ㄱ~44ㄴ(90책, 97~104쪽). 참고로 10개의 현안은 ① 남한산성의 치욕을 잊지 말고 자강의 근본으로 삼을 것[無忘南漢之辱, 以爲自强之本], ② 宗廟神主의 치욕을 잊지 말고 복수하는 거사를 일으킬 것[無忘廟主之辱, 以爲復讐之擧], ③ 명의 再造之恩을 잊지 말고 朝聘을 통할 것[無忘大明再造之恩, 以通朝聘], ④ 흉악하고 교활한 말을 믿지 말고 國本을 보호할 것[無信兇狡之言, 以保國本], ⑤ 하늘의 경고를 소홀히 여기지 말고 병자년 이전의 일을 거울로 삼을 것[無忽上天之警, 以鑑丙子以前], ⑥ 近習과 가까이 지내지 말고 날마다 儒臣과 접하여 조섭하는 데 도움이 되게 할 것[無昵近習, 日接儒臣, 以助調攝], ⑦ 好惡를 사적으로 하지 말고 賢邪를 잘 구별해 조정의 기강을 진작시킬 것[無私好惡, 辨別賢邪, 以振朝綱], ⑧ 형식에 구애되지 말고 착실하게 장수를 뽑을 것[無拘虛文, 着實選將], ⑨ 誠信으로 외교하여 國勢를 웅장히 할 것[誠信交隣, 以壯國勢], ⑩ 백성을 어루만져 國本을 견고히 할 것[撫百姓, 以固邦本] 등이다.

173) 『龍洲遺稿』 卷6, 疏, 「辭司諫疏」, 37ㄴ(90책, 101쪽), "其五曰, 無忽上天之警, 以鑑丙子以前."

174) 인조 13년(1635) 3월 14일(갑자) 밤 거센 비바람을 맞고 穆惠陵의 능침이 크게 무너졌다. 능참봉 洪有一은 이를 예조에 보고했고, 예조는 인조에게 慰安祭를 지내고 大臣을 보내 살펴본 후 날짜를 정해 무너진 곳을 보수하되 보수할 때까지는 草芚과 油芚을 덮어 추가 피해를 막자고 상의했으며, 인조는 이를 따랐다. 한편 이때는 추숭이

은 당시 군신(君臣)이 모두 재이에 잘못 대응했고, 재이를 만나 공구수성을 다하지 않은 탓에[175] 이듬해 병자호란이 일어났다고 했다.

> 이듬해 병자년에 과연 오랑캐의 난[적란(翟亂)]이 있었는데 유식한 선비는 모두 을해년의 천재(天災)를 삼가지 않아서 천지(天地)에 크게 유감(遺憾)이 있게 한 탓이라고 했습니다. 신이 하늘의 경고를 소홀히 여기지 말고 병자년 이전의 일을 거울로 삼으라고 청한 것은 바로 이것입니다.[176]

이루어진 원종의 종묘 祔廟禮가 예정돼 있었다. 원래는 3월 10일(경신)에 거행하려 했으나 큰비가 와서 미룬 상태였다. 그런데 예조는 선왕의 능침이 훼손되는 재이가 일어났는데도 능의 보수에 관해서만 상의하고 부묘례의 遲速에 관해서는 따로 언급하지 않았다. 3월 15일(을축) 좌의정 吳允謙은 이를 지적하며 전례에 따라 부묘례 때 陳賀 및 飮福宴은 정지하는 게 좋겠다고 주청했다. 인조가 명확히 답을 하지 않자 3월 16일(병인) 사헌부는 부묘례 때 진하음복연과 음악 연주를 하면 안 된다고 상주했다. 그런데 역시나 인조는 가부를 말하지 않은 채 부묘례 날짜만 더 미루라고 했다. 이때 예조의 입장은 이랬다. 능참봉의 보고에는 우레와 큰비에 관한 내용만 있을 뿐 우레와 큰비 때문에 능침이 무너졌다고는 하지 않아 연회의 설행 여부에 관해서는 상의하지 않았다는 것이었다. 예조의 보고를 받은 인조는 두 능은 봉분한지 얼마 되지 않아 비가 많이 오면 틈으로 물이 스며 들어가 봉분을 무너뜨릴 수 있으니, 이를 天變이라고 해서는 안 된다고 했다. 3월 18일(무진) 무너진 두 능을 살펴보고 돌아온 오윤겸은 봉분의 莎草가 아직 뿌리를 내리지 않았고 흙이 굳지 않아 그 틈으로 빗물이 스며 들어가 형편상 무너져 내릴 수밖에 없었다고 보고했다. 즉, 능침의 물길을 옳게 내지 않은 탓이라는 것이었다. 당시 史官은, 오윤겸의 잘못된 보고로 재변을 水患과 능침 제도의 탓으로 돌리게 되었고, 부묘례도 단지 얼마간 뒤로 미루어 지내는 것으로 되었으며, 이로 인해 吉凶이 어그러지고 인조에게 하늘을 경멸하고 재변을 숨기려는 마음을 열어 주었다고 비판했다. 한편 3월 19일(기사) 원종의 부묘례가 거행되었다. 陳賀宴은 열리지 않았지만 제례 때 음악이 연주되었고 참석자는 山呼를 불렀다. 부묘례가 끝나고 나서 사헌부의 건의에 따라 두 능의 도감제조 이하 全관원과 두 능의 재변을 최초로 보고한 능참봉이 파직되었다. 능침을 잘못 설계한 죄와 재변 상황을 정확히 보고하지 않은 죄였다. 이상은 『仁祖實錄』의 관련 기사와 조경의 「十條疏」를 토대로 파악했다.

175) 『龍洲遺稿』 卷6, 疏, 「辭司諫疏」, 38ㄱ(90책, 101쪽), "此二事皆臣下之誤殿下也, 罪實在臣下, 殿下亦不之覺悟, 做錯如此, 其於遇災恐懼, 豈不遠哉."

176) 『龍洲遺稿』 卷6, 疏, 「辭司諫疏」, 38ㄱ(90책, 101쪽), "明年丙子, 果有翟亂, 有識之士咸以乙亥之不謹天災, 有憾於天地之大. 臣之請無忽上天之災, 以鑑丙子以前者此也."

사실 조경은 두 능의 재변이 있었을 때 잘못된 대응이라는 지적을 했었다. 즉, 인조 13년 8월 23일(경자) 차자를 올려, 두 능의 재변을 포함해 매달 재이가 일어나고 있는데 인조가 과거 성왕(聖王)이 그러했듯이 두려워하며 스스로 책망하고 있는지 모르겠다는 지적이었다.[177] 그는 애초부터 인조의 재이 대응을 잘못이라 여겼고, 병자호란을 겪고 난 후 인조가 천재(天災)를 삼가지 않아 난이 일어난 것이라고 한 것이다. 이는 실제 믿음에 바탕을 둔 인식이었다기보다는 인조에게 재이로써 위기의식과 경각심을 심어주려는 의도였던 것으로 보인다.

이어서 효종 3년(1652) 10월 14일(임자) 동지경연 정유성(鄭維城, 1596~1664)의 "신묘년의 풍재(風災)가 마침내 임진년의 변을 부르고 을해년의 풍재가 마침내 병자년의 화를 불렀는데, 불행히 올해 또 풍재가 있습니다. 지금이 바로 근심할 때인데 두 신하가 벌을 받았으니,[178] 어찌 알맞다고 할 수 있겠습니까"라는[179] 발언 역시 과거의 재이로써 지금의 효종을 경계하려는 취지였다고 할 수 있다. 『재이고』의 작성자 역시 이러한 인식을 갖고 있었을 것이다.

한편 당시 효종의 정치를 재이로써 비판한 사정도 참고된다. 효종 8년(1657) 4월 18일(경인) 칠곡부에서 땅이 갈라지는 재이가 발생했다. 효종은 놀랍고 해괴하다며 검토관 이만웅(李萬雄, 1620~1661)에게 전사(前史)에도 이런 재이가 있었냐고 물었다. 이만웅은 호원(胡元) 때 가장 많았고, 한(漢)·진(晉)의 말년에도 있었다고 답변했다. 이 말을 듣고 효종의 낯빛이 변했다고 한다.[180] 호원은 오랑캐가 세운 나라이고 한·진의 말년이란 망국(亡國)의

177) 『仁祖實錄』 卷31, 13年 8月 23日(庚子) ; 『龍洲遺稿』 卷6, 疏, 「遇災修省箚」, 15ㄱ(90책, 90쪽), "目今災異式月斯生, 而擧其大者而言之, 則兩陵雨水之頹, 洛東上流之絶, 七月拔木之風, 求之前史, 亦所罕見, 而近古所未有之災也. 天心之未豫, 可謂極矣. 不知乙夜丙枕之中, 慄慄危懼而責于己, 果有如成湯武丁宣王者乎."

178) 趙錫胤과 申弘望의 처벌이 부당하다는 의미이다[『孝宗實錄』 卷9, 3年 10月 14日(壬子), "如趙錫胤申弘望之被罪, 豈是當律乎"].

179) 『孝宗實錄』 卷9, 3年 10月 14日(壬子), "辛卯之風災, 終致壬辰之變, 乙亥之風災, 竟速丙子之禍. 不幸今歲, 又有風災, 此正憂虞之時, 而兩臣被罪, 夫豈得中之擧乎."

즈음이므로 이만웅의 답변은 지금이 꼭 그때와 같다는 뜻이었다.

그리고 칠곡에서의 재이가 있고 열흘 정도 후 완남군 이후원(李厚源, 1598~1660)은 효종의 북벌 정책 때문에 재이가 일어난 것이라고 했다.

> 효　종 : 대신은 이미 생각을 말했으니 여러 재상의 뜻은 어떠한가.
>
> 이후원 : 대신이 이미 진달했지만, 오늘날 민원(民怨)이 극에 달했으니 어찌 재이(災異)가 오지 않겠습니까.
>
> 효　종 : 어떤 일 때문에 민원(民怨)이 이 지경에 이르렀는가.
>
> 이후원 : 대개 군정(軍政)과 추쇄(推刷)가 민원(民怨)을 낳은 이유입니다. 인심(人心)이 자연 원망하고 괴로워해 이 지경에 이른 것입니다.[181]

실제로 다수의 관인·유자는 재이를 활용해서 효종의 북벌 정책을 반대했다.[182] 대개 이후원처럼 효종의 군비 강화책이 백성의 원망을 사 재이가 일어난다고 했다.

이러한 비판이 자주 일자 효종은 재이를 예사로 보기도 했다. 효종 8년(1657) 9월 5일(갑진) 주강에서 찬선 송준길(宋浚吉, 1606~1672)은 재변은 헛되이 생기지 않고 반드시 감응이 있다면서 근래의 천변(天變)은 마음을 놀라게 하고 눈을 참혹하게 하니 공구수성을 날마다 부족하게 여기라고 당부했다.[183]

---

180) 『孝宗實錄』 卷18, 8年 4月 18日(庚寅), "上曰, 此是罕聞, 可勝驚駭. 萬雄曰, 如此之變, 每在衰亂之世, 而不幸又出於今日, 可不懼哉. 上曰, 前史亦有諸. 萬雄曰, 其在胡元時最多, 而漢晋末亦有之, 上變色."

181) 『孝宗實錄』 卷18, 8年 4月 30日(壬寅), "上曰, 大臣則旣陳所懷, 諸宰之意如何. 完南君李厚源曰, 大臣旣已陳達, 而目今民怨, 罔有紀極, 寧無災異之來乎. 上曰, 以何事, 而民怨至此乎. 厚源曰, 大槪軍政推刷, 無非民怨之所由生, 而人心自然怨苦, 以至於此矣."

182) 재이론을 활용한 효종 대 북벌 정책 반대 논의는 한명기, 「조청관계(朝淸關係)의 추이」, 한국역사연구회 17세기 정치사 연구반, 『조선 중기 정치와 정책-인조~현종 시기-』, 아카넷, 2003, 292~300쪽 ; 하서정, 「孝宗대 정국변화와 災異 논의의 활용」, 『대구사학』 134, 2019, 20~27쪽 참고.

183) 『承政院日記』 146冊, 孝宗 8年 9月 5日(甲辰), "浚吉曰, 變不虛生, 必有所應, 近來天變, 驚心慘目, 恐懼修省, 惟日不足, 可也."

송준길 : 사람이 참혹한 재변을 만나면 처음에는 놀라고 두려워하지만 두세 번 이르면 예사롭게 여깁니다. 성상의 마음에는 심상함이 없겠습니까. 혹시 계구(戒懼)하지 않고 예사로운 일로 보실까 더욱 지극히 근심스럽습니다.

효 종 : 이와 같은 재변이 이미 한두 번도 아니고 예사로 여긴 적이 없지 않다.[184]

효종의 정치 및 북벌 정책에 대한 비판이 계속 재이론을 통해 제기되는 상황에서, 매일 같이 발생하는 재이를 예사로 본 적도 있었다는 효종의 솔직한 고백이었다. 효종의 인식이 실제로 이러했다면 『재이고』와 같은 문헌은 더더욱 필요했을 것이다.

선조 대 동서분당을 전후로 붕당 간의 정치적 이해관계 속에서 재이론이 당론의 창구로서 기능하게 되었다. 그리고 인조 대에는 정치 세력의 분화와 정치론의 분기 속에서 재이론의 당론화가 본격적으로 전개되고 정략적 활용이 일반화되었다. 이는 종래의 재이론이 언론 활동에 종속돼 있다는 구조적 한계로 인해 발생한 현상으로, 재이론의 본의와는 다르게 언론 활동의 정치적 성향과 향배에 좌우될 소지가 컸다. 이는 결국 정치적 갈등을 심화시키고 재이론의 효용성을 떨어뜨리는 결과를 낳았다.

17세기 다양한 재이 문헌의 편찬은 이러한 현상에 대한 반작용으로서 등장했다. 정치적 언론 활동의 근거 논리로서가 아니라 재이론 본래의 의미와 가치를 강조하고 드러내려는 지적 활동이었다. 이로써 재이론 활용의 초점은 16세기의 '언론과 소통'에서 17세기의 '군주의 수신'으로 전환되었다. 특히, 『재이고』는 효종 대 재이론을 둘러싼 군신 간의 갈등이 절정이었을

184) 『承政院日記』 146冊, 孝宗 8年 9月 5日(甲辰), "人情雖遇慘目之變, 缺初則警懼, 至于再至于三, 則視之反爲尋常, 聖心無乃尋常乎. 或不戒懼而視之尋常, 則尤可憂悶之至. 上曰, 如此之變, 旣非一再, 頻數見之, 則或不無尋常之時矣."

무렵 편찬된 문헌으로, 재이로써 효종에게 국난(國亂) 경계(警戒)의 메시지를 전달한다는 취지에서 편찬되었다. 이러한 재이 문헌의 편찬으로 군주의 공구수성이라는 재이론의 본의를 효과적으로 되새길 수가 있었다.

2. 역학(易學) 연구의 확산과 주자학적 재이론과의 융화

1) 인사(人事)·천수(天數) 논의와 재이 기수설(氣數說)의 굴절

16세기 말~17세기 초의 이른바 인사(人事)·천수(天數) 논의는 재이론의 이론적 합리성 제고를 위한 하나의 신화적 과정이었다고 할 수 있다. 인사·천수 논의가 나오게 된 것은 재이론의 이론과 현실의 괴리 때문이었고, 더 근원적으로는 재이론의 중세적 한계 때문이었다. 이론적으로는 '선복음화(善福淫禍)'라고 하지만 실제 역사와 현실은 그렇지 않은 경우가 많다.

> 천인(天人)의 재변에 관해 언급하자 상(上)이 우옹(宇顒)에게 일러 말했다. 천인(天人)의 이치는 내가 잘 알지 못하니 자세히 진달하라. … 그렇다. 대체로 선행을 하면 〈하늘이〉 상서를 내리고 악행을 하면 재이를 내리니 본래 천리(天理)가 이와 같음은 틀림없다. … 수양제(隋煬帝)는 극도로 흉악하여 하늘이 돌보지 않아 재변이 없었다는데 이런 따위는 내가 알지 못하겠다. … 이것은 끝내 이해할 수가 없다. 그렇다면 걸(桀)은 극도로 악한 사람이었는데도 하(夏)에 재앙을 내려 죄가 드러나게 한 것은 무슨 까닭인가?[185]

---

185) 『宣祖實錄』卷8, 7年 1月 27日(癸卯), "言及天人災變之事, 上謂宇顒曰, 天人之理, 予未有知, 其細陳之. … 上曰, 然, 大抵作善降祥, 作惡降災, 自是天理如此, 而不差也. … 又言隋煬, 極惡窮凶, 上天不顧, 故無災, 此類予所未曉. … 上曰, 此終不可曉, 若爾, 則桀非不極惡, 而降災于夏, 以彰罪何也." 이때의 대화 내용은 본서 제4장 2절 3소절 참고.

선조의 의문은 재이는 치세(治世)와 난세(亂世)를 가리지 않고 성군(聖君)의 시절이든 폭군(暴君)의 시절이든 종잡을 수 없이 발생하는데, 과연 인사가 불렀다고 할 수 있냐는 것이었다. 사실 이는 누구든지 또 얼마든지 품을 수 있는 의문이었지만, 그렇다고 재이를 인사와 무관하다고 할 수는 없었다.

그러다 보니 조선전기 인사·천수 논의는 사실상 일방적으로 전개되었다. 재이를 천수의 탓으로 돌린다는 것은 재이를 인사와 무관한 자연 현상으로 간주한다는 것이므로, 재이를 천수의 탓으로 돌려서는 안 되고 어떠한 경우라도 인사를 닦아야 한다는 것이 조선전기 관인·유자의 일관된 입장이었다.[186]

> 〈왕안석(王安石)이〉 상(上) 앞에서 말하였다. "재이(災異)는 모두 천수(天數)이며, 인사(人事)의 득실(得失)이 부른 게 아닙니다." 공(公)이 이를 듣고 탄식하며 말하였다. "군주가 두려워할 것은 오직 하늘입니다. 만약 하늘을 두려워하지 않으면 무슨 일인들 하지 못하겠으며 혼란과 패망이 머지않을 겁니다."[187]

이는 주희(朱熹, 1130~1200)가 쓴 북송 대 부필(富弼, 1004~1083)의 언행록 중 한 대목인데,[188] 조선 유학자의 인식도 이와 다르지 않았다.[189] 재이를 천수로 본다는 것은 인사와 무관한 현상으로 본다는 것이고, 그렇게 되면

---

186) 權延雄, 앞의 글, 1990, 603~605쪽.

187) 『三朝名臣言行錄』 卷2之1, 「丞相韓國富文忠公」(12책, 401쪽), "有於上前言, 災異皆天數, 非人事得失所致者, 公聞之, 歎曰, 人君所畏惟天, 若不畏天, 何事不可爲者, 去亂亡無幾矣."

188) 朱熹는 富弼의 神道碑를 보고 言行錄을 작성했다. 그런데 여기에는 '災異皆天數, 非人事得失所致者'의 화자가 특정되어 있지 않고, 明 대에 편찬된 『續資治通鑑綱目』에는 王安石이 한 것으로 나온다[『續資治通鑑綱目』 卷6, 18ㄴ(3책, 70쪽-서울대학교 규장각한국학연구원DB 古4362-1의 책수와 쪽수), "王安石言, 災異皆天數, 非人事得失所致"].

189) 『太宗實錄』 卷22, 11年 7月 2日(辛酉), "〈朱文公〉撰富鄭公言行錄曰, 神宗卽位, 有於上前言災異皆天數, 非人事得失所致. 公聞之, 嘆曰, 人君所畏唯天, 若不畏天, 何事不爲. … 臣竊謂韓退之文章朱文公道德, 後世學者之所慕效者也."

재이로써 군주에게 책임을 물을 수가 없으므로, 천수론적 재이 인식은 용인될 수 없었다. 재이를 인사와 무관하다고 보는 설은 북송 대 왕안석(王安石, 1021~1086)의 '부족외설(不足畏說)'에[190] 비견되어 만세의 군주를 그르친 말로 여겨졌다.[191]

조선의 유학자가 『서경(書經)』이나 『춘추(春秋)』의 고사(故事)를 자주 활용한 것도 유사한 맥락에서 이해할 수 있다. 권위적인 경전(經傳)에 수록되어 있는 재이 고사를 활용해 재이론의 설득력을 높이려고 한 것이다. 이 점에서 경전 속 재이 고사의 원용은 재이론의 이해와 신뢰도를 높이기 위한 일종의 수사적(修辭的) 기법이었다고 하겠다.

가장 대표적인 고사는 은(殷) 탕왕(湯王)의 상림육책(桑林六責)이다.[192] 고사의 전형은 남송 대 축목(祝穆, ?~1255)이 편찬한 『고금사문유취(古今事文類聚)』의 것이 참고된다. 살펴보면, 탕왕이 걸(桀)을 정벌한 후 큰 가뭄이 7년 동안 이어져 모래가 달궈지고 돌이 녹아내릴 지경이었다. 태사(太史)가 점을 쳐 말하길, "마땅히 사람을 제물로 삼아 기도해야 합니다"라고 하니, 탕왕이 말하길, "내가 비를 청하는 것은 백성을 위해서이다. 만약 반드시 사람을 제물로 삼아 기도해야 한다면 내가 스스로 그 제물이 되길 청한다"라고 했다. 이에 탕왕은 재계(齋戒)하고 머리를 자르고 손톱을 깎고 흰 수레와 흰말을 타고 자신을 흰 띠로 동여매고 스스로 희생(犧牲)이 되어 상림(桑林)의 벌판에 나가 기도했다. 다리가 셋 달린 정(鼎)을 들고 산천(山川)에서 축원하

190) 北宋 대 王安石이 變法 시행에 장애가 되는 반대파의 災異說을 이른바 '天變不足畏說'로 비판했던 것은 맞지만, 재이론 자체를 부정하지는 않았다고 한다. 南宋에서 北宋의 멸망 원인을 王安石과 그의 失政에서 찾았으면서 '王安石이 재이론을 인정하지 않아 군주를 그르치게 했다'는 설이 정설처럼 굳어지게 되었다고 한다. 홍승태, 「北宋 災異說과 黨爭-王安石'天變不足畏說'에 대한 再考-」, 『中國史硏究』 108, 2017, 107~133쪽 참고.

191) 『中宗實錄』 卷14, 6年 10月 2日(己卯), "御夕講講宋鑑神宗紀, 至王安石曰, 災異天數, 非關人事得失. 檢討官蘇世良曰, 災異天數, 非關人事之說, 不唯誤神宗, 誤萬世人主. 當是時, 日食地震, 災變不息, 皆安石所致也."

192) 『世宗實錄』 卷124, 31年 5月 28日(丁未), "夫以湯之大聖, 遇旱憂民, 痛自刻責, 如此其切, 況其下於湯者乎."

며 말하길, "① 정사(政事)가 한결같지 않아서입니까[政不一與], ② 백성이 생업을 잃어서입니까[民失職與], ③ 궁실이 화려해서입니까[宮室營與], ④ 부녀(婦女)의 알현이 성(盛)해서입니까[婦謁盛與], ⑤ 뇌물이 횡행해서입니까[苞苴行與], ⑥ 아첨꾼이 날뛰어서입니까[讒夫昌與], 어째서 이토록 비가 오지 않는 것입니까"라고 하니, 말이 끝나기도 전에 하늘에서 큰비가 내렸다고 한다.193)

그리고 『시경(詩經)』 대아(大雅) 운한편(雲漢篇)의 주선왕(周宣王) 고사도 유명하다.194) 여왕(厲王)의 폭정(暴政)을 끝내고 즉위한 선왕은 속으로 발란(撥亂)의 뜻을 품고 가뭄의 재이를 만나 두려워하며 측신수행(側身修行)해 재이를 해소하고자 하니 천하 사람들이 왕의 교화가 다시 행해지고 임금이 걱정해 주는 은혜를 받게 돼 기뻐했고, 이에 잉숙(仍叔)이 선왕을 찬미하여 운한(雲漢)이란 시를 지었다고 한다.195)

또 『사기(史記)』에 나오는 춘추시대 송(宋) 경공(景公)이 형혹성(熒惑星)을 물리친 고사도 자주 인용되었다.196) 송 경공이 송 분야(分野)에 출현한 형혹성[火星]을 근심하자 사성(司星) 자위(子韋)가 재이의 책임을 재상·백성·농사에게 돌릴 수 있다고 조언했다. 그러자 경공은 재상은 나의 팔과 다리이고, 백성은 내가 의지하는 바이며, 농사가 흉년이 들면 백성이 곤궁해진다며 물리쳤다. 이에 자위는 하늘은 높지만 낮은 곳의 말까지 듣는다며, "임금이

193) 『古今事文類聚』 前集, 卷5, 天道部, 雨, 湯禱桑林, "湯伐桀後, 大旱七年, 煎砂爍石. 太史占之曰, 當以人禱. 湯曰, 吾所爲請雨者民也. 若必以人禱, 吾請自當. 遂齋戒, 剪髮, 斷爪, 素車白馬, 身嬰白茅, 以身爲犧牲, 禱於桑林之野. 持三足鼎, 祝於山川曰, 政不一與, 民失職與, 宮室營與, 婦謁盛與, 苞苴行與, 讒夫昌與, 何不雨之極. 言未已而天大雨." '상림육책' 고사는 『荀子』와 『說苑』 등에서 확인되는데, 정확한 기원은 상고하기가 어렵다.

194) 『成宗實錄』 卷32, 4年 7月 1日(庚寅), "御夕講. 講詩至雲漢篇, 侍講官朴始亨啓曰, 宣王遇災, 警懼如此, 所以成中興之業也."

195) 『詩傳』, 大雅, 湯之什三之三, 454쪽, '倬彼雲漢, 昭回于天, 王曰於乎. 何辜今之人, 天降喪亂, 饑饉薦臻. 靡神不擧, 靡愛斯牲, 圭璧旣卒, 寧莫我聽'의 注, "舊說, 以爲宣王承厲王之烈, 內有撥亂之志, 遇災而懼, 側身修行, 欲消去之, 天下喜於王化復行, 百姓見憂. 故仍叔作此詩以美之."

196) 『中宗實錄』 卷5, 3年 2月 25日(癸巳), "宋景善言, 熒惑退舍, 明王之遇災, 能側身修行, 轉災爲祥, 類皆如此."

임금다운 말을 세 번이나 했으니 마땅히 형혹성도 감동할 것이다"라 하고 다시 천문을 관측하니 형혹성이 3도(度)를 옮겨 갔다고 한다.[197] 이상의 세 고사는 훗날 『대학연의(大學衍義)』에도 실리게 돼[198] 군주 공구수성의 모범처럼 여겨졌다.

한편 16세기 말~17세기 초 역학(易學) 연구의 심화를 배경으로[199] 소옹(邵雍, 1011~1077)의 상수학(象數學)에 대한 이해가 깊어지게 되었다.[200] 그런데 소옹의 상수학에서는 재이를 하나의 기수(氣數)로 파악할 소지가 컸다. 기수란 '기(氣)의 운수(運數)' 정도로 풀이할 수 있다. 인간이 노력으로 극복하기 어려운 상황에 직면하거나 자신이 속한 사회가 감당할 수 없는 위기를 마주했을 때, 그 원인이 이성적이고 합리적인 판단을 초월하는 경우, 이를 종종 기수의 탓으로 돌려 설명하곤 했다.[201] 기수와 천수의 개념이 정확히 일치하지는 않지만, 인사와의 관련성을 배제한다는 점에서는 서로 통한다고 할 수 있다.

일단 한역(漢易)에서는, 가령 역학자 맹희(孟喜)와 경방(京房)은 『주역(周易)』의 팔괘(八卦)를 우주의 축소판으로 보고, 역법(曆法)·절기(節氣)·음률(音律) 등이 모두 괘상(卦象)과 상통하며 인간 사회의 변화도 팔괘로 설명할

---

197) 『史記』 卷38, 宋微子世家 第8, "(景公) 三十七年, … 熒惑守心. 心, 宋之分野也. 景公憂之. 司星子韋曰, 可移於相, 景公曰, 相, 吾之股肱. 曰, 可移於民, 景公曰, 君者待民. 曰, 可移於歲, 景公曰, 歲饑民困, 吾誰爲君. 子韋曰, 天高聽卑. 君有君人之言三, 熒惑宜有動. 於是候之, 果徙三度."

198) 『大學衍義』 卷29, 誠意正心之要1, 遇災之敬, "其後, 成湯憂旱, 亦以六事, …, 此詩, 蓋宣王, 憂旱責躬之詞, … 景公三言之善而法星, 爲徙三度, 天人相應, 其捷如此, 可不畏哉."

199) 具萬玉, 『朝鮮後期 科學思想史 研究 I』, 혜안, 2004, 113~123쪽.

200) 조성산, 『조선후기 낙론계 학풍의 형성과 전개』, 지식산업사, 2007, 43~55쪽.

201) 17세기 중엽 이후 상수학적 역사연대기의 관념이 氣數論의 논리로 표출되었다. 陽·强을 陰·弱의 절대적 우위로 간주하는 義理易의 관점에서, 병자호란과 明淸 교체는 설명할 수도 없고 인정할 수도 없는 현실이었다. 그런데 이를 음양의 착종과 교역이 이룬 氣數의 변화로 파악하는 상수학적 역사연대기의 관념으로는 병자호란과 명청 교체를 '어쩔 수 없는 현실'로 받아들일 수가 있었다. 이상의 논의는 박권수, 「조선후기 象數學의 발전과 변동」, 서울대학교 과학사 및 과학철학 협동과정 박사학위논문, 2006, 81~87쪽 ; 조성산, 앞의 책, 2007, 45쪽 참고.

수 있다고 했다. 자연 및 인간 사회의 변화가 모두 괘상(卦象)의 변화와 일치한다고 보았고, 따라서 팔괘의 변화 법칙만 알면 위로는 국가의 흥망(興亡)에서 아래로는 개인의 길흉화복(吉凶禍福)까지 판단할 수 있다는 것이었다.[202)]

반면에 소옹은 한역과 달리 음양재이(陰陽災異)나 천인감응(天人感應)과 같은 미신적이고 신비적인 자연 해석을 거부했다.[203)] 그가 우주와 세계의 존재법칙을 규명하면서 여기에 인간 사회의 윤리적 성격을 부여하지 않은 까닭이 크다.[204)] 쉽게 말해, 소옹은 음양(陰陽)의 두 기에 선악(善惡)·정사(正邪)·시비(是非)와 같은 인문학적 당위성을 부여하지 않고, 자연의 음양이 서로 착종하고 교역하고 변화하는 그 원리에 관심을 두었다. 소옹의 상수학을 선천학(先天學) 중심의 역학이라고 하는 이유는 그가 인간의 도덕원리가 개입되기 이전의 자연, 그 자체의 원리를 추구했기 때문이다.

대신 소옹은 팔괘와 64괘의 도식(圖式)을 활용해 음양의 소장(消長)을 설명했다. 그리고 국가와 사회의 흥망성쇠 및 세계의 변천도 괘의 도식을 통해 밝히려고 했다. 이 과정에서 소옹은 북송 대에 크게 진보한 역법(曆法) 지식을 끌어오기도 했는데, 그 결과 우주와 세계에 '다함'이란 없고, 부단히 운동하고 변화하며 생성과 소멸을 반복하는 연속의 과정을 거친다는 결론에 도달하게 되었다.[205)]

그런데 이러한 우주론에서는 재이를 하나의 기수로 파악할 수가 있었다. 음양의 무쌍한 변화는 나름의 수학적 법칙에 의한 것으로 이러한 원리 속에서는 인간의 주체적인 의지나 노력의 개입이 없는 결정론이나 운명론적 논의에 이르게 되고,[206)] 그래서 상수학에 침잠하면 재이를 '인간의 의지와는

---

202) 廖名春·康學偉·梁韋弦 지음(심경호 옮김), 『주역철학사』, 예문서원, 1994, 163쪽. 이러한 학술 사조가 사실상 漢易의 주류였고, 동중서가 제창한 재이론은 이들의 卦氣說과 만나면서 예언·참위화의 변화를 겪게 되었다.

203) 廖名春·康學偉·梁韋弦 지음(심경호 옮김), 앞의 책, 1994, 368쪽.

204) 陳來 지음(안재호 옮김), 『송명 성리학』, 예문서원, 1997, 188쪽. 그럼에도 헨더슨이 소옹의 상수학을 '복고적'이라고 평가한 이유는 소옹 상수학의 數比的 성격 때문이다. 존 헨더슨 저(문중양 역주), 앞의 책, 2004, 144~150쪽 참고.

205) 廖名春·康學偉·梁韋弦 지음(심경호 옮김), 앞의 책, 1994, 414쪽.

관계없는' 또는 '인간으로서는 어쩔 수 없는' 기수로 파악하게 될 개연성이 높았다.

조선에서는 16세기 전반의 서경덕(徐敬德, 1489~1546)이 소옹의 상수학적 우주론을 본격적으로 이해한 첫 세대 유학자라고 평가받는다.[207] 그런데 서경덕의 논설 중에는 기수나 재이에 관한 논의가 없다. "나라가 일 따라 망하는 건 하늘의 운수[天數]에 달려 있고, 만물이 철 따라 흥(興)하는 건 대지의 신령스러운 조화일세"라는 짧은 시구(詩句)에서[208] 대략적으로나마 헤아릴 수 있지만 소략하다. "내가 경덕(敬德)의 저술을 보니 기수(氣數)에 대하여 논한 것이 많고 수신(修身)에 관해서는 언급이 없다. 이는 수학(數學)인 듯한데, 그의 공부에 의심스러운 곳이 많은 것은 무엇 때문인가?"라는[209] 선조의 비판적인 논평을 통해 간접적으로만 짐작할 뿐이다.

그의 저술 「온천변(溫泉辨)」의 끄트머리에 음양을 강상(綱常)의 윤리에 빗댄 대목이 있다. 즉, "양은 음을 겸하고 있으나 음은 양을 겸하지 못한다. 그래서 양은 온전하지만, 음은 반절이다. 양은 풍요롭지만, 음은 궁핍하다. 양은 존귀하지만, 음은 비천하다. 그래서 임금은 신하를 통솔하고, 남편은 부인을 이끌고, 군자는 소인을 부리고, 중국은 이적을 다스린다. … 이러한 음양의 구분이 이치의 필연인 것이다"라는 구절이다.[210] 이는 서경덕의

---

206) 廖名春·康學偉·梁韋弦 지음(심경호 옮김), 앞의 책, 1994, 414~415쪽.

207) 문중양, 「16·17세기 조선 우주론의 상수학적 성격-서경덕(1489~1546)과 장현광(1554~1637)을 중심으로-」, 『역사와 현실』 34, 1999, 102쪽.

208) 『花潭集』 卷1, 詩, 「沈敎授遊滿月臺示一律追次」, 14ㄴ(24책, 296쪽), "國隨事廢關天數, 物逐時興職地靈." 번역은 徐敬德·朴世堂 著(金學主 譯), 『(韓國名著大全集)花潭集·思辨錄』, 大洋書籍, 1975, 83쪽을 참고해 윤색했다. 참고로 이 시구는 서경덕이 沈敎授, 즉 沈義(1475~?)의 「遊滿月臺」를 차운한 시의 한 구절로, 심의의 문집인 『大觀齋亂稿』(卷2의 '七言律詩')에도 실려 있다.

209) 『宣祖修正實錄』 卷9, 8年 5月 11日(戊申), "上謂侍臣曰, 予觀敬德著述, 多論氣數, 而不及於修身. 似是數學, 其工夫亦多可疑何耶."

210) 『花潭集』 卷2, 雜著, 「溫泉辨」, 19ㄴ(24책, 309쪽), "陽得兼陰, 而陰不得兼陽. 故陽全而陰半, 陽饒而陰乏, 陽尊而陰卑. 是乃君統臣, 夫制婦, 而君子得以役小人, 中國得以服夷狄. … 此陰陽之分, 而理之必然者也."

저술 중 음양을 주종의 관계로 파악한 유일한 대목이다.[211)]

대개 주자학적 재이론에서는 이러한 계서적이고 수직적인 유교·주자학의 강상윤리가 무너지면 천인감응의 이치에 따라 재이가 발생한다고 설명하는데, 서경덕의 논설에서는 찾아지지 않는다. 없는 것인지 하지 않은 것인지 단정할 수 없지만, '수신에 관한 언급이 없다'는 선조의 지적은 아마도 이러한 사정을 염두에 두고 한 말인지도 모르겠다. 소옹이 그러했듯이, 서경덕 또한 자연 그 자체가 관심의 대상이었던 것 같다.[212)]

서경덕의 학문에 대한 당대의 평가는 찬반이 뚜렷했다. 이황(李滉)은 '서경덕은 기에 지나치게 치중해 학문이 깊지 않다'고 비판했고,[213)] 유희춘(柳希春, 1513~1577)은 '서경덕이 수리(數理)에 치중한 것은 맞지만 덕의(德義)에 관한 논의는 남들보다 뛰어나다'고 감쌌다.[214)] 이이(李珥)는 장단을 모두 들었는데, 그의 학문이 성현(聖賢)의 뜻에 꼭 맞지는 않지만, 자득지묘(自得之妙) 즉 독창성이 있다고 했다.[215)]

흥미로운 점은 선조 대 이후로, 제한적이지만, 재이를 기수나 천수로 인정하는 듯한 논의가 보인다는 것이다. 가령, 선조 원년(1568) 2월 24일(갑진) 응교 유희춘은 경연에서 호인(胡寅, 1098~1156)의 말을 인용해 재이를 인사가

---

211) 이러한 까닭에 훗날 『花潭集』의 편집자에 의해 추가되었을 것이란 의심도 산다. 한영우, 『서경덕과 화담학파, 조선 중기 주자학의 도전자들』, 지식산업사, 2022, 177~178쪽 참고.

212) 서경덕이 主氣論의 입장에서 사물의 본체를 탐구하는 데에 역점을 둔 반면 도덕 규범에는 큰 비중을 두지 않았다는 평가도 참고된다. 신병주, 『남명학파와 화담학파 연구』, 일지사, 2000, 206~207쪽 참고.

213) 『退溪先生言行錄』 卷5, 類編, 「論人物」, 6ㄴ~7ㄱ(3책, 8쪽-서울대학교 규장각한국학연구원DB 奎3017의 책수와 쪽수), "嘗問花潭之學, 先生曰觀其議論, 論氣則精到無餘, 而於理則未甚透徹, 主氣太過, 或認氣爲理, 然吾東方, 前此未有論著, 至此者, 發明理氣, 始有此人耳. 但言語之際, 自負太過, 恐其所得未深也."

214) 『宣祖實錄』 卷8, 7年 2月 23日(戊辰), "〈希春〉啓曰, 徐敬德, 雖學主於數, 然其德義立言, 高出常儒."

215) 『宣祖修正實錄』 卷9, 8年 5月 11日(戊申), "李珥曰, 此工夫, 非學者所當法. 其學蓋出於橫渠, 其所著, 若謂沕合聖賢則臣不知也. 但世之所謂學者, 多依倣聖賢之說, 中心多無所得. 敬德則深思獨詣, 多自得之妙, 非言語文字之學也."

부른 것이라고 하면 견강부회로서 막혀 통하지 않고 모두 기수 때문이라고 하기에는 옛사람이 덕을 닦고 일을 바르게 하여 재이를 상서로 바꾼 경우도 적지 않다고 하면서, 중요한 것은, 자식이 잘못하면 부모가 자식을 꾸짖듯 재이 또한 군주에게 잘못이 있어 하늘이 꾸짖은 것이니 군주는 재이를 하늘의 노여움으로 여겨 정성으로 살펴야 한다고 했다.[216] 인사와 천수(또는 기수)에 대한 종래의 일방적인 인식에 비추어 보면 유희춘의 발언은 중립적인 어조를 띤다.

또 유성룡(柳成龍, 1542~1607)은 절충적인 논의를 펼쳤다. 그는 가까워서 보기 쉬운 것은 인사고, 멀어서 알기 어려운 것은 천수라고 했다.[217] 그런데 인사와 천수는 서로 통하며 모두 하나의 이치라고 했다. 요(堯)·순(舜)·우(禹)·탕(湯)·문(文)·무(武)·주공(周公)이 위에 있던 시절 천하가 잘 다스려진 것은 천인(天人)이 합일된 경우이고, 공맹(孔孟)이 성현의 덕을 갖췄음에도 곤궁히 재야에 있어 단지 공언(空言)이 돼 천하가 그 은택을 입지 못한 것은 천인(天人)이 합일되지 않은 경우라고 했다.[218] 또 한당(漢唐) 이후의 역사를 보면 삼대(三代)의 참모보다 못한데도 때를 잘 만나 공적을 세운 이도 있고, 반대로 태평성대를 이룰 만했지만 뜻을 품고도 펴지 못한 채 죽은 이도 있다면서 끝내 인사를 버리고 천수만 말할 수는 없는 일이라고 했다.[219]

---

216) 『宣祖實錄』 卷2, 元年 2月 24日(甲辰), "〈應敎柳〉希春啓曰, … 先儒胡寅曰, … 天地之變, 非一端也. 盡以爲人事所致, 則牽合附會, 泥而不通, 盡以爲氣數適然, 則古人修德正事, 反災爲祥者, 亦不少矣. 要之, 人君父天母地, 父母震怒, 顏色異常, 人子當恐懼齋慄, 思所以消格, 不當指爲情性所發, 而遽已也." 유희춘이 인용한 胡寅의 발언은 『資治通鑑綱目』 卷3, 太宗孝文帝(8책, 214쪽), 五年, 春二月, 地震의 注 참고.

217) 『西厓集』 卷15, 雜著, 「天數人事相參」, 17ㄱ(52책, 295쪽), "蓋近而易見者人事也, 遠而難知者天數也."

218) 『西厓集』 卷15, 雜著, 「天數人事相參」, 17ㄱ(52책, 295쪽), "人未始不爲天, 天未始不爲人, 達于上下, 皆一理也. 始堯舜禹湯文武周公在上而天下治, 此則天人合一也, 孔孟有聖賢之德而窮而在下, 故但寄諸空言, 而天下不被其澤, 是天人不一也."

219) 『西厓集』 卷15, 雜著, 「天數人事相參」, 17ㄱ~ㄴ(52책, 295쪽), "漢唐以後如蕭曹丙魏房杜姚宋, 雖不能如三代之佐, 然遇時各有功業. 而諸葛武侯, 陸宣公身亦在可致之位, 畢竟齎志而歿, 其謂之非天, 可乎. 然當時若非二子, 其爲蜀爲唐, 亦未可知. 惟其如是, 故終不可舍人事而談天數也."

언젠가 선조는 유성룡에게 기수의 설에 대해 질문한 적이 있다. 이에 유성룡은 천수를 추위와 더위, 인사를 털옷과 베옷에 비유해 설명했다. 즉, 추위와 더위가 오는 것은 사람의 힘으로 막을 수 없지만, 평소에 추위와 더위에 대비하여 베옷과 솜옷을 준비해 둔다면 추위와 더위가 와도 문제될 것이 없다는 것이었다.[220] 재이가 천수든 아니든 평소 인사만 잘 닦으면 문제 될 것이 없다는 의미로 인사와 천수를 적절히 절충한 논리였다.

그렇다고 이 시기부터 재이를 기수나 천수로 여겼다는 것은 아니다. 재이를 기수나 천수로 여기는 태도는 여전히 비판의 대상이었다. 선조 27년(1594) 11월 12일(병술) 선조와 『주역』을 강독하던 중 지사 좌찬성 정탁(鄭琢, 1526~1605)은 기수의 설을 감히 말할 수는 없지만, 왜란을 어찌 인사(人事)가 부른 것이겠냐고 했다가 당시 사관(史官)으로부터 혹독한 비판을 받았다. 기수의 설은 한갓 임금의 귀만 어지럽히는 말이고, 참담한 전란일지라도 기수에 핑계 대는 것은 『주역』의 본의가 아니라는 비판이었다.[221] 요컨대 재이는 인사의 소치라는 일방적인 논의 속에서 상수학에 대한 이해와 유행을 바탕으로 재이를 천수나 기수로 볼 여지가 마련되었다.

문제는 이미 교조적(敎條的)이었던 주자학적 재이론과의 관계 설정이었다. 종래의 주자학적 재이론과 논리적으로 결합한다면, 쉽게 말해, 기수에 의해 일어난 재이일지라도 군주는 공구수성(恐懼修省)해야 한다는 논리를 개발한다면 재이론의 이론과 현실이 다르다는 문제를 해결할 수 있고, 나아가 재이론의 논리적 완결성 또한 한층 강화할 수 있는 것이었다.

16세기 말~17세기 초 재이 기수설에 관한 논의는 크게 세 가지 방향으로

---

220) 『西厓集』 卷15, 雜著, 「天數人事相參」, 17ㄴ(52책, 295쪽), "余嘗在經席, 上問氣數之說. 余對之曰, 天數, 寒暑也, 人事, 裘葛也. 寒暑雖不可以人力移易, 然裘葛備則可以禦寒暑, 而不爲寒暑所困. 故聖人專主人事, 而不及天數, 良有以也."

221) 『宣祖實錄』 卷57, 27年 11月 12日(丙戌), "知事左贊成鄭琢啓曰, 氣數之說, 固不敢上達, 而今玆變亂, 前古所無. 雖云人事所召, 然豈但由於人事乎. … 史臣曰, … 惜乎, 當時諸臣, 學術魯莽, 未能以聖人所明進退存亡之理啓發輔導, 而或有以氣數之說, 徒亂人主之聽, 嗚呼. 此豈講易之本意哉."

전개되었다. 첫째, 상수학을 적극적으로 수용한 그룹 중 일부는 종래의 주자학적 재이론과 기수설의 절충을 시도했다. 우선, 서울 경기지역의 북인계 서인으로 서경덕의 학문과 사상을 계승했다고 평가받는[222] 신흠(申欽, 1566~1628)의 논의가 참고된다. 그는 기수에 의한 재이의 출현을 인정하면서도 인사를 닦는 노력을 해야 한다고 했다. 신흠은 재화(災禍)를 '스스로 부른' 화(禍)와 '뜻하지 않게 당한' 재(災)로 구분했다.[223] 재이 중에는 인사가 부른 것도 있고 기수에 의한 것도 있다는 의미였다. 특히, 그는 자신이 정치적으로 축출당한 계축옥사(癸丑獄事)를 자신이 뜻하지 않게 당한 재이[無妄之災]라고 여겼다.[224]

그리고 그는 뜻하지 않게 당한 재이의 극복 방안을 『주역』의 무망괘(无妄卦, ䷘)에서 찾았다. 그는, 무망(无妄)은 성인의 일인데 성인도 재이를 당하냐고 자문하면서 뜻하지 않은 재이는 성인도 피할 수 없는 것이라고 했다. 재이를 당할만한 이유가 없는데도 재이를 당한 것은 '사변[事之變]' 때문이고, 『주역』이 염려하는 것 역시 이 사변이며, 사변은 중세(中世)에도 면하지 못하는 것으로 말세[下世]라면 더욱 그러하다고 했다. 그래서 성현은 뜻하지 않은 재이를 당하더라도 부끄러워하지 않는다면서, 이를 운 좋게 피하려고 해서는[幸逭] 안 된다고 했다. 그는 이렇게 요행히 피하려 하는 걸 바로 스스로 부른 화(禍)라고 했다.[225] 성현은 뜻하지 않은 재이를 당하더라도

---

222) 朴熙秉, 「申欽의 學問과 그 思想史的 位置」, 『民族文化』 20, 1997, 11쪽 ; 신병주, 앞의 책, 2000, 202쪽.

223) 『象村稿』 卷2, 風體, 「自作之什」, 1ㄴ(71책, 318쪽), "自作曰禍, 倘來曰災."

224) 『象村稿』 卷21, 序, 「耕餘錄序後稿」, 19ㄱ(72책, 12쪽), "癸丑夏, 余遭無妄之災, 幸賴天恩, 放歸田里." 사실 그가 소년 시절부터 역학에 심취해 있었던 것은 맞지만, 본격적으로 연마한 것은 계축옥사로 정계에서 축출당한 후이다. 『先天窺管』, 『求正錄』, 『彙言』 등 역학 관련 저술 역시 대부분은 이 시기에 집필된 것이다. 朴熙秉, 앞의 글, 1997, 12~13쪽 참고.

225) 『象村稿』 卷33, 說, 「无妄之災說」, 1ㄴ~2ㄱ(72책, 186쪽), "无妄, 聖人之事也, 曷爲有災, 聖人亦有災乎. 曰, 聖人故言災. 災者, 不自我之謂也. 曰, 不自我則何以値災, 曰不當災而災, 事之變也. 易慮其變, 變中世所不免, 況下世乎. … 故災至無愧, 聖賢之所能, 而災而幸逭, 非聖賢之所能. 其自我者, 謂之禍."

요행을 부리지 않고 재이에 당당히 임한다는 뜻이었고, 이는 자신에게 하는 다짐과도 같은 것이었다.

신흠은 어쩔 수 없는 재이를 만나더라도 운명론에 빠져서는 안 되고 인간으로서 할 수 있는 노력을 다해야 한다고 했다. 한 번은 제주에 안무어사(按撫御史)로 가는 김상헌(金尙憲, 1570~1652)에게[226] 다음과 같은 글을 지어 보냈다.

> 아닙니다. 나는 그것을 말하는 게 아닙니다. 사람의 궁달(窮達)에는 명(命)이 있고 화복(禍福)에는 수(數)가 있으며 생사(生死)는 하늘에 달렸습니다. 명은 지나칠 수 없고, 수는 넘어서지 못하고, 하늘은 면할 수 없습니다. 무릇 인간이란 천지가 운행하는 조화에 얽매여 있으니 흘러가는 대로 맡겨 두고 오직 리(理)에 순응하고 선(善)에 처신하며 소신껏 할 뿐입니다.[227]

제주행을 걱정하는 김상헌에게 건넨 우화(寓話)와 같은 위로의 글이지만, 천변만화(千變萬化)하는 세상 속에서 리(理)에 순응하고 선(善)에 처신해야 한다[順理處善]는 그의 철학을 잘 엿볼 수 있다.

신흠의 이러한 철학은 그의 역학에도 닿는다. 사실 신흠이 선천의 수리역학을 강조했다고는 하지만, 이는 당시 의리역에 경도된 학문 경향 속에서 상수역과 의리역의 조화를 이루려는 시도였다고 할 수 있다.[228] 신흠은

---

226) 金尙憲이 按撫御史로 제주에 간 것은 선조 34년(1601) 8월이다[『宣祖實錄』 卷140, 34年 8月 1日(丙寅)].

227) 『象村稿』 卷21, 序, 「送金校理尙憲以按撫御史赴濟州序前稿」, 1ㄱ~ㄴ(72책, 3쪽), "曰, 惡, 豈謂是歟. 窮達有命, 禍福有數, 死生在天, 命不可慆, 數不可踰, 天不可逭. 夫人者, 囿於氣機之中, 任其流轉, 唯順理處善, 信乎己而已."

228) 엄연석, 「상촌 신흠의 역학에서 상수역과 의리역의 상보적 특성」, 『동양철학』 48, 2017, 5~38쪽. 역사적으로 보면, 인조반정 이후 서인계가 광해군 대 북인의 학문은 理에 대한 이해 없이 말단적인 氣數에만 집착해 占筮와 같은 이단적 행위에 빠졌다는 현실인식 속에서 상수학에서 理學的인 면모를 더욱 강조하게 된 것과 관련이 깊다. 조성산, 앞의 책, 2007, 62~63쪽 참고.

『주역』을 인사(人事)의 도덕적 함양과 실천에 연결하고 의리역적인 방향으로 해석했다. 그의 선천 수리역학이 지향한 목표 역시 의리역학적 관점에서의 도덕적 함양과 실천이었다. 기수로 만난 재이일지라도 인간은 도덕적 함양과 실천을 놓아서는 안 된다고 한 위의 언급은 이와 같은 그의 역학을 배경으로 하는 것이다.

이와 같은 신흠의 기수론(氣數論)은 사실 주희의 그것과 같은 것이었다. 주희는 인간의 역사가 기수에 맞춰 흘러간다는 우주론적 연대기의 관념을 대체로 수용했다. 그래서 인간의 역사를 보면, 당연히 그렇게 되어야 함에도 그렇게 되지 않은 경우가 많은 것이라고 했다. 그러나 기수의 우연에 대해 인간은 수수방관해서는 안 된다는 게 주희의 지론이었다. 암울한 상황에 부닥쳐서도 하늘이나 기수의 탓으로 돌려 인사의 수양을 놓아서는 안 되고, 이렇게 존재할 수밖에 없는 역사적 현실 위에서 마땅히 존재해야 할 이상적인 미래를 지향해야 한다는 것이 주희의 기수론이었다.[229] 요컨대 신흠은 기수에 의한 재이 발생은 인정하면서도 인간의 도덕적 수양과 실천은 반드시 있어야 한다면서 재이 기수설을 절충적으로 수용했다.

둘째, 첫 번째 흐름과는 정반대로 주자학적 재이론에 입각해서 재이 기수설을 비판하고 부정했다. 사실 이러한 흐름이 이 시기의 대세적 흐름이었던 것으로 보인다. 소옹의 상수학 자체가 비판을 받은 사정도 있지만,[230] 상수학에 많은 관심을 보였더라도 기수설에는 부정적이었던 이들도 있었다. 가령, 장현광(張顯光, 1554~1637)은 정확히 '기수'라는 개념을 사용하지는 않았지만, 재이를 인사와 무관하다고 보는 세간의 설을 비판하며 재이는 분명 인사가 부르는 것이라고 했다. 그는 당시 사람들의 '말세의 재이는 그 출현이 이상할 게 없고 놀랄 필요도 없다. 사물에 나타난 변이는 각각

229) 이상 주희의 氣數論과 역사인식은 미우라 구니오 지음(이승연 옮김), 『주자와 기 그리고 몸』, 예문서원, 2003, 42~64쪽 참고.

230) 17세기 호서 지역 서인계의 소옹 상수학에 대한 비판은 조성산, 앞의 책, 2007, 53~55쪽 참고.

그 사물에서 기인한 것이고 사람에 관계된 것이 아니다'라는 말은 무식한 말이라고 했다. 예나 지금이나 이치[理]는 하나이고 사물과 나 역시 도(道)는 하나이므로, 천하에 선행 없는 복(福)은 없고 탐욕 없는 화(禍)도 없으며 선을 행하면 반드시 복이 있고 악을 행하면 반드시 화를 입는다고 했다. 이러한 이치는 지나간 역사를 통해 알 수 있고 말세의 재이라도 이를 부른 까닭은 분명히 있다고 했다.[231] 그래서 사물에 깃든 재이라 해도 이는 정(情)이 없는 사물이 부른 것이 아니라 정(情)이 있는 사람이 부른 것이고, 그러므로 정(情)이 없는 사물에 핑계 대서는 안 되고 정(情)이 있는 사람이 반성해야 한다고 했다.[232]

박학적 학풍의 윤선도(尹善道, 1587~1671)[233] 역시 재이 기수설을 비판했다. 기수에 의한 재이가 있을 수도 있지만 기수에 핑계 대서는 안 되고 인사를 닦아야 한다는 것이었다. 윤선도는 인사와 기수에 의한 재이를 '리(理)의 상(常)과 변(變)'으로 설명했다. 즉, 천하의 리(理)에는 상(常)과 변(變)이 있는데, 인사에 잘못이 있어서 천재가 땅에 내려오는 것을 상(常), 인사에 잘못이 없는데도 천행(天行)이 절도를 잃은 것은 변(變)이라고 했다. 상(常)의 관점에서 보면 리(理)가 대개 주(主)가 되지만, 변(變)의 입장에서 말한다면 수(數)가 없다고 할 수는 없다고 했다.[234] 그러나 인사에 잘못이 없으면 재이는 상서가 되겠지만, 인사에 잘못이 있으면 마침내 난망(亂亡)으로 귀결될 거라고 했다. 그래서 리(理)는 수(數)에 국한되지 않지만, 수(數)는 결국 리(理)에 귀속된다고 했다.[235]

231) 『旅軒集』 續集, 卷5, 雜著, 「附說」, 11ㄱ~ㄴ(60책, 356쪽), "人皆以爲末世災沴, 其出無常, 不足駭也. 物上變異, 各因其物, 不係於人, 此皆無識之言也. 古今一理, 物我一道, 天下豈有無善之福, 無淫之禍哉, 善焉必福, 惡焉必禍. 歷觀已往, 其理必然, 則何獨末世災沴, 其無召也."

232) 『旅軒集』 續集, 卷5, 雜著, 「附說」, 11ㄴ(60책, 356쪽), "物則無情, 人則有情, 無情之應, 必由有情, 何可諉之於無情, 而有情者不自反乎."

233) 이영춘, 「孤山 尹善道의 학문과 예론」, 『국학연구』 9, 2006, 85쪽.

234) 『孤山遺稿』 卷6上, 別集, 策, 「對雨暘策」, 別36ㄴ(91책, 489쪽), "然天下之理, 有常有變, 人事之有失, 而天災之降格者常也, 人事之無失, 而天行之失度者變也. 自其常而觀之, 則理蓋爲之主, 而自其變而言之, 則數或不能無也."

세상 사람들은 변(變)을 즐겨 말하고 상(常)은 헤아리지 않으며 수(數)에 핑계 대면서 리(理)는 헤아리지 않는데, 나라를 망치는 길은 바로 이 수(數) 한 글자에 있다고 했다.[236] 재이를 초래한 데에는 다 이유가 있고, 재이를 없애는 데에도 다 방법이 있다고 했다.[237] 재이를 없애는 방법이란 오직 정성[誠]이라고 했다. 재이가 일어나기 전 정성으로 재성보상(裁成輔相)하면[238] 재이는 일어나지 않을 것이고, 재이가 일어난 후 정성으로 공구수성(恐懼修省)하면 재이는 근심이 되지 않을 것이라고 했다.[239]

17세기 중반 무렵 조선의 정치·사상에서 주자학적 재이론은 이미 교조화·보수화되어 있었기 때문에 여기에서 벗어난 논의는 사실상 어려웠다.

> 신이 삼가 들어보니 지금 변이(變異)를 논하는 자들이 모두 상차 천수(天數)인데 어찌하겠냐고 하는데 이는 절대로 그렇지가 않습니다. 주자(朱子)가 일찍이 말씀하시길 … 이러한즉 인사(人事)가 하늘에 감응함이 이렇게 분명합니다.[240]

이는 효종 8년(1657) 8월 8일(병술) 송시열이 올린 「정유봉사(丁酉封事)」의

---

235) 『孤山遺稿』 卷6上, 別集, 策, 「對雨暘策」, 別36ㄴ~37ㄱ(91책, 489~490쪽), "然人事無失則無不轉災而爲祥, 人事有失則無不終歸於亂亡, 此理之所以不局於數, 而數之所以終囿於理也."

236) 『孤山遺稿』 卷6上, 別集, 策, 「對雨暘策」, 別37ㄱ(91책, 490쪽), "俗人喜道其變而不揆其常, 喜諉之數而不揆其理. … 一言而喪邦, 非數之一字乎."

237) 『孤山遺稿』 卷6上, 別集, 策, 「對雨暘策」, 別37ㄱ(91책, 490쪽), "夫致災也旣有其由, 則弭災也豈無其術."

238) 『周易傳義』 卷5, 泰卦, "象曰, 天地交泰, 后以財成天地之道, 輔相天地之宜, 以左右民." 傳에 "人君은 天地가 서로 조화로운 상을 본받아 天地의 道를 이루고 天地의 宜를 도와 백성의 삶을 좌우한다"고 했다[人君, 當體天地通泰之象, 而以財成天地之道, 輔相天地之宜, 以左右生民也].

239) 『孤山遺稿』 卷6上, 別集, 策, 「對雨暘策」, 別37ㄱ(91책, 490쪽), "凡爲天下國家者, 苟求弭災之道, 其惟誠乎. 無災之前, 以誠而裁成輔相, 則災何由作. 有災之後, 以誠而恐懼修省, 則災何足患."

240) 『宋子大全』 卷5, 封事, 「丁酉封事八月十六日」, 53ㄱ(108책, 213쪽), "臣竊聽, 今之論變異者, 皆曰, 將無奈天數何, 此絶不然也. 朱子嘗以爲, … 然則人事之感天, 甚昭昭也."

한 대목인데, 대부분은 이렇게 주자학적 재이론을 바탕으로 재이 기수설을 비판하고 부정했다. 요컨대 기수가 마침 그러하다고 핑계 대면서 재이를 소홀히 여겨서는 안 된다는 것이었고,[241] 기수는 하늘에 있고 인사는 나에게 달려 있으니 나에게 있는 것을 닦지 않고 하늘에 있는 기수에 핑계를 대서는 안 된다는 것이었다.[242] 재이 기수설에 대한 비판과 부정이 이 시기 재이론의 대세적 논의였다.

셋째, 두 번째 흐름의 부정과 비판을 넘어 17세기 중반에는 재이 기수설을 이학적(理學的)으로 해석하는 경향도 있었다. 인사와 기수의 관계를 마치 주자학적 재이론에서의 천인(天人) 관계처럼 인식한 것이다. 이는 이원록(李元祿, 1629~1688)의 「기수책(氣數策)」이 참고된다.[243] 이원록은 여기에서 인사와 기수의 관계를 이법천관(理法天觀)의 인도(人道)와 천도(天道)의 관계로 설정하고, 주자학적 재이론에 입각해 기수론을 펼쳤다.

「기수책」의 요지는 인사의 득실에 따라 기수의 성쇠가 결정되고, 재이와 상서는 기수의 성쇠에 따라 나뉘는 것이므로, 결국 재이와 상서는 인사의 득실에 좌우된다는 것이었다. 이미 이러한 인식은 기수를 천지자연의 음양이 소장(消長)하는 자연의 기수로 여기는 인식과 거리가 멀다. 이전 논의대로라면 재이를 기수나 천수로 여긴다는 것은 인사와 무관한 현상으로 본다는 것이었는데, 이원록은 기수를 인사에 의해 조절되는 천인감응의 결과물로 인식했다.

---

241) 『仁祖實錄』 卷49, 26年 10月 4日(乙未), "天地否塞, 災異迭見, 則人主當寅畏兢業, 思所以平格, 不可諉諸氣數之適然, 而少忽也明矣."

242) 『孝宗實錄』 卷16, 7年 3月 15日(甲午), "氣數在天, 人事在我, 不修在我, 而諉之於在天可乎."

243) 李元祿은 17세기 중반의 대표적인 남인 가문인 광주이씨 출신으로 부친은 李道長이고 형은 李元禎이다. 李元祿에 관해서는 아직 연구된 바가 없지만, 부친과 형의 학맥은 鄭逑와 張顯光에 닿는다. 또 조카[李元禎의 子] 李聃命은 李睟光의 손자인 李碩揆의 딸과 혼인했고, 許穆에게서 수학했다. 李元祿은 현종 4년(1663) 式年試에 합격한 이후 관직 생활을 했고, 특히 숙종 초 남인집권기에 親許積系 인사로 활동했다. 李元祿의 가계와 정치 활동은 李迎春, 「服制禮訟과 政局變動-第二次禮訟을 中心으로-」, 『國史館論叢』 22, 1991, 256쪽 ; 손계영, 「17세기 李元禎(1622-1680)의 장서목록과 장서구성」, 『書誌學研究』 88, 2021, 52~53쪽 참고.

논의를 살펴보면, 이원록은, 치세(治世)는 반드시 난세(亂世)에서 기인하고 난세는 다시 치세를 부른다고 했다. 하지만 치세는 저절로 이루어지는 것이 아니고 반드시 치세를 이루는 방법이 있다고 했다. 마찬가지로 난세도 저절로 생기는 게 아니라 반드시 난세를 초래한 이유가 있다고 했다. 그는 대개 채움과 비움이 서로 교차하는 것은 위의 기수에 달렸고, 얻음과 잃음이 서로 반복되는 것은 아래의 인사에 달려 있다고 여겼다. 그런데 기수와 인사의 관계를 보면, 아래에 있는 인사의 득실(得失)에 따라 위에 있는 기수의 성쇠(盛衰)가 결정된다고 보았다. 치세와 난세는 이렇게 나뉘는 것이었다. 그러므로 아래에서 인사를 얻으면 위에서 기수가 왕성해져 시절은 화창하고 밝아지며, 아래에서 인사를 잃으면 위에서 기수가 쇠약해져 시대는 위태롭고 불안해진다고 했다.[244)]

그는 이러한 인사와 기수의 이치를 옛 제왕의 치세에서 발견할 수 있다고 했다. 옛 제왕은 기수의 쇠락을 걱정하지 않고 오직 인사에 잃음이 있지 않을까만 걱정했다고 한다. 그리고 그들은 자신에게 주어진 책무를 다하는 데 힘썼고, 이로써 하늘의 뜻에 부합하게 되었다고 했다. 그 결과 나라는 태산처럼 평화로웠고, 세상에는 계란을 포개 놓은 듯한 위기[累卵之危]도 없었으며, 먼 만방(萬邦)과 사이(四夷)까지 바르게 질서가 잡혔고 서로 도우며 조화를 이루었다고 했다. 이 시절에는 위에 있는 기수가 이미 왕성해 아래에 있는 인사가 잘못될 리 없었고, 바로 여기에서 기수와 인사가 반드시 서로 치도(治道)에 관계된다는 사실을 알 수 있다고 했다. 그래서 인사가 아래에서 어긋나 기수가 위에서 쇠약해지면 혼란과 멸망이 번갈아 일어나는 게 당연하다고 했다.[245)] 이렇게 이원록은 인사와 기수의 관계를 이학적인 천인감응의

---

244) 『朴谷集』 卷2, 雜著, 「氣數策」, 24ㄴ(1책, 59쪽-한국학중앙연구원 장서각 DB K4-6024의 책수와 쪽수. 이하 같음), "愚敢展底蘊而爲之說曰, 治必因亂, 亂則開治. 而治不自治, 必有致治之道, 亂不自亂, 必有致亂之由. 蓋一盈一虛之相乘者, 在上之氣數也. 或得或失之相仍者, 在下之人事也. 由其在下者之得失, 以致在上者之盛衰, … 而治亂之所以分也. 是以人事得於下, 則氣數盛於上, 而時可措於昌明, 人事失於下, 則氣數衰於上, 而世必至於抓捏."

245) 『朴谷集』 卷2, 雜著, 「氣數策」, 24ㄴ~25ㄱ(1책, 59쪽), "古之帝王有見乎此, 不憂氣數之或衰,

원리로 설명했다.

그런 만큼 그는 인사를 잘 닦아야 기수를 왕성하게 할 수 있다고 했다. 그렇지 않으면 기수가 쇠약해져 결국 나라를 보존하지 못하게 된다고 했다. 즉, "기수는 하늘에 달렸고 인사는 나에게 달렸습니다. 나에게 달린 것을 다하면, 하늘에 달린 것이 왕성해지지 않을 리 없고 난세도 치세로 바꿀 수 있습니다. 나에게 달린 것을 잃으면, 하늘에 달린 것이 쇠약해지지 않을 리 없고 점차 위태로워짐에서 나라를 구할 수 없을 것입니다"라는 것이었다.[246)]

특히, 이원록은 인사를 닦는 주체는 군주라고 했다.

> 아! 소식(消息)과 영허(盈虛)라는 것은 하늘의 기수에 달렸고, 시비(是非)와 득실(得失)이라는 것은 나의 인사에 달렸습니다. 하늘에 달린 것은 내가 어찌할 수 있는 게 아닙니다. 나에게 달린 것은 내가 스스로 다할 수 있습니다. 그러한즉 풍화(風化)의 권한을 쥐고 치란(治亂)의 책임을 맡은 자가 나에게 달린 인사를 닦지 않고 하늘에 달린 기수를 순조롭게 할 수 있겠습니까?[247)]

풍화(風化)의 권한을 쥐고 치란(治亂)의 책임을 맡은 자는 군주를 말한다. 이러한 논의는 주자학적 재이론의 전형이라고 할 수 있다. 즉, 군주가 인사를

而惟患人事之有失, 務盡在我之道, 以臻在天之應. 而國有泰山之安, 世無累卵之危. … 遠而萬邦也四夷也, 無不正矣, 無不敍矣, 無不昭明矣, 無不協和矣. 氣數旣已盛於其上, 人事自不失於其下, 則若是乎氣數人事之必相關於治道也. 如使人事違舛於下而氣數消歇於上, 則又何惑乎亂亡之相尋也."

246) 『朴谷集』 卷2, 雜著, 「氣數策」, 25ㄱ~ㄴ(1책, 59~60쪽), "雖然, 氣數者, 在天者也, 人事者, 在我者也. 在我者旣盡, 則在天者無不盛, 而可以轉亂而爲治矣. 在我者或失, 則在天者無不衰, 而不可以保邦於未危矣."

247) 『朴谷集』 卷2, 雜著, 「氣數策」, 25ㄴ(1책, 60쪽), "嗚呼. 消息盈虛者, 在天之氣數也. 是非得失者, 在我之人事也. 在天者, 吾不得以與焉. 在我者, 吾可得以自盡. 然則操風化之權, 任治亂之責者, 可不修在我之人事, 順在天之氣數乎. 請因明問而白之."

닦아야 기수를 순조롭게 할 수 있다는 논의는 군주가 도덕적인 심성수양을 해야 재이를 없앨 수 있다는 논리와 정확히 일치한다.

이원록이 보기에 지금은 재이를 없앨 수 있는 상황이 아니었다. 융성한 치세의 아름다움은 오랫동안 보지 못했고 위태로운 혼란의 재화(災禍)가 잇따라 나타나는 상황이었다.[248] 또 하늘과 땅은 닫힌 채 우주는 거의 긴 밤에 접어들었고, 인간 사회의 윤리는 무너져 천리(天理)는 거의 사라진 상황이었다.[249] 이것이 기수에 의한 것인지 인사에 의한 것인지 알 수 없지만, 지금은 가히 통곡하며 눈물을 흘리고 깊은 한숨만 나오는 상황이었다.[250]

그래서 그는 다시 기수의 왕성함을 되돌리고자 한다면 인사의 수양을 극진히 해야 한다고 했다. 만약 오늘 바로 계획을 세운다면 나에게 달린 도(道)의 수양을 우선으로 하여 하늘에 달린 도(道)에 응하겠다고 했다. 그는 나에게 있는 덕을 닦아야 하늘에 달린 덕에 응할 수 있다고 했다. 이미 위태로운 상황에서는 안전을 도모하는 책략을 생각해야 하고, 또 이미 혼란스러운 상황에서는 제대로 다스릴 방안을 생각해야 한다고 했다.[251] 그래야 이로 말미암아 온갖 일이 정리되고, 모든 법도가 바로잡히고, 장차 망할 위기와 혼란에서 벗어날 수 있고, 장차 기울어질 사직을 떠받칠 수 있다고 했다.[252]

이원록은 말미에 요지를 압축적으로 정리했다.

---

248) 『朴谷集』 卷2, 雜著, 「氣數策」, 26ㄴ(1책, 61쪽), "治隆之美, 累世而不見, 危亂之禍, 接踵而循轍."

249) 『朴谷集』 卷2, 雜著, 「氣數策」, 27ㄱ(1책, 61쪽), "乾坤閉塞, 宇宙幾於長夜, 彝倫斁絶, 天理至於泯滅."

250) 『朴谷集』 卷2, 雜著, 「氣數策」, 27ㄱ(1책, 61쪽), "愚不敢知是何等疑數也. 亦不敢知是何等人事也. 方今之事, 可謂痛哭流涕長太息也."

251) 『朴谷集』 卷2, 雜著, 「氣數策」, 27ㄴ(1책, 62쪽), "然則欲回氣數之盛者, 盍盡人事之修乎. 使愚得爲今日計, 莫若先修在我之道, 以應在天之道. 先修在己之德, 以應在天之德. 不以已危而罔念致安之策, 不以已亂而不思制治之方."

252) 『朴谷集』 卷2, 雜著, 「氣數策」, 27ㄴ~28ㄱ(1책, 62쪽), "由是以釐萬事, 由是以貞百度, … 可以拔危亂於將亡, 可以扶社稷於將傾."

> 이 글을 장차 마치면서 다시 말씀드립니다. 아! 기수의 왕성함은 비록 인사를 얻는 데에 달렸지만, 인사의 얻음은 실로 쉼 없는 진실무망(眞實無妄)한 마음[誠]에서 말미암습니다. 진실한 마음은 하늘과 땅의 도리에 유통하고 위아래의 이치에 감응합니다. 이로써 하늘을 받들면 하늘이 흠향하지 않을 리 없고, 이로써 백성을 지키면 백성이 믿지 않을 리 없습니다. 정사에 부지런히 힘쓰는 것도 여기에 달렸고, 큰 덕을 밝혀 드러내는 것도 여기에 달렸습니다. 진실한 마음을 지극히 하면 인사에 다하지 않음이 있지 않을 것이고, 진실한 마음을 지극히 하면 천시(天時)에 미덥지 않음이 있지 않을 것입니다. 기수를 다시 되돌려 왕성하게 하는 길은 아마도 이 외에는 없을 것입니다.[253]

요컨대 아래에서 인사를 잘 닦아야 위에서 기수가 왕성해진다는 것이었다. 앞선 논의와 연계하면, 인사 수양의 주체는 교화와 정치의 책임자인 군주였고, 군주가 진실한 마음으로 인사를 닦으면 기수를 다시 왕성하게 만들 수 있다는 것이었다.

이원록은 「기수책」에서 주자학적 재이론에 입각해 인사와 기수를 논의했다. 70~80년 전 서경덕에 대한 선조의 '기수를 위주로 해 수신에 관한 언급이 없다'라는 평가에 비추어 보면 이 무렵 기수의 의미가 상당히 이학적으로 바뀌었다는 사실을 알 수 있다. 이원록에게 재이는 기수에 의해 발생한 것이지만, 그 기수는 자연 그 자체가 운행한 결과가 아니라 인사의 득실에 따른 결과였다. 인사의 득실에 따라 기수의 운행이 결정된다고 보았으니 이때의 기수는 결코 자연의 운행에 따른 기수일 수 없었다. 즉, 기수에 대해 부정하고 비판하는 단계를 넘어 기수를 이학적으로 해석한 것이었다.

253) 『朴谷集』 卷2, 雜著, 「氣數策」, 28ㄱ~ㄴ(1책, 62~63쪽), "篇將終矣, 復有說焉. 嗚呼. 氣數之盛, 雖在於人事之得, 而人事之得, 實由於不息之誠. 流通乎天地之道, 感應乎上下之理, 以之奉天而天無不享, 以之保民而民無不信. 克勤于政者在於是, 懋昭大德者在於是. 誠之既至而人事之不盡者未有也. 誠之既至而天時之不孚者未有也. 挽回氣數之盛, 愚恐不外於是矣."

중세사상으로서 재이론의 이론적 진보는 논리성과 지속성 강화를 위한 노력의 산물이었다. 구체적으로 원인론을 단순화시키고, 대책론을 중심으로 논의하고, 경전 속의 고사를 활용하고, 견강부회는 검열하는 등의 전략이 있었다. 조선전기의 인사·천수 논의는 이러한 연장에서 이해할 수 있다. 재이론의 이론과 현실은 달랐고, 여기에서 오는 의문과 회의를 해소할 필요가 있었다. 특히, 16세기 후반 상수학의 유행을 바탕으로 재이를 기수로 볼 여지가 생겼고, 주자학적 재이론의 논리적 완결성을 한층 강화할 수 있었다. 대세적 논의는 기수설에 대한 부정과 비판이었지만, 상수학을 적극적으로 수용한 그룹 중에는 기존 재이론과 기수설의 절충을 시도한 인물도 있었고, 재이 기수설을 이학적으로 해석하는 경향도 나타났다.

2) 장현광(張顯光)의 『십육괘배진(十六卦排陳)』과 역학적(易學的) 재이론

16세기 말~17세기 초 역학 연구의 확산과 상수학의 유행을 배경으로 종래의 주자학적 재이론을 역리(易理)의 체계 속에 융회(融會)한 학술 활동이 있었다. 영남 산림으로 정구(鄭逑, 1543~1620)에게서 수학한 장현광은[254] 주지하듯 당대 상수학의 대가였다. 특히, 상수학을 근간으로 하는 그의 우주론은 성리학적 우주론의 체계성과 합리성을 한층 더했다는 평가이다.[255] 하지만 재이론만큼은 의리역(義理易)의 관점을 추구했던 것 같다.

---

254) 禹仁秀, 『朝鮮後期 山林勢力 硏究』, 一潮閣, 1999, 43~45쪽.

255) 張會翼, 「조선후기 초 지식계층의 자연관-張顯光의 「宇宙說」을 중심으로-」, 『韓國文化』 11, 1990, 588~608쪽 ; 전용훈, 「朝鮮中期 儒學者의 天體와 宇宙에 대한 이해-旅軒 張顯光(1554~1637)의 「易學圖說」과 「宇宙說」을 중심으로-」, 『한국과학사학회지』 18-2, 1996, 125~154쪽 ; 문중양, 앞의 글, 1999, 111~121쪽. 반면에 「易學圖說」 속 자연과학의 지식들은 단지 역학의 테두리 속에서 혼재되었을 뿐이며, 그것들 사이의 '유기적 긴밀성'은 달성되지 못하였다는 평가도 있다. 박권수, 「조선후기 서양과학의 수용과 상수학의 발전 : 17세기 말 천문학 지식에 대한 상수학적 해석의 시작」, 『한국과학사학회지』 28-1, 2006, 34~38쪽 참고.

그의 상수학적 우주론을 엿볼 수 있는 『역학도설(易學圖說)』과 「우주설(宇宙說)」에는 비록 재이에 관한 논의가 없지만,[256] 여타의 논설을 검토해 보면, 군주의 도덕적 수양을 재이 해소의 요체로 간주하는 주자학적 재이론을 정론으로 여겼음이 분명하다.

장현광의 재이론은 우선 「일식부(日食賦)」에서 확인할 수 있다. 장현광은 선조 29년(1596) 윤8월 1일(을축)의 개기일식을 보고 「일식부」를 지었다.[257] 이날 장현광은 바침 동료들과 『춘추(春秋)』를 강독하고 있있다.[258] 그런데 강독을 마치기 전에 갑자기 집안이 어두워져 놀라 사방을 보니 모두 컴컴해졌고,[259] 이에 아랫사람을 불러 물동이에 물을 받게 한 후 물에 비친 해가 먹혀가는 모습을 보며 기록하게 되었다고 한다.[260] 그는 물동이에 비친 일식의 진행 모습을 달의 위상 변화와 괘상(卦象)에 빗대어 묘사했다. 즉, 보름달에서 하현달을 거쳐 그믐달이 되었다가 다시 초승달에서 상현달을 거쳐 보름달이 되는 모습과 같았고, 이는 마치 ☴(손괘) → ☶(간괘) → ☷(곤괘) → ☳(진괘) → ☱(태괘) → ☰(건괘)의 괘상의 변화처럼 보였다고 한다.[261]

---

256) 張會翼은 이이의 「天道策」과 장현광의 「宇宙說」을 비교·분석했는데, 전자에 비해 후자가 갖는 특징 중 하나가 災異에 관한 언급이 거의 없다는 점이라고 했다. 「宇宙說」에서도 인간과 자연의 관계를 매우 중시하지만, 이는 주로 자연계 내에서 인간이 지닐 위치를 밝히고 '만물의 參贊化育'이라는 인간 본연의 도덕적 당위를 논하는 맥락에서이며, 「天道策」과 같이 災異를 매개로 한 天人感應의 관점은 아니라고 했다. 그러나 장현광의 「日食賦」를 통해 그가 전통적인 災異說의 신봉자였다는 사실은 알 수 있다고도 했다. 張會翼, 앞의 글, 1990, 605~608쪽 참고.

257) 『宣祖實錄』 卷79, 29年 閏8月 1日(乙丑), "巳正, 日有食之, 未時復圓." 참고로 음력 1596년 윤8월 1일은 양력으로 1596년 9월 22일이다. 이때의 일식은 개기일식이었다. 11시 15분에 시작해 12시 36분에 최대식이 있었고 13시 56분에 종료되었다. 총 161분 동안 진행되었고 한양 관측 기준으로 최대식의 식분값은 95%였다. 안영숙 외, 『조선시대 일식도』, 한국학술정보㈜, 2011, 159쪽 참고.

258) 『旅軒集』 卷1, 賦, 「日食賦」, 7ㄱ(60책, 14쪽), "皇明萬曆二十有四秋, 余從朋友而讀春秋, 觀聖人日食焉必志, 蓋災大而深憂."

259) 『旅軒集』 卷1, 賦, 「日食賦」, 7ㄱ(60책, 14쪽), "方講說之未訖, 忽坐堂之失晝, 驚四顧而皆黑."

260) 『旅軒集』 卷1, 賦, 「日食賦」, 7ㄱ(60책, 14쪽), "於是招童子供盆水, 照以誌視其食也."

261) 『旅軒集』 卷1, 賦, 「日食賦」, 7ㄱ(60책, 14쪽), "旣初如望後之月, 缺而弦弦而晦, 巽艮坤之遞

장현광은 이를 계기로 일식의 의미에 대해 고민하게 되었다고 한다. 그리고 그 결론은 요컨대 일식에는 정해진 도수(度數)가 있지만, 군주의 수성(修省) 여하에 따라 일어나야 하는 식이라도 일어나지 않을 수 있고, 일어나지 않아야 하는 식이라도 일어날 수 있다고 하는 주자학적 일월식론(日月蝕論) 그것이었다.[262)]

장현광은 선유(先儒)의 설에 따라 일식에는 상도(常度)가 있고 천년 후의 것도 계산할 수 있다며 상수(常數)의 당연(當然)이라고 핑계를 대니 어리석은 군주와 아첨하는 신하가 일식을 소홀히 여기는 것이라고 했다.[263)] 그는 일식에는 분명 정해진 도수가 있지만 심각한 재이임이 분명하다고 했다. 상(象)은 하늘에 있고 도(道)는 사람에게 있는데, 하늘과 사람은 감응하므로 사람의 노가 어그러지면 하늘의 상이 변한다고 했다.[264)] 그가 말한 인도(人道)의 어그러짐이란 삼강오륜(三綱五倫)의 붕괴였다. 가정에서는 부자(父子)와 부부(夫婦), 국가에서는 군신(君臣)과 정사(正邪), 천하에서는 화이(華夷) 등의 강상윤리가 사람의 도(道)이고,[265)] 사람의 도(道)가 아래에서 문란하면 그에 따른 상(象)이 하늘에 드리워진다고 했다.[266)] 그러니 삼강(三綱)이 바루어지고 구법(九法)이 세워지면 일식과 같은 재이는 절대로 일어나지 않는다는 것이었다.[267)]

그렇다면 어떻게 해야 일식의 재이를 막을 수 있다는 것이었을까. 장현광은 하늘이 재이를 보인 데에는 다 까닭이 있으므로 재이를 봤으면 하늘에

象, 終如望前之月, 朔而弦弦而盈, 震兌乾之迭像."

262) 구만옥, 「朝鮮後期 日月蝕論의 變化」, 『韓國思想史學』 19, 2002, 201~203쪽.

263) 『旅軒集』 卷1, 賦, 「日食賦」, 8ㄱ(60책, 14쪽), "曾聞之於先儒, … 其數也有常, 隔千歲而算得, 夫旣諉諸常數之當然, 故暗君諂臣之每忽."

264) 『旅軒集』 卷1, 賦, 「日食賦」, 8ㄴ(60책, 14쪽), "象垂乎天, 道在于人. … 人感而天應, 道悖而象變."

265) 『旅軒集』 卷1, 賦, 「日食賦」, 9ㄱ(60책, 15쪽), "家以言, 父陽子陰兮夫陽婦陰, 國以言, 君陽臣陰兮正陽邪陰, 天下以言之, 陽爲中國兮陰爲夷狄."

266) 『旅軒集』 卷1, 賦, 「日食賦」, 9ㄱ(60책, 15쪽), "道順於下, 象從而順, 道紊於下, 象從而紊."

267) 『旅軒集』 卷1, 賦, 「日食賦」, 9ㄱ(60책, 15쪽), "三綱旣正, 九法亦立, … 寧有薄食之異."

실질로써 응해야 한다고 했다.[268] 실질로써 하는 대응이란, 하늘이 군주를 인애(仁愛)하여 재이를 먼저 보인 것인 만큼 군주가 진실로 스스로 돌이켜 수성(修省)하면 재이를 복(福)과 경사[慶]로 바꿀 수 있다고 했다.[269] 천리(天理)를 다시 회복해 일신(一身)을 밝게 하고, 허물을 모두가 볼 수 있게 해 이를 고치면 모두가 우러러볼 것이라고 했다. 이렇게 하면 해도 다시 밝은 본체를 드러내고 다시는 숨어 사라지지 않을 것이라고 했다.[270] 요컨대 장현광은 주자학적 재이론을 바탕으로 군주의 도덕적 수양을 재이 해소의 요체로 여겼던 것이다.

이상의 검토와 같이, 장현광은 유교·주자학의 강상윤리를 인간 사회의 운영 원리로 설정했고, 이를 우주론으로써 정당화했다. 이는 주자학적 재이론의 전형적인 논의 구조라고 할 수 있고, 그의 역학(易學) 연구에도 맥락이 닿는다. 그가 상수학의 방법을 원용하기는 했지만, 그 스스로는 역(易)을 통한 의리(義理)의 탐구를 무엇보다 중시했다. 장현광이 역(易)을 통해 탐구하고자 했던 것은 자연 그 자체가 아니라 인간의 도덕원리가 발현되고 있는 자연이었다. 역리(易理)의 핵심은 오상(五常)으로 표현되는 유교·주자학의 윤리·도덕적 질서였다. 장현광은, 우주의 이치를 파악한 결과, 이것은 인간 사회의 운영 원리와 함께 역리(易理) 속에 정합적으로 존재한다는 사실을 확인하게 되었고, 이를 통해 사회를 교화해 나가고자 했다.[271]

---

268) 『旅軒集』 卷1, 賦, 「日食賦」, 10ㄱ~ㄴ(60책, 15쪽), "天之示災之前, 人必有召災之失, 天之示災之後, 國必有應天之實."

269) 『旅軒集』 卷1, 賦, 「日食賦」, 10ㄴ(60책, 15쪽), "示災者乃所以仁愛, 故先禍而示警, 人苟能自反而修省, 災可轉爲福慶." 장현광이 '人君의 修省'이라고 기술하진 않았지만, 賦의 특성상 압축적 표현으로 보인다. '天心仁愛人君'은 董仲舒 이래 상투적으로 원용된 구절이고, 아울러 바로 뒤에 나오는 商 高宗의 고사[致商宗之永籙]나 宋 景公의 고사[立宋侯之覇業]를 봤을 때 '自反而修省'의 주체는 군주로 보아야 할 것이다.

270) 『旅軒集』 卷1, 賦, 「日食賦」, 10ㄴ(60책, 15쪽), "盍復還其天理, 明一身之白日, 過也皆見, 改也皆仰, 毋使光明之本體, 終爲之息滅也哉."

271) 이상 장현광의 易學 연구의 내용과 의미는 具萬玉, 앞의 책, 2004, 127~133쪽 참고. 그리고 장현광이 의리역과 상수역의 종합을 꾀함으로써 역학을 시대 구원을 위한 실천적 지식으로 활용하고자 했다는 연구도 참고된다. 송인창·성명자, 「旅軒 張顯光

〈표 5-4〉『십육괘배진(十六卦排陳)』의 괘(卦)

정진(貞震)	무망(无妄)	수(隨)	서합(噬嗑)	진(震)	익(益)	둔(屯)	이(頤)	복(復)
	☰	☱	☲	☳	☴	☵	☶	☷
	☳	☳	☳	☳	☳	☳	☳	☳
회진(悔震)	대장(大壯)	귀매(歸妹)	풍(豐)	진(震)	항(恒)	해(解)	소과(小過)	예(豫)
	☳	☳	☳	☳	☳	☳	☳	☳
	☰	☱	☲	☳	☴	☵	☶	☷

그리고 이와 같은 장현광의 역(易) 철학은 재이론의 측면에서도 확인된다. 장현광은 주자학적 재이론을 의리·명분론의 관점에서 역학의 체계 속에 융회하고자 했다. 이는 그의 『십육괘배진(十六卦排陳)』을 통해 살펴볼 수 있다. 장현광은 그의 나이 80세 무렵인 인조 11년(1633) 10월 구언에 응하여 『십육괘배진』을 지어 바쳤다.[272] 이는 『주역』의 64괘 가운데 진괘(震卦)가 들어 있는 열여섯 괘를 뽑아 정리한 문헌이다. 진괘가 아래에 있는 정진(貞震) 8괘와 위에 있는 회진(悔震) 8괘로 나누고, 정진에는 무망(无妄)·수(隨)·서합(噬嗑)·진(震)·익(益)·둔(屯)·이(頤)·복(復) 괘를, 회진에는 대장(大壯)·귀매(歸妹)·풍(豐)·진(震)·항(恒)·해(解)·소과(小過)·예(豫) 괘를 두어, 각각에 자신의 생각을 덧붙였다.[273] 장현광이 특별히 진괘를 뽑은 이유는 당시 구언의 소재가 천둥·번개였기 때문이다.[274]

『십육괘배진』을 지어 바치면서 함께 올린 응지상소에서도 그의 주자학적 재이론을 살펴볼 수 있다. 장현광은 재이 발생의 원인을 '음성양미(陰盛陽微)'로 보았다. 사람의 마음에는 천리와 인욕이 있고 일에는 옳고 그름이 있으며 사물에는 사(邪)와 정(正)이 있는데, 천리와 옳음과 정은 양에 속하고 인욕과

易學思想의 구조와 목표」, 『철학논총』 61-3, 2010, 75~94쪽 참고.

272) 『旅軒集』 卷3, 疎, 「應旨進言疏」, 12ㄱ~17ㄱ(60책, 61~64쪽) ; 同, 「十六卦排陳」, 17ㄱ~25ㄴ(60책, 64~68쪽).

273) 『旅軒集』 卷3, 疎, 「應旨進言疏」, 17ㄱ(60책, 64쪽), "臣就周易六十四卦中特取其震卦, 或居下爲貞, 或居上爲悔者, 十有六卦, 別爲一冊上之."

274) 『旅軒集』 卷3, 疎, 「應旨進言疏」, 12ㄱ(60책, 64쪽), "乃於本歲七月中旬之七, 雷震夜作, 變酷于殿內, 故自上震驚, 遂下本旨也."

그릇과 사는 음에 속한다고 전제했다.[275] 그리고 천지의 도(道)와 사람의 도(道)는 항상 감응하므로 사람의 도가 아래에서 잘못되면 천지의 도가 위에서 감응하여 재이가 발생하는 것이라고 보았다.[276] 그러면서 인도(人道)에서의 잘못은, 음(陰)에 속하는 인욕(人慾)과 그름[非]과 사악함[邪]이 양(陽)에 속하는 천리(天理)와 옳음[是]과 바름[正]을 억눌러 발생하는 것이라고 했다. 음의 도가 양의 도를 억누른 게 원인이었고 하늘이 천둥과 번개로써 경계를 보인 것도 이 때문이라는 것이었다.[277] 그리고 재이의 해소를 위해서는 공구수성 외에는 별다른 방법이 없다고 했다.[278] 특히, 군주는 몸으로 하늘의 임무를 대신하고 손으로 하늘의 일을 대행하며 도(道)를 주관하고 큰 지위에 있으므로 반드시 먼저 몸소 반성하고 수성해야 한다고 했다. 그런 연후에야 아랫사람들이 분발하고 진작할 수 있다고 했다.[279]

『십육괘배진』에는 장현광의 이와 같은 재이관이 투영되어 있다. 정진 8괘는 재이 발생의 원인과 대응에 관한 원론적인 논의이고, 회진 8괘는 구체적인 대응책에 관한 논의라고 할 수 있다. 그리고 괘마다 '진이 밑에 있고 건이 위에 있다[震下乾上]'와 같이 간략한 설명을 달았고, 이어서 괘의 '대상(大象)'을 적은 후 가장 마지막에 자신의 의견을 붙였다.

정진 8괘[280] 중 '무망(无妄)'에서는 재이를 없애고 화를 막는 방도는 천리(天

275) 『旅軒集』 卷3, 疎, 「應旨進言疏」, 15ㄴ(60책, 63쪽), "以人言之, 則心有理慾, 理陽而慾陰也, 事有是非, 是陽而非陰也, 物有邪正, 正陽而邪陰也."

276) 『旅軒集』 卷3, 疎, 「應旨進言疏」, 15ㄴ(60책, 63쪽), "天地之道, 未嘗不與在人之道, 相爲流通, 常必感應. 故人道失於下, 則天道應於上焉, 變豈虛出哉."

277) 『旅軒集』 卷3, 疎, 「應旨進言疏」, 15ㄴ~16ㄱ(60책, 63쪽), "在心而慾, 必掩理也. 在事而非, 必勝是也. 在物而邪, 必抑正也. 則此皆陽道見閉於陰道者也, 天所以示警以雷震者, 不以此耶."

278) 『旅軒集』 卷3, 疎, 「應旨進言疏」, 16ㄱ(60책, 63쪽), "況是變在宮殿之內耶, 然則在今日恐懼修省者, 別有何道哉."

279) 『旅軒集』 卷3, 疎, 「應旨進言疏」, 16ㄱ~ㄴ(60책, 63쪽), "況在王朝而身代天工, 手代天事者乎, 特人主主其道而居大位, 必須躬先修省, 然後羣下莫不爲之奮發作振焉耳." 張顯光이 당시의 급선무를 군주의 '建極'이라고 보았던 것도 이와 상통하는 대목이라고 할 수 있다. 具萬玉, 앞의 책, 2004, 133쪽 참고.

理)를 따르는 것 외에는 다른 길이 없다는 원칙을 제시했다. 무망의 상은 '하늘 아래에 우레가 행하여 물(物)마다 무망을 주니 선왕(先王)은 이로써 천시에 순응하여 만물을 기른다'는 것이다.[281] 천도(天道)는 성(誠)일 따름이라[282] '망(妄)'이 없다고 했다. 그리고 왕자(王者)는 하늘을 본받으니 역시 '망'이 없다고 했다. '망'이란 리를 거스르는 것이므로 '천시에 순응하여 만물을 기른다는 것[茂對時育萬物者]'은 왕자의 무망의 큰 도라고 했다. 이어서 재이 중에는 무망의 재이가 있는데, 괘의 육삼(六三)이 바로 이것이라고 했다.[283] 그리고 재이 중에는 인간의 잘못에서 나온 재이도 있는데, 이것은 무망이 아니라고 했다. 그런데 간혹 이 '인간의 잘못에서 나온 재이'도 무망이라고 핑계 대고서 재이를 없애고 화를 막는 도를 닦지 않는다며, 그러면 끝내 반드시 구제할 수 없는 지경에 이르게 된다고 했다. 그래서 그 재이를 없애고 화를 막는 도는 일마다 한결같이 천리(天理)를 따르는 것에서 벗어나지 않고, 변하되 굳건하다는 것[動而健者]이 바로 이것이라고 했다.[284]

'수(隨)'에서는 편히 쉬면서도 재이는 경계하고 두려워해야 한다고 했다. 수의 상은 '연못 가운데에 우레가 있는 게 수이니, 군자는 이로써 어두워지면 들어가 쉰다'는 것이다.[285] 우선 공자가 '연못 가운데 우레가 있는[澤中有靁]' 상을 취하고 '어두워지면 들어가 쉰다'라고만 말하고 그친 것이 '수시(隨時)'의 큰 뜻이라고 했다. 그런데 그 참뜻은 어둡다고 들어가 쉬기만 하라는 것이

---

280) 『旅軒集』 卷3, 疎, 「十六卦排陳」, 17ㄱ(60책, 64쪽), "貞震八卦. 震卦居下體. 故曰貞震." 震卦가 아래에 있어 貞震이라 한 것이다.

281) 『周易』, 无妄, 震下乾上, "象曰, 天下雷行, 物與无妄. 先王以茂對時, 育萬物."

282) 『中庸章句』, 第20, 38쪽, "誠者, 天之道也."

283) 『周易』, 无妄, 震下乾上, "六三, 无妄之災, 或繫之牛, 行人之得, 邑人之災."

284) 『旅軒集』 卷3, 疎, 「十六卦排陳」, 17ㄱ~ㄴ(60책, 64쪽), "无妄. 震下乾上. 大象曰, 天下靁行, 物與无妄, 先王以, 茂對時育萬物. 臣以爲天道, 誠而已, 何妄之有, 王者法天, 其可有妄乎. 妄者, 違理之謂也. 茂對時育萬物者, 卽王者无妄之大道也. 臣就竊思之, 災或有无妄之災, 卦之六三, 是也. 災有出於人事之失, 則非无妄也. 而如或諉之爲无妄, 不修其弭災防禍之道, 則終必至於不可救矣. 若其弭災防禍之道, 不外乎事事一循天理, 動而健者, 是也."

285) 『周易』, 隨, 震下兌上, "象曰, 澤中有雷隨, 君子以嚮晦入宴息."

아니라 어두워 쉬는 때에도 경계하고 두려워하지 않을 수 없다는 뜻이라고 했다.[286]

‘서합(噬嗑)’에서는 재이의 원인이 되는 요소를 제거하지 않으면 더 큰 재이가 된다고 경고했다. 서합의 상은 ‘번개와 우레가 서합이니, 선왕은 이로써 벌을 밝히고 법을 신칙한다’는 것이다.[287] 이 괘는 턱 가운데에 무언가 들어 있는 상이라고 했다. 그래서 반드시 이것을 깨물어 제거해야 합[嗑=合]할 수 있다고 했다. 중간에 버티고 있는 ‘무언가’는 어디든 옮겨 살 수 있는데, 마음에서는 사욕(私慾)이고, 조정(朝廷)에서는 간흉(姦凶)이고, 국가에서는 외적[寇賊]이라고 했다. 그래서 만약 이것들을 내버려두고 일찍 제거하지 않으면 반드시 큰 재앙이 된다고 했다. 그래서 ‘서합’의 뜻이 크다고 했다.[288]

진괘(震卦)가 위아래에 있는 ‘진(震)’에서는 재이에 응하는 도리는 공구수성밖에 없다고 했다. 진의 상은 ‘거듭 치는 우레가 진이니, 군자는 이로써 공구수성해야 한다’는 것이다.[289] 재변에 응하는 도는 진실로 ‘공구수성(恐懼修省)’ 네 글자 가운데에 갖춰져 있다고 했다. ‘공구’하면 마음이 한결같이 바르게 되고, ‘수성’하면 일이 한결같이 바르게 된다고 했다. 그리고 마음과 일이 한결같이 바르지 않음이 없으면 사람의 도는 여기에서 다하게 된다고 했다. 또 비록 ‘공구’한다고 해도 공구의 마음이 해이해지면 마음은 한결같이 바르지 못하고, 비록 ‘수성’한다고 해도 수성의 도에 미진함이 있으면 일은 한결같이 바르지 못하게 된다고 했다. 이렇게 되면 성인의 가르침을 체득하여 재이에 응하는 도를 다함에 부족함이 있게 되는 것이었다.[290] 재이에

---

286) 『旅軒集』 卷3, 疏, 「十六卦排陳」, 17ㄴ~18ㄱ(60책, 64쪽), “隨. 震下兌上. 大象曰, 澤中有雷隨, 君子以, 嚮晦入宴息. 臣以爲孔子取澤中有雷之象, 止曰嚮晦入宴息, 夫隨時之義, 大矣. … 豈但嚮晦宴息而已哉. 且雷在澤中, 則雖在嚮晦宴息之時, 不可無戒懼之義焉.”

287) 『周易』, 噬嗑, 震下離上, “象曰, 雷電噬嗑, 先王以明罰勅法.”

288) 『旅軒集』 卷3, 疏, 「十六卦排陳」, 18ㄱ(60책, 64쪽), “噬嗑. 震下離上. 大象曰, 電雷噬嗑, 先王以, 明罰勑法. 臣以爲, … 此頤中有物之象也. 必須噬去之, 然後嗑也, 嗑, 合也. 凡居間作梗之物, 隨處不能無焉, 在心則私慾, 在朝廷則姦凶, 在國家則寇賊. 若或聽其作梗, 而不早噬去之, 則畢竟必爲巨孼, 噬嗑之義大矣.”

289) 『周易』, 震, 震下震上, “象曰, 洊雷震, 君子以恐懼修省.”

응하는 도리는 공구수성밖에 없다는 것이었다.

'익(益)'에서는 허물을 고쳐 선(善)을 행해야 한다고 했다. 익의 상은 '바람과 우레가 익이니, 군자는 선(善)을 보면 옮겨 가고 허물이 있으면 고친다'는 것이다.[291] 선(善)을 보고 반드시 선(善)으로 옮겨가면 천하의 선(善)을 다할 수 있고, 허물을 반드시 고치면 한 몸의 허물도 없앨 수 있다고 했다. 선으로 옮겨가면 선을 다함에 이르고, 허물을 고치면 허물이 없음에 이르니, 천하의 이익은 이보다 큰 것이 없다고 했다.[292]

'둔(屯)'에서는 장현광의 현실인식을 엿볼 수 있다. 요컨대 반정 이후 중흥(中興)이 필요하다는 진단이었다. 둔의 상은 '구름과 우레가 둔이니, 군자는 이로써 경륜한다'는 것이다.[293] 둔은 초창기에 혼란하여 질서가 없는 상태를 이른다고 했다. 또 경륜은 바로 경(經)을 세우고 기강을 베풀어 중심[機軸]을 건설하는 사업이라고 했다. 창업(創業)의 군주는 매양 이러한 형세를 탄다고 했다. 그리고 세태가 혹 중간에 쇠락하여 조정의 경(經)이 혼란할 때, 만약 난을 평정하고 반정하는 군주가 있어 바야흐로 중흥(中興)의 업을 거행하면 그 형세가 또한 초창기와 다름없으니, 이러한 때를 만나 행하는 경륜의 도라는 것은 심상(尋常)한 공력으로는 도모할 수 없다고 했다. 그러나 창업의 군주는 본인 스스로가 사업을 일으키는 초기에 있으므로 분발하고 진작하는 것이 억지로 힘쓰지 않아도 기력이 한창 오롯이 되지만, 중흥의 사업은 매양 중간에 쇠락한 뒤에 있으므로 반드시 비상한

---

290) 『旅軒集』 卷3, 疏, 「十六卦排陳」, 18ㄴ(60책, 64쪽), "震. 震下震上. 大象曰, 洊雷震, 君子以, 恐懼修省. 臣以爲應變之道, 實具於恐懼修省四字之中焉. 恐懼則心一於正也, 修省則事一於正也. 心與事無不一於正, 則人之道於是乎盡矣. 雖曰恐懼, 而恐懼之心, 有或弛焉則, 心不能一於正也. 雖曰修省, 而修省之道, 有未盡焉, 則事未能一於正也, 是何足以體聖人之訓, 而盡應變之道哉."

291) 『周易』, 益, 震下巽上, "象曰, 風雷益, 君子以見善則遷, 有過則改."

292) 『旅軒集』 卷3, 疏, 「十六卦排陳」, 18ㄴ~19ㄱ(60책, 64~65쪽), "益. 震下巽上. 大象曰, 風雷益, 君子以, 見善則遷, 有過則改. 臣以爲見善必遷, 則可以盡天下之善, 有過必改, 則可以無一身之過. 遷善而至於盡善, 改過而至於無過, 則天下之益, 孰大於是乎."

293) 『周易』, 屯, 震下坎上, "象曰, 雲雷屯, 君子以經綸."

역량을 극도로 쏟은 연후에야 할 수 있다고 했다. 또 사람의 항정(恒情)은 점차 처음만 못하기 마련이라고 했다. 하루로 말하면 오후에는 온갖 일을 하는 자라도 나태한 뜻이 생기지 않을 수 없고, 한 사람으로 말하면 중년 이후에는 혈기가 비로소 쇠락해져 편안해지려는 욕심이 쉽게 싹트고 무릇 나아가려는 뜻이 반드시 게을러져 이때는 심히 두려워해야 하는 시절이라고 했다. 그래서 중흥의 사업은 그 공력을 배로 하지 않으면 큰 형정(亨貞)을 이룰 수 없다고 했다.[294]

'이(頤)'에서는 절제된 행동의 중요성에 관해 말했다. 이(頤)의 상은 '산 아래에 우레가 있는 것이 이(頤)이니, 군자는 이로써 말을 신중히 하고 음식을 알맞게 먹는다'는 것이다.[295] 이상(頤象)을 취하여 교훈을 세웠으니, 이괘(頤卦)로써 하는 도는 말을 삼가고 음식을 알맞게 먹는 데 있다고 했다. 그리고 말을 삼가고 음식을 알맞게 먹는 것은 덕성(德性)을 기르는 것이라고 했다. 그래서 한번 말하고 한번 음식을 먹는 것도 삼가야 한다는 것이었다. 사람에게는 자신을 기르고 남을 기르는 도가 있다고 했다. 자신이나 남을 기르는 도를 진실로 모두 바르게 하면, '하늘이 도와주어 길하여 이롭지 않음이 없다는 것[自天祐之, 吉无不利]'이[296] 바로 여기에 있을 것이라고 했다.[297]

---

294) 『旅軒集』 卷3, 疎, 「十六卦排陳」, 19ㄱ~ㄴ(60책, 65쪽), "屯. 震下坎上. 大象曰, 雲雷屯, 君子以經綸. 臣以爲屯是草亂無倫序之謂也. 經綸者, 乃是立經陳紀, 建設機軸之事業也. 創業之君, 每乘此勢焉. 世或中衰, 朝經昏亂, 而若有撥亂反正之主, 方擧中興之業, 則其勢亦無異草創, 當是時, 所以爲經綸之道者, 豈可以尋常功力而圖之哉. 然而創業之君, 則身在起事之初, 故其所以奮發作振者, 不待勉强而氣力方專矣. 若夫中興之業. 每在中衰之後, 故必須克辦非常之力量, 然後乃可以有爲也. 且恒情, 漸不如初矣, 以一日言之, 其在日午以後, 爲百業者, 莫不有懈意生焉, 以一人言之, 其在中年以後, 血氣始衰, 逸慾易萌, 凡所進爲之志必怠焉, 此甚可懼之時節也. 然則中興事業, 不倍其功力, 而能致其大亨貞乎."

295) 『周易』, 頤, 震下艮上, "象曰, 山下有雷頤, 君子以愼言語, 節飮食."

296) 『周易』, 大有, 乾下離上, "上九, 自天祐之, 吉无不利."

297) 『旅軒集』 卷3, 疎, 「十六卦排陳」, 19ㄴ~20ㄱ(60책, 65쪽), "頤. 震下艮上. 大象曰, 山下有雷頤, 君子以, 愼言語, 節飮食. 臣以爲取頤象而立訓, 故以之之道, 在於愼言語節飮食. 愼言語節飮食, 無非所以養其德性也. 然則一言語一飮食, 其可不謹乎. 人莫不有自養與養人之道焉. 養之之道, 固皆以正, 則自天祐之, 吉无不利者, 其不在是乎."

정진 8괘의 마지막 '복(復)'에서는 군주의 역할을 강조했다. 복의 상은 '우레가 땅속에 있는 것이 복이니, 선왕은 이로써 동짓날에 관문을 닫아 상인과 나그네가 다니지 못하게 하고 임금은 사방 살피기[省方]를 하지 않는다'는 것이다.[298] 우레가 땅속에 있는 게 복이라면 겨울에도 또한 우레가 없는 것이 아니라 땅 위로 나오지 않아서 들리지 않는 것이라고 했다. 그리고 선왕이 관문을 닫고 나그네를 쉬게 하는 이유는 아직 나타나지 않은 은미한 양을 기르기 위한 것이라고 했다. 그래서 내 마음의 양덕(陽德)을 보존하고 기르는 것도 마땅히 이처럼 해야 하는 것이었다. 그리고 공자의 '복괘(復卦)에서 천지의 마음을 볼 수 있다'에서 천지의 마음이란 곧 만물을 살게 하는 마음이라고 했다. 이어서 천명의 온화함은 그침이 없으니 양(陽)이 위에서 극진하면 반드시 아래에서 회복되고, 그렇지 않으면 만물은 삶을 얻지 못한다고 했다.[299] 그런데 이렇게 천지(天地)가 만물을 살게 하는 마음을 체득하는 것이 바로 군주의 도라는 것이었다.

> 사람은 이 덕(德)을 간직하지 않은 이가 없는데 하늘과 땅이 만물을 살게 하는 마음을 체득하는 것이 곧 인군(人君)의 도(道)입니다.[300]

그래서 마땅히 '복'의 시기에 따라서 '복'하지 않음이 없으면 하늘의 덕과 군주의 도는 여기에서 벗어나지 않는다는 것이었다. 그러니 허물을 고치는 것이 아니라 재앙을 없애고 변이에 대응함에 부진이 있을까 근심해야 한다는 것이었다.[301]

---

298) 『周易』, 復, 震下坤上, "象曰, 雷在地中復, 先王以至日閉關, 商旅不行, 后不省方."

299) 『旅軒集』 卷3, 疎, 「十六卦排陳」, 20ㄱ~ㄴ(60책, 65쪽), "復. 震下坤上. 大象曰, 雷在地中復, 先王以, 至日閉關, 商旅不行, 后不省方. 臣以爲雷在地中爲復, 則冬亦不爲無雷, 但未出地上, 故不聞也. 先王之所以閉關息旅者, 養其未發之微陽, 况在吾心之陽德, 其所保養之者, 當如何也. 孔子曰, 復, 其見天地之心乎. 天地之心, 卽生物之心也. 維天之命, 於穆不已, 故陽盡於上, 則必復於下, 不然, 物何得生生而不窮乎."

300) 『旅軒集』 卷3, 疎, 「十六卦排陳」, 20ㄴ(60책, 65쪽), "人莫不有是德, 而體天地生物之心者, 卽人君之道也."

회진 8괘[302] 중 '대장(大壯)'에서는 토목공사를 경계했다. 대장의 상은 '우레가 하늘에 있는 것이 대장(大壯)이니 군자는 이로써 예(禮)가 아닌 것은 행하지 않는다'는 것이다.[303] 계사(繫辭)의 하전(下傳)에 성인(聖人)이 '우레가 하늘 위에 있는[雷在天上]' 상을 취하여 위에 들보가 있고 아래에 기둥이 있는 제도를 만들었으니,[304] 이것이 궁실을 만드는 시작이었다고 했다. 그런데 '대장'에서의 '장'은 '장엄하고 화려함'이 아니고, 요(堯)가 지붕을 띠로 이고 흙으로 계단을 만든 것, 또 우(禹)가 궁실을 낮게 한 것도 이 괘를 보지 않아서 그런 게 아니라고 했다. 그래서 후대에, 토목공사에 마음을 두는 자는 이 뜻을 알아야 한다고 했다.[305]

'귀매(歸妹)'에서는 사람을 사귀는 도에 대해 언급했다. 귀매의 상은 '연못 위에 우레가 있는 것이 귀매(歸妹)이니 군자는 이로써 끝맺음을 영구히 하고 병폐를 안다'라는 것이다.[306] 괘를 '귀매'라고 이름 붙인 것은 특별히 그 사귐이 가장 깊은 것이 귀매보다 과한 게 없다는 것을 취한 것이라고 했다. 군신(君臣)의 사귐과 붕우(朋友)의 사귐에도 또한 모두 사귀는 도가 있다고 했다. 그리고 사귀기를 도로써 해야 끝맺을 때 병폐가 없다고 했다. '끝맺음을 영구히 하고 병폐를 안다'라는 이 말은 사귀는 도를 살피지 않을 수 없다는 의미라는 것이었다.[307]

---

301) 『旅軒集』 卷3, 疏, 「十六卦排陳」, 20ㄴ~21ㄱ(60책, 65~66쪽), "能趁其當復之機, 而無所不復, 則天德王道, 自不外是矣. … 嗚呼, 過而能改, 則何憂乎. 弭災應變之有不盡乎."

302) 『旅軒集』 卷3, 疏, 「十六卦排陳」, 21ㄱ(60책, 66쪽), "悔震八卦. 震卦居上體, 故曰悔震." 震卦가 위에 있어 悔震이라 한 것이다.

303) 『周易』, 大壯, 乾下震上, "象曰, 雷在天上大壯, 君子以非禮弗履."

304) 『周易』, 繫辭下傳, "上古, 穴居而野處, 後世聖人, 易之以宮室, 上棟下宇, 以待風雨, 蓋取大壯, …"

305) 『旅軒集』 卷3, 疏, 「十六卦排陳」, 21ㄱ~ㄴ(60책, 66쪽), "大壯. 乾下震上. 大象曰, 雷在天上大壯, 君子以, 非禮弗履. … 臣又見繫辭下傳, 聖人取雷在天上之象, 以爲上棟下宇之制, 此宮室之作所以始也. 然而大壯之壯, 豈壯麗之謂乎. 大堯之茅茨土階, 大禹之卑宮室, 非不見此卦而然也. 然則後之役志於土木者, 亦不可以不知此義也."

306) 『周易』, 歸妹, 兌下震上, "象曰, 澤上有雷歸妹, 君子以永終知敝."

307) 『旅軒集』 卷3, 疏, 「十六卦排陳」, 21ㄴ(60책, 66쪽), "歸妹. 兌下震上. 大象曰, 澤上有雷歸妹,

‘풍(豊)’에서는 옥사와 형벌을 신중히 해야 한다고 했다. 풍의 상은 ‘번개와 우레가 모두 이르는 것이 풍이니 군자는 이로써 옥사를 결단하고 형벌을 집행한다’는 것이다.[308] 풍대(豐大)의 도는 성현의 사업과 왕자의 사업보다 더한 것이 없다고 했다. 그리고 이를 이루는 것은 ‘명(明)’과 ‘동(動)’이 서로 따라야 가능하다고 했다. ‘명(明)’이 아니면 ‘동(動)’은 갈 곳이 없고, ‘동(動)’이 아니면 ‘명(明)’은 쓸 곳이 없기 때문이었다. 이는 옥사와 형벌 집행에 대한 비유였는데, 즉 옥사와 형벌이 중대한 세상에 있지 않았던 적이 없었다고 하면서, 당우(唐虞) 시절에는 네 명의 간흉을 주벌했고,[309] 대우(大禹)는 방풍(防風)을 죽였으며,[310] 주공(周公)은 삼감(三監)을 처벌했으니,[311] 풍대한 세상이었다는 것이다. 그는 한 사람을 처벌해서 천만 사람을 징계할 수 있다고 하였으니, ‘옥사를 결난하는 것[折獄]’은 천하의 옥사를 결난하는 것이고, ‘형벌을 이루는 것[致刑]’은 형벌이 없기를 기약하는 것이라며 이것이 풍대를 이루는 요도(要道)라고 했다. 그래서 근심이 되는 것은 해가 중천을 지난 후이니, 과도하게 해서 근심에 이르러서는 안 된다는 것이었다.[312]

君子以, 永終知敝. 臣以爲卦以歸妹名之者, 特取其交之最深者, 莫過於歸妹也. 若君臣之交, 朋友之交, 亦豈非交道之所在乎. 其交也以道, 然後可以有終而無敝矣. 終焉曰永, 敝焉曰知, 此不可不審其交道者也.”

308) 『周易』, 豐, 離下震上. “象曰, 雷電皆至豐, 君子以折獄致刑.”

309) 堯임금 때 네 간흉은 共工, 驩兜, 三苗, 鯤을 일컫는다. 네 사람은 堯임금 말기 중책을 맡았으나 성실히 수행하지 않았고 舜임금이 이어받은 후 이들을 처벌했는데, 공공은 幽州에 유배하고, 환도는 崇山에 안치하고, 삼묘는 삼위로 몰아내고, 곤은 羽山에 가두었다[『書經』, 舜典, “流共工于幽洲, 放驩兜于崇山, 竄三苗于三危, 殛鯀于羽山”].

310) 禹임금이 회계산에서 제후를 불러 대회를 열었는데, 방풍이 늦게 도착해 禹임금이 그를 복주했다[『國語』, 魯語, 下, “仲尼曰, 丘聞之, 昔禹致羣神於會稽之山, 防風後至, 禹殺而戮之”].

311) 武王 사후 成王이 어려 周公이 섭정했는데, 무왕의 형제인 管叔, 蔡叔, 霍叔이 주공이 찬역하려 한다는 유언비어를 퍼뜨려 주공이 그들을 주벌했다[『尙書注疏』 卷13, 周書, 金縢 第8, “[傳]成王信流言而疑周公, 管蔡旣誅, 王疑益甚. 故周公旣誅三監”].

312) 『旅軒集』 卷3, 疎, 「十六卦排陳」, 21ㄴ~22ㄴ(60책, 66쪽), “豐. 離下震上. 大象曰, 雷電皆至豐, 君子以, 折獄致刑. 臣以爲豐大之道, 踰於聖賢事業, 王者事業乎. 其所以致之者, 非明與動相隨, 則能之乎. 非明則動無所之, 非動則明無所用. … 臣竊觀獄刑之作, 未嘗不在於豐大之世, 在唐虞誅四凶, 大禹戮防風, 周公罪三監, 此非豐大之世乎. … 刑一人而千萬人懲焉, 則折獄,

성인이 사람들에게 보인 깊은 뜻이니, 요컨대 옥사의 결단과 형벌의 집행은 과해서는 안 되고 신중해야 한다는 것이었다.

회진 8괘의 진괘(震卦)에서도 정진에서의 그것과 같이 공구수성에 대해 역설했다. 그는 괘의 정(貞)과 회(悔)가 모두 진(震)인 것은 천(洊)이라고 했다. 천은 거듭한다는 뜻인데, 하늘이 만물을 작동케 하는 것은 진실로 하나에 그치지 않으니, 사람이 공구수성하는 것도 잠시뿐이어서는 안 된다고 했다. 무릇 재이를 만났을 때는 공구수성을 반드시 지극히 하지 않음이 없어야 하는데, 벼락의 변을 만났으니 더욱 그러해야 한다고 했다. 결국 조화(造化)에 우레가 있는 것과 팔괘에 진(震)이 있는 것과 중괘(重卦)에 거듭 우레가 있는 것은 도리(道理)의 중단을 허용할 수 없다는 의미가 되는 것이었다.[313]

'항(恒)'에서는 한 가지만 고집해서는 안 된다는 융통성을 강조했다. 항의 상은 '우레와 바람이 항이니, 군자는 이로써 입신[立]할 때 방도[方]를 바꾸지 않는다'는 것이다.[314] 항은 변치 않음을 일컫는다고 했다. 천지 사이의 사물이 만약 그 항도(恒道)를 잃고 변함이 있으면 항은 이룰 수가 없는 것이라고 했다. 또 이것은 천명의 온화함이 그침 없고, 생명을 낳는 조화가 쉼 없는 것이라고 했다. 가령, 풀 한 포기와 나무 한 그루에 이르기까지 모두 항도(恒道)가 있으므로 모두 결실이 있는 것이고, 새 한 마리와 짐승 한 마리도 모두 항도(恒道)가 있으므로 새끼 낳고 기르지 않음이 없다고 했다. 그러니 인간도 항의 자세가 아니면 사업을 이룰 수 없다고 했다. 그러나 이때의 '항도'는 한 가지만을 고집하라는 게 아니었다.[315]

所以斷天下之獄, 致刑, 所以期於無刑也, 此豈非致豐之要道哉. … 蓋其可憂者, 在日中之後, 則豈非過盛而致憂哉. 聖人示人之意深矣."

313) 『旅軒集』 卷3, 疎, 「十六卦排陳」, 22ㄴ(60책, 66쪽), "震. 震下震上. 大象曰, 說在貞震之下. 臣又復思之, 卦之貞悔皆震, 故曰洊. 洊是重襲之義也. 天之所以作動萬物者, 固自不一而止也, 則人之所以恐懼修省者, 亦不可暫焉而已也. 其在凡災之遇, 無非恐懼修省之必致焉. 况此震變乎. 造化之有靁, 八卦之有震, 重卦之洊靁, 豈非道理之不容已者哉."

314) 『周易』, 恒, 巽下震上, "象曰, 雷風恒, 君子以立不易方."

315) 『旅軒集』 卷3, 疎, 「十六卦排陳」, 23ㄱ(60책, 67쪽), "恒. 巽下震上. 大象曰, 靁風恒, 君子以,

그러나 '입불역방(立不易方)'이라는 것은 편벽되게 하나만을 지키고 고집하여 동(動)한 것은 언제나 동하고 정(靜)한 것은 언제나 정한 것을 일컫는 게 아닙니다. 반드시 동(動)과 정(靜)이 서로 이용되고 굽힘과 펼침이 때에 맞은 연후에야 항도(恒道)가 확립되어 온갖 사업이 이루어지는 것입니다.[316)]

그래서 여기에서는 때에 알맞게 변할 줄 알아야 한다는 융통성을 강조한 것이라고 할 수 있겠다.

'해(解)'에서는 엄함과 용서에 대해 논의했다. 해의 상은 '우레와 비내림이 해이니, 군자는 이로써 사면하고 죄를 용서한다'라는 것이다.[317)] 용서와 관용은 마땅히 엄해야 할 때는 반드시 엄해야 하고, 또 마땅히 용서할 때는 용서해야 한다고 했다. 그래서 엄함과 용서를 밝고 위엄 있게 하는 도가 함께 행해져 서로 어긋나서는 안 된다고 했다. 만약 엄함에 편중하여 용서해야 하는 것을 용서하지 않고, 또는 용서에 편중하여 엄해야 하는 것을 엄하지 않게 하면 모두 중(中)을 쓰는 도가 아니라고 했다. 그래서 군주는 엄함과 용서를 무겁게 여기고 신중히 해야 한다고 했다.[318)]

'소과(小過)'에서는 행실과 상(喪)과 씀씀이의 세 가지에 대해 언급했다. 소과의 상은 '산 위에 우레가 있는 것이 소과이니 군자는 이로써 행실은 공손함을 과(過)하게 하고, 상(喪)은 슬픔을 과(過)하게 하고, 씀씀이는 검소함을 과(過)하게 한다'라는 것이다.[319)] 원론적으로 도(道)을 행함에 과해서

立不易方. 臣以爲恒者, 不貳之謂也. 天地間事物, 若失其常道而有貳焉, 則無可成之理. 維天之命, 於穆不已, 故生生之化, 未嘗或息也. 至於一草一木, 皆有恒道, 故必皆有其結實, 一鳥一獸, 亦皆有恒道, 故無時不産育焉. 況在吾人而不恒, 則其能有事業乎."

316) 『旅軒集』 卷3, 疏, 「十六卦排陳」, 23ㄱ(60책, 67쪽), "然而立不易方者, 非偏守執一, 動者常動, 靜者常靜之謂也. 必須動靜相須, 屈伸有時, 然後恒道立而百業成."

317) 『周易』, 解, 坎下震上. "象曰, 雷雨作解, 君子以赦過宥罪."

318) 『旅軒集』 卷3, 疏, 「十六卦排陳」, 23ㄴ(60책, 67쪽), "解. 坎下震上. 大象曰, 雷雨作解, 君子以, 赦過宥罪. … 蓋當嚴必嚴, 當恕必恕, 而明威嚴恕之道, 並行而不背者也, 如或偏於嚴而當恕不恕, 偏於恕而當嚴不嚴, 皆非用中之道. 此豈非人君之必重必愼也哉."

319) 『周易』, 小過, 艮下震上, "象曰, 山上有雷小過, 君子以行過乎恭, 喪過乎哀, 用過乎儉."

좋은 것은 있지 않다고 했다. 그런데 오직 행실에서의 공손함과 상(喪)에서의 슬픔과 씀씀이에서의 검소함, 이 세 가지는 과해도 좋다고 했다. 우레가 산 위에서 울려도 산이 그대로 있는 것처럼, 진실로 공손함이 과해도 덕에 손해는 없고, 슬픔이 과해도 효에 손해는 없고, 검소함이 과해도 도(道)에 손해는 없다고 했다.[320)]

'예(豫)'에서는 풍악은 절제해서 울려야 한다고 했다. 예의 상은 '우레가 땅에서 나와 분발하는 것이 예이니, 선왕은 이로써 풍악을 울려 덕을 숭상하고 성대한 음악[殷薦]으로 상제(上帝)에게 제향 올리고, 조고(祖考)로써 배향한다'라는 것이다.[321)] 풍악 울림은 '뇌(靁)'가 위에 있는 것을 형상한 것이고, 덕의 숭상은 '곤(坤)'이 아래에 있는 것을 형상한 것이라고 했다. 대개 풍악을 울려 덕을 숭상하는 것은 제왕의 사업에서 조리를 끝맺는 것이라고 했다. 그래서 만약 숭상할 만한 덕이 없다면 한갓 풍악은 울릴 수 없는 것이라고 했다. 반드시 도가 행해지고 덕이 확립되어 정치가 안정되고 공이 이루어진 뒤에야 비로소 풍악을 울려 덕을 숭상하는 것이지, 그렇지 않다면 종·북·관·현(鍾·鼓·管·絃)만 있을 뿐 이를 '숭덕(崇德)'이라 이를 수는 없는 것이었다.[322)]

요컨대 『십육괘배진』은 장현광이 진괘가 각각 아래와 위에 있는 정진(貞震) 8괘와 회진(悔震) 8괘를 뽑아 각 괘상(卦象)의 뜻에 맞게 재이의 원인과 대응책을 해석하고 나름의 생각을 붙여 정리한 논설이라고 할 수 있다. 진괘가 아래에 있는 정진 8괘에서는 '재이를 없애고 화를 막는 방도는 천리를 따르는 길밖에 없다'든지, '재이는 편히 쉬는 와중에도 경계해야 한다'든지,

---

320) 『旅軒集』 卷3, 疎, 「十六卦排陳」, 24ㄱ(60책, 67쪽), "小過. 艮下震上. 大象日, 山上有靁小過, 君子以, 行過乎恭, 喪過乎哀, 用過乎儉. 臣以爲道未有過焉而可者也. 而惟行之恭, 喪之哀, 用之儉三者, 則過亦宜焉. 靁作於山上, 而山自若焉. 固以恭之過, 無損於德也, 哀之過, 無損於孝也, 儉之過, 無損於道也. 聖人取小過之象."

321) 『周易』, 豫, 坤下震上, "象日, 雷出地奮豫, 先王以作樂崇德, 殷薦之上帝, 以配祖考."

322) 『旅軒集』 卷3, 疎, 「十六卦排陳」, 24ㄱ~ㄴ(60책, 67쪽), "豫. 坤下震上. 大象日, 靁出地奮豫, 先王以, 作樂崇德, 殷薦之上帝, 以配祖考. 臣以爲作樂, 象靁之在上也, 崇德, 象坤之在下也. 蓋作樂崇德, 在帝王事業, 爲終條理也. 若無德可崇則徒樂, 何須作乎. 必也道行德立, 治定功成, 然後方可作樂以崇之也, 不然則鍾鼓管絃而已, 何可謂之崇德哉."

'재이에 응하는 도리는 공구수성밖에 없다'와 같이 재이의 원인과 기본적인 인식에 대한 원론적인 논의를 정리했다. 그리고 진괘가 위에 있는 회진 8괘에서는 토목공사, 사람 사귀는 것, 옥사와 형벌, 풍악 등을 절제하고 신중히 결정해야 한다는 등 구체적인 대응책을 정리했다.

장현광은 『십육괘배진』을 마무리하면서 찬진의 목적을 다음과 같이 밝혔다.

> 대개 천지에는 진(震)의 이치가 있고, 『주역』의 괘는 우레의 뜻을 상징하는데, 모두 16괘 가운데서 벗어나지 않습니다. 즉, 진(震)의 성(性)이 되고, 정(情)이 되고, 도(道)가 되고, 덕(德)이 되는 데에 갖춰지지 않은 바가 없습니다. 그러니 무릇 시금 새변이 다다른 연유가 혹 16괘의 도리(道理)에 미진함이 있는 까닭인 줄 어찌 알겠습니까. 또 무릇 재변을 구하는 방도가 16괘의 도리(道理)를 수성하는 데에 달려 있지 않은 게 아닌 줄 어찌 알겠습니다. 신의 말이 견강부회에 가까운 듯하나, 『주역』의 괘효(卦爻)에서 말한 바의 도리(道理)는 실로 우주 사이 사물에 대응하지 않는 바가 없습니다. 즉, 신이 아뢴 것 역시 이치 밖의 말이 아닐 것입니다.[323)]

자연에서 일어나는 우레의 의미는 『주역』의 16괘에서 벗어나는 것이 없고, 우레의 재이를 맞아 수성하는 이치 또한 그 16괘의 도리에 담겨 있으니, 재이를 구하는 방도는 결국 『주역』에서 찾을 수 있다는 것이었다. 훗날 영남 지역의 유생은 장현광의 문묘 종사를 청하는 상소에서 "일찍이 16괘를 배설하여 연석에 나아가 일마다 천리에 순응하고 공구수성하는 도를 극언했는데, 혹 견강부회하지도 않고 실로 모두 주소(周邵)의 논의에

323) 『旅軒集』 卷3, 疎, 「十六卦排陳」, 25ㄱ(60책, 67쪽), "蓋以天地有震之理, 易卦象雷之義. 都不外于十六卦之中. 則震之爲性爲情爲道爲德, 無所不該焉. 安知夫今日致變之由, 或出於十六卦之道理, 有未盡焉故也. 又安知夫救變之道, 亦未必不在於修省十六卦之道理哉. 臣言似近於附會, 而易中凡卦爻所言之道理, 實與宇宙間事物, 無所不應焉. 則臣之所達, 亦非理外之言也."

딱 들어맞아 제왕의 학문에 보탬이 된 자"라고 평가했다.[324] 장현광이 『십육괘배진』을 찬진할 때 그의 나이가 80세 전후였다. 숱한 경험을 쌓고 이러한 논의를 펼쳤던 것이니, 여기에는 장현광의 역학적 자연인식과 재이론이 압축적으로 종합되어 있다고 할 수 있겠다.

16세기 말~17세기 초 역학 연구의 심화와 상수학의 유행을 바탕으로 재이의 발생과 대응을 합법칙적으로 설명하려는 시도가 있었다. 종래의 주자학적 재이론을 역학의 체계 속에 융회(融會)한 학술 활동이었다고 할 수 있겠다. 재이 기수설(氣數說) 논의를 통해 주자학적 재이론의 논리성이 한층 제고되고 사상적 지향이 더 선명해졌다. 그리고 역학적 재이론을 통해서는 원인론과 대책론을 역리의 일관된 원리로 설명할 수 있었고 주자학적 재이론의 체계성과 설득력을 높일 수 있었다. 이러한 지적·사상적 활동은 모두 주자학적 재이론의 합리성을 높이고자 했던 노력의 소산이었다고 하겠다.

3. 재이론과 변통론(變通論)의 조우

1) 서인 산당(山黨)·한당(漢黨)의 재이론과 변통론(變通論)의 곡절

앞서 보았듯이 선조 대 이이(李珥, 1536~1584)는 난세(亂世)뿐 아니라 군주가 성학을 열심히 닦은 치세(治世)에도 기(氣)의 작용으로 재이가 있을 수 있다고 보고 안민(安民)을 위한 경장론(更張論)을 펼쳤다. 그리고 훗날 김장생(金長生, 1548~1631)은 이이의 행장(行狀)을 지으면서 이이가 경연에

324) 『請四賢從祀文廟疏草』(한국학중앙연구원 장서각DB), "又嘗排陳十六卦, 進御筵席極言, 其事事循天理恐懼修省之道, 非或安排傅會, 而實皆吻合乎周邵之論, 裨益乎帝王之學者也." 참고로 네 현인은 김성일, 유성룡, 정구, 장현광이다.

서 펼쳤던 재이론의 요지를 압축적으로 정리했는데, 그가 주목한 부분 역시 경장과 안민이었다.

가령, 선조 2년(1569) 홍문관 교리 시절의 "요즘의 천재(天災)와 시변(時變)은 근고(近古)에는 없던 것으로 백성들은 또 무슨 일이 생길지 몰라 두려워하고 있습니다. 전하께서는 마땅히 좋은 계책을 널리 구하여 빨리 이 시국을 바로잡으셔야 합니다. … 또 삼대의 다스림을 진실로 갑자기 회복할 수는 없지만, 폐습을 개혁하여 백성을 구하는 일이야 어찌 하기 어려운 일이겠습니까"[325]라는 발언이나, 선조 7년(1574) 2월 우부승지 시절의 "근래 재변이 연이어 일어나 백성의 곤궁함이 날로 심해지니 한갓 말로만 공구수성하고 실효가 없어서는 안 될 것입니다. 근래의 교령(敎令)은 다소 선하지만, 실효는 볼 수 없습니다. … 전하께서 매양 변통(變通)하는 것을 어렵게 여기시기 때문에 마침내 실효가 없는 것입니다. 만약 경장하지 않으면 나라를 다스릴 방도는 없을 것입니다"[326]라는 발언, 그리고 선조 14(1581) 호조판서 시절의 "지금 능히 실공(實功)을 들이지 않으면서 재이가 없어지기를 바란들 얻을 수 있겠습니까. … 폐정(弊政)을 개혁해야 천심(天心)을 돌릴 수 있을 것입니다"[327]라는 발언을 보면, 이이의 미재책(弭災策)은 '경장을 통한 안민'이라고 밖에는 여겨지지 않는다. 17세기 전반 국가 재조(再造)의 방략을 모색했던 집권 서인이었기에, 학문과 사상의 원류라 할 수 있는 이이의 재이론에서 경장과 안민을 주목한 것이 아닌가 싶다.

실제로 17세기 전반에는 민생 안정을 위한 다양한 변통론(變通論)이 미재책으로 제기되었다. 대개 아래에서 민원(民怨)이 쌓여 위에서 재이가 발생한

325) 『栗谷全書』 卷35, 附錄3, 「行狀門人金長生撰」, 7ㄱ~ㄴ(45책, 345쪽), "且今天災時變, 近古所無, 臣民惴惴, 不知更有何事. 殿下當敷求善策, 汲汲救時. … 且三代之治, 固不可猝復, 至於革弊救民, 則此豈難行之事乎."

326) 『栗谷全書』 卷35, 附錄3, 「行狀門人金長生撰」, 16ㄴ(45책, 350쪽), "因白上曰, 今者, 災變屢作, 民困日甚, 不可徒曰恐懼修省而無其實也, 近來, 敎令儘善, 而實效則未之見也. … 殿下每以變通爲難, 故終無實效, 若不更張. 無以爲國."

327) 『栗谷全書』 卷35, 附錄3, 「行狀門人金長生撰」, 37ㄱ(45책, 360쪽), "今不能做實功, 而欲望其無災, 得乎. … 以革弊政, 則天心庶可回."

것이므로, 구폐(舊弊)를 혁파하고 민원을 제거해야 재이를 해소할 수 있다는 논리였다. 워낙에 민본(民本)의 이념이 인정론(仁政論)의 근간이기도 했고, 재이론의 역사에서도 민원의 해소는 오래된 미재 방안 중 하나였다.

〈오행 가운데〉 '목(木)'에 변(變)이 있으면, 봄에 시들고 가을에 꽃이 피고, 가을에 나무가 얼고 봄에 많은 비가 내린다. 이는 요역(徭役)이 많고 세금이 무거워 백성이 빈궁해져 도망가고 도로에 굶주린 자가 많은 탓이다. 이를 구하는 것은 요역을 감하고 세금을 줄이고 창고를 열어 곤궁함을 구제하는 것이다.[328]

동중서는 하늘과 사람이 음양(陰陽)의 기(氣)를 공유하고 있어서 하늘이나 인사에서 음기가 일어나면 서로가 감응하여 인사와 하늘에서도 음기가 일어난다고 했다. 여기에서 인사의 음기 중 하나가 바로 백성의 원한(怨恨)이다. 아래에서 백성의 음원(陰怨)이 쌓이면 하늘이 감응하여 재이가 일어난다는 것이었다. 위의 사료에서는 많은 요역과 무거운 세금, 그리고 빈궁과 굶주림이 백성의 음원에 해당하고, 결국 이를 해소해야 재이를 없앨 수 있다고 했다. 사실 한(漢) 대 재이론이 신비주의적인 통치에 이용된 측면도 있지만, 다른 한편으로 형벌의 완화나 세금의 경감과 같은 민본적 정책을 다수 이끈 것도 부정할 수 없는 사실이다.[329]

그런데 이러한 오랜 역사에도 불구하고 17세기 전반 미재책으로 제출된 변통론은 상당히 제한적으로 또 신중히 검토되었다. 여기에는 몇 가지 요인이 있었는데, 일단은 조종성헌(祖宗成憲)의 개정에 보수적이었던 탓이 크다.[330] 법은 함부로 제정해서는 안 되고, 한 번 제정한 법은 국왕이라도

328) 『春秋繁露』 卷14, 「五行變救」, 80쪽, "木有變, 春凋秋榮, 秋木冰, 春多雨, 此繇役衆, 賦斂重, 百姓貧窮叛去, 道多饑人. 救者, 省繇役,薄賦斂,出倉穀, 賑困窮矣."

329) 김석우, 『자연재해와 유교국가-漢代의 災害와 荒政 硏究-』, 일조각, 2006, 161~162쪽.

330) 朴秉濠, 「朝鮮時代 立法者의 法律觀」, 成均館大學校 大東文化硏究院 편, 『韓國思想大系Ⅲ(政治·法制思想篇)』, 1979, 604~628쪽.

경솔히 고칠 수 없다는 보수적인 법률관(法律觀)하에서 법제의 변통 역시 보수적으로 논의되었다. 그리고 조선 초기 이래 미재를 위한 변통의 목표는 결국 민생의 안정이었기 때문에, 신법(新法)이 또 다른 민원을 초래하지 않을까 우려한 사정도 있다. 폐법(弊法)은 개정해야 하나 군주가 숭상할 바는 역시 안정(安靜)이라고 여겨졌다.331)

무엇보다도 주자학적 재이론에서 군주의 성학(聖學)을 미재의 요체로 삼았던 까닭이 가장 컸다. 주자학적 재이론에서는 군주의 도덕적인 심성수양을 미재의 근본이자 핵심으로 삼았고, 변통과 같은 법제의 개편은 부차적이고 지엽적인 문제로 간주했다. 군주가 성학이라는 궁극의 목표만 달성하면 법제의 개편과 같은 부수적인 과제는 자연히 해결될 것이라 보았다.332)

이러한 경향은 17세기 중반 정국의 여론을 이끌었던 서인 산당계(山黨系)의 논의를 통해 살펴볼 수 있다.333) 그들의 재이론은 두말할 것도 없이 16세기 이래의 주자학적 재이론이었다. 송시열의 논의가 대표적인데, 그의 재이론은 철저하게 '정주(程朱)'의 그것을 본받은 것이었다.

---

331) 『世宗實錄』 31권, 8年 2月 26日(庚寅), "大提學卞季良議, 立法創制, 所以固結民心, 維持國體, 以收長治久安之效也. 然新法之行, 民必怨恣. 民心不和, 則天氣不順, 出災出異, 無所不至, 故行法者, 不可太急, 期於攸久." ; 『世祖實錄』 卷1, 元年 7月 5日(戊寅), "然則弊法, 固不可不更張, 而人君所尙者安靜而已."

332) 사실 李珥의 更張論 역시 祖宗의 법제는 그대로 유지하면서 운용 과정에서 생겨난 弊法과 亂政을 개혁하자는 것이었고, '군주의 一心'에 비하면 상대적으로 부차적일 수밖에 없었다. 金泰永, 「조선 성리학과 실학의 역사적 연관」, 『실학, 그 역사상의 재인식』, 경희대학교 출판문화원, 2023, 77~83쪽 참고.

333) 17세기 중반 서인 내 山黨과 漢黨의 의미와 역사에 대해서는 굳이 재론할 필요는 없을 것이다. 통설에 따르면, 인조 말~효종 초 정치에서 가장 주목되는 현상은 서인 내부의 분열이다. 元斗杓(原平府院君)를 중심으로 하는 原黨과 金自點(上洛府院君)을 중심으로 하는 洛黨의 대립이 있었고, 尹昉의 자제들을 중심으로 하는 尹西와 申欽의 자제들을 중심으로 한 申西의 갈등도 있었다. 이 중 가장 심각했던 것은 金集을 중심으로 한 山黨과 金堉을 중심으로 한 漢黨의 충돌이었다. 효종 초 金堉과 申冕은 함께 漢黨을 결성하고 있었는데, 金集·宋時烈·宋浚吉·李惟泰 등 湖西 山林이 효종의 예우를 받고 조정에 들어와 山黨이라는 일군의 정치 세력을 형성하여 漢黨과 충돌하게 되었다. 이영춘, 「붕당정치의 전개」, 국사편찬위원회 편, 『한국사 30 : 조선 중기의 정치와 경제』, 탐구당, 2003, 95쪽 참고.

> 신(=송시열)이 어려서 정주(程朱)의 책을 읽었는데, 그 재이(災異)의 도(道)를 논한 것이 매우 상세했고 또 갖춰져 있었습니다. 이것은 비유(鄙儒)나 속사(俗士)의 형식만 갖춘 설(說)과는 비교가 되지 않습니다.[334]

정주의 재이론이란 물론 주자학적 재이론을 말한다. 이는 송시열의 평생의 지론이었다. 그는 경신환국(庚申換局) 직후인 숙종 6년(1680) 10월 74세의 나이로 영중추부사에 제수되어 다시 정계에 복귀했는데, 복귀 첫날 재이 해소의 방책에 관해 묻는 숙종에게 주저 없이 군주가 덕을 닦는 것만이 재이를 해소하는 근본이라고 답했다. 사람들이 이를 비록 진부하다고 하지만, 이 외에는 별다른 도리가 없다는 게 그의 지론이었다.[335]

송시열과 함께 양송(兩宋)이라 불리며 17세기 중반의 정국과 여론을 주도했던 송준길의 재이론 역시 철저하게 주자학에 입각해 있었다.[336] 송준길은 하늘에 순응하고 시대를 어루만지는 근기(根機)는 오직 군주의 한결같은 마음에 달려 있다고 했다.[337] 군주는 도덕적인 심성수양을 통해 마음을 바르게 해야 하는데, 이는 학문으로써 가능하다고 했다. 그래서 학문이 성장하지 못하면 군주의 마음도 바르게 될 수 없다고 했다.[338] 요컨대 학문을 통한 군주의 정심(正心)이 재이를 없애는 요체라는 것이었다.

송준길은 현종 6년(1665) 11월 현종의 요청으로 시무(時務)에 대해 논한

---

334) 『宋子大全』 卷11, 疏, 「應旨進弭災之策疏乙巳十一月」, 32ㄴ(108책, 315쪽), "惟是臣少讀程朱書, 其論災異之道, 甚詳且備. 此非如鄙儒俗士應文備數之說."

335) 『肅宗實錄』 卷10, 6年 10月 12日(丁酉), "上曰, 卿自外來, 可言消災之策. 時烈曰, 臣無識見, 而以春秋見之, 人君修德, 爲消災之本. 此雖爲陳語, 然此外實無他道耳."

336) 『同春堂集』 卷5, 疏箚, 「辭憲職兼論君德疏甲辰十一月」, 22ㄱ(106책, 430쪽), "朱子所謂正其本者, 雖若迂緩而實易爲力, 本者何, 人主一心是也."

337) 『同春堂集』 卷5, 疏箚, 「辭憲職兼論君德疏甲辰十一月」, 22ㄱ(106책, 430쪽), "惟其應天撫時之機, 亶在於人主之一心."

338) 『同春堂集』 卷5, 疏箚, 「辭憲職兼論君德疏甲辰十一月」, 22ㄱ~ㄴ(106책, 430쪽), "殿下臨御之初, 開筵講讀, 已不能如先王之勤勵. 厥後日漸廢弛, 數年以來, 則全然滅裂. 噫, 聖學何由而進, 聖心何由而正."

적이 있다.[339] 아마도 현종이 여러 신료에게 재이 해소 방안에 대해 자문했던 것 같다.[340] 요청을 받은 송준길은 장문의 상소에서 시급히 해결해야 할 과제로서 궁궐 내의 풍습을 엄하게 하고, 대신이라도 논핵(論劾)을 꺼려서는 안 되고, 언론을 너그럽게 수용하고, 신역(身役)의 폐해를 경장(更張)하고, 어사를 파견해 민정(民情)을 살피고 진휼해야 한다고 했다.[341] 그러나 이보다 더 근본적인 과제는 군주가 학문을 통해 마음을 바르게 하는 것이라고 했다.

> 사람들이 항상 "군주의 일심(一心)이 만화(萬化)의 근원이다"라고 말하는데, 이 말이 지극히 천근(淺近)하여 진부(陳腐)한 것 같지만 그 지극한 이치는 실로 이에서 벗어나지 않습니다.[342]

송준길은 군주가 마음부터 바로 세워야 큰일을 도모할 수 있다고 했다.[343] 군주는 마음을 맑게 하고 몸을 정양(靜養)하는 일에 조금도 게을리하면 안 된다고 했다. 작은 즐거움 때문에 원대한 계획을 잊어서는 안 되고, 또 허문(虛文)에 빠져 진실한 학문을 폐해서도 안 된다고 했다. 힘써 권면하고 날마다 노력하여 대본(大本)이 확립되면 모든 일이 거행되므로 민심(民心)과 천의(天意)는 저절로 즐겁게 된다고 했다. 그래서 군주가 대본을 확립하는 일, 즉 마음을 바르게 하는 일이 재이를 없애는 방안이자 국운(國運)을

---

339) 『顯宗實錄』 卷11, 6年 10月 24日(丙子), "下諭于在外儒臣宋時烈宋浚吉李惟泰尹宣擧咨訪時務, 從玉堂之言也."

340) 『宋子大全』 卷11, 疏, 「應求言別諭仍乞解職疏乙巳十一月」, 32ㄱ~ㄴ(108책, 315쪽), "伏以臣於本月初三日, 祇受有旨, 令臣疾速趨召, 且令未赴召之前, 先具實封, 進陳弭災之策者, 臣承命驚惶, 罔知所措." ; 『同春堂集』 卷6, 疏箚, 「應求言別諭仍乞解職疏乙巳十一月」, 12ㄱ(106책, 447쪽), "伏以臣於本月初三日, 祇受左承旨成貼諭旨, 令臣條陳應天安民之策." 당시 송시열은 '弭災之策'이라 했고, 송준길은 '應天安民之策'이라고 했다.

341) 『同春堂集』 卷6, 疏箚, 「應求言別諭仍乞解職疏乙巳十一月」, 12ㄱ~20ㄴ(106책, 447~451쪽).

342) 『同春堂集』 卷6, 疏箚, 「應求言別諭仍乞解職疏乙巳十一月」, 21ㄱ(106책, 452쪽), "人有恒言, 人主一心, 萬化之源, 此言至淺不翅陳腐, 而然其至理, 實不外此."

343) 『同春堂集』 卷6, 疏箚, 「應求言別諭仍乞解職疏乙巳十一月」, 21ㄱ(106책, 452쪽), "伏願聖明先立此心, 奮發有爲."

무궁히 하는 요체가 되는 것이라고 했다.344) 인조반정 이후 주자 도통의 확립을 통해 주자학의 절대화를 추구했던 서인 산림계 관인·유자는 재이를 맞은 군주에게 필요한 것은 성학을 통한 도덕적인 심성수양뿐이라는 지론을 한결같이 유지했다.

서인 산당계가 백성의 구제나 민폐(民弊)의 혁파에 관심이 없었던 것은 아니다. 하지만 이보다는 군주의 성학이 근본이고 우선이라고 했다. 군주의 성학을 근본으로 삼고 백성을 구휼해야 재이를 없앨 수 있다는 것이었다.345) 이에 관해서는 조석윤(趙錫胤, 1606~1655)의 논의가 참고된다. 조석윤은 서인 산당계 중에서도 단연 민폐(民弊)의 혁파를 강조한 인물이다. 인조 23년(1645) 5월에 올린 시무소에서, 하늘이 재이를 쓸데없이 내린 게 아니라고 하면서 폐정(弊政)을 혁파하여 백성을 고통에서 구제하고, 절검(節儉)을 숭상하여 낭비를 줄이고, 충간(忠諫)을 받아들여 언로를 넓히고, 백성의 원한을 풀어 화기(和氣)를 불러야 재이를 없앨 수 있다고 했다. 특히, 백성이 폐정에 시달린 지 오래고 공물 방납의 폐해가 고질적인 병폐가 되어 호서배(狐鼠輩)가 백성의 고혈을 빼 먹으니 변통하지 않을 수 없다고 했다.346)

조석윤은 여러 미재책이 모두 절실하지만, 가장 중요한 것은 백성의 구휼이라고 했다. 그는 하늘이 보고 듣는 것은 백성에서 시작하고 나라의 안위 또한 백성에게 달려 있다고 했다. 그러므로 백성이 원망하는데도 하늘이 노여

---

344) 『同春堂集』 卷6, 疏箚, 「應求言別諭仍乞解職疏乙巳十一月」, 21ㄱ~ㄴ(106책, 452쪽), "淸心靜養, 無少懈弛, 勿以細娛而忘遠大之圖, 勿以虛文而廢眞實之功, 勉勉循循, 日躋月新, 則大本旣立, 百務修擧, 民心自悅, 天意亦豫, 不但消災沴於今日, 亦將綿國祚於無窮矣."

345) 『宋子大全』 卷11, 疏, 「應旨進弭災之策疏乙巳十一月」, 36ㄱ(108책, 317쪽), "故程子曰, … 而爲人君者遇災, 則皆不反躬自省, 惟歸之於枝葉, 故弭之之道, 愈求而愈遠, 竟至於敗亡, 可不懼哉. 故程朱之所以爲弭災之說者, 必本於人主之身, 而其急則恤民而已. 此似疏而實密, 似易而實難."

346) 『樂靜集』 卷9, 疏, 「因旱災陳時事疏」, 2ㄱ~ㄴ(105책, 388쪽), "今天之降災于我殿下, 其意不徒然也. … 誠願殿下革弊政以恤民隱, 崇節儉以省浮費, 納忠諫以恢言路, 伸冤枉以召和氣焉耳. 我國之民, 病於弊政久矣. 大亂之後, 尙無一毫釐革之事, 安得不窮且盜也. 科外不時之役, 雲興火督, 此則姑置不論, 而貢物防納之弊, 已成痼疾, 竭生民之膏血. 尾閭於狐鼠輩之手, 寧容一向坐視而莫之變乎."

워하지 않거나, 백성이 곤궁한데도 나라가 망하지 않는 경우는 있지 않다고 했다. 그래서 지금의 재이는 백성의 원한이 부른 것이라고 했다.[347] 그만큼 백성의 원망을 제거하고 백성을 구휼해야 재이를 없앨 수 있다는 것이었다.

그는 국왕이 구폐를 혁파하고 신법을 도모한다는[革舊圖新] 뜻을 정하고, 애통해하는 전교를 내려 자신을 책망하는 뜻을 널리 알리고 대신을 독려하고 군신(群臣)을 이끌어 특별히 혁폐혜민(革弊惠民)을 전담하는 기관을 두자고 했다. 그래서 세상에 도움이 될 충신(忠臣)을 널리 모으고, 공도(公道)를 힘써 넓히고, 매일 밤 연구하여 백성 구제를 시급히 하면 거의 재이를 없앨 수 있다고 했다.[348] 하지만 역시 그 근본은 군주의 일심(一心)이라고 했다.

> 아! 전하는 불세출의 성군으로 중흥의 대업을 이루셨습니다. 그러나 큰 난리를 누차 겪고 날로 쇠약해져, 지금은 백성이 원망하고 하늘이 노여워하는 지경에 이르러 나라를 조석도 보전할 수 없게 되었습니다. 어찌 슬피 탄식하지 않을 수 있겠습니까. 이는 전하가 일심(一心)을 공경히 하느냐 게을리하느냐, 잘 잡아 간직하느냐 놓아버리느냐 사이에 달려 있을 따름입니다. 어찌 또한 그 근본을 돌이키지 않으십니까?[349]

민원의 제거와 백성의 구휼을 위해, 폐단을 혁파하여 백성들에게 혜택을 주는 기구를 별도로 설치하자고까지 했지만 역시나 이는 모두 군주의 일심(一心)에 달려 있다고 했다. 백성의 구휼이 절실한 것은 맞지만 이를 위해서는

347) 『樂靜集』 卷9, 疏, 「因旱災陳時事疏」, 12ㄱ(105책, 393쪽), "凡臣所陳, 莫非切於弭災, 而其重尤在於恤民. 何則, 天之視聽自我民, 而國之安危在於民, 民怨而天不怒, 民窮而國不亡者未之有也. 今之災沴, 未必非民怨之所召."

348) 『樂靜集』 卷9, 疏, 「因旱災陳時事疏」, 12ㄱ~ㄴ(105책, 393쪽), "臣愚以爲自上先定革舊圖新之志, 亟下哀痛之敎, 誕告罪己之意, 而責勵大臣, 獎率群工, 別設革弊惠民之局, 廣集忠益, 務恢公道, 日夜講究, 有如拯救之急, 則庶乎可以有爲, 而其本則又在殿下益懋聖學."

349) 『樂靜集』 卷9, 疏, 「因旱災陳時事疏」, 12ㄴ~13ㄱ(105책, 393~394쪽), "嗚呼, 殿下以不世之聖, 建中興之業, 而屢經大亂, 日向衰替, 及至今日民怨天怒, 岌岌然莫保朝夕, 寧不爲之慨然興歎也. 此在殿下一心敬怠操舍之間耳, 盍亦反其本哉."

군주의 성학이 반드시 선행되어야 한다는 것이었다.[350)]

송시열을 비롯한 서인 산당계는 17세기의 당면과제를, 안으로는 무너진 기강을 바로 세우고 밖으로는 명(明)과 함께 몰락한 중화(中華)의 질서를 재건하는 일로 보았다. 그리고 이것의 추진 전략은 철저하게 주자학의 이념을 바탕으로 수립했다. 요컨대 내수외양(內修外攘)이었다. 특히, '외양'을 위해서는 '내수'가 선행되어야 한다고 했는데, 내수의 요체가 바로 군주성학론이었다.[351)] "천하의 일은 선악(善惡)을 불문하고 군주의 한마음[一心]에 근본하지 않음이 없다"는 것이었다.[352)] 이것은 군주가 '치인(治人)'에 앞서 '수기(修己)'를 완성해야 한다는 의미였다. 성학(聖學)을 수기치인(修己治人)의 학(學)이라고는 하지만 치인(治人)에 앞서 수기(修己)가 완성되어야 한다고 강조했고, 이러한 문제의식이 재이론에도 그대로 투영되었다.

그런데 군주성학론을 핵심으로 하는 주자학적 재이론은 신권(臣權)에 의한 군권(君權)의 일방적인 제제라는 측면에서 군주의 반발을 살 수가 있었다. 군주의 수기(修己)는 스스로 마음을 절제하고 조절하여 인욕(人慾)의 사사로움을 제거하고 천리(天理)의 공정함을 보존하는 수양으로, 이것은 성학(聖學)의 독실한 학습을 통해 이룰 수 있는 것이었다. 본래는 군주를 포함한 치자(治者) 계층 모두에게 적용되었지만, 이들은 군주에게 솔선수범

---

350) 사실 서인 산당계뿐 아니라 대부분 관인·유자는 이처럼 君主聖學論 중심의 주자학적 재이론을 재이 대응의 본령으로 삼고 있었다. 이와 관련해 金容欽의 논의가 참고된다. 그는 17세기 전반의 經世論을 '道學的 經世論'과 '變法的 經世論'으로 구분했다. 인조반정 직후의 정국에서는 새로운 정치에 대한 기대가 팽배했고, 광해군 대의 정치를 '廢政', '亂政'으로 규정하여 '變通'과 '更張'을 내세워 이를 극복해야 한다고 주장했는데, 그 내용은 대부분 修身 위주의 도학적 경세론에 그치는 경우가 많았다고 한다. 이들의 논의를 검토해 보면 주자학 의리·명분론에 토대를 둔 君主聖學論이 이전 시기보다 확대 심화되었음을 알 수 있고, 특히 自然災異나 위기의식과 관련하여 君主 修身의 방법으로서 가장 강조된 것이 君主聖學이었다고 한다. 金容欽, 앞의 책, 2006, 268~270쪽 및 277~278쪽 참고.

351) 『宋子大全』 卷5, 封事, 「己丑封事」, 1ㄱ~33ㄱ(108책, 187~203쪽) ; 金駿錫, 『朝鮮後期 政治思想史 硏究-國家再造論의 擡頭와 展開-』, 지식산업사, 2003, 250~266쪽.

352) 『宋子大全』 卷5, 封事, 「己丑封事」, 3ㄴ(108책, 188쪽), "彼乃深知天下之事, 不問善惡, 無不本於人主之一心."

할 것을 요구했고, 수기(修己)는 군주의 우선적인 과제가 되었다. 그런데 주자학에서의 완성된 인간상은 성인(聖人)만이 이룰 수 있었고, 기질(氣質)과는 분리될 수 없는 현실의 인간에게 이것은 '결국 도달할 수 없는' 추상적인 절대 관념일 수밖에 없었다. 그래서 군주에게 수기(修己)를 우선적인 과제로 제시하는 것은 곧 군주에게 제약을 가하는 것이 되었다. 그래서 재이를 맞은 군주에게 군주성학론를 강조한다는 것은 곧 군주권에 제약을 가하는 의미가 되었고, 이 지점에서 군주의 반발을 살 수가 있었다.

더욱이 재위 내내 실질적인 북벌을 추진했던 효종은 즉각적인 효과를 낼 수 있는 구체적이고 현실적인 대응책을 제시하라고 요구하곤 했다. 군주의 수덕(修德)은 단시간 내에 이룰 수 없다는 이유에서였다.[353] 이러한 효종의 태도는 재위 4년(1653) 6월 20일(갑인) 효종과 재신(宰臣)의 대화에서 읽을 수 있다. 하루 전인 6월 19일(계축) 강원도 강릉의 민가에서 암탉이 수탉으로 변하는 재이가 발생했다.[354] 보고를 받은 효종은 재이 해소의 방안을 듣고자 대신(大臣)을 인견했다.[355]

영중추부사 이경여는 주자학적 재이론에 입각해 군주의 정심(正心)이

---

353) 『孝宗實錄』 卷10, 4年 2月 26日(癸亥), "左副承旨姜栢年曰, 古人云弭災莫如修德. 上曰, 修德非一日之所可爲也."

354) 『孝宗實錄』 卷10, 4年 6月 19日(癸丑), "江原道江陵府民家, 雌鷄化爲雄." 참고로 암탉의 수탉 성전환은 드물긴 하지만 충분히 일어날 수 있는 현상이다. 암탉의 난소에 이상이 생겨 다른 난소가 精巢로 바뀔 때 테스토스테론이 과도하게 분비되면 일어날 수 있고, 자연계에서 일어날 확률은 10,000분의 1 정도라고 한다. 암탉이 수탉으로 변하면 볏이 자라고 깃털이 길고 풍성해지며 성체 수탉처럼 아침마다 운다고 한다. 한편 한국과 중국의 史書에는 이른바 '雌鷄化雄'에 관한 기록이 적지 않다. 대체로 울음소리나 깃털, 발톱, 볏 등 외형상의 변화를 자세히 기록했는데, 이유는 '심각한' 재이였기 때문이다. 암탉의 수탉 성전환은 중국 漢 이래로 皇后나 외척의 정치참여, 또는 신하의 집권과 찬탈 등을 의미하는 재이로 간주되었다[장정해, 「빈계지신(牝雞之晨)-그 현상(現象)과 의미-」, 『중국어와문학』 13, 2008, 275~298쪽]. 한국의 史書 중 『三國史記』와 『三國遺事』에는 없고, 『高麗史』에 2건, 『朝鮮王朝實錄』에 35건이 있는데, 조선에서도 대체로 왕후와 외척의 정치참여를 비판하는 의미로 여겨졌다[박성래, 『한국과학사상사』, 책과함께, 2012, 372~392쪽].

355) 『孝宗實錄』 卷10, 4年 6月 20日(甲寅), "上引見大臣及文武諸宰, 詢問消弭之策曰, … 昨見江原監司啓本, 有雌鷄化雄之變, 尤極驚駭. … 何以則能消弭是災耶. 諸卿等試各言之."

가장 중요하다고 했다.[356] 천하의 일은 수없이 많으므로 어떤 일로 재이를 구제하는 것은 번거롭기만 하고 실효가 없다는 게 기본적인 입장이었다. 그러면서 근본적인 대책은 군주의 마음에서 찾아야 한다고 했다. 마음속 은미한 곳에서 공부가 미진하면 온갖 해로운 단서가 생겨나므로, 비록 정심(正心)에 대해서는 오활한 선비가 통상적으로 얘기하곤 하지만, 군주가 자신의 마음을 바르게 하여 사욕(私慾)을 없애는 일만이 재이를 해소하는 가장 근본적인 방도가 된다고 했다.[357]

그러나 효종의 생각은 달랐다. 마음을 다스리는 일보다는 사무(事務)의 폐단을 시정하는 게 더 급하다고 보았다.

> 범연히 말한다면 마음을 다스리는 것이 근본이고 사무를 하는 것[事爲]은 말단이다. 그러나 일이 매우 급한데, 어떻게 내 마음이 바르지 않다고 하면서 팔짱만 낀 채 앉아 있을 수 있겠는가. 나는 덕이 부족하여 진실로 하루아침에 마음을 바르게 하여 그 효과를 기대하기 어렵다. 부득이 일에 따라 구하지 않을 수 없으니, 경은 사무(事務)의 폐단을 시험 삼아 말하라.[358]

---

356) 이경여를 서인 산림으로 볼 수는 없지만, 산림의 징소를 적극 이끌었고[禹仁秀, 앞의 책, 1999, 20~21쪽], 그의 직계 자녀가 서인 산림계 가문과 혼인을 맺었으며 둘째 아들 李敏敍는 송시열의 문인이기도 했다[지두환, 「白江 李敬輿의 家系와 生涯-17世紀 前半 政局變動과 관련하여-」, 『韓國思想과 文化』 13, 2001, 127쪽]. 현실인식과 대응에서 서인 산림계와 상통했다고 할 수 있다.

357) 『孝宗實錄』 卷10, 4年 6月 20日(甲寅), "領中樞府事李敬輿曰, 天災時變, 自古而有然, 不見於治平之日, 必生於亂亡之世, 亦豈有如今日之無變不出者乎. 臣退伏私室, 徒切隱憂, 今日入侍, 下教諄切, 左右諸臣, 孰不感動而畢獻其思慮乎. 臣之愚見, 不在他術. 古語曰, 人不足間也, 政不足適也. 若欲以一事救某災, 則天下之事至多, 豈可事事而責之也. 徒見其紛紜而無實效矣, 莫若自求於人主一心. 蓋方寸之中, 隱微之地, 若或有工夫之未盡處, 則百端疵害之所由生也. 正心之說, 雖是迂儒常談, 然以理推之, 人主果能克正其心, 無一毫私慾之累, 則必能與天合德, 克享天心. 如此則有何生災致異之理乎. 此則大頭顱處也."

358) 『孝宗實錄』 卷10, 4年 6月 20日(甲寅), "上曰, 泛言之, 則治心本也事爲末也. 然事已急矣, 豈可曰吾心未正, 而拱手而坐乎. 以予否德, 固難一朝正心, 以食其效. 不可不隨事而救之, 卿試言事務之弊."

마음을 다스리는 일이 근본이기는 하지만 하루아침에 효과를 낼 수 없으니 사무의 폐단을 바로잡을 방안을 제시하라는 것이었다. 즉위 직후부터 군사적인 복수설치(復讎雪恥)를 염원했던 효종이었기에 고담준론보다는 현실적이고 구체적인 사무의 시정 방안을 듣고자 했던 것 같다.

하지만 효종의 바람과는 달리 이경여가 제시한 미재책은 군주성학론 그 자체였다.

> 이 때문에 군자에게는 그 마음을 바르게 하는 것보다 더 중요한 것은 없다고 하는 것입니다. 이 마음이 이미 바르면 비록 덥더라도 답답하지 않고 춥더라도 떨리지 않으며 마땅히 기쁠 때 기쁘고 마땅히 노여울 때 노여울 것이니 주자(朱子)가 이른바 대근본(大根本)이라고 한 것이 이것입니다.[359]

재이의 해소를 위해서 군주가 마음을 바로잡는 것보다 중요한 것은 없고, 이것은 주희가 큰 근본으로 삼았던 바라며 소신을 굽히지 않았다. 앞서 송시열·송준길의 재이론에서도 보았지만, 재이를 맞은 군주에게 필요한 것은 성학 이외의 것이 될 수 없다는 게 이경여의 한결같은 주장이었다.

그런데 같은 시기 미재책으로 군주의 성학보다 민폐(民弊)의 변통과 안민(安民)을 더 강조한 이들이 있었다. 서인 산당계와 정치적으로 대척에 있었던 서인 한당계(漢黨系)와 근기남인계(近畿南人系) 관인·유자가 그들이다. 이들은 군주관(君主觀)과 국정운영론에서 생각이 달랐고, 근기남인계는 재이관(災異觀)에서도 일정한 차이를 보였다.

일반적으로 서인 한당계는 군주권을 절대시하는 존왕적(尊王的) 군주관을 바탕으로 국왕 주도의 국정 운영을 추구했다고 평가받는다.[360] 그들은

---

359) 『孝宗實錄』 卷11, 4年 7月 2日(乙丑), "是以, 君子莫大於正其心. 此心旣正, 則雖熱而不煩, 雖寒而不慄, 當喜而喜, 當怒而怒, 朱子所謂大根本者是也."

360) 鄭萬祚, 「17세기 중반 漢黨의 정치활동과 國政運營論」, 『韓國文化』 23, 1999, 133~134쪽 ; 조성산, 「17세기 후반 林川趙氏 가문의 經世學」, 『한국사상사학』 30, 2008, 173~176쪽.

이러한 군주관을 바탕으로 재이를 통해 군주권을 제약하기보다는 민폐의 변통과 안민을 강조했다. 이와 관련하여 한당의 영수 김육(金堉, 1580~1658)의 논의가 참고된다.

인조 21년(1643) 3월 부제학 시절 제출한 차자를 통해 그의 기본적인 재이론을 엿볼 수 있다. 김육은 원론적인 차원에서 천인감응론을 인정했다. 하늘과 사람은 하나의 이치로서 차이가 없으니, 재이는 헛되이 생기는 게 아니라고 했다. 무지개가 해를 관통하고, 일식이 발생하고, 태백성이 낮에 보이고, 바위가 저절로 움직이고, 3월의 온 들판에 눈이 내리는 등의 재이는 천지의 괴변(怪變)으로 매우 두려운 일이라고 했다. 그리고 이러한 재이는 음(陰)이 왕성하고 양(陽)이 미약해서, 하(下)가 능멸하고 상(上)이 쇠퇴해서, 선(善)이 소멸하고 악(惡)이 자라나서, 무(武)가 거세지고 문(文)이 위축돼서 발생한 것이라고 했다.[361]

그러나 김육의 진의는 이러한 원론적 차원의 논의가 아니었다. 무엇보다도 재이는 백성의 원망이 부른 바이고, 흉년과 군역과 전염병으로 죽어가는 백성을 구제해야 재이를 없앨 수 있다고 했다. 그런데 그는 아직 아름다운 명령과 은혜로운 정사로 백성을 구제했다는 얘기를 듣지 못했다고 했다.[362] 그가 말한 '아름다운 명령과 은혜로운 정사'란 곧 변통(變通)이었다.

> 나라를 다스리는 도가 한 가지만은 아닙니다. 약석(藥石)과 양육(粱肉)을 때에 맞게 변통(變通)해야 합니다.[363]

---

361) 『潛谷遺稿』 卷4, 疏箚, 「玉堂論事箚」, 21ㄱ~ㄴ(86책, 77쪽), "伏以高高在上, 臨下有赫, 一理無間, 變不虛生. 虹貫日食, 出於浹旬, 而太白抗陽, 巨石自走, 三月之雪, 四野皆白, 夫何天妖地怪之疊見層出, 至此極也. 此必有非常不虞之患, 伏於冥冥而莫之知也, 豈非可畏之甚者乎. 遇災修省, 雖曰恒言, 而應天之道, 固不可舍此而他求. 天之於人, 猶父之於子也, 焉有父母怒於上而子乃晏然於下乎. 災沴之意, 深遠難測, 而以影察形, 亦可知也. 豈非由於陰盛而陽微也, 下凌而上替也, 善消而惡長也, 武競而文衰也."

362) 『潛谷遺稿』 卷4, 疏箚, 「玉堂論事箚」, 21ㄴ(86책, 77쪽), "古人云, 天變之來, 民怨招之也. 近年以來, 連歲凶歉, 加之以師旅, 繼之以疫癘, 流散相繼, 死亡殆盡, 而未聞發一美令, 行一惠政, 以救無告之赤子."

우선은 척연한 마음으로 깊이 깨달아 자신을 반성하고, 다음으로는 사욕(私欲)을 이겨내고 사념(邪念)을 다스리는 공부가 필요하다고 했다. 그런데 나라를 다스리는 일에는 이 한 가지 방법만 있는 것은 아니었다. 수성(修省)의 실제를 보존하는 일이 필요했다. 시를 외우고 글을 읽기만 할 게 아니라 정밀하게 생각하고 실천하는 일에 힘을 써야 한다는 것이었다. 특히, 폐단을 고치고 백성을 구제하는 일을 급선무로 삼으라고 했다.[364]

백성을 구제하는 일이란 구체적으로, 백성이 집마다 굶주려서 먹을 것을 구하면 춘궁기에 구제에 대해 논의하는 일, 온 집안이 전염병을 만나 한 사람도 산 자가 없으면 시체를 매장하는 일, 각 청(廳)에서 물자 만드는 일을 우선 정지하고 아문(衙門)에서 방납(防納)하는 것을 일절 금지하여 침탈이 없도록 하는 일 등이라고 했다. 이렇게 하면 죽은 백성은 다시 살릴 수 없지만 살아남은 백성은 보존하여 살릴 수 있다고 했다. 민심(民心)이 기뻐하여 감복하면 하늘의 뜻도 되돌아와서 재이를 상서로 만들 수 있고, 교화(敎化)나 기강(紀綱)을 떨치는 일도 차례대로 이루어질 것이라고 했다.[365]

김육의 이러한 인식은 효종 8년(1655) 5월 4일(병오)의 응지상소에서 보다 분명하게 확인할 수 있다. 여기에서 김육은 군주가 수성을 정성스럽게 하면 재이, 즉 가뭄을 해소할 수 있다고 하는 일반적인 미재 논의에 반론을 제기했다.

> 모든 사람들이 이르길, 근년 이래로 가물지 않은 해는 없었으나 백성들이 흩어져 떠도는 데에까지는 이르지 않았고, 나라도 위태로운 지경에는 이르지

363) 『潛谷遺稿』 卷4, 疏箚, 「玉堂論事箚」, 22ㄱ(86책, 77쪽), "治國之道, 不一其務, 藥石粱肉, 因時變通."

364) 『潛谷遺稿』 卷4, 疏箚, 「玉堂論事箚」, 23ㄴ(86책, 78쪽), "伏願殿下惕然覺悟, 反躬自責, 先加克治之工, 更存修省之實. 不必誦詩讀書, 而唯務精思實踐, … 以革弊救民, 爲急先之務."

365) 『潛谷遺稿』 卷4, 疏箚, 「玉堂論事箚」, 23ㄴ~24ㄱ(86책, 78쪽), "以屋阻飢, 開口望哺, 則春和之賑貸可議也. 闔家遘癘, 終無一瘳, 則月令之掩骼當擧也. 各廳打造, 姑皆停罷, 衙門防納, 一切禁斷, 靜而俟之, 無所侵徵. 則已死之民, 雖無所及, 餘存之命, 尙可保活. 民心悅服, 則天意亦回, 轉災爲祥, 如反手焉. 其他敎化之行, 綱紀之振, 長弟而自擧矣."

않았으니, 성상께서 수성(修省)하는 실제를 다하고 기도하는 정성을 다한다면 하늘의 보우(保佑)를 기대할 수 있고 늦게라도 비가 내리면 가을에 수확할 가망이 있다고 합니다. 그러나 어리석은 신은 그렇게 생각지 않습니다.[366]

『시경』에서도 언급했듯이[367] 농사란 심은 것이 있어야 수확할 수가 있는데, 당시 양서(兩西)와 경기의 백성은 도로에서 반년을 보냈고, 삼남(三南)의 백성은 모내기를 했으나 모가 이미 말라 땅에 심은 곡식 자체가 없는 상황이어서 비가 오더라도 수확을 기대할 수 없었다.[368] 군주가 아무리 수성을 열심히 한들 이러한 현실적 조건이 단번에 바뀌는 것은 아니었다. 그래서 군주의 수성만으로는 가뭄을 해결할 수 없다는 것이었다. 가뭄은 백성의 원망 때문에 든 것이니 재변을 구제하는 방책은 오직 백성을 구원하는 데에 있다는 것이었다.

오늘날의 재이를 구제하는 방책은 오직 백성을 구원하는 데 있습니다. 전하께서 구언을 하교했을 때 신이 지난번에 드린 말씀을 다시 올리니 이는 마치 장님이 넘어졌다가 다시 일어날 길을 찾는 것과 같습니다.[369]

김육에게 '구재(救災)'란 곧 '구민(救民)'이었다. 구체적으로 김육은 영장(營將)의 혁파와 영남지방 급보(給保)의 폐지 등을 건의했다.[370] 영장은 인조

---

366) 『潛谷遺稿』 卷6, 疏箚, 「應旨進言箚 丁酉五月初四日」, 18ㄱ~ㄴ(86책, 116쪽), "人皆以爲近年以來, 無歲不旱, 而民不至於散, 國不至於危, 聖上盡修省之實, 祈祝之誠, 則皇天眷佑, 猶足可恃, 晩而得雨, 亦可望於秋成, 臣愚不敢以爲然."

367) 『詩經』, 國風, 魏, 伐檀, 140쪽, "坎坎伐輪兮, 寘之河之漘兮, 河水淸且淪猗, 不稼不穡, 胡取禾三百囷兮, 不狩不獵, 胡瞻爾庭有縣鶉兮, 彼君子兮, 不素飧兮."

368) 『潛谷遺稿』 卷6, 疏箚, 「應旨進言箚 丁酉五月初四日」, 18ㄴ(86책, 116쪽), "詩云, 不稼不穡, 胡取禾三百囷. 夫農者, 必稼而後穡, 兩西畿甸之民, 半年於道路, 三南之民, 業於移秧, 而苗已枯矣. 今雖得雨, 無可及矣, 三南西路旣皆失農, 則國何恃而爲本."

369) 『潛谷遺稿』 卷6, 疏箚, 「應旨進言箚 丁酉五月初四日」, 18ㄴ(86책, 116쪽), "今日救災之策, 惟在於救民. 殿下下求言之敎, 臣更進前之日言, 猶瞽者之顚躓復起而尋前途也."

5년(1627) 4월 정묘호란 이후 속오군(束伍軍)의 정예화를 목적으로 설치된 전임 지휘관이다.[371] 그러나 국가 재정의 문제와 현지 군읍(郡邑)의 지공(支供) 부담, 그리고 적임자 선발의 어려움 등으로 10년 만인 1637년(인조 15) 2월에 혁파되었다. 그런데 지방 군사력의 강화를 목적으로 효종 5년(1654) 2월에 다시 복구되었고, 김육은 이 영장이 백성에게 부담이 된다고 해서 다시 혁파할 것을 요청했다. 그리고 같은 해 8월 경상도의 속오군만 급보(給保)를 지급해 처우를 개선해 주는 조치가 취해졌는데,[372] 김육은 이 또한 백성에게 부역 부담을 가중한다고 하여 폐지를 요청했다. 요컨대 김육은 백성의 삶을 피폐하게 만드는 구폐를 혁파하고 백성을 구제하는 일이 재이를 해소하는 근본적인 방안이라고 했다. 군주의 도덕적인 심성수양만으로는 당시 조선 사회가 직면한 모순과 갈등을 해결할 수 없다는 문제의식에서 백성 구제를 위한 변통을 미재책으로 제기한 것이다.

그런데 여기에서 몇 가지 짚어야 할 사안이 있다. 일단 김육의 재이론은 같은 한당계 후배인 박세당(朴世堂, 1629~1703)에게 전승되었다. 현종 8년(1667) 5월 11일(갑인) 홍문관 수찬을 맡고 있던 박세당은 장문의 응지상소를 올려,[373] 제거해야 할 민폐와 개혁해야 할 폐정을 극언했다. 실록에 따르면 비변사의 회계(回啓)에서 대부분 거절되고, 한두 가지 사항만 시행되었다고 하는데,[374] 이때 박세당이 상술한 내용은 백성의 부세 경감책이었다. 요컨대 부세 부담을 줄여 민원(民怨)을 제거해야 재이를 없앨 수 있다는 것이었다.[375] 박세당의 부세제도 개혁론은 법제와 그 운영 방식의 개혁을 통해

---

370) 『潛谷遺稿』 卷6, 疏箚, 「應旨進言箚 丁酉五月初四日」, 18ㄴ~19ㄱ(86책, 117쪽).

371) 인조 대 營將制에 대해서는 서태원, 『조선후기 지방군제 연구』, 혜안, 1999, 54~63쪽 ; 김우철, 『조선후기 지방군제사』, 경인문화사, 2000, 91~98쪽 참고.

372) 김우철, 앞의 책, 2000, 116~123쪽.

373) 현종 8년(1667) 윤4월 17일(신묘) 가뭄에 따른 구언에[『顯宗實錄』 卷13, 8年 閏4月 17日(辛卯)] 응하여 올린 것이다.

374) 『顯宗實錄』 卷13, 8年 5月 11日(甲寅), "修撰朴世堂以應旨上疏, 極言民瘼之可祛, 弊政之可革. … 上優答, 下其疏于備局. 回啓, 擧皆防塞, 而有一二條見施矣."

375) 『西溪集』 卷5, 疏箚, 「應求言疏」, 6ㄴ(134책, 88쪽), "橫徭苛斂, 不及於民而民怨息, 民怨旣息,

농민의 부담 총량을 경감하는 경부(輕賦)·경세(輕稅)와 불균등 부담을 해소하는 평부(平賦)·균역(均役)을 핵심으로 한다.[376] 그는 이러한 민생 안정책을 미재의 방안으로 제기했고, 이는 한당계 선배 김육의 논의를 계승한 것이라고 평가할 수 있다.

하지만 이러한 미재책의 내용을 기준으로 산당과 한당을 구분해서는 곤란하다. 나아가 한당계 관인·유자가 군주의 성학을 소홀히 여겼다고 해서도 안 된다. 가령, 대표적인 한당계 인사 이경석(李景奭, 1595~1671)도 적지 않은 논설에서 안민(安民)을 강조했고,[377] 안민을 위한 변통론도 여러 차례 제출했지만,[378] 미재의 근본은 결국 군주의 일심(一心)에 달려 있다고 보았다. 재이를 없애고 화평을 이루는 방법은, 과거의 잘못을 고치고 오랜 습관을 바꾸고 묵은 폐단을 개혁해 한 시대의 이목을 새롭게 하는 데에서 벗어나지 않지만, 이는 근본이 아니라고 했다. 천하의 만사에는 큰 근본이 있고, 근본이 확립되어야 만사를 이룰 수가 있는데, 이 근본은 결국 군주의 한마음[一心]에 달려 있다고 했다.[379]

그리고 변통론에 대한 인식 및 태도의 차이가 우주론이나 자연관의 차이에서 비롯된 것은 아니다. 김육이 인조 2년(1624) 가을 증광시 전시(殿試)에서 장원했을 때[380] 책문(策問)이 군주의 경천(敬天)과 사대부가 생각하는 천덕(天德) 및 왕도(王道)였다.[381] 그런데 그가 제출한 답안 내용은 주자학의

天怒乃霽, 如此則陰陽自調, 雨暘時若, 而年穀將屢登矣. 又何有災荒之沓臻, 膏澤之久閟, 貽聖憂如今日乎."

376) 金駿錫, 「17세기의 새로운 賦稅觀과 士大夫生業論-朴世堂의 賦役論과 稼穡論-」, 앞의 책, 2003, 561쪽.

377) 이진호, 「白軒 李景奭의 散文 硏究」, 충남대학교 대학원 한문학과 박사학위논문, 2018, 132~139쪽.

378) 이은순, 「이경석의 국정운영과 대외 시국인식」, 『조선시대사학보』 29, 2004, 115~116쪽.

379) 『白軒集』 卷22, 文稿, 疏箚, 「因求言進言箚」, 5ㄴ(96책, 89쪽), "臣愚竊以爲當今弭災致和之道, 恐不外乎改前過變舊習革宿弊, 以新一世之耳目也, 抑天下萬事, 有大根本, 根本不立, 則萬事何做, 所謂大根本, 惟在於殿下之一心耳."

380) 『龍洲遺稿』 卷14, 誌, 「領議政潛谷金公墓誌銘并序」, 32ㄴ~33ㄱ(90책, 258~259쪽), "甲子, … 秋, 殿對爲第一."

그것과 정확히 같다. 요컨대 하늘과 사람 사이에는 한 가지 이치[一理]만 있다고 했다. 나의 기운이 순하면 천지의 기운도 순하고 나의 기운이 사나우면 천지의 기운도 사나우며, 여기에서 감(感)하면 저기에서 응(應)하는 것이 마치 그림자가 형체를 따르는 것과 같아서 재이는 까닭 없이 일어나지 않는다고 했다.[382] 그리고 '옛 성왕(聖王)은 재이를 만나 두려워하며 덕을 닦고 일을 바르게 하여 재이를 상서로 바꿨다'라는 주희의 말을 법으로 삼으라고 했다.[383] 또 군주는 지난날의 잘못을 깊이 징계하고 앞으로의 공효(功效)를 다시금 권면해야 한다고 했다. 하늘을 공경하며 수성(修省)의 실제를 다해야 하고, 백성을 사랑하고 품어 보호하는 실제를 다해야 한다고 했다. 한 가지 생각을 낼 때는 공경하는 데에 어긋남이 있을까 염려하고, 한 가지 일을 함에는 하늘의 마음을 어길까 두려워하라고 했다. 이상은 실로써 해야지 형식적으로 해서는 안 되고, 정성으로 해야지 거짓을 용납해서는 안 되며, 잠시라도 끊어져서는 안 되고 잠시라도 태만해서는 안 된다고 했다.[384] 이와 같은 김육의 자연인식은 주자학의 이법천관(理法天觀)과 정확히 같다.

김육의 경우는 개인적인 경험이 변통론에 대한 인식과 태도의 차이로 나타나게 된 듯하다. 김육의 '애물제인론(愛物濟人論)'을 보면,[385] 김육은

381) 『潛谷遺稿』 卷10, 「策問甲子增廣」, 17ㄴ(86책, 197쪽), "王者之事, 只在於敬天, 而子大夫平日所講究者, 亦天德王道焉, 其各悉心以對."

382) 『潛谷遺稿』 卷10, 「策問甲子增廣」, 18ㄱ(86책, 197쪽), "則天人之間, 一理而已. 是以吾之氣順, 則天地之氣亦順, 吾之氣戾, 則天地之氣亦戾. 此感彼應者, 如影隨形, 則災沴之作, 豈無所自而然哉."

383) 『潛谷遺稿』 卷10, 「策問甲子增廣」, 20ㄱ(86책, 198쪽), "朱熹之言曰, 古之聖王, 遇災而懼, 修德正事, 故變災爲祥. 伏願殿下. … 以朱熹之言爲可法." 주희의 말은 주희가 소희 5년(1194) 윤10월 6일 영종에게 올린 「論災異箚子」에 나온다[『晦庵集』 卷14, 奏箚, 「論災異箚子」(20책, 685쪽)].

384) 『潛谷遺稿』 卷10, 「策問甲子增廣」, 20ㄱ(86책, 198쪽), "深懲旣往之失, 更勵方來之效. 敬天而盡修省之實, 仁民而盡懷保之實. 一念之生, 猶恐有違於欽若, 一事之作, 猶恐或拂於天心. 以實而不以文, 存誠而不容僞, 無少間斷, 無時怠忽."

385) 金駿錫, 「金堉의 安民經濟論과 大同法」, 『韓國 中世 儒敎政治思想史論 I』, 지식산업사, 2005, 337~338쪽.

30대 후반 10년 동안 농촌에서 생활하면서 농민의 과도한 부세 부담과 지배층의 중간 수탈을 직접 확인했고, 이것의 개선만이 경세제민(經世濟民)의 유일한 방안이라고 여기게 되었다. 그래서 『논어(論語)』의 '절용애인(節用愛人)'과 『맹자(孟子)』의 '인민애물(人民愛物)'을 근거로 애물제인론을 구상했고, 이를 국가를 경영하고 나라를 굳건히 하는 방책으로 여기게 되었다. 아마도 이러한 이념이 재이론에 투영된 것으로 보인다.

17세기 전반에는 미재책으로 민생 안정을 위한 변통론(變通論)이 자주 논의되었지만, 그 실천은 상당히 보수적으로 검토되었다. 특히, 서인 산당계의 태도가 그러했는데, 이는 주자학적 재이론에서 미재의 요체를 군주의 성학으로 삼았던 탓이 크다. 군주가 성학을 통해 도덕적인 심성수양만 잘 이루면, 변통과 같은 법제의 개편은 자연히 해결될 것이라 보았다. 반면에 서인 한당계는 백성의 구제나 민폐(民弊)의 혁파를 미재의 요체로 간주하고 다양한 변통론을 미재책으로 제출했다. 다만, 이들 역시 군주의 성학을 소홀히 여겼던 것은 아니고, 자연관의 측면에서도 본질적인 차이를 보이진 않았다.

한편 근기남인계 일각에서도 현실사회의 문제를 직접 거론하며 재이론을 변통론의 근거로 활용했는데, 이들의 주장은 서인 한당계보다 과감했고 재이관의 측면에서도 일정한 차이를 보였다. 나아가 변통의 추진을 위해 국가 공권력의 신장이 필요하다고 보았고, 이러한 요구에서 존왕적(尊王的) 재이론이 출현하게 되었다.

2) 근기남인계의 존왕적(尊王的) 재이론과 안민론(安民論)의 전개

17세기 중반 근기남인계의 재이론은 윤선도(尹善道, 1587~1671), 허목(許穆, 1595~1682), 윤휴(尹鑴, 1617~1680)의 논의가 참고된다. 이들의 재이론은 '존왕(尊王)'과 '안민(安民)'으로 요약할 수 있다.

먼저, 윤선도 재이론의 존왕적인 성격은 그의 예론(禮論)과 관련이 깊다. 윤선도는 평생 국왕과 사서인(士庶人)의 예는 같을 수 없다고 하는 존왕적 예론을 펼쳤는데, 그 재이론의 존왕적 성격은 여기에서 배태된 것이다. 요컨대 군신상하(君臣上下)의 예적 질서가 어긋나 재이가 발생한다는 것이었다.

이와 관련해서 광해군 8년(1616) 12월 21일(정사) 진사 시절에 올린 재이상소가 주목된다.[386] 윤선도는 예조판서 이이첨(李爾瞻, 1560~1623)이 위복(威福)의 권한을 멋대로 농단한 죄를 바로 잡고, 유희분(柳希奮, 1564~1623)과 박승종(朴承宗, 1562~1623)이 군주를 잊고 나라를 버린 죄를 다스리고자 상소한 것이라고 밝혔다.[387] 윤선도는 "군주가 아랫사람을 제어하는 방도로 권세의 벼리[權綱]를 모두 손에 쥐고 있는 것보다 중요한 것은 없다"고 하면서 『서경』의 '오직 군주만이 상과 벌을 줄 수 있다'라는 말과[388] 『대학연의』의 '군주는 하루라도 권력을 잃어서는 안 된다'라는 말이[389] 모두 이를 뜻한다고 했다.[390]

당시는 이이첨이 권세를 손에 쥐고 자신의 복심(腹心)을 요직에 두루 포진시켜 모든 상벌을 직접 행사하는 형국이라고 했다.[391] 윤선도는 이이첨의 이러한 농단을 재이론으로 설명했다. 근래에 일어난 해의 재변과 지진, 또 겨울 안개는 재이 중에서도 큰 것이고, 해는 중양(衆陽)의 우두머리[宗]이고 군주의 표상이며, 일식에는 비록 정해진 도수(度數)가 있지만 『춘추』에는 모두 기록했다면서, 이러한 재이는 '첩부(妾婦)가 지아비를 누르거나 신하가 군주를 배신하거나 권력이 신하에게 있거나 이적(夷狄)이 중국을 침범하는

---

386) 『光海君日記(中草本)』 卷110, 8年 12月 21日(丁巳) ; 『孤山遺稿』 卷2, 疏, 「丙辰疏光海八年. 留中不下」, 1ㄱ~11ㄴ(91책, 292~297쪽).

387) 『孤山遺稿』 卷2, 疏, 「丙辰疏」, 11ㄴ(91책, 297쪽), "大槩請先正李爾瞻擅弄威福之罪, 次治柳希奮, 朴承宗忘君負國之罪事."

388) 『書經』, 周書, 洪範, "惟辟作福, 惟辟作威, 惟辟玉食, 臣無有作福作威玉食."

389) 『大學衍義』 卷17, 格物致知之要2, 辨人材, 姦雄竊國之術, "推原本末, 由其不早辨故爾, 然則人主, 其可一日失其操柄也哉."

390) 『孤山遺稿』 卷2, 疏, 「丙辰疏」, 1ㄱ(91책, 292쪽), "伏以臣聞人君馭下之道莫大於摠攬權綱. 故書曰, 惟辟作福作威. 宋臣眞德秀亦有言曰, 爲人君者, 豈可一日失其操柄也哉. 旨哉言乎."

391) 『孤山遺稿』 卷2, 疏, 「丙辰疏」, 1ㄱ(91책, 292쪽), "爲人臣者, 苟有專執國柄, 使其腹心布列要津, 威福出於己, 設使賢而如此, 猶不可也, 如其不賢而如此, 則國家不亦危乎. 當今聖上臨御, 君君臣臣, 宜無如此之人, 而臣竊見禮曹判書李爾瞻所爲, 不幸近之, 臣竊怪焉."

형상'으로서 모두 음(陰)이 성(盛)하고 양(陽)이 미약(微)한 증거라고 했다.[392] 이것은 당시 양=군주=광해군은 미약하고, 음=신하=이이첨은 강성하다는 비유적 표현이자 비판이었다.

윤선도의 이러한 비판은 일단은 당시 정치권력을 독점하고 있던 대북 세력에 대한 반발이었고,[393] 나아가 군신 상하 간의 차별적 예를 강조하는 '존군비신(尊君卑臣)'의 예론이 표출된 것이라고 할 수 있다. 그리고 윤선도는 이와 같은 군신 간의 차별적인 질서에 문제가 생겨 재이가 발생한다고 보았고 이를 바로 잡아야 재이를 해소할 수 있다고 했다.

윤선도의 이와 같은 인식은 현종 즉위년(1659) 기해예송(己亥禮訟) 정국에서 펼친 재이론에서도 확인된다. 이때 윤선도의 나이가 73세였는데, 「논예소(論禮疏)」를 지어 양송(兩宋)의 기년설(朞年說)을 비판하고 삼년설(三年說)을 주장했다가[394] 이것이 정치적으로 문제가 되어 함경도 삼수군(三水郡)에 안치되었다.[395] 이곳에서 윤선도는 「논예소」의 미진한 부분을 보완하고자 재이론을 주요 논거로 삼아 「예설(禮說)」을 지었다.[396]

그는 『중용(中庸)』의 '천지위만물육(天地位萬物育)'을[397] '천지가 제자리를

392) 『孤山遺稿』 卷2, 疏, 「丙辰疏」, 2ㄴ(91책, 292쪽), "頃來日變疊現, 地震累作, 冬霧四塞, 此皆災異之大者也. … 日者衆陽之宗而人君之表, 故日食乃天行之常度, 而春秋每食必書. 傳曰, 或妾婦乘其夫, 或臣子背君父, 或政權在臣下, 或夷狄侵中國, 皆陰盛陽微之證也."

393) 이영춘, 「孤山 尹善道의 학문과 예론」, 『국학연구』 9, 2006, 87~88쪽 ; 오항녕, 「孤山 尹善道의 정치활동과 經世論」, 『韓國史學報』 46, 2012, 173~179쪽.

394) 『孤山遺稿』 卷3, 上, 疏, 「論禮疏」, 42ㄱ(91책, 355쪽).

395) 『顯宗實錄』 卷2, 元年 4月 30日(甲寅). 주지하듯 尹善道의 상소는 기해예송에서 하나의 분기점이었다고 할 수 있다. 허목이 기왕에 정해진 복제를 재론하는 계기를 만들었다면, 윤선도는 예송을 예론 외적으로 비화시켜 정치 쟁점화했다. 허목 단계에서 조심스레 개진된 종통 문제를 전면에 거론하는 한편 양송에 대한 강도 높은 인신공격을 감행함으로써 조정에 일대 파란을 몰고 왔다. 李成茂, 「17世紀의 禮論과 黨爭」, 李成茂·鄭萬祚 외, 『朝鮮後期 黨爭의 綜合的 檢討』, 韓國精神文化硏究院, 1992, 50쪽 ; 李迎春, 앞의 책, 1998, 229쪽 ; 김세봉, 「예론(禮論)의 전개와 그 양상」, 한국역사연구회 17세기 정치사 연구반, 앞의 책, 2003, 219쪽 등 참고.

396) 『孤山遺稿』 卷3上, 疏, 「禮說上」, 51ㄴ(91책, 360쪽), "庚子冬, 公在三水謫所所著, 發明疏中未盡之意, 故編于此."

397) 『中庸章句』 第1章, 22쪽, "致中和, 天地位焉, 萬物育焉."

잡은 연후에 만물이 길러진다'라는 의미로 풀이했다. 그런데 이때 하늘은 푸르게 떠 있는 하늘을 일컫는 게 아니었다. 한 몸으로 말하면 마음이 하늘이고, 한 집으로 말하면 아버지가 하늘이고, 한 나라로 말하면 군주가 하늘이라고 했다. 그래서 한 집안의 하늘이 제자리를 잡지 못하면 한 집안의 만물이 제대로 길러지지 않고, 한 나라의 하늘이 제자리를 잡지 못하면 한 나라의 만물이 제대로 길러지지 않는다고 했다.[398)]

그러면서 윤선도는 군주로서 효종의 위(位)가 바르지 않다고 했다. 즉, 10년 동안 군주로 있었는데 '적(嫡)'이 되지 못하고 '장(長)'이 되지 못한다면 한 나라의 하늘=군주가 제자리를 잡았다고 말할 수 없다는 것이었다. 그리고 한 나라의 하늘이 제자리를 잡지 못하면 만물 또한 제대로 길러질 수 없다고 했다.[399)]

> 근래에 볕 들고 비 내리는 게[雨暘] 절도를 잃어 거듭 기근이 들고 온갖 곡식이 익지 않아 팔로(八路)가 기아에 허덕이고 민생이 불안하여 대명(大命)이 박두한 듯한데 만물이 제대로 길러지지 않는 게 지금보다 심한 적이 없다. 이는 바로 천지가 제자리를 잡지 못해서 그런 게 아니겠나. 또 하늘에 있는 효종대왕의 영령(英靈)이 오르고 내리는 게 편하지 않아 하늘과 조종(祖宗)께서 위엄을 내려 경동(警動)시키며 인책(引責)토록 하려는 게 아니겠나.[400)]

적장자(嫡長子)로서 효종의 위가 바르게 서지 않아 재이가 발생한 것이므

---

398) 『孤山遺稿』 卷3上, 疏, 「禮說上」, 56ㄱ~ㄴ(91책, 362쪽), "嗚呼, 中庸曰, 天地位萬物育, 蓋天地位, 然後萬物育矣. 然非獨蒼然者爲天, 隤然者爲地, 以一身言之則心爲天也, 以一家言之則父爲天也, 以一國言之則君爲天也. 一家之天不位, 則一家之萬物不育矣, 一國之天不位, 則一國之萬物不育矣."

399) 『孤山遺稿』 卷3, 上, 疏, 「禮說上」, 56ㄴ(91책, 362쪽), "今我孝宗大王十年爲君, 而猶不得爲嫡爲長, 則一國之天, 可謂位乎. 一國之天不得位, 則一國之物何得育也."

400) 『孤山遺稿』 卷3, 上, 疏, 「禮說上」, 56ㄴ(91책, 362쪽), "近來雨暘失度, 饑饉荐臻, 百穀不成, 八路阻飢, 民生嗷嗷, 大命近止, 萬物不育, 莫此時若也. 無乃天地不位之致歟. 抑亦孝宗大王在天之靈陟降不寧, 而惟天惟祖宗降威警動而引逸歟."

로 효종의 위를 바로 세워야 재이를 없앨 수 있다는 것이었다. 이 주장은 '군주'라는 지위의 고유성과 군신 간의 계서적 차별성을 인정해야 한다는 의미였고, 이 점에서 윤선도의 재이론은, 마치 동중서의 그것처럼, 사상적으로 군주권을 강화한다.

하지만 윤선도의 '존왕(尊王)=존군(尊君)'이 군주 전제권(專制權)의 강화를 지향하는 것은 아니었다. 윤선도의 존군은 곧 '안민(安民)'을 위한 것이었다. 윤선도는 하늘이 나라를 세우고 군주를 세운 것은 군주 한 사람을 후대(厚待)하려는 게 아니라 만민(萬民)을 위한 것이고, 군주가 관리를 두고 직책을 나눈 것도 백관(百官)을 후대(厚待)하려는 게 아니라 만민(萬民)을 위한 것이라고 했다.[401)]

윤선도의 안민적 재이론은 효종 7년(1656) 3월 해남에서 올린 응지상소가 참고된다.[402)] 여기에서 그는 재이를 없애기 위해서는 무엇보다도 안민을 이루어야 한다고 했다.

> 아, 하늘의 위엄을 가라앉히려면 마땅히 하늘의 뜻을 구해 보아야 합니다. 하늘은 억조(億兆)의 백성을 군주에게 대신 맡겼고, 하늘이 군주에게 책망을 가하는 것은 안민(安民)에 잘못이 있기 때문입니다. 그래서 백성이 아래에서 원망하면 하늘이 위에서 노여워하니, 이는 만고에 변하지 않는 상리(常理)입니다. 신이 지난해 겨울 소(疏)로 진달한 네 가지 폐정은 모두 민생의 안민(安民)에 주안을 둔 것으로 안민(安民)이야말로 재이(災異)를 막는 도리가 아니겠습니까.[403)]

---

401) 『孤山遺稿』 卷3, 上, 疏, 「辭工曹參議疏宣文大王九年戊戌三月公在京時」, 6ㄴ(91책, 337쪽), "蓋天之建國立君, 非厚一人也, 爲萬民也, 君之設官分職, 非厚百官也, 爲萬民也."

402) 같은 해 1월 26일(을사) 白虹貫日의 재이로 하교한 구언에 따른 것이었다[『孝宗實錄』 卷16, 7年 1月 26日(乙巳)].

403) 『孤山遺稿』 卷2, 疏, 「應旨疏宣文大王七年丙申三月公在海南時」, 72ㄱ(91책, 327쪽), "噫, 欲霽天威, 當求天意. 天旣付畀兆民於人主, 則天所責於人主, 有過於安民者乎. 是故, 民怨於下則天怒於上, 乃萬古不易之常理也. 臣之去冬之疏所陳四弊, 皆主於安民, 安民非弭災之道乎."

지난겨울에 올렸다는 「시폐사조소(時弊四條疏)」에서는 ① 노비 추쇄(推刷)를 하지 말 것, ② 해도(海島) 거주 백성을 강제 동원하지 말 것, ③ 어선(漁船)을 강화도[江都]로 옮기지 말 것, ④ 산성을 수축하지 말 것 등을 요구했다. ①과 ②는 무리한 군역 확보에 대한 비판이었고, ③과 ④는 무분별한 군사시설과 군비 확보에 대한 비판이었다.[404] 이때도 윤선도는 '하늘이 군주를 세운 것은 군주를 편애해서가 아니라 만민(萬民)을 위한 것'이라고 하면서 안민론을 폈다.[405] 윤선도의 재이론은 이렇게 '존왕'과 '안민'으로 요약된다.

한편 허목도 재이의 해소를 위해서는 존왕을 통한 안민이 필요하다고 했다.

> 재이의 발생은 하늘이 경계를 보인 것으로 그 도(道)는 심원하고, 바야흐로 지금의 한재는 극심하다고 하겠습니다. … 백성이 고통을 당해 사방이 근심하고 원망하니, 이것은 법을 받드는 자가 제 역할을 다하지 않아서 백성이 흩어지고 원망이 생겨나서 그런 것으로, 뭇 신하의 죄입니다.[406]

재이는 백성의 원망으로 발생하고, 백성의 원망은 법을 받드는 군신(群臣)이 제 역할을 다하지 못해서 일어난 것이므로, 재이를 없애기 위해서는 여러 신료가 제 역할을 다해서 백성의 원망을 사라지게 해야 한다는 것이었다.

허목은 17세기 중반의 정치·사회를 '정란민산(政亂民散)'으로 규정했다.[407] 그리고 이것의 해결을 위해서는 인간 사회의 예적 질서를 확립해야

---

404) 오항녕, 앞의 글, 2012, 189~190쪽.

405) 『孤山遺稿』 卷2, 疏, 「時弊四條疏」, 55ㄱ~ㄴ(91책, 319쪽), "蓋天之立君, 匪私一人也, 爲萬民也. 監于四方, 而其才其德有足安民者, 則立以爲君. 旣立之後或不能安民, 而反以害民, 則亦卽改圖. 宛如人君命官遞官之義也. 堯之此言, 實則天之訓, 而其理甚明."

406) 『記言』 別集, 卷3, 疏箚, 「因旱災進言疏」, 16ㄴ~17ㄱ(98책, 519쪽), "伏以災異之生, 天之示警, 其道深遠, 方今亢旱之災, 可謂極矣. … 下民困若, 四方愁怨, 此奉法不職, 民散怨生, 群臣之罪也."

407) 『記言』 卷64, 拾遺, 疏, 「再上疏」, 7ㄴ(98책, 448쪽), "竊惟今之世, 政亂民散, 顚不可扶, 危不可持者, 不可一二數. 特擧其大者, 憲章壞亂, 風俗日敗, 未有甚於此時者也. 貪汚成風,

한다고 했다. 이때의 '예적 질서'란 종교·의례적 성격의 것이 아니라 국가·사회적 차원의 규범이었다. 일반적으로 유교의 예는 사회 구성원의 신분적 차등을 인정하면서 동시에 각 신분에 적합한 도덕적 책무를 부여한다. '군군신신부부자자(君君臣臣父父子子)'라는 공자의 정명론(正名論)은 일차적으로는 군·신·부·자 각각의 신분적 차별성을 인정하고 동시에 각 신분에 맞는 예적 규범을 부여한다. 즉, 허목은 이렇게 사회 구성원이 자신에게 부여된 예적 규범을 준수해야 인간 사회의 모순을 해결할 수 있다고 본 것이다.

허목이 말한 인간 사회의 예적 질서란 '춘추의리(春秋義理)'였다.[408] 그는 『춘추』의 대의(大義)란 "군주를 높이고 신하를 낮추는 것, 인의(仁義)를 귀하게 여기고 사력(詐力)을 천하게 여기는 것, 중국을 높이고 오랑캐[夷狄]를 물리치는 것"이라고 했다.[409] 그리고 재이는 이러한 춘추의 대의가 지켜지지 않았을 때 발생한다고 했다.

> 세상을 다스리고 정치를 바르게 하는 데는 『춘추』보다 좋은 것은 없으니, 『춘추』의 의리를 안 연후에야 군주를 높이고 어버이를 사랑하는 도리가 제대로 되고 천도(天道)와 인사(人事)가 각각 순정(順正)에 말미암아서, 추위와 더위가 차례대로 오고 바람과 비가 제때 이르며, 요얼(妖孼)이 일어나지 못하는 것이다.[410]

이 점에서 『춘추』란 인간 사회의 예적 질서란 무엇이고, 그것이 문란해졌을 때 어떤 재이가 발생하는지 기록한 문헌이었다.[411] 허목이 『춘추재이(春

奢侈無度, 未有甚於此時者也. 私枉太盛, 公正掃地, 未有甚於此時者也. 百事潰裂, 大小恬嬉, 未有甚於此時者也, 政弊民怨, 災異迭出, 未有甚於此時者也."

408) 『記言』 卷51, 續集, 治道 1, 「春秋之義勉學子」, 12ㄴ(98책, 350쪽), "春秋之書, 首言大一統, 以明仁義之道. 尊君卑臣, 行王道, 正人紀, 褒善糾邪, 使亂臣賊子, 禁其姦而不得肆, 春秋之敎也."

409) 『記言』 卷31, 內篇, 經說, 「春秋說」, 9ㄴ(98책, 160쪽), "其大義尊君卑臣, 貴仁義賤詐力, 嚴中國攘夷狄."

410) 『記言』 卷51, 續集, 治道 1, 「春秋之義勉學子」, 12ㄴ(98책, 350쪽), "御世正治, 莫善於春秋, 知春秋之義, 然後嚴君仁親之理得, 天道人事, 各有順正, 寒暑序, 風雨時, 妖孼不作."

秋災異)』를 저술한 것도 주(周)의 융성했던 예악(禮樂) 문화가 어떻게 쇠락해 갔으며 또 이것이 재이를 통해 어떻게 증명되는지를 밝히기 위해서였다.[412]

허목은 당시 신료를 "'존군비신(尊君卑臣)'이라는 춘추대의에 비추어 볼 때 군주에게 충성하지도 않고 군주를 존경하지도 않으며 붕당을 만들어 서로를 감싸고 법을 멸시하고 사사로운 욕심대로 하고 있다"라고 질타했다.[413] 그래서 연일의 재이는 양(陽)이 절도를 잃고 음(陰)이 방종하여 일어난 것으로 신하가 군주를 침범한 것이라고 했다. 재이가 일어난 것은 보필하는 신하의 잘못으로 한(漢) 대의 법(法)을 적용한다면 그 죄는 주벌(誅伐)에 해당하니 죽어도 할 말이 없다고 했다.[414] 이렇게 허목의 재이론은 존군비신적인 성격을 보였다.

그런데 허목의 존군비신은 군수의 전제권을 강화하는 게 아니라 신료의 자숙과 절제를 요구하는 것이었다. 허목은, 당시의 '정란민산'한 상황은 일차적으로 지배층에게 책임이 있다고 했다. 정치적으로는 붕당 그리고 사회경제적으로는 지주제의 확대와 부세제 운영상의 여러 모순 및 백성에 대한 과도한 수탈 등이 모두 지배층의 분수에 넘치는 행위 때문에 발생하는 것이라고 진단했다.[415] 즉, 지배층이 자신들에게 주어진 예적 규범을 준수하지 않아 정치·사회적 모순과 갈등이 생기는 것이라고 보았고 이것이 곧

411) 『記言』 卷64, 拾遺, 疏, 「言政弊因辭職疏 戊戌」, 9ㄱ(98책, 449쪽), "稽之古昔, 事應昭著, 列於春秋, 大可懼也."

412) 『記言』 卷62, 續集, 敍述 5, 「春秋災異序」, 1ㄱ~ㄴ(98책, 424쪽). 이러한 논지는 구만옥, 「朝鮮後期 尊君卑臣論의 災異觀-許穆(1595~1682)의 春秋觀과 災異論을 중심으로-」, 한국사연구회 편, 『한국 실학의 새로운 모색』, 경인문화사, 2001, 338~347쪽에서 시사받은 바가 크다.

413) 『記言』 卷51, 續集, 治道 1, 「春秋之義勉學子」, 12ㄴ(98책, 350쪽), "爲人臣不忠不嚴, 朋黨比周, 悖道蔑法, 以遂其私, 春秋之禁也."

414) 『記言』 卷53, 續集, 災異, 「論戾氣箚」, 15ㄴ~16ㄱ(98책, 366쪽), "今秋節已盡, 冬月迫矣, 日昔大雷暴雨, 發於雰霧連日之餘. 春秋傳曰, 霜露之氣不和而散, 則爲戾氣, 此戾氣也. 是謂暘月, 陽失節而陰氣縱也, 厥咎陰脅陽, 臣侵君也. 臣竊未知殿下之明聖, 而有天道之警至此, 何也, 此輔弼者之罪也, 糾之漢法, 臣罪當誅, 死無所辭."

415) 金駿錫, 앞의 책, 2003, 48쪽과 64~65쪽.

재이가 일어나는 이유라고 했다. 그런데 지배층의 과도한 수탈과 탈법에 대한 제재는 '군주'로 표상되는 국가의 공권(公權)으로만 가능했다.[416] 그래서 허목에게 '존군'이란 결국 국가의 공권력을 강화한다는 의미였다.

그리고 국가 공권력의 강화는 '보민(保民)'을 위한 것이었다. 허목은 "군주는 국가에 의지하고, 국가는 백성에 의지하며, 백성이 흩어지면 나라는 망한다. 그러므로 선왕(先王)의 정치에서는 보민(保民)을 중요하게 여겼다"라고 하여[417] 국가의 존립 근거가 백성임을 잘 알고 있었다. 허목이 북벌(北伐)을 반대한 것도 이 때문이었다.[418] 북벌을 위한 군비(軍備)의 확충과 둔전(屯田)의 확대는 백성의 도산을 가중하고 장차 큰 재앙을 몰고 올 화근(禍根)이 될 것이라고 보았고, 이 연장에서 군주는 군덕(君德)을 닦고 치도(治道)를 세워 백성의 도산을 막고 민심 수습책을 마련해야 한다고 강조했다.[419]

> 옛 성왕(聖王)의 정치는 백성 기르는 것[養民]을 우선으로 했습니다. 백성을 기르면 백성이 편안해지고, 백성이 편안해지면 나라가 편안해지고, 나라가 편안해지면 교화가 확립되고 법이 행해져서 백성이 배반하지 않고, 백성이 배반하지 않으면 믿음이 두터워지고, 믿음이 두터워지면 천지가 호응하고 귀신이 보우합니다.[420]

허목은 백성을 나라의 근본이라 생각하고 양민(養民)부터 국안(國安)까지

---

416) 『記言』 卷52, 續集, 治道 2, 「復推言德禮政刑再上箚」, 5ㄱ~ㄴ(98책, 354쪽), "人君之德, 不私其身, 以四方百姓爲心, 不私其法, 以祖宗萬世爲憲, 不私其臣, 以守正循國爲賢."

417) 『記言』 卷53, 續集, 政弊 2, 「論政弊疏」, 6ㄴ~7ㄱ(98책, 361~362쪽), "君依於國, 國依於民, 民散則國亡, 故先王之治, 保民爲大."

418) '尊君'이 무조건적인 군주권의 신장이 아니었다는 점은 효종이 의욕적으로 추진했던 북벌을 허목이 반대했던 대목에서 읽을 수 있다. 金駿錫, 앞의 책, 2003, 56~67쪽 ; 배우성, 앞의 글, 한국역사연구회 17세기 정치사 연구반, 앞의 책, 2003, 370쪽 참고.

419) 『記言』 卷64, 拾遺, 「玉几銘 己亥五月」, 20ㄱ~21ㄴ(98책, 454~455쪽).

420) 『記言』 卷51, 續集, 論事 2, 「論政弊箚」, 4ㄱ(98책, 346쪽), "古昔聖王之治, 養民爲先, 養民則民安, 民安則國安, 國安則敎立法行而民不背, 民不背, 則信孚, 信孚則天地應之, 鬼神佑之."

경세(經世)의 체계를 구성했다. 이처럼 그는 인화(人和)를 근간으로 하는 치세(治世)를 염원했고 이러한 경세의 이념이 재이론에 고스란히 투영되었다.

한편 윤휴(尹鑴, 1617~1680)에게 하늘은 천리(天理)로서의 하늘이 아니라 인격(人格)과 의지가 있는 상제(上帝)로서의 하늘이었다.[421] 그리고 이 하늘은 자신의 도덕적 기준에 따라 행위의 선악에 대해 필연적인 결과를 드러내고, 악을 행하거나 죄를 지을 때는 재이를 내리는 인격적 종교성을 갖는 주재자였다. 어떤 면에서 이와 같은 자연인식이 종교적이고 복고적으로 비칠 수도 있지만, 사실 윤휴의 재이관은 상당히 합리적이고 현실적이었다.

그가 생각한 하늘과 상제의 의미는 「공고직장도설(公孤職掌圖說)」의 재이 사례를 통해 쉽게 이해할 수 있다. 「공고직장도설」은 주(周) 대 삼공(三公)[太師·太傅·太保]과 삼고(三孤)[少師·少傅·少保]의 역할을 규명하고 바른 정치를 위한 군주와 재상의 직임에 대해 논의한 도설(圖說)로, 윤휴가 사사(賜死)되기 1년 전인 숙종 5년(1679) 숙종에게 지어 바친 것이다.[422]

윤휴는 하은주(夏殷周) 삼대에서 한당(漢唐) 대까지 역사에서 천견(天譴)을 받고도 행실을 선한 쪽으로 고치지 않아 결국 패망의 화를 당한 사례 15건을 뽑아 출처와 함께 제시했다.[423]

---

421) 정호훈, 앞의 책, 2004, 255~257쪽.

422) 윤휴의 「公孤職掌圖說」에 관해서는 이원택, 「17세기 尹鑴의 권력구조 개편론-「公孤職掌圖說」의 三公三孤制를 중심으로-」, 『동방학지』 125, 2004, 39~77쪽 ; 김현수, 「白湖 尹鑴의 禮敎思想 硏究」, 『東洋哲學硏究』 54, 2008, 7~39쪽 참고.

423) 『白湖全書』 卷29, 製進, 「公孤職掌圖說中」(中, 1,253~1,254쪽), "歷代之逢天之譴告而不能改行反善, 以罹凶敗之禍. ① 伊洛竭而夏亡, 事見前編夏桀紀, ② 三川震而周亡, 事見史紀周幽王二年, ③ 魯有正月大雨雪震電之異, 而隱公有鍾巫之禍, 事見春秋傳 隱公九年, ④ 星孛于北斗而宋齊晉之君, 皆死於亂, 事見春秋傳 文公十四年, ⑤ 周有晉大夫剖分宗國之命而九鼎震, 事見前編威烈王二十四年, ⑥ 漢之諸侯强大而地震山崩, 事見文帝元年, ⑦ 雌鷄化雄而王氏入宮, 事見漢史五行志漢成帝建始五年, ⑧ 壽春大風雨而王長遷蜀, 事見漢書 淮南王長傳, ⑨ 吳濞陰謀而暴風振都, 事見漢書吳王濞本傳, ⑩ 五舅封而黃霧四塞, 事見漢成帝建始元年, ⑪ 熒惑守心而帝欲移災於大臣, 事見成帝綏和二年, ⑫ 三台折而晉張華靜而俟之, 事見晉惠帝永康元年, ⑬ 隋文帝廢太子而天下地震, 事見隋文帝開皇二十年, ⑭ 日荐食而中國淪, 事見晉惠帝紀十六年日十一食, ⑮ 月不缺而女主昌, 事見唐天文志高宗儀鳳二年."

〈표 5-5〉「공고직장도설(公孤職掌圖說)」의 천견(天譴) 사례

연번	왕대/시기	내용
1	하(夏)	이수·낙수가 마르자 하가 망했다.
2	주(周)	삼천에 지진이 있자 주가 망했다.
3	노(魯)	노에서 정월에 큰 눈이 내리고 천둥 번개가 일더니 은공이 종무의 화를 당했다.
4	춘추전국	북두에 혜성이 나타나더니 송·제·진의 군주가 모두 난리로 죽었다.
5	춘추전국	주에서 진 대부에게 종국을 나누어 갖도록 명하자 구정에서 지진이 일어났다.
6	한(漢)	한의 제후가 강대해지자 지진이 나고 산이 무너졌다.
7	한(漢)	암탉이 수탉으로 변하자 왕씨가 궁에 들어왔다.
8	한(漢)	수춘에 비바람이 크게 불더니 회남왕 장이 촉으로 귀양갔다.
9	한(漢)	오왕 비가 음모를 꾸미자 폭풍이 도성을 휩쓸었다.
10	한(漢)	다섯 외삼촌이 봉해지자 누런 안개가 사방을 가렸다.
11	한(漢)	형혹성이 심성 쪽으로 가자 제가 대신에게 재앙을 넘기려 했다.
12	진(晉)	삼태성의 틈이 벌어지자 진의 장화가 조용히 시기를 기다리라고 했다.
13	수(隋)	수문제가 태자를 폐하자 천하에 지진이 일어났다.
14	진(晉)	일식이 거듭되자 중국이 망했다.
15	당(唐)	달이 줄지 않더니 여주가 득세했다.

15건의 사례 중에는 재이를 인사의 전조로 본 것도 있고, 인사의 응험(결과)으로 본 것도 있다. 윤휴는 두 경우 모두 하늘과 사람이 서로 감응하고 기화(氣化)가 미루어 작용한 것이라고 보았다. 상제가 내린 재이는 인간의 잘못에 대해 하늘이 감응한 것이므로 국왕은 비·바람·천둥·번개 등 재이의 사정을 반드시 알아야 한다고 했다.[424] 얼핏 이러한 재이관은 모사모응의 사응설에 가까워 보인다. 실제로 윤휴는 한(漢) 대 위서(緯書)의 성설(星說)과 정현(鄭玄)의 천설(天說)의 영향을 적잖게 받았다.[425]

하지만 재이는 어디까지나 군주의 마음과 행동에서 말미암은 것으로, 재이는 상제의 의지가 아니라 군주의 마음과 행동에 따라 유무가 결정된다고 했다.[426] 윤휴가 보기에 하늘은 이미 선(善)한 의지를 지닌 존재이고, 인간의

424) 『白湖全書』 卷29, 製進, 「公孤職掌圖說中」(中, 1,254쪽), "右皆天人之交感而氣化之推盪, 或人爲感而天應之, 或天道變而人事隨之. 太史職所謂王不可不知風雨雷霆之情者."

425) 정호훈, 앞의 책, 2004, 258~259쪽.

426) 『白湖全書』 卷29, 製進, 「公孤職掌圖說中」(中, 1,254쪽), "王者, 慮動乎心而五星爲之推移乎

선악(善惡) 여부에 따라 반응하기 때문에, 존망(存亡)과 흥폐(興廢)는 결국 인간에게 달려 있게 되는 것이었다.[427)]

윤휴는 숙종 원년(1675) 1월 10일(기사) 경연에서 숙종에게 다음과 같이 언급했다.

> 대개 왕망(王莽)의 기세가 융성했을 때는 하늘이 비록 그를 미워해도 어떻게 할 수가 없었습니다. 한(漢)의 군사가 이르러 그 죄를 밝혀 토벌하자 하늘도 그 성세(聲勢) 돕기를 이처럼 한 것입니다. 이것이 신이 이른바, '하늘과 사람의 일에서 요체는 사람이 주장하는 데에 달려 있다'고 한 것입니다.[428)]

왕망의 한 왕조 찬탈은 하늘도 어떻게 할 수 없는 것이었고, 왕망을 토벌한 것은 '하늘'이 아니라 '사람'이었다. 이렇듯 천인(天人)의 일에서 중요한 것은 사람의 주체적인 주장(主張)이라고 했다. 인간의 주체적인 행동이 상벌(賞罰)과 화복(禍福)의 절대적 준거라는 뜻이었다.

윤휴에게는 북벌(北伐)을 통한 의리의 회복이 이를 가르는 하나의 준거가 될 수 있었다. 현종 15년(1674) 7월 1일(계해) 윤휴는 포의(布衣)로서 북벌해야 상제가 준 재이를 멈출 수 있다는 소를 올렸다.

> 옛날 주(周)는 기근에 시달리다 상(商)을 멸하고 나니 풍년이 들었고, 형후(邢侯)가 무도(無道)하여 위(衛)에 가뭄이 계속 들었는데 위가 장차 형후를 정벌하려 군대를 일으키니 비가 내렸습니다. 우리나라도 해마다 가뭄으로 흉년이 들고 백성들이 전염병에 시달린 게 수십 년이니 상천(上天)의 마음과 선왕(先王)의 영령이 은연중에 답답함[怫鬱]이 있어 그렇다는 것을

天也, 行發乎身而千里之外應之, 以從違焉."

427) 『白湖全書』 卷5, 疏箚, 「冊子疏」(上, 173쪽), "國之存亡, 何莫非天也, 天之廢興, 實乘人事."

428) 『白湖全書』 卷13, 「經筵講說」(上, 525쪽), "蓋莽之盛時, 天雖惡之, 而無如之何矣, 及漢兵旣至, 聲罪致討, 天亦助其聲勢如此. 此臣所謂天人之事, 要亦在人之爲主張者也."

알 수가 있습니다. 신이 또 듣기에 이 일[=北伐]은[429] 저녁에 마음으로 다짐하면 천지(天地)와 귀신(鬼神)을 감동케 하고, 아침에 일을 시행하면 조서(兆庶)가 심복하고 이류(異類)가 교화된다고 합니다.[430]

현종 대 내내 잠잠했던 북벌론은 '삼번(三藩)의 난(亂)'(1673년)을 계기로 다시금 부상했다.[431] 평생 복수설치(復讎雪恥)를 염원했던 윤휴는 재이 해소의 방안으로 북벌을 주장했다.

그리고 변통을 통한 안민도 하나의 준거였다. 윤휴는 이러한 입장을 이미 젊어서부터 표출했다. 인조 14년(1636) 3월 20일(을축) 백홍관월(白虹貫月)에 따른 구언이 있었고,[432] 윤휴는 여기에 응하여 만언소(萬言疏)를 작성했다. 훗날의 고백에 따르면 처음에는 나라의 폐단과 백성의 폐해 한두 가지만을 구폐책(救弊策)으로 삼으려고 했으나 큰 근본이 바르지 않고 급무(急務)가 거행되지 않는데 이로써만 '치(治)'를 말하면 미봉에 그치겠다는 생각이 들어 상소문을 고쳐 지었다고 한다.[433] 그래서 여기에는 젊은 시절 윤휴가 여긴 '큰 근본'과 '급무'가 담겨 있다고 할 수 있다.

---

429) 『白湖全書』 卷5, 疏箚, 「甲寅封事疏七月初一日」(上, 157쪽).

430) 『白湖全書』 卷5, 疏箚, 「甲寅封事疏七月初一日」(上, 160쪽), "昔周饑克商而年豐, 邢無道衛連旱, 衛將伐之師興而雨. 我國年歲熯荒, 人民疵癘, 將數十年, 焉知上天之心, 先王之靈, 有所怫鬱於冥冥之中而然也. 臣又聞之, 斯道也, 夕誓之於心, 則可以動天地感鬼神, 朝施之於事, 則可以服兆庶化異類."

431) 三藩의 亂은 명의 장수였던 吳三桂·尙可喜·耿仲明이 청에 대항하여 일으켰던 반란을 말한다. 이들은 명 崇禎帝가 자결했다는 소식을 듣고 淸에 협력하여 반란군 李自成 토벌에서 공을 세웠다. 평정 후 청은 平西王 吳三桂를 雲南에, 平南王 尙可喜는 廣東에, 耿仲明의 아들 靖南王 耿繼茂는 福建에 주둔시켜 군사권과 재정권이 독립된 藩府를 설치했다. 이것이 이른바 '三藩'이었다. 그러나 三藩이 청의 중앙집권적인 지배질서 구축에 걸림돌이 되자 康熙帝는 撤藩令을 내려 藩府의 해체를 지시했고, 吳三桂와 尙可喜의 아들 尙之信, 耿繼茂의 아들 耿精忠은 撤藩令에 불복해 반란을 일으키게 되었다. 金斗鉉, 「清朝政權의 成立과 發展」, 서울大學校東洋史學硏究室 編, 『講座 中國史 Ⅳ』, 지식산업사, 1989, 164~169쪽 참고.

432) 『仁祖實錄』 卷32, 14年 3月 20日(乙丑).

433) 『白湖全書』 卷4, 疏箚, 「擬上疏」(上, 128쪽), "此, 求言時所草也. 始者, 蓋言國弊民瘼之一二, 以爲救弊之策, 旣而思之, 以爲當今大本未正, 急務未擧, 以是而言治, 皆苟而已, 遂改構此疏."

윤휴는 하늘이 백성을 내면서 군주[君師]를 세워 그들을 다스리게 한 것이므로 군주란 하늘을 대신해서 만물(萬物)을 다스리는 존재이고 만민(萬民)의 어버이라고 했다. 그만큼 직임은 막중하고 책무는 크고 넓으며 만기(萬機)가 모여 있어 하나라도 잘못이 있으면 재화(災禍)와 패망(敗亡)이 뒤따른다고 했다.434) 이렇게 중요한 자리에 있는 군주가 시급히 해야 할 일은 변통이었다. 옛것[舊常]에 주저하지 말고 새롭고 큰 계획을 세워 천심(天心)을 돌리고 민심(民心)을 귀속시켜 백성이 이제삼왕(二帝三王)의 성대함을 볼 수 있도록 하면 이것이 군주의 아름다운 모습이 된다고 했다.435)

윤휴는 구체적으로 예학(禮學)을 숭상할 것, 사로(仕路)를 맑게 할 것, 예빈(禮賓)을 일으킬 것, 언로(言路)를 개방할 것을 요청했다.436) 이들의 중요성이나 간절함은 이전부터 알고 있었지만, 미처 이루지 못했던 것들이었다.437) 그런 만큼 변통은 더욱 필요했다.

> 제왕(帝王)이 일어나면 진실로 변통해야 할 것은 반드시 고쳤고, 조종(祖宗)에서도 진실로 바로 잡아야 할 것은 반드시 그렇게 했습니다. 만약 옛것만 지키면서 변통할 줄 모르고 폐단을 그대로 두어 개혁할 줄 모르면 아무리 왼편에 순우(舜禹)가 있고 오른편에 고요(皐陶)가 있어도 나라에 이로울 것이 없습니다. 이것이 어찌 조종의 뜻이며 제왕의 도리겠습니까.438)

---

434) 『白湖全書』 卷4, 疏箚, 「擬上疏」(上, 117쪽), "惟天生民, 作之君師, 以司牧之, 故王者代天以理物, 作萬民父母. 君也者, 鬼神之主, 百姓之依, 萬物之所賴以成者也. 任大而守重, 責洪而務廣, 萬機之所聚, 一有所失, 則禍敗從之."

435) 『白湖全書』 卷4, 疏箚, 「擬上疏」(上, 119쪽), "無循舊常, 克新大圖, 以回天心, 以屬民心, 用以光復我先王之烈, 以燕翼後子孫, 俾吾民得見二帝三王之盛, 豈非我王之休哉."

436) 『白湖集』, 附錄, 年譜, 3ㄱ(123책, 560쪽), "先生因求言之旨, 草萬言疏, 請崇禮學, 淸仕路, 興禮賓, 開言路."

437) 『白湖全書』 卷4, 疏箚, 「擬上疏」(上, 126쪽), "然凡此皆前代未遑也, 習俗未聞也."

438) 『白湖全書』 卷4, 疏箚, 「擬上疏」(上, 127쪽), "帝王起, 苟可以變通者, 必改之矣, 祖宗作, 苟可以經治者, 必爲之矣. 若守舊而不知變, 因弊而不知革, 則雖左舜禹而若皐陶, 亦無益於人國也. 是豈祖宗之意而帝王之道哉."

윤휴는 무언가를 크게 할 군주는 반드시 크게 경장(更張)하고, 만세(萬世)의 공을 세울 자는 반드시 한 시대의 의혹을 떨쳐낸다면서 자신이 요청하는 바는 바로 이것이라고 했다.[439] 이 상소를 비록 상주하진 않았지만,[440] 재이를 없애기 위해서는 변통해야 한다는 그의 생각을 분명하게 읽을 수 있다.

숙종 원년(1675) 1월 22일(신사)의 「응지소(應旨疏)」는 윤휴의 재이론을 종합적으로 살펴볼 수 있는 논설이다. 같은 해 1월 8일(정묘) 백홍관일(白虹貫日)의 재이가 있자,[441] 이틀 뒤 숙종은 구인의 비망기(備忘記)를 내렸고,[442] 윤휴는 여기에 응하여 아홉 조항의 개혁 정책[시무 9조]을 재이 해소의 방책으로 제시했다. 여기에서 윤휴는 재이를 맞아 천의(天意)의 실천에 힘써야 한다고 했다.

> 군주는 재이를 만나면 또한 마땅히 천의(天意)를 우러러 본받고 더욱 분발하여 크게 하는 일이 있어야 합니다. 의지가 꺾이고 위축되어 스스로 후퇴해서 쇠란(衰亂)으로 들어가서는 안 되니 성상께서는 힘쓰시고 경계하셔야 합니다.[443]

그리고 천의는 민심(民心)이 향하는 곳에 있다고 했다. 대체로 하늘과 사람의 한 가지 이치는 위와 아래에 통달하므로 민심이 향하는 곳에 천의가

---

439) 『白湖全書』 卷4, 疏箚, 「擬上疏」(上, 127쪽), "大有爲之君, 必有大更張之事, 建萬世之功者, 必也奮一代之疑. 此愚臣深有望於聖上者."

440) 윤휴는 그의 나이 20세 때 첫 응지상소를 작성했는데, '어린 나이에 학문하는 방도는 말을 신중히 하는 데 있으니, 國家大事를 논하는 것은 마땅치 않다'라는 모친의 만류로 올리지는 않았다고 한다[『白湖集』, 附錄, 年譜, 3ㄱ~ㄴ(123책, 560쪽), "(崇禎)九年丙子, 先生二十歲. 草萬言疏. 不果上. … 大夫人諭以弱年問學, 方在愼言之科, 不宜論國家大事, 勸止之"].

441) 『肅宗實錄』 卷2, 元年 1月 8日(丁卯).

442) 『肅宗實錄』 卷2, 元年 1月 10日(己巳).

443) 『白湖全書』 卷6, 疏箚, 「應旨疏乙卯正月二十二日」(上, 190쪽), "人君之遇災, 亦當仰體天意, 益奮發而大有爲. 不可沮喪消縮, 自爲前却而更趨於衰亂, 惟聖上勉之戒之哉."

존재한다고 했다. 또 인사를 아래에서 얻으면 하늘은 반드시 이것에 응하여 복(福)을 준다고 했다. 이것이 바로 옛 성현들이 조심하고 두려워하며 인사를 닦아 천심을 감격하게 했던 훌륭한 방법이었다. 그래서 지금 하늘에 응하여 재이를 없애는 방법 또한 오직 민심을 기쁘게 하여 천의를 푸는 것뿐이라고 했다.444)

윤휴는 「응지소」에서 ① 경술(庚戌)·신해년(辛亥年)의 기근 때 백성의 구제를 위해 지급한 환곡(還穀)의 포흠(逋欠)을 탕감해 줄 것, ② 백성을 불러 질고(疾苦)를 묻고 기로(耆老)와 행의(行義)를 하는 자에게 표창할 것, ③ 국왕에게 올리는 상소를 승정원이 돌려보내지 못하도록 할 것, ④ 내외의 관료는 행의(行誼)·지려(智慮)·권용(拳勇)·기예(技藝)가 있는 자를 천거할 것, ⑤ 어사(御史)를 보내서 정부의 명령을 어겨 환상(還上)을 다 받은 수령을 핵실(覈實)할 것, ⑥ 호구(戶口)와 전결(田結)을 분리해서 부세를 내게 할 것, ⑦ 오가통법(五家統法)을 신명(申明)할 것, ⑧ 옛날 서자(庶子)·낭위(郎衛)의 관직을 본떠 경외(京外) 대소신료의 자제와 출신(出身)·미출신자(未出身者)를 서얼(庶孼)·적자(嫡子) 여부에 관계없이 포괄하여 관리하고 그중 얼마를 뽑아 『효경(孝經)』·『대학(大學)』과 사마(司馬)·손무(孫武)의 글, 그리고 궁마(弓馬)·차승(車乘) 등의 기예를 가르쳐 장차 오위(五衛)의 제도를 회복할 것, ⑨ 수레를 만들어 외적의 침입에 미리 대비할 것 등을 요청했다. 요컨대 부세제도와 향정(鄕政)의 정비를 통해 농민 생활의 안정을 이루고, 이러한 기반 위에서 군사력를 증진하자는 것이었다.445)

윤휴는 이상의 아홉 조항은 모두 오늘날의 급선무로서 조금이라도 늦출 수 없는 것이라고 했다.446) 그런 만큼 신속한 실천이 필요했는데 이를

---

444) 『白湖全書』 卷6, 疏箚, 「應旨疏乙卯正月二十二日」(上, 190~191쪽), "蓋天人一理, 達于上下, 民心之所向, 旣天意之所在也. 人事旣得於下, 天必應之以福. 此從古聖賢兢兢業業修人事格天心之大猷也. 則今日應天弭災之事, 亦惟務悅民心, 以解天意."

445) 윤휴의 鄕政論과 사회개혁정책은 오영교, 『朝鮮後期 鄕村支配政策 硏究』, 혜안, 2001, 72~92쪽 ; 정호훈, 앞의 책, 2004, 299~332쪽 참고.

446) 『白湖全書』 卷6, 疏箚, 「應旨疏乙卯正月二十二日」(上, 197쪽), "右上數條, 皆今日急務而不可少緩

위해 윤휴가 요청한 것은 성학이 아니었다. 위로는 상제를 두려워하는 마음을, 아래로는 백성을 위하는 마음을 지니라는 것이었다.

> 오늘날 전하께서는 능히 스스로 경계하고 깨우치시고 크게 떨치소서. 위로는 황천(皇天)의 노여움을 두려워하고 아래로는 백성의 어려움을 걱정하여 항상 두려워하며 공경하는 마음을 품고 마치 하늘의 상제가 위에 계시고 종사(宗社)의 신령이 곁에 있는 것처럼 생각하소서.[447)]

윤휴에게 군주는 경외(敬畏)의 대상인 상제(上帝)를 대신하여 만물을 다스리는 자였으므로 현실에서는 상제에 버금가는 존재였다.[448)] 그런 군주가 유념해야 하는 것은 상제와 백성뿐이었다. 그리고 윤휴는 당부하기를 "학문을 통해 깨닫고, 강한 의지로써 버텨야 한다"고 했다. 또 "마땅히 해야 하는 것과 하지 말아야 하는 것에 대해 안으로는 마음에서부터 밖으로는 정사(政事)에 이르기까지 정신과 생각을 집중하고 시비를 가려 시행하는 데에 결코 망설임이 없어야 한다"고 했다.[449)] 이것이 바로 군주가 상제를

者."

447) 『白湖全書』 卷6, 疏箚, 「應旨疏乙卯正月二十二日」(上, 197쪽), "殿下果能於今日, 克自警動, 大加振作, 上畏皇天之威怒, 下憫赤子之顚隮, 懔乎常存祗栗欽翼之心, 如皇天上帝臨之在上, 宗社神靈質之在傍."

448) 학계에서 윤휴를 '反朱子' 학자라고 평가하는 이유는 그의 경전 해석 때문이다[정호훈, 앞의 책, 2004, 249~261쪽]. 그의 경학사상은 『孝經』, 『中庸』, 『大學』에 대한 해석에서 엿볼 수 있다. 윤휴의 경전 해석이 갖는 가장 큰 특징은 『孝經』의 事親을, 『中庸』·『大學』의 事天과 동일하게 파악했다는 점이다. 『孝經』은 孔子와 曾子가 효에 대해 나눈 대화를 정리한 경전이다. 윤휴는 孝란 모든 행실의 근본이고, 나아가 사회와 국가의 운영 원리라고 했다. 그리고 한 개인이 부모에게 하는 효와 국가에 하는 忠은 본질적으로 같다고 보았고, 이 연장에서 군주에 대한 忠도 부모에 대한 孝와 같이 절대적이라고 했다. 한 '家'의 확장이 '國'이기에 천하는 한집안이고 따라서 군주는 天을 대표하는 존재로서 절대적 지위를 갖는다고 했다. 군주는 '父天母地'하는 자로서, 천지의 기운을 온전히 타고 태어나 天을 대신하여 인간 사회를 다스리는 존재이며, 항상 天과의 교감 속에서 天의 명령을 적절히 수행해야 했다. 事天과 事親이란 곧 군주와 천과의 관계 속에서 운위되는 개념이었던 것이다.

449) 『白湖全書』 卷6, 疏箚, 「應旨疏乙卯正月二十二日」(上, 197쪽), "學問以開之, 剛大以持之, 於其所

대신하여 백성을 위해 해야 하는 일이었다.

17세기 중반 윤선도, 허목, 윤휴 등 근기남인계 관인·유자는 현실사회 문제를 직접 거론하며 재이론을 변통론의 근거로 활용했다. 이들의 논의는 '존왕'과 '안민'으로 요약된다. 대개 재이는 군신(君臣) 상하(上下)의 차별적·계서적 질서에 문제가 생겼을 때 발생하고, 재이를 해소하기 위해서는 이를 바로 잡아야 한다고 보았다. 그런데 이러한 예적 질서의 확립은 군주의 전제권 강화를 목표로 한 것이 아니었다. 국왕을 정점으로 하는 국가 공권력의 신장을 지향한 것이었고, 이는 안민, 즉 백성의 안정화를 위한 것이었다. 이러한 논의는 군주성학론을 중심으로 하는 주자학적 재이론의 현실적 적시성이 낮다는 한계를 배경으로 대두하였고, 이렇게 변통론과의 결합을 통해 이 한계를 다소나마 극복할 수 있었다.

當爲與所不當爲者, 內自一心, 外至政事, 凝神儲思, 卞擇是非, 決無留難."

제6장 17세기 중반~18세기 초반 정치·사상적 갈등과 재이론 활용의 다변화

17세기 재이론의 특징 중 하나로 다양한 재이 문헌의 편찬을 들 수 있다. 재이 문헌 편찬의 의미는 '정치적 언론 활동을 정당화하는 논리로서가 아니라 재이론 본연의 의미와 가치, 즉 공구수성(恐懼修省)을 강조하고 요청하는 차원에서 이루어진 지적(知的) 활동'이라고 할 수 있다. 그런데 사실 개별 문헌을 하나씩 살펴보면 구체적인 저술 배경과 목적, 지향점은 모두 다르다. 여기에서는 현종~숙종 대에 편찬된 재이 문헌을 통해 이 시기 재이론의 활용 양상과 특징을 살펴보고자 한다.

검토 대상은 『역대요성록(歷代妖星錄)』(현종 5년, 1664), 『역대수성편람(歷代修省便覽)』(현종 9년, 1668), 『천동상위고(天東象緯考)』(숙종 34년, 1708)이다. 이들은 기본적으로 재이를 맞은 군주에게 공구수성할 것을 요청하는 차원에서 편찬된 문헌이라고 할 수 있다. 그러나 이 문헌들은 17세기 후반~18세기 초반의 정치·사상사와 밀접한 관련이 있다. 특히, 각 저자의 당색이 서인 산림계, 남인 청남계, 서인 소론계였던 바, 붕당 간의 정치적 이해관계 속에서 각각의 정치 이념에 따라 편찬된 문헌들이라고 할 수 있다.

〈표 6-1〉 역대요성록·역대수성편람·천동상위고의 비교

구분	편찬 시기	저자(생몰년), 당색	주요 내용
역대요성록	현종 5년(1664)	김익렴(1622~1689), 서인 산림계	중국 고·중세, 혜성
역대수성편람	현종 9년(1668)	이 옥(1641~1698), 남인 청남계	중국 고·중세, 재이
천동상위고	숙종 34년(1708)	최천벽(1640~1713), 서인 소론계	한국 고려왕조, 재이

먼저 『역대요성록』은 현종 5년 10~12월 혜성의 출현을 계기로 김익렴(金益廉, 1622~1689)이 노(魯) 문공(文公) 14년(기원전 613)부터 명(明) 만력(萬曆) 5년(1577)까지의 혜성 기록을 수집하고 자신의 안설(按說)을 붙여 1권 1책 분량으로 편찬한 문헌이다. 서문에서는 현종에게 수성할 것을 요청했다. 김익렴이 강조한 수성의 내용은 바로 대명의리(對明義理)의 고수이다. 역대 혜성 기사의 검토 범위를 명 만력 5년(1577)까지로 설정한 것도 이 때문이다. 재이를 통해 원명교체(元明交替)의 정당성을 밝히고, 재이를 물리친 역대 명 황제의 성덕(盛德)을 드러내고, 재이론으로 명에 대한 재조(再造)의 은혜를 잊어서는 안 된다고 강조했다. 이 점에서 『역대요성록』은 정치 지향적이고 의리·명분에 대한 이념적 성향이 강하다고 할 수 있다.

다음으로 『역대수성편람』은 현종 9년 2월 백홍관일(白虹貫日)의 재이를 계기로 이옥(李沃, 1641~1698)이 노(魯) 장공(莊公) 11년(기원전 683)부터 송(宋) 효종(孝宗) 7년(1168)까지의 주요 재이를 채집하고 본인의 안설을 붙여 2권 1책 분량으로 편찬한 문헌이다. 『역대수성편람』은 철저히 주자학적 재이론에 입각해 있다. 『역대요성록』이 시종 혜성에 대한 불안감과 위기의식을 고조시켜 군주의 근신과 경계를 요구했다면, 『역대수성편람』은 재이를 주자학적 음양론과 이기론의 원리에 따라 풀이하여 군주에게 오직 수성할 것을 요청했다. 이 점에서 『역대수성편람』은 재이론 본래의 가치를 확인하고 공유하는 데에 집중했다고 할 수 있다.

끝으로 『천동상위고』는 숙종 34년(1708) 7월 최천벽(崔天璧, 1640~1713)이 『고려사(高麗史)』 천문(天文)·오행지(五行志)의 재이를 나름의 목차에 맞게 정리하고, 재이의 점성적(占星的) 의미와 이것이 '초래한' 인사(人事)에서의

사건, 즉 응험(應驗)을 붙여 18권 8책 분량으로 편찬한 문헌이다. 앞의 두 문헌과 비교해서 『천동상위고』는 자국사(自國史) 속의 재이를 주목했고, 작성자의 안설이 없으며, 관상감의 천문학 전문가가 편찬했다는 점이 다르다. 그리고 서문에서부터 일관되게 강조하는 것은 군주의 수성에 도움을 주겠다는 것으로, '근신'과 '수성'을 일방적으로 요청하는 앞의 두 문헌과는 성격을 달리한다.

『역대요성록』, 『역내수성편람』, 『천동상위고』는 17세기 중반~18세기 초반 조선의 정치·사상 속에서 전개된 재이론의 활용 양상과 특징을 살펴볼 수 있는 흥미로운 문헌이다. 각 문헌의 주요 내용과 정치·사상적 의미를 분석해 보면, 이 시기 재이론의 특징에 대해 보다 정확히 이해할 수 있을 것이다.

1. 현종 5년(1664) 『역대요성록(歷代妖星錄)』의 정치 지향적 재이론

1) 서인 강경파 김익렴(金益廉)의 정치 활동

송시열(宋時烈, 1607~1689)의 8대손 송근수(宋近洙, 1818~1903)가 『송자대전(宋子大全)』의 난해한 구절을 뽑아 주석을 붙인 『송자대전수차(宋子大全隨箚)』의 제13권 「목록(目錄)」에는 『송자대전』에 등장하는 인물 510명의 인적 사항이 간략하게 정리되어 있다.[1] 여기에 김익렴(金益廉, 1622~1689)에 관한 내용도 있는데 살펴보면 다음과 같다.

> 이름은 익렴이고, 사계(沙溪)[=김장생]의 가까운 친족이다. 선생[=송시열]

1) 최채기, 「송자대전, 조선 후기 정치와 학술 연구의 보고(寶庫)」, 한국고전번역원DB의 해제.

보다 20여 세 어리고, 시에 능하다는 명성이 있었다. 과거에 급제하여 한림(翰林)[=예문관]을 거쳐 대간(大諫)을 맡았고 자못 성품이 올곧다고 일컬어졌다. 완남(完南)[=이후원]과 서로 친했고, 선생[=송시열]과도 친분이 두터웠다. 무술년[=효종 9년, 1658]에 원원평(元原平)[=원두표]을 논박[劾]했는데, 원두표의 무리[元門]는 우암·동춘[송시열·송준길]과 친한 것으로써 마침내 익렴을 두고 이르길, '선생[=송시열]과 동춘[=송준길]을 돕고자 그렇게 한 것이다'라고 하여 이로써 저들이 크게 미워하였고 을묘년[=숙종 원년, 1675]의 화(禍)가 일어나게 되었다. 윤휴[鑴白]가 상소하여, '나라의 예법이 무너지고 어지럽게 되었다'고 하며 '송모[=송시열]가 주장하고, 이유태(李惟泰), 이상(李翔), 김익렴(金益廉)이 좇아 찬성했다'고 운운하니 드디어 삭출(削黜) 당했다. 다만 갑자년[=숙종 10년, 1684] 선생[=송시열]이 두 번째 손자 한림공(翰林公)[=송주석]에게 준 편지에서 말하길, '쌍두공(雙頭公)[=김익렴]은 여러 사람이 버렸다. 또 들으니 그 자제가 모두 윤당(尹黨)[=소론]에 들어갔다고 한다. 이는 반드시 저들이 지휘한 것이다'라고 하니, 여기에서 그 만절(晩節)을 볼 수 있다. 그리고 그 손자 김일경이 마침내 역괴(逆魁)가 되었으니, 더욱 가히 그 내력을 볼 수 있다. … 기사년[=숙종 15년, 1689]에 죽었다.[2]

송근수가 정리한 내용을 통해 김익렴의 생애를 대략 파악할 수가 있다. 우선, 그는 '광산김씨 김장생 가문' 출신이었다. 16~17세기 '광산김씨 김장생 가문'은 선조 대 사림으로 정계에서 활동하다 인조반정 이후 서인 산림을 이끌었고 숙종 대에 들어 척신(戚臣) 가문이 되는 당대 최고의 명문가였다.[3]

---

2) 『宋子大全隨箚』 卷13, 「目錄」, 20ㄴ(119책, 509쪽), '金遠明', "名益廉, 於沙溪爲近族. 少先生二十餘歲, 有能詩名. 登第由翰林, 居臺職, 頗以峭直稱. 最與完南相善, 先生亦甚親厚. 戊戌間, 劾元原平, 元門, 以其親於尤春, 遂謂益廉欲相先生及同春而爲之, 以此大爲一隊所忤, 乙卯禍作. 鑴白上以爲邦禮壞亂, 宋某主張, 而李惟泰, 李翔, 金益廉從而贊之云云, 遂被削黜. 第按甲子, 先生與第二孫翰林公書曰, 雙頭公衆皆棄之, 且聞其子皆入尹黨, 此必渠之指揮云云, 此可見其晩節. 而其孫一鏡, 竟爲逆魁, 尤可見其來歷矣. … 己巳間卒."

3) 지두환, 「朝鮮前期 士族勢力의 形成과 變遷-沙溪 金長生 집안을 中心으로-」, 『韓國思想과 文化』 59, 2011, 196~200쪽 ; 임혜련, 「1671년(현종 12) 숙종비 인경왕후의 국혼과

김익렴은 김장생(金長生, 1548~1631)·김집(金集, 1574~1656) 부자의 직계는 아니었고, 김익렴의 부친 김계(金棨, 1601~1637)와 김집이 동고조(同高祖) 사이였으니,[4] 김익렴은 김집의 9촌 조카가 되는 것이었다. 그리고 김집과는 사제 관계이기도 했는데,[5] 아마도 이러한 인연에서 김집이 김익렴의 증조부 김복휘(金復輝, 1541~1592)와 김계의 묘갈명을 지어준 것으로 보인다.[6]

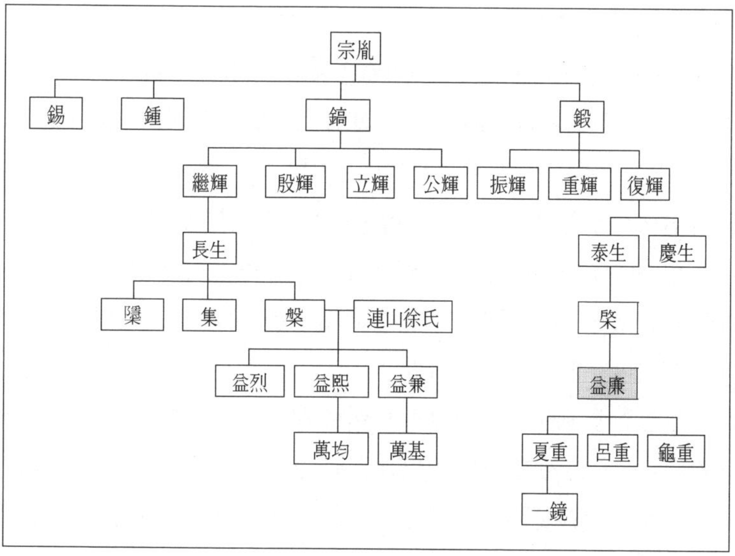

〈그림 6-1〉 17세기 광산김씨(光山金氏) 김익렴(金益廉)의 가계도

다만, 김익렴의 직계 선대 중 현달(顯達)한 인물은 없었다. 김복휘는 음직(蔭職)으로 관직에 진출해 한성부 서윤(庶尹)을 거쳐 선조 24년(1591) 개천군수(价川郡守)를 지냈는데, 이듬해 임진왜란 때 평양으로 호종을 떠났다가

광산김씨 가세」, 『역사와 담론』 71, 2014, 47~53쪽.

4) 『愼獨齋遺稿』 卷8, 墓碣, 「敦勇校尉金公墓碣銘」, 18ㄴ(82책, 358쪽), "金君益廉爲其先人諱棨字仲衛, 求碣銘於余, … 且曰, 吾父與吾子同高祖, 先事, 子固悉矣."

5) 禹仁秀, 『朝鮮後期 山林勢力 研究』, 일조각, 1999, 47쪽.

6) 『愼獨齋遺稿』 卷8, 墓碣, 「庶尹金公墓碣銘」, 17ㄱ(82책, 358쪽), "集之王大父有從父兄弟若而人, 通訓大夫行漢城府庶尹公, 卽其一也, 公諱復輝, 字吉昭."

52세의 나이로 병사(病死)했다.[7] 그리고 김복휘의 두 아들 중 첫째 김태생(金泰生)은 후사 없이 일찍 죽었고, 둘째 김경생(金慶生)의 차남 계[=김익렴의 친부]가 김태생의 양자로 입양되었다.[8] 김계는 음직으로 돈용교위(敦勇校尉)를 받았으나 병자호란 때 인동(仁同)으로 피난 갔다가 이듬해인 인조 15년(1637)에 37세의 나이로 병사(病死)했다.[9] 이렇게 김익렴의 증조부, 조부, 부친은 모두 중앙 정치와는 별다른 인연이 없이 일찍 죽었고, 그래서인지 김익렴은 김장생·김집 부자에게 더 의지하였던 것으로 보인다.

앞의 송근수의 정리를 보면, 김익렴은 이후원(李厚源, 1598~1660)과 친했고, 송시열·송준길(宋浚吉, 1606~1672)과도 가까웠다고 한다. 주지하듯 이후원과 송시열·송준길은 모두 17세기 서인의 지도층 인사였다. 이후원이 조정 대신으로서 중앙 정계에서 서인을 이끌었다면, 송시열·송준길은 서인 산림의 영수로서 배후에서 여론의 구심점 역할을 했다고 할 수 있다. 당시 김익렴을 포함한 대부분의 서인 관인·유자는 이들과 사제의 연을 맺고 있었고, 이들을 정치적으로 따랐다.

김익렴은 효종 3년(1652) 31살의 나이로 문과에 급제했고, 동 7년(1656)의 중시(重試)에서도 급제했다.[10] 김익렴은 관직 생활을 하는 동안 주로 사간원과 사헌부에서 언관(言官)으로 활동했는데, 이 동안 서인의 당론을 대변했고, 송시열과 송준길을 지지하는 발언도 자주 했다.

송근수의 정리에 따르면, 김익렴은 효종 말년에 원평부원군 원두표(元斗杓, 1593~1664)와 마찰이 있었던 것 같다. 당시 원두표의 측근은 '김익렴이

---

7) 『愼獨齋遺稿』 卷8, 墓碣, 「庶尹金公墓碣銘」, 17ㄴ~18ㄱ(82책, 358쪽), "陞漢城府庶尹, 辛卯拜价川郡守, 越明年夏, 倭寇充斥, 大駕西遷, 公董率軍兵, 迎扈于平壤, 移蹕後仍佐留務, 疾作於兵陣間, 沈綿日臻, 以六月二十九日卒, 得年五十二."

8) 『愼獨齋遺稿』 卷8, 墓碣, 「庶尹金公墓碣銘」, 18ㄱ~ㄴ(82책, 358쪽), "有二男, 曰泰生慶生. 泰生早卒無子, 子慶生次子棨, 慶生子棨棨棨. 棨生一男曰益廉."

9) 『愼獨齋遺稿』 卷8, 墓碣, 「敦勇校尉金公墓碣銘」, 19ㄱ(82책, 359쪽), "只以祖蔭有敦勇校尉, 散資而已. 歲丙子, 避胡亂于仁同地, 丁丑, 遘癘疾卒, 得年僅三十有七."

10) 『國朝文科榜目』 卷11(奎106-v.5), 104면, 壬辰三年增廣榜, 乙科七人, 通德金益廉 ; 同, 114면, 同年[=丙申七年]重試榜, 乙科二人, 都事金益廉.

송시열과 송준길을 돕고자 그리했다'라고 했다. 이것이 정확히 어떤 사건을 지칭하는지는 알 수 없지만, 당시 김익렴과 원두표의 사이가 좋지 않았던 것은 분명하다. 효종 9년(1658) 1월 김익렴은 오가작통법(五家作統法)의 시행을 건의한 적이 있다. 당시 효종은 심택(沈澤)이 평안감사로 있을 때 이 법을 시행한 적이 있다면서 착실히 거행하라고 지시했다.[11] 그런데 이때 오가작통법은 흉년으로 시행되지 못했다. 이에 대해 원두표는 '김익렴의 상소로 인해 대신에게 의논하도록 명했는데 대신 중에는 눈물을 흘리면서까지 반대하는 인물도 있었다'고 하면서 은연중에 반대 의사를 표했다. 반면에 송시열은 오가작통법은 삼대의 유법(遺法)이라고 하면서 상앙(商鞅)의 가혹한 정치 때문에 원망을 샀던 것일 뿐 법 자체가 나쁜 것은 아니고 일찍이 정호(程顥)도 찬성했던 법이라고 하며 맞섰다.[12] 오가작통법의 시행을 두고 김익렴·송시열이 원두표와 대립했던 것이다. 그리고 효종 9년 9월부터 이듬해 2월까지 김익렴은 서장관(書狀官)으로 청(淸)에 다녀왔고,[13] 귀국하여 다시 원두표와 정치적으로 맞섰다. 효종 10년(1659) 윤3월 11일(신미) 원두표의 손자 원몽린(元夢鱗)이 효종의 여섯 번째 공주 숙경공주(淑敬公主)와 혼인하여 흥평위(興平尉)가 되었는데,[14] 효종이 새로 간택된 부마를 위해 제택(第宅)과 전장(田庄)을 지급하려고 하자, 김익렴이 '공주와 부마를 위해 사제(私第)를 지어주는 것은 지나친 사치'라며 반대했다.[15] 송근수의 정리에서 확인되는 '무술년 간의 원두표 논박[劾]'이 정확히 어떤 사건을 말하는지는 알 수 없다.[16] 김익렴이 오가작통법의 시행과 부마 사제 지원 등의 문제에서

---

11) 『承政院日記』 148冊, 孝宗 9年 1月 12日(己酉), "又所啓, 金益廉疏中五家統事, 當爲定奪於今日矣.上曰, 前日沈澤爲平安監司時, 設爲此法矣. 仍令申飭, 着實擧行, 可也."

12) 『孝宗實錄』 卷20, 9年 11月 13日(丙午), "太和曰, 五家統之法, 曾已講定, 而連値凶歉, 未果行矣. 斗杓曰, 頃因金益廉之疏, 命議于大臣, 而大臣【卽李時白也】至有涕泣而不可者矣. 上曰, 吏判之意如何. 吏曹判書宋時烈曰, 五家之制, 三代遺法, 而商鞅特以虐政取怨, 法非不良也. 明道亦嘗言其可行耳."

13) 『承政院日記』 151冊, 孝宗 9年 7月 14日(己酉) ; 『孝宗實錄』 卷21, 10年 2月 28日(己丑).

14) 『孝宗實錄』 卷21, 10年 閏3月 11日(辛未).

15) 『孝宗實錄』 卷21, 10年 閏3月 18日(戊寅).

원두표와 정치적으로 대립했던 것은 맞지만, 송근수가 이를 두고서 '논박'이라고 한 것인지는 분명하지 않다. 그런데 전술했듯이 당시 원두표의 측근은 김익렴이 송시열·송준길을 돕고자 원두표를 논박한 것이라고 보았다. 사실 이때는 송시열과 원두표의 사이도 좋지 않았다.[17)]

현종 대에 김익렴은 서인의 정치적 입장을 강하게 대변하는 정치 활동을 펼쳤다. 가령, 현종 3년(1662) 윤선도(尹善道, 1587~1671) 관련 발언이 참고된다. 조정에서는 기해예송 때 함경도 삼수에 위리안치된 윤선도를 고령(高齡)이라는 이유로 재심리하자는 논의가 일었다. 처음에는 다수 관료가 윤선도의 재심리에 찬성했는데, 김익렴의 족질(族姪) 김만기(金萬基, 1633~1687)가 이를 반대하자 처음에는 재심리에 동의했던 이들이 '송시열 무리[宋黨]'가 미워할 것을 걱정하여 태도를 바꿔 반대하기 시작했다.[18)] 당시 윤선도에 대한 재심리 반대 의견은 서인 중에서도 강경한 인물들이 주도적으로 냈는데, 그 한 가운데에 김익렴이 있었다.[19)] 일각에서는 '김익렴이 어떻게 이렇게

---

16) 연대기 사료에서는 확인되지 않지만, 효종 9~10년 무렵 김익렴이 논란이 되는 상소를 올렸던 것 같다. 효종 9년 9월 宋時烈은 李厚源에게 편지를 보내 "당초에 丫公[=金益廉]은 그 일을 대략만 말하고 그리 분명하게 말하지는 않았습니다. 어떤 族人은 그 모양이 매우 추하다고 말했습니다"라고 하였고[『宋子大全』 卷29, 書, 「答李士深 戊戌九月」, 12ㄱ(109책, 49쪽), "且當初丫, 則略言其事而不甚詳, 有一族人, 則說其狀甚醜矣"], 또 효종 10년 2월에는 김익렴을 향한 비방이 있다고 하면서 "저는 그 疏가 있는지 까마득히 몰랐으니 그 비방을 조금도 받지 않아야 옳을 것입니다"라고 하는 편지도 보냈다[『宋子大全』 卷29, 書, 「答李士深 己亥二月」, 16ㄴ~17ㄱ(109책, 52쪽), "丫謗非謂其全無所及, … 如弟者漠然不知有其疏, 則亦漠然不受其謗可矣"]. 송시열이 편지에서 거론한 '그 일'이나 '그 疏' 등이 원두표를 논박하는 것이었다고 단정할 수는 없지만, 이 무렵 김익렴이 논란이 되는 정치 활동을 했었던 것은 분명해 보인다.

17) 송시열은 효종 9년 연말 인재 천거 문제를 놓고 원두표와 대립했다. 송시열은 이조판서로서 정계에 복귀하여 효종에게 인사 10명의 탁용(擢用)을 천거했다. 그러자 원두표는 '이 일이 성대하기는 하나 여러 관원을 치우치게 등용하는 것은 불가하고 조정의 신하가 각각 천거해야 한다'면서 오직 兪棨의 등용만을 찬성했다[『國朝人物考』 卷60, 癸亥擧義人, 元斗杓, 墓碣銘(下, 699쪽-영인본 『國朝人物考』, 서울大學校出版部, 1978의 책수와 쪽수), "冢宰宋公時烈秉銓, 請擢用十士. 公因白是誠盛擧, 然不可以偏任諸官, 宜令朝臣各得有所擧. 且時烈每稱兪棨之賢, 乞先擢置籌司, 從之"].

18) 『顯宗實錄』 卷5, 3年 4月 3日(丙午), "一聞萬基之言, 恐或得罪於宋黨, 初旣參撤圍之議, 旋復爲之辭, 前後之言, 如出二口."

까지 노성(老成)한 신하를 모욕할 수 있냐'고 성토하기도 했다.[20]

김익렴의 이와 같은 정치 활동은 이른바 '송시열 구원소(救援疏)'를 통해 여실히 확인할 수 있다. 김익렴은 숙종 원년(1675)에 이미 유배된 송시열을 구원하는 상소를 올렸다가 처벌받았다. 경위를 간략히 보면,[21] 숙종은 즉위 후 송시열에게 현종의 묘지문을 짓게 했다. 그런데 진주 유생 곽세건(郭世楗)이 예(禮)를 잘못 정한 송시열에게 현종의 묘지문을 짓게 해서는 안 된다는 내용의 상소를 올렸다.[22] '예를 잘못 정했다'는 것은 갑인예송 때 환기된 기해예송 당시 송시열의 '효종 차자설(次子說)'[四種之說]을 두고 한 말이었다. 서인들은 곽세건에 대한 엄벌을 요청하면서 송시열을 변호했으나 숙종은 송시열과 정치적으로 대척에 있던 김석주(金錫胄, 1634~1684)에게 현종의 묘지문을 짓도록 했다.[23] 또 현종의 행장을 짓기로 한 이단하(李端夏, 1625~1689)에게는 송시열이 '예를 잘못 정했다[誤定禮]'라고 기록하도록 지시했다.[24] 송시열의 제자였던 이단하는 스승을 궁지에 몰아넣는 일은 차마 할 수 없다며 다른 사람에게 행장을 짓게 해달라고 간청했지만, 숙종은 뜻을 꺾지 않았고, 이단하는 자신의 손으로 송시열이 '예를 잘못 정했다'라고 기록할 수밖에 없었다.[25] 현종의 장례가 끝난 후 남인은 기해예송 때 송시열이 주장했던 예론을 오례(誤禮)로 규정하면서 송시열을 공격했고, 송시열은 이듬해[숙종 원년, 1675] 정월 덕원부로 유배되었다.[26] 그리고 김익렴은 이렇게 유배된 송시열을 구원하기 위해 상소를 올렸다가 함께 처벌을 받았다.

---

19) 『顯宗實錄』 卷5, 3年 7月 1日(壬申) ; 同 4日(乙亥).
20) 『顯宗實錄』 卷5, 3年 7月 1日(壬申), "益廉之僇辱耆舊之臣, 胡至於此."
21) 숙종 즉위년 송시열이 처벌받는 과정은 李成茂, 「17世紀의 禮論과 黨爭」, 李成茂·鄭萬祚 외, 『朝鮮後期 黨爭의 綜合的 檢討』, 韓國精神文化研究院, 1992, 70~71쪽이 자세하다.
22) 『肅宗實錄』 卷1, 卽位年 9月 25日(丙戌).
23) 『肅宗實錄』 卷1, 卽位年 10月 6日(丙申).
24) 『肅宗實錄』 卷1, 卽位年 11月 30日(己丑).
25) 『顯宗實錄』 卷1, 「顯宗純文肅武敬仁彰孝大王行狀」, "及時烈浚吉等誤禮事發, …"
26) 『肅宗實錄』 卷2, 元年 1月 13日(壬申).

숙종 원년(1675) 정월 8일(정묘) 흰 무지개가 해를 꿰뚫는 재이가 있자,[27] 이틀 뒤 숙종은 수성(修省)의 도리를 다하지 않을 수 없다면서 방정(方正)한 선비로부터 직언(直言)을 구해 듣겠다는 비망기(備忘記)를 내렸다.[28] 김익렴은 이에 응하여 대의(大義)를 신장해야 한다면서 송시열을 처벌해서는 안 된다는 상소를 올렸다. 그리고 정체(政體)가 전도되었다고 하면서 허목(許穆, 1595~1682)을 비난했고, 국정을 조절하지 못한 대신을 책망했다.[29]

숙종은 김익렴의 상소를 두고서 "구언(求言)의 뜻에 응한다는 핑계로 송시열을 구원하려 했으니, 공론(公論)을 저버리고 붕당을 위해 죽을힘을 다하는 습속은 징계하지 않을 수 없다"면서 김익렴을 모든 직임에서 체차했다.[30] 나아가 숙종은 김익렴의 상소를 중간에서 거르지 못한 승정원 승지도 추고(推考)하라고 했다.[31] 이후 김익렴의 상소를 응지상소로 볼 것인지가 논란이 되었는데, 가령 정언 이수경(李壽慶, 1627~1680)은 김익렴은 지극히 간사한 인사이고 그 말 또한 간사하여 마땅히 처벌해야 한다고 주장했고, 부제학 김석주는 이수경의 말이 맞지만 김익렴이 구언에 응하여 상소한 것이므로 처벌해서는 안 된다고 맞섰다.[32] 그리고 숙종은 송시열을 처벌한 후인데도 이러한 상소가 올라오는 것을 보면 송시열의 기세가 얼마나 성대한지를 알 수 있다며[33] 김익렴에 대한 처벌을 강행했다.

---

27) 『肅宗實錄』 卷2, 元年 1月 8日(丁卯), "白虹貫日."

28) 『肅宗實錄』 卷2, 元年 1月 10日(己巳), "上下備忘記曰, … 至於修省之道, 可不勉哉. 承旨代予草敎, 廣求直言方正之士, 以補小子之不逮."

29) 『肅宗實錄』 卷2, 元年 1月 16日(乙亥), "益廉之疏, 蓋言大義之當伸, 而謂宋時烈不可深罪. 且以政體之顚倒, 譏切許穆, 而以不能調劑朝論, 責望大臣."

30) 『承政院日記』 244冊, 肅宗 元年 1月 16日(乙亥), "以金益廉上疏, 傳曰, 托以求言應旨, 營救宋時烈, 其背公死黨之習, 不可不懲, 所帶之職, 竝姑先遞差."

31) 『承政院日記』 244冊, 肅宗 元年 1月 16日(乙亥), "上曰, 益廉之疏, 名爲應旨, 而儒生輩, 則只爲宋時烈暴白云, 何與於求言, 而亦爲捧入耶. 其不先取稟, 任意捧入, 殊甚未妥, 當該承旨, 從重推考."

32) 『承政院日記』 244冊, 肅宗 元年 1月 16日(乙亥), "壽慶曰, 益廉, 極奸邪之人也, 錫冑, 亦熟知之矣, 其言奸邪, 則罪之爲當, 何不可之有. 錫冑曰, 此言則是, 而罪之, 則不可."

33) 『承政院日記』 244冊, 肅宗 元年 1月 16日(乙亥), "上曰, 罪時烈後, 見之則果知時烈之勢焰,

얼마 후 김익렴은 유필명(柳弼明) 옥사 사건에 연루되어 정계를 완전히 떠나게 되었다. 숙종 원년(1675) 5월 19일(정축) 청주 유학 유필명은 효종의 종통(宗統)을 부정하는 상소를 올렸다.[34] 그는 제왕의 가문에서는 종통의 계승을 중히 여긴다면서 효종을 탕왕(湯王)의 차자(次子)인 외병(外丙)에 비유했다. 탕왕은 장자(長子)인 태정(太丁)이 죽자 장자의 삼년복을 입었고, 탕왕이 붕(崩)한 이후 탕왕의 왕위는 차자 외병이 계승했으나 탕왕의 종통은 장자 태정이 계승했다는 것이다.[35] 유필명은 이를 인조와 소현세자와 효종의 관계에 적용하여, 인조의 왕위는 효종이 물려받았지만, 종통은 소현세자가 계승한 것이라는 논리를 펼쳤다.

유필명의 상소는 분명 송시열의 예론을 지지하는 것이었다. 처음 승정원에서는 이 유필명의 상소를 받지 않았다. 그러자 유필명은 재차 상소를 올려, 허목과 윤휴(尹鑴, 1617~1680)를 비난했다. 유자(儒者)라고 하면서 무함(誣陷)도 바로잡지 못하고, 잘못[非]도 바로잡지 못하니 이것은 유신(儒臣)의 도(道)가 아니라는 것이었다. 이는 기해예송 당시 허목과 윤휴의 예론을 두고 한 말이었다. 승정원에서는 이 두 번째 소도 물리쳤는데, 윤휴가 이를 알고서 숙종에게 보고했고, 같은 달 28일(병술) 유필명의 국청이 설치되었다. 이미 '예(禮)를 논할 때 말이 선왕(先王)과 관련되면 역률(逆律)로 치죄하겠다'는 어명이 하교

至此之盛也."

34)『肅宗實錄』卷3, 元年 5月 19日(丁丑).

35)『史記』「殷本紀」에 따르면, 湯이 崩하고 태자인 太丁이 뒤를 잇지 못한 채 죽었고, 이에 태정의 아우인 外丙이 제위를 잇게 되었다고 한다[『史記』卷3, 本紀,「殷本紀」, "湯崩, 太子太丁未立而卒, 於是乃立太丁之弟外丙, 是爲帝外丙"]. 그리고『孟子』「萬章上」에서도 "伊尹相湯, 以王於天下, 湯崩, 太丁未立, 外丙二年, 仲壬四年."이라고 했다. 그런데 이 구절에 대한『孟子』의 注를 보면 견해가 둘로 나뉜다. 즉, 後漢의 趙岐는 "太丁은 湯의 太子로 제위에 오르지 못하고 죽었으며 外丙이 2년 동안 제위에 있었고, 仲壬이 4년 동안 제위에 있었으니 모두 太丁의 아우이고 太甲은 太丁의 아들이다"라고 했고, 北宋의 程頤는 "옛사람은 歲를 일러 年이라고 했으니 湯이 崩했을 때 外丙은 곧 2세였고, 중임은 곧 4세였으므로, 오직 太甲이 差長인 까닭으로 제위에 오르게 되었다"라고 했다[趙氏曰, 太丁, 湯之太子, 未立而死, 外丙, 立二年, 仲壬, 立四年, 皆太丁弟也, 太甲, 太丁子也. 程子曰, 古人謂歲爲年, 湯崩時, 外丙, 方二歲, 仲壬, 方四歲, 惟太甲差長, 故立之也, 二說, 未知孰是].

된 상황에서 유필명의 상소가 바로 여기에 해당한다고 본 것이다.36)

국문을 받은 유필명은 김익렴이 두 번째 소를 지어주었다고 진술했다.37) 유필명이 문제의 상소를 올리기 전에 김익렴의 집에 찾아가 "의례(議禮) 한 가지 사항을 가지고 상소를 올리려고 한다"라고 하니 김익렴이 "조정에서 새롭게 금지하는 명령이 있었으니 신하의 도리로서 해서는 안 된다. 상소하려거든 근래의 일로 논하는 것이 옳다"라고 하면서38) 두 번째 상소를 지어주었다고 진술했다.

그러나 김익렴은 유필명의 진술은 거짓이라며 부인했고,39) 유필명의 거짓 진술에는 배후가 있을 것이라고 하면서 그 배후로 이숙(李䎘)·이익(李翊) 형제를 지목했다. 즉, 유필명이 자신을 찾아와 자신과 원수지간인 이숙·이익 형제의 요청으로 송시열을 위한 상소를 올리고자 한다길래 자신은 대꾸도 하지 않고 방에 들어가 버렸고 유필명 또한 더는 머무르지 않고 집 밖으로 나갔다는 것이었다.40)

추국청에서는 두 사람을 대질했고, 김익렴보다는 유필명의 진술에 맞지 않는 대목이 더 많다는 것이 확인되었다.41) 사실 추국청은 유필명의 첫 번째 소를 큰 문제로 보고 있었지, 두 번째 소는 조정의 대신을 논척(論斥)한 것에 불과할 뿐 그 허실(虛實)을 모두 파헤칠 필요는 없다는 입장이었다.42) 다만,

---

36)『肅宗實錄』卷3, 元年 5月 28日(丙戌) ; 29日(丁亥).

37)『肅宗實錄』卷4, 元年 閏5月 1日(戊子).

38)『推案及鞫案』卷8, 柳弼明推案, "今五月初二日, 持此䟽入京, 身往又溪金益廉之家, 言于益廉曰, 欲以議禮一款, 將爲陳䟽云而已, 至於䟽草, 不爲出示, 則益廉止之曰, 議禮朝家新有禁令, 臣子道不可爲也, 必欲陳䟽, 則以近時事論之可也."

39)『推案及鞫案』卷8, 柳弼明推案, "此人, 必不無受嗾之處, 而必欲白地婦禍於矣身之計."

40)『推案及鞫案』卷8, 柳弼明推案, "近日留宿於高陽李參議兄弟家, 而不此云有若傳意者, … 所謂李參議, 卽指李䎘李翊也, 此兩人與矣身有仇怨, 國人之所知, … 渠曰, 爲宋相陳䟽事, 當勿爲之矣, 時弊上䟽, 則吾當爲之, … 白去乙矣身卽起入內, 渠亦不得留退出門外."

41)『推案及鞫案』卷8, 柳弼明推案, "金益廉與柳弼明面質之辭說知, 此較其理屈之端, 則弼明之屈多於益廉."

42)『推案及鞫案』卷8, 柳弼明推案, "第二䟽製給者金益廉云, 而第二䟽, 不過論斥朝臣而已, 與論禮䟽大不同, 亦不必究覈其虛實."

유필명이 소를 올리기 전에 김익렴을 만났다는 사실은 틀림없었고,[43] 또 김익렴이 유필명에게 '송시열과 친하니 한 번 만나러 오라'고 말했다는 사실도 추가로 확인되었다.[44] 김익렴이 유필명의 두 번째 소를 대신 작성했는지는 분명하지 않았지만, 정황상 김익렴도 처벌을 피할 수는 없었다. 이렇게 해서 김익렴은 기한에 정함이 없는 유배[勿限年定配]에 처하게 되었다.[45] 이때 김익렴의 나이는 54세였고, 이렇게 해서 김익렴은 정계를 떠나게 되었다.

현재로서는 김익렴이 유필명의 두 번쌔 상소를 대신 작성해 주었는지 알 수 없다. 이미 4개월 전에 '송시열 구원소'를 올렸다가 체차된 상태였기 때문에, 이렇게 무리한 정치 활동을 했을까도 싶지만, 김익렴이 송시열과의 친분을 언급하며 유필명과 만났다는 것 또한 부정할 수 없는 사실이기 때문에 전혀 무관하다고 단정할 수도 없다.

그런데 이보다는 김익렴에 대한 당대의 평가에 주목해 보아야 한다. 이 무렵 김익렴에 대한 평가를 보면, 예컨대 윤휴는 전에 나라에 변고가 있었을 때 경례(經禮)가 무너지고 어지러웠는데, 이는 송시열이 주장하고, 이유태·이상·김익렴이 찬조(贊助)한 것이라고 평가했다. 그러면서 김익렴이 드러내는 추함과 간사한 태도는 나라 사람 모두가 꺼리고 멀리하는 것이라고 했다. 또 사관은 "김익렴은 본래 간사한 사람[細人]으로 교묘하고 변환(變幻)이 많으나 사류(士類)가 이를 다 알지 못해 사람들이 한스럽게 여겼다"라고 평가하기도 했다.[46]

유필명 사건과 관련해서도, 이는 김익렴이 죽을 고비를 맞이하여 이숙·이익 형제에게 보복한 것이고, 이숙·이익의 집에 화(禍)를 전가하여 스스로

43) 『推案及鞫案』 卷8, 柳弼明推案, "非但與弼明面質之時, 頗有疑端, 至於兇人容接一款, 益廉既不敢發明, 則雖以此論罪不下於定配矣."

44) 『推案及鞫案』 卷8, 柳弼明推案, "益廉日, 我與宋政丞相親, 故致汝來見, 是我罪也."

45) 『推案及鞫案』 卷8, 柳弼明推案, "上日, 詬辱朝廷傾軋諸臣之疏, 渠何敢製給也, 金益廉勿限年定配可也."

46) 『肅宗實錄』 卷3, 元年 5月 26日(甲申), "大司憲尹鑴掌令閔黯持平兪夏益李沆等啓略日, … 向者國有變, 故經禮壞亂, 宋時烈實主張之, 李惟泰李翔金益廉又從而贊助之. … 金益廉標榜之醜憸邪之態, 固國人之所共棄. … 益廉本細人, 傾巧多變幻, 而士類或未盡悟, 人以此恨之."

벗어나려는 것이었다고 평가했다. 또 유필명의 소를 대신 지어주었으면서도 사실대로 인정하지 않았으니 이것은 임금을 기망한 것이고, 또 유필명에게 송시열과의 친분을 과시했으니 이것은 송시열의 은덕을 배반한 것이라고 했다. 요컨대 김익렴은 '소인(小人)'이라는 것이었다.[47)]

이렇듯 김익렴에 대한 당대의 평가는 부정적이다. 물론 이러한 부정적인 평가는 숙종 대 초반의 집권 세력인 남인이 주도한 것이다. 그래서 이를 김익렴에 대한 정당한 객관적인 평가라고 해서는 곤란하다. 그런데 당시 남인이 김익렴을 이렇게까지 비방한 데에는 그만한 까닭이 있었다. 효종 말년 원두표와의 정치적 대립, 현종 초반 윤선도에 대한 재심리 반대, 숙종 즉위 초 송시열 구원 및 유필명 사건 등을 보면, 김익렴의 정치 활동은 서인 강경파의 그것 그 자체였다. 효종·현종 대에 김익렴이 진송시열계로서 서인의 당론을 대변하는 정치 활동을 강경하게 펼쳤기 때문에 남인으로부터 이렇게 부정적인 평가를 받았던 것이다.

한편 김익렴은 현종 5년 12월에 『역대요성록』을 찬진(撰進)했는데, 이때는 송시열·송준길과 친밀하게 지내며 서인 강경파 언관으로서 활동하던 때였다. 그래서 『역대요성록』을 검토할 때 그의 정치적 입장과 활동을 반드시 고려해야 한다. 그동안 『역대요성록』은 단순히 중국의 혜성 기록을 모은 문헌 정도로 이해되었는데, 『역대요성록』은 서인 강경파 정치인 김익렴의 정치 활동이라는 맥락 속에서 살펴보아야 한다.

2) 『역대요성록(歷代妖星錄)』의 정치성과 대명의리(對明義理)

김익렴이 『역대요성록』을 지은 직접적인 이유는 현종 5년 10월의 혜성(彗星) 출현 때문이다. 현종 5년 10월 9일(정묘)부터 이듬해 1월 6일(계사)까지

47) 『肅宗實錄』 卷4, 元年 閏5月 2日(己丑), "史臣曰, 人言益廉入死地, 又引李翊爲報宿怨之計, 邪慝尤甚. … 言語顯有嫁禍李家, 而自脫之意, 何其慘也. 製弼明之疏, 而不首實, 是罔上也. 又謂弼明曰, 與宋相相親, 致汝一來, 是背恩也. … 益廉眞可謂小人矣."

약 90일 동안 혜성이 출현했다.[48] 현종은 혜성 출현을 보고 받고 3일 만에 구언했고,[49] 이로부터 2개월 후인 12월 25일(임오) 김익렴은 응지소(應旨疏)와 함께 『역대요성록』을 지어 바쳤다. 김익렴은 여러 문헌을 참고하여 노(魯) 문공(文公) 14년(기원전 613)부터 명(明) 만력(萬曆) 5년(1577)까지의 역대 혜성 출현 기록과 혜성에 관한 다양한 논의들, 그리고 그에 대한 자신의 의견을 덧붙여 『역대요성록』을 편찬했다.[50]

『역대요성록』에는 44건의 기사가 시간순으로 수록되어 있다. 왕조별로 나눠보면, 춘추시대 7건, 진(秦) 1건, 한(漢) 4건, 위(魏) 1건, 진(晉) 5건, 양(梁) 1건, 진(陳) 1건, 당(唐) 3건, 송(宋) 5건, 원(元) 10건, 명(明) 6건으로 구분된다. 『역대요성록』의 구성은 다음의 〈표 6-2〉가 참고된다.

〈표 6-2〉 『역대요성록(歷代妖星錄)』의 구성

연번	구분	혜성 기사	출전	議論	臣謹按
1	春秋	魯文公 14年 秋7月	春秋	公羊傳, 胡傳	-
2		魯昭公 17年 冬	春秋左氏傳	左傳 申須	○
3		魯昭公 26年	春秋左氏傳	晏子	○(晉書天文志)
4		齊景公	史記齊太公世家	晏子	○(詩經)
5		齊景公	晏子春秋	晏子	○(詩經)
6		楚	尉繚子 天官	公子心	○
7		周顯王 8年	綱鑑	史斷	○
8	秦	秦始皇 35年	資治通鑑綱目	-	○

48) 1664~1665년에 출현한 혜성은 조선에서는 약 90일, 유럽에서는 약 120일 정도 관측되었고, 조선에서 남긴 「星變測候單子」 덕분에 천문학적으로 많은 정보를 얻을 수가 있다. 일제강점기 와다 유지와 칼 루퍼스가 1664년의 혜성을 처음 주목했고, 朴成桓(1982)과 안상현 등(2006)에 의해 혜성의 궤도가 밝혀졌다. 널리 알려진 하멜의 경험담도 1664년의 혜성에 관한 것이다. 1664년의 혜성에 관한 다양한 이야기는 안상현, 『우리 혜성 이야기』, 사이언스북스, 2013, 110~131쪽, 그리고 「星變測候單子」에 관해서는 국립기상연구소, 『관상감이 기록한 17세기 밤하늘』, 기상청, 2013, 77~259쪽 참고.

49) 『顯宗實錄』 卷9, 5年 10月 12日(庚午).

50) 『顯宗實錄』 卷9, 5年 12月 25日(壬午), "副司直金益廉因彗星之變, 裒合歷代以來星變之類, 別爲冊子, 名曰歷代妖星錄, 投疏以進其冊. 其疏曰, 謹採歷代彗出時嘉言至論, 間附所懷, 合爲一冊."; 『歷代妖星錄』, 序, "倘於燕閑之暇, 時垂聖覽, 則或不無遇災修省之一助. 伏願聖明俯諒寸忱, 而特恕狂僭焉."

9	漢	漢孝景 2年	漢書 天文志	-	○
10	漢	漢孝景 中元年 3月 丁酉	漢書 天文志	占曰	○
11	漢	漢哀帝 建平 2年 2月	漢書 天文志	-	○
12	漢	漢成帝	名臣奏議	谷永	○
13	魏	魏明帝	三國志 魏書	高堂隆	○
14	晉	晉武帝 寧康 元年	資治通鑑綱目	-	○
15	晉	晉安帝 義熙 14年	綱鑑	崔浩	○
16	晉	* 妖星 설명	晉書天文志	-	-
17	晉	晉靑龍 4年 11月 己亥	晉書天文志	占曰	-
18	晉	1) 景初 2年 8月	晉書天文志	占同上	○
		2) 正始 元年 10月 乙酉	晉書天文志		
		3) 正始 6年 8月 戊子	晉書天文志	占曰	
		正始 7年 11月 癸亥			
		正始 9年 3月			
		正始 9年 7月			
		嘉平 元年			
		4) 嘉平 4年 2月 丁酉	晉書天文志	占曰	
		嘉平 5年 11月			
		5) 正元 2年 正月	晉書天文志	-	
		6) 甘露 2年 11月	晉書天文志	占曰	
		7) 元帝 景元 3年 11月 壬寅	晉書天文志	占曰	
		8) 咸熙 2年 5月	晉書天文志	占曰	
		9) 武帝 泰始 4年 正月 丙戌	晉書天文志	占曰	
		10) 武帝 永康 元年 12月	晉書天文志	占曰	
		11) 武帝 永康 2年 4月	晉書天文志	占曰	
		12) 太安 元年 4月	晉書天文志	占曰	
		13) 太安 2年 8月	晉書天文志	占曰	
		太安 2年 10月 丁丑			
		14) 咸康 2年 正月	晉書天文志	占曰	
		15) 建元 元年 11月	晉書天文志	占曰	
		建元 6年 正月 丁丑			
		16) 升平 2年 5月 丁亥	晉書天文志	占曰	
		17) 寧康 2年 3月	晉書天文志	占曰	
		18) 義熙 11年 5月 甲申	晉書天文志	占得	
		19) 義熙 14年 7月	晉書天文志	占曰	
19	梁	世宗 天保 4年 4月	綱鑑	-	-
20	陳	文帝 天嘉 6年	綱目	-	○
21	唐	太宗 貞觀 6年	名臣奏議	虞世南	○
22	唐	高宗 戊辰 總章 元年 4月	綱鑑	-	○
23	唐	昭宗 天祐 2年 5月	綱鑑	李振	○
24	宋	徽宗 5年 丙戌 正月	綱鑑	周靜軒	-
25	宋	徽宗 大觀 4年 庚寅 綱 五月	綱鑑	-	○

26		欽宗 靖康 元年	綱鑑	呂好問(名臣秦議 인용)	○
27		理皇帝 景定 5年	名臣奏議	王襄	○
28		1) 理皇帝 寶慶 5年 壬辰 閏9月	綱鑑	-	-
		2) 理皇帝 嘉熙 4年 庚子 正月 辛未	綱鑑	-	○
29		大德 5年 辛丑 8月	綱鑑	-	-
30		大德 7年 12月	綱鑑	-	-
31		大德 8年 4月	綱鑑	-	-
32		延祐 2年 11月	綱鑑	-	-
33		至正 10年 庚寅 大明太祖 23歲 11月	綱鑑	-	-
34	元	至正 16年 丙申 大明太祖 29歲 3月	綱鑑	-	-
35		至正 20年 大明太祖 33歲 3月	綱鑑	-	-
36		至正 22年 大明太祖 35歲 2月 乙酉	綱鑑	丁南湖	-
		至正 22年 大明太祖 35歲 6月	綱鑑	-	-
37		至正 23年 大明太祖 36歲 3月	綱鑑	-	-
38		至正 25年 大明太祖 38歲 8月 丁未	綱鑑	-	-
39		大明太祖 洪武 元年 正月	皇明紀要	陳明卿, 丘濬	○
40		大明英宗 天順 3年	皇明紀要	-	-
41	明	憲宗 成化 4年	皇明紀要	彭時	-
42		憲宗 成化 10年	皇明紀要	彭時	-
43		武宗 正德 元年	皇明紀要	-	○
44		神宗 萬曆 5年 10月 朔	皇明紀要	其占	○

하나의 기사는 세 부분으로 나뉜다. 가장 먼저 언제 어디에서 혜성이 출현했는지 간략히 적고, 이어서 혜성이 출현했을 당시에 논의되었던 내용을 적은 후, 마지막에 '신근안(臣謹按)'을 달아 자신의 의견을 덧붙였다.

① 춘추 노(魯) 소공(昭公) 17년(기원전 525) 겨울 대진(大辰)에 패성(孛星)이 출현했다.

② 좌전(左傳)에서 신수(申須)가 말하길, "혜(彗)는 옛것을 쓸어내고, 새것을 편다는 말입니다. 하늘의 일에는 항상 상(象)이 있는데, 지금 화(火)에서 쓸어냈으니[除], 제후 중에 화재(火災)가 있을 것이다"라고 하였다.

③ 신(臣)이 삼가 보건대, 천문지(天文志)에서[51] 〈꼬리가〉 한쪽을 가리키면

51) 『晉書』 卷12, 志2, 天文中(2책, 323쪽), '妖星', "二曰孛星, 彗之屬也. 偏指曰彗, 芒氣四出曰孛."

'혜성[彗]', 망기가 사방으로 뻗치면 '패성[孛]'이라고 했습니다. 또 말하길, 패성은 혜성에 속한다고 했습니다. 대개 신수의 점은 비록 당시 제후의 화재(火災)에서만 증험했고, 주(周) 왕실이 장차 망하고 제후가 참란(僭亂)할 조짐이라는 것은 알지 못했습니다. 또한 공자께서 특별히 재이(災異)를 기록한 까닭은 이것으로써 족하니, 어찌 공연히 기록하였겠습니까. 삼가 밝으신 성상께서 유념하소서.[52]

위의 사료는 『역대요성록』의 두 번째 기사인데, 대부분의 기사는 이렇게 세 부분으로 구성되어 있다. ①에서 노 소공 17년 겨울 대진(大辰)에서 혜성이 출현했다는 내용을 쓰고, ②에서 혜성에 대한 노의 대부(大夫) 신수(申須)의 논의를 간략히 적은 후, ③에서 신수가 제후의 화재만 언급하고 주(周) 왕실이 장차 망하고 제후가 참란(僭亂)할 조짐이라는 것은 언급하지 않았다는 안설(按說)을 붙였다.

참고로 위 기사는 『춘추좌씨전(春秋左氏傳)』에서 인용했다. 원문을 그대로 옮긴 것은 아니고 의미가 잘 드러날 수 있도록 압축적으로 재편집하여 실었다. 이러한 태도는 다른 기사에서도 확인된다. 대진(大辰)은 28수 별자리 중 하나로 동방칠수(東方七宿)의 심수(心宿)에 해당하고, 대화(大火)라고도 불린다.[53] 패성은 혜성의 한 종류인데, 고대 중국에서는 밤하늘에 새로운

---

52) 『歷代妖星錄』, 2ㄱ, "① 春秋魯昭公十七年冬, 有星孛于大辰. ② 左傳申須曰, 彗所以除舊布新也, 天事恒象, 今除於火, 諸侯其有火災乎. ③ 臣謹按, 天文志曰, 偏指曰彗, 芒氣四出則孛, 又曰孛星, 彗之屬也. 盖申須之占, 雖驗於其時諸侯之火災, 而不知周室將亡, 諸侯僭亂之咎, 亦足以致此夫子之所以特書記異者, 豈徒然哉. 伏惟聖明留神焉." ①·②·③ 번호는 인용자 추가.

53) 辰 혹은 大辰이 기준이 되는 별이나 별자리의 의미로 쓰일 때는 大火나 心宿에 국한되지 않고 그 반대편에 있는 參宿, 그리고 北辰까지도 지칭하는 의미의 확장이 이루어지지만, 계절이나 방위를 알려주는 기준이 되는 별이라는 辰의 본래 의미는 어디까지나 大火에서 생겨난 것이다. 그래서 대부분 辰이나 大辰은 大火나 心宿를 지칭하거나, 의미가 확장되더라도 心宿를 포함해 그 좌우의 房宿와 尾宿를 지칭하는 정도로 사용된다. 정재상, 「고대 중국의 시간과 공간 관념의 형성과 전개 - 진(辰)의 의미를 중심으로-」, 『道敎文化硏究』 58, 2023, 191쪽 참고.

천체가 나타났을 때 위치가 변하지 않으면 객성(客星), 위치가 변하면 모양에 따라 혜성, 패성, 치우기 등으로 구분했다.[54] 그래서 풀어보면, "노 소공 17년(기원전 525) 겨울에 동방칠수 중 심수의 대진이라는 별자리에 빛이 짧고 사방으로 퍼지는 혜성이 출현했다" 정도로 볼 수 있다.

이어서 김익렴은 신수(申須)의 고사를 인용하여 제후 중에서 화재(火災)를 당하는 이가 있을 것이라는 증험을 일종의 점사(占辭)처럼 달았다. 사실 『춘추좌씨전』에는 신수의 발언 이후에 정(鄭)의 대부 자산(子産)이 인사(人事)의 책임을 다하여 화재(火災)를 물리쳤다는 사연이 장황하게 기술되어 있는데,[55] 김익렴은 유독 '제구포신(除舊布新)'과 '화재(火災)'만을 언급했다.

김익렴의 의도는 안설에서 파악할 수 있다. '제구포신'의 '구(舊)'를 '주왕실[周室]'로 '신(新)'을 '제후(諸侯)'로 풀이하여 혜성을 보고서 화재는 예견했으면서도 '주왕실이 장차 망하고 제후가 참람할' 것은 예상하지 못했다면서 혜성에 대한 불안감과 위기의식을 더욱 고조시켰다. 제구포신의 순수한

---

54) 혜성은 빛이 길고 들쭉날쭉한 것을, 패성은 사방으로 짧은 빛이 퍼지는 것을, 치우기는 꼬리가 깃발 나부끼듯 구부러진 것을 말한다. 안상현, 앞의 책, 2013, 87쪽 및 211쪽 참고.

55) 이때 출현한 혜성을 보고 魯의 申須는 彗는 '除舊布新'이라고 하면서, 하늘의 일은 항상 吉凶의 징조를 미리 알려준다면서 지금 혜성이 火星을 쓸어내니 내년에 火星이 출현하면 반드시 불의 재앙이 일어나 제후가 火災를 입게 될 것이라고 했다. 이어서 魯의 梓愼은 혜성은 火災의 徵兆라고 하면서 宋·衛·陳·鄭 네 나라가 火災를 당할 것이라고 예언했다. 이에 대해 鄭의 裨竈는 子産에게 瓘·斝·玉瓚을 神에게 바치고 祈禱하면 火災를 막을 수 있을 것이라고 했는데, 子産은 裨竈의 조언을 따르지 않았다. 이듬해 실제로 鄭에 火災가 발생했고, 裨竈는 자신의 말을 듣지 않으면 또다시 火災가 발생할 것이라고 했는데, 이때도 子産은 裨竈의 말을 듣지 않았다. 子産은 天道는 幽遠하고 人道는 切近하여 서로 미칠 수 있는 바가 아닌데, 어찌 天道를 가지고 人道를 알 수 있겠냐는 것이었다. 즉, 알 수 없는 天道보다는 가까운 人道[事를 닦는 것이 더 중요하다는 것이었다. 이 이후로 鄭에는 다시 火災가 일어나지 않았다고 한다[『春秋左氏傳』, 魯昭公, 17年, "[經] 冬有星孛于大辰. [傳] 冬有星孛于大辰, 西及漢. 申須曰, 彗所以除舊布新也. 天事恒象, 今除於火, 火出必布焉. 諸侯其有火災乎. … 鄭裨竈言於子産曰, 宋衛陳鄭將同日火, 若我用瓘斝玉瓚, 鄭必不火, 子産弗與." ; 同, 18年, "[經] 夏五月壬午, 宋衛陳鄭災. [傳] … 裨竈曰, 不用吾言, 鄭又將火, 鄭人請用之, 子産不可. 子大叔曰, 寶以保民也, 若有火, 國幾亡, 可以救亡, 子何愛焉, 子産曰, 天道遠人道邇, 非所及也, 何以知之, 竈焉知天道, 是亦多言矣, 豈不或信, 遂不與, 亦不復火"].

의미는 '묵은 것을 제거하고 새것을 편다'는 뜻이지만, 이러한 방향으로 의미를 확장하면 혜성에 대한 두려움은 더 커지고 국왕 현종을 향한 심리적 압박 수위를 높일 수 있다. 김익렴이 노린 효과는 아마도 이것이었을 것이다. 원전인 『춘추좌씨전』에서는 천도(天道)는 멀어 알 수 없고 인도(人道)는 가까워 알 수 있으니, 재이를 맞아서는 천도에 의지하기보다는 인사의 책임을 다하는 것이 중요하다고 했다. 하지만 김익렴은 안설에 '주실장망(周室將亡), 제후참란(諸侯僭亂)'이라는 풀이를 넣음으로써 혜성에 대한 위기의식을 배가하였다.[56]

김익렴은 『역대요성록』을 지으면서 여러 문헌을 참고했다. 우선, 춘추전국 및 진한·위진남북조시대의 것은 대부분 『춘추좌씨전』, 「한서천문지(漢書天文志)」, 「진서천문지(晉書天文志)」, 『자치통감강목(資治通鑑綱目)』을 참고했다. 이들은 조선에서 혜성을 포함하여 일반적인 재이(론)를 탐구할 때 가장 많이 참고했던 문헌이다.[57] 특히, 김익렴은 「진서천문지」의 '요성(妖星)' 항목을 참고하여 혜성의 의미를 다음과 같이 정리했다.

> 요성(妖星)의 첫 번째는 혜성으로 이른바 소성(掃星)[빗자루로 쓰는 듯한 별]이라고 한다. 본체는 별인데, 끝은 빗자루이다. 작은 것은 몇 촌이고, 긴 것은 하늘 끝에 닿는다. 혜성이 보이면 병란(兵亂)이 일어나고 큰 수재가 발생하며 소제(掃除)를 주관한다. 혜성의 몸체는 빛이 나지 않지만, 해에 가까이 가면 빛이 난다. 그래서 저녁에 보이면 동쪽을 가리키고, 새벽에 보이면 서쪽을 가리킨다. 해의 남쪽이나 북쪽에 있을 때에도 모두 햇빛을

---

56) 이러한 김익렴의 접근은 '덕으로써 재변을 해소할 수 있다[以德消變]'고 하는 李沃의 견해와는 대조적이다. 이와 관련해서는 본서 제6장 2절 3소절에서 자세히 다룰 예정이다.

57) 가령, 17세기 중반의 허목도 『春秋災異』를 집필하면서 「晉書天文志」를 참고하여 '妖星' 항목을 정리했고[『記言』 卷62, 續集, 敍述5, 天地日月星辰3, '妖星二十一', 31ㄴ~35ㄱ(98책, 434~436쪽)], 18세기 초의 최천벽도 「晉書天文志」를 참고하여 '妖彗' 항목을 정리했다[『天東象緯考』 卷14, 妖彗].

> 따라서 가리키는데, 그 광망(光芒)이 갑자기 꺾여 길어지거나 짧아지고, 광망이 미친 곳에 재앙이 생긴다.[58]

「진서천문지」에서는 요성의 종류를 21개로 나누었고,[59] 이 중 첫 번째를 혜성이라고 했다. 김익렴은 이를 인용하여 혜성을 위와 같이 정리했다. 그리고 아홉 번째인 소명(昭明), 열한 번째인 천참(天讒), 열다섯 번째인 순시(旬始)도 정리했는데, 즉 소녕은 "붉은 혜성이 나뉘어 소명이 되고, 소명의 빛이 사라지면 패국(霸國)이 일어나거나 덕국(德國)이 일어날 징조이며, 일어난 나라의 군병(軍兵)에는 변고(變故)가 많다"라고 하였고,[60] 천참은 "혜성의 모양은 희고 작으며 자주 움직이고 살벌(殺罰)을 주관한다. 출현하면 곧 나라에 내란이 일어나고, 신하들은 서로 헐뜯고, 기근과 병란이 생기고, 천 리에 걸쳐 흉년이 들고[赤地], 죽어 썩은 인골이 자자해진다"라고 하였으며,[61] 순시는 "누런 혜성이 나뉘어 순시가 되는데, 군주를 세우는 문제가 생기고, 난(亂)을 주관하고, 초횡(招橫)을 주관한다. 보이면 곧 신하가 난을

---

58) 『歷代妖星錄』, 9ㄱ, "晉書天文志, 妖星一曰彗星, 所謂掃星. 本類星, 末類彗, 小者數寸, 長或竟天. 見則兵起, 大水, 主掃除. 彗體無光, 傅日而爲光, 故夕見則東指, 晨見則西指. 在日南北, 皆隨日光而指, 頓挫其芒, 或長或短, 光芒所及則爲災."

59) 『晉書』 卷12, 天文中, 雜星氣, '妖星', "一曰彗星, 所謂掃星. 本類星, 末類彗, 小者數寸, 長或竟天. 見則兵起, 大水. 主掃除, 除舊佈新. 有五色, 各依五行本精所主. 史臣案, 彗體無光, 傅日而爲光, 故夕見則東指, 晨見則西指. 在日南北, 皆隨日光而指. 頓挫其芒, 或長或短, 光芒所及則爲災. … <u>二曰</u>孛星, … <u>三曰</u>天棓, … <u>四曰</u>天槍, … <u>五曰</u>天欃, … <u>六曰</u>蚩尤旗, … <u>七曰</u>天沖, … <u>八曰</u>國皇, … <u>九曰</u>昭明, 象如太白, 光芒, 不行. 或曰, 大而白, 無角, 乍上乍下. 一曰, 赤彗分爲昭明, 昭明滅光, 以爲起霸起德之征, 所起國兵多變. 一曰, 大人凶, 兵大起. … <u>十曰</u>司危, … <u>十一曰</u>天讒, 彗出西北, 狀如劍, 長四五丈. 或曰, 如鉤, 長四丈. 或曰, 狀白小, 數動, 主殺罰. 出則其國內亂, 其下相讒, 爲饑兵, 赤地千里, 枯骨藉藉. … <u>十二曰</u>五殘, … <u>十三曰</u>六賊, … <u>十四曰</u>獄漢, … <u>十五曰</u>旬始, 出北斗旁, 如雄雞. 其怒, 有青黑, 象伏鱉. 或曰, 怒, 雌也, 主爭兵. 又曰, 黃彗分爲旬始, 爲立主之題, 主亂, 主招橫. 見則臣亂兵作, 諸侯虐, 期十年, 聖人起伐, 群猾橫恣. 或曰, 出則諸侯雄鳴. … <u>十六曰</u>天鋒, … <u>十七曰</u>燭星, … <u>十八曰</u>蓬星, … <u>十九曰</u>長庚, … <u>二十曰</u>四塡, … <u>二十一曰</u>地維藏光."

60) 『歷代妖星錄』, 9ㄱ, "九曰昭明, 赤彗分爲昭明, 昭明滅光, 以爲起霸起德之徵, 所起國兵多變."

61) 『歷代妖星錄』, 9ㄱ, "十一曰天讒, 彗狀白小, 數動, 主殺罰. 出則其國內亂, 其下相讒, 爲饑兵, 赤地千里, 枯骨藉藉."

일으키고 병란이 일어난다. 제후가 학정(虐政)을 하고 10년 후에 성인이 일어나 벌한다. 간활한 무리가 제멋대로 날뛴다"라고 하였다.[62]

김익렴이 「진서천문지」의 21개의 요성 중에서 혜성 외에 '소명', '천참', '순시'만을 정리한 것은 병란(兵亂)이나 내란(內亂), 기근과 같은 국가적 재난의 의미를 강조하기 위해서였다. 21개의 요성 중에서 내용을 압축적으로 정리하는 과정에서 혜성이 갖는 국가적 재난으로서의 의미를 강조하기 위해 그 의미가 특히 강한 '소명', '천참', '순시'를 골라 정리한 것이 아닌가 여겨진다. 사실 앞의 '노 소공 17년 겨울의 패성' 기사에서도 보았지만, 혜성이 갖는 국가적 재난으로서의 의미를 강조하려는 김익렴의 태도는 『역대요성록』에서 한결같이 확인되는 바이기도 하다.

다음으로 당·송·원 대의 것은 대부분 『강감(綱鑑)』과 『역대명신주의(歷代明臣奏議)』를 참고했다. 김익렴이 참고한 『강감』이 정확히 어떤 책이었는지는 특정하기가 어렵다. '강목(綱目)'과 '통감(通鑑)'에서 한 글자씩을 딴 『강감』은 명(明) 대에 편찬된 대중적 성격의 역사서를 말한다. 명 대의 유교 흥학(興學) 정책의 연장에서 일반 사대부가 쉽게 읽을 수 있는 이야기식의 역사서가 요구되었고, 이러한 수요의 확대가 광범위한 사찬 사서의 편찬으로 이어졌으며, 이러한 배경에서 등장한 대중적인 역사서가 바로 『강감』이었다.[63] 기본적으로는 강목체 형식을 따르되 이야기식으로 재편집했고, 이야기식의 서술이 갖는 특성 탓에 여러 이본이 생겨났다. 조선에서는 16세기 중반에 편찬된 왕세정(王世貞, 1526~1590)의 『봉주강감회찬(鳳州綱鑑會纂)』이 널리 읽혔으나 김익렴이 이를 참고했는지는 확실하지 않다.

김익렴은 『강감』을 비중 있게 참고했는데, 그 까닭은 '사단(史斷)' 때문으로 보인다. 가령, 김익렴은 주(周) 현왕(顯王) 경신(庚申) 8년(기원전 361)의

---

62) 『歷代妖星錄』, 9ㄱ~ㄴ, "十五日旬始, 黃彗分爲旬始, 爲立主之題, 主亂, 主招橫. 見則臣亂兵作, 諸侯虐, 期十年, 聖人起伐, 群猾橫恣."

63) 明 대 강감류 역사서의 편찬과 의미에 대해서는 박인호, 「강항의 『강감회요』 편찬과 사학사적 의의」, 『역사학연구』 84, 2021, 196~199쪽 참고.

혜성 기사를 『강감』에서 인용하면서 혜성 기사 뒤의 '사단왈(史斷曰)'도 그대로 옮겼다. 요컨대 상앙(商鞅)의 변법이 진(秦)에 채용되면서 정전법(井田法)이 폐지되고 천맥법(阡陌法)이 시행되는 등 선대의 양법(良法)이 폐기되었으니, 강목(綱目)에 혜성을 특별히 적은 의미를 여기에서 찾을 수 있다는 것이다.[64] 『강감』에서는 '강(綱)'에 해당하는 본문을 적은 후 그에 대한 부연이나 역사적 평가를 세주(細註)로 쓰거나 '강목단왈(綱目斷曰)' 또는 '사신왈(史臣曰)'을 붙여 별도로 정리했다.[65] 그런데 조선후기 학자들이 이 『강감』의 사단을 높이 평가했다. 18세기 후반 임성주(任聖周, 1711~1788)는 종자(從子) 걸(杰)에게 "강감(綱鑑)의 당기(唐紀) 이하를 계속 보다가 그 안에 선악(善惡)과 득실(得失)을 논할 만한 곳이 있으면, 모두 사단(史斷)처럼 소론(小論)을 작성하여 한 책으로 만들어서 나에게 보이도록 해라. 강감(綱鑑)의 사단이 매우 좋으니, 만약 상세히 본다면 식해(識解)가 크게 진보할 뿐만 아니라 글 짓는 방법도 알 수 있을 것이다"라는 편지를 보냈다.[66] 또 역관(譯官)이 북경의 시장에서 물건을 매매할 때 새로 편찬된 『강감』이 어디에서 나왔다는 소문이 들리면 한 푼이라도 이익을 취하고자 먼저 사려고 다툰다는 말까지도 있었다.[67] 김익렴이 어떤 『강감』을 보았는지는 알 수 없지만, 『역대요성록』의

---

64) 『歷代妖星錄』, 4ㄱ, "綱鑑, 周顯王, 庚申八年, 綱彗星見西方. 衛公孫鞅入秦. 秦孝公元年. 史斷曰, 上書彗星見, 下書鞅入秦, 何哉. 盖秦自用鞅之後, 奪其餘烈日肆虎狼之毒, 凡上世神明之胄, 掃殄無遺. 且廢井田開阡陌, 罷封建置守宰, 擧先王之典籍, 盡畀之烈焰之中, 自古聖人良法美意, 掃地不存其爲彗也大矣, 星變之烈, 豈偶然哉. 然鞅乃西方之彗出, 而掃滅宇內者耳, 綱目特筆于此, 盖深意存乎其間也. 臣謹按, 商鞅肆惡, 足爲除舊之驗, 而盖周室垂亡諸侯橫恣之時, 則妖彗之灾, 豈獨爲秦一鞅而發也, 見乎西方, 安知非秦代周之兆乎, 惜乎, 周王之不能警動而振作也."

65) 가령, 『鳳州綱鑑會纂』 卷6, 周顯王紀, 5ㄱ(서울대 규장각한국학연구원, 奎中5524) 참고. 다만, 김익렴이 이 문헌을 참고했는지는 확실하지 않다.

66) 『鹿門集』 卷11, 書, 「答從子杰丙申二月」, 41ㄱ(228책, 236쪽), "綱鑑唐紀以下繼看, 而其中善惡得失有可論處, 皆作小論如史斷, 錄作一冊以示之可也. 綱鑑史斷甚好, 若詳見則不但識解長進, 亦可知作文之法也."

67) 『樊巖集』 卷21, 疏2, 「陳所懷疏疏未及上. 上已出御帳殿, 故以疏中辭意陳達, 疏則不徹」, 22ㄱ(235책, 409쪽), "夫象譯, 見利者也. 利之所在, 不遑他顧, 理無足怪. 方其燕肆和貿也, 聞有新編綱鑑自何而來, 則人情之好新, 無物不然, 而於冊子尤有甚焉. 或意其因是而圖取尺寸之利, 爭先購得."

저술 취지나 태도 등을 고려해 보았을 때 『강감』의 사단을 인용하고자 이것을 비중 있게 참고한 것이 아닌가 사료된다.

『역대명신주의』는 명 영락(永樂) 14년(1416) 황회(黃淮)와 양사기(楊士奇) 등이 황제의 명을 받아 은·주(殷·周) 대부터 송·원(宋·元) 대까지 총 8,000여 건의 주소(奏疏)를 64개의 항목으로 나누어 정리한 350권 분량의 문헌이다.[68] 64항목 중 '치도(治道)'가 46권 분량이고, '경국(經國)'과 '용인(用人)'이 각각 24권, '재상(災祥)'이 20권, '이재(理財)'가 12권, '예악(禮樂)'이 11권 분량이다. 이 중 혜성 관련 주소는 '재상'에 있다. 『역대명신주의』가 정확히 언제 조선에 전해졌는지는 알 수 없지만, 적어도 중종 36년(1541) 8월 무렵에는 조선에 들어와 있었고,[69] 광해군 2년(1610) 윤3월 30일(을해) 광해군은 천추사(千秋使) 행차 때 『역내명신주의』를 구해 오라는 지시를 내리기도 했다.[70]

사례를 하나 보면, 김익렴은 당 태종 정관(貞觀) 6년(632) 혜성 출현 시의 비서감(秘書監) 시신(侍臣) 우세남(虞世南)이 상언(上言)한 내용을 인용했다.[71] 당시 남쪽에서 길이 6척의 혜성이 100일 정도 출현했다가 사라졌는데, 태종이 자신의 부덕(不德)과 실정(失政)을 탓하자 우세남은 제(齊) 경공(景公)도 혜성을 맞아 두려워하며 덕을 닦아 혜성을 물리쳤다며 옛사람보다 낫다고 자만하거나 태평한 시기가 오래되었다고 방심하지 말고, 시종(始終) 근신하면 혜성이 연이어 보여도 두려워할 것이 못 된다고 상언했다. 이에 대해 태종은 나라를 다스림에 경공만큼 잘못한 일은 없지만, 18세에 왕업(王業)을 경륜하고, 24세에 천하를 평정하고, 29세에 황위(皇位)에 올라 사이(四夷)가 항복하고 천하가 평온해져, 본인 스스로 '고대 영웅 중에 난세를 평정한 군주로 나를 따라올 자는 없다'라는 자만심이 조금 생겼다고 하면서 이것이 자신의 과오라고 했다. 이어서 자신의 자만심 때문에 하늘이 변이(變異)를

68) 서울대 규장각한국학연구원DB 및 한국학중앙연구원 장서각DB의 『歷代明臣奏議』 해제 참고.

69) 『中宗實錄』 卷96, 36年 8月 27日(庚辰).

70) 『光海君日記』 卷27, 2年 閏3月 30日(乙亥).

71) 『歷代明臣奏議』 卷298, 災祥, 8ㄴ~10ㄱ(서울대학교 규장각한국학연구원 奎中1897).

보였다면서 진시황도 6국을 평정했고 수양제도 천하를 얻는 부를 누렸으나 교만하고 방종하여 하루아침에 패망했으니 자신은 교만하지 않고 두려워하겠다고 했다.

김익렴은 정관의 치세(治世)에도 혜성을 두려워하던 태종의 자세를 전하기 위해 이 고사를 수록한 것이라고 할 수 있다. 이러한 김익렴의 의도는 안설에서 분명하게 읽을 수 있는데, 김익렴은 우세남이 태종의 교만을 돌이키게 하려고 약석(藥石)과 같은 상언을 한 것이고, 태종 또한 이를 수용하여 자신의 잘못을 깨닫고 두려워하여 정관의 치세가 이루어진 것이라고 보았다.

그런데 김익렴은 우세남이 언급하지 않은 내용도 덧붙였다. 즉, 태종이 천하의 군대를 동원하여 안시성 전투의 후회를 면하지 못했으니 혜성의 출현이 군대가 일어날 조짐이라는 것은 깨닫지 못했었다는 것이다. 또 태종 정관 22년(戊申, 649) 태사(太史)가 친 성변점(星變占)에 삼대 후에 여주(女主) 무왕(武王)[측천무후]이 천하를 차지할 것이라고 했는데,[72] 하늘이 미리 경고한 것이 이처럼 명백하다며 두려워하지 않을 수 없다는 것이었다.[73] 혜성에 대한 위기감을 고조시키는 김익렴의 태도를 여기에서도 볼 수 있다.

끝으로 명 대의 것은 『황명기요(皇明紀要)』를 참고했다. 『황명기요』의 정식 명칭은 『황명통기집요(皇明通紀輯要)』이며, 이것은 『황명통기(皇明通

72) 『通鑑節要』 卷38, 唐紀, 太宗皇帝 下, [戊申] 22年, “初, 左武衛將軍李君羨, 直玄武門, 時太白, 屢晝見. 太史占云, 女主昌. 民間又傳秘記云, 唐三世之後, 女主武王, 代有天下. 上惡之.”

73) 『歷代妖星錄』, 14ㄴ~15ㄴ, “名臣奏議, 唐太宗, 貞觀六年, 有彗星見于南方, 長六尺, 經百餘日乃滅. 太宗謂侍臣曰, 天見彗星, 由朕之不德, 政有虧失, 是何妖也. 虞世南對曰, 昔齊景公時, 有彗星見, 懼而修德, 後十三日而星沒. 願陛下, 勿以功高古人而自矜大, 太平漸久而自驕逸, 若能愼終如始, 彗星繼見, 未足爲憂, 太宗曰, 吾之理國, 良無景公之過, 但朕年十八, 便爲經綸王業, 北剪劉武周, 西平薛擧, 東擒竇建德王世充, 二十四而天下定, 二十九而居大位, 四夷降伏注, 海內乂安, 自謂古來英雄撥亂之主, 無見及者, 頗有自矜之意, 此吾之過也. 上天見變, 良爲是乎, 秦始皇平六國, 隋煬帝富有四海, 旣驕且逸, 一朝而敗, 吾亦何得自驕也. 言念於此, 不覺惕然震懼. 臣謹按, 虞世南回太宗矜大之病, 而陳此藥石之言, 太宗受以爲過不覺震惕, 宜有貞觀之治矣, 第動天下兵, 未免有安市之悔, 而不念彗之爲兵徵, 嗚呼惜哉. 況太宗戊申二十二年, 太史回星變占, 三世後, 女主武王代有天下之兆, 然則天之先警若是其明矣. 豈不畏哉.”

紀)』를 증보한 사서(史書)이다. 『황명통기』는 명 가정(嘉靖) 34년(1555) 진건(陳建)이 저술한 명사(明史)로, 조선에는 명종 대에 유입되었다.[74] 그런데 『황명통기』는 사찬(私撰)으로서 오류의 위험성이 높다는 명 내부의 비판으로 융경(隆慶) 5년(1571) 금서로 지정되었고, 명말·청초의 학자들은 오류를 수정하고 내용을 보충하여 다양한 형태의 『황명통기』 증보본을 펴냈다. 『황명통기집요』는 이러한 증보본 중 하나이다.[75]

김익렴은 『황명통기집요』에서 총 5건의 혜성 기사를 인용했는데, 여기에 붙인 안설이 사실상 『역대요성록』의 결론이라고 할 수 있다. 김익렴은 시종 전란(戰亂)과 내란(內亂)에 관련된 고사를 인용하며 혜성에 대한 위기감을 고조시켰는데, 최종적으로는 혜성의 위기를 맞아 대명의리(對明義理)를 고수해야 한다고 결론지었다. 대명의리의 고수가 혜성의 재이를 없앨 수 있는 일종의 미재책(弭災策)이었던 것이다.

먼저 명 태조 홍무(洪武) 원년(1368) 정월의 혜성 기사를 옮기고 끄트머리에 '이 해에 원이 망했다[是歲, 元亡]'고 쓰면서, 진인석(陳仁錫)의 발언을 인용하여 혜성을 '오랑캐가 망할 조짐[胡亡之兆]', 또 구준(丘濬)의 발언을 인용하여 '명 태조가 황위에 올라 중국을 다시 통일하고 혜성이 출현한 후 원이 망하여 태평성세가 열리는 단초가 마련되었다'라고 했다.[76] 혜성의 출현 이후 원이 망하고 명 태조가 태평성세를 열었다고 한 이 대목은 청(淸)을 염두에 두고 쓴 것이었음이 분명하다. 그리고 무종 정덕 원년(1506)의 혜성 기사 뒤에는 영종 대 '함로(陷虜)의 변'이 있고[77] 수개월 동안 혜성이 출현했다면서 어찌

---

74) 『明宗實錄』 卷28, 17年 11月 26日(丙午).

75) 莊興亮, 「明代史家陳建的學述生平及其「皇明通紀」研究述評」, 『史學史研究』 2013 No.4, 2013, 33-35쪽.

76) 『歷代妖星錄』, 26ㄱ, "皇明紀要, 大明太祖洪武元年正月, 彗星見于昴畢之間, 三月又出于昴北. 是歲, 元亡. 陳明卿曰, 彗見, 卽胡亡之兆. 丘濬曰, … 聖祖, 以正月卽皇帝位復中國之統. 彗星卽見于昴畢之間, 三月又出于昴北, 七月而元亡, 除腥羶之舊穢, 布文明之新化, 以開千萬年太平之端天也."

77) 明 英宗[正統帝]이 몽골 부족 오이라트[瓦剌]의 에센[也先]에게 포로로 잡힌 '土木堡의 變'을 말한다. 15세기 중엽 에센은 통일체제를 형성하고 무슬림 상인과 결속하여

하늘이 미리 경고한 것이 아니겠냐는 안설을 달았다. 이어서 혜성이 출현한 헌종 및 무종 대에도 또한 병상(兵喪)의 응험이 있었다고 했다.[78)]

『역대요성록』의 가장 마지막 기사로 명 신종 대의 혜성 기사를 수록했다. 만력(萬曆) 5년(1577) 10월 초하루에 출현한 혜성 기사에 이어서 만력 46년(1618)의 기사를 적었는데, 이때의 혜성을 마치 명과 후금(後金) 사이에 일어난 전쟁의 전조(前兆)처럼 적었다. 즉, "누르하치(奴兒哈赤)가 강군으로 무순(撫順)을 습격하여 이영방(李永芳)을 잡고 성이 함락되었으며 총병(總兵) 장승윤(張承胤)과 양여귀(梁汝貴) 등이 죽었다. 황제가 특별히 장수 이여백(李如栢), 유정(劉綎), 양호(楊鎬)를 다시 기용하여 요계(遼薊)의 큰 군대를 이끌게 하였다. 이때 동쪽에서 백기(白氣)가 하늘 끝까지 뻗쳤는데, 그 점(占)에서 혜성과 치우기의 상으로 병란(兵亂)을 주관한다고 하였다"라는[79)] 것이었다.[80)]

김익렴은 이 기사의 안설에서 대명의리를 강조했다.

> 신이 삼가 살펴보니, 10장(丈)의 혜성이 만력 병자년(1576)에 출현했고, 이로부터 16년 후 우리나라에 임진왜란이 일어났습니다. 오직 우리 천조(明

명에게 교역 확대를 요구했다. 명은 이를 거부했고, 에센이 명의 변경인 대동을 침공하자 英宗이 군사 50만을 이끌고 친정을 나갔다가 포로로 잡혔다. 이를 '土木堡의 變'이라고 한다. 오이라트의 교역 확대 요구와 '土木堡의 변'은 오이라트 세력이 유라시아 지역으로 확대되고, 무슬림 상단과 결탁하는 과정에서 일어났다고 할 수 있다. 조원, 「明·오이라트 通貢·互市의 양상과 성격」, 『몽골학』 67, 2021, 155~182쪽 참고.

78) 『歷代妖星錄』, 28ㄱ, "武宗正德元年彗星見參井掃太微垣. 臣謹按, 英宗有陷虜之變, 則彗出數月, 豈非天之警告乎. 憲宗武宗之時, 亦有兵喪之應."

79) 『歷代妖星錄』, 28ㄱ~ㄴ, "神宗萬曆五年十月朔, 彗星見斗牛間, 其尾指婺女, 長數十丈. 四十六年, 奴兒哈赤, 以勁兵襲撫順市, 執將李永芳, 城遂陷, 總兵張承胤梁汝貴等死之, 上特起廢將李如栢劉綎楊鎬, 總督遼薊大興之師, 時東方有白氣長竟天, 其占爲彗及蚩尤旗象, 主兵." ; 『皇明通紀輯要』 卷18, 神宗顯皇帝紀, [丁丑]萬曆5年, 21ㄴ ; 同 卷21, 神宗顯皇帝紀, [戊午]萬曆46年, 27ㄱ~29ㄱ(한국학중앙연구원 K2-140)

80) 1618년 4월 13일 누르하치는 이른바 '七大恨'을 하늘에 고하고 명에 선전포고했다. 後金은 遼東의 撫順城과 淸河堡를 차례로 함락시켰고, 이를 계기로 명과 후금의 전면전이 시작되었다. 이때 요동지역 군대 총지휘관으로 임명된 이가 楊鎬였고, 李如栢과 劉綎도 지휘관으로 참전했다. 이상의 사정은 유지원, 「사르후(Sarhu) 전투와 누르하치」, 『명청사연구』 13-1, 2000, 156~157쪽 참고.

> 朝)가 천 리 밖에서 군사를 일으켜 9년 동안 동정(東征)하면서 군량과 은화(銀貨)가 막대하게 소비되었고, 전후로 출병한 군사는 10만이 넘습니다. 이 덕분에 삼한(三韓)은 다시 나라를 세웠고 종묘와 사직에 제사를 지낼 수 있게 되었으니, 그 망할 뻔한 나라의 대를 이어주고 죽은 이를 다시 살려준 은혜는 우리나라가 만세토록 잊을 수 없는 것입니다. 그런데 황조(明朝)의 재정이 고갈되고 힘이 소진되어, 천하가 소란스럽게 된 폐단은 진실로 동정(東征) 이후의 일이니, 이것이 어찌 혜성이 미리 경고한 징조가 아니겠습니까?[81]

요컨대 만력 병자년에 출현한 혜성은 임진왜란의 전조였으며, 조선을 돕다 국력이 쇠약해진 명의 '재조지은(再造之恩)'을 영원토록 잊어서는 안 된다는 것이었다. 이어서 김익렴은 천하의 대의(大義)는 진실로 강상(綱常)에 매여있고 임진년에 입은 두터운 은혜는 더욱 끝이 없으니, 세상이 변하고 시대가 바뀐다고 해도 천성(天性)을 저버려서는 안 된다고 했다. 결국 이 명에 대한 의리를, 세상을 다스리는 도구로 삼아야 한다는 것이 마지막 안설의 요지였다.[82]

사실 김익렴이 『황명통기집요』를 인용한 것은 다분히 의도적이라고 할 수 있다.[83] 그 오류로 인해 명말에 이미 다양한 형태의 『황명통기』 증보본이 편찬되었다는 사실은 앞에서 언급했는데, 조선에서도 이와 같은 이유로 『황명통기』의 편찬 및 반포가 문제시되었다. 선조 대 초반 『황명통기』의

81) 『歷代妖星錄』, 28ㄴ, "臣謹按, 十丈之彗亡, 出於萬曆丙子, 則其後過十六年, 我國有壬辰之亂, 惟我天朝, 千里興師, 九年東征, 粮餉費累萬, 銀化費鉅萬, 前後出兵數過十萬, 遂使三韓再造廟社血食, 其興亡繼絶生死肉骨之恩, 在我國則雖萬世不可忘也. 而皇朝之財匱力竭, 天下蕭然之弊, 實由於東征之後, 此豈非彗星先警之驗乎."

82) 『歷代妖星錄』, 29ㄱ~ㄴ, "嗚呼, 天下大義, 實係綱常, 壬辰厚恩, 亦復罔極, 則豈忍以世遷時易, 遽汨其秉彝之天乎. 聖上, 將此義理, 以爲礪世之具, 則國家幸甚天下幸甚."

83) 이하 16세기 후반 『皇明通紀』의 평가가 변화한 사정에 관해서는 윤정, 「숙종대 明史 진강과 명 사적의 재인식-『皇明通紀』의 진강을 중심으로-」, 『역사와 실학』 74, 2021, 158~161쪽을 참고하였다.

인출이 있었는데, 신료들은 그 반포에는 반대했다. 『황명통기』는 개인의 견문으로 취사와 의논이 바르지 않다는 이유에서였다. 당대(當代)의 역사를 편찬한 것이라 참고 자료가 제한적일 수밖에 없고, 정치적 조치에 대해 객관적인 시각을 일관성 있게 견지하지 못한 까닭에 논의가 바르지 않다고 지적했다. 그런데 선조 대 후반부터는 분위기가 달라졌다. 임진왜란을 겪고 명의 재조지은이 부각되면서, 명의 사적을 파악할 수 있는 자료가 필요했는데, 이 수요를 다소나마 충족할 수 있는 것이 『황명통기』였다. 이러한 배경에서 숙종 대에는 명사 경연 교재로도 채용되었다. 임진왜란 이후 대명의리의 명분적 당위성이 강화되면서 『황명통기』에 대한 인식이 바뀌게 되었고, 김익렴의 『황명통기집요』 참고 및 인용은 이러한 배경에서 이루어지게 되었다.

그렇다면 김익렴은 왜 대명의리의 고수를 『역대요성록』의 결론으로 삼았던 것일까. 이것은 『역대요성록』을 지은 '현종 5년(1664)'의 정치적 상황과 밀접하게 관련되어 있다. 앞에서 살펴보았듯이, 당시 김익렴은 친송시열계의 서인 강경파 언관으로서 서인의 정치적 입장을 강하게 대변하고 있었다. 당시는 이른바 '공의(公義)·사의(私義) 논쟁'으로 송시열로 대표되는 서인 산림계가 수세에 몰린 상황이었다. 김익렴은 이러한 위기 국면에서 혜성의 재이가 발생하자 전략적으로 대명의리의 고수를 미재책으로 제출하여 이를 타개하고자 했던 것이 아닌가 사료된다.

현종 5년의 '공의·사의 논쟁'은 현종 4년(1663) 11월 6일(경오) 수찬 김만균(金萬均, 1631~1676)의 사직소(辭職疏) 제출로 시작되었다.[84] 김만균은 청 사신을 맞이하기 위해 모화관(慕華館)에 친행(親幸)하는 현종의 배종(陪從)을 피하고자 사직소를 제출했다. 그의 조모 연산서씨(連山徐氏)가 병자호란 때 강화도에서 순절한 점을 들어 사정(私情)에서 볼 때 원수를 접대하는

84) 이하 공의·사의 논쟁에 관해서는 鄭萬祚, 「朝鮮 顯宗朝의 公義·私義 論爭과 王權」, 조선시대사학회 편, 『동양 삼국의 왕권과 관료제』, 국학자료원, 1998, 135~159쪽을 참고하였다.

일에 따라갈 수 없다는 이유에서였다. 그런데 당시 조정의 여론은, 심지어는 같은 서인 내에서도, 사정보다는 공사(公事)의 수행을 우선해야 한다는 것이었다. 현종 또한 김만균의 사정론(私情論)을 비판했고, 김만균은 하옥되었다. 그런데 송시열을 대표로 하는 서인 산림계는 김만균의 사정론을 지지했다. 송시열은, 이것은 조손(祖孫)간의 대륜(大倫)으로서, 복수는 5세에 이르러야 그만둘 수 있다는 '주자의 5세 복수설'에도 부합한다고 했다.

당시 공의론(公義論)을 이끌었던 인물은 서인 내에서 한당계(漢黨系)로 분류되는 서필원(徐必遠, 1614~1671)이었다. 서필원의 공의론은 벼슬에 나와 신하로서 임금을 섬긴다면 어디까지나 신하된 도리를 다하는 공의에 최우선의 가치를 두어야 한다는 것이었다. 반면에 송시열이 옹호한 사정론은 한 개인의 의리가 아니라 존주의리(尊周義理)와 복수설치(復讎雪恥)를 바탕으로 하는 것이었고 세속적인 군주권보다는 도학(道學)에 최고 가치와 권위를 부여하던 서인 산림계가 가졌던 정치관의 소산이었다고 할 수 있다. 이 점에서 송시열의 사의론이 도학을 앞세워 군주권을 견제하는 신료 중심의 '세도(世道)'적 성격을 지닌 것이었다면, 서필원의 공의론은 군주권이 도학에 앞선다는 '존군(尊君)'적 성격을 띠는 것이었다고 할 수 있다. 이후 조정은 사의론의 준론(峻論)과 공의론의 완론(緩論)으로 나뉘어 논쟁을 벌였다. 한편 김익렴이 준론의 편에 섰다는 사실을 직접 알려주는 사료는 없지만, 그 발단이었던 김만균이 김집의 조카로서 같은 광산김씨 가문이었다는 점, 그리고, 이전부터도 그러했지만, 이후에도 줄곧 친송시열계 인사로 강성한 정치 활동을 펼쳤다는 점 등에서 마땅히 준론의 편에 섰을 것으로 추측된다.

현종은 시종일관 공의론의 완론을 지지했다. 군주로서 사의론이 갖는 세도 우선론에 불만을 품는 것은 어찌 보면 당연한 처사였다. 논쟁은 현종 5년 8월 무렵 별다른 결론 없이 마무리되었지만, 결과적으로는 완론의 완승이었다. 현종의 완론 지지로 기해예송 이후 정치의 중심에서 밀려나 있던 한당계는 다시 집권할 수 있는 발판을 마련하였다. 반면에 준론, 산림계의 정치적 입지는 축소될 수밖에 없었다. 그리고 이때의 패배로 송시열의 입조(立朝) 명분은 위축되었다. 가령 집의 이단상(李端相, 1628~1669)은 당시 송시열이 벼슬길에 가벼이 나오지 못하게 된 네 가지 이유 중 하나로 이 공의·사의 논쟁을 들었다.[85]

김익렴의 『역대요성록』 편찬은 공의·사의 논쟁 직후에 이루어졌다. 가문·학문적 배경과 전후의 정치 활동을 보았을 때 친송시열계 강경파 인사였던 김익렴이 사의론인 준론의 편에 섰음은 분명하다. 사의론은 존주의리와 복수설치를 배경으로 하였고, 이 연장선에서 김익렴은 『역대요성록』에서 재조지은과 대명의리를 강조한 것으로 보인다. 이러한 『역대요성록』의 편찬은 서인 산림계가 정치적으로 수세에 몰린 상황에서 이를 재이론을 통해 타개하고자 했던 전략적인 접근이었고, 이 점에서 김익렴의 『역대요성록』에는 정치성과 이념성이 투영되어 있으며, 정치 지향적이고 의리·명분에 대한 이념적 성향이 강하다고 평가할 수 있겠다.

2. 현종 9년(1668) 『역대수성편람(歷代修省便覽)』의 존군적(尊君的) 재이론

1) 남인 청남계 이옥(李沃)의 생애와 정치 활동

이옥의 생애와 정치 활동은 아들 이만부(李萬敷, 1664~1732)가 지은 행장(行狀)을 통해 살펴볼 수 있다. 이옥은 인조 19년(1641) 6월에 태어나 효종 7년(1656) 16세 때 전주이씨 이동규(李同揆, ?~1677)의 딸과 혼인했다.[86] 이동규

85) 『顯宗實錄』 卷9, 5年 10月 28日(丙戌).

86) 『息山集』 卷22, 行狀, 「先府君家狀」, 2ㄱ~ㄴ(178책, 456쪽), "皇明懷宗崇禎十四年辛巳六月十有三日生府君, … 丙申, 聘貞夫人完山李氏, 承旨同揆之女, 領議政聖求之孫, 吏曺判書睟光之曾孫也. 府君始受業於東州公, 東州公卽議政公弟也. 府君讀春秋班氏漢史暨工部詩, 以基軸於文學."

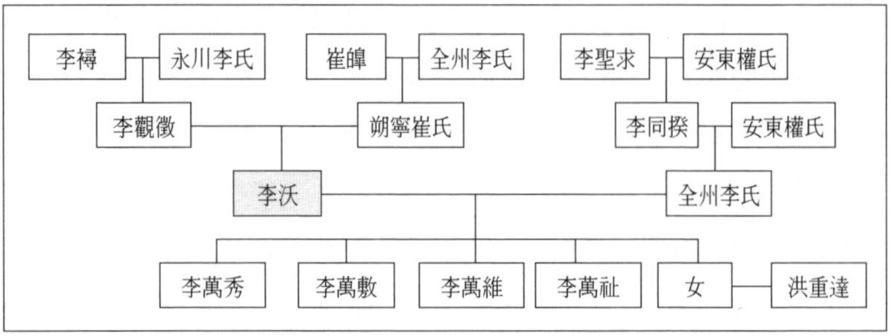

〈그림 6-2〉 17세기 연안이씨(延安李氏) 이옥(李沃)의 가계도

의 부친은 이성구(李聖求, 1584~1644)이고, 이성구의 부친은 이수광(李睟光, 1563~1628)이다. 이러한 배경에서 이옥은 이성구의 동생인 이민구(李敏求, 1589~1670)[東州]로부터 배울 수 있었다. 이 시기 이옥은 『춘추(春秋)』,[87] 『한서(漢書)』, 두보(杜甫)의 시를 학문의 중심으로 삼았다고 한다. 또 유성룡의 손자 유원지(柳元之, 1598~1678)로부터 역학(易學)을 배웠고, 허목의 강론(講論)을 따랐다고 한다.[88] 그리고 이옥은 현종 원년(1660) 20세의 나이로 증광 문과에 급제했는데,[89] 이민구와 채유후(蔡裕後, 1599~1660)[湖州]는 그의 대책문을 읽고 칭찬하였고, 또 과거를 준비하는 자들은 그의 대책문을 모범답안처럼 외웠다고 한다.[90]

이옥은 그의 부친 이관징(李觀徵, 1618~1695)과 함께 정치적으로는 남인으로 분류된다.[91] 이 점은 기해예송 때의 행적을 통해 엿볼 수 있는데, 가령

---

87) 정확히는 『春秋左氏傳』이었던 것으로 보인다[『博泉集』 文集, 附錄, 卷1, 過庭錄, 1ㄱ~ㄴ(속44책, 331쪽), "府君旣聘于混泉公之門, 混泉之叔父東州公, 文章冠一世, 府君就而學焉. 初授春秋左傳, 班氏史暨工部詩, 以基軸於文章"].

88) 『息山集』 卷22, 行狀, 「先府君家狀」, 25ㄱ(178책, 468쪽), "府君嘗曰, 我見東州, 知時文之不足事. 問易於柳拙齋元之, 從眉叟講論."

89) 『國朝文科榜目』 卷12(奎106-v.5), 64면, 同年(=庚子)增廣榜, 丙科二十四人, 李沃.

90) 『息山集』 卷22, 行狀, 「先府君家狀」, 3ㄱ(178책, 457쪽), "東州湖州讀府君對策, 莫不稱賞, 治擧業者, 傳誦以程式焉."

91) 李觀徵-李沃-李萬敷의 삼대로 대표되는, 이른바 '延安李氏 息山家門'은 17세기 중·후반의 대표적인 남인 가문이다. 가계에 대한 대략적인 설명은 김주부, 「息山 李萬敷의 學問形成과 交遊樣相 一考察-嶺南 南人系 學人을 中心으로-」, 『漢文學報』 19, 2008, 379~388쪽이

이관징은 현종 4년(1663) 4월 지평(持平)에서 장령(掌令)으로 승진한 후 기해예송 때 처벌받은 허목, 윤선도(尹善道, 1587~1671), 조경(趙絅, 1586~1669), 홍우원(洪宇遠, 1605~1687)을 구원하려다 전라도사(全羅都事)로 좌천되었다.[92]

이옥 역시 예송논쟁에서 철저하게 남인의 입장을 따랐다. 행장에 따르면, 기해예송 이후로 예송이 분기(紛起)하고 삼년복을 주장한 사람들이 모두 처벌받자, 이옥은 상중(喪中)에도 예서를 읽으면서 종통(宗統)을 존경(尊敬)하는 의리를 거듭 밝혔다고 한다. 그리고 나라에 예법이 바로 서지 않았는데 신하로서 어떻게 출사할 수 있겠냐며 누차 관직을 사양했다고 한다. 한편 현종이 말년에 기년복의 잘못을 깨닫고서 바로잡으려 했으나 하지 못했고, 이어서 숙종이 즉위하여 큰 결단을 내려 나라의 예법이 바로 서게 되어 허목이 등용되고, 이옥도 산관으로 있다가 지평을 제수받았는데, 이옥은 이후로 동료들과 함께 송시열(宋時烈, 1607~1689)이 예를 그르친 죄를 논했다고 한다.[93]

한편 이옥은 갑인예송 이후 남인이 청남(淸南)과 탁남(濁南)으로 나뉠 때 허목을 따라 청남으로 갔다. 사실 이옥은 남인이 청탁으로 분기할 때 그 중심에 있었던 인물이다. 남인이 청탁으로 분열된 계기는 여러 가지가 있었는데, 그중 하나가 숙종 4년(1678) 2월 '이옥의 홍문관 부제학 의망(擬望) 논쟁'이다.[94]

참고된다.

92) 『博泉集』 文集, 補遺, 卷2, 行狀, 「先考輔國崇祿大夫行判中樞府事兼吏曹判書判義禁府事知經筵春秋館事世子左賓客致仕奉朝賀府君行狀」, 4ㄱ~ㄴ(속44책, 320쪽) ; 『芹谷致政公年譜 : 幷附錄』(국립중앙도서관, 한古朝57-가513), 上, 23~24면, "(崇情後)19年, 顯宗4年, 癸卯, 公46歲. … ○ 4月, 移持平陞掌令. …"

93) 『息山集』 卷22, 行狀, 「先府君家狀」, 5ㄱ~ㄴ(178책, 458쪽), "自是, 禮訟紛起, 其爲三年之論者, 諸人俱得罪. 府君居喪讀禮, 至於尊統敬宗之義, 尤反復致意, 有所見到, 嘗慨然曰, 邦禮未正, 則爲臣子者不可以從仕, 故至是累辭除命. 八月, 先王昇遐, 今上卽位, 先王末年, 覺悟期年之失, 欲釐正之而未及, 今上繼述, 赫發英斷, 亟正邦禮. 禮延許先生登庸焉. 府君初以官無所屬作散, 俄拜持平, 與同僚論時烈誤禮之罪."

94) 나영훈은 당론서와 연구사를 검토하여 淸濁 분기의 政爭을 총 다섯 가지로 정리했다.

『당의통략(黨議通略)』은 당시의 논쟁을 다음과 같이 정리하였다.[95] 숙종 4년(1678) 2월 허목이 이조판서 홍우원에게 편지를 보내 이옥을 홍무관 부제학에 추천했다. 당시 이옥은 회양부사(淮陽府使)로 있었는데,[96] 허목의 추천으로 다시 중앙으로 복귀할 기회를 얻게 되었다. 그러자 이조참의 유명천(柳命天, 1633~1705)이 이옥의 과거 행적을 문제 삼으며 반대했다.[97] 이옥이 일찍이 송시열에게 편지를 보내 비굴하게 아첨한 적이 있는데, 이제 송시열의 처벌이 국시(國是)로 정해지니깐 송시열의 처벌을 주장하고 나섰다며 그의 부제학 추천은 타당하지 않다는 것이었다. 그러자 이옥의 동생 이발(李渤)이 상소를 올려 유명천과 그의 아우 유명현(柳命賢)은 지나치게 여색을 탐하고 더럽고 자질구레하다고 비난했다. 이에 유명천은 다시 상소해 이옥이 부친을 따라 영남에 내려갔을 때 영덕군 영해(寧海)의 재전(災田) 100결을 훔쳤고, 무인 이중신(李重信)과 이섬(李暹)의 말을 갈취했으며, 금천(衿川)의 민전(民田)을 빼앗는 등 간사한 일을 저질렀다고 고발했다. 지평 이현일(李玄逸, 1627~1704)은 이옥과 유명천의 말이 장사치나 아녀자가 다툴 때나 하는 말 같아 모두 믿을 수 없다면서 두 사람을 모두 탄핵해야 한다고 했다. 그런데 판의금부사 김석주(金錫胄,1634~1684)는 유명천의 편을 들었고, 이옥·이발 형제는 유배되었다. 『당의통략』에서는 이옥을 허목의 당으로 유명천을 허적(許積, 1610~1680)의 당으로 나눴고, 이 논쟁을 계기로 남인이 청남과 탁남으로 분열되었다고 보았다.[98]

즉, ① 1675년 3월, '홍수지변'에 대한 삼복의 처벌 문제, ② 1675년 7월, 민희의 복상 문제, ③ 1675년 9월, 도체찰사부 설치 문제, ④ 1677년 5월(2차), 송시열 처벌 문제와 고묘론, ⑤ 1678년 2월, 이옥의 부제학 추천 문제가 그것이다. 나영훈, 「숙종초 근기남인의 정치적 논쟁과 대립」, 『朝鮮時代史學報』 105, 2023, 365쪽 참고.

95) 이건창 저(김용흠 역해), 『당의통략, 조선의 정치와 당쟁을 다시 읽는다』, 아카넷, 2020, 139~140쪽.

96) 『承政院日記』 261冊, 肅宗 3年 9月 9日(癸未).

97) 『肅宗實錄』 卷7, 4年 2月 12日(癸丑).

98) 『당의통략』에서는 이 문제와 더불어 송시열 처벌 문제를 청탁 분기의 계기로 보았다[이건창 저(김용흠 역해), 앞의 책, 2020, 140쪽]. 한편 나영훈은 이옥의 부제학 의망 논쟁은 이옥과 유명천 집안의 오랜 원한 관계에서 촉발된 것으로, 이를 계파적 분열로

행장에는 당시의 '억울했던' 사정이 잘 나와 있다. 이에 따르면, 이때 이옥을 가장 괴롭혔던 사건은 전결(田結) 사건과 서찰(書札) 사건이었다고 한다.[99] 행장의 내용을 중심으로 재구성해 보면, 먼저 전결 사건의 경우, 현종 14년(1673) 3월 이관징이 경상감사에 제수되면서[100] 이옥도 함께 영남으로 내려갔다. 이때 오시복(吳始復, 1637~1716)이 경상도 영해(寧海)에 재상경차관(災傷敬差官)으로 내려왔는데, 이옥은 영해군수 조정우(曺挺宇)와 친분이 있었고, 영해의 재해가 최고로 심해 구휼해야 한다고 하니, 오시복이 이를 허락했다. 군수 조정우는 경차관 오시복의 의중을 파악하고 이를 하급 서리에게 맡겼는데, 유리(由吏)가 오시복의 위엄에 겁을 먹고 실결(實結)로 보고한 후 재적(災籍)으로 보고했고, 오시복은 이를 규정 위반으로 여겨 구휼을 거절했다.[101] 또 서찰 사건의 경우, 이옥이 충청도사 시절[102] 천안(天安)을 지나가다 송시열의 문객인 천안군수 조경빈(曺敬彬)을 만났다. 이때 조경빈은 이옥에게 송시열이 쓴 장자(幛子)를 하나 보여주었고, 이옥은 인사치레로 칭찬의 말을 건넸다. 그런데 조경빈은 이를 진심으로 받아들여 이옥에게 정식으로 송시열의 여덟 글자를 보냈고, 이옥은 어쩔 수 없이 감사하다는 편지를 한 통 보냈다.[103]

보기는 어렵다고 했다. 아울러 당대의 집권 남인이 청남과 탁남으로 일목요연하게 분리되어서 노론과 소론, 서인과 남인처럼 分黨했던 것이 아니라 정책 수행 과정에서 충돌한 것으로 보는 게 더 합리적일 것이라는 지적도 덧붙였다. 나영훈, 앞의 글, 2023, 390~392쪽 참고.

99) 『息山集』 卷22, 行狀, 「先府君家狀」, 13ㄱ(178책, 462쪽), "持府君最急者, 田結事書札事也."

100) 『顯宗實錄』 卷21, 14年 3月 6日(丙子).

101) 『息山集』 卷22, 行狀, 「先府君家狀」, 13ㄱ~ㄴ(178책, 462쪽), "田結事者, 當致政公按嶺, 始復以敬差臨境, 府君與寧海倅曺挺宇有素, 爲言寧海被災最酷, 宜加寬恤, 始復許焉. 挺宇旣探得敬差意, 以之托下吏, 而由歸吏, 旣呈惕威加實之籍, 而繼進災籍, 始復以違規卻之."

102) 『顯宗實錄』 卷14, 9年 2月 23日(壬辰), "禮曹佐郎李沃因災異上疏, 論修省之道, 仍進二編書, 名之曰歷代修省便覽, 上優批嘉納之."; 『息山集』 卷22, 行狀, 「先府君家狀」, 4ㄴ(178책, 457쪽), "戊申, 拜禮曺佐郎兼春秋館記事官, 因災異求言, 採經史災異之徵編, 而目之曰修省便覽, 隨疏以進, 略曰, … 拜忠淸道都事." 이옥은 禮曹佐郎으로 재임 중이던 현종 9년(1668) 2월 23일(임진) 『歷代修省便覽』을 撰進했고, 얼마 후 忠淸都事에 제수되었다.

103) 『息山集』 卷22, 行狀, 「先府君家狀」, 13ㄴ(178책, 462쪽), "書札事者, 府君之佐湖幕也, 巡過天

행장의 내용이 사실이라면 이옥이 억울했을 법도 하다. 그런데 행장에서는 이옥이 처벌받은 탓을 모두 김석주에게로 돌렸다. 이옥이 이미 김석주의 미움을 사 김석주가 이옥이 전에 보낸 편지에 가짜로 아첨하는 말을 넣어 사람들을 현혹시켰다는 것이다. 그리고 전결 사건과 서찰 사건은 모두 단순하고 우연히 일어난 일인데, 문서를 꾸미고 지어내 억지로 명분[名目]을 만들었다고 했다. 그래서 처음에는 청주 사람 이사안(李師顔)을 시켰고,[104] 나중에는 유명천 형제를 앞장서도록 한 것이라고 했다. 또 이들은 허적에게 붙고 김석주에게 의지해 권세를 잡고 휘두른 것이고, 오시복은 이옥이 우연히 보낸 서찰을 입수해 공적을 쌓으려고 거듭 궁리한 것이라고 했다.[105] 하지만 부제학 의망 논쟁 중 불거진 이옥의 과거 행적은 김석주의 1차 조사 이후 재조사 없이 숙종에게 보고되었다. 이로써 유명천·유명현 형제는 바로 석방되었고, 이옥·이발 형제는 각각 선천(宣川)과 철산(鐵山)으로 유배되었다.[106]

『당의통략』의 내용이 모두 옳은 것은 아니고, 행장도 주인공에게 유리하게끔 기술되기 마련이므로, 이옥의 부제학 의망 사건을 정확히 파악하려면 다른 사료와 비교해 보아야 할 것이다. 하지만 이옥의 정치색은 분명하게 알 수 있다. 가계와 사승 관계에서도 보았지만, 허목과 홍우원이 이옥을 추천했다는 점, 척신 김석주와 갈등이 있었다는 점, 이 사건이 터졌을 때 허목과 홍우원이 이옥의 구원소를 올렸다는 점[107] 등을 보면 이옥이 남인

安, 天安倅曺敬彬, 宋時烈門客也, 示以時烈手筆幛子. 府君偶稱其善, 曺謂當介而致一本, 府君亦慢應可之, 曺後果以時烈八大字送之, 府君不得不一書修謝矣."

104) 『肅宗實錄』 卷6, 3年 6月 16日(辛酉). 이 일이 있기 8개월 전 清州人 李師顔은 이옥이 조정에서 간사한 일을 반복적으로 하는 사람이라는 상소를 올렸다.

105) 『息山集』 卷22, 行狀, 「先府君家狀」, 13ㄴ(178책, 462쪽), "府君既忤錫冑, 冑贋作府君前書, 添以諛辭, 播惑衆聽. 二事卽偶爾酬酢, 而文飾裝撰, 勒加名目. 使師顔試之於先, 天賢挺身於後. 附積倚冑, 藉權張埶, 而始復索得府君偶札, 資積重究."

106) 『息山集』 卷22, 行狀, 「先府君家狀」, 14ㄱ(178책, 462쪽), "閔熙遞金吾, 錫冑代之, 不加再究而獻讞, 全釋天賢, 而府君謫宣川, 知縣公謫鐵山."

107) 『肅宗實錄』 卷7, 4年 2月 12日(癸丑).

중에서도 친허목계 인사로 활동했었다는 사실을 확실히 알 수 있다. 예송논쟁에서 이옥이 취했던 태도의 연장에서 자연스럽게 이해할 수 있는 대목이다.

이옥은 선천에 유배된 지 1년 만에 서울로 돌아왔지만, 조정 분란의 단초를 제공했다는 죄목으로 다시 정주(定州)에 유배되었다.[108] 그리고 숙종 6년(1680) 경신환국이 일어나자 송시열의 원한을 갚겠다는 이들이 이른바 고묘론(告廟論)을 주장했던 사람들의 처벌을 요구했고, 같은 해 9월 이옥은 다시 회령(會寧)으로 유배되었다. 회령은 불모지이자 야인(野人)과 국경을 마주한 지역으로, 서울과는 수천 리 떨어진 곳이었다. 행장에 따르면, 이옥은 선산과도 멀고 군친(君親)과도 떨어져 평안할 수 없는 이곳에서 더욱 학문에 매진하며 경술(經術)을 연마하고 역사[古今]를 탐구했다고 한다.[109]

또 서관(西關)에 있었을 때[110]와 같이 문 앞까지 찾아와 수업을 청하는 이들도 있었다. 이옥은 죄를 무겁게 여겨 사양하며 돌려보냈으나 두 유생만은 끝내 지키고서 떠나지 않았다고 한다.[111] 그런데 숙종 8년(1682) 5월에는 이것이 문제가 되었다. 이옥이 가르친다는 명분으로 회령의 선비를 다수 모아놓고 부정한 말로 선동하여 사람들의 마음을 현혹한다는 의혹이 일었고, 이옥은 갑산(甲山)으로 이배되었다.[112] 그리고 숙종 12년(1686)에는 서북

---

108) 『肅宗實錄』 卷8, 5年 6月 14日(丁丑); 同 15日(戊寅). 이때의 여론을 보면, 이옥과 유명천의 반목이 생겼을 때 유명천의 편을 든 사람을 緩論, 이옥의 편을 든 사람을 峻論으로 불렀다. 즉, 이옥은 이러한 여론의 분열을 초래했다는 죄목으로 다시 유배된 것이다.

109) 『息山集』 卷22, 行狀, 「先府君家狀」, 16ㄱ~ㄴ(178책, 463쪽), "明年庚申春, … 欲爲時烈報怨者, 請罪論告廟諸人, … 九月, 府君復竄于會寧. 會寧窮髮之北, 而接野人界, 距京師數千里. 府君別丘墓, 離君親, 有難平之境. 然任分僦屋, 益肆力於文學, 磨礱經術, 探討古今."

110) 평안도 先川과 定州에 귀양 갔을 때를 말하는 것으로 보인다.

111) 『息山集』 卷22, 行狀, 「先府君家狀」, 16ㄴ(178책, 463쪽), "近邑人士, 造門請業, 如西關時, 然府君以罪累尤重, 擧謝之而有二生, 守不去者."

112) 『肅宗實錄』 卷13, 8年 5月 28日(乙亥), "金壽恒言, 北道定配罪人李沃以訓誨爲名, 多聚會寧多士, 鼓煽邪說, 誑惑人心, 請移配所. 上從之."; 『息山集』 卷22, 行狀, 「先府君家狀」, 16ㄴ(178책, 463쪽), "壬戌, 同府校生崔愼者, 自托時烈門徒, 至京投疏言, 某結徒邊上, 唱邪說惑人心, 金壽恒以首相, 傅會愼言白, 移甲山."

지역에 큰 기근이 들어 다시 곡성(谷城)으로 이배되었다.[113]

이옥은 숙종 20년(1694) 갑술환국을 계기로 정계를 완전히 떠났다. 이듬해에 부친상을 당했고, 3년 후인 숙종 24년(1698) 봄에 온 가족을 데리고 경상도 상산(商山)으로 거처를 옮겼다. 그의 자손에게 상산은 제2의 고향과도 같은 곳이었다. 가을에 유성룡 고택과 병산서원(屛山書院)·도남서원(道南書院) 등을 방문했는데, 이 무렵 턱 위에 생긴 작은 종기가 심해져 숙종 24년 9월 23일 58세를 일기로 생을 마감하게 되었다.[114]

요컨대 이옥은 남인 중에서도 친허목계 청남의 관료 지식인이었다. 그의 정치 활동은 현종~숙종 대 예송과 환국의 정국에 따라 크게 좌우되었다. 자당(自黨)의 성쇠(盛衰)에 따라 정치적 득실이 갈렸고, 관직 생활과 유배 생활을 반복했다. 이것은 그만큼 그의 정치색이 뚜렷했던 까닭일 것이다. 그는 관직에 있는 동안 남인의 당론에 따라 정치 활동을 펼쳤고, 현종 9년 『역대수성편람』의 편찬은 그의 정치 활동의 소산으로 이해하는 게 옳을 것이다.

2) 고학(古學) 중심의 도학(道學)과 존군론(尊君論)

그렇다면 이옥의 학문과 사상은 어떠했을까. 일반적으로 17세기 허목을 대표로 하는 근기남인계는 육경(六經)과 고학(古學)을 중시했다고 알려져 있다.[115] 가령, 이옥의 스승 이민구는 육경과 선진(先秦)·양한(兩漢)·당송(唐宋) 대의 글을 모두 고문(古文)에 포함시키고, 경학서와 역사서, 제자백가,

---

113) 『息山集』 卷22, 行狀, 「先府君家狀」, 16ㄴ(178책, 463쪽), "丙寅, 西北大飢, 大臣請移諸謫于南土, 府君得谷城."

114) 『息山集』 卷22, 行狀, 「先府君家狀」, 20ㄱ~ㄴ(178책, 465쪽), "甲戌, 辭罷, … 乙亥, 致政公捐館舍. … 戊寅春, 奉祀版, 挈家南下嶺南之商山. 商山, 卽我李之弁鄕也. 秋, 訪西厓先生舊居, 爲文謁屛山道南等院還, 頤上生小腫轉劇, 以九月二十三日, 棄諸孤于寓舍, 得年五十八."

115) 고영진, 「17세기 후반 근기남인학자의 사상 : 윤휴·허목·허적을 중심으로」, 『역사와 현실』 13, 1994, 160~182쪽 ; 신병주, 「17세기 중·후반 근기남인 학자의 학풍」, 『한국문화』 19, 1997, 157~192쪽.

또 한유(韓愈), 유종원(柳宗元), 구양수(歐陽修), 소동파(蘇東坡)로 대표되는 당송 제가(諸家)의 서적을 모두 작문의 모범으로 삼았다고 한다.[116] 또 이수광과 교유했던 16세기 말~17세기 초의 이른바 진한고문파(秦漢古文派)는 『좌전(左傳)』, 『전국책(戰國策)』, 『장자(莊子)』 등 제자서(諸子書)와 『사기(史記)』 등 선진·양한의 산문을 산문 창작의 전범으로 삼기도 했다.[117]

이옥의 학문과 사상 역시 기본적으로는 여기에서 크게 벗어나지 않는다. 이옥 역시 어려서부터 고문(古文)을 익혔다.[118] 특히, 한유와 두보의 글을 좋아했다. 한유와 두보의 글이 너무도 좋아 하루도 손에서 내려놓은 적이 없을 정도였다고 한다.[119] 이옥은 오랫동안 유배 생활을 하면서 한유와 두보의 글에서 많은 위로를 받았던 것 같다. 예컨대 "나는 시대를 잘못 만나 5년 동안 네 번이나 유배지를 옮겨 다니며 힘들게 지냈다.[120] 그런데 입을 옷이 없어 춥고 먹을 음식이 없어 배고픈 것은 견딜 수 있어도 두 분의 글만은 없어서는 안 되었다. 앉거나 눕거나 다닐 때 늘 함께했고, 서쪽 변방에서 북쪽 변방으로 또 불모지의 북쪽으로 수천 리 험한 땅을 지날 때마다 두 분의 글과 함께했다"라고 할 정도였다.[121]

그런데 이옥이 한유와 두보의 글만 읽었던 것은 아니다. 그는 진·한에서 당·송에 이르기까지 문장으로 뛰어난 인물은 시대마다 있었다고 하면서, 사마천의 역사, 장자·열자의 변론, 굴원(屈原)·송옥(宋玉)의 초사(楚辭), 포조

116) 김영주, 「東州 李敏求의 文學論 硏究」, 『동방한문학』 20, 2001, 230쪽.

117) 강명관, 「16세기 말 17세기 초 擬古文派 수용과 秦漢古文派의 성립」, 『韓國漢文學硏究』 18, 1995, 298쪽.

118) 『博泉集』 詩集, 卷11, 「北州錄」, 中, 述感, 5ㄴ(속44책, 169쪽), "我生五六歲, 迺能學古文, 弱冠射君策."

119) 『博泉集』 文集, 卷5, 說, 「讀韓文公杜拾遺二先生書說」, 14ㄱ(속44책, 264쪽), "最好韓文公杜拾遺之書, 未嘗一日去手也."

120) 이옥의 유배 경험 : 평안도 先川(숙종 4)→평안도 定州(숙종 5)→함경도 會寧(숙종 6)→함경도 甲山(숙종 8)→전라도 谷城(숙종 12)

121) 『博泉集』 文集, 卷5, 說, 「讀韓文公杜拾遺二先生書說」, 15ㄴ(속44책, 265쪽), "余獲戾于時, 五載四遷, 流離顚踣. 寒不得衣, 飢不得食, 衣食猶可無也, 不可無二公之書也. 坐與吾坐, 臥與吾臥, 行與吾行, 自西塞而北漠而又窮髮之北, 而經歷險阻數千里, 與余相終始如此."

(鮑照)·사영운(謝靈運)·구양수(歐陽脩)·소식(蘇軾)의 시문(詩文)은 모두 본받고 따를 만한 것이라고 했다.[122)]

이옥은 육경(六經)과 한유·두보의 글을 밥과 반찬에 비유했다. 가령, 쌀과 고기는 사람이 사는 데 필수적이기 때문에 누구나 좋아하지만 특별한 반찬은 각각 좋아하는 것이 있기 마련으로, 이는 성향의 차이라고 했다. 그러면서 육경은 쌀과 고기, 그리고 한유와 두보의 글은 특별한 반찬이라고 했다. 그래서 한유와 두보의 글은 자신의 성정(性情)에 맞아 즐기는 것일 뿐, 다른 글을 배제하려는 뜻은 아니라고 했다.[123)] 즉, 이옥은 육경을 중시하면서 한유와 두보의 글을 즐겨 읽었다고 할 수 있겠다.

하지만 이옥의 학문과 사상을 이것만으로 설명해서는 곤란하다. 이어서 다음의 평가를 보자.

> 이옥은 이관징의 아들이다. 쥐의 낯짝에 여우의 용모이며, 암계(暗計)와 간사함을 헤아릴 수 없는 진실로 하늘이 낸 소인(小人)이다. 일찍이 송시열의 문하에 출입하며 스승으로 섬겼고, 매양 〈송시열을〉 칭하여 말하길 '정·주(程·朱)의 도학(道學)에 반·마(班·馬)의 문장(文章)이다'라고 했으며, 서신의 왕래도 매우 잦았다.[124)]

일단 '송시열의 문하에 출입하며 스승으로 섬기고 칭송했다'라는 위의 평가는 이옥의 입장에서는 다소 억울할 수도 있다. 이옥에 대한 당대의 평가는, 그의 뚜렷했던 정치색만큼이나 대조적이다. 특히, 정치적으로 대척

---

122) 『博泉集』 文集, 卷5, 說, 「讀韓文公杜拾遺二先生書說」, 14ㄴ(속44책, 264쪽), "自秦漢迄唐宋, 文章代各有人, 如左馬之史, 莊列之辯, 屈宋之騷, 鮑謝歐蘇之詩文, 皆可師而法也, 何必二公之書爲哉."

123) 『博泉集』 文集, 卷5, 說, 「讀韓文公杜拾遺二先生書說」, 14ㄴ(속44책, 264쪽), "余曰唯唯否否. 稻粱膾炙, 人賴以生, 無不嗜之, 性所同也. 至如奇羞異饌, 各有所嗜, 性所偏也. 夫六經, 譬則粱肉也, 二公之書, 譬則異饌也. 適近吾性情愉快而已, 非欲專乎此而廢乎彼也."

124) 『肅宗實錄』 卷4, 元年 閏5月 12日(己亥), "沃, 觀徵之子, 鼠面狐容, 暗邪不測, 眞天生小人也. 薄有詞華, 少登第, 嘗出入宋時烈之門, 事之以師, 每稱爲程朱道學, 班馬文章, 書尺往復甚多."

에 있었던 송시열계 서인 측이나 탁남계의 평가는 '더럽고 천박하며 말을 잘 바꾼다',125) '군주의 귀를 현혹하는 윤휴의 당이다',126) '조정에서 말을 바꾸고 간사한 짓을 하여 사방 사람들이 흘겨보게 된다'127)와 같이 일관되게 부정적이다. 여기 '쥐의 낯짝에 여우의 용모이며, 암계(暗計)와 간사함을 헤아릴 수 없는 진실로 하늘이 낸 소인(小人)이다'라는 평가도 이러한 맥락에서 이해할 수 있다.

하지만 '정주도학(程朱道學), 반마문장(班馬文章)'의 여덟 글자는 주목해 볼 필요가 있다. 송시열의 이 점을 칭찬했다는 것으로 보아 이옥도 평소 '정주도학반마문장'의 학문을 좇았던 것으로 보인다. 이때의 '정·주'는 당연히 정자(程子)와 주자(朱子)를, 또 '반·마'는 반고(班固)와 사마천(司馬遷)을 말한다. 정자와 주자는 말할 것도 없고, 반고와 사마천의 사서(史書)는 17세기 관료 지식인에게 두루 읽혔다. 특히, 반고·사마천의 역사는 한유·두보의 글과 같이 17세기 근기남인계가 즐겨 읽었던 고학(古學)과 제자서(諸子書)의 범주에 포함된다.128) 아마도 이옥은 정주의 도학(道學)과 반마의 고학(古學)을 함께 추구했던 것으로 보인다.

이옥에게 도학과 고학은 어떤 관계였을까. 요컨대 이옥은 경학(經學) 중심의 도학보다는 육경(六經)과 고학(古學)을 중심으로 하는 도학을 추구했던 것 같다. 이러한 사실은 그의 문집에 있는 「논송사(論宋史)」라는 논설을 통해 확인할 수 있다.129) 이옥은 송의 역사를 12편의 주제로 나누어 살펴보면서 도학의 역사와 의미를 밝혔다. 12편의 주제란 ① 조보입유서(趙普立遺誓), ② 왕조불간천서(王朝不諫天書), ③ 진종석조덕명(眞宗釋趙德明), ④ 왕증불언

125) 『肅宗實錄』 卷7, 4年 4月 8日(丁丑).

126) 『肅宗實錄』 卷8, 5年 3月 12日(丁未).

127) 『肅宗實錄』 卷6, 3年 6月 16日(辛酉).

128) 이 무렵 秦漢·唐宋 古文에 대한 관심은 禹應順, 「17세기 古文論의 배경과 역사적 성격」, 『語文論集』 30, 1991, 180~187쪽 ; 강명관, 앞의 글, 1995, 298~304쪽 ; 金愚政, 「澤堂 李植과 17세기 초 문단」, 『東方漢文學』 46, 2011, 4~9쪽 등 참고.

129) 『博泉集』 文集, 卷5, 論宋史, 1ㄱ~13ㄱ(속44책, 266~272쪽).

신비(王曾不言宸妃), ⑤ 인종증폐거란(仁宗增幣契丹), ⑥ 왕안석출지강녕(王安石出知江寧), ⑦ 채경찬사담주(蔡京竄死潭州), ⑧ 이강청행관중(李綱請幸關中), ⑨ 진회살악비(秦檜殺岳飛), ⑩ 내비파시강주희(內批罷侍講朱熹), ⑪ 원이허형위학사(元以許衡爲學士), ⑫ 유원화사학경(幽元和使郝經)이다. 여기에서 이옥은 사서(史書)와 제자서(諸子書)를 바탕으로 도학의 역사와 진의를 드러내고자 했다.

먼저, 송사(宋史), 송유(宋儒), 주희(朱熹)에 대한 이옥의 인식을 살펴보자.

> 조광윤(趙匡胤)의 송(宋)이 흥기하자, 유학이 이어서 융성해졌다. 두 정자(程子)[程頤·程顥], 장횡거(張橫渠)[張載], 소강절(邵康節)[邵雍]은 신종(神宗)과 철종(哲宗) 시대에 활동했고, 주자(朱子)[朱熹], 채서산(蔡西山)[蔡元定], 장남헌(張南軒)[張栻]은 효종(孝宗)과 영종(寧宗) 시대에 활동했다. 만약 정자와 주자 두 분이 송의 대신[元輔]이 되어서 여러 밝은 학자를 추천하여, 그 위대하고 지극히 바른[至正] 도학[道]과 안으로 성인의 자질을 길러 밖으로 왕도를 행하는[外王內聖] 학문을 얻어 행하고 천자(天子)를 보좌했다면, 송은 마땅히 한당(漢唐)을 넘어 상주(商周)에 필적할 만했을 것이다.130)

정자와 주자가 대신(大臣)으로 등용되어 여러 철학자와 함께 천자를 도와 '대중지정지도(大中至正之道)'와 '외왕내성지학(外王內聖之學)'의 정치를 실현했다면 송의 역사가 삼대 못지않았을 것이란 아쉬움이 묻어있다. 이러한 인식에서 이옥은 기본적으로 주자학을 학문의 본령으로 삼았다는 것을 알 수 있다.

한편 『역대수성편람』의 이해를 돕기 위해서는 군신(君臣) 관계에 대한

130) 『博泉集』 文集, 卷6, 論宋史, 「內批罷侍講朱熹」, 9ㄴ(속44책, 270쪽), "趙宋之興, 儒學輩興. 兩程夫子張橫渠邵康節諸公之生, 當神哲世. 朱夫子蔡西山張南軒諸公之生, 當孝寧世. 正使程朱二夫子, 作之元輔, 彙進群哲, 得行其大中至正之道, 外王內聖之學, 以輔佐天子, 則宜陋漢唐而匹商周矣."

이옥의 인식을 집중적으로 살펴보아야 한다. 이옥의 군신 관계 인식은 명분론(名分論)을 기초로 한다. 그는 『논어(論語)』의 정명(正名)이 정치의 최우선 과제라고 보았다. 정명이란 오륜(五倫)이 각자 자신의 위치에 서 있는 것이라고 했다.[131] 이 연장에서 춘추대의[春秋大經]란 명분을 바르게 하고 분수를 정하는 것, 또 중화를 존숭하고 이적을 물리치는 것이라고 했다.[132] 즉, 춘추대의는 명분과 의리를 바탕으로 하는 것이었다.

이 점에서 송말(宋末)·원초(元初)의 요추(姚樞)와 허형(許衡) 두 사람은 춘추대의에 어긋나는 인물이었다. 그들이 숨어서 자신을 닦고 스승과 벗의 가르침을 바탕으로 성인의 고서를 익히고 깊이 연구했던 것은 맞지만, '출처(出處)'는 신중하지 못했다는 게 이옥의 평가였다. 차라리 종신토록 절개를 지키면서 조용히 지내는 게 옳았고, 만약 원 조정에서 거듭 위협했다면 원을 떠나는 것도 한 방도였다고 보았다. 그렇게 해서 제자를 가르쳐 도를 전하고 글을 써서 뜻을 전했다면 천 년이 지나더라도 그 가르침을 듣고 말씀을 기억했을 테니 정통에서 어긋난다고 누구도 감히 이의를 제기하지 못했을 것이라고 했다.[133] 이렇듯 이옥은 삼강오륜의 의리·명분과 존화양이의 춘추대의를 강조했고, 존주론적 명분론을 견지했다.

이옥은 이러한 명분론적 인식하에서 군신 관계를 규정했다. 군주는 군주답고, 신하는 신하다워야 한다는 것이었다. 그런데 유독 군주보다는 신하의 역할을 더 강조했다. 신하는 '절대적으로' 신하다워야 한다는 것이었다.

131) 『博泉集』 文集, 卷6, 論宋史, 「王曾不言宸妃」, 2ㄴ~3ㄱ(속44책, 266~267쪽), "愚按昔者孔子至衛, 子路問爲政所宜先, 子曰必也正名乎. 正名者, 五倫各叙之謂也." ; 『論語』, 子路, "子路曰, 衛君待子而爲政, 子將奚先. 子曰, 必也正名乎."

132) 『博泉集』 文集, 卷6, 論宋史, 「元以許衡爲學士」, 10ㄴ(속44책, 270쪽), "曰正名而定分, 尊中國而攘夷狄, 乃春秋大義也."

133) 『博泉集』 文集, 卷6, 論宋史, 「元以許衡爲學士」, 10ㄴ~11ㄱ(속44책, 270~271쪽), "愚按當宋末元初, 居中州而自任以道學宗師者, 非姚樞許衡乎, 之二公者, 隱居藏修, 資以師友之益, 於古聖人書, 講之熟矣, 而獨未講春秋大經哉. … 二公之於出處, 可不自重哉. 使二公終身介石之貞括囊之吉可也, 如曰元朝招徠不止, 禍且及身, 則磬襄之海鼓叔之河, 亦一道也. 教授門徒以傳道, 立言著書以見志, 千載之下, 聞其風誦其言, 疇敢異議於關洛之統哉."

그는 군자가 행동하는 데에는 두 가지의 길이 있다고 했다. 하나는 자신을 돌보지 않고 군주에게 충성을 다하는 길이고, 다른 하나는 자신을 깨끗이 하고 이름을 보전하는 길이었다. 이옥은 군자가 이 두 가지의 길 중 전자의 길로 가야 공자의 정명(正名)한 정치가 행해지고, 후자의 길로 가면 명분이 서지 않는 부정한 조정이 된다고 했다.[134] 이옥은 신하로서 자신을 돌보지 않고 군주에게 절대적인 충성을 다하는 것이 명분론에 부합하는 길이라고 보았다.

이 연장에서 그는 신하가 군주를 위해 참된 간언을 아껴서는 안 되고, 군주와 간신을 떨어뜨려 놓아야 한다고 했다. 그에게 군주는 절대적인 존재였다. 군주는 하늘의 해와 같은 존엄과 천둥과 같은 위엄으로써 천하만사에 마음대로 위복(威福)을 행사하며, 누구의 간섭도 받지 않는다고 했다. 그런데 또 엄격히 삼가는 신하가 있으면 군주도 자신의 뜻을 강행하지 못하고 신하의 면종(勉從)을 기다렸다가 행하게 되니, 간언을 듣느냐 마느냐는 군주에게 달려 있고, 간언을 하느냐 마느냐는 신하에게 달려 있다고 했다.[135]

이옥은 어진 신하라면 군주가 간신을 가려낼 수 있도록 간언해야 한다고 했다. 그는 『주역』의 '서리를 밟게 되면 머지않아 단단한 얼음을 보게 된다[履霜堅氷至]'라는 구절을[136] 인용하여 군자가 소인을 막는 것이 처음에는 서리를 밟는 것처럼 힘쓰기가 쉽지만, 나중에는 단단한 얼음을 마주하는 것처럼 큰 재앙으로 다가온다고 했다. 그러면서 송 신종 대의 왕안석(王安石)을 예시로 들었다. 처음에는 오규(吳奎)가 왕안석의 심술(心術)이 편협하다는

134) 『博泉集』 文集, 卷6, 論宋史, 「王曾不言宸妃」, 3ㄴ(속44책, 267쪽), "… 庶乎夫子正名之政也. … 不立名不正之朝耳. 凡君子之行己有二道, 欲忘身竭忠, 如前所云, 欲潔己全名, 如後所云而已."

135) 『博泉集』 文集, 卷6, 論宋史, 「王朝不諫天書」, 1ㄴ(속44책, 266쪽), "愚按人君以天日之尊, 雷霆之威, 於天下萬事, 行胸臆作威福, 宜無所誰何. 而亦有所嚴憚之臣, 不能强行己意, 必待是臣之勉從也而行之, … 聽不聽在君, 諫不諫在臣而已."

136) 『周易』, 坤卦, "初六, 履霜堅冰至. 象曰, 履霜堅冰, 陰始凝也, 馴致其道, 至堅冰也."

것을 알고서 한마디로 배척하여 왕안석이 강녕(江寧)으로 쫓겨났는데, 나중에 그가 다시 등용됐을 때는 한기(韓琦), 부필(富弼), 사마광(司馬光) 등 여러 대신이 힘껏 변론했으나 물리치지 못했다.137) 이옥은 그 까닭을 간신이 득세하여 왕안석의 재등용을 막지 못했기 때문이라고 했다. 즉, 왕안석이 강녕에 있을 때 진실로 한기나 여러 간관(諫官)이 왕안석은 편협하고 고집스러워 일을 맡길 수 없고 장차 사람들과 국가에 화를 끼칠 자라는 점을 분명히 밝혀서 물리쳐 멀리 보낼 것을 청했다면, 신종도 반드시 그 말을 따랐을 텐데, 실제로는 그렇지 않았고, 오히려 잡다한 요청만 하고 또 많은 현자가 조정을 떠나고 여러 간사한 무리가 늘어나, 왕안석이 이때 군주의 신임을 얻어 그의 당이 뿌리를 내리고 번성하게 된 것이라고 했다. 이옥은 이를 두고 이 무렵 군자가 '서리 밟는[履霜]' 경계를 소홀히 한 것이라고 했다.138)

그렇다면 군주의 역할은 무엇이라고 봤을까. 이옥은 어진 이를 구하는 것이 군주의 역할이라고 했다. 그는 이를 '궤짝 안의 옥(玉)'에 비유했다. 만약 지금 옥이 하나 있어, 문양이 새겨진 옹기 안에 있거나 밝은 나무 상자 안에 있으면, 안에서는 아름다움을 간직하고 있다가 밖에 나오면 빛을 내어 산천을 비추고 해와 별을 빛나게 하니, 이것은 마치 군자가 세상에 나오지 않았을 때의 상태와 같다고 했다.139) 이렇게 본다면 옥이 궤짝 안에 있는 것은 옥의 뜻이 아니라 아직 그 가치를 알아주는 이를

137) 『博泉集』 文集, 卷6, 論宋史, 「王安石出知江寧」, 4ㄴ(속44책, 267쪽), "愚按易曰履霜堅氷至, 君子之防小人, 在於履霜之初則用力易, 在於堅氷之後則受禍烈, 可不愼哉. 當宋神宗之初, 吳奎先見王安石心術之偏, 一言斥之, 卽出江寧. 及其大用也, 雖以韓富司馬公衆大臣, 力辨而不能退."

138) 『博泉集』 文集, 卷6, 論宋史, 「王安石出知江寧」, 4ㄴ~5ㄱ(속44책, 267~268쪽), "當安石方在江寧之日, 誠使一公諸諫臣, 明言其狷狹執拗, 不可任事, 將以禍人國家者, 請迸而遠之, 帝亦必曲從矣. 不此之爲, 紛紜請去, 及群賢去朝, 衆邪漸張, 安石於是得君專而樹黨繁. … 余故曰元祐衆君子, 忽於履霜之戒云."

139) 『博泉集』 文集, 卷5, 說, 「夫子待價說御題居魁」, 13ㄱ~ㄴ(속44책, 264쪽), "今夫有玉於斯, 儲之文甕, 櫝之明楸, 美蓄於內, 光顯於外, 射乎山川, 虷乎日星, 則可方於君子不出之時."

만나지 못해서 그런 것이고, 마찬가지로 군자가 세상에 나오지 않은 것은 군자의 뜻이 아니라 아직 그를 예우해 주는 군주를 만나지 못해서 그런 것이라고 했다. 그래서 예를 다하여 어진 이를 구하는 자가 바로 군주라고 했다.140)

나아가 이옥은 군주의 현인 등용이 국가의 운명을 결정한다고 보았다. 송에는 많은 유학자가 있었지만, 그들을 인정하고 기용한 군주가 없어141) 결국 패망에 이르게 된 것이라고 보았다. 이옥은, 한 국가를 사람의 몸에 비유한다면, 어진 신하는 원기(元氣), 간신은 종기[癰疽]라고 했다. 그런데 종기나 간신의 처지에서 보면, 그래도 사람과 국가가 존재해야 종기나 간신도 있을 수 있는 것이었다. 원기가 사라지면 종기도 터지고 사람의 생명도 끝나듯, 어진 신하가 사라지면 간신도 쫓겨나고 나라의 운명도 끊어진다고 했다.142)

이옥은 이러한 원리를 한송(漢宋)의 역사를 통해 설명했다. 그는 한의 환제(桓帝)와 영제(靈帝)의 시기, 그리고 송의 철종(哲宗), 희종(徽宗), 효종(孝宗), 영종(寧宗)의 시기가 가장 가슴 아픈 시기라고 했다. 하늘은 한에 이두[李白과 杜甫]와 진범[范升과 陳元]과 같은 철학자를 내려 주었으면서도, 보절(甫節)도 함께 보내 주어 그들을 죽게 했고, 송에 정주[程子와 朱子]와 사마광(司馬光)과 같은 많은 유현(儒賢)을 내려 주었으면서도, 경돈[蔡京과 章惇]과 한탁주(韓侂胄)도 함께 보내 주어 도학이 끊어지게 했다고 했다. 또 구당(鉤黨)으로 지목되고,143) 간당(姦黨)의 비석에 이름이 새겨지고,144) 위학(僞學)이라고

---

140) 『博泉集』 文集, 卷5, 說, 「夫子待價說御題居魁」, 13ㄴ(속44책, 264쪽), "由是論之, 玉之在櫝, 非玉之情也, 未遇其價也, 君子之不出, 非君子之志也, 未遇其禮也. … 盡禮而求賢者, 獨非人辟乎."

141) 『博泉集』 文集, 卷6, 論宋史, 「內批罷侍講朱熹」, 9ㄴ(속44책, 270쪽), "則吾謂趙宋有其儒而無其君可也."

142) 『博泉集』 文集, 卷6, 論宋史, 「內批罷侍講朱熹」, 10ㄱ(속44책, 270쪽), "愚按一國譬人身, 儁賢譬則元氣也, 姦壬譬則(癰)疽也. 元氣喪則癰疽亦潰而人命滅, 儁賢盡則姦壬亦退而國脈絶, 可不懼哉."

143) 『後漢書』 卷8, 紀, 孝靈帝紀, 2年 10月 丁亥. 中常侍 侯覽이 有司를 꼬드겨 어전에서

배척돼 금지당하는[145] 등 유학이 한꺼번에 입은 화(禍)가 이 시기보다 심했던 적은 없었다고 했다. 원기와 종기에서 보았듯이, 사람을 국가에 비유해 보면 그 증험은 너무나도 명백했다. 세상의 군주로서 간신을 기르고 현인을 물리치는 자는 여기에서 교훈을 얻어야 한다고 했다.[146]

요컨대 이옥은 군신 관계를 춘추대의의 명분론적인 관점에서 이해했다. 군주는 절대적인 존재였고, 신하는 자신을 돌보지 않고 군주에게 충성을 다 해야 하는 존재였다. 이옥은 이러한 군주와 신하 중 신하의 역할을 더 강조했다. 그것은 군주가 간신을 가려낼 수 있도록 옆에서 도와주고 조언해 주는 역할이었다. 이것이 이옥이 본 국가 존망의 열쇠였다. 그리고 군주의 역할은 어진 신하를 발굴해 등용하는 일이라고 했다.

이상이 「논송사」에서 엿볼 수 있는 이옥의 춘추대의 명분론과 여기에 입각한 군신관(君臣觀)이다. 이옥은 이를 경학서가 아닌 사서와 제자서를 통해 밝혔고, 여기에서 그가 생각한 도학과 고학의 관계를 짐작할 수 있다. 즉, 육경과 고학을 중심으로 하는 도학이었다. 이러한 이옥의 학문과 사상은 군주의 정심(正心)과 수신(修身)을 근간으로 하는 신권(臣權) 우위의 군주성학

司空 虞放과 太僕 杜密 … 등을 모두 鉤黨으로 지목하여 하옥시키니, 죽은 자가 100여 인에 이르렀다.

144) 『宋史』 卷336, 列傳 第95, 司馬光呂公著. 宋 徽宗은 숙청되었던 王安石 일파를 다시 등용하여 司馬光, 蘇軾 등 110여 명을 귀양 보냈고, 그들을 姦黨으로 지목하여 姦黨碑를 세웠다.

145) 『宋史』 卷429, 列傳 第188, 道學 3, 朱熹張栻. 宋 寧宗 대 朱熹가 당시의 權臣 韓侂胄의 간사함을 탄핵하자, 한탁주가 원한을 품고, "탐욕스럽고 방탕함은 사람의 참된 정이고 청렴하게 하고 修身하는 것은 모두 사람을 속이는 것이다"라 하면서, 道學을 僞學이라고 배척하여 朱熹의 官爵을 削奪하고 道學하는 이들의 등용을 금지시켰다.

146) 『博泉集』 文集, 卷6, 論宋史, 「內批罷侍講朱熹」, 10ㄱ~ㄴ(속44책, 270쪽), "余讀漢宋二史, 到桓靈哲徽孝寧之間, 未嘗不掩卷流涕也. 天既生李杜陳范諸哲於漢, 而又生甫節使之甘心, 既生程朱司馬諸賢於宋, 而又生京惇侂胄使之切齒. 鉤黨之目, 姦黨之刻, 僞學之禁, 前後一網, 吾儒之受禍, 莫慘於若此等時也. 忠賢既沒, 旌之棹楔, 爵其遺裔, 錄其名於太常, 何足慰其寃哉. 姦壬既露, 或誅及其身, 或錮其遺裔, 或剖其葬而僇其屍, 惡能雪其憤哉. 甫節誅而卓操生. 漢鼎已移矣, 京惇侂胄誅竄而完顔鐵木生, 宋祚已絶矣. 人身一國之喩, 豈非明效大驗歟, 世之君辟養奸屏賢者, 胡不痛徵艾于此哉."

론(君主聖學論)과는 거리가 멀고, 허목의 '존주대의적(尊周大義的) 존왕론(尊王論)'에 가깝다.147) 일반적으로 춘추대의는 존왕양이(尊王攘夷)로 압축되는데, 허목이 대외적인 '양이'의 문제보다 대내적인 '존왕=존군'의 문제에 더 집중했듯이, 이옥도 춘추대의의 존주론적 명분론을 견지했고, 그 군신 관계는 '존군비신(尊君卑臣)'의 형태로 나타났다.148)

그리고 그가 청남계 관료 지식으로서 견지한 '존군비신'의 명분론은 고스란히 『역대수성편람』에 투영되었다. 이옥이 20세에 급제한 이후 정계를 떠날 때까지 청남의 정치인으로 활동했다는 사실은 앞에서 살펴본 바와 같다. 또 이옥의 학문과 사상은 '고학 중심의 도학'을 바탕으로 하는 '존주론적 존군론'으로 요약할 수 있다. 따라서 『역대수성편람』의 분석에서는 그의 정치활동과 학문 및 사상을 반드시 고려해야 할 것이다.

3) 『역대수성편람(歷代修省便覽)』의 존군적(尊君的) 수성론(修省論)

『역대수성편람』의 편찬 경위를 보자. 현종 9년은 연초부터 백기(白氣)의 재이가 문제였다. 1월 26일(을축) 초저녁에 혜성의 꼬리를 닮은 백기 한 줄기가 출현했다는 보고가 올라왔다.149) 혜성을 닮은 백기는 다음날에도 보고되었다. 관상감은 백기의 뿌리 부분[本]을 보지 못해 정확한 판명을 하지 못했다.150) 그런데 당시는 청 사신이 와 있었던 탓에151) 이것이 더

147) 허목의 '尊周大義的 尊王論'은 金駿錫, 『朝鮮後期 政治思想史 硏究』, 지식산업사, 2003, 36~48쪽 참고.

148) 참고로 이옥의 문집인 『博泉集』에는 668제 1,039수의 시가 수록되어 있는데 이중 281제 469수가 유배 시기에 창작된 것이라고 한다. 그런데 유배기에 지은 시를 보면, 억울함을 토로하면서도 관료로서의 우국충정과 戀君의 다짐은 끊임없이 드러냈다고 한다. 이러한 시세계에서도 그의 '尊君卑臣'의 君臣觀을 엿볼 수가 있다. 이옥의 시에 대해서는 김효정, 「박천(博泉) 이옥(李沃)의 시세계 일고찰-유배 시기 창작시를 중심으로-」, 『동양문화연구』 41, 2024, 266~270쪽 참고.

149) 『承政院日記』 206冊, 顯宗 9年 1月 26日(乙丑), "初昏, 白氣一道, 起自西方天際, 直指天中, 狀如彗星之尾, 長數丈許, 廣尺許, 至夜一更三點後, 隨天漸沒後, 西方不見."

150) 『承政院日記』 206冊, 顯宗 9年 1月 27日(丙寅), "夜一更, 白雲一道, 起西方, 長可三丈,

문제가 되었다. 실제로 청 사신은 이때 출현한 백기의 응험을 물었고, 내부적으로는 병상(兵象)인 듯하다는 의견이 있었지만, 그대로 알리지 말고 흉년의 조짐이라고 바꿔서 보고하자고 논의되었다.[152)]

1월 29일(무진)까지도 백기의 정확한 정체를 판정하지 못했다. 빛이 발하는 부분을 관측해야 하는데 그러지 못했던 것이다. 당시 관상감 관원은 남산에 올라 관측했지만, 남산은 일출 시의 관측만 쉬울 뿐 일몰 시 관측에 적합한 곳은 아니었다. 여러 논의 끝에 강화도 마니산에 올라 관측하는 것으로 정해졌고, 다음날 바로 관상감 관원 2명이 강화도로 갔다.[153)] 2월 4일(계유) 강화도에서 돌아온 관원은 백기의 뿌리를 보니 크기가 광주리[筐]만 했다면서 이때의 재이를 치우기(蚩尤旗)라고 보고했다.[154)]

2월 3일(임신)에는 경기와 해서·호서 지방에 큰 기근과 역병[癘疫]이 창궐했다는 보고가 올라왔다.[155)] 이틀 뒤에는 가뭄이 심해 우물물이 모두 고갈되었다는 보고와 경성 및 외방 곳곳에서 불이 나 화재가 없는 날이 거의 없다는 보고가 올라왔다.[156)] 현종 9년은 연초부터 백기[치우기], 가뭄, 화재, 전염병의 재이가 잇따르는 상황이었고, 이에 현종은 2월 6일(을해)에 정전(正殿)을 피하고 구언을 하교했다.[157)]

廣尺餘, 狀如彗, 隨天西沒, 未見其本, 不得作名."

151) 『顯宗實錄』 卷14, 9年 1月 25日(甲子), "北使二人入京. … 乃館北使于南別宮."

152) 『承政院日記』 206冊, 顯宗 9年 1月 28日(丁卯), "領議政鄭太和, 在藥房口傳啓曰, 昨夕天變, 勅使欲知其徵應, 問于都監, 今日, 當初日官問之矣, 此變徵應, 雖未能的知, 似是兵象云, 而勅使處, 不可直言以應在凶荒, 措辭言給之意, 分付于日官, 似當, 敢此仰稟. 答曰, 彼中亦有日官, 似不隱諱, 而依此爲答, 亦無妨矣."

153) 『承政院日記』 206冊, 顯宗 9年 1月 29日(戊辰) ; 『顯宗實錄』 卷14, 9年 1月 29日(戊辰), "太和曰, 白氣形似彗, 而日官亦不知爲何星. 蓋不見其根而然也. 江華有見日沒處云, 宜遣日官看審. 上命遣之."

154) 『顯宗實錄』 卷14, 9年 2月 4日(癸酉), "日官又自江華來言, 望見彗星白氣根抵, 則其大如筐. 定是蚩尤旗也." 이 치우기는 같은 달 20일에 사라졌다[『顯宗實錄』 卷14, 9年 2月 20日(己丑)].

155) 『顯宗實錄』 卷14, 9年 2월 3日(壬申), "圻甸海西湖西大饑癘疫又熾. 命發倉賑之."

156) 『顯宗實錄』 卷14, 9年 2月 5日(甲戌), "旱甚, 井泉皆涸. 京城及外方, 處處失火延燒, 殆無虛日."

157) 『顯宗實錄』 卷14, 9年 2月 6日(乙亥), "自今日避正殿, 追省旣往之咎, 益加敬畏之心, 小答天譴.

당시 예조좌랑이었던 이옥은 구언에 응해 2월 23일(임진) 응지상소와 함께 『역대수성편람』을 지어 바쳤다. 『역대수성편람』을 받아 본 현종은 "걱정하고 사랑하는 정성이 독실하지 않으면 어찌 이렇게 할 수 있겠는가. 재삼 읽어보았는데 가상함을 금하지 못하겠다"라고 하면서 마장(馬粧) 1부(部)를 하사하여 이옥에게 자신의 뜻을 보이라고 전교했다.[158] 구언이 하교되면 대개 응지상소를 올리지, 이렇게 재이 문헌을 지어 바치는 게 흔한 일은 아니었다. 국왕으로서는 역대의 재이와 그에 관련된 사적(事跡)을 일목요연하게 살펴볼 수 있어 일단은 흥미로웠을 듯하다.

『역대수성편람』의 편찬에서는 3년 전 서인계 김익렴의 『역대요성록』이 중요한 전례로 작용했을 것이다.[159] 이 무렵 김익렴은 친송시열계의 강경한 서인 정치인으로 활동하고 있었다. 이옥은 분명 정치적으로 대척에 있었던 김익렴이 3년 전에 『역대요성록』을 찬진했다는 사실을 의식하고 있었을 것이다.

한편 현종 9년 2월에 제출된 『역대수성편람』은 훗날 문집에 다소 증보된 형태로 수록되었다. 체재와 내용에서 보완이 이루어졌다. 처음 제출할 때는 노(魯) 장공(莊公) 11년(기원전 683)부터 송(宋) 효종(孝宗) 7년(1168)까지만 다루었는데, 증보하면서 하한을 이종(理宗) 5년(1264)까지로 늘렸다. 재이 기사에도 출입이 있었다. 처음에는 48건으로 정리했다가 증보하면서 9건을 삭제하고 4건을 추가하여 최종적으로 43건이 되었다. 또 오탈자를 바로 잡고, 문장도 윤색했다. 『역대수성편람』의 구성은 다음의 〈표 6-3〉이 참고된다.

承旨代予草敎, 廣求直言, 以補不逮."

158) 『顯宗實錄』 卷14, 9年 2月 23日(壬辰), "禮曹佐郎李沃因災異上疏, 論修省之道, 仍進二編書, 名之曰歷代修省便覽, 上優批嘉納之. 仍傳曰, 觀此所進冊子, 非篤於憂愛之誠, 何能若是乎. 再三觀覽, 嘉尙不已, 今下馬粧一部, 沃處賜給, 以表予意."

159) 본서 제6장 1절 참고.

〈표 6-3〉『역대수성편람(歷代修省便覽)』의 구성

왕조	원본(규장각본)			증보(문집)		재이 내용	참고문헌
春秋列國紀	1	魯莊公 11年	上	1	魯莊公 11年	大水	春秋左氏傳
	2	魯僖公 21年		2	魯僖公 21年	大旱	
	3	魯成公 5年		3	魯成公 5年	梁山崩	
	4	魯昭公 8年		4	魯昭公 8年	石語	
	5	魯昭公 17年		5	魯昭公 17年	星孛于大辰	
	6	魯昭公 26年		6	魯昭公 26年	彗星	
西漢紀	7	漢文帝 2年		7	漢文帝 2年	日食	資治通鑑綱目
	8	漢文帝 5年		8	漢文帝 5年	地震	
	9	漢元帝 2年		9	漢元帝 2年	日食	
	10	漢成帝 元年		10	漢成帝 元年	流星	
東漢紀	11	漢光武 6年		11	漢光武 6年	日食	
	12	漢明帝 3年		12	漢明帝 3年	星孛于天航	
	13	漢順帝 3年		13	漢順帝 3年	大旱	
	14	漢桓帝 元年		14	漢桓帝 元年	蝗	
六朝紀	15	晉愍帝 2年		15	晉愍帝 2年	流星	
	16	晉恭帝 元年		16	晉恭帝 元年	地震 星隕	
	17	齊明帝 3年		17	齊明帝 3年	大旱	
	18	梁武帝 3年		18	梁武帝 3年	大旱	
	19	梁敬帝 2年		-	(삭제)	大蝗	
唐紀	20	唐太宗 11年		19	唐太宗 11年	大雨	
	21	唐太宗 13年		20	唐太宗 13年	旱	
	22	唐高宗 5年		21	唐高宗 5年	大水	
	23	唐高宗 總章 元年		22	唐高宗 總章 元年	彗星	
	24	唐高宗 永淳 元年		-	(삭제)	日食	
	25	唐中宗 18年		23	唐中宗 18年	大雨雪	
	26	唐神龍 元年	下	24	唐神龍 元年	大水	
	27	唐玄宗 4年		-	(삭제)	大蝗	
	28	唐玄宗 7年		-	(삭제)	日食	
	29	唐玄宗 13年		25	唐玄宗天寶 13年	日食	
	30	唐肅宗 元年		26	唐肅宗 元年	日食	
	31	唐代宗 12年		-	(삭제)	大霖	
	32	唐德宗 19年		27	唐德宗 19年	大旱	
	33	唐憲宗 4年		28	唐憲宗 4年	久旱	
	34	唐文宗 7年		29	唐文宗 7年	大饑	
	35	唐文宗 7年[160]		30	唐文宗 9年	訛言大起	
	36	唐宣宗 元年		31	唐宣宗 元年	大旱	
	37	唐昭宗 2年		-	(삭제)	彗星	
五代紀	38	後梁主瑱龍德 3年		32	後梁主瑱龍德 3年	彗星	
	39	後漢隱帝乾祐 3年		33	後漢隱帝乾祐 3年	大風	

	40	周世宗顯德 2年		-	(삭제)	日食	
	41	周世宗顯德 5年		34	周世宗顯德 5年	饑	
宋紀	42	宋太祖開寶 5年		35	宋太祖開寶 5年	大雨	資治通鑑節要續編
	43	宋眞宗咸平 元年		36	宋眞宗咸平 元年	星孛于營星	
	44	宋仁宗天聖 7年		37	宋仁宗天聖 7年	大雨 震雹	
	45	宋仁宗嘉祐 6年		-	(삭제)	日食	
	46	宋神宗熙寧 7年		38	宋神宗熙寧 7年	大旱	
	47	宋神宗熙寧 8年		39	宋神宗熙寧 8年	星孛于軫	
	-	(추가)		40	宋徽宗靖國 元年	流星	
	-	(추가)		41	南宋高宗建炎 3年	大霖雨	
	48	宋孝宗淳熙 7年		42	南宋孝宗淳熙 7年	大旱	
	-	(추가)		43	南宋理宗景定 5年	星孛于東方	

김익렴이 다양한 문헌을 참고한 데 반해 이옥은 『춘추좌씨전(春秋左氏傳)』, 『사치동감강목(資治通鑑綱目)』, 『자치통감질요속편(資治通鑑節要續編)』만을 참고했다. 춘추전국시대의 것은 『춘추좌씨전』을, 한부터 송 이전까지는 『자치통감강목』을, 송 대의 것은 『자치통감절요속편』을 참고했다. 이 중 가장 많이 참고한 문헌은 『자치통감강목』이다. 참고문헌에서도 이옥이 육경·고학과 도학을 모두 추구했다는 점을 엿볼 수가 있다.

『춘추좌씨전』은 『춘추』 해석에서의 가장 기본이 되는 경전이었고,[161] 『자치통감강목』은 조선 초기 이래 '경전화된 역사서'로 인식되면서 경연 강의의 핵심적 사서로 여겨졌다.[162] 그리고 『자치통감절요속편』은 송·요·금·원 4대의 역사를 강목체로 서술한 30권 15책 분량의 역사책으로, 명

160) 『資治通鑑綱目』 원문을 찾아보면 이 기사는 唐 文宗 9年에 수록되어 있다. 이옥은 훗날 문집에 수록하면서 '7년'을 '9년'으로 정정했다.

161) 『春秋』와 『春秋左氏傳』은 본래 별도의 책으로 통용되었는데, 晉의 杜預가 처음으로 『春秋』 經文의 각 조문 아래에 그 기사에 관련된 『春秋左氏傳』의 구절을 이어서 붙이고, 그 아래에 다시 자신의 이론을 주석의 형태로 달아서 『春秋經傳集解』 한 권으로 펴냈다. 조선 세종 대에 이를 보완하여 다시 『春秋經傳集解』라는 책으로 간행했고, 이후 조선에서 『春秋左氏傳』의 표준 주석서로 활용되었다. 김동민, 「조선조 간행본 『春秋』 註解書의 특징 : 규장각 소장 『춘추』 자료를 중심으로」, 『한국문화』 73, 2016 11~17쪽 참고.

162) 오항녕, 「조선 초기 경연의 『자치통감강목(資治通鑑綱目)』 강의」, 『韓國思想史學』 9, 1997, 115~149쪽.

선덕 7년(1432) 무렵 유염(劉剡)이 편집하고 장광계(張光啓)가 수정한 것을 유문수(劉文壽)가 간행했다. 서문에 따르면, 동일 저자 유염이 먼저 편찬한 『자치통감절요』가 당·오대까지밖에 다루지 않아 그 이후의 역사를 정리하고자 『자치통감절요속편』을 편찬했다고 한다. 조선에서는 세종~세조 대에 『송감(宋鑑)』이라는 표제로 간행·반포되었고 19세기까지 광범위하게 읽혔다. 기본적으로 주희의 정통 사관을 계승했고, 화이론적 세계관에 기초해 역사에서 정통(正統)과 윤위(閏位)를 구별하여 정통에만 정당함을 부여한 사서라고 평가받는다.[163)]

이어서 『역대수성편람』의 내용을 검토해 보자. 모두(冒頭)에서도 언급했지만, 얼핏 보면 『역대요성록』이나 『역대수성편람』 모두 역대의 재이를 채집하고 자신의 의견을 덧붙여 엮은 재이 문헌으로 내용이 크게 다를 것 같지는 않다. 서문에서도, 한가할 때 열람하여 수성(修省)에 도움을 주고자 하는 뜻에서,[164)] 또 옆에 두고 틈나는 대로 보고 고열(攷閱)하여 항상 경계하고 두려워하며 하늘에 응하길 실질적인 도(道)로써 하면 작은 도움이라도 없지는 않을 것이라는 뜻에서,[165)] 각각 편찬한 것이라고 해 편찬의 목적도 대동소이해 보인다.

그런데 『역대요성록』이 정치 지향적이고 의리·명분에 대한 이념적 성향이 짙은 재이 문헌이라면, 『역대수성편람』은 이옥의 '존군론'을 바탕으로 '군주수성(君主修省)'이라는 재이론 본연의 가치를 확인하고 공유하는 데에 집중했다고 할 수 있다. 『역대요성록』과 『역대수성편람』의 이러한 차이는 재이 기사에 대한 안설의 비교를 통해 확인할 수 있다.

먼저 노(魯) 소공(昭公) 17년 겨울 패성 기사에 대한 안설이 참고된다.

---

163) 김민현, 「『增修附註資治通鑑節要續編』의 유통과 활용에 대한 연구」, 『奎章閣』 52, 2018, 161~186쪽.

164) 『歷代妖星錄』, 1ㄱ, 序, "倘於燕閑之暇, 時垂聖覽, 則或不無遇災修省之一助. 伏願聖明俯諒寸忱, 而特恕狂僭焉."

165) 『博泉集』 別集, 卷1, 「進修省便覽疏」, 2ㄴ~3ㄱ(속44책, 340쪽), "將此冊子, 置諸座側, 燕閑之暇, 特加觀覽, 則庶便攷閱, 恒寓戒惕 其於應天以實之道, 不能無小補云."

김익렴의 안설은 "당시 제후의 화재(火災)에서만 증험했고, 주(周) 왕실이 장차 망하고 제후가 참란(僭亂)할 조짐이라는 것은 알지 못했습니다"라는 것이다.[166] 반면에 『역대수성편람』에서는 정(鄭)의 대부 자산(子産)이 혜성의 재이를 맞아 인사(人事)의 책임을 다하여 화재(火災)를 물리쳤다는 사연을 모두 수록했고, 덕으로써 재변을 해소[以德消變]할 수 있다고 하면서 인사의 책임을 강조했다.[167] 사실 원전인 『춘추좌씨전』에서도 천도(天道)는 멀어 알 수 없고 인도(人道)는 가까워 알 수 있으니, 재이를 맞아서는 천도에 의지하기보다는 인사의 책임을 다하는 것이 중요하다고 했다.[168] 원전의 의미는 이옥이 더 정확히 짚었다고 할 수 있겠다. 『역대요성록』이 혜성에 대한 불안감과 위기의식을 고조시켜 군주에게 근신(勤愼)과 경계(警戒)를 요구했다면,[169] 『역대수성편람』은 군주의 수덕(修德)이라는 재이론 본연의 의미를 더 강조했다. 이것이 두 문헌이 갖는 기본적인 차이라고 할 수 있다.

이옥의 재이론은 존군론(尊君論)에 입각해 있다. 재이를 군주 한 사람의 탓으로 돌리지 않고, 신하의 역할을 더 강조했다. 이와 관련해서는 당 고종(高

166) 『歷代妖星錄』, 2ㄱ, "春秋魯昭公十七年冬, 有星孛于大辰. 左傳申須曰, 彗所以除舊布新也, 天事恒象, 今除於火, 諸侯其有火災乎. 臣謹按, 天文志曰, 偏指曰, 彗, 芒氣四出則孛, 又曰孛星, 彗之屬也. 盖申須之占, 雖驗於其時諸侯之火災, 而不知周室將亡, 諸侯僭亂之咎, 亦足以致此夫子之所以特書記異者, 豈徒然哉. 伏惟聖明留神焉."

167) 『博泉集』 別集, 卷1, 「修省便覽」, 2ㄴ(속44책, 342쪽), "〈魯昭公〉十有七年冬, 有星孛于大辰心. 鄭裨竈曰宋衛陳鄭同日火, 若我有禳, 鄭必不火. 子産不從曰天道遠, 人道邇, 非所及也, 竈焉知天道. 鄭國旣火, 子産三日哭國不市, 書焚室寬其征與之材, 使行人告于諸侯, 鄭不復火. 臣按, 裨竈之意, 推以象數, 子産所執, 責之人事, 而陳許先亡, 鄭不復火, 以德消變, 於是驗矣. 是知吉凶禍福, 固有可移之理, 古人所以先人事而後象數也."

168) 『春秋左氏傳』, 魯昭公, 17年, "[經] 冬有星孛于大辰. [傳] 冬有星孛于大辰, 西及漢. 申須曰, 彗所以除舊布新也. 天事恒象, 今除於火, 火出必布焉. 諸侯其有火災乎. … 鄭裨竈言於子産曰, 宋衛陳鄭將同日火, 若我用瓘斝玉瓚, 鄭必不火, 子産弗與."; 同, 18年, "[經] 夏五月壬午, 宋衛陳鄭災. [傳] … 裨竈曰, 不用吾言, 鄭又將火, 鄭人請用之, 子産不可. 子大叔曰, 寶以保民也, 若有火, 國幾亡, 可以救亡, 子何愛焉, 子産曰, 天道遠人道邇, 非所及也, 何以知之, 竈焉知天道, 是亦多言矣, 豈不或信, 遂不與, 亦不復火."

169) 본서 제6장 1절 참고.

宗) 총장(總章) 원년(668) 4월 혜성 기사의 안설이 참고된다. 김익렴은 『강감(綱鑑)』을 인용했고, 이옥은 『자치통감강목』을 인용했다. 이때 혜성이 출현하자 고종은 피전(避殿)과 감선철악(減膳徹樂)을 지시했다. 그런데 대신 허경종(許敬宗)은 '혜성이 동북쪽에서 보여 장차 고구려가 멸망할 조짐'이라며 복상(復常)할 것을 요청했고, 고종은 자신의 부덕(不德)으로 혜성이 출현한 것인데 어떻게 작은 오랑캐[고구려]의 허물로 돌릴 수 있겠냐면서 복상을 거부했다.

다음은 이 기사에 대한 김익렴과 이옥의 안설이다.

> 『역대요성록』: 신이 삼가 보건대, 고종이 비록 군주로서 할 말은 했으나, 재인(才人) 무씨(武氏)[則天武后]가 궁중에 들어와 15년 동안 후비(后妃)를 모두 폐했습니다. 이미 성세를 이룬 당 황실이지만 거의 망할 조짐을 하늘이 혜성으로 견고(譴告)했는데, 이토록 타일렀음에도 두려워하지 않았단 말입니까? 이로써 옛사람이 말하길, 말은 믿기 어렵다고 한 것입니다.[170]

> 『역대수성편람』: 신이 삼가 보건대, 고종은 당의 어리석은 군주[庸主]였지만, 군주로서 할 말을 하여, 하늘이 감동했습니다. 이렇듯 예부터 도(道)를 잃은 군주라도 반드시 몸소 불선(不善)하여 그랬던 것은 아닙니다. 그 신하 중 불선(不善)한 자를 들인 경우도 많았습니다. (허)경종(敬宗)의 말이 참으로 비루[鄙]합니다.[171]

---

170) 『歷代妖星錄』, 16ㄱ~ㄴ, "綱鑒, 唐高宗戊辰, 總章元年四月, 彗星見于五車. 五車, 五星, 五帝, 車舍也. 左畢北乃主子五兵. 鑒, 彗星見, 上避正殿, 減膳徹樂, 許敬宗等奏請復常曰, 彗星見東北, 高麗將滅之兆也, 上曰, 朕之不德, 謫見於天, 豈可歸咎小夷. 且高麗之百姓, 亦朕之百姓也. 不許. 尋滅. 臣謹按, 高宗雖有人君之言, 而才人武氏入宮中, 已十五年后妃皆廢, 已成唐室, 幾亡之兆, 天之以彗譴告, 豈特諄諄而猶不知畏, 是以古人有言曰, 言之易信矣."

171) 『博泉集』 別集, 卷1, 「修省便覽」, 9ㄴ~10ㄱ(속44책, 346쪽), "總章元年夏四月, 彗星見于五車, 上避正殿, 減膳徹樂. 許敬宗等奏請復常曰彗見東北, 高麗將亡之兆也. 上曰朕之否德, 謫見于天, 豈可歸咎小國, 且高麗之百姓, 亦朕之百姓也, 不許. 彗星尋滅. 臣按, 高宗唐之庸主, 猶能有

김익렴은 고종이 혜성의 견고를 보고도 두려워하지 않아 측천무후가 등장했다며 고종을 탓했다. 그러나 이옥은 고종은 제 역할을 다했고, 허경종이 불선을 행하고 제 역할을 다하지 못했다며 이를 탓했다. 재이를 군주의 탓으로 돌리지 않고 신하의 역할을 더 강조한 것이다. 앞에서 살펴보았던 이옥의 '존군적(尊君的)'인 면모를 이러한 대목에서 엿볼 수 있다.

사실 이옥의 이와 같은 면모는 『역대수성편람』의 여러 곳에서 볼 수 있다. 이어서 당 문종 태화 9년(835) 봄 정월 와언대기(訛言大起) 재이에 대한 이옥의 안설을 보자. 이때 진지(秦地)에 큰 재이가 있을 것이라는 와언이 일자, 정주(鄭注)는 '마땅히 공역을 일으켜 재이를 물리쳐야 한다'라고 하면서 곡강지(曲江池)와 곤명지(昆明池)를 준설했다고 한다. 이에 대해 이옥은 "천지와 신명의 이치를 잘 타이르듯 말로써 사람들에게 알려주지 않으면 사람들이 어찌 그 〈이치가〉 하는 일을 완전히 알 수 있겠습니까. 그러므로 성인은 그 덕을 닦고 그 일을 바르게 하여 그것에 응할 뿐입니다. 그런데 (정)주는 일찍이 덕을 닦으라고 군주에게 말하지 않고, 오히려 백성을 수고롭게 하여 재앙을 물리치려 했습니다. 소인이 군주를 미혹하게 하는 그 모습이 이와 같습니다"라는 안설을 달았다.[172] 여기에서도 간신 정주를 탓했다. 재이를 맞은 군주는 덕을 닦으면 될 뿐인데, 정주는 이러한 간언도 하지 않고 백성을 수고롭게 하는 공역을 일으켰다는 것이었다. 이옥은 결국 신하가 제 역할을 다하지 못했다는 점을 지적한 것이다.

이옥이 보기에 재이를 해소하는 가장 이상적인 방법은 현명한 군주가 어진 신하의 간언을 수용하는 것이었다. 가령, 당 태종 정관 11년(637) 가을 7월 큰비로 곡식이 피해를 입었다는 재이 기사에 대한 안설을 보자.

君人之言, 則天爲之動. 然則自古失道之君, 未必身親爲不善也. 其臣亦多納之於不善者矣, 敬宗之言, 嗚呼鄙哉."

172) 『博泉集』 別集, 卷1, 「修省便覽」, 13ㄱ~ㄴ(속44책, 348쪽), "〈文宗太和〉九年春正月, 訛言大起, 以爲秦地必有大災. 鄭注奏言宜興役以禳灾也. 遂浚曲江池及昆明池, 時人鄙之. 臣按, 天地神明之理, 不諄諄以言語告人, 則人安得盡知其所爲也. 故聖人修其德正厥事以應之而已. 注曾不以修德告君, 乃欲以勞人厭灾. 小人蠱君, 其態如此."

이옥은 당 태종이 마주(馬周)의 간언을 가납하여 재이를 복으로 바꾸었다고 했다. 즉, "당 태종이 재이 막는 방법에 관해 묻자 마주는 한 마디도 아끼지 않고 인심(人心) 얻는 것을 근본으로 삼아야 한다고 했습니다. 그리고 후손을 넉넉히 하는 수유(垂裕)의 계책에 대해서도 언급했습니다. 대개 사람의 마음을 얻은 후에야 백성의 기운도 조화로운 것이고, 인정(人政)을 힘써 행한 후에야 자손에게 모범[法]이 되는 것입니다. 태종은 훌륭한 군주입니다. 그 말을 깊이 가납하여 형벌을 물리치고 덕화(德化)를 귀하게 여겼으며, 황제의 전범을 세워 태자(太子)에 물려주었습니다. 이처럼 하면 재이를 막고 복을 불러오지 못하겠습니까"라고[173] 했다. '마주의 간언과 태종의 가납'을 전화위복의 좋은 사례로 본 것이다.

그래서 이옥은, 군주는 어진 신하를 곁에 두어야 한다고 역설했다. 당 현종 천보(天寶) 13년(754) 여름 6월 초하루 일식 기사에 대한 안설에서는 현종이 일식의 재이를 보고도 간신을 멀리하지 않았다는 점을 지적했다. 현종[明皇]이 처음 양씨(楊氏)를 들이지 않았다면, 반드시 이단(李端)[衡山], 안진경(顔眞卿)[太師], 곽씨(郭氏)·이씨(李氏) 등의 인재가 조정에 배치되었을 것이고, 그러면 안사(安史)의 난[河朔之禍]도 일어나지 않았을 것이라고 했다. 일식은 여러 해 동안 일어났고, 하늘이 타이르듯 보여준 것이 마치 아버지가 아들에게 일러주는 것과 다를 바 없었는데, 현종이 끝내 깨닫지 못했다고 하면서[174] '현종이 양씨를 들인 것'을 문제로 보았다.

그리고 이옥은 군주의 노력으로 재이를 극복하고 선정(善政)을 베푼 사례도 언급했다. 이옥은 후주(後周) 세종(世宗) 5년(958) 회남(淮南)의 대기(大飢)

173) 『博泉集』 別集, 卷1, 「修省便覽」, 8ㄱ~ㄴ(속44책, 345쪽), "唐太宗貞觀十一年秋七月大雨穀. … 臣按, 太宗問弭灾之術, 馬周不暇一言, 以結人心爲本, 而復及垂裕之策. 盖固結人心, 然後民氣和, 務行仁政, 然後可爲子孫法矣. 太宗英主, 深納其言, 絀刑罰而貴德化, 作帝範而遺太子. 如此而其有不轉灾徼福者乎."

174) 『博泉集』 別集, 卷1, 「修省便覽」, 11ㄱ(속44책, 347쪽), "玄宗天寶十三載夏六月朔, 日食不盡如鉤. … 臣按, … 使明皇初不納楊氏, 必令李衡山顔太師郭李諸人布列於朝, 有河朔之禍哉, 連年日食, 至此而不盡如鉤, 天之諄諄開示, 何異於父之詔子, 明皇終莫能悟."

기사의 안설을 통해 이를 설명했다. 기사를 보면, 이때 큰 기근이 들어 세종이 백성에게 식량을 빌려주도록 했다. 그런데 이를 두고 혹자가 백성이 가난하여 갚지 못할 것을 걱정하니, 세종이 백성은 본인의 자식인데 자식이 거꾸로 매달려 있는데 부모가 구하지 않을 수 있냐면서 상환 못할 것을 걱정해서는 안 된다고 했다는 것이다. 이에 대해 이옥은 『맹자(孟子)』의 “보민(保民)으로 정치[王]를 하면 누구도 막을 수 없다”라는 구절을 인용하여,[175] 오대(五代)의 시절에는 전쟁이 끊이지 않아 군주가 사람 목숨 죽이기를 풀과 티끌처럼 가볍게 여겼는데, 세종 대에 이르러 백성을 자식처럼 여기는 도리를 알게 되니 백성이 무더기로 찾아오고 주변의 강성한 제후국도 복종했다고 하면서 세종이 오랫동안 다스렸다면 분명 통일의 대업을 이루었을 것이라고 했다.[176] 기근을 낭한 백성에게 곡식을 빌려주어 구제하고자 한 세종과 백성이 빌려준 곡식을 갚지 못할 것만을 걱정한 신하를 극적으로 대비하여, 세종의 선정이 더욱 돋보이게 되었다. 그의 ‘존군적(尊君的)’인 태도를 다시 한번 확인할 수 있는 대목이다.

재이 극복을 위해 군주가 이행해야 할 노력이란 역시나 어진 신하의 간언을 수용하는 것이었다. 이렇게 해서 재이가 해소되면, 군주로서는 성군의 면모를 과시할 수 있고, 재이의 출현을 전화위복의 기회로 삼을 수 있는 것이었다. 이와 관련해서는 송 인종 천성(天聖) 7년(1029) 6월 옥청소응궁(玉清昭應宮) 화재 사건과 이에 대한 이옥의 안설이 주목된다. 이때 큰비가 내리고 번개가 쳐 도관(道觀) 옥청소응궁에 화재가 발생했다.[177] 이에 궁을

---

175) 『孟子』, 梁惠王章句, 上, “齊宣王問曰, 齊桓晉文之事, 可得聞乎. 孟子對曰, 仲尼之徒, 無道桓文之事者. 是以, 後世無傳焉, 臣未之聞也, 無以則王乎. 曰何如. 則可以王矣. 曰保民而王, 莫之能禦也.”

176) 『博泉集』 別集, 卷1, 「修省便覽」, 14ㄴ(속44책, 348쪽), “後周世宗五年, 淮南大飢. 世宗命以米貸之, 或曰民貧不能償. 世宗曰民吾子也, 安有子倒懸而父不爲之解哉, 安在責其不償也. 臣按, 孟子曰保民而王, 莫之能禦也. 當五季之時, 戰爭不息, 爲人君者, 殺人之命, 輕如草芥, 及至柴宗, 能知子民之道, 而小民繈至, 强藩賓服. 使其久享, 必致統一之盛, 聖言豈欺哉.”

177) 玉淸昭應宮은 1008년부터 7년 동안 지은 북송 최대 규모의 도교 宮觀이었다. 1029년 6월 낙뢰로 全燒되었고, 반대 의견 때문에 중건되지 못했다. 이것은 歐陽脩 등 사대부들

지키던 자들을 옥에 가두었는데, 범옹(范雍)이 "차라리 모두 불태워 버리는 게 낫습니다. 선대[진종]에 이 궁에 천하의 힘을 쏟았는데, 지금 갑자기 재이가 이르렀으니, 이것은 사람의 뜻이 아닐 겁니다. 타고 남은 부분을 살린 채 장차 궁을 보수[修葺]한다면 백성들은 그 지시를 감당하지 못할 것이고, 그러면 이는 하늘의 경계를 공경히 하는 것이 아닙니다"라고 했다고 한다. 태후와 황제는 이 말을 듣고 감동하여 깨달음을 얻었고, 궁을 지키던 자들을 풀어주고, 궁을 다시 수리하지 말라는 조서를 내렸다고 한다.[178] 이 기사에 대해 이옥은 다음과 같은 안설을 달았다.

> 신이 삼가 보건대, 군주가 하늘을 공경하기 위해 도를 받는 것은 도관을 세우고 초제[醮禱]를 설행하는 데에 있지 않습니다. 그리고 변이에 응하고 재이를 물리치는 것은 인정(仁政)을 베풀고 민력(民力)을 소중히 여기는 것밖에 없습니다. 범옹이 두 궁에 불을 지르자고 한 요청은 군주를 마땅한 도(道)로 이끈 말이었습니다. 송 인종은 잘못을 깨닫고 즉시 고쳐 그 시대는 드디어 잘 다스려졌고, 재이는 드디어 사라지게 되었습니다.[179]

요컨대 군주가 어진 신하의 간언을 수용하고 잘못을 고치면 재이도 극복할 수 있다는 것이었다. 이렇게 되면 재이는 근심과 걱정의 대상이 아니었다. 군주는 '존천봉도(尊天奉道)'를 위해 인정을 베풀고 민력을 소중히 여긴 성군

의 주도하에 정치문화가 황권의 신성함을 중시하는 신비주의적 경향에서 벗어나 內省修己를 강조하는 합리주의적 경향으로 전환된 것과 관련이 있다고 한다. 久保田和男, 「玉清昭応宮の建造とその炎上-宋眞宗から仁宗(劉太后)時代の政治文化の変化によせて-」, 『都市文化研究』 12, 2010, 139~152쪽 참고.

178) 『博泉集』 別集, 卷1, 「修省便覽」, 15ㄴ(속44책, 349쪽), "仁宗天聖七年, 六月大雨, 震電玉清昭應宮灾. 繫守衛者于獄. 范雍曰不若悉燔之也. 先帝以此竭天下之力, 今遽致灾, 此非人意, 如因所存, 又將修葺之, 則民不堪命, 殊非所以祗天戒也. 太后與帝感悟, 遂放守衛者, 詔不復修治."

179) 『博泉集』 別集, 卷1, 「修省便覽」, 16ㄱ(속44책, 349쪽), "臣按, 人君所以尊天奉道者, 不在乎壯道觀設醮禱. 而應變禳灾者, 不外乎布仁政惜民力. 則范雍之請燔二宮, 引君當道之言也. 宋宗知過卽改, 其世之遂治, 灾之遂弭固也."

으로서의 면모를 선보일 수 있는 전기(轉機)를 마련할 수도 있는 것이었다. 재이를 불안과 위기의 대상으로만 간주했던 김익렴의 태도와 상반된 재이관이라고 할 수 있다. 이러한 지점에서도 역시나 그의 '존군적'인 태도를 엿볼 수 있다.

그렇다고 재이를 가볍게 여겨도 된다는 것은 아니었다. 군주가 재이를 삼가고 두려워해야 한다는 것에는 이론의 여지가 없었다. 이 점은 왕안석의 '부족외설(不足畏說)'에 대한 평가에서 확인된다. 신종(神宗) 희녕(熙寧) 8년(1075) 8월 진수(軫宿)에 패성(孛星)이 출현했다. 이를 두고 왕안석이 진(晉) 무제(武帝) 때도 혜성이 두 번이나 출현했는데 28년이나 재위했다면서 근심하지 말고 마음을 풀라는 소를 올렸다. 이옥은 왕안석의 이 소를 강하게 비판했다. 왕안석이 군주에게 고(告)한 상소는 신실로 나라를 망하게 하는 말이라고 했다. 군주의 지위는 높고 위세는 무거우니, 군주가 꺼릴 바는 오직 상제(上帝)뿐이라고 했다. 만약 왕안석의 말대로라면 휴구(休咎)는 군덕(君德)과는 관련이 없고, 천인(天人)이 서로 관여하는 이치도 없는 것이었다. 그러면서 왕안석의 설 중에는 경전을 거스르고 의리를 저버리는 것이 많은데, 이 중 가장 심한 것이 '재이는 두려워할 것이 못 된다[不足畏]'는 설이고, 이것이 만고에 화를 끼쳤다고 했다.[180]

이옥이 『역대수성편람』의 결론에서 강조한 것은 주희의 '정심술입기강(正心術立紀綱)'이었다. 아마도 이것이 현종에게 하고자 한 말이었을 것이다. 효종(孝宗) 순희(淳熙) 7년(1180) 여름 5월에 큰 가뭄이 들었다. 효종이 직언을 구했고, 남강군(南康郡) 지사(知事)였던 주희는 다음과 같이 상소했다. 즉, "천하의 근본은 군주가 심술(心術)을 바르게 하고 기강(紀綱)을 세우는 데에 있을 따름입니다. 지금 재상(宰相), 대성(臺省), 빈우(賓友), 사부(師傅)의 신하

180) 『博泉集』 別集, 卷1, 「修省便覽」, 17ㄱ~ㄴ(속44책, 350쪽), "八年八月, 有星孛于軫, 詔求直言. 王安石曰晉武帝時彗孛再見, 然其在位二十八年, 乞勿憂而開慰. … 臣按, 安石之告君, 此眞喪邦之言也. 人君位尊勢重, 何所忌憚, 所忌憚者只上帝耳. 苟如安石言, 所謂休咎何關君德, 天人無相與之理矣. 安石之說, 悖經背義者多, 此最是灾異不足畏之說, 貽禍萬古, 吁可惡哉."

는 그 직분을 잃었고, 폐하께서 더불어 친밀하게 모의(謀議)하는 자는 가까운 신하 1~2명에 불과합니다. 위로는 군주의 마음을 혼란에 빠트리고 아래로는 천하의 이익을 탐하는 부끄러움이 없는 자를 불러 모아 폐하의 권력을 훔치고 폐하의 권세를 훔칩니다. 신은 분명히 근심이 조석처럼 가까이 있음에도 폐하께서만 홀로 알지 못하는 게 두렵습니다. 신은 마음이 아픕니다"라는 것이었다. 그런데 주희의 상소를 본 효종은 자신을 망하게 하는 말이라며 크게 화를 냈고, 이에 주희가 떠났다고 한다.[181]

이옥은 이 기사에 대해 다음과 같은 안설을 달았다.

> 신이 삼가 보건대, 송(宋)은 남쪽으로 천도한 이래, 군주의 마음이 편안함[宴安]에 빠져 나라의 기운이 점차 쇠약해졌습니다. 당시 하늘에서 경고를 보인 것은 여기에서 말미암은 것이 아니라고 할 수 없습니다. 군주의 마음이 바르면 선악[淑慝]이 분별되고, 기강(紀綱)이 세워지면 고식(姑息)이 사라지니, 이는 모두 소인 무리가 하고자 하는 바가 아닙니다. 주자가 군주에게 재이 해소의 방법으로 먼저 이 두 조목을 고(告)했으니, 어찌 당시의 급선무가 아니었겠습니까. 아, 남송(南宋)의 아홉 황제 중 효종이 어찌 훌륭한 군주가 아니겠습니까. 이 시기가 어찌 무엇인가 이룰 수 있는 유위(有爲)의 시기가 아니었겠습니까. 충현(忠賢)은 의를 위해 몸을 바치고자 했고, 맹장(猛將)은 모두 적에게 죽기를 바라고 싸웠습니다. 만약 효종이 주자 같은 대현(大賢)을 재상으로 삼아 문무의 모든 신하에게 광복(匡復)의 도모를 책임지게 했다면, 그 업적이 족히 상(商)의 태갑(太甲)이나 주(周)의 선왕(宣王)에게 필적할 만했을 것입니다.[182]

---

181) 『博泉集』 別集, 卷1, 「修省便覽」, 18ㄴ~19ㄱ(속44책, 350~351쪽), "孝宗淳熙七年, 夏五月大旱, 詔求直言. 知南康軍朱熹上疏曰天下之本, 在人君正心術立紀綱而已. 今宰相臺省賓友師傅之臣, 皆失其職, 陛下所與親密謀議者, 不過一二近習之臣. 上以蠱惑君心, 下則招集天丅之嗜利無恥者, 盜陛下之權, 竊陛下之柄, 臣恐必至之憂, 近在朝夕, 而陛下獨未之知, 臣竊自痛之. 帝讀之大怒曰是以我爲亡也, 熹乞退."

182) 『博泉集』 別集, 卷1, 「修省便覽」, 19ㄱ~ㄴ(속44책, 351쪽), "臣按, 宋自南渡以來, 君心狃於宴

효종 순희 7년 주희가 효종에게 올린 상소는 「경자응조봉사(庚子應詔封事)」이다.[183] 여기에서 주희는 '천하 국가의 중요한 일은 백성을 구휼하는 것보다 큰 것은 없고, 백성의 구휼은 부세의 경감에 달려 있고, 부세를 경감하기 위해서는 군정(軍政)을 잘 다스려야 하는데, 이 모든 일의 근본은 군주가 자신의 심술을 바로잡음으로써[正心術] 기강을 세우는 것에[立紀綱] 달려 있다'라고 했다.[184]

그런데 이옥이 주목한 것은 '백성 구휼'보다는 '선악 분별'과 '고식 제거'라고 할 수 있다. 즉, 선악과 시비를 분별해야 현인과 간신을 구분할 수 있는데 그러기 위해서는 군주의 마음이 발라야 하고[正心術], 신하와 함께 유위의 시대를 열기 위해서는 많은 신하가 평소에 품는 편해지고자 하는 마음을 제거해야 하는데 그러기 위해서는 기상을 세워야[立紀綱] 한다는 것이었다. 앞에서도 계속 '존군적'인 군신관하에서 신하로서의 역할을 강조했고, 군주로서 어진 신하를 가까이해야 한다고 역설했는데, 이것이 주희의 '정심술입기강'으로 압축된 것이라고 하겠다.

요컨대 『역대수성편람』에서 확인되는 이옥의 재이론은 '존군론(尊君論)'에 입각해 있다. 서인계 김익렴이 『역대요성록』에서 시종 혜성에 대한 불안감과 위기의식을 고조시켜 군주의 근신과 경계를 요구했다면, 남인계 이옥은

安, 國勢日就陵夷. 當時謫見于天者, 未必不由乎此. 君心正則有以辨別淑慝, 綱紀立則有以革去姑息, 此皆非群小之所欲也. 朱子告君弭灾之方, 先擧此二條, 豈非當時之急先務乎. 嗟乎, 南宋九帝, 孝宗豈非令主乎. 此時豈非有爲之時乎. 忠賢願爲捐軀, 猛將皆欲死敵. 使孝宗者, 首擢朱子大賢, 作爲元揆, 以責文武諸臣, 以匡復之圖, 則足以埒其績於太甲宣王矣."

183) 이때 朱熹는 南康郡 知事로 있었는데, 「庚子應詔封事」에서는 南康郡의 사정을 들어 南宋 사회의 폐단과 그 대책을 강구하였다. 朱熹는 군비 조달을 위해 각종 세금의 과세율을 높인 결과 많은 사람들이 고충을 겪고 있으므로 이를 근본적으로 재검토해야 한다고 주장했다. 朱喜 著(朱子思想硏究會 譯), 『朱子封事』, 혜안, 2011, 66~67쪽 참고.

184) 참고로 주희의 '정심술입기강'은 漢의 董仲舒의 논의를 인용한 것이다. 『漢書』 卷56, 傳26, 董仲舒傳, "春秋深探其本, 而反自貴者始. 故爲人君者, 正心以正朝廷, 正朝廷以正百官, 正百官以正萬民, 正萬民以正四方." 朱熹는 특히 董仲舒의 '正心以正朝廷'과 '命者天之令也'의 두 구절을 좋아했던 것 같다[『朱子語類』 卷137, 戰國漢唐諸子, "曰, 仲舒本領純正, 如說正心以正朝廷, 與命者天之令也, 以下諸語皆善"].

『역대수성편람』에서 재이를 군주의 탓으로만 돌리지 않고 신하가 신하답지 못한 것을 더 문제로 보았다. 신하의 역할이란 군주에게 적절한 간언을 하는 것이고, 신하가 군주의 판단을 흐리게 해서는 안 된다고 했다. 그래서 재이를 해소하는 가장 이상적인 방법은 현명한 군주가 어진 신하의 간언을 수용하는 것이라고 보았다. 이렇게 해서 재이를 해소하면 이는 군주가 성군으로서의 면모를 보여줄 수 있는 전화위복의 기회로도 삼을 수가 있는 것이었다. 이를 위해 군주는 시비와 선악을 분별하고, 고식을 제거해야 했다. 그래서 그 결론은 군주의 '정심술입기강'으로 귀결되었다. 이상으로 『역대수성편람』에서 확인되는 이옥의 재이론은 '존군적(尊君的) 수성론(修省論)'이라고 하겠다.

한편 17세기 중반 재이론은 정략적으로 활용되었다.[185] 군주 수신(修身)이라는 본연의 의미는 퇴색된 채 당리당략에 따라 재이론을 아전인수격으로 활용하는 경우가 많았고, 그에 따라 처벌받는 경우도 적지 않았다. 현종은 이러한 재이론의 정략적 활용에 강경히 대응했다. 현종은 재위 8년(1667) 7월 20일(임술) 편파적인 당론(黨論)을 대변하는 응지상소는 처벌하겠다고 선언했다.

> 예전에는 군자·소인의 당이 있었는데, 지금은 변하여 적(赤)·백(白)의 당이 되어 적당은 백당을 공격하고 백당은 적당을 공격하는 병이 골수에 스며들어 치료하기가 어렵다. 이러한데 능히 국사에 전념할 수 있겠는가. … 전에 구언한 후에는 반드시 부정(不正)한 말이 있어도 죄를 묻기도 그렇고 그렇다고 내버려두기도 마음이 불편했다. 지금 이후로 응지(應旨)라는 핑계로 감히 사악한 말을 하는 자는 내가 구언이라도 내버려두지 않고 엄하게 벌을 줄 것이다.[186]

---

185) 본서 제5장 1절 참고.

186) 『顯宗實錄』 卷14, 8年 7月 20日(壬戌), "古有君子小人之黨, 今變爲赤白之黨, 赤而攻白, 白而攻赤, 病入骨髓, 難以痊可. 其可以此, 能專心於國事乎. … 前者求言之下, 必有不正之說,

현종은 지금까지는 구언을 핑계로 상대 당을 정치적으로 공격하는 논의가 있어도 묵과했지만, 앞으로는 처벌하겠다고 공언했다. 이것은 분명 '응지상소라면 처벌하지 않는다'는 오랜 정치적 관행을 깨는 지시였다. 그만큼 당시 재이론의 정략적 활용이 심했다는 것을 알려주는 선언이기도 하다. 참고로 『역대수성편람』은 현종의 이러한 선언이 있고 약 7개월 후에 찬진된 문헌이다.

이와 같은 현종의 정치적 요구에 즉각적으로 반응했던 것은 남인이었다. 이옥의 『역대수성편람』 편찬은 재이론을 정략적으로 활용하지 말라는 현종의 정치적 요구와 당시 남인이 추구한 정치·사상적 지향이 만나 이루어진 것이다. 『역대수성편람』을 받아 본 후 "걱정하고 사랑하는 정성이 독실하지 않으면 어찌 이렇게 할 수 있겠는가. 재삼 읽어보았는데 가상함을 금치 못하겠다"라는 현종의 반응을 다시 한번 음미해 본다.[187]

3. 숙종 34년(1708) 『천동상위고(天東象緯考)』와 군주 수성(修省)의 재이론

1) 서인 소론계 최천벽(崔天璧)의 『천동상위고(天東象緯考)』 편찬과 최석정(崔錫鼎)

18세기 후반 황윤석(黃胤錫, 1729~1791)은 전라도 고부(古阜)에 사는 최규정(崔奎精, 1713~1788)의 집에 들러 최천벽에 대해 다음과 같이 회고했다.

罪之未穩, 置亦痛心. 今後托以應旨, 敢爲邪說者, 予不諉於求言, 嚴加痛懲焉."

187) 『顯宗實錄』 卷14, 9年 2月 23日(壬辰), "禮曹佐郎李沃因災異上疏, 論修省之道, 仍進二編書, 名之曰歷代修省便覽, 上優批嘉納之. 仍傳曰, 觀此所進冊子, 非篤於憂愛之誠, 何能若是乎. 再三觀覽, 嘉尙不已, 今下馬粧一部, 沃處賜給, 以表予意."

찰방(察訪) 최천벽의 후손 규정(奎精)의 집에 방문하여 그 선조의 문적(文跡)을 살펴보고자 했다. 대저 최찰방은 곧 주부공(注簿公) 여호(汝浩)의 후손이고, 모암(慕庵) 직장(直長) 안(安)의 종손이며, 참봉(參奉) 이순당(二順堂) 경행(敬行)의 족자(族子)이다. … 찰방은 또 문예가 있었고, 일찍이 우암(尤庵)[=송시열]에게 예(禮)에 관해 물었으며,[188] 천문(天文)·역수(曆數)로써 영의정 최석정(崔錫鼎)에게 알려져 천문겸교수(天文兼教授)로 선발되어 『천동상위고』를 함께 지었다.[189]

최천벽은 최여호(崔汝浩, 1525~1574), 최안(崔安, 1545~1615), 최경행(崔敬行, 1572~1654)을 배출한 전주최씨 문성공파(文成公派) 14세손으로 확인된다. 『전주최씨족보(全州崔氏族譜)』에 따르면, 최천벽은 인조 18년(1640)에 태어나 숙종 39년(1713)에 죽었고, 그의 조부는 최부(崔富, 1547~1606), 부친은 최경헌(崔敬憲, 1602~1674), 모친은 세종의 부마 연창위(延昌尉) 안맹담(安孟聃, 1415~1462)의 6세손 안국량(安國樑)의 딸, 부인은 윤존도(尹存道)의 딸 남원윤씨(南原尹氏)이다.[190] 황윤석이 고부에서 만난 최규정은 최천벽의 손자이다.

〈그림 6-3〉 최천벽의 가계에서 주목되는 인물은 최안과 최경행 부자이다. 족보에 따르면, 최안은 성수침(成守琛, 1493~1564)의 문인이고, 최경행은 성혼(成渾, 1535~1598)의 문인이며 이식(李植, 1584~1647)과도 친분이 깊었

---

188) 『宋子大全』 卷118, 書, 答崔天璧, 22ㄴ~23ㄴ(112책, 205~206쪽). 족보에 따르면 최천벽의 큰 아버지 최경임은 친자식이 없어서 그의 동생 최경석의 둘째 아들 崔天俊을 양자로 삼았다고 한다. 최천벽은 송시열에게 叔姪 관계의 후손(아들뻘)과 從孫 관계의 후손(손자뻘) 중 누구를 양자로 삼아야 하는지 물었고, 송시열은 반드시 최경임과 叔姪 관계에 있는 후손으로 양자를 삼아야 한다고 답했다.

189) 『頤齋亂藁』 卷4, 乙酉年(1765) 閏2月 17日(壬戌), "因訪故崔察訪天璧後孫奎精家, 欲觀其先祖文跡. 盖崔察訪, 卽故主簿公汝浩後孫, 慕庵直長安從孫, 參奉二順堂敬行族子也. … 而察訪又有文藝, 嘗問疑禮於尤庵, 又以天文曆數, 見知於崔相錫鼎, 被選爲天文兼教授, 同撰天東象緯考也."

190) 『全州崔氏族譜』 卷21, '中郞將派', 8ㄴ~9ㄱ.

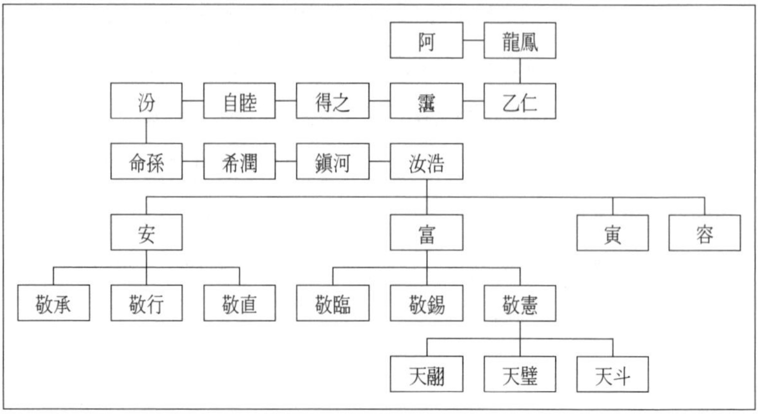

〈그림 6-3〉 전주최씨(全州崔氏) 문성공파(文成公派) 최천벽(崔天璧)의 가계도

다고 한다. 성수침은 성리설(性理說)의 이론 탐구에만 몰두하는 학문 태도를 비판하고 익힌 바를 힘써 행하고 실천하는 무실(務實)의 학풍을 추구했다고 평가받는다.191) 그리고 부친의 영향을 받은 성혼 또한 가학으로 이어져 온 무실의 학풍을 충실히 계승하여 도덕과 의리를 실천하는 삶으로 일관했다고 인정받는다.192)

성수침·성혼 부자의 영향을 받은 최안·최경행 부자는 양란(兩亂) 시기에 의병 활동을 했다. 이들은 정유재란 때 의병을 조직하고 군량을 모아 명(明) 장수에게 보냈고, 또 '이괄의 난' 때는 난 진압에 직접 참여했다.193) 이러한 측면에서 최안·최경행 부자는 서인 우계학파 내에 있는 인물들이라 할 수 있다. 그리고 최천벽 또한 이와 같은 가문의 학문·정치적 영향을 직·간접적으로 받지 않았을까 사료된다.

황윤석의 언급에서도 보이듯 최천벽과 최석정의 인연은 각별했던 것

191) 黃義東, 「聽訟 成守琛의 道學精神과 務實學風」, 『韓國思想과 文化』 69, 2013, 279쪽. 務實의 학풍을 추구했다는 점에서 趙光祖의 道學을 계승했다고 평가받기도 한다.
192) 이종성, 「우계 성혼의 도학적 삶과 학문연원」, 『牛溪學報』 28, 2009, 60~82쪽.
193) 이형성, 「牛溪 成渾 문인 조사에 의한 牛溪學 계승성 연구」, 『공자학』 23, 2012, 147~148쪽, 165쪽.

같다. 최천벽과 최석정은 범(凡) 전주최씨였고,[194] 우계학풍을 계승한 서인 소론계라는 학문·정치적 유대도 있었다. 최석정의 증조부인 최기남(崔起南, 1559~1619)은 최천벽의 숙부인 최경행과 함께 성혼에게서 수학했고,[195] 최경행과 친분이 깊었던 이식은 최석정의 조부인 최명길(崔鳴吉, 1586~1647)과 학문·정치적으로 교류했다.[196]

한편 최천벽의 천문학겸교수 선발과 관련해서는 숙종 11년(1685) 3월 11일(신미) 영의정 김수항(金壽恒, 1629~1689)의 발언이 참고된다.

> 주강(晝講)에서 영의정 김수항이 계(啓)하였다. "관상감 삼학(三學)에 속한 생도는 다수가 수준이 낮고 용렬한 무리라 천문술업(天文術業) 또한 장차 무뎌지고 권과(勸課)의 일 또한 착실하지 못하게 될 것입니다. 그러므로 외방(外方)의 사람 중 술업에 정통한 자를 겸교수로 삼아 생도를 훈과(訓課)하는 임무를 수여하되 다만 겸교수는 〈정원이〉 1원(員)이니 사부(士夫) 가운데 천문에 밝은 자가 있다면 별겸교수(別兼敎授)로 삼습니다. 또 선조(先朝) 대에 외방의 천문에 밝은 자를 널리 알아내 군직에 붙이고 본감[관상감]의 일을 맡기게 하자는 논의가 있었습니다. 고부사인(古阜士人) 최천벽은 술업이 정밀하고 밝아 사람들의 칭찬이 많으므로 작년에 군직에 붙일 것을 계달하여 〈현재는〉 본감의 업무를 보고 있습니다. 그런데 멀리서 왔으나 사용(司勇)의 급료가 박하여 여관[旅邸]을 전전하니 그 형세가 매우 어렵습니다. 그는 과거를 업으로 하는 선비로 그 사람됨을 보면 백집사(百執事)에

---

194) 전주최씨 중에는 4개의 분파가 있다. 崔純爵을 시조로 하는 文烈公派, 崔均을 시조로 하는 司徒公派, 崔阿를 시조로 하는 文成公派, 崔群玉을 시조로 하는 文忠公派이다. 최석정은 문열공파 14세손이다. 최석정의 생애에 대해서는 姜信曄, 「崔錫鼎의 生涯와 思想」, 『芝邨金甲周敎授華甲紀念史學論叢』, 芝邨金甲周敎授華甲紀念史學論叢刊行委員會, 1994, 728~729쪽 참고.

195) 黃義東, 「牛溪學의 傳承과 그 學風」, 『범한철학』 28, 2003, 42쪽.

196) 심경호, 「17세기 초반 지성사의 한 단면-지천 최명길과 월사·상촌·계곡·택당-」, 『漢文學報』 18, 2008, 355~359쪽 ; 이상배, 「택당 이식(1584~1647)의 삶과 현실인식」, 『강원문화연구』 28, 2009, 126쪽.

적합하니 만약 해조(該曹)가 상응하는 마땅한 관직을 제수하고 이에 별겸교수로 삼으면 일이 점차 착실해질 것입니다."[197]

관상감 생도의 실력 저하 문제로 천문학에 뛰어난 외방의 사인(士人)에게 군직(軍職)을 주고 관상감 업무를 보게 하자는 논의가 이미 선대부터 있었다고 한다. 그리고 이에 따라 천문학에 뛰어나다고 인정받은 고부[198] 사인(士人) 최천벽이 1년 전부터 군직을 받고[199] 관상감 업무를 보고 있었고, 그런데 그가 받은 군직, 즉 '사용(司勇)'은 급료가 적어 생활에 어려움이 있으니, 최천벽에게 다른 적당한 관직을 주고 천문학별겸교수로 삼자는 것이었다. 요컨대 최천벽은 전라도 고부 출신의 사인으로 숙종 10년 그의 나이 45세에 천문학에 뛰어나다는 평가를 받고 9품 군직을 받아 처음 관직에 진출했다고 할 수 있겠다.

〈표 6-4〉의 최천벽의 관력(官歷)을 보면 그가 관상감의 실직(實職)에 있었던 적은 한 번도 없었다. 최천벽이 처음으로 받은 부사용(副司勇)은 종9품의 서반 체아직이다. 통상 '군직(軍職)'이나 '군함(軍銜)'으로 불렸던 서반 체아직은 특별히 맡은 업무가 없고, 동반직에 비해 숫자가 많을 뿐 아니라 다른 곳에 전용하기도 쉬워 직록(職祿)이 필요한 곳이면 어느 곳에나 쉽게 내려주었다.[200] 조선 초기 이래로 기술직 관료가 주로 군직을 받았고, 천문학에

197) 『承政院日記』 308冊, 肅宗 11年 3月 11日(辛未), "書講時, 領議政金壽恒所啓, 觀象監三學入屬生徒, 多是殘弊庸下之輩, 天文術業, 且將爲魯莽, 勸課之事, 亦不着實, 故以方外之人術業精通者, 兼教授差下, 以畀訓課生徒之任, 而兼教授, 只是一員, 故士夫中, 亦有曉解天文之人, 則以別兼教授差下. 又於先朝, 以方外曉解天文之人, 廣加聞見付軍職, 常仕本監事, 啓稟定奪矣. 古阜士人崔天璧, 術業精明, 人多稱說, 上年啓達付軍職, 使之常仕於本監, 而遐方, 只資司勇薄料, 留過於旅邸, 其勢甚難. 渠是業科之士子, 且觀其爲人, 可合百執事, 若令該曹, 除授相當職, 仍以別兼教授差下, 則事涉着實矣. 臣待罪本監, 敢此仰達. 上曰, 依爲之."

198) 최천벽 가문은 6세 崔自睦 代에 전라도 고부로 옮겨왔다고 한다[『澤堂集』 別集 卷7, 「崔直長墓碣銘」, 28ㄴ(88책, 388쪽), "至縣監自睦, 移居古阜"].

199) 『承政院日記』 305冊, 肅宗 10年 8月 8日(辛丑).

200) 李載龍, 『朝鮮初期社會構造研究』, 일조각, 1984, 43~44쪽 ; 신유아, 「朝鮮前期 遞兒職研究」, 서울대학교 사회교육과(역사전공) 박사학위논문, 2013, 224~235쪽.

〈표 6-4〉 최천벽(崔天璧)의 관직 이력

구분	시기	나이	관직	비고	출처
1	인조 18년(1640) 0월 0일	1세	-	生	족보
2	숙종 10년(1684) 8월 8일	45세	副司勇	除授	승정원일기
3	숙종 11년(1685) 5월 6일	46세	司圃別檢	除授	승정원일기
4	숙종 11년(1685) 6월 27일	46세	司圃別檢	罷職現告	승정원일기
5	숙종 13년(1687) 12월 26일	48세	假引儀	除授	승정원일기
6	숙종 14년(1688) 1월 15일	49세	引儀	謝恩	승정원일기
7	숙종 14년(1688) 4월 17일	49세	引儀	罷推現告	승정원일기
8	숙종 14년(1688) 6월 1일	49세	引儀	職牒還給	승정원일기
9	숙종 23년(1697) 6월 5일	58세	北部主簿	罷推現告	승정원일기
10	숙종 23년(1697) 6월 16일	58세	北部主簿	除授	승정원일기
11	숙종 23년(1697) 7월 7일	58세	禮賓寺主簿	除授	승정원일기
12	숙종 24년(1698) 12월 22일	59세	引儀	除授	승정원일기
13	숙종 25년(1699) 1월 1일	60세	活人別提	除授	승정원일기
14	숙종 26년(1700) 2월 14일	61세	廣興主簿	除授	승정원일기
15	숙종 27년(1701) 8월 10일	62세	平丘察訪	除授	승정원일기
16	숙종 29년(1703) 6월 1일	64세	察訪	職牒還給	승정원일기
17	숙종 29년(1703) 9월 18일	64세	兼天文學教授	單望	승정원일기
18	숙종 34년(1708) 5월 6일	69세	南部主簿	除授	승정원일기
19	숙종 34년(1708) 7월 4일	69세	司宰主簿	除授	승정원일기
20	숙종 34년(1708) 7월 0일	69세	通訓大夫行司宰監主簿兼天文學教授		천동상위고
21	숙종 39년(1713) 5월 27일	74세	-	卒	족보

능한 자가 군직을 받고 관상감 업무를 보는 경우도 많았다.

최천벽은 1년 뒤에 사포서(司圃署)의 정8품 별검(別檢)에 제수되었다. 별검은 무록관(無祿官)이었으나 과거 급제자가 아닌 경우 사족(士族) 신분을 유지하고 관로(官路)를 찾는 데에 유리했다. 특히 12개월만 근무하면 동반 정직에 제수될 수 있는 자리이기도 했다.[201] 그로부터 2년 6개월 뒤에는 종6품으로 승진해 통례원(通禮院)의 인의(引儀), 그리고 북부(北部), 예빈시(禮賓寺), 광흥창(廣興倉), 남부(南部), 사재감(司宰監) 등에서 주부(主簿)를 역임했다. 그 후 평구(平丘)의 찰방(察訪)을 맡았는데, 이는 품계의 승진 때문이었던

201) 李成茂, 『朝鮮初期兩班研究』, 一潮閣, 1980, 132쪽.

것으로 보인다. 찰방을 제외하면 최천벽의 관직은 평생토록 주부에 그치고 있지만, 품계는 기술직 관료의 한품(限品)인 정3품 당하관 통훈대부(通訓大夫)에까지 올랐다. 최천벽은 문과 출신이 아닌 천문학 기술관으로는 최고의 품계에까지 오른 것이라 할 수 있다.

최천벽이 받은 관직은 녹봉을 위한 수단이었을 뿐 실제로는 관상감의 천문학 관련 업무가 본업이었다. 평구 찰방으로 있던 숙종 27년(1701) 10월 혜성 관측에 참여한 것이 대표적인 예다.[202] 최석정과의 만남도 천문학 관련 활동을 하면서 이루어졌을 것으로 추측된다. 최석정은 숙종 13년(1687) 7월 이민철(李敏哲, 1631~1715)과 함께 혼천의를 개수했고, 이를 「제정각기(齊政閣記)」로 정리했다. 또 중국에 사행 가는 관상감 관원에게 『의상지(儀象志)』를 사 오노록 했고, 이를 토내로 일영의(日影儀)·반천의(半天儀) 등을 제작했다.[203] 최석정이 이렇게 천문학 관련 활동을 할 무렵 최천벽은 이미 천문학겸교수에 제수되어 있었다. 숙종 대 천문학 관련 활동 시기가 겹치고, 가문·학문·정치적 거리가 가까웠던 최석정과의 만남은 자연스레 이루어졌을 것이다.

최천벽의 활동 중 단연 주목되는 것은 숙종 34년(1708) 7월의 『천동상위고』 편찬이다. 최천벽은 45세에 출사하여 24년간의 관직 생활 끝에 『천동상위고』를 완성했다. 그런데 『천동상위고』를 최천벽의 단독 저술이라고 보기는 어렵다. 『천동상위고』를 펴낸 이듬해(1709) 3월 최석정은 『천동상위고』 서문을 다시 지으면서 본래 『천동상위고』를 펴낼 뜻은 품고 있었지만 착수하지 못하고 있다가 천문학겸교수 최천벽이 '상위지학(象緯之學)'에 정밀하다고 하여 그에게 편찬을 맡기게 된 것이라고 밝혔다.[204] 그래서 본래 『천동상위고』의 편찬을 기획한 이는 최석정이고, 그 의도에 맞게 집필한 이가

202) 『承政院日記』 400冊, 肅宗 27年 10月 7日(庚申).

203) 具萬玉, 「肅宗代(1674-1720) 天文曆算學의 정비」, 『韓國實學硏究』 24, 2012, 296~297쪽.

204) 『明谷集』 卷8, 序引, 「天東象緯考序」, 17ㄱ(153책, 577쪽), "臣錫鼎方忝書雲, 有意編著而未易就, 天文學兼教授崔天璧素精於象緯之學, 遂予之麗史一帙, 俾令綜彙成書."

최천벽인 것으로 보인다.

최석정은 최천벽의 만시(挽詩)에서 서운관[관상감] 영사 시절 상위설(象緯說)을 밝히려고 했는데, 최천벽이 낭관[郎屬]을 맡아 『천동상위고』의 편집에 정밀함과 자세함을 다했다고 했다.[205] 관상감 영사 시절이란 영의정 재임 기간을 뜻한다.[206] 최석정은 숙종 27년(1701)부터 숙종 35년(1709) 병으로 사임할 때까지 약 9년간 영의정을 지냈다. 즉 이 사이에 『천동상위고』의 기획과 집필이 이루어진 것이다.

『천동상위고』의 편찬과 관련하여 최석정의 영의정 재임 기간에 있었던 『역대상위고(歷代象緯考)』의 출간이 주목된다. 『역대상위고』는 숙종 30년(1704) 3월에 출간됐는데,[207] 『천동상위고』와 시기적으로 가깝고 무엇보다도 '상위고'라는 이름이 달렸다는 점에서 『천동상위고』 편찬의 계기가 되었을 것으로 보인다. 『역대상위고』는 원(元) 대 마단림(馬端臨, 1245~1323)의 『문헌통고(文獻通考)』 중 「상위고」(권278~294)만을 별도로 엮은 문헌이다.[208] 열일곱 권 분량의 『역대상위고』는 천변(天變)을 고험(考驗)하는 데에 긴요한 책이라며 이후에도 몇 차례 더 간행되었다.[209]

『역대상위고』를 천변 고험에 긴요한 책이라고 한 이유는 이 책이 워낙에 중국의 역대 재이와 응험을 일대일로 대응해 놓았기 때문이다. 그래서 조선 초 성종 22년(1491) 3월 5일(기사)에는 『문헌통고』 「상위고」가 '어떤 별이 어떤 색이면 어떤 응험이 있고, 또 어떤 형태면 어떤 일이 있다[모사모응]'는 식으로 견강부회했으므로 강학(講學)해서는 안 된다고도 했다.[210]

---

205) 『明谷集』 卷6, 詩, 「青郊錄」, '崔欽天天璧挽', 27ㄴ(153책, 545쪽), "昔余領書雲, 申明象緯說, 得君處郎屬, 愛其操簡潔, 編輯究精微."

206) 성주덕 편저(이면우·허윤섭·박권수 역주), 앞의 책, 2003, 23쪽.

207) 『承政院日記』 417冊, 肅宗 30年 3月 25日(甲子).

208) 현재 국립중앙도서관(청구기호 : BA731-18, XG1-1996-9), 한국학중앙연구원(청구기호 : K3-401), 서울대학교 규장각한국학연구원(청구기호 : 奎中1922, 奎中1923) 등에 소장되어 있다.

209) 『承政院日記』 623冊, 英祖 2年 9月 12日(辛丑) ; 『承政院日記』 941冊, 英祖 18年 2月 13日(癸卯).

조선에서 자국(自國)의 재이를 모사모응의 방식으로 정리한 적은 없었다. 재이가 출현했을 때 간혹 『고려사』 천문·오행지를 참고했을 뿐[211] 별도의 문헌으로 정리한 적은 없었다. 또 17세기 이후 몇 편의 재이 문헌이 편찬되긴 했으나, 모두 경서(經書)나 중국의 정사(正史)를 바탕으로 하는 것들이다. 이에 대해 최석정은 다음과 같이 말했다.

> 천상(天象)을 살피는 것은 반드시 전사(前史)에서 증험해야 그것이 부른 감응(感應)을 밝힐 수가 있는데, 동방(東方)의 문헌에는 징험(徵驗)이 없고, 고려조(高麗朝) 이전 시대는 무릇 재이(災異)와 응험(應驗)에 관계된 것을 뽑아 일찍이 책으로 만든 적이 없어서 식자(識者)가 그것을 근심했습니다. 신 등은 천문학겸교수 최천벽과 본학(本學)의 제관(諸官)으로 하여금 동국(東國)의 제사(諸史)와 『고려사』 1질을 거듭 검토하고 재이에 관계된 것을 택하여 종류별로 나누어 10여 권의 책으로 짓게 했습니다.[212]

최석정은 동방[東國]에 재이와 응험에 관한 책이 없음을 당시의 식자가 근심했다며 최천벽과 여러 관원으로 하여금 『천동상위고』를 짓게 한 것이라 했다. 또 서문에서는 세종 대 정인지(鄭麟趾, 1396~1478)가 고려왕조 500년의 역사를 『고려사』로 정리했으나 천문·오행지에는 사응(事應)을 아울러 적지 않아 인사를 닦는 실용을 다 할 수 없다면서 사응이 천상(天象)에 따라 드러난 것을 채집하여 재상(災祥)의 각 단에 붙여 『천동상위고』를 지었다고 밝혔다.[213] 즉 최석정은 『역대상위고』의 출간을 계기로 자국의 역사 속에서

---

210) 『成宗實錄』 卷251, 22年 3月 5日(辛巳).

211) 『中宗實錄』 卷25, 11年 7月 29日(戊申).

212) 『承政院日記』 445冊, 肅宗 34年 10月 17日(己未), "任舜元啓曰, 觀象監官員, 以領事提調意來言, 觀天象者, 必驗之於前史, 以明其徵應, 而東方文獻無徵, 麗朝以前年代, 凡係災異應驗, 曾無抄輯成書者, 識者病之. 臣等, 令天文學兼教授崔天璧, 與本學諸官, 取東國諸史及高麗史一秩, 詳加繙閱, 擇其關於災異者, 彙分抄出, 作爲冊子十餘卷." 숙종 34년 10월 무렵 영의정은 최석정이었다[『肅宗實錄』 卷46, 34年 10月 3日(乙巳)].

213) 『明谷集』 卷8, 序引, 「天東象緯考序」, 17ㄱ(153책, 577쪽), "前朝王氏建國五百年, 革命之後,

재이와 응험을 드러내 인사를 닦는 실용을 다하고자 『천동상위고』의 편찬을 기획한 것이었다.

그리고 재이와 사응을 정리한 문헌의 제목을 '상위고'라 지은 이유는 『문헌통고』 「상위고」의 '자서(自敍)'를 통해 추측할 수 있다. 이에 따르면, 옛날 삼대(三代)에는 태사(太史) 한 사람이 천문의 관찰과 시정(時政)의 기록을 모두 담당했는데, 한(漢) 대에 이르러 각각이 분리됐다고 한다. 그런데 천문의 관찰과 시정의 기록은 반드시 함께해야 상위(象緯)에 변(變)이 있을 때 기록에 빠짐이 없고, 일대(一代) 천문 운행의 상(常)과 변(變)을 고찰해야 휴상(休祥)을 추정할 수가 있다는 것이다.[214] 즉 '상위고'는 천문의 관찰과 시정의 기록을 유기적으로 사유하는 천인감응(天人感應)의 자연인식 속에서 나온 제목이었다. 그래서 동국의 재이를 응험과 함께 정리한 문헌의 제목으로 '천동상위고'가 붙게 된 것이다.

조선후기 『천동상위고』는 주요 천문서적으로 평가받았다. 황윤석은 『동국문헌비고』 「상위고」의 내용 부실을 지적하면서 "최석정과 최천벽이 편찬한 『천동상위고』에는 점험(占驗)이 드러나 있다. 생각건대 이 사람[=서호수]은 앞서 이 책이 있다는 것을 듣지 못한 것이다. 그렇지 않다면 어찌 이에 대해 한마디도 언급하지 않았겠는가"라며 『천동상위고』의 가치를 인정했다.[215] 또 서유구(徐有榘, 1764~1845)는 당시 전국적으로 유통되던 서적 610종을 사부(四部)체제로 정리하면서 최천벽의 『천동상위고』를 『보천가(步

至于世宗莊憲大王, 命相臣鄭麟趾等, 撰高麗史, 倣前代紀傳, 其天文五行志等篇, 頗似詳悉, 然觀其所編述, 只錄其災祥, 變異之載史牒者而已, 至於事應之類見, 並無存錄. … 凡事應之隨象謫見者, 靡不採摭, 以附於災祥各段, 名之曰天東象緯考."

214) 『文獻通考』 卷1, 自敍, "昔三代之時, 俱有太史, 其所職掌者, 察天文記時政, 蓋合占候紀載之事, 以一人司之. 漢時, 太史公掌天官, 不治民, 而紬史記金匱石室之書, 猶是任也. 至宣帝時, 以其官爲令, 行太史公文書, 其修撰之職, 以他官領之, 於是太史之官, 唯知占候而已. 蓋必二任合而爲一, 則象緯有變, 紀錄無遺, 斯可以考一代天文運行之常變, 而推其休祥. 然二任之㒑廢離隔, 不相爲謀, 蓋已久矣."

215) 『頤齋亂藁』 卷15, 庚寅年(1770) 7月 初4日(戊申), "且如崔錫鼎崔天壁所輯天東象緯考, 已著占驗, 意者, 此君未聞先有此書, 不然, 何無一言及之."

天歌)』(1권), 『관상완점(觀象玩占)』(44권), 『구수략(九數略)』(4권)과 함께 '천문주법류(天文籌法類)' 서적으로 꼽았다.[216)]

2) 『천동상위고(天東象緯考)』의 재이와 국난(國難)

『천동상위고』는 18권 8책 분량에 64개의 세부 항목으로 구성되어 있다. 『천동상위고』의 각 권은 재이의 점성적 의미를 소개하는 항목과 재이 기사를 정리하는 항목으로 나뉜다. 예컨대 권1은 〈표 6-5〉와 같이 총 11개 항목으로 구성되어 있다. 첫 번째 항목인 ① 천변이점(天變異占)에서는 ② 천열(天裂)과 ③ 천고명(天鼓鳴)의 점성적 의미를, 그리고 ④ 천우이물점(天雨異物占)에서는 ⑤ 천우혈(天雨血), ⑥ 천우충(天雨蟲), ⑦ 천우모(天雨毛), ⑧ 천우목빙(天雨木氷), ⑨ 천우적설(天雨赤雪)의 점성적 의미를, 이어서 ⑩ 천화이점(天火異占)에서는 ⑪ 천화(天火)의 점성적 의미를 소개한다.

> (천변이점) 하늘이 갑자기 변색(變色)하는 것을 일러 역상(易常)이라 한다. 사이(四夷)가 내침을 하고 8년을 넘지 않아 병전(兵戰)이 있을 것이다. 천열은 양(陽)이 부족한 것으로 이를 일러 신강(臣彊)이라고 한다. 아래[下]가 장차 위[上]를 도모하려고 하여 국병(國兵)이 분열하니 〈천홀변색(天忽變色)이나 천열(天裂)의 현상이 일어나는〉 그 아래의 군주가 해당된다. <u>하늘이 울고 소리가 있으면 지존(至尊)이 근심하고 놀라며 이는 난리가 생겨나는 바이다. 혹은 하늘이 울어 소리가 있으면 군주는 죽고 백성이 운다고 한다</u>. 일설에는 하늘이 울기를 마치 바람과 물이 서로 부딪히는 듯하면 난신(亂臣)이 일어나 인주(人主)가 근심한다고 한다. 하늘에 구름이 없이 우레가 큰 소리가 나는 게 마치 우레가 한 번 울었다가 그치듯 하면 이를 일러 천고(天鼓)라 하고 그 땅에서는 군대가 일어난다.[217)]

---

216) 『鏤板考』 卷4, 天文籌法類, 22ㄴ(서울대 규장각한국학연구원, 古0440-1), '天東象緯考(18卷)', "本朝觀象監官崔天璧撰, 專紀高麗四百七十年日食星變."

(천고명점) 정종 원년 병오(946) 정월 천고가 울렸다. 점(占)에서 말하길, 지존이 근심하고 군주가 죽고 백성이 운다고 한다. 3년 후 3월 병진에 왕이 죽었다.[218]

위에서 확인할 수 있듯이 천변이점에는 천고명의 점성적 의미, '지존이 근심하고 군주는 죽고 백성은 운다'가 실려 있다. 이와 같이 『천동상위고』에서는 각 권의 첫머리나 중간에 별도의 항목을 두어 재이의 점성적 의미를 소개한다.

〈표 6-5〉를 보면, 권3에서는 일변(日變), 일방기(日傍氣), 일식(日食)의 재이를 정리하기 전에 각각 일변이점(日變異占), 일방기점(日傍氣占), 일식점(日食占)[219]이라는 항목을 두어 점성적 의미를 설명한다. 권4에서는 별도의 항목 없이, 재이 기사 앞에다 짧게 정리했고, 권5에서는 월변이점(月變異占), 월변(月變), 월식(月食) 등 3개 항목을 앞에다 두어 점성적 의미를 모두 설명한 후에 재이 기사를 정리했다. 권6~권13에는 점성적 의미가 별도로 정리되어 있는 항목이 없다. 권14에서는 2개의 항목을 두어 앞의 항목에서 혜성의 점성적 의미를 설명한 후[妖彗], 뒤의 항목에서 혜성 기록을 정리했다[彗星占]. 그리고 권15~17의 유성은, 권15의 '유성변이점(流星變異占)'에서 유성의 점성적 의미를 설명한 후 상[권15]·중[권16]·하[권17]로 나눠 유성 기사를 정리했다. 끝으로 권18에서는 각 항목에서 간략하게 설명하거나 '상점(霜占)', '설점(雪占)', '잡점(雜占)', '무점(霧占)', '잡점(雜占)' 등의 항목을 두어 설명하기도 했다.

---

217) 『天東象緯考』 卷1, 天變異占, 1ㄱ, "天忽變色, 是謂易常. 四夷來侵, 不出八年, 有兵戰. 天裂, 陽不足也, 是謂臣彊. 下將謀上, 國兵分裂, 其下主當之. 天鳴有聲, 至尊憂驚, 此亂之所生也. 或曰天鳴有聲, 君死民哭. 一曰天鳴如風水相薄, 亂臣作, 人主憂. 天無雲若有雷有大聲, 如雷一聲而止, 謂天鼓, 其地兵起."

218) 『天東象緯考』 卷1, 天鼓鳴占, 1ㄱ, "定宗元年丙午正月, 天鼓鳴. 占曰, 至尊憂, 君死, 民哭. 後三年三月丙辰, 王薨."

219) 日食의 점성적 의미가 실린 항목명이 '日食'으로 되어 있지만 日變異占과 日傍氣占의 예에 비추어 볼 때 '日食占'이 옳을 듯하다.

〈표 6-5〉『천동상위고(天東象緯考)』의 세부 항목과 재이 기사 수

권수	세부항목(숫자는 항목의 순서)		건수
	점성적 의미	재이 기사	
권1	① 天變異占	② 天裂占	3
		③ 天鼓鳴占	10
	④ 天雨異物占	⑤ 天雨血占	2
		⑥ 天雨蟲占	1
		⑦ 天雨毛占	1
		⑧ 天雨木氷占	14
		⑨ 天雨赤雪占	1
	⑩ 天火異占	⑪ 天火占	17
권2	① 地變異占	② 地變異占[220]	7
		③ 山鳴占	7
	(없음)	④ 山湧出占	1
	① 地變異占	⑤ 山崩占	4
	⑥ 水鬪占		-
	(없음)	⑦ 水赤占(倂記)	17
		⑧ 水濁沸占	9
		⑨ 石占(倂記)	11
	⑩ 地火異占	⑪ 地火	2
권3	① 日變異占	② 日變	9
	③ 日傍氣占	④ 日傍氣	19
	⑤ 日食[222]	⑥ 日食占	127
권4	(없음)	① 虹貫日(倂記)	40
	(없음)	② 暈珥抱背冠戟(倂記)	93
	(없음)	③ 日中變(倂記)	18
권5	① 月變異占	④ 月食變應占	151
	③ 月食		
	(없음)	⑤ 月傍氣暈珥占(倂記)	38
	(없음)	⑥ 月傍氣虹占(倂記)	8
	② 月變	⑦ 氣占	8

권수	세부항목(숫자는 항목의 순서)		건수
	점성적 의미	재이 기사	
권6	(없음)	月凌犯五星占	151
권7	(없음)	月五星凌犯經星占	46
권8	(없음)	月五星凌犯經星占	28
권9	(없음)	月五星凌犯經星	13
권10	(없음)	月五星凌犯經星	53
권11	(없음)	月五星凌犯經星占	40
권12	(없음)	月五星凌犯經緯星占上	60
	(없음)	月五星凌犯經緯星占下	48
권13	(없음)	五星相犯占	106
권14	① 妖彗	② 彗星占	56
권15	① 流星上[221]	② 流星變異占	81
권16		③ 流星占中	31
권17		④ 流星占下	76
권18	(없음)	① 風變異占(倂記)	10
	(없음)	② 雲占	1
	(없음)	③ 雷震變異占(倂記)	12
	④ 霜占	⑤ 霜變異占	4
	⑥ 雪占	⑧ 雪變異占	7
	⑦ 雜占		
	⑨ 霧占	⑪ 霧變異占	15
	⑩ 雜占		
합계			1,456

※ 倂記 : 재이 기사 앞에 점성적 의미 짧게 설명

220) 목차 상에는 '地震'이라 되어 있는데, 실제 본문에는 '地變異占'이라 적혀 있다. 그래서 본문에는 '地變異占' 항목이 연달아 두 번 나온다. 그런데 내용상 '地震'이라 하는 것이 옳다.

221) 流星의 점성적 의미를 설명한 항목으로는 '流星變異占'이 어울리고, 그리고 뒤이어 차례로 流星占 上·中·下가 어울린다. '流星(占)上'과 '流星變異占'이 바뀌어야 할 것이다.

222) 日變異占과 日傍氣占의 예에 비추어 볼 때 '日食'과 '日食占'은 서로 바꾸는 게 옳을 듯하다.

목차[223]에서 짐작되듯 『천동상위고』에는 천[권1], 지[권2], 일[권3·4], 월[권5], 월·오행·3원 28수[권6~13], 혜성[권14], 유성[권15~17], 잡변[권18]에 관한 재이가 있다. 권별로 내용을 보면, 권1에는 천변(天變)에 관한 재이가 수록되어 있다. 하늘에서 보이지 않던 유성이 폭발하여 보이는 현상[天裂], 천둥소리처럼 형체 없이 소리만 울리는 현상[天鼓鳴], 하늘에서 핏빛 비가 내리는 현상[天雨血], 하늘에서 벌레가 비처럼 쏟아지는 현상[天雨蟲], 하늘에서 머리카락이 비처럼 쏟아지는 현상[天雨毛], 우설(雨雪)이 나뭇가지에 얼어붙는 현상[天雨木氷], 하늘에서 붉은 눈이 비처럼 쏟아지는 현상[天雨赤雪], 궁궐이나 국가 주요 건물이 불타는 현상[天火] 등이 있다.

권2에는 지변(地變)에 관한 재이가 수록되어 있다. 지진이 일어나는 현상[地震], 산에서 울음소리가 들리는 현상[山鳴], 화산이 폭발하는 현상[山湧出], 산이 무너져 내리는 현상[山崩], 연못·강·바닷물 등이 붉게 변하는 현상[水赤], 물이 갑자기 끓어오르는 현상[水濁沸], 돌이나 바위가 저절로 움직이는 현상[石], 민가나 초지(草地)가 불타는 현상[地火] 등이 있다.

권3·4에는 일변(日變)에 관한 재이가 수록되어 있다. 적변(赤變)이나 무광(無光)처럼 해가 변색하는 현상[日變], 해 주변에 적기(赤氣)나 청기(淸氣)가 끼는 현상[日傍氣], 일식(日食)이 권3에 있고, 무지개가 해를 관통하는 현상[虹貫日], 햇무리[暈珥抱背冠戟], 흑점[日中變]이 권4에 있다. 권5에는 월변에 관한 재이가 수록되어 있다. 월식, 달무리[月傍氣暈珥], 달 주변에 무지개 기운이 끼는 현상[月傍氣虹], 밤하늘에 알 수 없는 붉고 푸른 기운이 드는 현상[氣]이 있다.

권6부터 권13까지는 달과 오성에 관한 재이가 수록되어 있다. 먼저 권6에는 달과 오성, 즉 목성[세성], 화성[형혹성], 금성[태백성], 수성[辰星], 토성[塡星] 간의 변이(變異)가 실려 있다. 그리고 권7~11까지는 달·오성·3원 28수

223) 『천동상위고』의 목차는 권1의 「天東象緯考目錄」과 본문에 적혀 있는 것이 다르다. 「목록」에는 53개 항목으로 되어 있는데, 실제 본문에는 64개 항목이 적혀 있다. 세부항목의 명칭도 다르다.

수거성(宿距星) 간의 변이가 왕대별로 정리되어 있다. 권7은 태조~고종, 권8은 고종·원종, 권9는 원종·충렬왕, 권10은 충렬왕~충정왕, 권11은 공민왕~공양왕이다. 권12에는 달·오성·28수의 여러 별자리 간의 변이가 상(태조~예종 6년)·하(예종 7년~공양왕)로 나뉘어 실려 있다. 그리고 권13에는 오성 간의 변이가 있다. 참고로 달과 오성 간의 변이가 『천동상위고』에 수록된 재이 중 가장 많은 분량을 차지한다.[224]

권14에는 혜성에 관한 재이가 수록되어 있고, 권15~17까지는 유성에 관한 재이가 수록되어 있다. 끝으로 권18에는 다양한 기상이변이 수록되어 있다. 바람[風變異], 구름[雲], 우레·벼락[雷震變異], 서리[霜變異], 눈[雪變異], 안개[霧變異]에 관한 변이가 실려 있다.

본문의 대부분은 재이 기사이다. 『천동상위고』의 재이 기사는 기본적으로 세 부분으로 나뉜다.

> ⓐ 인종 12년 갑인(1134) 5월 무인 광주(廣州)에 우혈이 내렸다. ⓑ 점에 말하길, 3년을 넘지 않아 병란(兵亂)이 일어난다고 한다. ⓒ 이듬해 정월 승려 묘청 등이 서경을 점거하고 모반했다. 2년 후에 김부식이 서경을 평정했다.[225]

위 사료에서 ⓐ는 재이 현상이고, ⓑ는 재이의 점성적 의미이며, ⓒ는 그 응험으로 나타난 인사 사건이다. "어느 왕 언제 어떤 재이가 있었는데, 이것은 어떤 의미이고, 이로 인해서 어떤 (좋지 않은) 사건[응험]이 있었다" 정도로 풀이할 수 있다. 『천동상위고』의 재이 기사는 ⓐ-ⓑ-ⓒ의 조합이

224) 권6~권13까지는 내용을 구분하기가 까다롭다. 대체로 권6은 달과 오성 간, 권7~권11은 달·오성과 수거성 간, 권12(상·하)는 달·오성과 여러 별자리 간, 권13은 오성 상호 간의 변이로 보이지만, 본문을 검토해 보면 반드시 그러한 것도 아니다. 그러나 『천동상위고』에서 월·오성·3원 28수 별자리 간의 변이가 가장 많은 것만은 분명하다.

225) 『天東象緯考』 卷1, 天雨血占, 4ㄱ, "仁宗十二年甲寅五月戊寅, 雨血于廣州地. 占曰不出三年兵起, 翌年正月僧妙清等據西京叛, 後二年, 金富軾討平西京."

가장 전형적인 유형이고, ⓐ와 ⓑ만 있거나,[226] ⓐ와 ⓒ만 있거나,[227] 혹은 ⓐ만 있는 기사도 있다.[228] 또 하나의 기사 안에 재이가 여러 개, '점왈' 부분이 여러 개 있는 것도 있다. 『천동상위고』에는 이와 같은 재이 기사가 1,456건이 있다.

『천동상위고』의 재이는 대부분 『고려사』에서 확인된다. 기본적으로는 천문·오행지에서 인용했다. 위의 ⓐ는 『고려사』「오행지」'화행(火行)'에 실려 있다.[229] 천문·오행지가 아닌 세가(世家)에서 옮긴 것도 있다. 예종 2년(1107) 11월 임자의 일식은 세가에서 확인된다.[230] 또 『고려사』에는 없는 기록도 있다. 신종 5년(1202) 6월 계해의 일식[231]과 신종 6년(1203) 12월 을미의 일식[232]은 『고려사』에서 발견되지 않는다. 최천벽은 『고려사』의 재이를 옮기면서 날짜를 잘못 적는 오류를 몇 건 범했는데 이들 또한 오기(誤記)인 듯하다.[233]

---

226) 『天東象緯考』 卷14, 彗星占, 2ㄱ, "顯宗五年甲寅正月壬子, 彗星見于五車. 占曰, 兵車萬野."

227) 『天東象緯考』 卷14, 彗星占, 2ㄱ, "穆宗九年丙午, 彗星見. 後四年己酉二月己丑, 奸臣康兆, 逼王出宮, 遣人弑王於積城縣. 後一年, 契丹以四十萬兵, 問罪爲聲, 來陷京城, 焚燒宮闕, 王駕, 蒼黃南奔."

228) 『天東象緯考』 卷14, 彗星占, 2ㄴ, "(顯宗)十二年辛酉, 四月壬戌, 妖星見於太微."

229) 『高麗史』 卷53, 志7, 五行1, 火, "(仁宗)十二年, 五月, 戊寅, 雨血于廣州."

230) 『天東象緯考』 卷3, 日食占, 12ㄴ, "(睿宗)二年丁亥十一月壬子朔, 日食. 占曰, 相死多死喪. 翌年二月, 女眞圍雄州, 崔弘正開門出擊, 大敗之. 俘斬八十級, 獲車馬兵仗無筭. 三月庚辰, 尹瓘擊女眞, 獻俘三百餘級."; 『高麗史』 卷12, 世家 12, 睿宗 1, 30ㄴ, "(二年)十一月壬子朔, 冬至日食."

231) 『天東象緯考』 卷3, 日食占, 16ㄱ, "(神宗)五年壬戌六月癸亥朔, 日食. 占曰, 諸侯多死, 大臣死, 外國來侵. 九月, 侍中趙永仁卒. 十月, 耽羅叛, 遣將擒賊魁, 煩石等斬之. 慶州賊孛佐等起, 遣三將分道討之."

232) 『天東象緯考』 卷3, 日食占, 16ㄱ, "(神宗)六年癸亥十二月乙未朔, 日食. 占曰, 相死衆庶, 暴虐民, 皆叛多喪死. 庚申, 王發背疽. 翌年正月丁丑, 王薨. 八月, 參知政事, 車若松卒."

233) 『天東象緯考』에는 현종 5년(1014) 11월에 '하늘 문이 열렸다[天門開]'는 기사가 있는데 [『天東象緯考』 卷1, 天裂占, 1ㄱ], 『高麗史』에는 현종 15년(1114) 11월에 '하늘 문이 열렸다[天門開]'는 기사가 있다[『高麗史』 卷 47, 志1, 天文1, 月五星淩犯及星變, 22ㄴ]. 최천벽은 '현종 15년'을 '현종 5년'으로 적는 오류를 범한 것이다. 『천동상위고』에는 이런 식으로 날짜를 잘못 적은 기사가 적잖게 있다.

ⓑ의 '점왈' 부분은 '우혈'에 대한 점성적 의미이다. '3년을 넘지 않아 병란이 일어난다'인데 이것은 우혈의 점성적 의미를 소개하는 '천우이물점'의 내용을 짧게 옮긴 것이다. 천우이물점에서는 "하늘에서 핏빛 비가 내리면 3년을 넘지 않아 병란이 일어나고 바르지 않은 군주가 그 자리에 오래 머무르지 못한다. 또 말하길, 그 군주는 군대의 칼에 죽는다고 한다"라고 하였다.[234] 이처럼 재이 기사에 적힌 '점왈' 부분은 점성적 의미만을 별도로 정리한 항목에서 짤막하게 옮긴 것이다.

ⓒ도 『고려사』에서 확인된다. 최천벽은 점성적 의미에 걸맞게 '묘청의 난'과 김부식(金富軾, 1075~1151)의 진압을 그 응험으로 들었다.[235] 사실 이 응험이 점성적 의미에 부합하기는 하나 인과관계는 확인되지 않는다. 점성적 의미가 '3년을 넘지 않아 병란이 일어난다'인데, 3년 내 있었던 많은 병란 중 묘청의 난과 김부식의 진압이 왜 하필 이때 우혈의 응험이 되는지는 알 길이 없다. 이러한 논리 구조의 진의를 파악하는 게 『천동상위고』 분석의 관건이라 하겠다.

한편 이와 같은 재이 기사 형식은 『역대상위고』에서 착안한 것으로 보인다.

> (수)양제 대업 13년(617) 11월 신유에 햇빛이 사방으로 흩어져 마치 피가 흐르는 듯했다. 점에 말하길, 적이 궁으로 들어와 군주가 급히 군대로 토벌한다고 하였고, 또 말하길, 신하가 군주를 거스른다고 하였다. 이듬해 3월 우문화급(宇文化及)이 황제를 죽이고, 여러 왕과 행신(幸臣) 또한 아울러 죽였다.[236]

---

234) 『天東象緯考』 卷1, 天雨異物占, 3ㄴ, "天雨血, 不出三年兵起, 不正之君, 不得久居其位, 又曰, 其君死于兵刀."

235) 『高麗史』 卷16, 世家16, 仁宗2, "(仁宗)十三年春正月戊申, 妙淸柳旵等, 以西京反."; 同 卷16, 世家16, 仁宗2, "(仁宗十四年二月)丁巳, 金富軾會諸軍, 攻西京, 城陷, 趙匡自焚死."

236) 『歷代象緯考』 卷7, 日變, 12ㄱ, "煬帝大業十三年十一月辛酉, 日光四散如流血. 占曰賊入宮, 主以急兵見伐. 又曰臣逆君. 明年三月, 宇文化及等弒帝, 諸王及幸臣並被弒."

『역대상위고』의 재이 기사는 대부분이 위와 같다. 먼저 어떤 재이가 있었는지 적고, 다음으로 그것의 점성적 의미를 밝힌 후, 끝에는 응험을 붙인다. 이러한 재이 기사의 형식은 앞에서 본 『천동상위고』의 그것과 정확히 같다.

그리고 점성적 의미는 『관상완점(觀象玩占)』을 참고한 것으로 보인다. 『관상완점』은 언제 누가 지었는지 명확하지 않다. 『서운관지』에서는 당(唐) 대 이순풍(李淳風, 602~670)이 지었다는 설은 틀렸다고 하면서 『명시(明史)』의 작자 미상설과 명(明) 대 유기(劉基, 1311~1375)가 편찬했다는 설[237]을 소개했다.[238] 이러한 사정 때문인지 황윤석도 『관상완점』의 저자를 특정하지 못했는데, 그 의의만큼은 '진실로 성가(星家) 문자(文字)의 대전(大全)'이라면서 높이 평가했다.[239] 실제로 『관상완점』은 재이의 의미를 파악하는 데에 종종 활용되었다.[240]

최천벽은 『천동상위고』를 지으면서 『관상완점』을 광범위하게 참고한 듯하다. 천-지-일-월-오성-3원 28수-혜성-유성-잡변으로 이어지는 목차 구성이 같고, 각 권의 첫머리에 총서를 두어 해당 권에서 다루는 재이의 점성적 의미를 개괄하는 형식도 유사하다. '천변이점'이나 '지변이점'과 같이 동일한 항목명도 적잖게 발견되고, 또 세부 항목의 명칭 끝에 '○○점'이 붙어 있는 것도 같다. 무엇보다 재이의 점성적 의미가 『관상완점』에서 그대로 확인된다.[241] 가령, 『천동상위고』의 천변이점은 『관상완점』의 천변이점과 '뇌(雷)'의 잡점을 요약한 것이다.[242]

---

237) 『明史』 卷98, 志74, 藝文3, 子類, 天文類, "觀象玩占一卷(不知撰人, 或云劉基輯)."

238) 성주덕 편저(이면우·허윤섭·박권수 역주), 앞의 책, 330~331쪽.

239) 『頤齋遺藁』 卷12, 題跋, 「題象緯指要」, 4ㄱ(246책, 260쪽), "後攷明史藝文志所列觀象玩占一袠十卷, 東來印行者, 或曰劉基所輯, 實星家文字之大全也."

240) 『承政院日記』 607冊, 英祖 元年 12月 28日(辛卯).

241) 일부의 '占曰'은 '玩占曰' 혹은 '玩又占曰'이라 적으며 그 출처가 『觀象玩占』임을 밝히기도 했다[『天東象緯考』 卷3, 日變, 1ㄴ; 『天東象緯考』 卷3, 日傍氣, 7ㄱ].

242) 『觀象玩占』 卷1, 天變異占, "天忽變色, 是謂異常. 四夷來侵, 不出八年, 有戰兵. 天色赤黃如火, 濁氣四塞, 天子蔽賢絶道, 人主絶亡. … 天裂, 陽不足也. 是謂臣强. 下將謀上, 國兵分裂,

『천동상위고』에 수록된 재이의 점성적 의미를 보면 대부분이 정치·경제·사회적 위기에 관한 것이다. 군주의 죽음이나 교체, 정치 기강의 문란, 신하의 모반, 여주(女主)의 천권(擅權), 내란, 외침, 기근, 전염병, 가혹한 형벌, 과중한 토목공사 등 국가적 위기에 관한 내용이 많다. 동아시아의 전통 천문학이 워낙에 국가점성학(國家占星學)으로 발달한 탓에 그 내용도 국가적 위기 관련 사건이 주를 이루게 되었다.[243)]

3) 천인감응론의 재해석과 '관상완사(觀象玩辭)'의 군주 수성론(修省論)

『천동상위고』의 재이 기사는 재이와 응험이 일대일로 감응하는 구조이다. 이미 수백 년 전에 비판받은 재이와 응험의 모사모응적인 자연인식이 18세기 초 조선에서 다시금 등장한 것이다. 최천벽은 왜 이와 같은 방식으로 『고려사』의 재이를 정리한 것일까.

『천동상위고』와 『고려사』 천문·오행지의 재이 서술 방식에는 일정한 차이가 있다. 『고려사』 천문·오행지의 재이 기사 안에는 여러 건의 재이가 있다. 간지(干支)의 구별이 있긴 하나, 하나의 재이 기사 안에 월식, 달무리, 유성, 혜성 등이 한 데 섞여 있다.

예컨대 〈표 6-6〉을 보면, 『고려사』「천문지」 고려 문종(文宗) 4년(1050)의 재이 기사는 다시 9건의 세부 기사로 구별된다.[244)] 그런데 최천벽은 이들을

其下主當之. 洪範傳曰, 作亂之臣, 無道之君, 欲裂其國也. … 天鳴有聲, 至尊憂驚, 此亂之所生也. 或曰, 天鳴有聲, 君死民哭. … 一曰, 天鳴如風水相薄, 亂臣作, 人主憂. 一曰, 天鳴, 其下有主王. 一曰, 刑殺失當, 人流亡.";『觀象玩占』卷41, 雷, 雜占, "天無雲, 若有雷大聲, 如雷一聲而止, 謂之天鼓, 其地兵起. … 有聲如雷, 非雷, 有兵爭. 兵發之日, 忽有雷鳴一聲, 不宜進戰."

243) Lee, Sung Kyu, "Ancient Chinese Astrology," *Journal of the Korean History of Science Society*, Vol. 6-1, 1984, pp.31~32.

244) 『高麗史』卷47, 志1, 天文1, 月五星凌犯及星變, "(文宗) ① 四年六月壬午, 流星出牛入雞, 大如木瓜色赤. ② 九月乙酉, 黑氣經天, 衝乾巽方, 貫虛危歲星. ③ 甲午, 月犯鎭星. ④ 己酉, 犯熒惑. ⑤ 十月庚午, 熒惑入太微. ⑥ 十一月戊子, 熒惑犯太微上相. ⑦ 庚寅, 月犯鎭星, 熒惑守端門. ⑧ 癸卯, 月入太微, 犯謁者. ⑨ 十二月辛卯, 月犯畢."

〈표 6-6〉『고려사』「천문지」의 문종 4년(1050) 재이 기사 분석

구분	『고려사』「천문지」	분류	『천동상위고』
①	六月壬午, 流星出牛入雞, 大如木瓜, 色赤	流星	권15, 流星變異占
②	九月乙酉, 黑氣經天, 衝乾巽方, 貫虛危歲星	黑氣	권6, 月凌犯五星占
③	(九月)甲午, 月犯鎭星	月·五星	
④	(九月)己酉, (月)犯熒惑	月·五星	
⑤	十月庚午, 熒惑入太微	五星·恒星	권12, 月五星凌犯經緯星占上
⑥	十一月戊子, 熒惑犯太微上相	五星·恒星	
⑦	(十一月)庚寅, 月犯鎭星, 熒惑守端門	月·五星·恒星	
⑧	(十一月)癸卯, 月入太微, 犯謁者	月·恒星	
⑨	十二月辛卯, 月犯畢	月·恒星	

현상별로 나눠서, 유성[①]은 권15에, 흑기(黑氣)와 월·오성[②~④]은 권6에, 월·오성·항성[⑤~⑨]은 권12에 각각 수록했다. 그리고 각 재이에 점성적 의미와 응험을 붙여 하나의 기사로 만들었다.

> 문종 4년(1050, 경인년), 9월 을유, 흑기가 하늘을 가로질렀다. 건방(乾方)에서 손방(巽方)으로 뻗었으며, 허(虛)·위(危)·세성(歲星)을 관통했다. 갑오, 달이 토성을 범했다. 기유, 〈달이〉 화성을 범했다. 점에서 말하길, 수재가 있고, 제(齊) 분야의 군주는 죽는다고 한다. 일설(一說)에는 '여주(女主)가 죽고 나라에 기근이 든다'라 하고, 이설(二說)에는 '장군이 걱정한다'라 한다. 이해 11월 김경응(金敬應)이 수군[舟帥]을 이끌고 열도(烈島)에서 해적을 격퇴하고 10명의 수급을 베었다.[245]

> 문종 4년, 10월 경오, 화성이 태미원으로 들어갔다. 11월 무자, 화성이 태미원의 상상성(上相星)을 범했다. 경인, 달이 토성을 범했고, 화성이 단문(端門)에 머물렀다. 계묘, 달이 태미원으로 들어갔고, 알자성(謁者星)을 범했

245) 『天東象緯考』 卷6, 月凌犯五星占, 2ㄱ, "文宗四年庚寅, 九月乙酉 黑氣經天, 衝乾巽方, 貫虛危歲星. 甲午, 月犯土. 己酉, 月犯火. 占曰, 有水灾, 齊國君死. 一曰, 女主喪, 國飢. 二曰, 將軍憂. 是年十一月, 金敬應率舟帥, 擊海賊于烈島, 斬數十級."

다. 12월 신묘, 달이 필성(畢星)을 범했다. 점에서 말하길, 신하가 반역을 도모한다고 한다. 일설에는 태신(太臣)이 근심하고 여주가 상을 당한다고 한다. 이설에는 귀인이 죽고, 변방에서 군대가 일어난다고 한다. 이해 6월 동번(東藩)의 해적이 열산현(烈山縣)을 침입해 남녀 68명을 노략질 했다. 문양열(文揚烈)을 보내 전함 23척으로 초자도(椒子島)까지 추격하여 그들을 크게 격파해 9명의 수급을 베고 그 부락 30여 곳을 불태웠다.[246)]

문종 4년, 6월 임오, 유성이 견우성좌(牽牛星座)에서 나와 야계성좌(野鷄星座)로 들어갔는데, 크기가 목과(木瓜)만 했고, 색은 붉었다. 점에서 말하길, 백성은 굶주려 유망하고 우마는 병에 걸려 죽는다고 한다. 일설에는 큰 수재가 든다고 한다. 또 말하길, 군대가 일어나고 가뭄이 든다고 한다. 이해 9월에 해적이 열산현을 침략하자 병마녹사(兵馬錄事) 문양열(文揚烈)을 보내 그들을 격추하여 대파시켰다. 11월에 김경응이 수군[주수]를 이끌고 해적을 열도까지 추격하여 물리쳐 10명의 수급을 베었다. 빠져 죽은 자가 매우 많았다.[247)]

최천벽은 『고려사』「천문지」의 문종 4년 재이 기사를 셋으로 나눠 각각에 '점왈'과 '응험'을 붙여 위와 같이 세 개의 기사로 재구성했다. 그런데 여기에서 주목되는 부분은 최천벽이 응험으로 붙인 인사 사건이다. 최천벽은 1건의 「천문지」 재이 기사를 현상별로 구분하여 3건의 재이 기사로 재구성하

246) 『天東象緯考』 卷12, 月五星凌犯經緯星占上, 5ㄴ, "文宗四年庚寅, 十月庚午, 火入太微. 十一月戊子, 火犯太微上相. 庚寅, 月犯土, 火守端門. 癸卯, 月入太微, 犯謁者. 十二月辛卯, 月犯畢. 占曰, 臣謀逆. 一曰, 太臣憂, 女主喪. 二曰, 貴人有死, 有邊兵. 是年, 六月, 東藩海賊, 寇烈山縣, 掠男女六十八人. 去文揚烈, 戰盤二十三艘, 追至椒子, 而奪擊大破之, 斬九級, 焚其部落三十餘所."

247) 『天東象緯考』 卷15, 流星變異占, 6ㄴ, "文宗四年庚寅, 六月壬午, 流星出牛入雞, 大如木瓜, 色赤. 占曰, 民飢流亡, 牛馬疫死. 一曰, 大水爲灾. 又曰, 兵旱. 是年, 九月, 海賊寇掠烈山縣, 遣兵馬錄事文揚烈, 追擊大破之. 十一月, 金敬應率舟帥, 擊海賊于烈島敗之, 斬數十級. 沒溺者甚衆."

고 각각에 서로 다른 점성적 의미를 붙였지만, 응험으로는 동일한 사건을 달았다.

고려 문종 대는 여진의 투화(投化)가 지속되는 한편 그들의 침구(侵寇)와 고려의 무력 대응이 잦았던 시기였다.[248] 특히 20여 회의 전투가 벌어졌던 동북 지방과 동해안은 편안할 때가 거의 없을 지경이었다.[249] 문종 4년의 위 사건은 이러했던 사정을 잘 보여준다.

문종 3년(1049) 10월 해적이 진명포(鎭溟浦), 지금의 강원도 원산시 동남쪽 해안을 침략해 병선 2척을 탈취하자 병마녹사(兵馬錄事) 문양열(文揚烈)이 병선을 이끌고 원흥진(元興鎭)의 도부서판관(都部署判官) 송제한(宋齊罕)과 함께 적의 소굴까지 추격해 집을 불태우고 20명의 수급을 베고 돌아온 일이 있었다. 그리고 문종 4년 6월에는 동번(東蕃) 해적이 열산현의 영파수(寧波戍), 지금의 강원도 고성군 현내면 해안을 침략해 남녀 18명을 잡아갔고, 같은 해 9월 기해일에 해적이 열산현을 침략하자 병마녹사 문양열이 전함 23척을 이끌고 초자도[椒子島]까지 추격해 크게 물리치고 9명의 수급을 베었으며 부락 30여 곳을 불태웠다고 한다. 그리고 11월 기유일에는 진명도부서(鎭溟都部署) 부사(副使) 김경응(金敬應)이 열도에서 해적선 3척을 격퇴하고 수십 명의 목을 베었으며 익사자도 많았다고 한다.[250]

최천벽이 비록 해적이 잡아갔다는 남녀 18명을 68명으로 적고, 또 열산현 침략 시기를 6월에서 9월로 혼동하기는 했으나 결국 문종 4년의 재이를

---

248) 閔賢九, 「高麗前期의 對外關係와 國防政策 : 文宗代를 中心으로」, 『亞細亞研究』 41-1, 1998, 6쪽.

249) 金庠基, 「女眞關係의 始末과 尹瓘의 北征」, 『東方史論叢』, 서울대학교출판부, 1974, 477~506쪽, 520~550쪽.

250) 『高麗史』 卷7, 世家7, 文宗1, "四年春正月己丑朔, 放朝賀東北面都兵馬使朴成傑奏, 上年十月, 海賊奪鎭溟兵船二艘, 而去兵馬錄事文揚烈, 卽率兵船, 與元興都部署判官宋齊罕, 追至賊穴焚蕩廬舍斬馘二十級, 而還其功可賞. … 六月戊辰, 東蕃海賊, 寇烈山縣寧波戍, 掠男女十八人. … (九月)己亥, 東北面兵馬使奏, 海賊寇掠烈山縣, 遣兵馬錄事文揚烈, 以戰艦二十三艘, 追至椒子島, 奮擊大敗之, 斬九級, 焚其部落屋舍三十餘所, 毁戰艦八艘, 獲兵器以百數, 請賞其功. 從之. … 冬十一月己酉, 鎭溟都部署副使金敬應, 率舟師擊海賊三艘于烈島敗之, 斬數十級, 以獻沒溺者甚衆, 命有司論賞."

통해 말하고자 한 것은 1년 내내 있었던 동해안에서의 전란(戰亂)이었다. 재이가 일어났던 시기도 6월, 9월, 10월로 달랐고, 재이의 내용도 유성, 흑기, 월·오성의 변, 월·오성·항성의 변으로 여럿이었지만, 이것들이 초래했다고 본 응험은 하나의 전란이었던 것이다.

문종 4년의 동해안 전란을 응험으로 꼽은 재이는 이뿐만이 아니다. 문종 3년 정월 기유의 월식과 7월 병오의 월식도 응험이 이듬해 진명포에서의 전란이고,[251] 문종 4년 2월 무오의 '3일 동안의 폭풍으로 집의 나무가 부러졌다'는 재이의 응험도 이해 6월 동해에서 일어난 전란이라고 했다.[252]

이렇게 되면 재이와 응험의 실질적인 감응 관계는 퇴색된다. 한(漢) 대의 참위적인 재이설은 재이와 응험의 관계가 매우 구체적이고 개별적이다. 재이와 응험이 광범위하게 연관되면 재이를 특정 사건의 예언이나 조짐으로 삼을 수 없기 때문이다. 그런데 『천동상위고』의 재이와 응험은 위에서 확인한 바와 같이 구체성도 떨어지고 개별적으로 연결되지도 않는다.

이는 재이와 응험의 감응을 실증하려는 것이 아니라 응험의 인사를 강조하려는 의도였던 것으로 보인다. 즉 최천벽은 다양한 재이를 통해 문종 4년 동해안에서 일어난 전란을 강조하려고 한 것이지, 재이와 응험의 감응을 실증하려고 한 게 아니었다. 『천동상위고』의 재이와 응험은 최천벽의 문제의식 속에서 재해석된 것이고, 천인감응에 대한 순수한 믿음에 기초해 있다고 해서는 안 될 것이다.

최천벽의 이와 같은 태도는 다른 측면에서도 볼 수 있다. 고려 명종(明宗) 9년(1179) 7월 임오에 달이 태백성을 범하자 태사는 정전을 피하고 10일 동안 명인전(明仁殿)에서 인왕도량(仁王道場)을 베풀어 재변을 물리치라고 건의했다.[253] 명종은 이 건의를 수용해 10일이 넘도록 명인전에서 인왕도량

---

251) 『天東象緯考』 卷5, 月食變應占, 3ㄱ, "文宗三年己丑正月己酉月食. 占曰, 歲惡齊分富. 七月丙午月食. 占曰, 兵起. 翌年, 正月, 海賊奪鎭溟兵船二艘, 而去文揚烈, 率兵追至賊穴, 斬馘二十級而還. 六月七月, 賊連有來寇." ; 『高麗史』 卷47, 志 1, 天文 1, 月五星凌犯及星變, 26ㄴ.

252) 『天東象緯考』 권18, 風變異占, 1ㄴ, "文宗四年庚寅二月戊午朔, 暴風拔屋折木三日. 是年, 六月, 東藩海賊, 寇列山縣, 遣將擊破之." ; 『高麗史』 卷55, 志 9, 五行 3, 土, 3ㄴ

을 베풀며 기양했다.[254]

최천벽은 이의 응험으로 같은 해 9월에 있었던 경대승(慶大升, 1154~1183)이 정중부(鄭仲夫, 1106~1179)를 살해한 사건을 달았다.[255] 경대승은 무신정권 초기 정중부에 이어 집권한 인물로, 불안정한 집권 기간 문신의 지지와 민심을 얻었다고 평가받는 인물이다.[256] 그런데 명종 9년 7월 임오에 달이 태백성을 범한 일과 두 달 뒤에 경대승이 정중부를 죽은 일은 크게 관련이 없다. 불교식 기양을 베풀었던 명종 9년 당시, 이를 두고 두 달 뒤에 경대승이 정중부를 죽일 거라고 예상하진 않았고, 경대승이 정중부를 죽였을 때도 이것을 두 달 전에 있었던 달이 태백성을 범한 재이의 응험이라 여기지도 않았다. 그래서 이러한 재이와 응험의 기사 배치는 최천벽의 자율적 판단에 의한 것으로 보인다.

그런데 최천벽은 경대승이 정중부를 죽인 뒤에 일어난 재이도 그 응험이라고 하여 재이 뒤에 붙였다. 『고려사』에 따르면 경대승이 정중부를 죽인 날은 명종 9년 9월 신미(16일)인데,[257] 최천벽은 그 뒤에 일어난 병자(21일)와 기묘(24일)의 유성도 경대승이 정중부를 죽인 사건의 전조였다고 적은 것이다.[258]

사실 이러한 기사 배치는 모사모응의 논리에 어긋난다. 왜냐하면 여기에서는 '어떤 재이로 인해서 어떤 응험이 일어났다'와 같이 재이는 응험의

---

253) 『高麗史』 卷48, 志2, 天文2, 月五星凌犯及星變, "(明宗九年七月)壬午, 月犯太白, 太史奏, "避正殿, 設仁王道場于明仁殿, 十入天敗, 以禳災變."

254) 『高麗史』 卷20, 世家20, 明宗2, "(明宗九年秋七月)壬午, 設仁王道場于明仁殿十餘日, 以禳災變."

255) 『天東象緯考』 卷6, 月凌犯五星占, 5ㄱ, "(明宗)九年己亥 … 七月壬午月犯太白. 占曰, 有兵大戰 … 時年, 將軍慶大升誅鄭仲夫."

256) 신호철, 「慶大升정권의 성립」, 『역사와 담론』 67, 2013, 213~220쪽.

257) 『高麗史』 卷20, 世家20, 明宗2, "(明宗九年)辛未, 將軍慶大升, 誅鄭仲夫宋有仁."

258) 『天東象緯考』 卷16, 流星占中, 7ㄱ~ㄴ, "(明宗九年) … 九月, 丙辰, 流星出天倉入天田, 大如木瓜, 尾長九尺許. 占見上. 丙寅, 流星出五車入文昌, 大如梧, 色赤, 尾長六尺許. 占曰, 兵起. 又曰, 國亂. 丙子, 流星出羽林, 入北落, 大如梧, 尾長三尺. 占曰見上. 己卯, 流星出相入大角. 占曰, 將相有憂. 又曰, 人主失位. 是年, … 九月, 將軍慶大升, 誅鄭仲夫宋有仁."

원인이 되고, 응험은 재이의 결과가 되기 때문이다. 그러니 재이[원인]보다 응험[결과]이 시기적으로 앞서는 것은 모사모응의 논리에 어긋나는 것이다.

또 다른 기사를 보자. 최천벽은 명종 4년(1174) 4월 임신의 월식과 10월 무진의 월식을 가뭄과 병란의 전조라고 했다. 그리고 응험으로는 같은 해 정월부터 5월까지 비가 오지 않은 것과 10월 이의민(李義旼, ?~1196)이 의종(毅宗)을 시해한 사건을 들었다.[259] 그런데 『고려사』를 보면 명종 4년 4월과 10월에 월식이 있었긴 하지만[260] 정월부터 5월까지 비가 오지 않은 일과 이의민이 의종을 시해한 일은 1년 전 명종 3년(1173)에 있었다.[261] 이 기사에서도 재이가 발생하기 전에 응험이 먼저 일어난 셈이다.

끝으로 하나만 더 보자. 최천벽은 명종 27년(1197) 10월 무인일과 경진일, 11월 을묘일에 달무리가 있었다고 하면서, 이를 '신하가 간사한 일을 하려 한다', '나라에 기쁜 일이 있다', '신하가 반역을 한다'라는 의미로 풀었다. 그리고 응험으로는 이미 한 달 전에 있었던 최충헌(崔忠獻, 1149~1219)·최충수(崔忠粹, ?~1197) 형제의 명종 폐위와 신종(神宗) 추대를 달았다.[262] 『고려사』는 명종 27년 9월 갑인일에 최충헌 형제가 초제(醮祭)를 열고 명종의 폐위를 하늘에 고하자, 그날 저녁에 천둥과 번개가 치고 우박이 내리더니 회오리가 갑자기 일어 흥국사(興國寺) 남쪽 길가의 나무가 뽑혔다고 전한다. 또 계해일에 최충헌 형제가 명종과 태자를 내쫓고 평량공(平凉公) 왕민(王旼)을 왕으로 세우고 그 아들 연(淵)을 태자로 삼았다고 한다.[263] 최천벽이

---

259) 『天東象緯考』 卷5, 月食變應占, 6ㄱ, "(明宗)四年甲午四月壬申, 月食. 十月戊辰, 月食. 占曰, 歲旱, 兵起. 是年, 自正月至五月, 不雨. 十月, 李義旼弒前王, 遂弒之. 兵起之驗應矣."

260) 『高麗史』 卷48, 志2, 天文2, 月五星凌犯及星變, "(明宗)四年四月壬申, 月食. 十月戊辰, 月食."

261) 『高麗史』 卷19, 世家19, 明宗1, "(明宗三年五月)甲辰, 令文武三品, 抽祿設齋, 禱雨于普濟寺." ; 同 22ㄱ, "(明宗三年)冬十月, 庚申朔, 李義旼出前王, 至坤元寺北淵上, 獻酒數盃, 遂弒之."

262) 『天東象緯考』 卷5, 月傍氣暈珥占, 15ㄱ, "(明宗)二十七年丁巳, 十月戊寅, 月暈, 東北有背氣, 內靑外赤. 占曰, 臣欲爲邪. 庚辰, 月暈, 南北有珥. 占曰, 國有喜. 十一月乙卯, 月暈, 內靑外赤, 四方有赤白氣如杵, 長十尺許. 南西有珥. 占曰, 內靑外赤, 臣有逆, 又曰, 赤白氣, 有兵喪. 是年, 九月, 崔忠獻兄弟, 設醮以廢立事告天. 是夕, 大雷電雨雹旋風暴起. 拔木頹墻, 逼王出宮, 放太子于江華, 迎平凉主爲王."

263) 『高麗史』 卷20, 世家 20, 明宗 2, 38ㄱ~ㄴ, "(二十七年)秋九月, 甲寅, 崔忠獻兄弟設醮, 以廢立

든 응험이 점성적 의미에는 부합하지만, 시기적으로 재이보다 먼저 일어난 것은 마찬가지다.

이상에서 살펴본 경대승이 정중부를 죽인 일, 이의민이 의종을 시해한 일, 그리고 최충헌이 명종을 폐위시키고 신종을 추대한 일은 고려 무신정권기의 굵직한 사건들이다. 최천벽이 『고려사』를 재정리하면서 이들 사건의 날짜를 실수로 잘못 적었을까 하는 의문도 들지만, 이는 그만큼 재이와 응험의 신후 관계를 꼼꼼하게 따져 기록하지 않았다는 방증이기도 하다.

최천벽이 재이와 응험의 감응을 실증하려 했다면 재이-점-응험의 기사 배치를 매우 구체화하여 세분했을 것이다. 그리고 재이 기사 하나에 개별 사건 하나를 건건이 붙여서 중복되는 기사가 없도록 했을 것이고, 또 재이를 응험의 원인이자 전조로 삼을 수 있게 둘의 선후 관계를 억지로라도 맞췄을 것이다. 그러나 이상에서 보았듯이 서로 다른 재이와 점성적 의미에 대해 동일한 응험을 단 것도 많고, 응험이 재이보다 앞서는 것도 많다.

최천벽은 18세기 초반의 현실의식에 비추어 반추해야 할 고려시기의 위기로서 고려 문종 대 동해안 지역의 전란과 명종 대 무신정권기의 정치적 변란을 꼽았던 것이지, 달과 오성 간의 변이(變異)나 월식, 유성과 같은 재이의 감응으로서 이 사건들을 꼽았던 것이 아니다. 최천벽이 재이의 응험이라고 꼽은 사건이 주로 변란이나 전쟁, 왕의 죽음, 수·한재와 같은 국가적 위기인 것도 이 때문이다. 이와 같은 문제의식 속에서는 재이의 응험이 여러 차례 중복되거나 재이와 응험의 선후 관계가 뒤바뀌는 것은 별다른 문제가 되지 않았을 것이다.

그렇다면 굳이 재이와 응험의 일대일 대응 방식으로 재이 기사를 정리한 이유는 무엇일까. 이에 대한 힌트는 그의 서문에서 찾을 수 있다. 최천벽은 재이와 응험의 유기적 사유를 전통적인 천인감응론이 아닌 『주역(周易)』의

事, 告天. 是夕, 大雷電雨雹, 旋風暴起, 拔興國寺南道傍樹木. 吹入獄中, 垣墻盡頹, 近獄新步廊十八間, 一時壞仆. 又吹過高達坂, 至賢聖寺, 多拔樹木. 庚申, 大雷電. 癸亥, 忠獻兄弟逼王, 單騎出向成門, 幽于昌樂宮, 放太子璹于江華島. 迎平凉公旼立之, 以子淵爲太子."

'관상완사(觀象玩辭)'에 입각해 인식했던 것으로 보인다.

> 상(象)을 살피고 사(辭)를 완미(玩味)한다면 성조(聖朝)가 수성(修省)하고 격치(格致)하는 데에 만에 하나라도 도움이 있을 것입니다.[264)]

최천벽은 서문의 끄트머리에서 관상완사를 통한 숙종의 수성(修省)과 격치(格致)를 언급했다. 관상완사란 '상을 살피고 사를 완미한다'는 뜻으로 『주역』에서 제시하는 군자의 수양론이다. 『주역』에서는 "군자가 거할 때는 그 상을 보고 사를 완미하며, 동할 때는 그 변을 보고 점을 완미한다"고 했다.[265)]

장현광의 세사로[266)] 역학(易學)에 밝았던 선우협(鮮于浹, 1588~1653)은 관상완사란 군자가 어떤 일을 행하기 전에 괘의 상을 보고 그 사를 음미함으로써 숨어 있는 심오한 이치를 탐구하는 것으로 군자의 '학역(學易)'이라고 했다.[267)] 쉽게 말해 군자는 평소에 『주역』의 학습을 통해 유비무환의 자세를 갖추어야 한다는 의미이다.

『주역』이 본래 점서(占書)이기는 하나 공자 이래로 점괘에 집착하는 태도는 경계되었다. 권상하(權尙夏, 1641~1721)는 공자가 역(易)의 도는 자주 변하므로 일정한 기준으로 삼아서는 안 된다고 했다면서,[268)] 이 의미는 사람들로 하여금 변화를 살피고 점을 음미하여 때에 따라 알맞게 대처케 하여[隨時制宜] 하나의 괘나 효에 얽매이지 않도록 하기 위한 것이라고 했다. 그리고 이것은 관상완사의 도에 비추어, 또 다른 하나의 의(義)라고 했다.[269)]

---

264) 『天東象緯考』, 「天東象緯考序」, 1ㄱ, "觀象玩辭, 亦或有助於聖朝修省格致之萬一焉."

265) 『周易』, 繫辭上, 第2章, "君子, 居則觀其象, 而玩其辭, 動則觀其變, 而玩其占."

266) 『遯菴全書』 行狀, 「遯菴先生行狀」, 4ㄱ(93책, 68쪽), "因謁旅軒張先生於仁同, 留數日講學."

267) 『遯菴全書』 卷3, 諸解, 「六畫卦解」, 7ㄱ(93책, 28쪽), "觀象玩辭者, 君子未涉於事之時, 觀卦之象而玩其辭, 以探其隱賾之理, 此君子之學易也."

268) 『周易』, 繫辭下, 第8章, "易之爲書也不可遠, 爲道也屢遷. 變動不居, 周流六虛, 上下無常, 剛柔相易, 不可爲典要, 唯變所適."

결국 『주역』이 상(象)과 사(辭)로 가득하지만, 본의는 하나의 상과 사에 집착하지 말고 그것이 변화하는 이치를 살펴 매사에 알맞게 처신할 수 있도록 끊임없이 궁리(窮理)하라는 것이며, 바로 이것이 관상완사의 의미라는 것이었다.

『천동상위고』를 기획한 최석정은 당대 역학(易學)의 대가였고,[270] 최천벽 또한 역리(易理)에 밝았다고 한다.[271] 『주역』의 관상완사에 입각해 보면, 『천동상위고』의 재이는 괘상, 그리고 점성적 의미와 응험은 괘사가 된다. 흔히 『주역』의 괘사에는 올바른 도덕적 행위를 가능케 하도록 하는 지침이 담겨 있다고 하는데, 아마도 재이[상]에 따른 응험[사]의 역사적 변천을 통해 현실 정치를 돌아보고 미래를 대비하라는 요청에서 재이와 응험을 일대일로 대응시켜 『고려사』의 재이를 재정리한 것이 아닌가 싶다.

이 점에서 재이와 응험의 유기적 사유는 군주의 공구수성(恐懼修省)에 도움이 될 수 있었다. 다음 최석정의 발언을 보자.

> 천도(天道)는 아득히 멀고, 응험 유추(類推)는 쉽지 않습니다. 반드시 어떤 상은 어떤 일의 징험이 되고, 또 어떤 재이는 어떤 정사(政事)의 잃음이 된다고 하는 것은 억지로 이치에 닿게 하는 것[穿鑿]에 가깝습니다. 그러나 천상이 유(類)에 따라 감응(感應)하는 게 딱 들어맞지는 않을지라도, 크게 어긋나지도 않을 것이며 이로써 천상을 삼가고 감계(監戒)를 밝힌다면 성조

---

269) 『寒水齋集』 卷4, 書, 「答畏齋李相國端夏」, 7ㄱ(150책, 89쪽), "子曰易之爲道也屢遷, 不可爲典要. 蓋聖人之意, 只欲使人觀變玩占, 隨時制宜, 而不但滋滯於一卦一爻而已也. … 是於觀象玩辭之道, 亦其一義也."

270) 박권수, 「조선후기 象數學의 발전과 변동」, 서울대학교 과학사 및 과학철학 협동과정 박사학위논문, 2006, 120~123쪽.

271) 『輿地圖書』 補遺編, 全羅道, 古阜, 齋郎, "崔天璧, 深曉易理妙觀天文除察訪." 英祖 代 전라도의 관할 고을[郡]은 56곳이었다. 그런데 『輿地圖書』에는 16고을이 누락되었고, 古阜郡은 누락된 16고을 중 하나였다. 훗날 국사편찬위원회에서는 『輿地圖書』를 영인하면서 영조 대를 전후로 하여 편찬된 16고을의 읍지를 '補遺編'에 포함시켰다. 『輿地圖書』의 편찬에 대해서는 裵祐晟, 「18세기 全國地理志 편찬과 지리지 인식의 변화」, 『韓國學報』 85, 1996, 148~160쪽 참고.

가 수성하고 하늘을 공경[對越]하는 방략에 도움이 될 것이니 어찌 얕다 하겠습니까.[272]

최석정도 모사모응의 재이 해석은 천착에 가깝다고 지적했다. 그런데 천상으로 응험을 유추하는 것은 성조[=숙종]가 스스로 반성하고 하늘을 공경하는 데에 도움이 될 것이라고도 했다. 재이와 응험의 유기적 사유가 군주의 공구수성에 도움이 될 거란 뜻이었다. 이러한 측면에서 재이와 응험의 일대일 대응은 여전히 나름대로 의미 있는 재이 서술 방식이었다.

『천동상위고』 속 재이 기사의 재이와 응험이 갖는 감응 구조는 얼핏 한(漢) 대의 참위적이고 예언적인 재이 해석과 유사해 보인다. 하지만 그 진의는 이와는 전혀 달랐다. 최천벽은 『천동상위고』를 통해 전통의 천인감응론을 실증한 것이 아니라 고려시기에 발생한 정치·사회적 위기를 당대의 재이와 함께 완미(玩味)함으로써 숙종의 수성(修省)에 도움을 주려고 한 것이었다. 겉으로 보기에는 재이와 응험의 일대일 대응이 마치 모사모응의 재이 해석과 유사한 듯하지만, 그 안에는 18세기 초반의 현실인식에 맞게 새롭게 해석된 천인감응론이 있었던 것이다.

이상에서 17세기 중반~18세기 초반의 재이 문헌, 『역대요성록』(현종 5년, 1664), 『역대수성편람』(현종 9년, 1668), 『천동상위고』(숙종 34년, 1708)를 살펴보았다. 다양한 재이 문헌 편찬은 17세기 재이론의 특징 중 하나이고, 이는 기본적으로 군주에게 공구수성을 강조하고 요청하는 차원에서 이루어진 활동이었다고 할 수 있다. 하지만 개별 문헌을 하나씩 살펴보면 문헌의 저술 배경과 목적, 지향점은 모두 다르다. 이 세 편의 문헌은 서인 산림계의 김익렴(『역대요성록』), 남인 청남계의 이옥(『역대수성편람』), 서인 소론계

---

272) 『明谷集』 卷8, 序引, 「天東象緯考序」, 17ㄱ~ㄴ(153책, 577쪽), "天道玄遠, 推驗多端, 必曰某象爲某事之徵, 某災爲某政之失云, 則近於鑿矣. 然象以類應, 雖不中不遠, 因此而謹天象昭監戒, 則其有裨於聖朝側身對越之方, 豈淺淺哉."

의 최천벽(『천동상위고』)이 지었는데, 특히 『역대요성록』과 『역대수성편람』은 현종 대 서·남인의 정치적 대립·갈등 속에서 저술되었고, 『천동상위고』 또한 숙종 대 후반 집권 소론의 영수 최석정이 기획에 참여한바, 그의 황극탕평(皇極蕩平) 이념과 무관하다고 할 수 없다. 즉, 『역대요성록』이 정치 지향적이고 대명의리에 대한 이념적 성향이 강하다면, 『역대수성편람』은 군주의 '수덕(修德)'이라는 재이론 본연의 의미를 강조하면서도 '존군(尊君)'을 지향한다. 한편 『천동상위고』는 재이론에 대한 천착을 경계하면서도 전통적 천인감응론의 재이와 응험을 『주역』의 관상완사로 재해석하여, 재이론의 초점을 철저히 군주 수성(修省)에 맞췄다.

앞에서 효종 대의 『재이고』에 대해 짧게 언급했지만, 이상의 재이 문헌은 단순히 언제 어떤 재이가 있었는지 알아보기 위한 목적으로 편찬된 것이 아니다. 국왕에게 수성(修省)할 것을 요청하면서도 각각이 설정한 정치·사상적 지향과 목적을 달성하기 위해 편찬된 문헌들이다. 이러한 재이 문헌의 편찬이 정치적 이해관계 속에서 이루어졌다는 점에서 이를 재이론의 정략적 활용의 연장이라고 볼 수도 있다. 그러나 정치적 언론 활동을 정당화하는 논리로서 기능하던 이전의 양상과는 달리 재이론 자체를 관심의 대상으로 삼았다는 점에서 주목되는 변화이자 이 시기의 중요한 특징이라고 평가할 수 있다. 나아가 이러한 재이 문헌의 편찬 경향은 이후 『문헌비고(文獻備考)』 「상위고(象緯考)」의 편찬으로 이어져, 논의의 깊이와 폭이 더 확대되었다.

제7장 18세기 중반~19세기 중반 '신·구(新·舊)' 재이론의 갈등과 재이론의 관습화

앞에서 17세기 정치·사상의 변동에 따른 재이론의 다양한 전개 양상에 대해 살펴보았다. 요컨대 재이론의 당론화가 격화되면서 일종의 자정적 활동으로 재이론 자체의 본의(本意)를 강조하는 다양한 유형의 재이 문헌이 편찬되었고, 역학(易學) 연구의 확산에 힘입어 재이론과 역리(易理)의 결합이 이루어지며 재이론의 논리체계가 한층 강화되었다. 또 변통론(變通論)의 근거로 활용되면서 국가 공권력의 신장과 이를 통한 안민(安民)을 미재(弭災)의 요체로 간주하는 논의도 전개되었다.

이와 같은 논의는 유기체적 자연인식이라는 큰 범주 내에서 일어난 것으로, 천인(天人)의 상관적 사유를 근본적으로 부정하거나 의심하는 논의는 사실상 없었다. 재이론을 활용하는 와중에 크고 작은 정치적 부작용과 이론적 한계가 드러나기도 했으나, 재이론이 군주에게 수성(修省)을 요청할 수 있는 '공식적인' 기제라는 점은 모두가 인정하는 바였고, 이러한 부작용과 한계는 자정과 보완으로 극복했지 그것이 재이론을 부정하거나 폐기하는 논의로 번지지는 않았다.

그런데 18세기 중반 재이론은 정치·사상적으로 중요한 변화를 맞게 되었다. 두 가지 측면에서의 변화인데, 하나는 서양 과학지식의 유입 및 확대에 따른 재이론의 이론적 균열이고, 다른 하나는 재이론의 정략적 활용이 극에 달하면서 일어난 구언 정치의 변질과 재이론의 정치적 관습화이다.

16세기 말부터 유입되기 시작한 서양 과학지식은 17세기 중반 시헌력(時憲曆)으로의 전환을 계기로 본격적으로 학습 및 논의되었다. 초기에는 개력(改曆)에 필요한 기술적 차원의 지식만이 선별적으로 수용되었고, 이것이 재이론의 변화를 촉발하지는 않았다. 그런데 18세기 중반 이후 서양 과학지식의 우수성을 인정하는 관인·유자가 늘어나면서 재이론의 이론체계에 질적인 변화가 일어나게 되었다. 특히, '규칙적인 천체 운동은 인사(人事)와는 무관하다'라는 인식이 번지면서 기존에 재이로 여겨졌던 많은 현상이 재이의 범주에서 제외되었다. 영조 46년(1770) 서명응(徐命膺, 1716~1787)·서호수(徐浩修, 1736~1799) 부자의 주도로 편찬된 『동국문헌비고(東國文獻備考)』「상위고(象緯考)」(이하, 「동국상위고」)는 이러한 변화를 잘 보여주는 문헌이다.

그러나 중세사상으로서 재이론이 맡았던 역할과 기능은 무엇으로도 대체하기가 쉽지 않았고, 전통 재이론의 의미와 가치를 고수하고자 했던 관인·유자 또한 적지 않았다. 무엇보다 경천근민(敬天勤民)의 유교 정치 이념을 받들었던 국왕은 원론적 차원일지라도 재이론을 부정할 수 없었다. 정조 14년(1790) 무렵 일단락된 이만운(李萬運, 1723~1797)의 『증정문헌비고(增訂文獻備考)』「상위고」(이하, 「증정상위고」)는 이러한 배경에서 전통적인 천인감응론(天人感應論)을 따르게 되었다.

한편 인조 대 이후 본격화된 재이론의 정략적 활용은 현종·숙종 대 예송(禮訟) 및 환국(換局)의 정국을 거치면서 극단으로 치달았다. 이 과정에서 이른바 구언 정치가 왜곡·변질되었다. 재이를 맞은 국왕이 구언하면 어김없이 당리당략에 따른 응지상소가 제출되었고, 정치적 갈등이 촉발되었다. '천견(天譴)을 삼간다'는 의미가 무색할 정도로 처벌받는 응지상소자도 늘었다. 국왕은 구언에 따른 응지상소라도 당론을 따른 것이라면 처벌하겠다는 뜻을 공식적으로 표명했지만, 재이론의 정략적 활용은 끝이 없었다.

누구보다 재이론의 본의를 강조했던 영조는 즉위 초부터 구언에 응한다는 핑계로 공격적인 당론을 펼치는 이른바 '가탁구언(假托求言)'의 처벌을 공식화했다. 이러한 기조는 정조 대까지 이어졌고, 이것이 수십 년 동안 이어지다 보니 19세기 이후 조선의 구언 정치는 하나의 관습이 되어버렸다. 즉, 순조 대 이후 구언 정치는 본래의 의미와 기능을 상실한 채 '10월의 우레→ 국왕의 구언→ 삼정승의 면책 요구→ 삼사의 수성(修省) 요청→ 국왕의 가납'이라는 형해화된 모습을 띠게 되었다. 물론 이러는 동안 재이론의 이론적 균열과 갈등은 병렬적으로 진행 중이었고, 정치적 관습화는 더욱 고착되었다.

18세기 중반부터 일어난 재이론의 변화는 19세기 중반까지 1세기가량 진행되었다. 이 과정에서 조선의 관인·유자는 합리적인 재이론 활용 방안을 고민했다. 재이는 인사와 관련이 없다는 사실을 알면서도 재이론의 역할과 기능을 포기할 수 없는 현실 속에서, 어떻게 하면 논리적 모순 없이 재이를 군주 수성의 기제로 활용할 수 있을까를 고민했다.

이러한 고민은 관직의 유무나 지역의 경향(京鄕)을 불문하고 광범위하게 일어났지만, 결과적으로 19세기 중반까지도 뚜렷한 결론을 내지 못했다. 양자의 결합이 완벽히 이루어지지도 못했고, 그렇다고 역사적으로 소명을 다한 재이론의 대체재가 마련된 것도 아니었다. 이러한 과도적 시기를 맞아 재이론은 이론적 균열에 정치적 관습화가 더해지면서 그 본의(本意)는 퇴색되었고, 19세기 후반 유명무실한 '전통'으로 전락하게 되었다.

아래에서는 18세기 중반부터 19세기 중반까지 재이론의 이론적·정치적 변화 과정을 몇 가지의 주제별로 살펴보고자 한다. 첫째, 서양 과학지식의 유입 및 확산으로 주자학적 재이론에 이론적 균열이 일어난 과정을 일월식론(日月蝕論)을 중심으로 검토할 것이다. 특히, 마땅히 일어나야 하는 식이라도 군주의 수덕(修德) 여하에 따라 일어나지 않을 수도 있다고 하는 주자학적 일월식론의 '당식불식(當食不食)' 논의가 '당식(當食)은 필식(必食)한다'는 서양 과학지식을 맞아 어떠한 우여곡절을 겪게 되었는지 검토할 것이다.

둘째, 서양 과학지식의 우수성을 인정한 서호수가 영조 대 「동국상위고」에서 재이의 범주를 재편하며 전통 재이론의 변화를 이끈 모습을 볼 것이다. 서호수는 기존에 재이로 여겼던 현상 중 일부를 규칙적인 천체 현상이라는 이유로 재이에서 제외했다. 그러나 이러한 재이론의 재편이 조선 정부의 공식적인 입장이 될 수는 없었다. 뒤이은 이만운의 증정 작업은 전통적인 천인감응론에 따라 이루어졌고, 이를 서호수의 재이론과 비교해 보면 이 시기 '신·구(新·舊)' 재이론의 갈등 양상을 엿볼 수 있을 것이다.

셋째, 실학자의 재이론을 분석할 것이다. 바로 이익(李瀷, 1681~1763), 홍대용(洪大容, 1731~1783), 홍석주(洪奭周, 1774~1842), 이규경(李圭景, 1788~1856)의 재이론이다. 가문과 당색, 활동 지역, 관직 이력 등은 모두 달랐지만, 이들은 각자의 위치에서 재이론의 합리적 활용을 고민했던 지식인이었다. 재이가 인사와 무관하게 일어난다는 사실을 알면서도, 재이론의 합리적 활용 방안을 모색했던 이들이라고 할 수 있다. 이들의 재이론을 검토해 보면, 이 시기 활동했던 관인·유자가 재이론에 관해 품었던 고뇌가 무엇이었는지 짐작해 볼 수 있을 것이다.

넷째, 정치 현장에서 일어난 재이론의 관습화 과정을 추적할 것이다. 발단은 구언 정치의 변질과 왜곡이었다. 이는 재이론의 정략적 활용이 낳은 부작용이었다. 재이론의 극심한 정략적 활용이 결국 구언 정치의 변질·왜곡으로 이어졌고, 이러한 기조가 지속되면서, 19세기 이후 구언 정치는 차츰 형해화된 것으로 보인다. 이렇게 재이론은 이론체계의 균열에 정치적 기능의 상실이 더해져 19세기 후반 종언(終焉)을 맞게 되었다.

1. 주자학적 일월식론(日月食論)의 변동과 '당식불식(當食不食)' 논쟁

1) 주자학의 일월식론과 '당식불식(當食不食)'

조선후기의 '당식불식(當食不食)' 논쟁이란 주희(朱熹, 1130~1200)의 '군주가 덕을 닦고 바른 정사를 펼치면 마땅히 일어나야 하는 일월식이라도 일어나지 않을 수 있다'는 논의에 대한 찬반 논쟁을 말한다. 찬성과 반대 각각의 입장에서도 논의의 스펙트럼은 폭넓었지만, 압축하면 찬성 진영에서는 방점을 '군주의 수덕(修德)'에 찍었고 반대 진영에서는 '규칙적인 상도(常度)'에 찍었던 것이라고 할 수 있다.

우선, 논쟁의 시작점이라 할 수 있는 주희의 논의를 간략히 살펴보자. 주희의 당식불식론은 일월식의 규칙성이 밝혀졌음에도 일월식 재이설을 고수해야 하는 다소 모순적인 상황 속에서 배태된 논리였다. 주희는 일월식이 정해진 수에 따라 발생하는 규칙적인 자연 현상이라는 사실을 잘 알고 있었다.[1] 하지만 일월식 계산이 늘 정확할 수만은 없었다.

> (질문) 예부터 일월식은 재이라고 했는데, 지금의 역가(曆家)가 미리 계산하여 예측할 수 있는 것은 어떻게 된 것입니까? (답변) 대략 계산할 수 있을 뿐이지 부합하지 않는 것도 있다. 역가가 '당식(當食)'이라고 했으나 '불식(不食)'〈인 경우〉도 있고, 〈역가가〉 '불식(不食)'이라고 했으나 '식(食)'〈인 경우〉도 있다.[2]

'당식'이라고 해도 '불식'인 경우가 있었고, '불식'이라고 해도 '식'하는 경우가 있었다. 이렇게 일월식 계산은 얼마든지 틀릴 수 있었다. 특히, 불균등한 타원 운동인 해의 영축(盈縮)과 달의 지질(遲疾)을 계산하기가 쉽지 않았다. 그런데 이것이 해와 달의 천체 운동이었던 까닭에 만약 틀린다면 달[음]이 해[양]를 피해야 했다.

> 그믐과 초하루에 해와 달이 만남에 동서로 도(度)가 같고 남북으로 도(道)

1) 야마다 케이지 지음(김석근 옮김), 『朱子의 自然學』, 통나무, 1991, 233~246쪽 ; 김영식, 『주희의 자연철학』, 예문서원, 2005, 266~273쪽.

2) 『朱子語類』 卷2, 理氣下, 天地下(14책, 139쪽), "問, 自古以日月之蝕爲災異. 如今曆家却自預先算得, 是如何. 曰, 只大約可算, 亦自有不合處. 有曆家以爲當食而不食者, 有以爲不當食而食者."

가 같으면 달이 해를 가리게 되어 일식이 되고, 보름에 해와 달이 마주 대할 때 도(度)가 같고 도(道)가 같으면 달이 해에 가려져 월식이 되니 이것은 모두 상도(常度)이다. 그러나 군주가 덕을 닦고 바른 정사를 펼쳐 현재(賢才)를 등용하고 간신(奸臣)을 제거하여 양(陽)이 왕성하여 음(陰)을 이기고, 음(陰)이 쇠하여 양(陽)을 침해하지 못하면, 해와 달의 운행이 비록 혹 마땅히 일어나야 하는 식이라도 달이 항상 해를 피한다. 그러므로 그 지속(遲速)과 고하(高下)는 반드시 어긋나서 서로 만나지 않고 서로 상대하지 않음이 있으니, 이 때문에 마땅히 일어나야 하는 식이라도 일어나지 않을 수 있다. 만일 나라에 정사가 없고 선인(善人)이 쓰이지 않고, 신자(臣子)가 군부(君父)를 배반하고, 첩부(妾婦)가 지아비를 거역하고, 소인(小人)이 군자(君子)를 능멸하고, 이적(夷狄)이 중국(中國)을 침략하면 음(陰)이 성하고 양(陽)이 약해져, 마땅히 일어나야 하는 식은 반드시 일어나니, 비록 운행에 상도(常度)가 있다고 해도 이것은 실로 비상한 재변이 되는 것이다.[3)]

해와 달의 빠름과 더딤, 높고 낮음은 계산하여 예측한 것보다 미세하게나마 틀릴 수 있었는데, 주희는 양이 음보다 세고 강하면 '그럴 수도[틀릴 수도]' 있다고 했다. 여기에는 삼강오륜(三綱五倫)을 토대로 하는 유교·주자학의 보편적인 강상윤리가 투영되어 있다. 양은 언제나 음을 이겨야 한다. 신자(臣子)가 군부(君父)를 배반해서는 안 되고, 첩부(妾婦)가 지아비를 거역해서는 안 되고, 소인(小人)이 군자(君子)를 능멸해서는 안 되고, 이적(夷狄)이 중국(中國)을 침략해서는 안 되었다. 양이 음보다 강하고 세다는 것은, 이러한 강상윤리가 잘 지켜진다는 의미이고, 그러면 마땅히 일어나야 하는 식이라

---

3) 『詩傳』, 小雅祈父, 十月之交, '十月之交'의 註, "晦朔而日月之合, 東西同度, 南北同道, 則月揜日而日爲之食, 望而日月之對同度同道, 則月亢日而月爲之食, 是皆有常度矣. 然王者修德行政, 用賢去奸, 能使陽盛足以勝陰, 陰衰不能侵陽, 則日月之行, 雖或當食, 而月常避日. 故其遲速高下, 必有參差而不正相合, 不正相對者, 所以當食而不食也. 若國無政, 不用善, 使臣子背君父, 妾婦乘其夫, 小人陵君子, 夷狄侵中國, 則陰盛陽微, 當食必食, 雖曰行有常度, 而實爲非常之變矣." 참고로 이는 『詩經』 小雅의 周 幽王의 無道함을 개탄하는 시에 대한 주석이다.

도 일어나지 않을 수 있다는 것이었다.

그런데 일월식 계산이 정밀해질수록 당식불식의 논리는 군주에게 불리할 수밖에 없었다. 예보된 식이 일어나지 않으면 혹여나 자신이 '수덕행정(修德行政)'을 잘한 결과라고 과시해 볼 만도 한데, 예측이 정확할수록 이러한 여지는 생길 수가 없었다. 일월식이 예보되면 군주는 일단 수성(修省)의 자세를 취해야 했다. 자신의 정치를 되돌아보고, 실정(失政)을 찾아 고치고, 직언(直言)을 물어 구하는 일련의 전통적인 대응을 시행해야 했다. 그리고 예보된 식이 예정대로 일어나면 한편으로는 계산이 정확했다는 뜻이 되고, 다른 한편으로는 군주의 '수덕행정(修德行政)'이 지극하지 못했다는 뜻이 되었다. 두 가지 중 어느 경우도 군주에게 유리할 수 없었다. 이 점에서 주희의 당식불식론은 일월식 계산이 정밀해지는 와중에 일월식을 군주 수신(修身)의 기제로 계속 활용하기 위해 마련한 고도의 전략이었다고 할 수 있겠다.

한편 주자학의 일월식론은 여말선초 주자학의 수용 과정에서 전래되었다.[4] 특히 『시전(詩傳)』은 이것의 정착에서 주도적인 역할을 담당했다. 조선 초 세종 6년(1424) 11월 4일(을해) 경연에서 세종과 김돈(金墩, 1385~1440)이 『시경』 시월편(十月篇)을 강론하며 당식불식에 대해 나눈 대화는 이러한 사정을 잘 전해준다.[5] 주자학 관련 텍스트가 보급되고 이에 대한 이해가 깊어지면서 군주의 수덕행정(修德行政) 여하에 따라 마땅히 일어나야 하는 일월식이라도 일어나지 않을 수 있다는 논의가 널리 알려지게 되었다.

하지만 이것의 정착이 순탄치만은 않았다. 사실 규칙적인 일월식이 정치의 잘잘못에 따라 일어날 수도 있고 일어나지 않을 수도 있다는 논리는 언뜻 이해가 가질 않는다. 이것은 이 논리를 처음 접하는 사람들에게도 마찬가지였을 것이다. 특히 재이에 소극적이었던 국왕일수록 의문은 클 수밖에 없었다. 대표적인 이가 연산군이었다.

---

4) 구만옥, 「朝鮮後期 日月蝕論의 변화」, 『韓國思想史學』 19, 2002, 196쪽.
5) 『世宗實錄』 卷26, 6年 11月 4日(乙亥).

일　관 : 마땅한 월식이 일어나지 않았습니다.

연산군 : 일월식에는 상도(常度)가 있다. 그러나 군주가 덕을 닦아 바른 정치를 행하면 마땅히 일어나야 하는 식이 일어나지 않는다고 하는데 믿을 수 있는가? 또 일관이 마땅한 식임을 미리 알았는데도 차이가 나는 것은 어째서인가? 어제 강론한 『통감강목(通鑑綱目)』에는 '여름 5월에 일식이 있었다'라고 되어 있는데, 대체로 정수(定數)가 있다면 변경할 수 없는데 어째서 덕을 닦으면 식(食)하지 않을 수도 있다고 하는가? 식(食)과 불식(不食)이 군주에게 달려 있다는 것은 믿을 수 없는 것 같다.[6)]

사실 연산군의 논리는 다분히 상식적이다. 만약 일월식에 정해진 규칙이 있다면 군주 성치의 살살못과 관계없이 그에 따라 일어난다. 연산군은 이 점을 지적한 것이다. 그러나 공자가 『춘추(春秋)』에 일식을 기록했고, 주희가 『시경』에 주석을 단 이상 일월식 재이설과 당식불식론은 교조적(敎條的)일 수밖에 없었다. 그래서 연산군의 지적이 상식적이었다고 해도 '감히' 그렇다고 말할 수는 없었다.

연산군이 재이론에 폭력적으로 대응했다는 사실은 널리 알려진 바이다.[7)] 그래서 주희의 당식불식론을 믿을 수 없다고 한 연산군의 지적은 일단 이러한 폭력적인 대응의 연장에서 이해된다. 그런데 다른 한 편으로는 치밀하지 못했던 주자학적 일월식론의 검토가 이러한 '의심'을 낳았다고도 볼 수 있다. 이보다 하루 전 경연에서 『통감강목』을 강론했는데, 「덕종본기(德宗本紀)」의 '여름 5월에 일식이 있었다'라는 대목에 이르러 경연관은 다음과 같이 논의했다.

---

6) 『燕山君日記』 卷48, 9年 2月 16日(癸丑), "日官啓, 月當蝕, 至是不蝕. 傳曰, 日月之食, 固有常度. 然云人君修德行政, 則當食不食, 信乎. 且日官, 先知其當蝕, 而不差, 何耶. 昨日所講綱目云, 夏五月, 日有食之. 抑有定數, 而不可變易, 則何云, 修德而有不食耶, 食不食, 在人君者, 似不信矣."

7) 張學根, 「燕山君의 災異論에 대한 認識變化-君權·言權 論爭을 中心으로-」, 『慶南史學』 7, 1995, 5~40쪽.

김감 : 당시에는 번진(藩鎭)이 강성해지고 황실(皇室)이 미약해졌으니, 일식의 변이는 그 응험(應驗)이 아니겠습니까?

성현 : 일월식에는 비록 상도(常度)가 있지만, 군주가 진실로 능히 수성(修省)하면 마땅한 식이라도 일어나지 않을 수 있습니다.[8)]

「덕종본기」의 '여름 5월 일식 기사'란 당(唐) 덕종 정원(貞元) 17년(801) 5월 초하루의 일식 기사를 말한다. 이 뒤에는 '고고(高固)가 삭방(朔方)의 절도사가 되었다'는 기사가 나오는데,[9)] 참찬관 김감(金勘, 1466~1509)은 아마도 이를 염두에 두고 번진이 강성해지고 황실이 미약해졌다고 한 것 같다. 그런데 이는 모사모응적인 재이 해석으로, 뒤이은 성현의 해석과도 배치된다. 그리고 이렇게 서로 다른 논의가 동시에 이루어지면 설득력은 저하될 수밖에 없다.

또 연산군의 '의심'에 대해서도 반대 논리를 펼치지 못했다. 승정원에서는 우선 '군주가 진실로 능히 덕을 닦아 바른 정치를 행하면 마땅히 일어나야 하는 일월식이라도 일어나지 않을 수 있다'라는 선유(先儒)의 논의는 변하지 않는 정론(正論)이라고 했다. 그러나 '요순우탕의 시절에는 당식불식 기록이 없다' 또는 '송 대에는 일당식불식 시에 군신(群臣)이 하례를 올린 적도 있다'라는[10)] 등의 부연은 주희의 일월식론을 지지하는 것이라기보다는 '당식불식'은 개의치 않아도 된다는 의미에 가깝다.[11)]

더군다나 모든 상황에서 양[해]이 음[달]을 이겨야 한다고 보면 일식은 일어나서는 안 되는 현상이고 월식은 반드시 일어나야 하는 현상이다.

---

8) 『燕山君日記』 卷48, 9年 2月 15日(壬子), "御經筵. 講綱目至德宗紀夏五月, 日食, 參贊官金勘曰, 當是時, 藩鎭强盛, 皇家微弱, 日食之變. 豈非其應. 同知事成俔曰, 日月之食, 雖有常數, 人君苟能修省, 則當食不食."

9) 『資治通鑑綱目』 卷48, 辛巳(801)(11책, 2,748쪽), "夏, 五月朔, 日食. 以高固爲朔方節度使."

10) 『宋史』 「天文志」에는 총142건의 일식 기사가 있다. 이 가운데 當食不食 기사는 12건이 있고, 雲陰不見 기사는 31건이 있는데 群臣이 賀禮를 올렸다는 기사는 1건도 없다.

11) 『燕山君日記』 卷48, 9年 2月 16日(癸丑).

그래서 이때 발생한 월식의 불식은 양이 끝내 음을 이기지 못한 현상이므로 썩 좋은 일은 아니었다. 이 점에서 월당식불식은 군주에게 수성(修省)을 요청할 수 있는 좋은 기회였는데, 승정원에서는 '『춘추』에 일식은 기록했지만, 월식은 기록하지 않았다'라고만 하면서 정론을 펴지 못했다. 아마도 재이론에 강한 거부감을 보이는 연산군에게 위축되어 주희의 정론을 제대로 펴지 못한 게 아니었나 싶다.

반면에 반정 군주였던 중종은 연산군과 달리 재이에 적극적으로 대응했고, 주희의 일월식론에도 동의했다.

조강에 나가 『시경』 시월지교편(十月之交篇)을 강론했다.

중 종 : 일월식에는 상도(常道)가 있다. 그러나 덕을 닦아 바른 정지를 행하고 현인을 등용하고 간신을 제거하여 군주가 그 도를 다하면, 마땅히 일어나야 하는 식(食)도 일어나지 않는다. 만약 나라에 좋은 정사가 없고 어진 사람을 등용하지 않아 군신(君臣)이 그 도를 다하지 않으면, 해와 달이 변이를 보이니 이것은 군주로서 조심하고 두려워해야 할 일이다. 어진 이를 등용하는 것은 전조(銓曹)가 가려서 제수하는 데에 달려 있을 뿐이다.

신용개 : 역가(曆家)에서 해와 달의 운행을 추산(推算)하는 데에 모두 상도(常道)가 있습니다. 그러나 군주가 덕을 닦고 바른 정치를 행하면 해와 달의 운행에서 마땅히 일어나야 하는 식(食)이라도 일어나지 않으니 군주는 천변(天變)을 조심하지 않을 수 없습니다.

중 종 : 군주에게는 성의(誠意)와 정심(正心)이 곧 그 근본이다. 그러나 사람을 쓰는 것은 조정과 함께 의논해야 하니, 전조는 더욱 조심하여 가려야 한다.[12)]

---

12) 『中宗實錄』卷10, 5年 2月 24日(庚戌), "御朝講. 講詩十月之交篇, 上曰, 日月之食有常道, 然修德行政, 用賢去奸, 人君盡其道, 則當食不食, 若國無政不用善, 君臣不能盡其道, 則日月視變, 此人君所當戒懼也. 用賢當在銓曹擇授耳. 同知事申用漑曰, 曆家推算日月, 皆有常道.

중종의 태도는 연산군의 그것과 정반대였다. 일월식에는 상도(常度)가 있지만, 군주의 '수덕행정(修德行政)' 여하에 따라 일어나야 하는 식이라도 일어나지 않을 수 있다는 점을 인정했다. 동지사 신용개(申用漑, 1463~1519)의 설명도 같았다. 이 묘한 논리를 중종이 실제로 어떻게 받아들였을지는 모르겠지만, 일단은 연산군과는 정반대의 태도를 보였다. 이후로 조선에서는 마땅히 일어나야 하는 일월식도 군주의 수덕행정 여부에 따라 일어나지 않을 수도 있다고 하는 주희의 당식불식론이 정론으로 인정되었다.

2) 서양 천문학의 수용과 당식불식 논쟁의 전개

16세기 말~17세기 초 중국에서는 전통적인 자연 지식과 예수회 선교사를 통해 유입된 중세 유럽의 자연 지식이 충돌했다. 여기에는 일월식론도 포함되어 있었다. 이는 훗날 조선에 전해져 크고 작은 영향을 끼쳤다.

17세기 초 명(明)은 서양의 천문·역산학 관련 서적의 번역을 추진했다. 그 성과물이 1629~1634년에 이루어진 『숭정역서(崇禎曆書)』 135권이다. 번역 작업을 주관한 사람은 서광계(徐光啓, 1562~1633)였고, 이지조(李之藻, 1564~1630)를 비롯하여 요하네스 테렌츠(鄧玉函 : Joannes Terrenz, 1576~1630), 자크 로(羅雅谷 : Jacques Rho, 1592~1638), 아담 샬(湯若望 : Adam Schall, 1591~1666) 등의 선교사가 실무를 담당했다. 그리고 1645년 아담 샬에 의해서 『숭정역서』가 개편되어 『서양신법역서(西洋新法曆書)』 100권(또는 『신법산서(新法算書)』[13])이 간행되었다.[14]

그리고 『서양신법역서』는 17세기 초 소현세자(昭顯世子, 1612~1645)와

然王者修德行政, 則日月之行, 當食不食, 人君不可不謹天變. 上曰, 人君誠意正心, 乃其本也. 然用人當與朝廷共議, 銓曹尤當愼擇."

13) 1634년에 완성된 『崇禎曆書』는 1645년 아담 샬에 의해 『西洋新法曆書』로 개편되었고, 이는 다시 1666년 페르디난드 페르비스트(南懷仁 : Ferdinand Verbiest, 1623~1688)에 의해 『新法算書』로 개편되어 四庫全書에 수록되었다.

14) 陳遵嬀, 『中國天文學史』 第一冊, 台北 : 明文書局, 1984, 238쪽.

김육(金堉, 1580~1658) 등을 통해 조선에 단계적으로 도입되었다. 인조 23년(1645) 소현세자가 청에서 가져온 천문서와 김육이 가지고 온 아담 샬의 천문역학서는 『숭정역서』를 개편한 『서양신법역서』였고, 이를 통해 조선은 시헌력 도입의 발판을 마련하게 되었다.[15)]

이렇게 해서 전래된 『서양신법역서』에서 서광계 등은 규칙적인 천체 현상은 재이가 될 수 없다고 했다. 요컨대 "무릇 두 별이 서로 모이는 것으로 재상(災祥)의 설이라고 하면 이치에 더욱 어긋난다. 대개 하늘에는 여러 별이 분포해 있지만 예부터 지금까지 그 운행은 어그러지지 않았다. 〈별들이〉 합(合)한 것은 부득이 합한 것이고 〈별들이〉 모인 것은 부득이 모인 것이니 모두 상리(常理)이지, 침범이나 어그러짐은 애초부터 없었다. 역가(曆家)가 합·삭·능·범(合·朔·凌·犯)의 원리를 밝히지 못한 까닭으로 서민들이 〈천체의〉 회합이 마땅하다는 사실을 알지 못하여 놀라서 변이(變異)라고 여겼던 것뿐이다. 무릇 별에 일찍이 어떤 변이가 있었다고 말할 수 있겠는가"[16)]라는 것이었다.

천상의 별이 만나고 모이는 것은 정해진 법칙에 따른 운행일 뿐 재상(災祥)과는 무관하다는 게 요지이다. 별의 회합은 천변(天變)이 아닌 상리(常理)이고, 이것을 보고 놀라는 서민은 단지 그 원리를 몰라서 그러는 것이지 별에 어떤 변이가 일어나는 것은 아니라는 것이었다. 그리고 일월식은 분명 계산을 통해 예측할 수 있는 규칙적인 천체 현상이라고 했다.

> 일월교식에는 모두 정해진 시각이 있다. 〈식이〉 달에 있는 것은 지구 그림자에 의한 것이고 〈식이〉 해에 있는 것은 달그림자에 의한 것이다. 그림자의 이동은 모두 해의 궤도를 따르므로 언제든 착오가 없고, 또 달은

---

15) 具萬玉, 『朝鮮後期 科學思想史 硏究 I』, 혜안, 2004, 172쪽.

16) 『新法算書』 卷43, 「五緯曆指」 卷8, "又凡于兩星相會, 著爲災祥之說, 于理更謬. 蓋天上諸星紛布, 自古迄今其行不忒. 合所不得不合, 會所不得不會, 皆理之常, 初無犯戾. 緣曆家未明合朔凌犯之故, 庶民因不知會合之宜, 駭爲變異耳. 夫星曾何變異之可言哉."

> 황도(黃道)의 도분(度分)과 거리를 두고 운동하는데 여기에도 또한 정해진 법칙이 있다. 이로써 하나는 정삭(定朔)에 식이 있고 하나는 정망(定望)에 식이 있어 마땅한 식은 반드시 식한다. 〈식의〉 다과(多寡)와 선후(先後)는 위아래로 천백세(千百世)라도 가히 알 수가 있다.[17]

일월식은 군주의 수덕행정(修德行政) 여하에 좌우되는 것이 아니라 정해진 수에 따라서만 발생한다는 것이었다. 즉, 마땅히 일어나야 하는 식은 반드시 일어난다는 '당식필식(當食必食)'이 서광계 등이 지녔던 인식이었다.

그렇다고 일월식 재이설을 쉽게 폐기할 수는 없었다. 일월식을 재이라고 하자니 궤도에 상리(常理)가 있어 위·아래로 수만 년을 손바닥 보듯 볼 수 있어 인간 사회의 길흉에 관계된다고는 할 수가 없는데, 문제는 아니라고 하면 예로부터 성현(聖賢)이 일월식을 두려워하며 수성(修省)한 것을 설명할 수가 없다는 점이었다.[18] 그래서 그들은 일월식을 '무형(無形)의 재(災)'라고 했다.

> 재(災)와 변(變)은 서로 같지 않고, 재(災)와 재(災), 그리고 변(變)과 변(變)도 또한 각각 다르다. 예컨대 수한(水旱)이나 황충(蝗蟲)의 따위는 사람과 사물에 해를 끼치는 것으로 재(災)이다. 일월식은 무엇인가를 해치는 것이 아니다. 그러나 이치로써 헤아려 보면, 해는 모든 빛의 근원으로 따뜻함[暄燠]을 낳고 달은 밤빛의 우두머리로 습윤(濕潤)을 낳는다. 온 세상에서 오직 이 두 빛만이 서로 보태고 구제하여 만물을 낳으니 능히 베풀어 주는 두 빛이 가려짐과 일그러짐을 당하면 베풂을 받은 만물에는 〈빛의〉 결함이

17) 『新法算書』 卷64, 「交食曆指」 卷1, 日月食有定時 第六, "日月交食, 皆有定時者, 在月則因地景, 在日則因月景, 景之推移, 既隨日躔所至, 終古不爽, 又月行本道, 所距黃道度分, 亦有定法. 是以一在定朔, 一在定望, 當食必食, 多寡先後, 上下千百世可知也."

18) 『新法算書』 卷64, 「交食曆指」 卷1, "或問, 日月薄蝕, 是災變乎非災變乎. 若言是者, 則躔度有常, 上下百千萬年, 如視掌耳, 豈人世之吉凶, 亦可以籌算窮也. 若言否者, 則古聖賢戒懼脩省, 又復何說."

생기게 된다. 하물며 초하루와 보름에는 두 빛이 왕성하고 길어 손실을 봄이 매우 크다고 하겠다. 이것을 일러 무형(無形)의 재(災)라고 하니 〈일월식을〉 재(災)가 아니라고 할 수는 없다.[19]

일월식이 수한이나 황충처럼 물질적인 피해를 직접 주지는 않지만, 만물이 해와 달로부터 빛을 받아 생장하므로 해와 달이 빛을 잃으면 만물이 빛을 받지 못하게 되고 생장에 손실이 있게 되므로 일월식 또한 재이라는 설명이었다. 일월식의 규칙성은 인정하면서도 전통적인 일월식 재이설은 지키는 절충안이었다고 하겠다. 요컨대 일월식은 군주의 수덕행정(修德行政)과 무관하며 '당식(當食)'은 '필식(必食)'하지만, 해와 달이 빛을 잃으면 만물이 빛을 받을 수 없게 되므로 재이라는 것이었다. 그래서 일월식은 '상(常) 중의 변(變)'이 되는 것이었다.[20]

한편 조선에서는 17세기 후반~18세기 초반 시헌력이 학습·시행되는 과정에서 『서양신법역서』가 널리 읽혔다.[21] 김석주(金錫胄, 1634~1684), 김만중(金萬重, 1637~1692), 최석정(崔錫鼎, 1646~1715) 등이 『서양신법역서』를 읽었을 것으로 보이는 대표적인 인물들이다. 그러나 이들의 이해가 얼마나 깊었는지는 알 수 없다. 훗날 서호수는 황윤석(黃胤錫, 1729~1791)과의 대화에서 서양 천문학에 대해 근세 김석주와 최석정이 다른 사람에 비해 유식(有識)했지만, 원리를 규명하지 못하여 억지로 이해했을 뿐이라고 평가하기도 했다.[22]

---

19) 『新法算書』 卷64, 「交食曆指」 卷1, "日災與變不同, 災與災, 變與變, 又各不同, 如水旱蟲蝗之屬, 傷害民物者, 災也, 日月薄蝕, 無患害可指, 然以理揆之, 日爲萬光之原, 是生暄燠, 月爲夜光之首, 是生濕潤. 大圜之中, 惟是二曜相資相濟, 以生萬有, 若能施之體受其蔽虧, 卽所施之物, 成其闕陷矣. 況一朔一望, 兩光盛長, 受損之勢, 將愈甚焉. 是謂無形之災, 不可謂非災也."

20) 『新法算書』 卷64, 「交食歷指」 卷1, "日食既者, 乃至晝晦星見, 嘻, 其甚矣. 是則, 常中之變, 不可謂非變也."

21) 전용훈, 「조선후기 서양 천문학과 전통천문학의 갈등과 융화」, 서울대학교 대학원 과학사 및 과학철학 협동과정 박사학위논문, 2004, 49~61쪽.

22) 『頤齋亂藁』 卷8, 丙戌年(영조 42, 1766) 3月 15日(甲申), "余曰, 近世宰相中 如金淸城崔相國集

'일월식은 군주의 수덕행정(修德行政) 여하에 좌우된다'라는 관념은 조선에 서양 천문학이 유입된 이후에도 오랫동안 유지되었다. 시헌력 도입 과정에서는 『일전역지(日躔曆指)』, 『일전표(日躔表)』, 『월리역지(月離曆指)』, 『월리표(月離表)』와 같은 역서(曆書) 작성에 필요한 기술적 지식이 집중적으로 학습되었고,[23] 일월식론을 포함하여 재이에 관한 문제는 큰 관심의 대상이 아니었다.

이미 시헌력이 시행된 이후인 현종 7년(1646) 6월 18일(정묘) 홍문관 응교 이민서(李敏敍, 1633~1688), 부교리 이단하(李端夏, 1625~1689), 부수찬 유명윤(兪命胤, 1629~1669)은 같은 달 초하루에 있었던 일식에[24] 대해 다음과 같은 차자를 올렸다.

> 해는 모든 양의 으뜸이고 군주의 상(象)입니다. 흐려 보이지 않거나 요상한 무리가 끼는 것으로 국사(國事)의 길흉과 군도(君道)의 득실(得失)을 징험(徵驗)할 수가 있습니다. 그리고 해의 변이 중에는 박식(薄蝕)보다 큰 것이 없고 천인(天人)의 사이에서 간절한[丁寧] 것이니 일식이 일어날 때마다 반드시 기록해 그 허물을 드러냈습니다. 대개 모두 쇠약하고 혼란한 시절에 출현했고 그 상(象)은 음(陰)이 성하고 양(陽)이 미약하며 재앙과 패망이 장차 일어날 조짐입니다. 그러므로 『시경』에서는 "일식이 매우 추악하구나. 지금의 백성은 또한 매우 애달프구나"라고 했고,[25] 주자(朱子)는 전(傳)에서 "군주가 덕을 닦아 바른 정치를 행하고, 현재(賢才)를 등용하고 간신(奸臣)을 제거하여 양(陽)이 왕성하여 음(陰)을 이기고, 음(陰)이 쇠하여 양(陽)을 침해하지 못하면, 해와 달의 운행이 비록 혹 당식(當食)이라도 달이 항상 해를 피하니, 그러므로 마땅히 일어나야 하는 식이라도 일어나지 않는다.

中, 有及西曆說話, 亦太畧矣. 正彦笑曰, 此二相, 比他人有識, 而但未能窺到源頭, 直是强解耳."

23) 전용훈, 앞의 글, 2004, 20쪽, 주44 참고.

24) 『承政院日記』 195冊, 顯宗 7年 6月 1日(庚戌), "日出時, 日色赤. 申時酉時, 日食."

25) 『詩經』, 小雅祈父, 十月之交, 280~281쪽, "十月之交朔日辛卯, 日有食之, 亦孔之醜. 彼月而微, 此日而微, 今此下民, 亦孔之哀. 日月告凶, 不用其行, 四國無政, 不用其良. 彼月而食, 則維其常, 此日而食, 于何不臧."

만약 나라에 정치가 없고 선인(善人)이 쓰이지 않고 신자(臣子)가 군부(君父)를 배반하고, 첩부(妾婦)가 지아비를 거역하고, 소인(小人)이 군자(君子)를 능멸하고, 이적(夷狄)이 중국(中國)을 침략하면 음(陰)이 성하고 양(陽)이 약해져, 마땅히 일어나야 하는 식은 반드시 일어나니, 비록 운행에 상도(常度)가 있다고 해도 이것은 실로 비상한 재변이 되는 것이다"라고 했습니다.[26]

이민서, 이단하, 유명윤 등이 서양 천문학을 학습했는지는 모르겠지만 시헌력이 시행된 이후라 해도 조정에서는 주희의 논의, 즉 일월식은 군주의 수덕행정(修德行政) 여하에 따라 일어날 수도 있고 일어나지 않을 수도 있다는 게 '정론(正論)'이었다.

특히, 국왕에게는 이러한 관념을 끊임없이 주입했다. 다음 숙종 6년(1680) 10월 14일(기해) 경연의 대화를 보자.

'일식' 구절에 이르렀다.

송시열 : 상께서는 일식의 이치에 대해 아십니까?

숙　종 : 경(卿)이 자세히 진달하여 과인의 몽매함을 가르쳐라.

시열이 일식의 법에 대해 자못 자세히 진달했다.

임　영 : … 해는 양이고 달은 음입니다. 양이 왕성하여 음이 피하면 또한 식하지 않습니다.

송시열 : 이것이 이른바 당식불식이라는 것입니다. 군주가 덕을 닦아 양을 왕성하게 하고 음을 미약하게 하면 마땅히 일어나야 하는 식이라도

26) 『承政院日記』 195冊, 顯宗 7年 6月 18日(丁卯), "應教李敏敍, 副校理李端夏, 副修撰兪命胤等箚曰, 伏以日者, 衆陽之宗, 人君之象. 告痾祲暈, 皆可以徵國事之吉凶, 驗君道之得失, 而日變之中, 無如薄食之大缺, 丁寧於天人之際, 每食必書, 以著其災咎, 蓋皆出於衰亂之世, 而其象, 爲陰盛陽微, 禍敗將作之兆. 故詩曰, 日有食之, 亦孔之醜, 今此下民, 亦孔之哀. 朱子傳之曰, 王者, 修德行政, 用賢去奸, 能使陽盛, 足以勝陰, 陰衰不能侵陽, 則日月之行, 雖或當食而月常避日, 故當食而不食. 若國無政, 不用善, 使臣子背君父, 妾婦乘其夫, 小人凌君子, 夷狄侵中國, 則陰盛陽微, 當食必食, 雖曰行有常度, 而實爲非常之變矣." ; 『詩傳』, 小雅, 祈父之什, 281쪽, '十月之交'의 註.

일어나지 않습니다. 그러므로 일식에는 비록 상법(常法)이 있다고 하지만 쇠약하고 어지러운 시절에는 일식이 매우 많았습니다. 교식(交食)의 법은 역가(曆家)가 추산하여 미리 알 수 있지만, 역관(曆官)으로 하여금 탑전(榻前)에서 추산하게 하여 살펴본다면 아실 수 있을 겁니다.

임 영 : 역가(曆家)는 다만 가정하여 계산한 것을 가지고 올 뿐 진실로 교식(交食)의 이치는 알지 못합니다. 그 이치는 『시전』 시월시교의 주(註)에 상세히 나와 있습니다. 상께서 만약 그 글귀를 자세히 보시고 의문 나는 것을 제신(諸臣)에게 하문하시면 그 대강을 알 수 있을 겁니다.[27)]

이날 숙종은 사현전(思賢殿)에서[28)] 영중추부사 송시열(宋時烈, 1607~1689), 시독관 임영(林泳, 1649~1696), 검토관 홍만종(洪萬鍾, 1637~1688), 승지 홍만용(洪萬容, 1631~1692)과 함께 '강목사중(綱目四中)',[29)] 즉 『자치통감강목(資治通鑑綱目)』 권4의 '중(中)'을 읽었다. 여기에 '계묘년(기원전 138) 9월 그믐에 일식이 있었다'라는 짧은 기사가 있는데, 아마도 숙종과 경연관은 이 구절에 이르러 위와 같은 대화를 나누었던 것 같다.[30)]

송시열과 임영은 『시경』 '시월지교'의 주희의 주석을 근거로 설명했지만, 언뜻 일월식의 규칙성마저 부정하는 듯하다. 역가는 끝내 교식의 이치를

---

27) 『滄溪集』 卷18, 「經筵錄」, 庚申(1680), 10月 14日, 17ㄱ~ㄴ(159책, 411쪽), "至日食. 時烈曰, 上知日食之理乎. 上曰, 卿宜仔細陳之, 以誨寡昧. 時烈陳日食之法頗詳. 泳曰, … 日陽月陰, 陽盛陰避則亦不食矣. 時烈曰, 此所謂當食不食者也. 人君修德, 使陽盛而陰微, 則當食不食. 故日食雖有常法, 而衰亂之世, 日食每多也, 交食之法, 曆家推算預知, 若使曆官布算於榻前而下覽則可知之矣. 泳曰, 曆家只依假令布算出來, 實未知交食之理. 其理則詩傳十月之交註, 詳言之. 自上若詳考其文, 有疑則下詢諸臣, 可知其大綱也."

28) 『承政院日記』 279冊, 肅宗 6年 10月 14日(己亥), "巳時, 上御思賢閣." 같은 날 『承政院日記』의 기사로 보아 思賢殿이란 慶熙宮 思賢閣인 듯하다.

29) 『滄溪集』 卷18, 「經筵錄」, 庚申(1680), 10月 14日, 13ㄴ(159책, 409쪽), "十月十四日. 召對思賢殿. 領府事宋時烈侍讀官泳檢討官洪萬鍾承旨洪萬容, 史官三人入侍. 進講綱目四中."

30) 『資治通鑑綱目』 卷4, 中, 癸卯(10책, 260쪽), "九月, 晦, 日食." ; 『承政院日記』 279冊, 肅宗 6年 10月 14日(己亥), "侍讀官林泳進講綱目漢武帝紀, 自二年冬, 淮南來朝, 止九月晦日食, 音一遍."

알지 못한다고 하는 게 마치 교식의 법은 알 수 없는 것이라고 하는 것처럼 읽힌다. 아무튼 일월식에 규칙성이 있든 없든 군주는 덕을 닦아 온갖 양을 왕성하게 하고 모든 음을 미약하게 해야 한다는 게 그들의 지론이었다.

그런데 18세기 이후 서양 천문학을 학습한 몇몇 지식인은 이러한 논의에 문제를 제기하기 시작했다. 가령, 이익(李瀷, 1681~1763)은 일식이 경전에 등장하기 시작한 것은 중강(仲康) 때부터라고 했다. 즉, 『서경(書經)』 하서(夏書)에는 일식이 일어나면 "고(瞽)는 북을 치고, 색(嗇)은 말을 달리고, 서인(庶人)은 분주히 달린다"라고 되어 있는데,[31] 그는 이것을 하늘의 재변을 보고 군주와 신하, 위아래가 불안하여 분주히 다니며 경고한 것이라고 풀이했다. 그러면서 만일 이것을 일식을 중지시키기 위한 예절이라고 한다면 이는 속임수라고 했다. '마땅히 일어나야 하는 식이 일어나지 않았나' 혹은 '마땅히 일어나지 말아야 하는 식이 일어났다'라는 등의 말은 역법(曆法)이 발달하지 못한 시기에나 있었지 성인(聖人)의 정치는 아니라는 게 이익의 설명이었다.[32]

그리고 이익은 서양 천문학의 우수성을 인정하면서 '당식불식'을 인정하지 않았다.

> 십수 년 전에 역관(譯官) 모씨가 북경에 갔다가 돌아오면서 서양인 탕약망이 지은 『일월식추보(日月蝕推步)』 한 책을 사다 주었다. 그 사람은 죽은 지 이미 오래되었다. 하지만 그의 계산 방식을 가지고 이전에 발생했던 일월식을 추산(推算)해 보면 맞지 않는 것이 없고, 향후의 일월식을 추산함에도 그가 죽은 지 40여 년이 된 지금까지도 이미 정해진 계산 방식이 있어

31) 『書經』 夏書, 第4章, 胤征, "惟時羲和, 顚覆厥德, 沈亂于酒, 畔官離次, 俶擾天紀, 遐棄厥司, 乃季秋月朔, 辰弗集于房. 瞽奏鼓, 嗇夫馳, 庶人走, 羲和尸厥官, 罔聞知, 昏迷于天象, 以干先王之誅. 政典曰, 先時者, 殺無赦, 不及時者, 殺無赦."

32) 『星湖僿說』 卷2, 天地門, '日蝕', 13ㄱ(1책, 37쪽-『(국역)성호사설』, 민족문화추진회, 1977의 책수와 원문 쪽수. 이하 같음), "日蝕之見於經, 自仲康始. 所謂瞽奏鼓嗇夫馳庶人走者, 恐只是目見上天之有變, 君臣上下, 不自遑寧, 奔走警告之意. 若曰有救止之禮, 幾於誣矣. 意者, 古時曆術猶有未精, 人疑其有當蝕不蝕, 不當蝕亦蝕之例, 於是有此說, 似非聖人之政也."

> 명료하지 않은 것이 없으니 그 정밀함이 이 정도이다. 고금의 역사책에 실려 있는 "마땅히 일어나야 하는 식이 일어나지 않았다", 혹은 "마땅히 일어나지 말아야 하는 식이 일어났다", 혹은 "그믐이 되었는데 먼저 식이 있었다"라고 하는 것은 모두 음양(陰陽)의 성쇠(盛衰)로써 점을 친 것으로, 지금 생각해보면 천문을 관장하는 관원이 직무를 제대로 수행하지 못하여 생긴 것이고, 천문에 대하여 아는 사람이 보면 어찌 크게 웃지 않겠는가.[33]

이익은 아담 샬의 계산법이 정밀하고 그에 따른 일월식 계산이 정확하다는 사실을 인정했다. 그러면서 "마땅히 일어나야 하는 식이 일어나지 않았다", 혹은 "마땅히 일어나지 말아야 하는 식이 일어났다", 혹은 "그믐이 되었는데 먼저 식이 있었다"라는 등의 논의는 모두 계산의 부정확함에서 연유한 것이라고 했다. 군주가 정치를 잘하건 못하건 일월식은 정해진 법칙에 따라 일어난다는 것이 이익의 생각이었다.

그렇다고 일월식 재이설을 완전히 폐기한 것도 아니었다. 홍대용(洪大容, 1731~1783)은 일월식이 인간 사회의 치란(治亂)과는 무관하지만, 일월식을 당하면 군주는 마땅히 수성(修省)해야 한다고 했다. "지극한 정치의 시절에는 마땅한 일식이 과연 일어나지 않을 수도 있는가"라는 질문에 "음양에 얽매이고 의리에 빠져 천도를 살피지 못한 것은 선유의 잘못"이라면서 "달이 해를 가리면 일식이 되고 지구가 달을 가리면 월식이 되는데 경도와 위도가 같고 삼계(三界)-일계(日界)·월계(月界)·지계(地界)-가 일직선에 놓이면 서로 가려져서 식이 된다. 〈이것이〉 그 운행의 규칙이다"라고 했다. 그래서 일월식은 "지계의 치란과는 관계가 없다"고 했다.[34]

---

33) 『星湖全集』 卷43, 雜著, 「日月蝕辨」, 19ㄴ(199책, 280쪽), "往在十數年前, 譯官某赴京回, 買西洋人湯若望所著日月蝕推步一書以獻, 其人死骨朽已久矣. 而推之於前, 無不驗, 引之於後, 又從今四十餘年, 已有定籌, 莫不昭晰, 其精微至此. 古今史策所載, 或當蝕不蝕, 或不當蝕亦蝕, 或晦而先蝕, 皆以陰陽盛衰爲占, 到今思之, 莫非疇人之失職, 使知者見之, 豈非大可笑耶."

34) 『湛軒書』 內集, 卷4, 補遺, 「毉山問答」, 27ㄴ(248책, 95쪽), "虛子曰, 日蝕者陰抗陽也, 月蝕者

그렇다고 수성(修省)이 필요 없다는 것은 아니었다.

> 비록 그러하나 해가 지고 밤이 되는 것은 역시 해의 변(變)이다. 낮에 처하는 도(道)로써 밤에 처한다면 어지럽게 된다. 일식이 변이가 되는 것도 또한 이와 같으니, 변이를 당해 수성(修省)하는 것은 인사(人事)의 당연함이다.[35]

홍대용의 논의는 '군주의 수덕행정(修德行政) 여하와 관계없이 당식(當食)은 필식(必食)하지만, 해와 달이 빛을 잃으면 만물이 빛을 받을 수 없게 되므로 재이이다'라고 한 서광계의 설명과 유사하다. 일월식의 규칙성을 강조하면서도 전통적인 일월식 재이설을 폐기하지 않는 절충적인 논의였다고 하겠다.

일월식 재이설을 폐기한 것은 아니지만, 이것을 인간 사회의 치란(治亂)과 무관하다고 보는 시각은 보수적인 주자학자들의 반발을 사기에 충분했다. 예컨대 이헌경(李獻慶, 1719~1791)은 "일월식에는 상도(常度)가 있지만, 인사(人事)를 아래에서 얻으면 마땅히 일어나야 하는 일식도 일어나지 않을 수 있고, 인사를 아래에서 얻지 못하면 마땅히 일어나야 하는 일식은 반드시 일어난다"라는 선유(先儒)의 논의에 동의했다. 나아가 당식불식을 관측자의 오류이자 식이 본래 일어날 때가 아니었음을 알지 못했던 것뿐이라고 일축하는 마테오 리치(利瑪竇 : Matteo Ricci, 1552~1610) 이후의 서양 일월식설을 외우고 신봉하는 선비들의 태도를 비판했다.[36]

陽抗陰也, 至治之世, 當食而不食, 果有其理歟. 實翁曰, 拘於陰陽, 泥於理義, 不察天道, 先儒之過也. 夫月掩日而日爲之蝕, 地掩月而月爲之蝕, 經緯同度, 三界參直, 互掩爲蝕, 其行之常也. 日食於地界而地食於月界, 月食於地界而日食於月界, 此三界之常度, 不係於地界之治亂."

35) 『湛軒書』 內集, 卷4, 補遺, 「毉山問答」, 27ㄴ(248책, 95쪽), "雖然, 日沒而爲夜, 亦日之變也, 以處晝之道, 處夜則亂矣. 日食之爲變, 亦猶是也, 處變修省, 人事之當然也."

36) 『艮翁集』 卷21, 辨, 「日食辨」, 23ㄱ(234책, 446쪽), "先儒謂日月之食, 皆有常度, 然人事得於下則或當食不食, 人事不得於下則當食必食. 惟西洋國利瑪竇之說, 以爲食有常度, 雖堯舜在上, 不能使當食不食. 所謂當食不食云者, 盖推步者誤, 不知其本不當食耳. 其書余未之見, 而今世

낙론계로서 천문학에 조예가 깊었던 양응수(楊應秀, 1700~1767)도[37] 당식불식 문제만큼은 주희의 정론을 고수했다. 우선, 일월식을 계산해서 예측할 수 있다는 것도 대략적으로만 알 수 있을 뿐 역가(曆家)의 계산이 언제나 완벽히 정확한 것은 아니라고 했다.[38] 그리고 일월식 계산이 근세에 이를수록 더 정밀해진 것은 맞지만 당식(當食)이 필식(必食)하는 것은 오히려 우려할 일이라고 했다. 그러면서 지금 천하를 차지한 사람들이 일월식의 정확한 예측을 보통의 일로 여기고 놀라거나 두려워하지 않아 걱정이라고 했다.[39] 그가 이를 걱정이라고 한 이유는 주희의 정론 때문이었다. 요컨대 일월식에 일정한 법칙이 있는 것은 맞지만 군주가 '수덕행정(修德行政)'하여 양이 성하고 음이 약하면 마땅히 일어나야 하는 식이라도 일어나지 않는 법인데, 일월식이 계산하여 예측한 대로 일어난다는 것은 결국 군주의 수덕행정(修德行政)이 없고 음이 성하고 양이 약하다는 뜻이 되므로 이를 두려워하고 근심해야 한다는 것이었다.[40]

이들은 군주가 일월식을 두려워하지 않게 되는 상황을 우려했을 것이다.

之士, 誦其說如此, 靡然信嚮之, 而先儒之論廢, 余甚痛焉."

37) 『白水集』 卷6, 說, 「渾天圖說」, 1ㄱ~7ㄱ(속77책, 149~152쪽) ; 同 卷8, 辨, 「朞三百解」, 14ㄱ~18ㄱ(속77책, 193~195쪽).

38) 『白水集』 卷11, 雜著, 「讀語類問答」, 19ㄴ(속77책, 259쪽), "問, 自古以日月之蝕爲災異, 如今曆家, 却自預先筭得是, 如何. 曰, 只大約可筭, 亦自有不合處, 有曆家以爲當食而不食者, 有以爲不當食而食者."

39) 『白水集』 卷11, 雜著, 「讀語類問答」, 19ㄴ~20ㄱ(속77책, 259쪽), "問, 朱子時, 有曆家以爲當食而不食者, 有以爲不當食而食者, 近世曆家, 預先數得日月之食, 而其言必驗, 豈今之數法, 視古爲精故耶. 曰, 數法則固視昔爲精, 然其當食而必食者, 是誠爲大可憂者, 而今之有天下者, 乃視若尋常, 而莫或驚惕, 良可歎也."

40) 『白水集』 卷11, 雜著, 「讀語類問答」, 20ㄱ~ㄴ(속77책, 259쪽), "曰敢問何謂也. 曰, 詩之十月之交篇首章註不云乎. 日月之合, 東西同度, 南北同道, 則月揜日而日爲之食, 望而日月之對, 同度同道, 則月亢日而月爲之食, 是皆有常度矣. 然王者修德行政, 用賢去奸, 能使陽盛, 足以勝陰, 陰衰不能侵陽, 則日月之行, 雖或當食而月常避日, 故其遲速高下, 必有參差, 而不正相合, 不正相對者, 所以當食而不食也. 若國無政不用善, 使臣子背君父, 妾婦乘其夫, 小人陵君子, 夷狄侵中國, 則陰盛陽微, 當食必食, 雖曰行有常度, 而實爲非常之變矣. 由是觀之, 其當食而不食者, 以王者能修德行政, 用賢退奸也, 當食而必食者, 以國無政不用善也, 此正人主惕慮憂勤處也."

재이에 소극적일 수밖에 없는 군주로서는 '상도인 재이'라는 관념을 선뜻 이해하기가 쉽지 않았을 것이고 서양 천문학이 유행하게 되면 그 거부감은 더욱 커질 수밖에 없었다. 실제로 영조 13년(1737) 11월 12일(을축) 석강(夕講)에서는 다음과 같은 대화가 오갔다.

정익하 : 경서(經書)에 일식이 36번 있으니 재이의 많음은 예부터 그러했습니다. 해와 달의 운행에는 반드시 상도(常度)가 있고 서로 모이는 때가 있어 반드시 서로 식하는 도(道)가 있습니다. 진실로 역산에 정밀한 자가 아니라면 어떻게 그 미묘한 이치를 알겠습니까?

영　조 : 이것은 해와 달의 큰 법이다.

정익하 : 만약 상도(常度)가 있어 식할 때가 있다고만 하면 진실로 변이(變異)는 아닙니다. 그러나 부자(夫子)가 매번 식을 반드시 쓴 까닭은 군주로 하여금 두려워하게 하려는 것이니 미재(弭災)의 방도를 가히 알 수 있습니다.

영　조 : 소주(小註)는 견강부회인 듯하다.

정익하 : 그렇지 않습니다. 해는 모든 양의 으뜸이고 인군(人君)의 표상입니다. 진실로 첩부(妾婦)가 지아비를 거역하고, 신자(臣子)가 군주를 배반하는 변(變)이 있으면 하늘이 반드시 상(象)을 드리우고 일식의 재이가 있게 됩니다. 하늘이 이미 상(象)을 드리웠는데도 군주가 두려워할 줄 모르면 그 나라에 위태로움이 예로부터 드물지가 않았습니다.

영　조 : 그렇다. 하지만 끝내는 견강부회에 가까운 듯하다.

정익하 : 비록 견강부회라고 하지만 군주는 공구수성하지 않을 수 없습니다.

영　조 : 옛사람이 '당식불식(當食不食)'이라는 말을 했는데 해와 달의 운행에서 박식(薄蝕)할 때라도 공구수성하면 어떻게 반드시 식할 것도 식하지 않는다고 하는 것이냐?

조현명 : 옥당의 말이 진실로 좋습니다. 선유(先儒)의 말이 설령 견강부회일지라도 상께서는 마땅히 두려워하며 수성(修省)하셔야 합니다.

영 조 : 그렇다. 비록 소주(小註)는 아니더라도 군주가 어찌 두려워하며 수성(修省)하지 않을 수 있겠는가.[41]

이날 창덕궁(昌德宮) 희정당(熙政堂)에서 열린 석강에는 황해수사(黃海水使) 이수신(李守身, 1685~?)과 함께 지사 조현명(趙顯命, 1691~1752), 특진관 이수항(李壽沆, 1685~1746), 참찬관 조상명(趙尙命, 1687~?), 검토관 정익하(鄭益河, 1688~?)·정이검(鄭履儉, 1695~1754) 등이 참석했다.[42] 정익하는 위의 대화를 나누기 전에 제2권의 '삼년춘왕이월기사일유식지(三年春王二月己巳日有食之)' 구절에서 '차설필유소수의(此說必有所受矣)' 구절까지 읽었다고 한다.[43] 이를 통해 이날 강독한 교재가 『춘추호씨전(春秋胡氏傳)』이었다는 사실을 알 수 있다.

『춘추호씨전』의 노(魯) 은공(隱公) 3년(기원전 720) '봄 주왕(周王) 2월 기사에 일식이 있었다'라는 기사에는 다음과 같은 주(註)가 붙어 있다. "경서(經書)[=『춘추』]에 일식(日食)이 36건 있는데, 벌써 천여 년이나 지나 정밀하게 계산하는 자라야 능히 살필 수 있다. 그 운행에는 일정한 규칙[常度]이 있다. 그러나 식(食)할 때마다 반드시 기록한 것은 후세에 역수(歷[曆]數)를[44] 다스

41) 『承政院日記』 862冊, 英祖 13年 11月 12日(乙丑), "益河起伏曰, 經書日食者三十有六, 則災異之多, 古亦然矣. 日月之行, 必有常度, 而有時相會, 則必有相蝕之道矣. 苟非精曆算者, 則何以知其微妙之理乎. 上曰, 此乃日月之大法也. 益河曰, 若以常度, 而有時乎食焉, 則實非變異, 而夫子之所以每食必書者, 欲使爲人君者, 惕然警懼, 知所以弭災之方也. 上曰, 小註近於附會矣. 益河曰, 不然矣. 日者, 衆陽之宗, 人君之表, 苟有妾婦乘夫, 臣子背君之變, 則天必垂象, 而有日食之災矣. 天旣垂象, 而爲人辟者, 不知畏懼, 則其國不危者, 自古罕有矣. 上曰, 然矣, 而終近於附會矣. 益河曰, 雖曰附會, 而爲人君者, 不可不恐懼修省也. 上曰, 古人有當食不食之言, 而日月之行, 或有相薄之時, 則雖或恐懼修省, 何可必其不食乎. 顯命曰, 玉堂之言, 誠好矣. 先儒之言設或附會, 而自上所當戒懼存省也. 上曰, 然矣. 雖非小註, 爲君者, 豈可不爲畏懼而存省乎."

42) 『承政院日記』 862冊, 英祖 13年 11月 12日(乙丑), "丁巳十一月十二日申時, 上御熙政堂, 夕講. 黃海水使李守身同爲入侍時, 知事趙顯命, 特進官李壽沆, 參贊官趙尙命, 檢討官鄭益河·鄭履儉, 假注書李師祚, 記事官朴成玉·李宗迪, 黃海水使李守身入侍."

43) 『承政院日記』 862冊, 英祖 13年 11月 12日(乙丑), "益河自第二卷三年春王二月己巳日有食之, 讀至此說必有所受矣. 上亦讀一遍."

려 때를 밝히는 법을 보이려고 한 것이었다. 일정한 규칙이 있으니 '재(災)'일 뿐 '이(異)'는 아니다. 그러나 매번 식(食)할 때마다 반드시 기록한 것은 후세에 재이를 만나 두려워하는 뜻을 보이려고 한 것이었다. 해는 모든 양(陽)의 우두머리이자 인군의 표상(表象)이니, 해가 '식(食)'을 당하는 것은 재구(災咎)의 상(象)이다. 하늘의 경계를 삼가면 비록 그 상(象)이 있더라도 그 보응(報應)은 없을 것이다. 그런데 하늘을 두려워하지 않으면 재구(災咎)가 반드시 이를 것이다. 대개 경서에 기록한 것은 혹 첩부(妾婦)가 그 지아비를 거스르거나, 신자(臣子)가 군부(君父)를 배반하거나, 정권(政權)이 신하(臣下)에게 있거나, 이적(夷狄)이 중국(中國)을 침범하는 등 모두 양이 미약하고 음이 강성했던 증거이다. 이러한 까닭으로 '시월지교(十月之交)'에서 시인(詩人)이 이를 지적한 것이다. 해가 식(食)하면 『춘추』에 반드시 기록했으니 인군이 천상(天象)을 소홀히 여겨서는 안 된다는 것을 경계하는 것이다"라는 주석이다.[45] 이는 물론 호안국(胡安國, 1074~1138)이 단 것이고, 영조가 시종 견강부회 같다고 한 소주(小註)가 바로 이것이다.

견강부회 같다는 영조의 지적은 상도(常度)인 일월식이 어떻게 재이일 수 있냐는 근본적인 물음에서 나온 것이었다. 하지만 영조 또한 군주의 '우재수성(遇災修省)'에 대해서는 원론적으로 동의했기 때문에 논쟁은 더 확대되지 않았다. '상도인 재이'라는 개념은 애초부터 모순이고, 군주는 언제나 그 모순에 대해 의문을 제기할 수 있었는데, 여기에 서양 천문학이 유행하여 일월식은 상도이므로 재이가 아니라는 설이 굳어지면 공구수성을 요청할 수 있는 기제를 잃게 되므로 보수적인 주자학자는 우려하지 않을

44) 『周易』 革卦, "象曰, 澤中有火, 革. 君子以治歷明時."

45) 『春秋胡氏傳』 卷1, 魯隱公 上(27쪽-디지털 장서각 청구기호 K1-138의 쪽수), "春王二月己巳, 日有食之【經書日食三十六, 去之千有餘歲, 而精歷算者所能考也. 其行有常度矣. 然每食必書, 示後世治歷明時之法也. 有常度, 則災而非異矣. 然每食必書, 示後世遇災而懼之意也. 日者, 衆陽之宗, 人君之表, 而有食之, 災咎象也. 克謹天戒, 則雖有其象而無其應, 弗克畏天, 災咎之來必矣. 凡經所書者, 或妾婦乘其夫, 或臣子背君父, 或政權在臣下, 或夷狄侵中國, 皆陽微陰盛之證也. 是故十月之交, 詩人以刺. 日有食之, 春秋必書, 以戒人君不可忽天象也】… 夏四月辛卯, 尹氏卒【尹氏, 天子大夫, 世執朝權, 爲周階亂. … 公羊子此說, 必有所受矣】"

수가 없었다.

19세기 중·후반까지 일월식에 대한 과학적인 이해는 더욱 깊어졌다. 하지만 그럴수록 그 반대의 논의 또한 강하게 일었다. 그리고 양자를 절충한 논의도 등장했는데, 일월식이 군주의 정치에 따라 일어나는 현상은 아니지만 그럼에도 중요한 재이라는 논리였다.

서양 천문학의 우수성을 인정했던 남병철(南秉哲, 1817~1863)은 역사적으로 일월식을 중시한 까닭은 군주의 수성(修省) 때문이지, 이것은 규칙적인 현상이므로 재이가 될 수 없다고 했다. 일식이란 달이 해를 가리는 현상이라고 하면서, 해는 군도(君道)이고 달은 신도(臣道)이며, 일식은 음이 양을 침범하고 신하가 군주를 침범하는 형상으로 재변 중에서도 큰 것이라고 했다.[46] 역대로 일식을 중요하게 여긴 이유는 군주의 '우재수덕(遇災修德)' 때문이라고 했다. 천변(天變)을 중시한 것은 군주의 경계(警戒) 때문이었다는 것이다.[47] 그렇지만 일월식은 분명 계산을 통해 알 수 있고, 해와 달의 운행에는 영원히 변하지 않는 일정한 궤도가 있어 일식은 재이가 될 수 없다는 게 그의 결론이었다.[48]

그렇지만 이와 같은 남병철의 의견에 동의하지 않는 관인·유자도 적지 않았다. 헌종 12년(1846) 1월 23일(기묘) 소대(召對)에서 당식불식에 관한 논의가 있었다. 예문관 대교 홍순목(洪淳穆, 1816~1884)은 우선 주희의 정론을 폈다. 요컨대 군주가 수덕행정(修德行政)하면 양(陽)이 음(陰)을 이기므로 해와 달의 운행에서 달이 항상 해를 피하므로 반드시 차이가 생기고 마땅한 식이라도 일어나지 않는다는 것이었다. 그러므로 식(食)과 불식(不食)은

46) 『圭齋遺藁』 卷6, 讀書私記, 「詩(日有食之)」, 3ㄱ(316책, 647쪽), "日食者, 月體掩日也. 日君道, 月臣道, 陰侵陽, 臣侵君之象, 天變之大者也."

47) 『圭齋遺藁』 卷6, 讀書私記, 「詩(日有食之)」, 3ㄴ(316책, 647쪽), "人君者, 位貴居尊, 恐其志移心易, 故聖人因其變常而作爲勸戒, 使之敬天加惕, 遇災修德, 伐鼓用幣之儀, 貶膳去樂之數, 皆所以重天變而警人君者."

48) 『圭齋遺藁』 卷6, 讀書私記, 「詩(日有食之)」, 3ㄴ~4ㄱ(316책, 647쪽), "後世之爲算學者, 以交緯定入交之淺深, 以兩徑定食分之多寡, 以實行定虧復之遲速, 以升度定方位之偏近, 以地度東西定加時之早晩, … 日月之行, 有其常度, 終古不變, 日食非爲災也."

역가(曆家)의 정해진 수라고만 말할 수 없고, 군주는 두려워하며 경외해야 한다는 것이었다.[49] 그러자 헌종은 여기에 의문을 제기했다.

헌　종 : 마땅한 식이라도 일어나지 않을 수 있는가?

홍순목 : 이것은 곧 주자의 말로 『시전』의 주에 있습니다.

헌　종 : 과연 주자의 말이지만 마땅한 식이라도 일어나지 않을 때가 있느냐?

홍순목 : 주자의 말로 『시경』 시월지교 장 아래의 주에 보입니다.

남병철 : 주자의 말은 과연 그러합니다. 그러나 역가(曆家)의 말로써 보면, 일식은 달이 해를 가리는 것이고 월식은 땅(지구)이 달을 가리는 것으로 식과 불식에는 모두 정해진 수가 있어 마땅히 일어나야 하는 식이라도 일어나지 않을 수 있다는 말은 추보의 착오인 듯하며 인사(人事)와는 무관합니다. 그러나 군주가 박식(薄蝕)의 재이를 만나 주인(疇人)의 방법만을 오로지 믿고 공구수성(恐懼修省)하는 뜻이 없으면 그 폐단이 반드시 하늘을 두려워하지 않는 데 이르게 되니 주자가 마땅한 식이라도 달이 항상 해를 피한다는 말을 한 것입니다. 그리고 송조(宋朝)에서는 일식이 마땅한 식분에 일어나지 않으면 하례(賀禮)를 칭하자는 의논이 있었는데 그 하례를 칭하는 것은 불가하다고 부필(富弼)이 힘써 말했습니다. 그러나 이 또한 식(食)과 불식(不食)은 군주의 정령에 관계가 있다는 뜻을 가히 볼 수 있습니다.

김기찬 : 이 일의 유무는 지난 일에서 구해 보면 정확히 알 수가 없습니다. 그리고 주자가 이와 같이 설명한 것은 반드시 이와 같은 일이 있어서 그랬던 것은 아닌 듯합니다.[50]

---

49) 『承政院日記』 2,446冊, 憲宗 12年 1月 23日(己卯), “淳穆曰, 許琮疏言, 日月蝕列之災異, 不可以常數而忽之, 所以答天譴開言路爲之先, 此誠至論也. 朱子曰, 王者修德行政, 能使陽盛足以勝陰, 則日月之行, 雖或當食, 而月常避日, 故必有參差而不食. 由是觀之, 其所食與不食, 固不可專諉以曆家定數, 而豈非人君恐懼敬畏, 以圖消弭者哉.”

50) 『承政院日記』 2,446冊, 憲宗 12年 1月 23日(己卯), “上曰, 當食而不食乎. 淳穆曰, 此卽朱夫子之言, 而在詩傳註矣. 上曰, 此果朱子之言, 而有當食不食之時乎. 敦永曰, 朱子之言, 見於詩經

남병철은 단지 주희가 군주에게 공구수성을 요청하기 위해 당식이라도 불식할 수 있다고 말한 것일 뿐 일월식은 인사와는 무관하다고 했다. 반면에 홍순목은 『시경』 '시월지교'를 근거로 주희의 논의를 지지했고, 시독관 김기찬(金基纘, 1809~?)은 유보하는 태도를 보였다. 위의 대화에 볼 수 있듯이, 일월식은 군주 수성(修省)의 기제로서 여전히 중요한 재이였고, 주희의 당식불식론 역시 여전히 지배적인 정론이었다.

한편 성호학파 중에서도 다소 보수적이었던 허전(許傳, 1797~1886)은 헌종 5년(1839)에 지은 「재이설(災異說)」에서 '액회(厄會)'라는 개념을 활용해서 재이를 설명했다.[51] 이것은 일종의 절충적인 견해였다. 아마도 당시에 재이의 변증이 명확하지 않아 천변(天變)은 두려워할 것이 못 된다는 설(說)이 유행했던 것 같다. 허전은 이러한 설명은 세속의 학자가 이치를 잘 모르고서 하는 견강부회가 지나친 말이라고 했다. 그는 재이를 두려워하지 않게 된 이유를 『한서』 「오행지」 때문이라고 하면서 재이와 응험을 일일이 대응시키는 모사모응적인 해석 때문에 재이를 두려워하지 않게 된 것이라고 했다. 이런 해석 중에는 증험할 수 없는 것이 많아 이 때문에 어리석은 군주가 이치를 살피지 않고 재이를 만나도 성찰하지 않고 두려워하지 않게 된 것이라고 했다.[52]

허전은 재이란 하늘과 땅 사이에서 비뚤어진 운수(運數)이자 한 기수(氣數)

十月之交章下註矣. 秉哲曰, 朱夫子之言, 果如是, 而若以曆家之言觀之, 日食, 月掩日也, 月食, 地揜月也, 其食與不食, 皆有定數, 則當食而不食, 似是推步之差誤, 而無關於人事者, 然人君遇薄蝕之災, 專信疇人之術, 而無恐懼修省之意, 則其弊必至於不畏于天, 故朱子, 有當食而月常避之之言, 而宋朝, 以日食不至所當食之分, 有議稱賀者, 其稱賀之不可, 富弼力言之, 然此亦以食與不食, 爲有關於人君政令之意, 可見矣. 基纘曰, 此事有無, 求之往古, 未能的知, 而朱子之如是爲說者, 似或非必有是事而然也."

51) 『性齋集』, 附錄, 卷2, 「年譜」, 8ㄴ~9ㄱ(309책, 106~107쪽), "五年己亥先生四十三歲, 作壽考恩居堂重修上樑文. 堂在漣川, 眉叟先生舊宅, 著天地辨災異說象緯考."; 구만옥, 『조선후기 성호학파의 자연학』, 혜안, 2023, 423~431쪽.

52) 『性齋集』 卷10, 雜著, 「災異說」, 9ㄱ~ㄴ(308쪽, 217쪽), "災異之辨不明, 而天變不足畏之說出焉. 此由俗士不察於理, 而妄爲傅會之過也. 如漢書五行志, 一一以某事應某事, 而間有不驗者, 則昏君闇主, 又不察於理, 而雖遇災恬然無恐懼之心, 可勝歎哉."

의 액회(厄會)라고 했다. 인간은 삼재(三才)의 하나이기 때문에 천지의 액회가 곧 인간의 액회라고 했다. 그리고 성인(聖人)의 시절에도 수한(水旱)의 재이는 있었는데, 그렇다고 성인의 인덕(仁德)이 부족해서 그러했던 것이 아니고, 이것이 재이가 되고 안 되고는 군주의 수성(修省)에 달려 있다고 했다. 즉, 재이는 천지의 액회이므로 성인의 시절을 포함하여 언제든 닥칠 수 있는데, 수성(修省)을 잘하여 대처하면 재이는 재이가 되지 않는다는 의미였다. 덕을 바르게 하고 이용후생(利用厚生)의 정사를 펼치는 것이 관건이었다.53)

재이 중에서는 일월식이 가장 중요하다고 했다. 당시에는 천문학의 발달로 일월식을 '당연한 천도(天度)'로 간주하는 경향이 커지고 있었다. 허전은 '상(常)'과 '비상(非常)'을 활용해서 여기에 대응했다. 일월식은 규칙적이긴 하나 드물게 일어난다. 그래서 일월식이 없는 게 '상'이고, 일어나는 게 '비상'이라고 했다. 그리고 비상은 곧 재변으로서 천지의 액회라고 했다.54) 즉, 일월식이 규칙적인 현상이더라도 액회를 만나면 수성(修省)을 통해 액회를 해소해야 한다는 것이었다.

허전은 이익의 '액회' 개념을 응용해 당시로서는 절충적이면서도 대안적 설명을 펼친 것이라고 할 수 있다. 일월식이 치란(治亂)과는 무관하게 상도(常度)에 의해서만 발생한다는 사실을 인정하면서도, 일월식을 포함한 재이는 기수(氣數)의 액운이므로 군주는 마땅히 수성(修省)해야 한다는 설명이었다. 이로써 일월식의 규칙성과 군주의 수성을 포괄적으로 담아낼 수 있었다.

그러나 이러한 허전의 절충적인 설명이 광범위하게 수용되지는 않았다.

---

53) 『性齋集』 卷10, 雜著, 「災異說」, 9ㄴ~10ㄱ(308쪽, 217쪽), "夫災異者, 天地乖沴之運, 而卽一氣數之厄會. 人爲三才, 則天地之厄會, 乃人之厄會. 故聖人之時, 未嘗無災, 堯湯之水旱是耳. 堯湯豈有失德而致水旱, 水旱又豈能爲堯湯之災也哉. 前乎水旱而有時雍徯穌之樂, 後乎水旱而無捐瘠籲哀之患. 此無他, 未遇災而盡修省, 旣遇災而益修省也, 修省者何也, 凡正德利用厚生之政, 皆擧之矣, 故災不爲災."

54) 『性齋集』 卷10, 雜著, 「災異說」, 10ㄱ(308쪽, 217쪽), "蓋天之變常, 莫大於日月薄蝕. 而近世曆家有預先推步之術, 故人或疑其天度之當然. 然其不蝕時多而食時少, 則多者常而少者非常也, 非常則變也. 日月蝕詳見天地辨下, 向所云天地之厄會是也."

이항로(李恒老, 1792~1868)의 문인으로 보수적인 경학관(經學觀)을 지녔던 김평묵(金平默, 1819~1891)은[55] 고종 원년(1864)에 지은 「시설(詩說)」에서 서양 천문학에 따른 일월식론을 피사(詖辭), 즉 한쪽만 보고 다른 한쪽은 보지 못한 논의라고 비판하면서 주희의 정론만을 인정했다. 이러한 속유(俗儒)의 논의나 이단(異端)의 설은, 이치를 보지 못한 것은 아니지만, 한쪽에 치우쳐 다른 한쪽은 보지 못한 것으로 정사(政事)를 해치고 사람의 마음을 어지럽히는, 군자가 싫어하는 말이라고 했다.[56]

그는 일월식이 상도(常度)라는 점은 주희가 서양인[西胡] 보다 먼저 지적했다고 하면서,[57] 주희의 정론을 지지했다.[58] 특히, 해와 달이 상도(常度)에 따라 운동하는 것은 천도(天道)의 자연스러운 운행이라면서도, 마땅히 일어나야 하는 식이 일어나지 않은 것은 성인이 참찬(參贊)한 효험이고, 마땅히 일어나야 하는 식이 일어난 것은 후천적인 노력을 하지 않고 선천적인 법칙에만 의지한 폐해라고 했다.[59] 서양인의 견해는 이미 주희가 통찰한 것이고, 서양인은 일월식의 '상도'라는 한쪽 면만 보았지만, 주희는 전체를 보았다면서 여기에는 조금의 넘침이나 부족함도 없다고 했다. 그래서 이것이 성현의 법언(法言)이 된다는 것이었다.[60]

---

55) 금장태, 「중암 김평묵(重菴 金平默)에서 경학과 경세론의 연관적 인식」, 『태동고전연구』 27, 2011, 5~10쪽.

56) 『重菴集』, 文集, 卷39, 雜著, 「詩說下甲子」, 43ㄱ~ㄴ(320책, 111쪽), "基朋讀十月之交. 翁曰, 所惡於俗儒之論, 異端之說者, 非謂其全然無見於理也, 但所見拘於一偏, 而蔽於一偏耳, 偏見所發, 是謂詖辭. 害其政事, 陷其人心, 是故, 君子惡之."

57) 『重菴集』, 文集, 卷39, 雜著, 「詩說下甲子」, 43ㄴ(320책, 111쪽), "吾應之曰, 是其有常度, 朱子已言之於十月之交矣, 何待西胡之說而知之."

58) 『重菴集』, 文集, 卷39, 雜著, 「詩說下甲子」, 43ㄴ~44ㄱ(320책, 111쪽), "但朱子之言, 又曰, 王者修德行政, 用賢去奸, 能使陽足以勝陰, 陰不能侵陽, 則日月之行, 雖或當食, 而月常避日, 所以不食也. 若國無政而不用善, 臣子背君父, 妾婦乘其夫, 小人陵君子, 夷狄侵中國, 則陰盛陽微, 當食必食, 雖曰行有常度而實爲非常之變矣."

59) 『重菴集』, 文集, 卷39, 雜著, 「詩說下甲子」, 44ㄱ(320책, 111쪽), "當食而避者, 聖人參贊之效也, 當食而必食者, 後天廢而獨任先天之害也."

60) 『重菴集』, 文集, 卷39, 雜著, 「詩說下甲子」, 44ㄱ(320책, 111쪽), "嗚呼, 洋人之言, 朱子之所已見也, 朱子之言, 洋人之所未見也. 洋人非無見於理, 特所見者一偏耳, 朱子則見其全而無滲漏,

한편 고종 14년(1877) 8월 허유(許愈, 1833~1904), 곽종석(郭鍾錫, 1846~1919), 김진호(金鎭祜, 1847~1924) 등 세 명이 지리산을 유람하면서 나눈 아래의 대화에서도 당식불식론에 관한 이 무렵 지식인의 생각을 엿볼 수 있다.[61)]

또 일식에 대해 논하였다.

나(허유) : 역가(曆家)는 마땅히 일어나야 하는 식은 반드시 일어난다고 하는데 주자 또한 '당식'을 말하였다. 혹은 『시전(詩傳)』 시월장의 전(傳)은 주자 초년의 미정(未定)의 논의라고 하는데 이 설은 어떠한가?

곽종석 : 일식에는 진실로 상도(常度)가 있지만, 만약 그 '상도(常度)가 있다'라는 것으로써 이를 일러 재이가 아니라고[匪眚] 하거나 '당식(當食)은 필식(必食)한다'라고 하거나 또 '주자가 처음에는 천문을 살피지 못해 그런 것이다'라고 한다면 이는 큰 잘못이다. 만약 재이가 아니라면 『시경(詩經)』의 '매우 추악하구나. 이번 일식은 어디에 잘못이 있어서인가'라는 구절은 속이는 말이 되고 『춘추(春秋)』에 일식을 반드시 기록한 것도 단지 〈일식이〉 많아서 쓴 것일 뿐인 게 된다. …

김진호 : 이미 상도(常度)가 있는데 성인(聖人)이 위에 있다고 한들 어찌 하늘의 상도(常度)를 옮기거나 바꿀 수 있겠는가?

곽종석 : 조화로운 기운이 아래에서 충만하면 재이는 날마다 위에서 없어지니 이것을 바로 인정승천(人定勝天)이라고[62)] 하는 것이다.

所以爲聖賢之法言也, 曾謂朱子之所見而孔子顧不達耶."

61) 1877년 이진상, 허유, 김진호, 곽종석 등이 참여한 지리산 산행은 강우학계의 학자들이 학문적으로 결속하는 계기가 되었다고 한다. 권오영, 「19세기 강우학계(江右學界)와 김진호(金鎭祜)의 학문 활동」, 『남명학연구』 21, 2006, 17쪽.

62) 곽종석은 '아래의 和氣가 위의 재이를 없애는' 이치를 人定勝天이라고 했다. '사람의 노력으로 하늘을 이길 수 있다' 정도의 뜻으로, 여기에서는 '人事를 닦아 災異를 없앨 수 있다'라는 의미로 사용되었다. 『史記』 「伍子胥列傳」의 '사람이 많으면 하늘을 이기기도 하지만, 하늘의 뜻이 정해지면 역시 사람을 능히 이긴다[人衆者勝天, 天定亦能破人]'라는 구절을 훗날 北宋의 蘇軾이 '사람이 많으면 하늘을 이기고, 하늘이 정해지면 또한

나(허유) : 곽종석의 말이 옳은 듯하다. 우리 유자(儒者)가 오직 역가(曆家)의 말만 좇는다면 왕형공(王荊公)[王安石]의 '일식은 두려워할 만하지 않다'라는 말은 괴이할 것이 없고, 송(宋) 휘종(徽宗)의 '일식에는 정해진 수가 있으므로 재이가 되지 못한다'라는 조서도 진실로 옳게 된다. 그렇다면 어찌 형공에게 죄를 주고 휘종을 책망할 수 있겠는가? 이설(異說)이 왕도정치를 해함이 너무 심하지 않은가?[63]

김진호는 일월식에는 이미 상도(常度)가 있는데 성인인들 어떻게 하늘의 상도(常度)를 옮길 수 있겠냐는 의견이었고, 허유와 곽종석은 시대가 변해도 주희의 정론을 고수해야 한다는 의견이었다.

곽종석은 훗날 허유에게 다시 편지를 보내 주희의 정론을 재차 강조했다. 일식에는 상도가 있으므로 재이가 아니라고 하거나 주희가 천문학을 제대로 이해하지 못했다고 하는 비판은 너무나도 맞지 않는 말이라는 것이었다. 주요 근거는 역시 『시경』과 『춘추』였다. 성현이 아무런 까닭도 없이 기록하지는 않았을 것이란 이유였다.[64] 또 '역가(曆家)가 계산할 수 있다'라는 것도 '대체로 가능하다'라는 의미이지 맞지 않는 부분도 있다고 했다.[65]

사람을 이긴다[申包胥曰, 人衆者勝天, 天定亦勝人]'라고 원용하면서[『蘇氏詩集傳』 卷1, 祈父之什] '人定亦能勝天'이 나온 것으로 알려져 있다. 그리고 『詩傳』, 小雅, 祈父之什, 正月, "瞻彼中林, 侯薪侯蒸, 民今方殆, 視天夢夢, 旣克有定, 靡人弗勝, 有皇上帝伊誰云憎"의 傳에서도 "申包胥曰, 人衆則勝天, 天定亦能勝人"이라고 인용했다.

63) 『后山集』 續, 卷5, 雜著, 「頭流錄」, 32ㄴ~33ㄱ(경상대학교 문천각 古(아천) D3B 허67ㅎ v.1-2(續)), "又論日食. 余以爲曆家謂當食必食, 朱子亦謂當食, 而或以詩十月章集傳, 爲朱子初年未定之論, 此說何如. 鳴遠曰, 日食固有常度, 然若以其有常度, 而謂之匪眚, 謂之當食必食, 又以爲朱子之始, 未察於天文, 則大有所不然者. 如其匪眚, 則詩所謂亦孔之醜, 吁何不臧, 適足爲讆辭. 而春秋之每食必書, 亦只是多事而已, … 致受曰, 旣有常度, 則雖聖人在上, 安能移易得天之常度, 鳴遠曰, 和氣充滿於下則災沴日消於上, 此正人定勝天處. 余曰, 鳴遠說, 恐得之. 吾儒若專主曆家之見, 則王荊公不足畏之說無足怪, 而宋徽宗定數不足爲災之詔, 固其宜也. 安可以是罪荊公而責徽宗也, 異說之害王政, 不其甚歟."

64) 『俛宇集』 卷17, 書, 「答許后山」, 18ㄴ(340책, 346쪽), "日蝕之自有常度, 晩醒之說固然, 而若以其有常度而謂之匪眚, 謂之當食必食, 又以爲朱子之未察於天文, 則太有所不然矣. 苟其匪眚, 詩所謂亦孔之醜吁何不臧者, 適足爲讆辭而已, 春秋之每食必書者, 亦只是多事而已."

그는 '옛사람은 역법을 몰라 일월식을 재이로 여겼다'라는 근래의 논의는 북송 대 휘종(徽宗)의 조서와 같은 것이라면서,[66] 주희가 천문학을 제대로 이해하지 못한 게 아니라고 거듭 강조했다.[67]

허유, 곽종석, 김진호는 모두 영남 남인 이진상(李震相, 1818~1886)의 제자였다.[68] 다만 김진호는 이진상의 문하에 들어가기 전에 허전을 통해 이익·황덕길을 사숙(私淑)하고 근기 실학의 학풍을 이어받은 것으로 보인다.[69] 아마도 이러한 학문 배경에서 위와 같은 의견 차이가 있었던 것이 아닌가 한다.

조선후기 서양 천문학의 수용으로 일월식론에 적잖은 변화가 일어났다. 기존의 지배적인 담론이었던 주희의 일월식론은 18세기 이후 서양 천문학을 학습한 일부 지식인에 의해 재고되었다. 일월식은 규칙적인 현상이므로 인사(人事)와는 무관하다는 것이었다. 그러나 보수적인 주자학자들은 이러한 논의에 우려를 표했고, 조선 조정에서도 19세기 후반까지 주희의 설을 정설로 고수했다. 일부 지식인은 일월식은 규칙적인 현상으로 인사와는 무관하지만, 그래도 해나 달이 무언가에 가려지면 이것으로써 재이가 되니

---

65) 『俛宇集』 卷17, 書, 「答許后山」, 19ㄱ(340책, 347쪽), "如今曆家却自預先算得是如何, 曰只大約可筭, 亦自有不合處."

66) 『宋朝大詔令集』 卷155, 「正陽之月日有蝕之御筆手詔」, 宣和元年三月二十三日, "日月行黃道, 及其相掩, 人下而望, 有南北仰側之異, 故謂之蝕. 月假日光, 行於日所不燭, 亦以爲蝕. 日月之光, 蓋未始虧, 人望而然. 古之人以曆推步, 先期而定, 實數之常. 然日爲陽, 人君象也. 爲陰所掩, 不可不戒. 故伐鼓於社, 嗇夫馳, 庶人走, 以財成其道, 輔相其宜. 今史有言, 正陽之月, 日有蝕之. 朕欽明天道, 若古之訓, 罔敢怠廢. 可令尚書省詳具前後故實, 取旨施行, 布告中外, 咸使知之." 北宋 宣和 원년(1119) 3월 23일 徽宗의 조칙에 따르면, 天道를 본받아야 하는 황제로서 오랜 교훈을 업신여기거나 폐지할 수 없다고 했다. 일식의 원리도 알고 계산하여 예측할 수도 있지만 해는 군주의 상징이므로 儀式만은 그대로 한다는 의미였다. 주희도 이 휘종의 조서에는 원론적으로 동의했다. 야마다 케이지 지음(김석근 옮김), 앞의 책, 1991, 233쪽 참고.

67) 『俛宇集』 卷17, 書, 「答許后山」, 19ㄱ(340책, 347쪽), "朱子之於天文, 果有所未察者乎. 昔宋徽宗因日食下詔曰此定數不足爲災, 古人皆不曉曆法, 止此 不意醒丈今日之論, 與彼絶類也."

68) 권오영, 『조선후기 유림의 사상과 활동』, 돌베개, 2003, 438쪽 ; 홍원식, 「한주 이진상의 성리설과 그 계승」, 『퇴계학과 유교문화』 38, 2006, 193쪽.

69) 권오영, 앞의 글, 2006, 14쪽.

군주는 수성하지 않을 수 없다는 절충적인 논의를 펼치기도 했다. 그러나 19세기 후반까지도 동어반복적인 논쟁만이 거듭되었고, 사실상 뚜렷한 결론이 나지 않은 채 20세기를 맞이하게 되었다.

2. 『문헌비고(文獻備考)』「상위고(象緯考)」의 '신·구(新·舊)' 재이론

1) 영조 대 「동국상위고(東國象緯考)」의 재이 범주 재편과 서호수(徐浩修)의 실증적(實證的) 재이론

주지하듯 「동국상위고(東國象緯考)」는 『동국문헌비고』 13고(考) 중에서 가장 먼저 완성되었다. 영조 45년(1769) 12월 24일(임신) 영조는 『동국문헌비고』의 편찬을 지시했고,[70] 이듬해 정월 편집청의 설치를 계기로 본격적인 편찬이 시작되었다.[71] 그리고 5개월 만인 같은 해 윤5월 16일(신유) 「동국상위고」가 완성되었고,[72] 3개월 뒤인 8월 5일(무인)에 『동국문헌비고』 100권 40책이 최종 간행되었다.[73]

강역지(疆域誌) 성격의 『여지편람(輿地便覽)』을 편찬하는 사업이 문물예악

70) 『英祖實錄』 卷113, 45年 12月 24日(壬申), "命刊東國文獻備考. 其書凡例, 悉倣文獻通考, 而只蒐輯我朝事. 選文學之臣, 以領之晝夜董役." 다만 이때는 『東國文獻備考』의 서명이 확정되기 전이었다. '輿地便覽'과 '疆域志'에서 출발하였다가 서명이 편독되었다는 영조의 지적으로 '海東文獻便考', '海東文獻便覽', '海東文獻', '海東通典', '東國通典' 등이 후보로 제시되었고, 영조 46년(1770) 3월 5일(임오)에서야 '東國文獻備考'로 확정되었다. 그리고 영조 45년(1769) 12월 24일의 실록 기사에는 최종적으로 확정된 서명을 적어 넣은 것이다. 이상의 논의는 朴仁鎬, 『朝鮮後期 歷史地理學 硏究』, 以會文化社, 1996, 31쪽 ; 玉永晸, 「『東國文獻備考』에 대한 書誌的 고찰」, 『震檀學報』 104, 2007, 233~234쪽 참고.

71) 『英祖實錄』 卷127, 行狀, "四十六年庚寅春正月, 設編輯廳, 纂文獻備考."

72) 『英祖實錄』 卷114, 46年 閏5月 16日(辛酉), "文獻備考象緯考成. 上親受崇政殿, 賞編輯堂郎有差. 上以備考之成, 基於申景濬疆域志, 特命加資."

73) 『英祖實錄』 卷115, 46年 8月 5日(戊寅), "編輯廳堂郎, 陪進新刊東國文獻備考四十卷, 上御崇政殿月臺, 降階親受之, 監印堂上洪名漢李潭竝加資, 餘各賞賚有差."

(文物禮樂)의 전반을 포괄하는 종합적인 회통서(會通書)의 편찬 사업으로 확대되어 『동국문헌비고』가 탄생했다.[74] 이때 전범(典範)으로 거론된 문헌이 원(元) 대 마단림(馬端臨, 1245~1323)의 『문헌통고(文獻通考)』였다.[75] 『문헌통고』는 중국의 역대 전장(典章)·제도(制度)를 정리한 서적으로, 조선에서는 이미 16세기부터 자체 간행해 활용했다.[76]

『문헌통고』는 『동국문헌비고』의 편찬에서도 많이 참고되었는데, 그 목차는 『문헌통고』를 따르지 않았다. 영조는 『문헌통고』나 『통전(通典)』에서 전제(田制)와 전부(田賦)를 맨 앞에 둔 데에는 '땅이 있고 나서 나라가 있다'라는 뜻이 있기는 하나 「서명(西銘)」의 '건부곤모(乾父坤母)'에서 미루어 보면 「상위고」와 「여지고(輿地考)」가 마땅히 맨 앞에 와야 하고 종묘는 그다음에 와야 하며, 나라의 중(重)한 것은 제사[祀]와 군사[戎]이니 그다음에 군제가 와야 한다고 했다. 그러면서 『문헌통고』에서 상위고와 종묘의 제도를 뒤에 배치한 것은 본말이 도치된 것이라 했다.[77] 이렇게 해서 가장 먼저 편찬된 「동국상위고」가 목차에서도 맨 앞에 오게 되었다.

서호수가 『동국문헌비고』 편찬에 참여한 것은 영조 46년(1770) 1월 11일(기축) 경이다. 이때가 그의 나이 35세 무렵인데, 전년도 10월 강역지의 편찬을 위해 구성된 편집 낭청만으로는 『동국문헌비고』의 편찬이 버겁다는

---

74) 『增補文獻備考』 卷首, 「英祖朝御製東國文獻備考序」, 1ㄱ(上, 10쪽-영인본 『增補文獻備考』, 明文堂, 1981(再版)의 책수와 쪽수. 이하 같음), "海東文獻, 本自踈濶, 識者之歎, 盖已久矣. 初因疆域誌, 命纂輿地便覽, 聞其凡例, 近於文獻通考, 更命其名曰東國文獻備考, 所謂輿地, 卽其一事也." '輿地便覽'에서 '文獻備考'로 확대된 사연은 박인호, 앞의 책, 1996, 28~31쪽 참고.

75) 『英祖實錄』 卷127, 行狀, "國朝典章, 有金櫃石室, 藏之名山, 外此無徵, 凡祖宗禮樂文物, 老師宿儒, 莫或知其沿革, 六官庶職, 皆憑胥史傳說, 轉輾訛謬, 漸失其舊. 於是王令纂是書, 篇目一惟馬端臨之文獻通考, 而稍加檃括."

76) 玉永晸, 앞의 글, 2007, 231쪽, 주8.

77) 『增補文獻備考』 卷首, 「英祖朝御製東國文獻備考後序」, 2ㄱ(上, 11쪽), "今覽通典通考目錄, 田制田賦爲首, 此有土之後有國之意. 然西銘稱乾父坤母, 以此推之, 象緯考輿地考宜先, 宗廟次之. 國之所重, 在祀與戎, 其次軍制, 而通考象緯考宗廟之制在下, 予則曰, 本末倒置." 英祖의 '乾父坤母' 이념에 대해서는 박광용, 「『東國文獻備考』 편찬의 역사적 배경」, 『震檀學報』 104, 2007, 218~222쪽 참고.

홍봉한(洪鳳漢, 1713~1778)의 건의에 따라 홍용한(洪龍漢)·이득일(李得一)·조준(趙琰)·김종수(金鍾秀)·황간(黃榦) 등과 함께 추가로 낭청에 임명되면서 본격적으로 편찬에 투입되었다.[78] 영조 41년(1765) 식년 전시에서 장원으로 관직에 진출한 서호수는[79] 당시에 이미 부친 서명응과 더불어 천문·역산학 분야의 전문가로 유명했다.[80] 서호수는 이러한 전문성을 인정받아 편찬에 참여하게 된 것이라 볼 수 있다.

서명응-서호수-서유구(徐有榘, 1764~1845)로 이어지는 18·19세기 달성서씨의 가학(家學)에 관해서는 많은 연구가 있다.[81] 요컨대 서명응 가(家)의 학문은 북학(北學)과 서학(西學)의 영향을 받았으며 고증적(考證的)인 경향이 컸던 것으로 이해된다. 특히, 천문역산학과 농학(農學)·수리학(水利學) 등 자연학 분야에 학문적 관심을 갖고 서학을 적극적으로 수용했던 명말(明末)의 서광계와 학문의 영역이 겹치고, 고증학(考證學)적 연구를 추구했던 고염무(顧炎武, 1613~1682)와 학문의 태도가 유사하다는 평가이다. 이 점에서 서명응의 상수학(象數學), 서호수의 주비기하학(周髀幾何學)[수학]·천문역산학·율려학(律呂學), 서형수(徐瀅修, 1749~1824)의 경학(經學)은 달성서씨 가학의 학문적 진면목을 보여준다고 할 수 있다.[82] 뒤에서 살펴보겠지만,

---

78) 『承政院日記』 1,300冊, 英祖 46年 1月 11日(己丑). 편집청의 설치와 편집 당상과 낭청의 임명에 대해서는 박인호, 앞의 책, 1996, 48~53쪽 ; 옥영정, 앞의 글, 2007, 235~236쪽 참고.

79) 서호수의 생애와 활동에 대해서는 조창록, 「鶴山 徐浩修論」, 『民族文化』 31, 2008, 177~212쪽 참고.

80) 영조 대 말부터 최고의 천문역산 전문가로 인정받은 서호수는 정조 대 내내 정부 차원에서 이루어진 천문역산 활동을 주도했다. 이와 관련해서는 문중양, 「18세기 후반 조선 과학기술의 추이와 성격-정조대 정부 부문의 천문역산 활동을 중심으로-」, 『역사와 현실』 39, 2001, 199~231쪽 참고.

81) 曺蒼錄, 「조선조 開城의 학풍과 徐命膺 家의 학문」, 『大東文化硏究』 47, 2004, 193~220쪽 ; 박권수, 「서명응·서호수 부자의 과학활동과 사상-天文曆算 분야를 중심으로-」, 『韓國實學思想』 11, 2006, 109~125쪽 ; 한민섭, 「조선후기 家學의 한 국면-徐命膺 일가의 문학을 중심으로-」, 『한국실학연구』 14, 2007, 251~286쪽 ; 김문식, 「楓石 徐有榘의 학문적 배경」, 『震檀學報』 108, 2009, 1~19쪽 ; 한민섭, 「徐命膺 一家의 博學과 叢書·類書 編纂에 관한 硏究」, 高麗大學校 大學院 國語國文學科 博士學位論文, 2010, 18~33쪽.

이와 같은 서호수의 학문 성향은 「동국상위고」에서도 확인할 수 있다.

한편 『동국문헌비고』는 속전속결의 편찬으로도 유명하다. 공식적인 지시가 있고 나서 9개월 만에 간행이 이루어졌는데, 3~4개월의 인쇄 기간을 제외하면 실질적인 집필 기간은 5개월여에 불과하다. 이렇게 짧은 기간에 작업이 진행된 배경에는 영조의 지속적인 독려와 편찬에 대한 열의가 있었다. 영조는 편찬을 맡은 당상과 낭청을 자주 불러 작성한 내용을 함께 검토했다.[83] 서호수도 여러 차례 입시하여 집필 경과를 점검받았다.[84] 아마 영조의 독려와 짧은 편찬 기간은 서호수에게 부담으로 작용했을 것이다. 사실 서호수뿐 아니라 편찬에 참여한 모든 인원이 겪은 애로사항이었을 것이고, 『동국문헌비고』가 졸속으로 편찬되었다는 비판도 결국 이러한 현실적 제약에서 기인한 것이었다고 할 수 있다.[85]

「동국상위고」도 졸속 편찬이라는 비판을 면하지 못했다. 가령, 「동국상위고」를 구해 본 황윤석은 김돈(金墩), 김빈(金鑌), 정초(鄭招) 등 저명한 조선의 천문·역산가에 대한 내용이 소략하고, 백제 때 사용된 원가력(元嘉曆)은 남북사(南北史)에 보이는데 어째서 빠졌냐며 불만을 드러내기도 했다.[86]

이와 더불어 참고문헌의 부실도 난제로 작용했다. 특히, 재이 기사 작성에서 어려움이 있었던 것 같다. 서호수는 서문에서 박식(薄蝕)·능범(凌犯)·비류(飛流)의 따위는 『삼국사기(三國史記)』, 『고려사(高麗史)』 「천문지(天文志)」, 『관상감일록(觀象監日錄)』을 참고했다고 밝혔다.[87] 그런데 임진년 이전의

---

82) 구만옥, 「徐有本(1762~1822)의 학문관과 自然學 담론」, 『한국사연구』 166, 2014, 179쪽.

83) 박인호, 앞의 책, 1996, 34쪽 ; 옥영정, 앞의 글, 2007, 237쪽.

84) 『承政院日記』 1,301冊, 英祖 46年 2月 7日(甲寅) ; 2月 21日(戊辰) ; 4月 16日(癸亥) ; 5月 1日 (丁丑) ; 5月 9日(乙酉) ; 5月 15日(辛卯).

85) 박인호, 앞의 책, 1996, 38쪽.

86) 『頤齋亂藁』 卷15, 庚寅(1770) 7月 4日(戊申), "求見徐台之子, 承旨浩修, 編輯廳時, 所纂文獻備考, 第一第二第三第四象緯中草矣. 今日時得見之, 則其第一卷曰 … 如金墩金鑌鄭招蔣英實李恒福金堉金錫冑柳馨遠說, 亦略矣. … 則百濟之用元嘉新曆, 而載見南北史者, 又何闕焉."

87) 『增補文獻備考』 卷1, 「象緯考」 1, 1ㄴ(上, 17쪽), "若夫薄蝕凌犯飛流之屬, 三國有金富軾本紀, 高麗有鄭麟趾天文志, 本朝有觀象監日錄." 『觀象監日錄』은 관상감에서 일어난 일을 일기

일월식 기록은 참고할 서책이 없다는 게 문제였다.[88] 『시정기(時政記)』의 활용이 대안으로 제기됐으나 이 또한 여의치가 않아 실록을 직접 검토하는 것으로 최종 결론이 났다.[89] 서호수는 춘추관 관원과 함께 바로 강화도 사고(史庫)로 갔고, 열흘쯤 뒤에 돌아와 일식은 모두 베꼈으나 월식은 기록이 없어 베끼지 못했다며 경과를 보고했다.[90] 영조는 서명응과 함께 역대의 일식 기록을 함께 검토했고, 월식 기록은 빼도 좋다고 했다.[91] 이러한 연유로 「동국상위고」에서 월식은 빠지게 되었다. 아무튼 그 의례적 성격을 고려해 봤을 때 실록을 직접 열람하도록 허락한 것은 파격적인 조치가 아닐 수 없다.[92] 이러한 대목에서도 「동국상위고」의 편찬에 대한 영조의 열의를 읽을 수 있다. 이렇게 하여 서호수는 총 다섯 권의 「동국상위고」를 짓게 되었다.

의 형식으로 엮은 문헌으로 추정된다.

88) 『承政院日記』 1,303冊, 英祖 46年 4月 17日(甲子), "上曰, 壬辰以前日月蝕, 本考中, 無考書之道云, 然乎. 浩修曰, 厥文矣. 上命啓禧先退. 上曰, 日月蝕事, 亦添入乎. 命膺曰, 臣亦言及於浩修矣."

89) 『承政院日記』 1,303冊, 英祖 46年 4月 18日(乙丑), "上曰, 時政記, 亦載錄日月蝕乎. 致仁曰, 雖未見之, 似載錄矣. 上曰, 然則似易於相考矣. 致仁曰, 似未易矣. 上曰, 然則送春秋館堂郎考來, 似好矣. 致仁曰, 使象緯考郎廳徐浩修考來, 似好矣. 上命書傳敎曰, 日月蝕五星, 令春秋館堂郎, 詣江華史閣, 卽考以來, 付諸編輯廳史官, 旣承下敎, 下敎者考來後, 持而入侍. 編輯郎廳徐浩修, 付兼春秋, 使之同爲往來. 【出傳敎, 勿出朝報】 諸臣以次退出."; 『英祖實錄』 卷114, 46年(1770) 4月 19日(丙寅), "時上以國朝日月蝕, 無可考據, 命春秋館堂郎, 考出鼎足山城實錄."

90) 참고로 태조~경종 대까지 실록에서는 174건의 월식 기록이 확인된다. 한국천문연구원 웹사이트 고천문기록검색 활용.

91) 『承政院日記』 1,303冊, 英祖 46年 4月 28日(乙亥), "上詢吳鼎源曰, 日食皆爲謄來乎. 鼎源曰, 敬奉敎記來矣. 上曰, 月食亦謄來乎. 鼎源曰, 實錄不錄, 故月食則未得記來矣. 上命鼎源讀奏日食單子. 上曰, 日食每以朔日, 月食每以望日, 可怪矣. 上曰, 太宗朝, 日食多乎. 命膺曰, 世宗朝亦多矣, 而中廟朝日食, 可謂例事矣. 上曰, 然矣. … 上命徐浩修曰, 月食, 以文獻通考爲準, 逸之, 可也."

92) 「禮考」의 편찬에서도 실록이 활용되었던 것으로 보인다[김문식, 「동국문헌비고 '예고'의 자료적 특징」, 『震檀學報』 104, 2007, 270쪽]. 한편 『동국문헌비고』의 편찬에서 실록 자료의 이용은 없었을 것이라는 의견도 있었지만[鄭求福, 「『문헌비고』의 자료적 성격과 사학사적 의미」, 『震檀學報』 106, 2008, 175쪽], 적어도 「동국상위고」의 편찬에서는 분명 실록이 활용되었다.

「동국상위고」의 다섯 권 중에서 뒤의 세 권[권3~5]이 재이 기록을 정리한 부분이다. 전체적인 분량으로 봤을 때 3/5[5분의 3] 정도에 해당한다. 서호수는 재이 기록을 다시 14개의 항목으로 구분했다. 즉, ① 일식(日食), ② 월엄범오위(月掩犯五緯), ③ 오위엄범(五緯掩犯), ④ 오위합취(五緯合聚), ⑤ 오위엄범항성 상·하(五緯掩犯恒星 上·下), ⑥ 성주현(星晝見), ⑦ 객성(客星), ⑧ 혜패(彗孛), ⑨ 천변(天變), ⑩ 일월변(日月變), ⑪ 훈적(暈適), ⑫ 성변(星變), ⑬ 유운(流隕), ⑭ 운기(雲氣)이다.

이와 같은 구성은 「명사천문지(明史天文志)」를 따른 것이다. 다만, 첫 번째 항목인 일식에서 차이가 나는데, 『명사』에서는 일식을 본기(本紀) 기사에 적었기 때문에 「천문지」에 별도로 정리된 것이 없다. 이를 제외하면 둘의 항목 구성은 같다고 보아도 무방하다. 「동국상위고」의 재이 기록 현황은 다음의 〈표 7-1〉이 참고된다.

〈표 7-1〉 「동국상위고」의 재이 기록 현황

<table>
<tr><th colspan="2">「명사천문지」</th><th colspan="9">「동국상위고」</th></tr>
<tr><th rowspan="2">구분</th><th rowspan="2">항목</th><th rowspan="2">구분</th><th rowspan="2" colspan="2">항목</th><th colspan="6">재이 기록수</th></tr>
<tr><th>신라</th><th>고구려</th><th>백제</th><th>고려</th><th>조선</th><th>합계</th></tr>
<tr><td>-</td><td>-</td><td rowspan="5">권3</td><td colspan="2">① 日食</td><td>28</td><td>10</td><td>23</td><td>127</td><td>120</td><td>308</td></tr>
<tr><td rowspan="3">권26
천문2</td><td>① 月掩犯五緯</td><td colspan="2">② 月掩犯五緯</td><td>17</td><td>0</td><td>2</td><td>174</td><td>74</td><td>267</td></tr>
<tr><td>② 五緯掩犯</td><td colspan="2">③ 五緯掩犯</td><td>2</td><td>0</td><td>0</td><td>84</td><td>28</td><td>114</td></tr>
<tr><td>③ 五緯合聚</td><td colspan="2">④ 五緯合聚</td><td>1</td><td>1</td><td>0</td><td>132</td><td>17</td><td>151</td></tr>
<tr><td rowspan="11">권27
천문3</td><td rowspan="2">④ 五緯掩犯恒星</td><td rowspan="2">⑤</td><td>五緯掩犯恒星上</td><td>4</td><td>2</td><td>2</td><td>905</td><td>-</td><td>913</td></tr>
<tr><td rowspan="5">권4</td><td>五緯掩犯恒星下</td><td>-</td><td>-</td><td>-</td><td>-</td><td>193</td><td>193</td></tr>
<tr><td>⑤ 星晝見</td><td colspan="2">⑥ 星晝見</td><td>4</td><td>1</td><td>3</td><td>185</td><td>338</td><td>531</td></tr>
<tr><td>⑥ 客星</td><td colspan="2">⑦ 客星</td><td>5</td><td>2</td><td>1</td><td>18</td><td>20</td><td>46</td></tr>
<tr><td>⑦ 彗孛</td><td colspan="2">⑧ 彗孛</td><td>25</td><td>8</td><td>14</td><td>67</td><td>55</td><td>169</td></tr>
<tr><td>⑧ 天變</td><td colspan="2">⑨ 天變</td><td>4</td><td>0</td><td>1</td><td>4</td><td>15</td><td>24</td></tr>
<tr><td>⑨ 日變月變</td><td rowspan="5">권5</td><td colspan="2">⑩ 日月變</td><td>5</td><td>1</td><td>1</td><td>66</td><td>19</td><td>92</td></tr>
<tr><td>⑩ 暈適</td><td colspan="2">⑪ 暈適</td><td>5</td><td>0</td><td>2</td><td>92</td><td>204</td><td>303</td></tr>
<tr><td>⑪ 星變</td><td colspan="2">⑫ 星變</td><td>0</td><td>0</td><td>0</td><td>10</td><td>5</td><td>15</td></tr>
<tr><td>⑫ 流隕</td><td colspan="2">⑬ 流隕</td><td>29</td><td>3</td><td>5</td><td>103</td><td>64</td><td>204</td></tr>
<tr><td>⑬ 雲氣</td><td colspan="2">⑭ 雲氣</td><td>0</td><td>2</td><td>2</td><td>7</td><td>51</td><td>62</td></tr>
<tr><td></td><td></td><td>합계</td><td colspan="2"></td><td>129</td><td>30</td><td>56</td><td>1,974</td><td>1,203</td><td>3,392</td></tr>
</table>

「동국상위고」에 수록된 재이 기록은 총 3,392건이다. 수량이 가장 많은 현상은 권3과 권4에 상·하로 나뉘어 실린 '오위엄범항성'으로 모두 1,106건이다. '상'에는 신라·고구려·백제·고려의 것이, '하'에는 조선의 것이 실렸다. 오위엄범항성이란 오위, 즉 수·금·화·목·토의 오행성과 3원 28수의 항성 간의 엄(掩)·범(犯) 현상을 말한다. 서호수는 「명사천문지」를 인용해, 두 별의 경위도(經緯度) 도수(度數)가 같은 것을 '엄', 빛이 서로 닿는 것을 '범'이라고 했다.[93] 다음으로 많은 현상은 총 531건의 '성주현'이다. 성주현은 낮에 관측된 별에 관한 기록으로 대부분은 태백성[=금성]이 낮에 보인 경우를 말한다. 이 밖에도 308건의 일식 기록과 303건의 햇무리·달무리 기록도 많은 편에 속한다.

각 항목 안에서 재이 기록은 왕조별로 구분된다. 가령, 308건의 일식은 왕조별로, 신라 28건, 고구려 10건, 백제 23건, 고려 127건, 조선 120건으로 구분된다. 전체 재이 기록을 이렇게 왕조별로 구분해 보면 신라 129건, 고구려 30건, 백제 56건, 고려 1,974건, 조선 1,203건으로 집계된다. 고려시기의 기록이 전체의 58%로 가장 많고, 삼국시기의 기록은 삼국을 다 합해도[215건] 6%밖에 되지 않는다. 기록의 편차가 이렇게 벌어지게 된 데에는 무엇보다도 참고문헌에 원인이 있을 것이다. 『삼국사기』 재이 기록의 수가 『고려사』의 1/6밖에 되지 않고,[94] 또 『고려사』의 경우는 천문지가 별도로 작성되어 있기 때문에 서호수가 발췌하기에도 쉬웠을 것이다.

서호수는 언제 어떤 재이가 있었는지를 간략히 적었다.

> **(일식)** 조선 태조 2년(계유) 7월 갑진일 초하루, 일식이 구름이 껴 보이지 않았다. 6년(정축) 5월 임자일 초하루, 개기일식이 있었다.[95]

93) 『增補文獻備考』 卷6, 「象緯考」 6, 6ㄱ(上, 81쪽), "明天文志曰, 兩星經緯同度曰掩, 光相接曰犯, 亦曰凌."; 『明史』 卷26, 志2, 天文2(2책, 396쪽).

94) 『三國史記』에는 약 1,000건의, 그리고 『高麗史』에는 약 6,500건의 재이 기록이 있다[Park, Seong-rae, *Portents and Politics in Korean History*, Jimoondang, 1998, p.13].

95) 『增補文獻備考』 卷4, 「象緯考」 4, 5ㄴ(上, 59쪽), "本朝太祖二年癸酉七月甲辰朔, 日食陰雲不

(오위엄범항성 상) 고려 현종 4년 2월 을해, 형혹성이 동정을 범하였다. 4월 정묘, 형혹성이 적시를 범하였다. 5년 5월 신묘, 진성이 건폐를 범하였다. 7월 을해와 8월 경진에도 또한 이와 같았다. …[96)]

「동국상위고」의 재이 기록은 모두 이와 같은 방식으로 정리되어 있다. 먼저, 현상별·왕조별로 구분한 다음 재위한 왕대별로 기사를 구성했다. 그리고 하나의 재이 기사 안에서 해당 왕대에 일어난 재이가 재위년-월-일의 시기별로 구분되었다. 가령, '일식'에 보이는 조선 태조 대의 기사에는 2건의 일식 기록이 있다. 즉, 태조 2년 7월 초하루의 일식과 태조 6년 5월 초하루의 일식이다. 또 '오위엄범항성 상'에 보이는 고려 현종 대의 기사에는 5건의 오위엄범항성 기록이 있다. 즉, 현종 4년 2월 을해의 것과 같은 해 4월 정묘의 것, 5년 5월 신묘의 것, 같은 해 7월 을해와 8월 경진의 것이다.[97)] 이렇게 「동국상위고」에서는 재이를 14개의 항목과 왕조 순으로 분류한 다음 각 왕조의 왕대 순으로 구분하여 정리했고, 또 왕대별로 묶인 하나의 재이 기사 안에서는 여러 건의 재이를 재위 연-월-일의 시기별로 구분하여 정리했다.

서호수는 재이 현상에 간략한 설명을 덧붙이기도 했다. 가령, 혜성에 대해서는 「명사천문지」를 인용하여 "혜성의 광망은 해에 가까이 가 생기는 것이므로 저녁에 보이는 것은 반드시 동쪽을 가리키고, 새벽에 보이는 것은 반드시 서쪽을 가리킨다. 패성 또한 혜성의 종류인데 그 빛이 사방에서 나와 천문가는 그 재화(災禍)가 혜성보다도 심하다고 말한다"라고 했다.[98)]

見, 六年丁丑五月壬子朔, 日食既."

96) 『增補文獻備考』 卷5, 「象緯考」 5, 5ㄴ(上, 69쪽), "高麗顯宗四年二月乙亥, 熒惑犯東井. 四月丁卯熒惑掩積尸. 五年五月辛卯, 鎭星犯鍵閉. 七月乙亥八月庚辰亦如之. …"

97) 실제로는 27건의 재이 기록이 있으나 지면 관계상 축약하였다[『增補文獻備考』 卷5, 「象緯考」 5, 5ㄴ~6ㄱ(上, 69쪽)].

98) 『增補文獻備考』 卷6, 「象緯考」 6, 22ㄴ(上, 89쪽), "彗之光芒傅日而生, 故夕見者必東指, 晨見者必西指. 孛亦彗類, 其芒氣四出, 天文家言其災更甚於彗."

이 밖에도 일식, 오위엄범항성, 객성에 관한 짧은 설명이 확인된다.

「동국상위고」의 재이 기록에 투영된 서호수의 재이관(災異觀)은 다음의 세 가지 측면에서 엿볼 수 있다. 첫째, 서호수는 원사료에 적힌 재이를 자신의 자연학 지식에 기초하여 고쳐서 정리했다. 가령 월엄범오위 현상을 보자.

> (고려) 문종 7년 정월 신해일 달이 세성을 식(食)하다. [보][99] 『고려사(高麗史)』에는 '세성이 달에 들어갔다'라고 적혀 있다.[100]

서호수는 위 기사를 『고려사』「천문지」에서 옮겼다. 그런데 이만운이 정정했듯이 원사료에는 '세성(歲星)[목성]이 달에 들어갔다'라고 되어 있다.[101] 즉, 서호수는 원사료와는 달리 달과 세성의 상대 위치를 바꿔 적었고, 이만운은 본래 원사료에는 다르게 적혀 있다면서 주(註)를 달았다.

달과 오행성의 접근 현상 기록은 「동국상위고」에 모두 267건이 있다. 서호수는 이 모든 기록에서 달이 오행성을 엄 혹은 범한 것으로 적었다. 이 중에는 이만운의 지적처럼 원사료와는 달리 서호수가 의도적으로 바꾼 기록도 상당하다. 가령, 『삼국사기』에 실려 있는 19건의 기록은 전부 오행성이 달을 엄 또는 범한 것으로 되어 있는데,[102] 서호수는 이를 모두 달이 오행성을 엄 또는 범한 것으로 바꿔서 적었다. 참고로 현대의 물리적 상식으로 보면 지구와 오행성 사이로 달이 지나가는 것이기 때문에 서호수의 기록이 옳다.

서호수가 달과 오행성의 상대 위치를 바꿔서 적은 지적(知的) 배경에는 그의 서양 천문학 지식이 있다. 서호수가 「동국상위고」에서 정설로 제시한

---

99) '[補]' 부분은 정조 대 이만운이 증정한 내용이다.

100) 『增補文獻備考』 卷4, 「象緯考」 4, 11ㄱ(上, 62쪽), "(高麗文宗)七年正月辛亥, 月食歲星. [補, 高麗史作歲星入月.]"

101) 『高麗史』 卷47, 志2, 天文2, 文宗, "(七年正月)辛亥, 歲星入月."

102) 申瀅植, 『『三國史記』 研究』, 一潮閣, 1981, 195~196쪽.

우주구조론은 서양의 '십이중천설(十二重天說)'이다.[103] 십이중천설은 엠마뉴엘 디아즈(陽瑪諾 : Emmanuel Diaz, 1574~1659)의 『천문략(天問略)』에서 처음 소개된 유한우주론이다.[104] 그런데 실제로 수정 천구가 열두 겹으로 되어 있다고 생각한 것은 아니고, 각 겹이란 일월성신(日月星辰)의 운행 궤도라고 보았다.[105]

서호수는 십이중천 중에서 가장 밖에 있는 지정부동천(至靜不動天), 종동천(宗動天), 남북세차천(南北歲差天), 동서세차천(東西歲差天)은 논외로 하고, 다음은 3원 28수의 경성[항성]이 다니는 하늘이고, 다음은 전성(塡星, 토성)이 다니는 하늘이고, 다음은 세성이 다니는 하늘이고, 다음은 형혹성이 다니는 하늘이고, 다음은 태양이 다니는 하늘 즉 황도(黃道)이고, 다음은 태백성이 다니는 하늘이고, 다음은 진성(辰星, 수성)이 다니는 하늘이고, 마지막으로 가장 안쪽은 태음이 다니는 하늘 즉 백도(白道)라고 했다.[106]

서호수는 이러한 사실을 '제요지엄식(諸曜之掩食)'과 '행도지지질(行道之遲疾)'을 통해 알 수 있다고 했다.

> 대개 모든 엄식을 당하는 별은 반드시 위에 있고 엄식을 하는 별은 반드시 아래에 있다. 달이 햇빛을 가리면 일식이 되니 이것은 해는 멀고 달은 가깝다는

---

103) 문중양, 「『東國·增訂·增補文獻備考』「象緯考」의 편찬과 영정조대의 한국 천문학」, 『震檀學報』 106, 2008, 265쪽. 한편 徐命膺은 十二重天說을 비판적으로 수용하여 종교적 기능을 담당하는 重天들을 제외한 九重天說을 지지했으나[박권수, 「徐命膺(1716~1787)의 易學的 天文觀」, 『韓國科學史學會誌』 20-1, 1998, 65쪽], 서호수의 자연학은 기본적으로 서명응의 그것을 계승했다고 보아야 할 것이다. 「동국상위고」의 편찬에서도 서명응·서호수 부자의 긴밀한 논의과정이 있었을 것이다[박권수, 앞의 글, 1998, 74쪽].

104) 具萬玉, 앞의 책, 2004, 169쪽.

105) 『增補文獻備考』 卷1, 「象緯考」 1, 13ㄱ(上, 23쪽), "非天實有如許重數, 盖言日月星辰運轉於天, 各有所行之道."

106) 『增補文獻備考』 卷1, 「象緯考」 1, 13ㄱ~ㄴ(上, 23쪽), "十二重天最外者爲至靜不動天, 次爲宗動南北極赤道所由分也. 次爲南北歲差, 次爲東西歲差, 此二重天, 其動甚微, 曆家姑置之而不論焉. 次爲三垣二十八宿經星行焉, 次爲塡星所行, 次爲歲星所行, 次爲熒惑所行, 次則太陽所行黃道是也, 次爲太白所行, 次爲辰星所行, 最內者, 則太陰所行白道是也."

> 증거이다. 달이 오성을 엄식할 수 있고 달과 오성이 또 항성을 엄식할 수 있으니 이는 오성은 달보다 높고 항성보다는 낮다는 것이다. 오성이 또 서로 엄식할 수 있으니 이것은 오성에 각각 원근이 있는 것이다.[107]

요컨대 엄식을 하는 천체가 엄식을 당하는 천체보다 지구에서 더 가깝다는 것이었다. 그리고 행도지지질에 대해서는 종동천은 왼쪽으로 매우 빠르게 움직이므로[左旋] 종동천에 가까울수록 즉 지구에서 멀수록 별이 우이(右移)하는 속도는 느리고, 종동천에서 멀수록 즉 지구에서 가까울수록 우이하는 속도는 빠르다고 했다. 그래서 우이하는 속도가 가장 느린 항성이 지구에서 가장 멀리 떨어져 있는 것이고, 반대로 가장 빠른 달이 지구에서 가장 가까이 있는 것이라고 했다.[108]

이와 같은 우주구조론에서 '항성-토성-목성-화성-해-금성-수성-달-지구'의 순서가 세워졌고, 서호수는 달은 해와 오성과 항성을 엄 또는 식할 수 있지만 이것의 반대 현상은 일어날 수 없다고 본 것이다. 그래서 그는 오행성이 달을 엄 또는 범했다는 원사료의 기록을 모두 달이 오행성을 엄 또는 범한 것으로 바꿔서 적은 것이다. 그뿐만 아니라 오위엄범·오위합취·오위엄범항성의 항목에서도 원사료의 내용이 자신의 우주론적 지식과 비교해 틀린 것은 모두 바르게 고쳐서 옮겼다. 요컨대 서호수는 원사료에 적힌 재이를 자신의 자연학 지식에 따라 보정(補正)한 후 정리했다.

둘째, 서호수는 매일 빈번히 일어나는 현상은 재이에서 제외하거나 극히 소량만을 적었다. 『고려사』「천문지」에는 달에 관한 재이 현상으로 월식이

107) 『增補文獻備考』 卷1, 「象緯考」 1, 13ㄴ(上, 23쪽), "蓋凡爲所掩食者, 必在上, 而掩之食之者, 必在下. 月體能蔽日光, 而日爲之食, 是日遠月近之徵也. 月能掩食五星, 而月與五星又能掩食恒星, 是五星高於月, 而卑於恒星也. 五星又能互相掩食, 是五星各有遠近也."

108) 『增補文獻備考』 卷1, 「象緯考」 1, 13ㄴ(上, 23쪽), "宗動天者左旋速, 而右移之度遲, 漸遠宗動天, 則左旋較遲, 而右移之度轉速. 今右移之度, 惟恒星最遲, 土木次之, 火又次之, 日金水較速而月最速, 是又以次而近之證也." 서호수는 이러한 十二重天의 우주구조론에 관한 설명을 『曆象考成』에서 거의 그대로 옮겼다. 『曆象考成』 卷1, 天象, 1ㄱ~3ㄴ(790책, 2~3쪽-『(影印本)文淵閣四庫全書』, 臺灣商務印書館, 1988의 책수와 쪽수) 참고.

221건, 달과 오행성의 접근 현상이 242건, 달과 항성의 접근 현상이 835건, 기타 월변이 113건 있다.[109] 이 중에서 월식이 빠지게 된 사연은 앞에서 소개했고, 달과 오행성의 접근 현상은 242건 중에서 174건을 옮겼다. 그런데 가장 많은 달과 항성의 접근 현상이 「동국상위고」에는 단 한 건도 실려 있지 않다.

왜냐하면, 서호수가 달과 항성의 접근 현상을 의도적으로 제외했기 때문이다. 서호수는 위성[오위]이 황도의 안팎을 다니는 것과 항성이 황도에 가까운 것은 모두 필연적인 이치라고 했다. 또 별 사이의 능범은 모두 여기에서 일어나는 것으로, 별의 운행이 더디면 능범은 드물고 별의 운행이 빠르면 능범도 많아 그 규칙성[定]을 예측할 수가 있다고 했다. 이 점에서 규칙적이지 않은 혜성·유성과는 달랐다.[110]

그리고 달의 운행은 위성과 유사했다.

> 달은 〈황도의 안팎을 다니는 것이〉 위성과 유사한데 그 황도를 출입하는 속도가 매우 빨라서 27일이면 일주하므로 항성을 엄범하는 것을 헤아려 보면 없는 날이 없으니 어찌 모두 휴구(休咎)가 있어 점칠 수 있겠는가.[111]

달이 3원 28수의 항성 앞을 지나는 현상은 서호수의 지적처럼 매일 발생한다. 그리고 백도는 이미 궤도가 정해져 있으므로 그 길에 있는 수많은 항성과는 '어쩔 수 없이' 만나게 된다. 그래서 서호수는 운행 속도가 빠른 달이 매일 다른 항성과 만나는 현상은 재이가 될 수 없다고 보았다.[112]

---

109) 박성래, 『한국과학사상사』, 책과함께, 2012, 72쪽 및 83쪽.

110) 『增補文獻備考』 卷6, 「象緯考」 6, 6ㄱ~ㄴ(上, 81쪽), "緯星出入黃道之內外, 凡恒星之近黃道者, 皆其必由之道. 凌犯皆由於此, 而行遲則凌犯少, 行速則多, 數可豫定, 非如慧孛飛流之無常."

111) 『增補文獻備考』 卷6, 「象緯考」 6, 6ㄴ(上, 81쪽), "至於月與緯星相似, 而行甚速其出入黃道也, 二十七日而周, 計其掩犯恒星, 殆無虛日, 豈皆有休咎可占乎."

112) 『增補文獻備考』 卷6, 「象緯考」 6, 6ㄴ(上, 81쪽), "然則天象之示炯戒者, 應在彼而不在此." 한편 달과 항성에 대한 이와 같은 논의는 「明史天文志」에 나온다[『明史』 卷26, 志2,

그래서 『고려사』「천문지」에서 달에 관한 재이 중 가장 많은 분량을 차지하는 달과 항성의 접근 현상이 「동국상위고」에서는 빠지게 된 것이다.

이 밖에도 서호수는 역시나 매일 일어나는 유성[流隕]도 극히 소량만을 옮겼다. 서호수는, 물론 유성과 혜성의 관계를 알지 못했겠지만, 현대 천문학적으로 유성이란 혜성이나 소행성에서 떨어서 나온 티끌 또는 태양계를 떠돌던 먼지가 지구 중력에 이끌려 대기 안으로 들어오면서 대기와의 마찰로 불타는 현상을 말한다. 유성은 하루 동안 지구 전체의 대기권에서 1백만 번 이상 발생하며 육안으로 관측이 가능한 것도 시간당 5~10개 정도가 된다. 즉, 유성은 매일 수십 번 이상 관측할 수 있는 '흔한 재이'였다.

『삼국사기』와 『고려사』「천문지」에는 유성에 관한 기록이 각각 39건, 547건 있다.[113] 서호수는 이 중에서 37건과 103건을 옮겼다. 거의 전량을 옮긴 『삼국사기』 유성 기록에 비추어 『고려사』「천문지」의 것은 시간이 촉박해서 다 옮기지 못한 게 아닌가 생각할 수도 있지만, 서호수가 곳곳에서 인용하고 있는 「명사천문지」에서는 '명 대 영대(靈臺)[관천대]의 측후 장부에 유성과 비성(飛星)이 없는 날이 없어 편찬자는 이를 참작하여 작고 심상(尋常)한 유성은 휴구와는 무관하므로 이상(異常)한 것만을 택하여 기록한다'라고 했다.[114] 이 점에서 서호수 또한 매일 관측되는 유성을 휴구와는 무관한

天文2(2책, 396~397쪽), 張廷玉의 按說]. 여기에서 張廷玉은 달과 항성의 능범 현상을 재이로 간주한 역대 天文志를, 그 현상의 규칙성과 잦은 빈도를 근거로 비판했다. 달과 항성의 능범 현상은 발생의 이치가 분명하고, 예측이 가능하며, 또 그에 대한 事應도 대부분 牽强附會라는 입장이었다. 아마도 徐浩修는 張廷玉의 이러한 견해를 수용했던 것 같다. 그러나 서호수의 이러한 견해가 당시 보편적으로 수용되지는 않았다. 가령, 黃胤錫은 달과 항성의 능범 현상을 재이가 아니라고 한 張廷玉의 견해를 비판했다. 비판의 요지는 常度인지의 여부만으로 재이를 판단해서는 안 되고, 常度라 해도 災異는 군주 修省의 계기로 삼아야 한다는 것이었다. 구만옥, 「황윤석(黃胤錫)의 '천문(天文)' 인식과 『상위지요(象緯指要)』」, 『韓國思想史學』 51, 韓國思想史學會, 2015, 420~423쪽 참고.

113) 박성래, 앞의 책, 2012, 145쪽 및 149쪽.

114) 『明史』 卷27, 志3, 天文3(2책, 417쪽), "靈臺候簿飛流之記, 無夜無有, 其小而尋常者, 無關休咎, 擇其異常者書之."

현상으로 이해했을 개연성이 높다. 요컨대 서호수는 매일 빈번히 일어나는 달과 항성의 접근 현상이나 유성과 같은 재이는 제외하거나 극히 소량만을 옮겼다.

셋째, 서호수는 실제로 발생했을 법한 재이만을 옮겼다. 가령, 일식 기록을 보자. 『고려사』「천문지」에는 135건의 일식 기록이 있는데,[115] 서호수는 이 중에서 8건을 제외하고 127건을 옮겼다. 서호수가 옮기지 않은 『고려사』「천문지」의 일식 기록은 "(고려) 현종 15년(1024) 5월 정해 초하루 마땅히 일어나야 할 일식이 일어나지 않았다"와 같은 '일당식불식(日當食不食)' 기사이다.[116] '일어날 줄로 알았던 일식이 일어나지 않았다'라는 기록이 4건 정도 되고[①~④], 원(元)의 잘못된 일식 예보가 3건 정도 된다[⑥~⑧]. 그리고 일식이 있을 거라는 예보는 있었으나 실제로 있었는지는 확인할 수 없는 기록도 있다[⑤]. 사정이야 어떻든 이들은 일어나지 않은 일식 기록이라고 할 수 있다.[117] 서호수는 이처럼 원사료에는 있더라도 일어나지 않은 일식 기록은 「동국상위고」에 옮기지 않았다. 주희의 당식불식론은 18세기 이후 조선의 일부 지식인에 의해 비판받았다.[118] 서호수 또한 일월식은 계산만 정밀하게 하면 정확하게 예측할 수 있는 규칙적인 자연 현상이라고 했다.[119]

---

115) 羅逸星, 「『高麗史』「天文志」의 日月食 記錄」, 『東方學志』 96, 1997, 12쪽.

116) 『高麗史』 卷47, 志1, 天文1, 顯宗, "① 十五年五月丁亥朔, 日當食, 不食. ② 十一月乙酉朔, 日當食, 不食. … ③ (十六年)十一月己卯朔, 太史奏, 日當食, 不食."; 同, 仁宗, "④ (二十一年)十二月癸未, 太史奏, 日當食, 不食."; 同, 忠烈王, "⑤ 九年正月丙辰朔, 日官奏曰, 日當食, 停宴會."; 同, 忠肅王, "⑥ 七年正月辛巳朔 元來告日當食, 故停賀正禮. 百官素服以待, 不食. 元史云, 是日日食, 帝齋居損膳, 輟朝賀."; 『元史』 卷26, 仁宗3, "七年春正月辛巳朔, 日有食之. 帝齋居損膳, 輟朝賀."; 『高麗史』 卷47, 志1, 天文1, 恭愍王, "⑦ 元年四月癸卯朔, 元告日食, 不果食. … ⑧ 二年九月乙丑朔, 元告日食, 不果食."

117) 이들 일식의 식분 값을 계산해 보면 ①~⑤와 ⑦, ⑧은 실제로 일어나지 않은 일식이고, ⑥은 식분이 3%인 일식이었다고 한다[羅逸星, 앞의 글, 1997, 6~12쪽, 〈표 1〉 참고]. 『고려사』「천문지」의 일식 기록은 비교적 정확한 편이라 할 수 있다. 『고려사』「천문지」 기록의 정확성에 대해서는 양홍진·박창범·박명구, 「고려시대 흑점과 오로라 기록에 보이는 태양활동주기」, 『천문학논총』 13, 1998, 181~208쪽 ; 안상현·배현진·조혜진·정성욱, 「천년 전의 별똥비」, 『천문학논총』 17-1, 2002, 23~40쪽 참고.

118) 본서 제7장 1절 2소절 참고.

그러므로 '당식불식'과 같은 재이 기록은 신뢰할 수 없었을 것이다.

요컨대 서호수는 달과 오행성의 엄·범 현상이 어떠한 원리에 의해 발생하는지 정확히 알고 있었다. 그는 이를 바탕으로 기존에 잘못된 기록을 바로잡았다. 그리고 달과 항성의 만남 또한 정해진 규칙에 따라 이루어지는 현상으로서 이를 통해 휴구(休咎)를 점칠 수 없다고 했다. 나아가 일월식은 계산만 맞으면 정확히 예측할 수 있다는 점도 잘 알고 있었다. 「동국상위고」에서 서호수는 천문학적 수준이 낮거나 신비적인 술법과 수비학적 계산법들에 대해서는 부정적인 태도를 보였는데,[120] 이러한 태도가 재이 기록을 정리하는 데에도 반영되었다고 할 수 있겠다.

다만, 서호수가 재이론을 부정했다고 할 수는 없다. 오히려 촉박한 일정 속에서도 3천여 건이 넘는 재이 기록을 정리했다는 것은 서호수 또한 재이론을 인정한 인물이었다는 사실을 말해준다. 서호수의 작업은 재이론의 재편이었다고 생각한다. 오랫동안 '재이'로 간주했던 자연 현상에 대한 과학적인 이해가 이루어지면서 재이를 실증적으로 이해하게 되었고, 이 연장선에서 일부 현상을 재이에서 제외하며 재이의 범주를 축소하는 방향으로 재조정한 것으로 보인다. 서호수의 재이론 재편은 18세기 이후 서양 천문학 지식의 확산에 맞춰 이루어진 것이다. 서양 천문학을 근거로 종래의 재이론을 부정한 것이 아니라, 서양 천문학 지식을 바탕으로 전통 재이론 체계를 재편한 것이었다.

2) 정조 대 이만운(李萬運)의 「증정상위고(增訂象緯考)」 편찬과 천인감응론

『동국문헌비고』의 성급한 편찬으로 인한 내용 부실로 이만운에 의한 증정(增訂) 작업이 정조 7년(1783) 7월부터 시작되었다.[121] 이른바 『증정문

119) 具萬玉, 앞의 글, 2002, 217~218쪽.
120) 문중양, 앞의 글, 2008, 261쪽.

헌비고(增訂文獻備考)』의 편찬이었다. 이만운은 이미 오래전부터 개인적인 차원에서 『동국문헌비고』를 증정하고 있었는데, 이때 정조의 지시를 계기로 본격적으로 수행하게 되었다.

이만운의 작업은 정조 14년(1790) 여름에 일단락되었고, 책제(冊題)도 이때 확정되었다. 권 수는 146권이 늘어 총 246권이 되었고, 책 수는 26책이 늘어 66책이 되었다. 이후에는 정조 즉위년(1776) 이후의 『일성록(日省錄)』 내용을 보충하는 작업이 진행되었다. 그러나 정조 21년(1797) 봄 이만운의 갑작스러운 죽음으로 이 작업은 중단되었고, 순조 8년(1808) 이만운의 아들 이유준(李儒準, 1760~1815)에 의해 재개되어 최종적으로는 순조 9년(1809) 겨울에 『증정문헌비고』 235권 102책이 완성되었다.[122)]

이만운은 「동국상위고」 다섯 권을 증정하여 「증정상위고」 여덟 권을 펴냈다. 재이에 관한 부분을 보면 「동국상위고」에서는 권3~5까지 세 권 분량이었던 것이 「증정상위고」에서는 권4~8까지 다섯 권 분량으로 늘었다. 권3에 있던 오위합취와 오위엄범항성 상이 분리되어 별도의 권으로 편성되었고, 권5에 있던 운기도 별도의 권으로 분리되었다.

〈표 7-2〉와 같이 「증정상위고」에서는 총 946건의 재이 기록이 추가되었다. 기록의 추가가 가장 많았던 현상은 운기(雲氣)로 345건이 추가되었고, 다음은 유운(流隕)으로 256건이 추가되었다. 운기란 하늘에 적기(赤氣), 백기(白氣), 청기(靑氣) 등이 나타난 현상이고,[123)] 유운은 유성(流星)을 말한

---

121) 이하 이만운의 『增訂文獻備考』의 편찬 경위에 대해서는 丁仲煥, 「文獻備考의 研究」, 『東亞論叢』 11, 1974, 9~12쪽 ; 박인호, 앞의 책, 1996, 38~44쪽 ; 玉永晸, 앞의 글, 2007, 243~246쪽 참고.

122) 『增訂文獻備考』는 서울대학교 도서관과 전북대학교, 연세대학교, 간송미술관, 미의회 도서관 등에 각각 한 질씩이 소장되어 있다고 한다[玉永晸, 2007, 앞의 글, 246쪽]. 한편 『增訂文獻備考』의 최종 편찬 완료 시점을 순조 31년(1831) 경으로 보는 견해도 있다[정구복, 앞의 글, 2008, 170~171쪽].

123) 『書雲觀志』에서는 운기를 '날씨가 맑은 날 흰 구름이나 검은 구름이 있어, 너비는 한 자 남짓 되고, 길이는 여남은 길 되거나 또는 하늘을 가로지른 것'이라 하였다[성주덕 편저(이면우·허윤섭·박권수 역주), 『서운관지』, 소명출판, 2003, 82쪽].

〈표 7-2〉「동국·증정상위고」 재이 기록 비교

동국상위고	증정상위고	항목		신라		고구려		백제		고려		조선		합계	
				동국	증정	동국	증정	동국	증정	동국	증정	동국	증정	동국	증정
권3	권4	① 日食		28	0	10	0	23	0	127	4	120	6	308	10
		② 月掩犯五緯		17	0	0	0	2	0	174	18	74	6	267	24
		③ 五緯掩犯		2	0	0	0	0	0	84	1	28	4	114	5
	권5	④ 五緯合聚		1	0	1	1	0	0	132	4	17	1	151	6
		⑤	五緯掩犯恒星 上	4	0	2	0	2	0	905	29	-	-	913	29
권4	권6		五緯掩犯恒星 下	-	-	-	-	-	-	-	-	193	22	193	22
		⑥ 星晝見		4	0	1	0	3	0	185	4	338	30	531	34
		⑦ 客星		5	1	2	0	1	0	18	2	20	8	46	11
		⑧ 彗孛		25	4	8	0	14	0	67	2	55	16	169	22
		⑨ 天變		4	1	0	0	1	0	4	11	15	19	24	31
권5	권7	⑩ 日月變	(增訂)日變	5	0	1	0	1	0	66	4	19	14	92	18
			(增訂)月變		0		1		0		3		2		6
		⑪ 暈適	(增訂)日暈	5	0	0	0	2	0	92	19	204	82	303	101
			(增訂)月暈		0		0		0		7		10		17
		⑫ 星變		0	0	0	0	0	0	10	4	5	5	15	9
		⑬ 流隕		29	3	3	2	5	0	103	236	64	15	204	256
	권8	⑭ 雲氣		0	6	2	0	2	2	7	299	51	38	62	345
소계	소계			129	15	30	4	56	2	1,974	647	1,203	278	3,392	946
총계					144		34		58		2,621		1,481		4,338

다. 「동국상위고」에서는 각각 62건과 204건이 있었는데, 이때 상당한 추가가 이루어졌다.

이만운의 재이 기록 증정은 세 가지 측면에서 이루어졌다. 첫째, 이만운은 서호수가 보지 않은 자료에서 재이 기록을 찾아 보충했다. 가령, 서호수는 『고려사』「천문지」에 실린 일식 기록만을 옮겼는데, 이만운은 『고려사』「세가(世家)」의 것까지 옮겼다.[124)] 둘째, 서호수가 빼먹은 기록을 찾아 넣었다. 『고려사』「천문지」의 '월오성능범급성변(月五星凌犯及星變)' 중 충렬왕 4년 3월의 기사를 보면, "정해일에 태백성(太白星, 금성)이 낮에 나타났고 밤에는 달을 범했고, 무자일에 형혹성(熒惑星, 화성)이 달을 범했고, 기축일에

124) 『增補文獻備考』 卷4, 「象緯考」 4, 3ㄴ(上, 58쪽), "[補, (高麗)宣宗六年十一月朔日食]"; 『高麗史』 卷10, 世家 10, 宣宗, "(六年)十一月丁卯朔, 日食."

세성(歲星, 목성)이 달을 범했다"라고 되어 있다.[125] 서호수는 이 중에서 정해일과 무자일의 기록만 옮겼고 기축일의 것은 생략했는데, 이만운은 이렇게 생략한 것을 찾아 추가했다.[126] 셋째, 서호수가 잘못 적은 부분을 지적하거나 바로 잡았다. 가령 "조선 태조 5년 병자 7월 신축 태백성이 심수를 범했다"는 기록에 대해서는 "병자년 7월에는 신축이 없으므로 간지의 오기(誤記)로 의심된다"라는 주를 달았고,[127] 『고려사』「천문지」의 '월오성능범급성변' 중 "신종 6년 8월 갑인 태백성이 헌원좌각(軒轅左角)을 범했다"라는 기록을 '7월 갑인'으로 잘못 적은 것에 대해서는 '『고려사』에는 8월 갑인으로 적혀 있다'며 바로 잡았다.[128]

「상위고」의 증정뿐 아니라 이만운은 「물이고(物異考)」(이하, 「증정물이고」) 네 권도 새로 작성했다.[129] 「물이고」는 본래 『문헌통고』에 들어 있는 편목으로, 「상위고」가 중국 정사(正史) 체계에서 천문지와 역지(曆志)에 해당한다면 「물이고」는 오행지(五行志)에 해당한다고 할 수 있다. 마단림도 자서(自敍)에서 "역대의 오행지와 제사의 본기 및 전기에 소재한 상서(祥瑞)를 종류에 따라 각 문을 세워 요(妖)와 상(祥)이라 하지 않고 총칭하여 '물이(物異)'라 한다"라고 밝혔다.[130] 이만운은 『문헌비고』의 처음 취지에 맞게 『문헌통고』

---

125) 『高麗史』 卷49, 志 3, 天文 3, 忠烈王, "(四年)三月丁亥, 太白晝見夜又犯月. 戊子, 熒惑犯月. 己丑, 歲星犯月."

126) 『增補文獻備考』 卷4, 「象緯考」 4, 13ㄱ(上, 63쪽), "(高麗忠烈王四年)三月丁亥月犯太白, 戊子月犯熒惑 [補, 己丑月犯歲星]."

127) 『增補文獻備考』 卷6, 「象緯考」 6, 1ㄱ(上, 79쪽), "(本朝太祖)五年丙子七月辛丑[補, 丙子七月無辛丑干支恐誤]太白犯心宿." 실제로 辛丑日은 없다.

128) 『高麗史』 卷48, 志 2, 天文 2, 神宗, "(六年八月)甲寅, 太白犯軒轅左角."; 『增補文獻備考』 卷5, 「象緯考」 5, 13ㄴ(上, 73쪽), "(高麗神宗六年)六月丙寅太白入井, 七月甲寅[補, 高麗史作八月甲寅]犯軒轅左角."

129) 이만운은 증정 작업을 통해 物異考, 宮室考, 王系考, 藝文考, 氏族考, 謚號考, 朝聘考의 7考를 새롭게 펴냈다.

130) 『文獻通考』 卷1, 「自敍」(上, 9쪽-『文獻通考』, 中華書局, 1986의 책수와 쪽수), "故今取歷代史五行志所書, 並旁搜諸史本紀及傳記中所載祥瑞, 隨其朋類, 附入各門, 不曰妖, 不曰祥, 而總名之曰物異."

를 좇아 오행지적 성격의 「물이고」를 추가로 작성한 것이다.131) 「증정물이고」의 항목 수는 25개이며 전체 기록 수는 2,709건이다. 「증정물이고」의 재이 기록 현황은 아래의 〈표 7-3〉이 참고된다.

〈표 7-3〉 「증정물이고」의 재이 기록 현황

구분	현상		신라	고구려	백제	고려	조선	합계
권 9	① 風異		19	4	4	137	20	184
	② 雨異		19	4	6	58	87	174
	③ 霜異		20	8	2	36	20	86
	④ 雪異		16	6	1	17	22	62
	⑤ 木氷異		0	0	0	15	0	15
	⑥ 虹雹異	虹異	2	0	0	17	7	26
		雹異	5	0	2	13	18	38
	⑦ 霧露異	霧異	3	3	0	66	8	80
		露異	0	0	0	0	9	9
권 10	⑧ 雷震		11	0	3	44	23	81
	⑨ 日昏		7	0	1	6	14	28
	⑩ 無雪無氷	無雪	10	5	0	5	0	20
		無氷	3	2	6	6	1	18
	⑪ 寒溫異	寒異	2	0	0	14	1	17
		溫異	0	0	0	11	5	16
	⑫ 地異	地震·地裂·地陷	65	19	16	153	53	306
		地燃	2	0	0	3	5	10
		地鏡	0	0	0	4	0	4
	⑬ 山水異	山異	1	0	0	24	2	27
		石異	12	0	1	32	16	61
		海異	3	0	0	3	16	22
		江河異	2	1	3	5	10	21

131) 다만 「物異考」의 체제는 『文獻通考』와 『文獻備考』가 다르다. 『漢書』에서는 伏勝의 『洪範五行傳』에 의거하여 『書經』 「洪範篇」의 오행 발생순서, 즉 水-火-木-金-土에 따라 「五行志」를 정리했고, 마단림은 「漢書五行志」의 오행체제를 준용하여 「物異考」를 작성했다. 반면 이만운은 전통적 五行志學과는 전혀 다른 성격의 「物異考」를 편찬했다. 이만운은 인간의 생업 조건에 크게 영향을 끼치는 하늘의 기상재해와 땅의 재해를 먼저 다룬 뒤, 인간 생활의 영위에 영향을 주는 生民와 사회적 재해를 다루었고, 끝으로 인간의 식생과 생태에 영향을 주는 각종 동식물 재해를 다루었다. 요컨대, 하늘과 땅과 인간과 생태의 네 영역에 대한 재변을 범주화하여 「물이고」를 작성한 것이다. 이와 관련해서는 김일권, 「『삼국사기』의 천문오행지적 재구성 시안 : 『증보문헌비고』 「상위고」 체제를 참고하여」, 『高句麗渤海硏究』 44, 2012, 237~244쪽 참고.

		川澤異		3	0	0	24	5	32
		井異		3	0	4	19	1	27
권 11	⑭ 旱荒			75	21	32	81	106	315
	⑮ 癘疫			12	2	6	10	31	61
	⑯ 人異	生産異		7	1	0	14	11	33
		人妖		5	1	3	1	0	10
	⑰ 訛言			1	0	1	17	7	26
	⑱ 童謠			0	0	1 (후백제)	9	3	13
	⑲ 火災			8	0	2	96	90	196
	⑳ 宮室異			9	1	0	21	0	31
	㉑ 雜變異			7	3	3	14	8	35
	㉒ 草木異	草異		5	0	0	8	8	21
		木異		10	2	2	27	16	57
		穀異		8	1	1	6	9	25
권 12	㉓ 龍魚異	龍異		12	1	5	2	8	28
		蛇異		2	0	0	5	4	11
		蚯蚓異		0	0	0	4	0	4
		龜鼈蟾蛙異	(龜)	1	0	0	0	2	3
			(鼈)	0	1	0	0	1	2
			(蟾)	0	0	0	3	0	3
			(蛙)	2	0	1	0	4	7
		群魚異		5	3	1	7	8	24
		虫蟻異		1	0	0	1	1	3
		蜂蝶異		0	0	0	1	1	2
		(蟻異)		0	1	0	3	2	6
	㉔ 禽異			31 (마한)	6	4	89	34	164
	㉕ 獸異	虎異		5	3	1	58	6	73
		熊異		0	0	0	3	2	5
		狼異		1	1	0	3	3	8
		鹿異		3	5	5	19	6	38
		獐異		0	6	0	28	3	37
		兎異		0	1	0	2	0	3
		狐異		3	1	1	25	2	32
		狸異		0	0	0	1	0	1
		牛異		5	1	0	8	8	22
		馬異		4(예국)	2	2	4	5	17
		羊異		0	0	0	4	0	4
		猪異		1	0	0	7	1	9
		狗異		3	0	1	6	1	11

		猫異	0	0	0	0	1	1
		鼠異	1	0	0	0	3	4
	합계		435	116	121	1,299	738	2,709

이만운의 재이관은 서호수의 그것과 정반대였다. 이만운은 재이를 통해 천인감응의 이치를 드러내고 군주에게 수성과 경계의 계기를 마련해 주고자 「동국상위고」를 증정했다고 할 수 있다. 이와 같은 그의 태도는 다음에서 엿볼 수 있다.

> (고구려) 보장왕 27년 여름 4월 혜성이 필수와 묘수 사이에서 나타났다. [보] 당 허경종이 황제에게 아뢰어 말하길, "혜성이 동북쪽에 나타났으니, 고구려가 장차 멸망할 조짐입니다"라고 하였다.[132]

위 혜성 기사는 『삼국사기』에서 옮긴 것이다.[133] 『삼국사기』에서 혜성은 대개 왕의 죽음이나 전쟁, 모반과 같은 변란(變亂)의 징조로 나오는데,[134] 서호수는 이 징조에 해당하는 부분을 생략했고, 이만운은 서호수가 생략한 부분을 다시 추가했다.

이와 같은 그의 태도는 「물이고」의 서문에서도 확인할 수 있다. 이만운은 마단림의 『문헌통고』에 「상위고」와 「물이고」가 수록된 이유는 천인(天人)이 서로 감응하는 묘리(妙理)를 밝히기 위한 것이라고 했다. 그러면서 학문과 재주가 부족해서 감응의 기미와 휴구의 징조는 감히 말하지 않아야 하는데 망령되게도 논할 바가 있어 옛사람이 옳지 못하다고 한 경계[不韙之戒][135]를

---

132) 『增補文獻備考』 卷6, 「象緯考」 6, 24ㄱ(上, 90쪽), "(高句麗)寶藏王二十七年夏四月, 彗星見於畢昴之間. [補, 唐許敬宗奏帝曰彗見東北高句麗將滅之兆.]"

133) 『三國史記』 卷22, 高句麗本紀 10, 寶藏王, "(二十七年)夏四月, 彗星見於畢昴之間, 唐許敬宗曰, 彗見東北, 高句麗將滅之兆也."

134) 申瀅植, 앞의 책, 1981, 194쪽.

135) 『春秋左氏傳』 隱公 11年 주석에 "鄭息有違言. 息侯伐鄭, 鄭伯與戰于竟, 息師大敗而還. 君子是以知息之將亡也, 不度德, 不量力, 不親親, 不徵辭, 不察有罪. 犯五不韙, 而以伐人, 其喪師也, 不亦宜乎"라는 대목이 있다. '鄭과 息 사이에 말다툼이 있어 息의 군주[侯]가

범하면서 역대의 재상(災祥)으로 동사(東史)에 보이는 것을 삼가 주워 모아 책으로 만들어 구중(九重)의 〈임금이〉 본받을 법도를 마련하였다고 했다.[136] 요컨대 이만운은 전통적인 천인감응의 이치를 통해 군주에게 수성과 경계의 계기를 마련해 주려는 목적으로 「동국상위고」를 증정했고, 또 「물이고」를 지은 것이라 할 수 있다.

이러한 의도에 맞게 「물이고」의 적잖은 재이 기사가 그 감응과 함께 기술되었다.

> (고구려) 유리왕 29년 6월 모천(矛川) 위에서 붉고 검은 개미가 떼를 지어 싸웠는데 검은 개미가 많이 죽었다. 의논하는 자들은 검은색은 북방의 색이니 북부여가 파멸할 조짐이라고 일렀다.[137]

본래 『삼국사기』에는 개미가 아니라 개구리로 되어 있다.[138] 어떤 연유에서 개구리가 개미로 바뀌었는지는 모르겠으나 이만운이 하고 싶었던 말은 '검은색은 북방의 색으로 북부여가 파멸할 조짐이다'라는 의자(議者)가 예언한 응험이었을 것이다.

鄭을 쳤는데, 鄭의 군주[伯]가 息의 군대와 국경에서 싸워 息의 군대가 대패하여 돌아가니 君子들이 이로써 息이 장차 망할 것을 알았다'는 내용이다. 이만운이 인용한 '不韙'는 말미에 나오는데 "德을 살피지 않았고, 힘[力]을 헤아리지 않았으며, 친척과 친하게 지내지 않았고, 말을 사실에 비추어 따져보지 않았으며, 허물을 살피지 않았다. 이 다섯 가지 옳지 못함[不韙]을 범하고서 (다른 나라) 사람을 정벌했으니 군대를 잃음은 또한 마땅하지 않은가"라고 하였다.

136) 『增補文獻備考』 卷9, 「象緯考」 9, 物異, 1ㄱ~ㄴ(上, 123쪽), "李萬運物異考叙曰, 馬氏通考旣有象緯考一部, 凡係日月薄蝕之災, 星文祲孛之變, 無不詳載, 而又以雨暘霜雹人妖物怪之可驚而可愕者, 復作物異編數目, 以究天人孚感之妙. … 今臣學慙窺斑, 才蔑識時, 其於感應之幾, 休咎之徵, 不敢開喙, 妄有所論, 列以犯古人不韙之戒, 而謹以歷代災祥之見於東史者, 掇拾成編, 庸備九重之柯則."

137) 『增補文獻備考』 卷12, 「象緯考」 7, 物異, 7ㄱ(上, 164쪽), "高句麗瑠璃王二十九年六月, 矛川上, 赤黑蟻群鬪黑蟻多死. 議者謂黑子北方之色, 北夫餘破滅之兆."

138) 『三國史記』 卷13, 高句麗本紀 1, 瑠璃王, "二十九年, 夏六月, 矛川上有黑蛙, 與赤蛙群鬪, 黑蛙不勝死, 議者曰, 黑北方之色, 北夫餘破滅之徵也."

이만운이 「동국상위고」를 증정하고 또 「물이고」를 편찬하면서 전통적인 천인감응의 자연인식을 견지하게 된 데에는 세 가지 정도의 배경이 있었던 것으로 보인다. 첫째, 『동국문헌비고』가 전범으로 삼은 『문헌통고』이다. 사실 『동국문헌비고』가 『문헌통고』를 전범으로 삼았다지만 적어도 「동국상위고」만큼은 자연인식의 측면에서 『문헌통고』 「상위고」(이하, 「통고상위고」)와 확연하게 다르다.

조선 초기 이래로 「통고상위고」는 주로 재이에 대한 대응 방식을 논의할 때 참고문헌으로 활용되었다. 가령, 태종 5년(1405) 3월 3일(무술) 금성이 목성을 범하고 유성이 출현하자 태종은 「통고상위고」를 상고하여 그 응험을 정리하도록 했고,[139] 명종 즉위년(1545) 7월 14일(갑술) 강원도 횡성현의 어떤 여인이 세쌍둥이를 낳고, 충청도 은진현에서 어떤 암소가 머리가 둘 달린 송아지를 낳자 원상(院相) 윤인경(尹仁鏡, 1476~1548)은 『문헌통고』에 수록된 재이의 감응을 등초하여 명종에게 거울로 삼고 경계하라고 계(啓)하였다.[140]

재이와 응험을 파악할 때 「통고상위고」가 자주 활용된 까닭은 여기에서는 모든 재이와 응험을 모사모응의 방식으로 정리했기 때문이다.

> (수)양제 대업 13년(617) 11월 신유에 햇빛이 사방으로 흩어져 마치 피가 흐르는 듯했다. 점에서 말하길, 적이 궁으로 들어와 군주가 급히 군대로 토벌한다고 하였고, 또 말하길, 신하가 군주를 거스른다고 하였다. 이듬해 3월 우문화급이 황제를 죽이고, 여러 왕과 행신 또한 아울러 피살되었다.[141]

---

139) 『太宗實錄』 卷9, 5年 3月 3日(戊戌), “夜, 金星犯木星. 流星出太微東藩上將, 入庫樓, 大如升, 其色靑黃. 上召書雲觀丞朴恬問曰, 流星, 何星也. 對曰, 兵車之府也. 然則其應何如. 對曰, 流星大則使大, 流星小則使小, 意朝廷之使來也. 上取文獻通考, 命知申事朴錫命, 編[徧]觀歷代星變之事以聞.”

140) 『明宗實錄』 卷1, 卽位年 7月 14日(甲戌), “江原道橫城縣有女, 一産三男, 後母子生存云. 忠淸道恩津縣, 民間雌牛産雌犢, 一身兩頭, 耳目口鼻分明, 生存云. … 仁鏡等又以文獻通考災異之應, 抄書入啓曰, … 伏惟鑑此以爲戒.”

141) 『文獻通考』 卷284, 「象緯考」 7, 日變, 12ㄱ, “煬帝大業十三年十一月辛酉, 日光四散如流血.

위 사료는 수(隋) 양제(煬帝)의 죽음에 관한 「통고상위고」의 재이 기록이다. 주지하듯 수양제는 618년 3월 대장(大將) 우문화급(宇文化及, 583~619)의 반란으로 죽었고, 이로써 수는 멸망했다.[142] 그런데 「통고상위고」에서는 우문화급이 양제를 죽이기 4개월 전에 '일광(日光)이 피가 흐르듯이 사방으로 흩어졌다'라는 전조(前兆)가 있었다고 전한다. 다시 말해 하늘이 양제의 죽음과 수의 멸망을 예견하고서 이 일이 있기 4개월 전에 일광의 재이로써 미리 경고했다는 것이다. 요컨대 서호수는 이러한 재이 인식을 인정할 수 없었고, 이만운은 「통고상위고」에서 재이 기록을 정리한 본의에 맞게 전통적인 천인감응론에 따라 「동국상위고」를 증정하고 또 「물이고」를 편찬한 것이라고 할 수 있겠다.

둘째, 18세기 후반 천문역산학 분야의 신법(新法)과 고법(古法)의 대립과 갈등이다. 이와 관련해서는 정조 13년(1789)의 천문책(天文策)과 이가환(李家煥, 1742~1801), 이서구(李書九, 1754~1825), 이만수(李晩秀, 1752~1820), 윤행임(尹行恁, 1762~1801)의 대책(對策)이 참고된다.[143] 정조는 지지부진한 천문역산학 분야를 진흥시키고자 그 문제점과 해결 방안을 묻는 천문책을 내렸다. 정조가 내린 천문책의 요지는 전통 천문학[=고법]의 요체를 정리하고, 새롭게 전래된 서양 천문학[=신법]의 장단점을 분석한 다음, 당면한 난제를 해결할 방안을 제시하라는 것이었다.

이때 제출된 4건의 대책문을 보면 18세기 후반 「동국상위고」와 서호수의 담론이 결코 지배적이지 않았다는 것을 알 수 있다. 앞에서 보았듯이 서호수

占曰賊入宮, 主以急兵見伐. 又曰臣逆君. 明年三月, 宇文化及等弒帝, 諸王及幸臣並被弒."

142) 사실 수의 멸망은 우문화급의 반란만으로는 설명할 수가 없다. 무리한 고구려 원정과 대운하 건설 등의 대규모 토목공사가 수 멸망의 배경으로 거론된다. 수 멸망의 구조적인 설명으로는 미야자키 이치사다(전혜선 역), 『수양제-전쟁과 대운하에 미친 중국 최악의 폭군-』, 역사비평사, 2014 참고.

143) 이와 관련된 내용은 구만옥, 「조선후기 천문역산학의 개혁 방안 : 정조의 천문책에 대한 대책을 중심으로」, 『한국과학사학회지』 28-2, 2006a, 189~225쪽 ; 구만옥, 「朝鮮後期 天文曆算學의 주요 爭點-正祖의 天文策 과 그에 대한 對策을 중심으로-」, 『韓國思想史學』 27, 2006b, 217~257쪽에 의거한다.

는 서양 천문학의 십이중천설에 따라 지구와 해와 달, 오행성 간의 순서를 세웠고 이를 좇아 '월엄범오위' 항목을 정리했다. 그런데 대책문을 제출한 4명 중에서 십이중천설[구중천설]을 지지하는 이는 이가환뿐이었다. 반대로 이만수는 서호수가 십이중천설의 근거로 제시했던 제요지엄식과 행도지지질에 대해서는 역가(曆家)의 '지극히 정밀한 논의'인 것은 맞지만 '엄식의 이치'와 '행도의 수치'가 일일이 부합되는 것에 대해서는 믿을 수 없다고 했다. 그리고 윤행임은 서양의 구중천설을 주희의 '구천(九天)' 개념으로 설명했다. 구천을 기(氣)의 회전 속도의 차이로 설명한 주희의 주장을 바꿀 수 없는 논의[不易之論]로 규정하고 주자학적 자연관의 틀 내에서 서양 우주론을 이해하려는 관점을 보였다. 이와 같은 우주론 및 자연관에서는 서호수의 재이관과 재이 기록 정리 방식이 반드시 옳은 것일 수는 없었다.

대책문을 제출한 네 명의 성향을 살펴보면 이가환은 신법을 상당히 신뢰했던 인물이라 할 수 있다.[144] 이서구는 신법과 고법을 절충하는 중도적인 성향을 보였고, 이만수와 윤행임은 고법을 지지하는 동시에 신법을 비판했다. 그런데 주목되는 점은 상반된 견해를 보였던 이가환과 윤행임의 채점 결과가 우수하게 나왔다는 사실이다. 이는 18세기 후반 천문역산학의 문제를 놓고서 신법과 고법이 서로 대립·갈등하고 있었다는 것을 잘 말해주는 대목이다.

이렇게 천문역산학 분야에서 신법과 고법의 일대 토론이 일어났던 정조 13년 무렵 이만운은 한참 『동국문헌비고』를 증정하고 있었다. 신법과 고법의 대립과 갈등 속에서 이만운으로서는 신법에 입각한 서호수의 실측·실증적 재이관을 마냥 따를 수만은 없었을 것이다. 아마도 이러한 지적 환경에서 이만운은 전통적인 천인감응론을 고수하게 된 것 같다.

셋째, 이만운 스스로가 천문역산학에 밝지 못했다. 이만운이 『동국문헌비

144) 李家煥의 新法에 대해서는 문중양, 「18세기말 천문역산 전문가의 과학활동과 담론의 역사적 성격」, 『東方學志』 121, 2003, 61~72쪽 참고.

고』를 증정하게 된 것은 그의 박식(博識)한 면모 때문이었다.[145] 정약용(丁若鏞, 1762~1836)은 이만운을 박식다문(博識多聞)하고 동국(東國)의 고사에 특히 밝다고 하면서 "같은 시절에 살았으면서도 만나보지 못한 것이 한스럽다"라고 아쉬워했다.[146]

이만운의 학문적 특장(特長)은 전고(典故)에 있었다. 이흡(李潝, 1684~1740)은 황윤석과의 대화에서 "이만운은 전고를 통해 학문의 길에 들어섰고, 이흡 자신은 보학(譜學)을 통해 학문의 길에 들어섰으며, 황윤석은 이기상수(理氣象數)의 전체대용(全體大用)을 따라 학문의 길에 들어섰다"라고 평가했다.[147] 그리고 이덕무(李德懋, 1741~1793)의 「기년아람서(紀年兒覽序)」에는 "이만운은 노유(老儒)로서 나라의 문헌에 밝고 고사를 인용하는 데에 확실한 증거를 갖추고 있으며 (일이 일어난) 월일(月日)에 착오가 없다"라는 김용겸(金用謙, 1702~1789)의 평가도 있다.[148]

그러나 박식하다고 해서 모든 분야에 전문적일 수는 없었다.

> 근래에 들으니 조준(趙㻐)이 『문헌비고』를 얻어 이만운에게 이정(釐正)을 요청했다고 한다. 수록한 바에 따라 거듭 보고 의문 가는 것이나 오자(誤字)라든지 사실에서 빠졌거나 잘못된 부분은 더욱 힘을 써 기록한 바가 열 권 정도는 되는데, 오직 「상위고」에서는 통(通)하는 바가 있지 않았다고 한다.[149]

---

145) 『正祖實錄』 卷24, 11年 10月 5日(己亥), "命前縣監李萬運調用. 萬運以博識, 方與文獻備考修正之役." 高錫珪, 「『紀年兒覽』에 나타난 李萬運의 歷史認識」, 『韓國文化』 8, 1987, 77쪽 ; 박인호, 「이만운」, 『한국사시민강좌』 36, 2005, 185~187쪽.

146) 『與猶堂全書』 1集, 卷14, 「跋紀年兒覽」, 25ㄴ~26ㄱ(叢刊 281책, 307쪽), "右紀年兒覽一卷, 故李都正萬運之所撰, 而靑莊館李懋官益爲之修潤以成之者也. … 李都正博識多聞, 尤習東國故事. 余旣生竝一世而未之一見, 可恨耳."

147) 『頤齋亂藁』 卷38, 丙午(1786) 6月 24日(丙申), "盖李金化萬運, 從典故一路入, 吾從譜學一路入, 執事則從理氣象數全體大用而入 …."

148) 『靑莊館全書』 卷25, 「紀年兒覽序」(叢刊 257책, 383쪽), "一日謁金嘐嘐齋先生, 先生曰, 李子萬運, 老儒也, 嫺於國朝文獻, 援引古事, 犁然有據, 幾不錯其日月."

149) 『頤齋亂藁』 卷20, 甲午(1774) 7月 26日(丁丑), "沈君[=沈有鎭]又言, 吾所親李萬運, 咸豊之李

황윤석이 심유진(沈有鎭)에게 전해 들은 바에 따르면, 이만운은 영조 50년(1774) 7월 무렵 조준(趙㻐)의 부탁으로 『동국문헌비고』 증정 작업을 시작했다고 한다. 여기에서의 증정이란 의문 가는 것과 오탈자를 바로 잡고 사실에서 빠졌거나 잘못된 부분을 고치는 작업이었다. 하지만 「상위고」만큼은 그러지 못했던 것 같다. 천문역산학 분야가 전문적이라 박식하기로 유명한 이만운도 어쩔 수 없었던 것이다. 「동국상위고」 이후의 중요한 천문역산학 분야의 성과가 많이 누락된 것도[150] 이 때문일 것이다. 아마도 이러한 배경에서 최신의 신법보다는 전통적인 천인감응론에 주목하게 된 것이 아닌가 싶다.

서호수의 「동국상위고」와 이만운의 「증정상위고」 및 「물이고」에는 서로 다른 재이관이 투영되어 있다. 우선 「동국상위고」에 투영된 서호수의 재이관은 다음의 세 가지로 요약된다. 첫째, 원사료의 재이를 자신의 자연학 지식에 기초하여 바르게 고쳐서 적었다. 둘째, 매일 빈번히 일어나는 현상은 재이에서 제외하거나 극히 소량만을 적었다. 셋째, 실제로 발생했을 법한 재이만을 적었다. 이러한 태도에 비추어 보면 서호수는 조선 하늘[자연]에 실제로 발생할 수 있는 재이가 무엇인지를 정리하고자 한 듯하다. 그래서 합리적으로 실증할 수 있고 또 실측할 수 있는 자연 현상으로서의 재이에 주목한 것이 아닌가 싶다. 실제로 조선에 존재했던 역대의 재이를 정리하는 작업은 '조선의 자연'을 파악하기 위한 노력의 일환이었다고 할 수 있을 것이다.

반면에 이만운은 재이를 통해 천인감응의 이치를 드러내고 군주에게 수성과 경계의 계기를 마련해 주기 위해 「동국상위고」를 증정하고 「증정물이고」를 편찬한 것이라고 할 수 있다. 이만운이 이러한 태도를 견지하게 된 데에는 세 가지의 배경이 있었다. 첫째, 『동국문헌비고』가 전범으로

也. … 近聞趙㻐, 以所得文獻備考, 請釐正於此君[=李萬運], 繙覽隨錄, 凡於疑文誤字, 以外事實缺訛處, 尤致力焉, 所箚可十卷, 惟於象緯考, 未有所通云."

150) 문중양, 앞의 글, 2008, 262쪽.

삼은 『문헌통고』이다. 「통고상위고」는 전통적인 천인감응론을 바탕으로 재이와 응험을 개별적으로 연결지었다. 둘째, 18세기 후반 천문역산학 분야의 신법과 고법의 대립·갈등이다. 당시는 서양의 신법이 고법에 절대적인 우위를 점하지 못하고 있었다. 셋째, 이만운 본인이 천문역산학에 정통하지 못했다. 이만운은 박식하다는 평가를 받았지만, 천문역산학 분야에서는 그렇지 못했다. 아마도 이러한 배경에서 이만운은 전통적인 천인감응론을 고수하게 되었던 것 같다.

『문헌비고』 「상위고」에는 서로 이질적인 두 갈래의 자연인식이 혼재되어 있다. 「동국상위고」에서는 서양 천문학을 바탕으로 하는 실증·실측적인 자연인식이 엿보이고, 「증정상위고」 및 「물이고」에서는 전통적인 천인감응론이 확인된다.[151] 이러한 차이는 기본적으로 편찬사인 서호수와 이만운의 자연관 및 학문적 관심의 차이에서 비롯된 것일 텐데, 이는 비단 두 사람만의 차이라고 해서는 안 될 것이다. 18세기 후반 조선 사회는 신법과 고법이 서로 대립·갈등하고 있었고, 『문헌비고』 「상위고」의 이질적인 두 갈래의 재이론은 그것의 한 단면이라고 보는 게 옳을 것이다.

3. 실증적 재이관의 전개와 재이론의 재인식

1) 이익(李瀷)의 가치 중심의 재이론과 액운론(厄運論)

이익의 재이론은 그의 과학사상 연구의 일환으로 몇 차례 검토된 바 있다.[152] 이익의 자연관과 과학사상에 대한 기존의 연구는 '진보와 보수'

151) 천문·역상에 관한 내용에서도 이러한 차이가 발견된다. 문중양, 앞의 글, 2008 참고.
152) 비교적 최근의 연구로는 具萬玉, 「星湖 李瀷의 科學思想」, 『民族과 文化』 9, 2000, 251~266쪽 ; 박권수, 「術數와 災異에 대한 李瀷의 견해」, 『성호학보』 3, 2006, 102~116쪽 ; 김영식, 「미신과 술수에 대한 정약용의 태도」, 『다산학』 10, 2007, 7~54쪽 ; 許宗恩, 「李瀷의 自然과 人間의 關係에 대한 연구」, 『유교사상문화연구』 40, 2010, 29~55쪽 ; 具萬玉,

또는 '근대와 전근대'로 확연하게 양분된다. 한편에서는 이익의 과학사상이 갖는 진보성, 선진성, 과학성을 강조하는 반면에 다른 한편에서는 이것의 중세적 한계와 주자학적 자연관과의 유사성에 주목한다. 이렇게 극명히 다른 두 측면이 동시에 발견된다는 것은 그만큼 이익의 학문적 스펙트럼이 폭넓다는 뜻일 것이다.

이것은 재이론의 측면에서도 마찬가지이다. 어떤 논의를 보면 종래의 재이설을 신뢰하는 것처럼 보이고 또 어떤 논의를 보면 재이를 합리적이고 과학적으로 인식했던 것처럼도 보인다.

> 정덕(正德) 무인(戊寅) 5월 15일 북경(北京) 밖에서 지진이 크게 일어나 태묘전(太廟殿)의 기왓장이 날려 떨어지고 궁궐 안에 담이 무너졌다. 북경에 사신으로 갔던 사람의 문견록(聞見錄)에 의하면 이날 소주(蘇州) 상숙현(常熟縣)에서는 흰 용 한 마리와 검은 용 두 마리가 구름을 타고 내려왔는데 민가 3백 호와 배 수십 척이 날려서 공중에까지 올라갔다가 땅에 떨어져서 박살이 났다고 한다. 이듬해에 우리나라에 기묘사화(己卯士禍)가 있었고 중국에도 명(明) 무종(武宗)의 학란(虐亂)이 있었으니 또한 인간의 감응인 듯도 하다. 그러나 우리나라의 재난은 소주(蘇州)에서 생긴 변괴의 지엽적인 영향이 천만리 바다를 건너와 나타난 데 불과하다. 괴물(怪物)이 뒤흔들리면 그 영향이 대체로 이와 같다.153)

「星湖의 西學觀과 科學思想」, 재단법인 실시학사 편, 『성호 이익 연구』, 사람의무늬, 2012, 327~386쪽 ; 최정연, 「성호 이익의 재이설의 양면성과 실천론-『성호사설』을 중심으로-」, 『한국학연구』 47, 인하대학교 한국학연구소, 2017, 535~567쪽 ; 이정림, 「李瀷의 새로운 災異 분류와 재이에 대한 책임 소재의 확대」, 『한국과학사학회지』 42-1, 2020, 97~123쪽 등 참고.

153) 『星湖僿說』 卷1, 天地門, '災異', 39ㄱ(1책, 22쪽), "正德戊寅五月十五日, 京外地震大, 太廟殿瓦飄落, 闕內墻垣塌倒. 赴京使臣聞見錄, 是日蘇州常熟縣, 有白龍一黑龍二, 乘雲而下, 民舍三百戶船數十艘, 飄入半空, 墮地粉碎. 明年我國有己卯之禍, 皇明亦正當武宗之虐亂, 亦似人事之感應. 然國中之灾, 不過蘇州之餘烈越海千萬里. 怪物之掀撼, 振動大抵如此."

정덕 무인년은 중종 13년(1518)인데 이익은 이때 북경과 소주에서 일어난 재이를 조선의 기묘사화와 명 무종의 학란(虐亂)의 전조로 파악했다. 이러한 인간·자연 이해는 모사모응의 천인감응론에 가깝다. 기묘사화는 소주의 재이가 천만리 바다를 건너와 주었던 영향의 지엽에 불과하다고는 했으나 기본적으로는 어떤 재이가 어떤 인사의 감응이라고 보는 모사모응의 천인감응론이라고 해야 할 것이다.

그러나 이익은 종래에 재이로 여겼던 여러 현상을 재해석하기도 했다.[154] 일월오성(日月五星)과 관련된 천재(天災)의 경우 하늘이 한 나라나 한 가지 일의 잘못 때문에 상도(常度)를 변경하지는 않는다고 보았고, 혜성의 경우도 세계의 모든 나라에서 볼 수 있기 때문에 그것은 '시운(時運)'에 관계되는 것이지 한 나라의 일에 관계된 것은 아니라고 지적했다. 땅에 관계되는 재이의 경우도 '지운(地運)'에 관련된 문제이지 인사에 감응하는 것은 아니라고 보았다.[155] 이렇게 이익은 종래 재이라고 여겼던 현상을 인사와는 무관한 시운·지운 등으로 해석하며 재인식했다.

이익의 재이론은 '사실(事實)'과 '가치(價値)'를 분리해서 살펴보아야 한다. 이익은 '사실로서의 재이'는 부정했다고 할 수 있다. 이것은 『성호사설(星湖僿說)』에서 산견되는 재이 현상에 대한 설명을 통해 짐작할 수 있다. 먼저 태백주현(太白晝見)을 보면, 태백주현은 금성이 낮에 보이는 현상으로 삼국시기 이래로 심각한 재이로 간주되었다.[156] 『천문유초(天文類抄)』에서는 "(태백성이) 경천(經天)하면 천하에 혁명이 일어나 백성이 임금을 바꿔 기강이 어지러워지고 인민이 유망한다. (태백성이) 낮에 나타나 해와 더불어

154) 구만옥, 앞의 글, 2012, 373쪽.

155) 『星湖僿說』 卷1, 天地門, '災異', 33ㄴ(1책, 19쪽), "盖灾異有屬天者, 有屬地者, 有屬人者, 不可不辨. 天行不息, 二曜五緯, 厥有常度, 其薄蝕凌犯, 豈因一國之小一事之微而有所移易哉. 如君一言星退三舍之類, 吾未之信也. 又如彗孛蚩尤之類, 彌亘時日萬國之所同望者, 乃時運之所値, 皆屬乎天者也, 如山崩川竭, 地圻水鬪之類, 皆屬乎地, 地運之所値, 亦未必是人事感召也."

156) 박성래, 앞의 책, 2012, 99~112쪽.

밝음을 다투면 강국(强國)은 약해지고 소국(小國)은 강해지며 여주(女主)가 번창한다"고 했다.157) 양의 정수였던 해가 다른 물체와 빛을 다투는 모습이 아무래도 '불길하게' 보였던 것 같다.

그러나 이익은 금성이 해와 빛을 다투는 게 아니라고 했다.

> 태백성이 낮에 보이는 것을 두고 사람들이 태양빛이 쇠약해졌다고 하는 것은 망령된 말이다. 해는 한결같다.158)

이익은 동쪽에서 해가 떠오를 때 사람이 해를 똑바로 볼 수 있는 것은 햇빛이 약해져서가 아니라 땅(의 기운)에 의해 막혔기 때문이라고 했다. 그리고 같은 이치로 해가 중천에 떠서 가로막는 것이 하나도 없으면 눈이 찌푸려져 제대로 바라볼 수가 없는 것이라고 했다.159)

이익은 달이나 별이 햇빛을 받아 빛을 낸다고 이해했고, 사람이 달과 별을 볼 수 있는 것은 지기(地氣)의 성쇠에 따른 것이라고 했다. 지기에 따라 동쪽에서는 보이더라도 서쪽에서는 보이지 않을 수도 있고, 남쪽에서는 보이더라도 북쪽에서는 보이지 않을 수도 있다고 했다. 재이, 즉 태백성이 낮에 보이는 것은 이를 따른다고 했다.160)

> 그러나 대지(大地) 안에서 기(氣)는 항상 유행하는데 혹은 두텁기도 하고

157) 『天文類抄』 下, 6ㄱ, "經天天下革民更主, 是爲亂紀, 人□流亡. 晝見與日爭明, 彊國弱, 小國彊, 女主昌."

158) 『星湖僿說』 卷2, 天地門, '太白見', 25ㄴ(1책, 43쪽), "太白晝見, 人謂太陽光衰者, 妄也. 日則一也."

159) 『星湖僿說』 卷2, 天地門, '太白見', 26ㄱ(1책, 43쪽), "其出在東方, 人能注視, 無瞬何也. 是亦太陽之氣, 朝必衰而然耶. 此地氣爲之遮隔也. 地氣者, 陰氣也. 從夕至朝日入地底, 陰氣醲厚, 故人從地面橫看, 始昇之日, 如琉璃鏡之隔目, 所以能見其全體也. 至於中天, 以後陰氣已散, 視日目眩, 而其體亦小矣."

160) 『星湖僿說』 卷2, 天地門, '太白見', 26ㄱ(1책, 43쪽), "凡月星之類, 皆借日得光者. 故視亦不眩, 而或陰氣太盛, 抗日不散, 則星之大而近者, 又可見矣. 此由地氣之盛衰, 故見於東者, 未必見於西, 見於南者, 未必見於北. 所見之地, 灾必隨之."

> 혹은 얇기도 해 이치로는 비록 재이라 하더라도 심한 이변에 이르지는 않을 것이다. 점을 보는 자가 어떻게 생각할지는 모르겠다.[161]

햇빛을 받아 빛을 내는 태백성은 음기의 두텁고 얇음에 따라 보이기도 하고 보이지 않기도 한다. 보이면 재이가 되고 보이지 않으면 재이가 되지 않으니 '재이'는 이것을 따르는 것뿐이라고 했다. 그래서 태백성이 낮에 보이는 재이가 있다고 해서 이것이 큰 이변이 되는 것은 아니라는 것이었다. 태백주현을 보고 길흉의 점을 쳤던 완점자(玩占者)야 어떻게 생각했을지 모르겠지만 이익에게 태백주현은 큰 재이가 아니었다.

이어서 백홍관일(白虹貫日)에 대한 이익의 설명을 보자.

> 도장경(屠長卿)이 "형가(荊軻)가 진(秦)에 들어가니 흰 무지개가 해를 꿰었다. 시황(始皇)이 비록 무도(無道)했지만 한 시대의 공주(共主)였다. 비수(匕首)로 그를 범하려 하니 어찌 천문이 움직이지 않으랴"라고 했는데 이 말은 밝지가 않다.[162]

도장경은 명(明)의 도륭(屠隆, 1542~1605)이다. 진(秦) 시황(始皇) 20년(기원전 219) 형가의 진시황 암살 사건이 일어났을 때[163] 백홍관일의 재이가 있었다면서 도륭은 천문이 감응하여 이것이 일어났다고 했는데 이익은 이를 두고 설명이 밝지 않다고 했다.

이익은 무지개와 무리의 종류는 반드시 운기(雲氣)가 있어야 생기기 때문

---

161) 『星湖僿說』 卷2, 天地門, '太白見', 26ㄱ(1책, 43쪽), ""然大地之內, 氣常流行, 或厚或薄, 理所不免, 雖爲灾, 恐不至於甚異也, 未知玩占者, 以爲如何."

162) 『星湖僿說』 卷3, 天地門, '白虹貫日', 3ㄴ~4ㄱ(1책, 73쪽), "屠長卿云, 荊軻入秦, 白虹貫日. 始皇, 雖無道, 一代共主. 匕首犯之, 安得不動天文. 此說未明."

163) 『史記』 卷6, 秦始皇本紀6, "(始皇帝) 二十年, 燕太子丹患秦兵至國, 恐, 使荊軻刺秦王. 秦王覺之, 體解軻以徇, 而使王翦辛勝攻燕. 燕代發兵擊秦軍, 秦軍破燕易水之西."; 同 卷86, 刺客列傳26, 荊軻 ; 『星湖僿說』 卷21, 經史門, '荊軻', 18ㄱ~19ㄱ(7책, 49~50쪽) 참고.

에 운기가 없으면 무지개도 없다고 했다. 그리고 운기는 땅에서 멀지 않고 해에 가까워지면 소멸하기 때문에 무지개가 해[火輪]를 꿰뚫는 것이 아니라고 했다. 다만 햇빛이 약할 때 무지개가 해를 가리게 되면 사람이 밑에서 그것을 우러러보기 때문에 그렇게 보이는 것일 뿐이라고 했다.[164)]

그는 또 자신의 경험에 비추어 무지개는 반드시 무리로 인하여 생긴다고 했다.[165)] 구름에 의해 무리가 생기고 또 무리에 의해 무지개가 생기니 이것이 형성된 곳에서는 보이겠지만, 그렇지 않으면 보이지 않는다는 게 이익의 설명이다. 백홍관일이 연(燕)에서는 보였을지라도 진(秦)에서는 보이지 않았을 수도 있고, 그러니 백홍관일은 형가 때문에 일어난 것이 아니라고 했다.[166)]

> 연(燕)이 망할 조짐인 까닭에 연의 사람들은 그것을 두려워했겠으나 만약 천하가 모두 이 재이를 당한다고 한다면 이것은 천문에 몽매함이 심한 것이다.[167)]

백홍관일이 연에서 일어났다면 연에서는 이것을 망조(亡兆)로 여겨 두려워할 수는 있다. 그러나 백홍관일은 구름에 의해 일어난 무리가 만든 것으로 형가의 진시황 암살 시도와는 관계가 없고 더욱이 연에서 보인 백홍관일이 진에서는 보이지 않았을 수도 있으므로 천하의 재이가 될 수는 없다는

---

164) 『星湖僿說』 卷3, 天地門, '白虹貫日', 4ㄱ(1책, 73쪽), "虹暈之類, 必憑雲氣而成, 其無雲處, 安得有虹哉. 雲氣者, 距於地不遠, 上近太陽, 則消滅無痕, 虹安得實貫火輪乎. 陽氣衰歇, 災翳中衡, 而人從下, 仰視故也."

165) 『星湖僿說』 卷3, 天地門, '白虹貫日', 4ㄱ(1책, 73쪽), "余昔嘗見此變, 未有無暈而獨有貫日之氣也, 必虹因暈起, 雲高則暈小, 雲低則暈大, 虹則貫過, 與暈相交處, 亦必有火光透照, 所謂珥也."

166) 『星湖僿說』 卷3, 天地門, '白虹貫日', 4ㄱ(1책, 73쪽), "則虹貫之變, 地雖見, 而秦未必有也, 變生非爲軻也."

167) 『星湖僿說』 卷3, 天地門, '白虹貫日', 4ㄱ(1책, 73쪽), "卽燕亡之兆, 故燕人畏之, 若曰天下共此災, 則昧於乾文甚矣."

게 이익의 논리였다.

태백주현이나 백홍관일은 오래전부터 재이였다. 인사의 잘잘못에 따라, 군주의 심성수양이 부족해서든 아니면 백성의 삶이 곤궁해서든, 인사 때문에 일어난 재이였다. 그런데 이익의 설명에 따르면 태백주현이나 백홍관일은 평범한 천문·기상 현상일 뿐이다. 운기(雲氣)와 지기(地氣) 등 자연의 조건에 따라 나타날 수도 있고 나타나지 않을 수도 있는 자연 현상일 뿐이었다. 이 점에서 이익은 '사실로서의 재이'는 인정하지 않았다고 할 수 있겠다.

그러나 이익은 '가치로서의 재이'는 중시했다.

> 군주는 지극히 높으나 군주의 위에는 하늘이 있다. 군주가 하늘을 두려워하지 않는 것은 마치 백성이 군주를 두려워하지 않는 것과 같다. 백성의 나쁜 짓에는 나라에서 정한 법이 있지만, 군주가 도를 잃더라도 하늘이 항상 재화(災禍)를 내리는 게 아닌 까닭에 혹 재이가 위에서 보이더라도 군주는 두려워하지 않는다.[168)]

지극히 높은 군주가 두려워해야 하는 것은 하늘, 즉 재이뿐이었다. 이익이 염려한 것은 군주가 재이를 두려워하지 않는 것이었다. 그런데 모사모응의 감응만으로 재이를 설명하면 감응이 맞을 때도 있고 맞지 않을 때도 있어서 이렇게 맞지 않을 때 군주는 방자하고 교만해지기가 쉬웠다. 천인(天人)이 비록 서로 관여한다지만 북을 치면 소리가 이르듯 일일이 감응하는 것은 아니었다.[169)] 즉, 천인감응의 논리로써 재이론을 설명하면 자칫 군주가 재이를 두려워하지 않게 될 수도 있었다.

그래서 이익은 재이를 천수(天數)의 액운(厄運)이라고 했다.[170)] 앞에서도

---

168) 『星湖僿說』 卷1, 天地門, '災異', 33ㄱ~ㄴ(1책, 19쪽), "人君至尊也, 君之上有天. 君不畏天, 如民不畏君也. 民之奸宄, 國有定律, 君之失道, 天未必降禍, 故雖或灾異上見, 君不畏懼也."

169) 『星湖僿說』 卷2, 天地門, '慕齋論天灾', 61ㄱ(1책, 61쪽), "自古言灾異者, 謂某灾爲某事之應, 及其未驗, 則人君益恣驕侈之心, 天人雖曰相叅, 豈皆一一感召, 若桴鼓耶."

170) 『星湖僿說』 卷2, 天地門, '慕齋論天灾', 61ㄴ(1책, 61쪽), "然灾異之見, 亦必是天數之厄運."

보았지만, 재이를 천수로 본다는 것은 당시로서는 과감한 주장이었다.[171) 천수는 자연 현상을 의미한다. 그는 자연 현상의 작동·운영 이치는 본래 바르지만, 기수(氣數)의 영향을 받아 바르지 않게 작동·운영될 때도 있다고 보았다. 즉, 재이는 기수의 영향으로 바르지 않게 나타난 자연 현상이라는 것이었다. 예컨대 장마가 지고 가뭄이 드는 것을 두고 무지한 백성[頑氓]은 하늘을 원망하지만, 이것은 자연의 기수에 의한 것일 뿐 하늘이 그렇게 하는 게 아니라고 했다.[172) 또 수재(水災)와 한재(旱災)가 겹쳤던 탕왕(湯王) 대에도 마침 액운이 이르러 그랬던 것뿐이지 탕왕의 덕이 부족하여 수·한재가 온 것이 아니라고 했다.[173)

그런데 재이를 천수의 액운이라고만 하면 재이가 발생하더라도 인사를 닦을 필요는 없게 된다. 재이는 인사가 아니라 기(氣)에 따라 발생하는 것이 되기 때문에 굳이 인사를 닦을 필요가 없는 것이었다. 그렇지만 인사를 닦지 않으면 막상 액운이 닥쳤을 때 액운을 이겨내지 못한다는 게 이익의 논리였다.

> 하늘 속 해와 달의 박식(剝食)과 같은 것은 다 정해진 도수가 있어 그러한 것이고, 혜성(彗星)과 패성(孛星)이 비록 괴이쩍다고 하나 천하가 다 같이 보는 것인데, 어찌 우리나라만을 위하여 나오는 것이겠는가? 그러나 재이가 나타나는 것 역시 천수(天數)의 액운이다. 하늘도 면하지 못하는데 하늘 밑에 사는 사람이 그 액운을 놓고 어찌 편안히 지낼 수 있겠는가? 이를테면 겨울이 춥고 여름이 더운 것은 필연의 이치이다. 사람은 조심하지 않으면 겨울에는 반드시 추위에 상하고 여름에는 반드시 더위에 병들어 죽는 사람이 많을 것이니 금천(衿川)이라고 유독 면할 수 있겠는가? 또한 더구나

171) 본서 제5장 2절 1소절 참고.

172) 『星湖僿說』 卷12, 人事門, '頑氓怨天', 22ㄱ(5책, 11쪽), "頑氓不識, 乍潦則怨天, 暫乾則詈地, 謂天必欲殲人, 天豈不欲栽養之哉, 氣數或有不免也."

173) 『星湖僿說』 卷24, 經史門, '桑林禱雨', 59ㄱ(9책, 73쪽), "魏伯陽曰, 湯遭厄際, 水旱隔幷, 是天有厄運, 而湯適際其會, 非湯有愆德而然也, 其厄運也, 如歲之有冬日之有夜, 不可免也."

> 별이 떨어지고, 해가 어두워지며, 요기가 서리고 어두컴컴해지는 것 등이 유독 그 땅만 그러하다니, 더욱 경계해야 할 일이다.[174)]

천수의 액운은 누가 준 것도 누가 부른 것도 아니다. 그래서 누군가의 잘잘못으로 닥친 것이라고도 할 수가 없다. 그렇지만 일단 액운이 오면 액운을 떨쳐내기 위해 인간으로서의 노력을 해야 한다는 게 이익의 설명이었다. 겨울의 추위와 여름의 더위는 누가 부르는 게 아니지만, 대비를 하지 않으면 큰 손상을 입는다. 재이는 천수의 액운으로서 누군가의 잘잘못으로 인해 초래된 것은 아니지만, 이것을 해소하기 위해서는 마땅히 인사를 닦고 경계해야 하는 것이었다. 요컨대 이익은 '액운(厄運)'이라는 개념을 활용해서 '사실'이 아닌 '가치'로서의 재이를 인정하여 전통 재이론에 변형을 가한 것이라고 할 수 있겠다.

2) 홍대용(洪大容)의 기론적(氣論的) 자연관과 과학적 재이론

낙론계의 학풍을 보면, 자연학과 관련하여 단연 소옹(邵雍)의 상수학(象數學)이 주목된다.[175)] 17세기 이래 경기지역을 중심으로 활동했던 낙론계는 상수학적 우주론 연구에 몰두했다. 특히, 김창흡(金昌翕, 1653~1722)의 격려 속에서 상수학 연구로 일가를 이룬 김석문(金錫文, 1658~1735)의 상수학은 김원행(金元行, 1702~1772)이 크게 인정했고, 그 문하에도 상당한 영향을 끼쳤다.[176)] 주지하듯 홍대용은 김원행의 문하에 있었고, 김석문의 지전설 논의가 김원행을 통해 홍대용에게 전수되었다고 볼 수 있다.[177)]

---

174) 『星湖僿說』 卷2, 天地門, '慕齋論天災', 61ㄱ~ㄴ(1책, 61쪽), "大圓之內, 日月剝食, 皆有定度, 彗孛雖異, 於是天下同看, 何獨爲我國而發耶. 然灾異之見, 亦必是天數之厄運, 天亦不免, 居天之內者, 値其厄運, 豈晏然而已乎. 如冬寒而夏熱, 必然之理. 然人而不愼, 冬必傷寒, 夏必病暑, 多致其死, 衿川其可獨免乎. 又況星殞日晦氛祲昏霧之類, 獨其地然爾尤爲可戒."

175) 조성산, 『조선후기 낙론계 학풍의 형성과 전개』, 지식산업사, 2007, 43~55쪽.

176) 유봉학, 『燕巖一派 北學思想 研究』, 일지사, 1995, 82쪽.

그러나 홍대용은 상수학을 비판했다. 예컨대 하도(河圖)의 형상에서 역법의 원리를, 그리고 낙서(洛書)에서 지리(地理)의 원리를 추적하려는 소옹과 주희의 시도는 추론이 너무 심하다고 혹평했다.[178] 그뿐만 아니라 홍대용은 『계몽기의(啓蒙記疑)』 곳곳에서 복잡한 산술적 계산을 통해 우주 만물이 생성·소멸된다는 식의 설명에 대해 '이해할 수 없다[不可解]', '명확하지 않다[未明]', '그렇지 않다[不然]' 등으로 일관했다.[179] 이처럼 홍대용은 낙론계로부터 학문적 세례를 받았으면서도 상수학적 우주론을 비판했다.

상수학에서는 자연과 인간을 아우르는 하나의 보편적인 질서, 일리(一理)를 상정하여 우주 만물의 생성과 변화와 소멸을 설명한다.[180] 인간 세계와 자연 세계를 관통하는 보편적인 원리를 선험적으로 설정하는데, 홍대용의 상수학 비판은 이 지점에서 이루어졌다. 홍대용이 전통적인 음양설(陰陽說)이나 오행설(五行說)을 비판한 사실은 이미 많은 연구에서 지적한 바인데,[181] 상수학 비판 또한 그의 전통적인 천인감응(天人感應)에 대한 부정 속에서 읽을 수 있다.

홍대용은 주자학의 그것과는 달리 기(氣)의 소이연(所以然)으로서 리(理)를 두지 않고서 순수한 기(氣)의 운동으로 우주와 자연의 탄생을 설명했다. 참고로 기일원론적(氣一元論的) 자연관과 우주론 전통은 장재(張載, 1020~1077)에 의해 형성된 것이다. 장재는 『정몽(正夢)』 「태화(太和)」에서 우주론 논의의 출발을 기(氣)로 충만한 태허(太虛)로 설정했다. 분화되지 않은 채 태허에 가득했던 태초의 기(氣)는 운동을 그 본질의 속성으로 갖고 있었는데, 이 기(氣)의 운동으로 우주의 만물이 형성되었다는 게 그 우주생성론의 기본적인 논의이다. 장재의 기일원적 우주론은 주희가 계승했고, 주희는

177) 具萬玉, 앞의 책, 2004, 253쪽.

178) 『湛軒書』 內集, 卷1, 「啓蒙記疑」, 52ㄱ~ㄴ(248책, 30쪽), "邵朱之意盖如此, 恐推之太深."

179) 문중양, 「18세기 조선 실학자의 자연지식의 성격-象數學的 우주론을 중심으로-」, 『한국과학사학회지』 21-1, 1999, 53~54쪽.

180) 조성산, 앞의 책, 2007, 55~61쪽.

181) 문중양, 앞의 글 1999, 53쪽 ; 具萬玉, 앞의 책, 2004, 455쪽.

여기에 주돈이(周敦頤, 1017~1073)를 통해서 흡수한 태극론(太極論)을 결합하여 우주론을 정립했다.[182)]

홍대용은 시공적(時空的)으로 무한(無限)한 공간인 태허(太虛)를 두고, 태허를 가득 채우고 있는 기(氣)가 쌓이고 모이고 응고하여 질(質)을 형성하며, 질의 회전과 정지·운동으로 천체(天體)가 형성된다고 했다.[183)] 이것이 홍대용의 우주생성론이다. 주희가 기(氣)의 운동을 주재하는 태극=리를 둔 것과는 달리 원초적인 기(氣)에서부터 우주의 생성을 설명한 점은 확실히 주자학에서의 그것과는 다른 점이라고 하겠다.

홍대용은 이 연장에서 전통적인 음양설(陰陽說)을 비판했다. 음양이란 '태양빛[日火]의 강약[淺深]' 정도에 속할 뿐 후세 사람의 말대로 천지(天地) 사이에 별도의 음양 두 기가 있어 조화(造化)를 주재[主張]하는 것이 아니라고 했다.[184)] 나아가 그는 음양에 얽매이고 의리(義理)에 빠져 천도(天道)를 살피지 못한 것은 선유(先儒)의 잘못이라고도 했다.[185)]

홍대용은 종래에 재이로 여겨졌던 현상을 기(氣)로 설명하며 인사(人事)와는 무관하게 각각 이유가 있어 일어나는 것이라고 했다. 먼저 천체 현상 중 유성(流星)·요성(妖星)·혜성(彗星)·패성(孛星)은 공계(空界)에서 〈기(氣)가〉 엉키고 합쳐져 이루어진 것도 있고, 〈유성·요성·혜성·패성의〉 각 계의 기(氣)가 서로 융합하여 이루어진 것도 있으며, 융계(融界)의 남은 기(氣)가 흘러서 이루어진 것도 있는데, 모두 다 이유가 있어서 생긴다고 했다.[186)]

---

182) 야마다 케이지 지음(김석근 옮김), 앞의 책, 1991, 57쪽.

183) 『湛軒書』 內集, 卷4, 補遺, 「毉山問答」, 19ㄱ(248책, 91쪽), "吾將先言天地之情. 太虛寥廓, 充塞者氣也. 無內無外, 無始無終, 積氣汪洋, 凝聚成質, 周布虛空, 旋轉停住, 所謂地月日星是也."

184) 『湛軒書』 內集, 卷4, 補遺, 「毉山問答」, 30ㄱ(248책, 96쪽), "究其本則實屬於日火之淺深, 非謂天地之間, 別有陰陽二氣, 隨時生伏主張造化, 如後人之說也."

185) 『湛軒書』 內集, 卷4, 補遺, 「毉山問答」, 27ㄴ(248책, 95쪽), "實翁曰, 拘於陰陽, 泥於理義, 不察天道, 先儒之過也."

186) 『湛軒書』 內集, 卷4, 補遺, 「毉山問答」, 27ㄱ(248책, 95쪽), "虛子曰, 敢問流妖彗孛, 何氣致然. 實翁曰, 此不一端. 有凝合於空界而成者, 有各界之氣相盪而成者, 有融界之餘氣流走而成者, 此皆所以然而致也."

그리고 태백성이 낮에 보이는 현상에 대해서는, 태백성은 스스로 빛을 못 내고 햇빛을 받아 빛을 낸다는 점을 지적하며 그 자체의 성쇠[衰旺] 때문에 그런 것은 아니라고 했다.[187)]

다음으로 일체의 기상 현상 또한 기(氣)로 설명했다. 바람은 지구의 한 모퉁이에서 일어난다고 했다. 지구가 회전하면서 높은 산과 깊은 골이 격동하게 되고 이 까닭에 허(虛)한 기(氣)가 나부끼고 일렁거리며 사방에서 나와 바람이 된다고 했다. 격동이 급하면 바람이 사납고 격동이 느리면 바람도 조용하다고 했다.[188)] 구름은 산천(山川)의 기(氣)가 올라가 엉기어 형체를 이룬 것으로 본래 빛은 맑지만 햇빛의 작용으로 여러 색깔을 낸다고 했다. 맑게 보이는 것은 한낮에 햇빛을 바로 받아 그런 것이고, 검게 보이는 것은 구름이 두껍게 쌓여 빛을 받지 못해 그런 것이고, 아침저녁으로 붉게 보이는 것은 지기(地氣)가 해에 부딪혀 그런 것이라고 했다.[189)] 비는 시루 속에서 이슬이 맺히는 현상에 빗대어 설명했다. 수토(水土)의 증기(蒸氣)가 공중에 증발하여 오르다가 빽빽한 구름에 막혀 샐[泄] 데가 없으면 엉기어 비가 된다고 했다. 그러므로 증기는 있어도 구름이 빽빽하지 않으면 비가 되지 못하고, 구름이 빽빽해도 증기가 없으면 역시 비가 되지 못한다고 했다.[190)] 눈·서리·우박도 같은 원리로 설명했는데, 눈은 냉기(冷氣)가 증발한 것이고, 서리는 온기(溫氣)와 냉기가 섞인 것이며, 우박은 온기와 냉기가

---

187) 『湛軒書』 內集, 卷4, 補遺, 「毉山問答」, 27ㄱ~ㄴ(248책, 95쪽), "虛子曰, 太白午見, 芒氣之盛也, 敢問衆界之氣, 時有衰旺歟. 實翁曰, 太白包日, 其圍半在日外, 半在日內, 在外者遠於地, 在內者近於地. 且太白無光, 受明於日, 晦望如月, 近於地而明滿於下者, 光盛於地而日不能掩也, 非體有衰旺而然也."

188) 『湛軒書』 內集, 卷4, 補遺, 「毉山問答」, 28ㄱ(248책, 95쪽), "嘗試言之. 風者生於地角, 地之轉也, 不能無掀搖, 山嶺之高, 隧壑之深, 不能無激盪. 故虛氣簸漾, 四出而爲風. 激之急者其風猛, 激之徐者其風緩."

189) 『湛軒書』 內集, 卷4, 補遺, 「毉山問答」, 28ㄱ(248책, 95쪽), "雲者, 山川之氣騰結而成形, 其色本淡, 借日光以成雜采, 日午多白, 正受光也, 其黑者, 積厚而陰也, 朝夕多紅紫, 地氣之盪日也."

190) 『湛軒書』 內集, 卷4, 補遺, 「毉山問答」, 28ㄱ(248책, 95쪽), "雨者, 甑露之勢也. 水土之氣蒸騰于空, 鬱于密雲, 無所泄而凝成, 氣蒸而雲不密則不成雨, 雲密而氣不蒸則亦不成雨."

서로 부딪쳤을 때 내리던 비가 급작스럽게 언 것이라면서 이 모두는 증기(蒸氣)에서 생기는 비의 종류라고 했다.[191] 천둥은, 갇혔던 증기가 서로 부딪히면 불이 나는데 그 빛이 번개이고 그 소리가 천둥이라고 했다. 번개가 먼저 번쩍이고 천둥소리가 나중에 들리는 것은 멀기 때문이고, 번개와 천둥이 한 번에 오는 것은 가깝기 때문이라고 했다.[192] 무지개는 수기(水氣)로서 아침에는 동쪽에서 저녁에는 서쪽에서 햇빛을 빌려 이루어진다고 했다. 해가 비스듬히 비치면 반드시 둥근 형태가 반원을 이루게 되고, 정오가 되면 수기(水氣)가 두텁지 못하기 때문에 무지개가 없어진다고 했다. 햇무리와 달무리는 무지개의 한 종류로 허공에서 반드시 원모양을 이루는데, 이것은 해와 달이 둥글기 때문이라고 했다.[193] 무릇 천도(天道)의 재변(災變)으로 여겨졌던[194] 이상의 천체 및 기상 현상은 홍대용에게는 기(氣)의 작용에 따라 일어나는 평범한 자연 현상에 불과했다.

홍대용은 분야설(分野說)과 풍수지리설(風水地理說)도 비판했다. 오위(五緯)는 오행(五行)의 정기(精氣)이고, 항성(恒星)은 중물(衆物)의 상징으로서 아래의 지계(地界)가 여기에 응하여 요상(妖祥)의 징험이 있다는 설명은 술가(術家)의 좁은 소견이라고 했다.[195] 그리고 별에 이름을 붙이는 것은 역가(曆家)가 임시로 정했던 것[權定]인데 복술가(卜術家)가 부연하고 억지로 맞추고 세속의 일[俗事]을 곁들이면서 그들의 무기로 변했으니 그 지리(支離)

---

191) 『湛軒書』 內集, 卷4, 補遺, 「毉山問答」, 28ㄱ(248책, 95쪽), "雪者, 冷氣之蒸也. 霜者, 溫冷之褋也, 雹者, 溫冷相薄, 急雨之凍也. 皆成於蒸氣, 雨之類也."

192) 『湛軒書』 內集, 卷4, 補遺, 「毉山問答」, 28ㄱ(248책, 95쪽), "雷者, 蒸氣隔鬱, 相撞發火, 電者其光也, 雷者其聲也. … 先電而後雷者, 發於遠也, 電雷並作者, 發於近也."

193) 『湛軒書』 內集, 卷4, 補遺, 「毉山問答」, 28ㄴ(248책, 95쪽), "虹者, 水氣也. 朝東夕西, 借日以成, 日之斜射, 必成半規. 日午無虹, 水氣不厚也. 日月之暈, 虹之類也, 成於空故必成全規, 虹暈之成規, 日月之圓也."

194) 『湛軒書』 內集, 卷4, 補遺, 「毉山問答」, 27ㄴ(248책, 95쪽), "虛子曰, 風雲雨雪霜雹雷霆虹暈, 凡天道之變, 可得悉聞歟."

195) 『湛軒書』 內集, 卷4, 補遺, 「毉山問答」, 25ㄴ(248책, 94쪽), "虛子曰, 然則五緯, 五行之精也. 恒星, 衆物之象也. 下應地界, 妖祥有徵, 何也. 實翁曰, 五星之體, 各有其德, 五行之分屬, 術家之陋也."

하고 허망[乖妄]함은 분야(分野)에 이르러 극에 달하였다고 했다.[196] 특히 분야설은, 지계(地界)는 태허에 비하면 미세한 티끌도 안 되고, 중국은 전(全) 지계(地界)의 십수(十數) 분의 일도 되지 않는데, 전(全) 지계(地界)에 빗대면 모를까 중국의 구주(九州)에 별을 억지로 배당해 재이와 상서를 엿보았기 때문에 허망한 것이라고 했다.[197] '분야(分野)'라는 말이 비록 오래전부터 전해져 온 것이지만 천체 현상의 부응(符應)은 모두 믿을 것이 못 된다는 게 그의 주장이었다. 감응의 이치는 사람들이 몹시 믿고 의지하여 그렇게 느껴졌던 것인데, 사실 이것은 허공에 허영(虛影)[幻影]을 잡는 것과 같다고 했다. '기성(箕星)이 나타나면 바람이 불고 필성(畢星)이 나타나면 비가 온다'라는 식의 말은 세속에서 만들어진 말일 뿐 기성과 필성이 참으로 그러한 것은 아니라는 게 그의 설명이었다.[198]

그리고 택조(宅兆)의 길흉과 자손의 화복(禍福)이 서로 감응(感應)한다는 이치에 대해서도 허망(虛妄)한 것이라고 했다. 감응에 관한 논의는 허망한 것이지만 사람이 오랫동안 믿고 마음을 모으면 무(無)를 상상하여 유(有)도 만들 수 있다고 했다.[199] 그리고 재이와 상서, 길흉, 흠향, 화복 등도 모두 같은 이치라고 했다.

---

196) 『湛軒書』 內集, 卷4, 補遺, 「醫山問答」, 26ㄱ(248책, 94쪽), "惟曆象推步, 資於宮度, 星之有名, 曆家之權定也. 乃若繁衍牽合, 參以俗事, 轉作術家之欛柄, 支離乖妄, 極於分野."

197) 『湛軒書』 內集, 卷4, 補遺, 「醫山問答」, 26ㄱ(248책, 94쪽), "夫地界之於太虛, 不啻微塵爾, 中國之於地界, 十數分之一爾. 以周地之界, 分屬宿度, 猶或有說, 以九州之偏, 硬配衆界, 分合傅會, 窺覘灾瑞, 妄而又妄, 不足道也."

198) 『湛軒書』 內集, 卷4, 補遺, 「醫山問答」, 26ㄱ~ㄴ(248책, 94쪽), "虛子曰, 然則分野之說, 流傳已久, 或有明徵, 好風好雨, 熒惑守心, 凡乾象之符應, 皆不足信乎. 實翁曰, 衆口鑠金, 積毁銷骨, 口不可鑠金, 毁不可銷骨, 猶致銷鑠者, 人衆而勝天也. 技術雖妄, 人心有感, 依信之極, 或致徵應, 此撮空之虛影也, 眩於虛影, 不察情實, 惑之甚矣. 且箕風畢雨, 因其俗諺, 借明民情, 非謂兩星眞有是好. 若熒惑之行, 時有包旋, 留守進退, 緣於地觀, 天高聽卑, 司星之謬也."

199) 『湛軒書』 內集, 卷4, 補遺, 「醫山問答」, 33ㄴ(248책, 98쪽), "虛子曰, 宅兆有吉凶, 子姓有禍福, 一氣感應, 亦有其理乎. 實翁曰, 重囚在獄, 宛轉楚毒, 至不堪也, 未聞重囚之子身發惡疾, 况於死者之體魄乎. 雖然, 技術之妄, 實無其理, 傳信之久, 衆心合靈, 想無成有, 往往有中人之機巧, 天亦隨之, 鑠金銷骨, 自有其理."

> 천문(天文)에서의 재이와 상서, 복서(卜筮)에서의 길흉(吉凶), 기양[禱]과 제사[祀]에서의 귀신의 흠향[格響], 지술(地術)에서의 화복(禍福)은 모두 그 이치가 같다.[200)]

자연 현상과 인간 사회의 치란(治亂)은 아무런 관련이 없다는 게 홍대용의 한결같은 주장이었다. 자연 현상은 기(氣)에 따라 생성·소멸하며 각기 이유가 있어 존재하는 것이지 인간 사회와의 감응에 따라 그러한 것이 아니라고 했다. 이것은 감응을 믿고 의지한 인간이 만들어 낸 허구에 지나지 않고 과학적인 근거가 전혀 없는 설(說)이라고 일축했다.

홍대용은 만물 생성의 근원으로 기(氣)를 두었다. 그는 기(氣) 자체에 운동성을 부여하여 균일한 기(氣)가 흩어지고 모이고 엉기고 뭉쳐져서 각기 다른 질(質)을 만든다고 보았다. 홍대용의 우주생성론은 기(氣)의 소이연(所以然)으로서 리(理)를 두지 않았다는 점에 그 특징이 있다. 주재적이고 근원적인 리(理)를 두지 않고, 철저하게 기(氣) 자체의 운동과 변화를 통해 일체 자연 현상의 생성과 소멸을 설명했다.

홍대용이 자연 현상을 설명하면서 선험적인 리(理)를 두지 않은 것은 실측을 중시했던 그의 태도에서 연유한 것이다. 그의 '지구(地球)' 설명이 유명한데, 달이 해를 가리면 일식이 되고 땅이 해를 가리면 월식이 되는데 일식이나 월식이 모두 둥근 것은 가려진 체(體)가 둥글어서 그런 것이라고 했다.[201)] 일설에 그 덕(德)을 이른 것이라고도 하는 '하늘은 둥글고 땅은 네모나다[天圓而地方]'라는 설에 대해서는 옛사람이 기록하고 전한 말을 믿는 것에 불과하고, 이보다는 바로 눈앞에 직접 증명할 수 있는 실경(實境)을 따라야 한다고 했다.[202)] 그러면서 세상 사람은 옛것에 안착하여 습관적으로

---

200) 『湛軒書』 內集, 卷4, 補遺, 「毉山問答」, 33ㄴ(248책, 98쪽), "夫天文之祥祲, 卜筮之休咎, 禱祀之格響, 地術之禍福, 其理一也."

201) 『湛軒書』 內集, 卷4, 補遺, 「毉山問答」, 19ㄴ(248책, 91쪽), "月掩日而蝕於日, 蝕體必圜, 月體之圜也, 地掩日而蝕於月, 蝕體亦圜, 地體之圜也. 然則月蝕者, 地之鑑也. 見月蝕而不識地圜, 是猶引鑑自照而不辨其面目也, 不亦愚乎."

살피지 않는다고 꼬집었다. 이치가 눈앞에 있는데도 그 이치를 찾지 않고, 종신토록 하늘을 이고 땅을 밟고 살면서도 그 정상(情狀)을 보는 데에는 우매하다고 했다. 오직 서양의 한 지역이 지혜와 기술이 정밀하고 소상하며 측량(술)도 해박하고 자세하여 지구의 설은 의심의 여지가 없다고 했다.[203]

실측을 중시하는 태도는 사물을 객관적으로 바라보는 자세에 닿는다. 홍대용은 사물을 사람의 관점이 아닌 하늘의 관점에서 보아야 한다고 했다. 천지 간에 오직 사람만이 귀하고 금수(禽獸)와 초목(草木)은 천하다는 설은 잘못된 것이라고 보았다. 오륜(五倫)과 오사(五事)는 사람의 예의(禮義)이고, 떼를 지어 다니고 서로 불러 먹이는 것은 금수의 예의이며, 떨기로 나서 무성하게 자라는 것은 초목의 예의라고 했다. 그러면서 사람의 관점에서 보면 사람이 귀하고 사물이 천하고, 사물의 관점에서 보면 사물이 귀하고 사람이 천하며, 하늘의 관점에서 보면 사람과 사물은 균등하다고 했다.[204] 즉, 하늘의 관점에서 사물을 봐야지[以天視物], 사람의 관점에서 사물을 봐서[以人視物]는 안 된다는 것이었다.[205] 사람의 주관적인 가치 기준이 아니라 '하늘'로 표상된 객관적인 가치 기준에 입각하여 사물을 판단해야 한다는 것이었다.

홍대용이 자연 현상을 설명하면서 선험적인 리(理)를 두지 않았던 배경에는 이러한 자연관이 있었다. 사물을 객관적으로 바라보며 실측을 중시했던 그였기에 경험으로 얻지 못하는 선험적이고 추상적인 관념을 수용할 수

---

202) 『湛軒書』 內集, 卷4, 補遺, 「毉山問答」, 19ㄴ(248책, 91쪽), "夫天圓而地方者, 或言其德也. 且爾與其信古人傳記之言, 豈若從現前目訂之實境也."

203) 『湛軒書』 內集, 卷4, 補遺, 「毉山問答」, 21ㄴ(248책, 92쪽), "世之人, 安於故常, 習而不察. 理在目前, 不曾推索, 終身戴履, 昧其情狀. 惟西洋一域, 慧術精詳, 測量該悉, 地球之說, 更無餘疑."

204) 『湛軒書』 內集, 卷4, 補遺, 「毉山問答」, 18ㄴ(248책, 90쪽), "虛子曰, 天地之生, 惟人爲貴. 今夫禽獸也草木也, 無慧無覺, 無禮無義, 人貴於禽獸, 草木賤於禽獸. 實翁仰首而笑曰, 爾誠人也. 五倫五事, 人之禮義也, 羣行呴哺, 禽獸之禮義也, 叢苞條暢, 草木之禮義也. 以人視物, 人貴而物賤, 以物視人, 物貴而人賤, 自天而視之, 人與物均也."

205) 『湛軒書』 內集, 卷4, 補遺, 「毉山問答」, 19ㄱ(248책, 91쪽), "今爾曷不以天視物, 而猶以人視物也."

없었던 것이다. 그는 철저히 관측과 경험에 따라 자연 현상의 정상(情狀)을 파악하려 했고, 이 속에서 인간 사회와 감응하며 생성·소멸하는 재이는 존립할 수 없었다.

3) 홍석주(洪奭周)의 실증적 자연관과 '위민(爲民)'의 재이론

홍석주의 학문과 사상은 기본적으로 주자학을 바탕으로 하지만, 이 시기 의리와 명분만을 추구하던 보수적인 주자학자의 논의와는 적잖은 차이를 보인다. 우선, 재이론의 바탕이 되는 자연인식에 대해 살펴보자. 그는 질서정연하고 규칙적인 자연의 법칙을 정확히 계산하고 실측하는 자세를 강조하며, 이를 '천진(天眞)'이자 학자가 추구해야 하는 '실(實)'이라고 했다. 이는 『성루합편(星漏合編)』의 서문에서 확인할 수 있다. 『성루합편』은 김영(金泳, 1749~1817)이 편찬한 『신법중성기(新法中星記)』와 『신법누주통의(新法漏籌通義)』를 상득용(尙得容, 1758~1836)이 합하여 편찬한 천문학 문헌이다. 홍석주는 두 사람과의 인연으로 『성루합편』의 서문을 지었는데, 서문 말미의 '정해초하연천당서(丁亥初夏淵泉堂序)'라는 묵서로 보아[206] 정해년[순조 27년, 1827] 초여름 무렵 작성한 것으로 보인다.

그 서문에 따르면, 대나무를 잘라 피리를 만들어 부르고 구리를 부어 종을 만들어 연주하고, 목소리를 내 노래하면 시원하고 맑은소리가 나오니 이것만으로도 족히 음악이 된다고 했다. 그런데 악기의 척촌(尺寸)이 맞지 않고 박자의 질서(疾徐)가 호응을 잃으면 빠른 소리는 어지러워지고 깊은 소리는 근심스러워져 군자는 이런 음악을 듣지 않는다고 했다.[207]

홍석주는 이러한 음악의 이치를 인도(人道)에 비유했다. 그는 배고프면

---

206) 국립민속박물관 소장(소장품 번호 : 민속078879).

207) 『淵泉集』 卷18, 序上, 「星漏合編序」, 11ㄴ~12ㄱ(293책, 396쪽), "截竹以爲管, 範銅以爲鍾, 引喉而歌, 則戛然而有聲, 此足以爲樂矣. 然尺寸不適, 疾徐不應, 噍者爲亂, 弇者爲憂, 君子之所不聽也."

먹고 추우면 몸을 덮고, 또 높은 자는 위에 앉고 낮은 자는 아래에서 역(役)을 하는 게 인사(人事)의 이치인데, 성인(聖人)이 여기에 문(文)을 더해 의식(衣食)과 일상생활에서의 예절과 규범이 만들어지게 되었다고 했다. 그래서 각종 기물이 예절과 규범에 맞지 않으면 시장에서 팔지 못하고, 의복이 규범에 어긋나면 군자는 이를 재앙으로 여겨 입지 않는다고 했다.[208] 그런데 간혹 우매한 자들이 이러한 예절과 규범을 번거롭게 느끼고 자연스럽지 못한 것으로 여겨 절문(節文)과 도수(度數)를 버리고 예악(禮樂)을 절멸시켜 '천진(天眞)'으로 돌아가자고들 하는데, 이는 천진의 의미를 모르고 하는 소리라고 했다.[209]

홍석주에게 하늘은 무위자연(無爲自然)의 하늘이 아니었다. 어두우면 밤이 되고 밝으면 낮이 되고 찌는 듯 더우면 여름이 되고 몹시 추우면 겨울이 되는 게 천도(天道)의 진리(眞理)인데, 해와 달의 운행, 낮과 밤의 시간, 시계[刻漏]의 장단과 완급, 아침저녁 중성(中星)의 추이는 마치 약속을 정한 듯 정확하고 가는 실을 나눌 정도로 세밀하다고 했다.[210] 이러한 운동은 우주가 처음 생긴 이래 어긋난 적이 없고, 이로써 위로는 우주의 근원을 궁리할 수 있고 아래로는 끝없이 헤아릴 수 있다고 했다. 이를 산가지를 쥐고 구해 보면 마치 이익[贏估]을 가지고 시장에 가는 것과 같다고 했다.[211] 하늘은 한 치의 오차도 없이 정해진 법칙에 따라 운동하니, 실측하고 계산하면 정확히 맞아떨어진다는 비유였다. 홍석주는 이러한 '절문도수(節文度數)'

---

208) 『淵泉集』 卷18, 序上, 「星漏合編序」, 12ㄱ(293책, 396쪽), "飢則實口, 寒則掩體, 尊者坐於上, 而卑者役於下, 此足以爲人道矣. 聖人則爲之文, 籩豆有品, 服佩有章, 登降有數, 拜揖有節. 器不中尺, 則市者不讐, 衣之不衷, 而君子知其災."

209) 『淵泉集』 卷18, 序上, 「星漏合編序」, 12ㄱ(293책, 396쪽), "昧者不察, 乃或曰去而節文, 泯而度數, 滅絶禮樂, 以反吾天眞, 嗚呼, 彼惡知所謂天眞哉."

210) 『淵泉集』 卷18, 序上, 「星漏合編序」, 12ㄱ~ㄴ(293책, 396쪽), "今夫晦而爲夜, 旭而爲朝, 炎炎而爲夏, 慄慄而爲冬, 此所謂天道之眞也. 然日月之躔度, 晝夜之分秒, 刻漏之長短緩急, 晨昏中星之推移, 信若期會, 密若析縷."

211) 『淵泉集』 卷18, 序上, 「星漏合編序」, 12ㄴ(293책, 396쪽), "自子會以來, 未始有一日忒, 是以上窮混元, 下步無終. 操籌而求之, 若執贏估而適市."

의 학문이 바로 하늘에서 나온 것이라고 했다.212) 천진의 가치는 바로 하늘의 절문도수에 있다는 의미였다.

그리고 김영과 상득용을 당시 절문도수의 학문에 가장 뛰어난 인물이라고 평가했다. 김영은 구구법(九九法)에 능하고 역상(曆象)에 정밀하며 그 실력은 옛사람이라도 넘지 못한다고 평했다. 또 상득용은 상수(象數)에 관해 대화하는 것을 좋아했지만 세상의 재상(災祥)이나 길흉[氛祲]의 설은 일절 배격했고 오직 『(신법)중성기』와 『(신법)누주통의』 두 책만 필사해 보관했다고 한다.213) 홍석주는 도수(度數)에 정밀한 김영의 태도를 귀중히 여겼고, 상득용의 마음 씀씀이를 기쁘게 생각해 서문을 짓게 된 것이라고 했다.214)

홍석주는 하늘[자연]의 섭리를 평(平)·항(恒)·건(健)으로 정리했다.

> 그대는 세 치의 잣대[箭]가 다섯 말의 물항아리 속에서 승강(升降)과 지속(遲速)을 밤낮 종일토록 해도 터럭만큼의 분초도 어긋나지 않는 이유를 아는가? 이것이 바로 평(平)이다. 그대는 삼원(三垣)과 오궁(五宮)과 12차(次)와 28수(宿)의 운동[推盪]과 전이(轉移)가 수억만 년이 지나도 자리가 조금도 엇갈리지 않는 이유를 아는가? 이것이 바로 항(恒)이다. 그대는 하늘[穹然者]이 날마다 위에서 운행하며 시작도 없고 끝도 없이 멈추지 않는 이유를 아는가? 이것이 바로 건(健)이다.215)

---

212) 『淵泉集』 卷18, 序上, 「星漏合編序」, 12ㄴ(293책, 396쪽), "然則節文度數之學, 亦豈非出於天者哉."

213) 『淵泉集』 卷18, 序上, 「星漏合編序」, 12ㄴ(293책, 396쪽), "余於今之治藝者, 得兩人焉, 有金生泳者治九九之法, 尤精於曆象, 作漏籌通義中星紀兩書, 其纖悉微密, 古人不能過也. 尙君若能, 亦喜談象數者也, 然於世所稱一切災祥氛祲之說, 皆屛棄不問, 而獨取此兩編, 手寫而藏之."

214) 『淵泉集』 卷18, 序上, 「星漏合編序」, 13ㄱ(293책, 397쪽), "余旣重金生之精於度數, 而又喜尙君之用心, 合於古人, 故爲之序其首."

215) 『淵泉集』 卷18, 序上, 「星漏合編序」, 13ㄱ(293책, 397쪽), "子知三尺之箭五斗之缾, 升降遲速, 終日夜而不失毫分者乎, 唯其平也. 子知三垣五宮十二次二十八宿之推盪轉移, 彌億萬載而不愆行度之秒忽者乎, 唯其有恒也. 子知穹然者之日運于上, 無始無卒而無有所止息者乎, 唯其健也."

그리고 이러한 자연의 섭리에서 바람직한 삶의 태도와 경세(經世)의 이치를 찾았다. 즉, 오직 공정해야 평(平)을 이룰 수 있고, 오직 미더워야 항(恒)을 이룰 수 있고, 오직 부지런해야 건(健)에 부합할 수 있다는 것이었다. 그리고 힘써 믿음을 주지하고 부지런히 행하고 사사로움 없이 대응해야, 천하 국가는 균(均), 즉 조화와 균형을 유지할 수 있고, '사소한 기예'[절문도수의 학문] 역시 마찬가지라고 했다.[216] 이렇듯 홍석주는 자연의 합법칙성과 '실측 및 계산'하는 태도를 중시했다.

차별적이고 계서적인 인간 사회의 운영 원리를 우주론으로 정당화하는 논의는 특별한 것이 아니었다. 전통 자연관이 오랫동안 담당했던 바인데, 자연을 실측하고 계산하는 도수의 학문을 중시한 것은 주목해 볼 필요가 있다. 이러한 학문 성향은 가학(家學)의 영향이었던 것으로 보인다. 홍석주 가계는 풍산홍씨(豐山洪氏)와 달성서씨(達城徐氏)의 결합으로 이루어졌는데,[217] 부친 홍인모(洪仁謨, 1755~1812)와 모친 영수합(令壽閤) 서씨(徐氏)는 모두 수학에 조예가 깊었고,[218] 동생 홍길주(洪吉周, 1786~1841)는 당대 최고의 수학자 중 한 명이었다.[219] 김영과의 인연은 여기에서 만들어졌다.[220] 홍석주의 실측과 계산을 중시하는 태도는 이러한 가학을 배경으로 형성된 것으로 보인다. 18세기 후반 실측과 계산을 중시한 사대부 지식인이 없었던 것은 아니지만, 이는 전통적으로 기예의 영역에 속했고, 형이하의 활동으로 간주했으며, 경학(經學)에 비해 경시(輕視)했던 게 사실이다. 낙론

---

216) 『淵泉集』 卷18, 序上, 「星漏合編序」, 13ㄱ(293책, 397쪽), "唯公而後, 可以平, 唯信而後, 可以有恒, 唯勤而後, 可以合乎健. 子其勉之矣, 主之以信, 行之以勤, 應之以無私, 雖天下國家, 可均也, 而况於區區之藝乎哉."

217) 金文植, 『朝鮮後期經學思想研究』, 一潮閣, 1996, 118쪽.

218) 구만옥, 「마테오 리치(利瑪竇) 이후 서양 수학에 대한 조선 지식인의 반응」, 『韓國實學研究』 20, 2010, 337쪽.

219) 전용훈, 「19세기 조선 수학의 지적 풍토 : 홍길주(1786-1841)의 수학과 그 연원」, 『한국과학사학회지』 26-2, 2004, 275~314쪽.

220) 김영은 '方外末科之人'이었지만, 홍석주의 조부인 洪樂性과 달성서씨 徐浩修 등의 추천으로 관상감 관원이 되었다. 홍석주 및 달성서씨 가문과 김영의 인연은 전용훈, 앞의 글, 2004, 302~305쪽 ; 구만옥, 앞의 글, 2010, 342~346쪽 참고.

계의 핵심 가문인 풍산홍씨 출신으로 22세[정조 19, 1795]라는 비교적 젊은 나이에 과거에 급제해 관료 생활을 역임한 사대부 지식인으로서 홍석주의 이와 같은 자연인식은 당대의 보수적인 학문·사상적 경향에 비추어 진보적이었다고 할 수 있다.

다음, 홍석주는 '실측 및 계산'을 중시하는 자연인식을 바탕으로 자연으로 길흉을 점치는 신비주의적이고 미신적인 태도를 배척했다. 앞서 상득용에 관해 짧게 언급했는데, 홍석주가 상득용을 높이 평가한 부분 중 하나가 바로 재상·분침의 설을 멀리한 태도였다. 상득용의 본관은 목천(木川)으로 명종 대 재상 상진(尙震, 1493~1564)이 그의 9대조이다. 상득용의 자는 약능(若能)이고 호는 덕옹(德翁)이다.[221] 고조부 이하로 3대가 무과에 급제해 수령을 지냈으며, 부친 상동기(尙東耆)가 저술을 남겼다고 한다. 홍석주와는 인척 관계였는데, 상득용의 모친이 풍산홍씨 출신이었다.[222] 상득용 또한 무과에 급제해 서반 종3품까지 올랐고, 책을 좋아해 틈만 나면 『주역(周易)』, 『논어(論語)』, 『육도(六韜)』, 『손자병법(孫子兵法)』 등을 암송했다고 한다. 그리고 천문(天文)·주수(籌數)의 큰 요체에도 대략 통했는데, 하지만 방술(方術)이나 기상(禨祥)과 같은 신비적인 담론은 입에 담지 않았다고 한다.[223]

---

221) 『淵泉集』 卷32, 行狀下, 「尙德翁述」(294책, 39쪽), "尙德翁名得容, 字若能, 德翁者, 其老而自號云爾."

222) 『淵泉集』 卷32, 行狀下, 「尙德翁述」(294책, 40쪽), "德翁之系出木川, 明宗時名相成安公震, 其九世祖, 自高祖以下比三世, 皆以武擧爲郡縣宰, 至父東耆爲儒, 有著述, 母洪氏, 吾宗也." 참고로 상득용의 모친 恭人洪氏는 홍석주와는 먼 친척이었다. 홍석주의 7대조인 洪履祥(1549~1615)을 공통 조상으로 하고, 홍이상의 증손인 通德郎 洪萬秋가 공인홍씨의 曾祖父이다. 조부는 洪重揖이고, 부친은 진사를 지낸 洪圭輔로 서울과 지방에서 관직을 지냈다. 모친은 완산이씨 通德郎 李相徵의 딸이었다[『淵泉集』 卷32, 行狀下, 「恭人洪氏行狀」(294책, 24~25쪽), "通德郎木川尙君東耆之配曰恭人豐山洪氏, 與余同祖大司憲文敬公慕堂先生諱履祥, 文敬公之曾孫曰通德郎萬秋, 恭人之曾祖也. 祖重揖, 亦通德郎, 考圭輔, 登進士, 歷官中外, 至嘉善大夫同知中樞府事, 妣曰完山李氏, 通德郎相徵之女"].

223) 『淵泉集』 卷32, 行狀下, 「尙德翁述」(294책, 39쪽), "德翁以弓矢取科第, 仕至西班從三品, 顧甚喜書籍, 間輒誦易論語及六韜孫武書, 天文籌數, 畧通其大要, 然絶口不談方術機祥." '機祥'은 '禨祥'의 오기로 보인다. 禨祥이란 '吉凶의 조짐이 되는 異變'을 말한다[『史記正義』, "禨祥, 吉凶之先見也"].

홍석주는 10살 조금 넘어 상득용을 알게 됐고, 연경에도 함께 다녀오는 등 평생토록 가깝게 지냈던 것 같다.[224] 그런데 당시 상득용의 평판이 좋은 편은 아니었다. 홍석주는 이를 해명하며 그의 학문을 높이 평가했다. 가령, 서호수[鶴山子]는[225] "혹자는 상득용을 두고 도(道)가 있는 자인지 의심하는데, '도가 있다[有道]'라고 쉽게 말할 수는 없다"라고 평한 바 있다. 이에 홍석주는 도(道)는 역(易)보다 깊은 것이 없다며 그의 『주역』 풀이를 전했다. 일찍이 상득용이 홍석주에게 해준 "『주역』의 64괘 중 여섯 효가 모두 길(吉)하고 흉함[凶]·허물[咎]·후회[悔]·박함[吝]이 없는 괘는 오직 겸괘(謙卦)뿐이다. 이 세상을 살아가면서 녹봉과 지위를 누리면서도 화(禍)를 피할 수 있는 길은 오직 겸손[謙]밖에 없다"라는 풀이를 보면 이 역시 도(道)에서 멀리 떨어지지는 않은 것이라며 그를 두둔했다. 또 세상에서는 상득용을 두고 '오활하고 고루하다[迂固]'고 하는데, 옛날의 도는 참으로 오활함에 가까웠다며 그를 감싸기도 했다. 홍석주는 상득용이 죽고 난 후로 다른 점인(占人)의 말은 듣지 않았다고 한다.[226]

상득용에 대한 인물평을 보면, 홍석주는 천문역산학과 재상·분침·방술·기상(禨祥) 등의 신비적이고 미신적인 담론을 확실히 구분했고, 주역점에서도 점괘의 의미보다는 이를 수용하는 태도를 더 중시했다는 사실을 알 수 있다.

---

224) 『淵泉集』 卷32, 行狀下, 「尙德翁述」(294책, 39쪽), "余自十餘歲時, 識德翁, 一與語, 忻然卽交相得也. 嘗與余東行七百里, 至溟海上, 又西北入燕都, 觀中國之大. 又嘗與同室臥起者六歲, 夜輒從容譚笑, 窮漏刻不厭, 事鉅細遠近, 無所不亹亹."

225) 鶴山은 徐浩修의 호이다. 이에 홍석주가 '鶴山子'라고 지칭한 인물을 서호수로 보았는데 확실하지는 않다. 홍석주와 서호수의 직접적인 친분은 확인되지 않는다. 다만, 홍석주의 외가가 달성서씨였고, 서호수의 아들 徐有榘가 홍석주 학문에 많은 영향을 주었다는 평가[김문식, 앞의 책, 1996, 122~123쪽]를 보면 서로 간의 교유는 충분히 있었을 법하다.

226) 『淵泉集』 卷32, 行狀下, 「尙德翁述」(294책, 40쪽), "鶴山子曰, 或疑德翁, 爲有道者, 有道未易言也. 然道莫深於易. 德翁嘗語余, 易爲卦六十有四, 其六爻皆吉而無凶咎悔吝者, 唯謙爲然. 居斯世, 有祿位而可以免於患者, 其唯謙乎. 德翁之言易如此, 其亦庶不遠於道矣. 世又或謂德翁爲迂固也. 然古之道, 固近乎迂. 嗚呼, 自德翁棄我而逝也, 吾不復聞占人之語矣."

한편 신비적이고 미신적인 태도에 대한 배격은 동중서(董仲舒)에 대한 평가에서도 확인할 수 있다. 홍석주는 기본적으로 경학(經學)의 의리(義理)를 추구했던 주자학자였고, 이 점에서 한학(漢學)보다는 송학(宋學)을 더 중시했다. 하지만 동중서만큼은 한유(漢儒) 중에서도 가장 결백하고 정직한 순유(醇儒)라고 높였다.[227] 또 동중서의 학문에도 믿기 어려운 부분은 있지만, 이는 공양학(公羊學)에서 나왔다고 하면서, 동중서를 포함한 한학의 가치를 훈구(訓詁)와 명수(名數)에서 찾았다.[228] 이를 송학의 의리와 절충하는 것이 그의 궁극적인 목표였다.[229]

그는 거리의 아이들조차 군신(君臣)·부자(父子)의 대의(大義)를 말하고 동중서도 알지 못한 것을 알 수 있게 된 것은 송유(宋儒)의 공(功)이라고 했다. 하지만 훈고와 명수를 구하고자 한다면 한유의 학문을 폐해서는 안 된다고 했다.[230] 다만, 오로지 훈고(訓詁)만을 말하는, 가령 글자 풀이만 해서 이치에 미치지 못하는 『이아(爾雅)』·『석명(釋名)』과 같은 부류, 그리고 사물에 관해 주석만 하여 실용에 미치지 못하는 『모시초목조수충어소(毛詩草木鳥獸蟲魚疏)』와 같은 부류는[231] 의리를 밝히는 데 도움이 되지 않는다고 했다. 이러한 측면에서 홍석주가 동중서를 순유라고 한 이유는, 동중서의

---

227) 『淵泉集』 卷21, 題跋下, 「諸子精言跋三十四篇, 選二十一篇」, 14ㄱ(293책, 476쪽), '白虎通精言跋', "近世說經者, 往往治漢學, 以爲漢儒去聖人未遠, 欲盡絀宋儒之說以從之, 夫漢儒醇者, 莫若董仲舒."

228) 『淵泉集』 卷21, 題跋下, 「諸子精言跋三十四篇, 選二十一篇」, 14ㄴ(293책, 476쪽), '白虎通精言跋', "… 其亦誤矣. 夫以公羊之近董子之賢, 而猶不可信若此, 而況於其它乎. 然則漢學可盡廢歟, 曰奚爲其然也, 夫愈講而愈精者, 義理也, 彌近而彌詳者, 訓詁名數也."

229) 김문식은 홍석주의 학문을 송학의 실천성을 중심으로 하면서 漢學과 宋學의 장점을 함께 수용하려 한 '宋學 중심적 漢宋折衷論'이라고 평가한 바 있다. 金文植, 앞의 책, 1996, 138~153쪽 참고.

230) 『淵泉集』 卷21, 題跋下, 「諸子精言跋三十四篇, 選二十一篇」, 14ㄴ(293책, 476쪽), '白虎通精言跋', "使今之委巷小兒, 皆能言君臣父子之大義, 而知董子之所不能知者, 固宋儒之功也, 如欲求訓詁名數, 則漢儒之學, 又焉可廢也."

231) 『淵泉集』 卷21, 題跋下, 「諸子精言跋三十四篇, 選二十一篇」, 14ㄴ(293책, 476쪽), '白虎通精言跋', "古書專言訓詁者頗多, 釋字者不及理, 爾雅釋名之類是也, 傳物者不及用, 草木蟲魚疏之類是也."

학문이 훈고와 명수에 그치지 않고 의리를 밝히는 데 도움이 된다고 여겼기 때문일 것이다.

홍석주는 동중서가 덕(德)과 형(刑)의 선후를 밝혔고, 이를 어진 이의 용심(用心)이라고 했다.[232] 홍석주는 동중서의 글이 의심을 사는 것도 사실이지만, 자신이 동중서의 글을 읽어본 바로는 무익한 듯하지만 실로 힘이 있고, 순수하지 않은 듯하지만 실로 심오하다고 했다. 특히, 이치에 대한 분석이 매우 정밀해서 결코 진·당(晉·唐) 이후의 학자가 미칠 바가 아니라고 했다. 그래서 그는 동중서가 지은 글이 모두 소실되었고 지금 전하는 글은 그의 제자가 각각 들은 바를 모아서 마치 근래의 어록(語錄)처럼 엮은 것이라서 의심을 산다고 추론하기도 했다.[233] 그러면서 동중서의 재상(灾祥)의 설은 자못 견강부회이고 그 자신도 화를 입을 뻔했으나, 여기에 실린 음양오행의 설은 순실(醇實)하고 이치에 가까운 것이 많다고 했다.[234]

홍석주가 어떤 점에서 음양오행의 설이 이치에 가깝다고 했는지 밝히진 않았다. 앞서 보았듯이 그는 재상·분침·방술·기상과 같은 신비적이고 미신적인 담론을 배척한 상득용의 학문을 높이 평가했는데, 이에 비추어 보면, 음양오행의 설이 이치에 가깝다는 한 홍석주의 평론은 의외다. 하지만 이를 근거로 홍석주가 동중서의 재이설을 긍정적으로 보았다고 해서는 안 된다.

전한(前漢) 대 육가(陸賈)가[235] 지은 『신어(新語)』에 대한 평가를 보면,

---

232) 『淵泉集』 卷21, 題跋下, 「諸子精言跋三十四篇, 選二十一篇」, 13ㄴ(293책, 476쪽), '繁露精言跋', "其拳拳於德刑先後, 尤仁人之用心也."

233) 『淵泉集』 卷21, 題跋下, 「諸子精言跋三十四篇, 選二十一篇」, 13ㄱ~ㄴ(293책, 476쪽), '繁露精言跋', "… 以故攷古者皆疑之. 然余嘗讀其文, 似冗而實勁, 似駁而實奥, 至其析理微密, 決非晉唐以後學者所能及也. 意仲舒所著, 已多散佚, 而爲其徒者, 各以其所聞足成之, 如近代所謂語錄者歟."

234) 『淵泉集』 卷21, 題跋下, 「諸子精言跋三十四篇, 選二十一篇」, 13ㄴ(293책, 476쪽), '繁露精言跋', "仲舒治灾祥家言, 其說頗迂迴牽合, 以是幾不免其身, 然是書所載陰陽五行之說, 多醇實近理."

235) 陸賈와 賈誼는 漢初 黃老學의 유행 속에서 통일제국의 신질서 구축에 필요한 유학적 담론을 생산한 인물로 평가받는다. 그들은 현실 정치 속에서 儒家의 존재를 부각하였고, 유학자의 본격적인 활동을 이끌었다. 육가는 德治를, 그리고 가의는 禮敎를 피력했는데,

"현인(賢人)을 쓰고, 절검(節儉)을 숭상하고, 형정(刑政)을 살피고, 군대[兵]를 쉬게 하는 것을 긴요한 임무로 삼아 교화(敎化)의 근본을 추원(推原)하여 인주(人主)의 몸가짐과 가정[閨門]의 안으로 귀결시켰다. 대개 〈이러한〉『대학(大學)』의 뜻을 깊이 얻은 자는 한(漢) 대에는 아마도 동중서나 유향이 그러했을 텐데,[236] 음양(陰陽)·재변(灾變)·신선(神仙)의 학문을 물리친 것은 동중서나 유향이 미칠 바가 아니"라고 했다.

> 그러나 음양(陰陽)·재변(灾變)·신선(神仙)의 학문을 깊이 물리친 것은 동중서나 유향이 능히 미칠 바가 아니다. 나는 이로써 그 진위를 더 분별하지 않고, 그 말을 인용한[取] 것이 특히 많다.[237]

육가의 『신어』가 『대학』의 요지를 얻은 것은 한의 동중서나 유향에 버금갈 정도이고, 음양·재변·신선의 학문을 물리친 것은 동중서·유향보다도 낫다고 했다. 이것이 홍석주가 『신어』의 진위를 더 분별하지 않으면서도 많이 인용한 이유였다. 여기에서 음양·재변·신선의 학문이란 당연히 앞서 상득용이 배척했다고 하는 재상·분침·방술·기상 등의 신비적이고 미신적인 담론과 통한다. 즉, 홍석주는 동중서가 덕·형(德·刑)의 선후를 밝혀 의리를 탐구하는 데는 도움이 된다고 보았지만, 그의 재이론만큼은 그렇지 않다고 본 것이다.

그렇다면 홍석주는 왜 신비적이고 미신적인 담론을 부정적으로 여겼던 것일까. 이는 그의 의(義)와 명(命)에 대한 인식에서 추론해 볼 수 있다. 그는 '그렇게 해야 하는 것이 그렇게 된 것'을 의(義), 그리고 '그렇게 하지

육가의 덕치 이론은 先秦儒家의 仁義에 의한 정치를 개괄한 것으로 대부분 가의에 의해 수용되었다. 이상은 김동민, 『춘추논쟁』, 글항아리, 2014, 53~62쪽 참고.

236) 『淵泉集』 卷21, 題跋下, 「諸子精言跋三十四篇, 選二十一篇」, 16ㄴ(293책, 476쪽), '新語精言跋', "其書大抵以用賢崇儉省刑息兵爲要務, 而推原敎化之本, 歸之於人主之身, 閨門之內. 盖深得大學之旨者, 在漢時惟董仲舒劉向, 或庶幾焉."

237) 『淵泉集』 卷21, 題跋下, 「諸子精言跋三十四篇, 選二十一篇」, 16ㄴ(293책, 476쪽), '新語精言跋', "而至其深闢陰陽灾變神仙之學, 則又非仲舒向之所能及也. 余是以不復辨其眞僞, 而取其言特多云."

않았는데도 그렇게 된 것'을 명(命)이라고 했다. 명은 말을 하지 않을 때도 있지만, 의는 어딜 가든 행해야 하는 것이었다.[238] 대략 어떠한 경우에라도 인간이 좇아야 하는 가치를 의, 그리고 인간의 노력으로는 어찌할 수 없는 운명을 명이라고 보았다. 가령, 부모를 효(孝)로써 섬기고, 군주를 충(忠)으로써 섬기고, 몸을 경(敬)으로써 수양하고, 행실을 근(勤)으로써 닦는 데에는 그 명을 묻지 않는다고 했다.[239]

그렇지만 명을 말하지 않을 수도 없었다. 즉, 궁색과 영달은 명에 달렸으니 억지로 구할 수 없고, 죽음과 삶은 명에 달렸으니 억지로 피할 수 없고, 귀함과 천함은 명에 달렸으니 억지로 나눌 수 없고, 가난과 부유는 명에 달렸으니 억지로 도모할 수 없다는 것이었다.[240] 이처럼 명은 마음대로 얻거나 옮길 수 없는 것이었다. 사람이 이 이치를 밝게 알고 독실히 믿는다면 누구도 애를 쓰면서 이익을 얻으려 하지 않을 것이고, 수치를 무릅쓰면서 구차하게 살지 않을 것이라고 했다. 그래서 의를 알지 못하면 명은 쓸모가 없고, 의를 알아야 명이 세상의 가르침에 도움 됨 또한 클 것이라고 했다.[241]

홍석주는 명이란 것은 인간이 어떻게 할 수 있는 것도 아니고 또 하늘도 어떻게 할 수 없는 것이라고 했다. 기(氣)는 사(事)와 합하고, 운(運)은 때에 따라 이동하니, 그렇게 하도록 하는 게 있는 듯하지만 실제로 그렇게 하는 것은 없다고 했다. 억지로 이름 붙이길 '명(命)'이라 했을 뿐 진실로 주재하면서 안배하고, 더하거나 덜거나, 주었다가 빼앗는 게 아니라고 했다. 그래서 어떻게든 되게 해보려고 다른 이에게서 구하는 것을 망령스럽다고 했고,

---

238) 『淵泉集』 卷24, 雜著上, 「無命辨上」(293책, 536쪽), "當然而然者, 義也, 莫之然而然者, 命也. 然命有時而不言, 義無往而不行."

239) 『淵泉集』 卷24, 雜著上, 「無命辨上」(293책, 536쪽), "故事親以孝, 無問其命矣. 事君以忠, 無問其命矣. 修己以敬, 無問其命矣. 砥行以勤, 無問其命矣."

240) 『淵泉集』 卷24, 雜著上, 「無命辨上」(293책, 536쪽), "雖然, 命有時而不言, 亦有時而不得不言. 故窮達有命, 不可求也, 死生有命, 不可逃也, 貴賤有命, 不可營也, 貧富有命, 不可圖也."

241) 『淵泉集』 卷24, 雜著上, 「無命辨上」(293책, 536쪽), "命固如是, 不可得而移也. 人苟於斯而知之明也, 人苟於斯而信之篤也, 則夫孰有勞心而求利, 包羞而偸生者乎. 故苟不知義, 命無用也, 苟爲知義也, 則命之有補於世敎亦大矣."

빌거나 푸닥거리하며 하늘에서 구해 봐야 결국 무익(無益)하다는 것을 알게 된다고 했다.[242)]

그런데 유독 명만 말하는 무리가 있다고 했다. 가령, 박수무당[巫祝]과 맹인 점쟁이[瞽史]였다. 당시는 이들이 술수로 사람을 현혹하고 제수[鬻糈]를 가져다 팔면서, 음사(淫祀)가 번성해 신인(神人)이 뒤섞이고 부적(符籙)과 주문(呪文)이 번져 간사한 무리가 불어나고 있다고 했다. 이들은 명을 이을 수도 있고 명을 헤아릴 수도 있다고 하지만, 잇거나 헤아릴 수 있으면 그것은 명이라 할 수 없고, 또 저절로 그러한 것[自然]이라고도 할 수 없는 것이었다. 그러므로 사람이 어떻게 해볼 수 없는 것이 바로 명이라는 것이었다.[243)]

그래서 사람은 명에 의지해서는 안 되고 언제나 의를 좇아야 한다고 했다.

> 비록 반드시 흥기할 운을 만나더라도 명군은 두려워하며 경계하는 마음[懼]을 잊어서는 안 되고, 비록 반드시 망할 때를 당하더라도 충신은 온 힘을 다해야 한다.[244)]

'명에 의지해서는 안 되고 언제나 의를 좇아야 한다'라는 것이 홍석주가 고수한 삶의 철학이었을 것이고, 신비적이고 미신적인 담론을 배척한 이유였을 것이다.

그렇다면 홍석주는 재이론을 완전히 부정했을까. 홍석주는 일단 '인간은

---

242) 『淵泉集』 卷24, 雜著上, 「無命辨下」(293책, 536쪽), "命也者, 非人之所能爲也, 亦非天之所能爲也. 氣與事合, 運以時移, 若有使之而實莫爲之. 强以名之曰命而已, 固非有主宰而安排, 增減而予奪之者. 是不惟營爲而求諸人者之爲妄, 祈禳禬祓而求諸天者, 亦多見其無益也."

243) 『淵泉集』 卷24, 雜著上, 「無命辨下」(293책, 536쪽), "今夫巫祝瞽史操術以眩人, 鬻糈以求售, 淫祀繁而神人糅, 符呪熾而奸宄滋. 或謂之續命, 或謂之度命, 夫可續也, 亦可度也, 又何以謂之命, 又何以謂之自然, 故曰命不可爲也."

244) 『淵泉集』 卷24, 雜著上, 「無命辨下」(293책, 536~537쪽), "是以雖處必興之運, 明君不忘其懼, 雖當必亡之會, 忠臣必盡其力."

하늘과 감응한다'라거나 '재이는 인사가 부른 것이다'와 같은 전통적인 재이관을 견지하지 않았다. 하지만 재이론을 완전히 부정했던 것도 아니다. 그는 실용(實用)의 자세에서 재이론을 활용하고자 했다. 실용의 자세란 바로 '위민(爲民)'을 뜻한다. 홍석주는 재이론을 철저하게 백성을 위한 정책을 펼치는 데 활용했다.

이는 먼저 『초계고식(抄啓故寔)』에서 엿볼 수 있다. '고식(故寔)'이란 경서(經書)와 역사시를 강경(講經)하고 그 성과를 제술(製述)하는, 일종의 '강·제(講·製) 융합형' 학습 및 평가법이라고 할 수 있다. 그런데 그 범위는 '학문'에만 머무르지 않고, 당대 사회 문제에 적용하는 데까지 이르렀다. 홍석주는 이를 "고사를 끌어다 오늘날을 바로잡고 이것으로써 진계(陳戒)하는 것은 홍문관(弘文館)에서 하던 일이고, 의심 가는 곳을 정해 그 시비(是非)를 따지는 것은 시강원(侍講院)에서 하던 일이다. 이 두 가지를 아울러 고식이라고 하니 고식이란 고사(古事)를 인용해 실제에 적용하는 것을 말한다"라고 했다.[245] 당시 '고식' 방식의 강제(講製)는 정조 18년(1794) 초계문신(抄啓文臣)에 선발된 인원을 대상으로 진행됐고, 과목은 『대학(大學)』, 『주자대전(朱子大全)』(1~4), 『국조고사(國朝故事)』였다.[246] 이 가운데 홍석주는 『대학』, 『주자대전』(3), 『국조고사』에 참여했다.

여기에서 확인되는 홍석주의 재이론은 '위민(爲民)'에 초점이 맞춰져 있다. 요컨대 재이를 맞은 군주는 '위민'의 자세를 취해야 한다는 것이었다. 대체로 재이나 흉년을 당하면, 군주와 신료는 두려워하며 경계심을 갖는다. 감히 풍년 때나 할 수 있는 일은 하지 못하고, 요역을 덜어주고 부세를 감면하며, 비용을 절약하고 일을 덜어서, 한결같이 절약하고 사랑으로 양육하며, 부역을 면제하고 주린 백성 구제하는 것을 급선무로 삼는다. 이렇게 해도 처음에

---

245) 『淵泉集』 卷13, 「抄啓故寔自序」(293책, 299쪽), "盖引古訂今, 因以陳戒者, 弘文館之故事也, 設爲疑難, 質其是非者, 侍講院之仰質也. 兼是二者之謂故寔, 故寔者, 引古事而致之實用之謂也."

246) 「故寔」은 『弘齋全書』 卷129~134에 수록되어 있다.

는 내일조차 버티기 부족하지 않을까 염려하지만, 결국에는 유랑과 굶주림의 고통은 면하게 된다.[247)]

그런데 흉년을 끝내고 조금 풍년이 든 해를 만나게 되면 '지난해의 흉년에도 문제[害]가 없었는데, 올해의 풍년에 무슨 염려가 있겠나'라고 하면서 해이해진다고 했다. 즉, 경계하고 두려워하는 마음을 풀고, 백성을 보살피는 데 게으름이 생기고, 급하지 않은 데에 지출하고, 매년 쌓인 포흠이 아울러 일어난다[弁起]는 것이었다. 또 갚지 못한 빚에 시달리는데 새로운 세금이 바로 부과되고, 죽으로 연명하는 상태를 겨우 면했는데, 채찍과 방망이가 연이어 이른다는 것이었다. 그래서 흉년을 막 끝내고 풍년을 맞더라도 생사를 구하고 상처를 돌보느라 겨를이 없어 결국 세와 역을 부담하지 못한다는 것이었다.[248)]

홍석주는 이를 병이 조금 회복된 환자의 상태에 비유했다. 즉, 병은 조금 나은 데에서 더 심해지니 더욱 조심하고 경계해야 한다는 것이었다. 흉년이 풍년보다 더 낫다는 탄식이 이래서 나온다는 것이었다. 그리고 백성의 부모 된 자, 즉 군주가 반드시 깊이 생각해야 할 바라고 했다.[249)] 이는 당시 경기 및 삼남 지방에 대한 염려에서 나온 것이었다. 삼남은 여러 해 동안 흉년이 이어지다 드디어 풍년을 기대하게 됐는데, 지방의 관리가 이제 재이가 끝났다고 백성 살피는 일을 소홀히 여길까 염려하여 이러한 논의를 펼친 것이었다.[250)] 이처럼 홍석주는 재이를 '위민'의 차원에서 경계하

---

247) 『淵泉集』 卷14, 抄啓故寔中, 「朱子大全語類三十條」(293책, 314쪽), "凡當災異歉荒之時, 君臣上下, 動色相警, 不敢爲豊豫之擧, 弛力薄征, 節用省事, 一以撙節愛養, 蠲恤賑貸爲務. 故其始也, 雖若有朝夕不保之慮, 而終得免於流離捐瘠之患."

248) 『淵泉集』 卷14, 抄啓故寔中, 「朱子大全語類三十條」(293책, 314쪽), "及於荐飢之後, 若值稍登之年, 則必曰往歲之歉, 尙無所害, 今歲之豐, 吾又何慮, 於是乎戒懼之心漸弛, 撫摩之意浸倦, 不急之用稍廣, 積歲之逋弁起. 舊欠方督, 新稅隨徵, 糜粥纔罷, 鞭扑繼至. 彼鳥形鵠面之類, 方且救死扶傷之不暇, 將何以堪此重負乎."

249) 『淵泉集』 卷14, 抄啓故寔中, 「朱子大全語類三十條」(293책, 314쪽), "此古人所以有病加少愈之戒, 而圭竇罄室之中, 至有豐年不如凶年之嘆. 此豈非爲民父母, 所當惕然而動念處也."

250) 『淵泉集』 卷14, 抄啓故寔中, 「朱子大全語類三十條」(293책, 314쪽), "顧今畿甸三南, 皆以頻年之歉荒, 又値春間之乖氣, 不惟有朱夫子所譬之大病, 而又經眞箇大病矣. 其在將護之道, 尤不

고 두려워해야 한다고 하였다.

심지어 홍석주는 백성을 구제하는 일이 군주의 성학만큼이나 시급하고 중요하다고 했다. 그는 헌종 원년(1835) 8월 25일(신사) 62세 때 혜성을[251] 계기로 계사(啓辭)를 한 건 올렸다. 여기에서 홍석주는 학문에 힘써 덕을 닦는 게[典學][252] 재이를 없애는 근본이라고 하면서, 수많은 현안 중 '강학(講學)'과 '보민(保民)'이 가장 중요한 두 가지라고 했다. 이 중에서는 한 가지도 포기할 수 없다고 했는데,[253] 이후로 실질적인 백성 보호책을 제시하는 것으로 보아 내심 '보민'을 더 시급하다고 여겼던 것 같다.

그는 당시 백성의 처지를 다음과 같이 묘사했다. "피폐한 백성의 삶을 보면 통곡이 나오고 눈물이 흘러내립니다. 굶주림과 추위는 혹독한데 거듭되는 조세 징수에 시달리고, 고통에 신음하며 숨 돌릴 틈도 없는데 채찍과 매질로 독촉당합니다. 길에는 굶어 죽은 주검이 줄을 잇지만 아무도 보살피지 않고, 수탈이 끝없이 이루어져도 이를 막는 이는 아무도 없습니다. 지금은 흙더미가 붕괴하고 기와가 부서져 내리는 형세가 조석 간에 올 듯 시급한 상황인데, 대소 신료는 대수롭지 않게 여기며 예삿일로 보고 있습니다"라는 것이었다.[254]

이어서 홍석주는 백성은 나라의 근본이고 백성이 무너지면 나라도 무너진

可不十分加意. 而今年年事, 庶幾有登熟之望云. 臣竊恐有司之臣, 以其登熟之故, 或忽撫綏之方. 伏願聖明, 深加軫念焉."

251) 『承政院日記』 2,321冊, 憲宗 元年 8月 22日(戊寅). 헌종 원년(1835) 8월 22일(무인) 관상감은 꼬리 달린 별이 출현했다고 보고했다. 전례에 따라 文臣 3인[徐戴淳·李㙖·尹興圭]이 측후에 참여했고, 측후 결과 彗星으로 판명되었다. 참고로 이때 출현한 혜성은 핼리혜성이다.

252) 『書經』, 商書, 說命, "念終始典于學, 厥德脩罔覺."

253) 『承政院日記』 2,321冊, 憲宗 元年 8月 25日(辛巳) ; 『淵泉集』 卷9, 啓上, 「因星灾請恤民啓」, 36ㄱ(293책, 229쪽), "臣於俄者, 以典學之工, 爲弭灾之本, 而今日之悠悠萬事, 唯講學與保民二者爲大, 有不可擧一而遺一矣."

254) 『淵泉集』 卷9, 啓上, 「因星灾請恤民啓」, 36ㄱ(293책, 229쪽), "顧今民生之困瘁, 誠可爲痛哭而流涕. 飢寒迫身, 而又從以徵斂, 呻吟未蘇, 而反督以鞭撻. 僵殍相續, 而漠不加恤, 剝割無藝, 而恬莫之禁. 土崩瓦解之形, 迫在朝夕. 而小大狃玩, 視若尋常."

다면서[255] 백성 구제를 위해서는 수령을 적임자로 뽑는 일이 가장 중요하다고 했다. 재이를 만나 백성을 구휼하는 정책으로 대개 감세와 진휼을 우선으로 하는데, 이것이 인정(仁政)에서 부득이한 것은 맞지만, 한계가 있다고 했다.[256] 그러면서 수령을 신중히 가려 뽑는 게 가장 중요한 임무라고 했다. 수령을 잘 뽑지 못하면, 감세와 진휼 정책을 시행해도, 백성은 실질적인 혜택을 얻지 못하고, 수령을 잘 뽑으면 백성을 정성으로 돌보고 그 적절한 방법을 찾을 것이라고 했다.[257] 홍석주는 수령을 잘 뽑으면 비용을 쓰지 않고도 백성을 구렁 속에서 구할 수 있다고 했다. 민심(民心)이 모이는 것이나 민지(民志)가 편안히 되는 것은 모두 여기에 달렸고, 나아가 백성과 국가의 안위도 여기에 매여있으며, 한 터럭만큼도 소홀해서는 안 된다고 했다.[258] 그래서 그는 재이를 당한 지역을 대상으로 재이의 상황이 심하고 민정(民情)이 가장 절박한 고을 순으로 수령의 자질을 살펴보고 적임자가 아니면 즉시 교체해야 한다고 했다. 그리고 능력과 평판이 검증된 인물로 대체하되 상황이 시급한 만큼 기존의 관례가 아닌 특차로 뽑아 민심을 안정시키고 지역을 편안하게 하는 게 현재 가장 서둘러 해야 하는 일이라고 했다.[259] 이것은 그가 수십 년간의 관직 생활을 경험하고 올린 계사였다.[260]

---

255) 『淵泉集』 卷9, 啓上, 「因星灾請恤民啓」, 36ㄱ~ㄴ(293책, 229쪽), "民者邦本也, 本蹶則國將從之, 言念及此, 寧不懍然而寒心乎."

256) 『淵泉集』 卷9, 啓上, 「因星灾請恤民啓」, 36ㄴ(293책, 229쪽), "灾歲恤民之政, 人皆以蠲貸賙捄爲先, 此固仁政之所不可已者, 而蠲貸賙捄, 所及有限."

257) 『淵泉集』 卷9, 啓上, 「因星灾請恤民啓」, 36ㄴ(293책, 229쪽), "莫如愼簡字牧之爲第一要務. 字牧不得其人, 則雖有蠲貸賙捄之政, 而民不得被其實惠. 字牧誠得其人, 則拊字之殫其誠, 措處之得其方."

258) 『淵泉集』 卷9, 啓上, 「因星灾請恤民啓」, 36ㄴ~37ㄱ(293책, 229~230쪽), "有可以不待煩費, 而脫民於溝壑之中者, 民心之固結在是, 民志之鎭靖在是, 其爲民國安危之所繫, 誠不容一毫泛忽."

259) 『淵泉集』 卷9, 啓上, 「因星灾請恤民啓」, 37ㄱ(293책, 230쪽), "竊願以臣此奏, 頒示於被灾諸道, 先從其灾形尤甚, 民情宑急之邑, 詳察守宰之能否, 如有不可堪任者, 不待殿最, 早卽啓罷, 其代必以才具可堪, 聲績素著者, 毋循常格, 另擇差遣, 以爲懷保奠安之地, 實係目下急務, 故敢此仰達矣."

260) 참고로 홍석주는 이듬해[헌종 2, 1836] 12월 南膺中 獄事에 연루되어 削奪官職 및

그만큼 평생토록 쌓은 경세론(經世論)이 반영됐을 것이다. 그것은 이상과 같이 '위민'으로 압축되고, 홍석주의 재이론에서는 그의 위민의식을 엿볼 수가 있다.

4) 이규경(李圭景)의 재이 고증과 현실적 재이론

이규경의 재이론에 관해서는 선행 연구가 없고, 재이론의 비탕이 되는 자연인식에 관해서는 몇 편의 연구가 있다. 처음에는 그의 박학적(博學的) 학문 성향이 주목받았다. "이규경은 경세학을 통해 조선 사회를 이해하고 변통하고자 했던 다른 실학자와는 달리 천문(天文)·역학(曆學)·수학(數學)을 비롯하여, 기술학(技術學)·역사(歷史)·지리(地理)·정치(政治)·경제(經濟)·문학(文學)과 종교·예술·풍속·제도, 그리고 의식주의 일상생활과 동식물에 이르기까지의 여러 분야에 걸쳐 가능한 모든 자료를 수집하고 그 본원을 고증하기에 힘썼다"는 평가였다.[261]

그리고 성명의리지학(性命義理之學)과 성학(聖學)의 중요성 못지않게 명물도수지학(名物度數之學)과 상수학(象數學)의 가치를 인정했고, 인간학과 자연학-과학기술학을 포함하여-을 병립적으로 사고한 연장에서 인간학과 분리된 자연학의 중요성을 인식했다는 평가가 있었고,[262] "주희와 소옹의 우주론 같은 유가적 전통의 무대 위에서 진솔한 사색을 펼치는 듯하면서도 도가와 신선의 세계를 넘나드는 우화(寓話)를 펼치기도 한다. 그야말로 궁극적으로 통합되기 어려운, 오히려 체계화를 거부하는 성격이 다른 계통의 풍부한

門外黜送되고, 경기도 長湍에서 지내게 된다[『淵泉集』 卷44, 附編, 「家狀洪顯周」(294책, 250쪽), "丙申十二月, 按南臕中獄, 居數日, 以病免. 是月, 因臺疏, 迸出城外, 尋因三司合啓, 有削黜之命. 先生遂自江鄕, 轉至長湍墓舍而寓焉"].

261) 全相運, 「李圭景과 그의 博物學」, 『硏究論文集』 4, 성신여자사범대학 인문과학연구소, 1972, 89~96쪽.

262) 구만옥, 「朝鮮後期 實學的 自然認識의 전개와 世界觀의 轉變」, 오영교 편, 『세도정권기 조선 사회와 대전회통』, 혜안, 2007, 177~180쪽.

파편적 자식들이 이규경의 하늘과 땅에 대한 상상에서 등장한다"는 평가도 있었다.[263)]

이규경의 재이론은 『오주연문장전산고(五洲衍文長箋散稿)』에 수록된 몇 편의 '변증설(辨證說)'을 통해 살펴볼 수 있다.[264)] 이규경은 재이에 관한 변증설을 꽤 많이 작성했다. 그런데 일괄해서 보면 본인 나름대로 재이에 대한 인식이나 이론을 정립한 이후 각론을 순차적으로 작성한 듯한 인상은 아니다. 이 중에는 치밀하게 고증한 항목이 있는가 하면, 감상적인 느낌만을 적은 항목도 있고, 또 우화(寓話)처럼 작성한 항목도 있다. 그러다 보니, 그의 재이론을 체계적으로 분석하기가 쉽지 않다. 여기에서는 재이에 관한 변증설에서 공통으로 확인할 수 있는 몇 가지 내용을 중심으로 그의 재이론에 대해 논의해 보려고 한다.

이규경이 작성한 재이에 관한 변증설을 살펴보면, 특정 주제나 시대의 재이를 시간순으로 쭉 정리한 것을 여럿 발견할 수 있다. 가령, 초목(草木)과 조수(鳥獸)의 재이를 오행설(五行說)에 따라 해석한 사례를 찾아 정리했다. 역대로 오행에 관련된 재이는 정사[正史]와 야사[稗官]를 막론하고 셀 수 없이 많은데, 드물게 보이거나 특별히 주목할 만한 것 몇 가지를 소개했다.[265)] "한(漢) 성제(成帝) 영시(永始) 원년 하남(河南) 지역의 느릅나무에서 사람의 머리와 같은 가지가 자라났는데, 눈썹, 눈, 수염이 모두 갖추어져 있었다",[266)] "『몽계필담(夢溪筆談)』에 따르면, 순무, 배추, 겨자 같은 채소들이

---

263) 문중양, 『조선후기 과학사상사-서구 우주론과 조선 천지관의 만남-』, 들녘, 2016, 253쪽.

264) 여기에서는 한국고전번역원DB에서 제공하는 『五洲衍文長箋散稿』를 기본 텍스트로 삼았다. 한국고전번역원은 1959년 古典刊行會에서 영인한 『五洲衍文長箋散稿』를 2001~2005년 동안 전산화했는데, 이 과정에서 상당한 校勘이 이루어졌다. 따라서 이것이 거의 正本에 가깝다고 할 수 있다. 원문은 영인본과 대조해서 살펴보았으나, 영인본의 오탈자 등 오류는 한국고전번역원DB의 것을 참고하여 수정했다.

265) 『五洲衍文長箋散稿』, 「歷代草木鳥獸災異辨證說」, "歷代五行災異, 毋論正史稗官, 可勝道哉. 今略證其罕見務聞者數事.

266) 『五洲衍文長箋散稿』, 「歷代草木鳥獸災異辨證說」, "則漢成帝永始元年, 河南樗樹生支如人頭, 眉目鬚皆具."

가뭄을 만나면 꼭대기 부분에서 꽃이 피는데, 연꽃과 같고, 혹은 용과 뱀의 형상으로 핀다고 한다",[267] "명(明) 숭정(崇禎) 13년 서주(徐州)의 밭에서 흰콩이 사람 얼굴처럼 자랐고, 눈썹과 눈이 뚜렷했다"는[268] 것 등이다.

그리고 명 대에 발생한 재이도 정리했다. 역대의 재이는 사서(史書)에 있으므로 덧붙일 필요는 없지만, 『명사』 중에 조선[我東]에까지 전해진 것은 극히 드물다면서 '하늘의 재이'를 제외하고 소개했다.[269] "천순(天順) 4년 4월 양주에서 한 여성이 한 번에 다섯 아들을 낳았다",[270] "가정(嘉靖) 2년 6월 곡정위(曲靖衛)의 사인(舍人) 호성(胡晟)의 처가 한 남아를 낳았는데, 머리가 둘이고 손은 넷이며 발은 셋이었다",[271] "만력(萬曆) 10년 석천(淅川)의 어떤 사람이 이리로 변했다"는[272] 것 등이다.

그런데 이규경이 이렇게 역대의 재이 기사를 정리한 이유는 재이론의 믿음이나 원리를 변증하려는 까닭에서가 아니었다. 그는 「오잡조재이고변증설(五雜組災異考辨證說)」에서 역대의 재이를 변증하는 목적은 열람의 편의를 위한 것이라고 밝혔다. 역대 사서에는 오행 및 재이의 편목이 따로 있고, 명의 사조제(謝肇淛, 1567~1624)가[273] 이를 다시 기록한 게 이미 충분하지만, 이 설을 다시 정리하는 것은 열람하기 쉽게 하여 기록의 유망(遺亡)을 대비하는 것이라고 밝혔다.[274]

---

267) 『五洲衍文長箋散稿』, 「歷代草木鳥獸災異辨證說」, "夢溪筆談菜品蕪菁菘芥之類, 遇旱其標多結成花, 如蓮花, 或作龍蛇之形."

268) 『五洲衍文長箋散稿』, 「歷代草木鳥獸災異辨證說」, "(皇明崇禎)十三年, 徐州田中, 白豆多作人面, 眉目宛然."

269) 『五洲衍文長箋散稿』, 「皇明一代災異辨證說」, "歷代災異, 各見史冊, 不必贅. 至於皇明史, 來于我東者甚稀, 故除其天災, 其餘竝記以辨證焉."

270) 『五洲衍文長箋散稿』, 「皇明一代災異辨證說」, "天順四年四月, 揚州民婦一產五男."

271) 『五洲衍文長箋散稿』, 「皇明一代災異辨證說」, "嘉靖二年六月, 曲靖衛舍人胡晟妻生一男, 兩頭四手三足."

272) 『五洲衍文長箋散稿』, 「皇明一代災異辨證說」, "萬曆十年, 淅川人化爲狼."

273) 이규경이 참고한 『五雜組』의 찬자가 명말의 謝肇淛이다. 박계화 등, 「오잡조(五雜組)」, 『中國小說研究會報』 118, 2022, 1쪽 참고.

274) 『五洲衍文長箋散稿』, 「五雜組災異考辨證說」, "歷代史策, 自有五行災異之編, 則謝氏肇淛復

사실 이규경은 재이를 인사와 관련지어 해석하는 태도에 부정적이었다. 그는 오랫동안 재이로 간주해 왔던 몇몇 현상을 평범한 자연 현상으로 치부하며 인사와 연관 지어 설명해서는 안 된다고 했다. 먼저, 무지개에 관한 변증을 보면, 고금에 무지개가 물을 마시는 것을 두고 재이 또는 상서라고 하는 설이 많은데,[275] 무지개는 재이나 상서가 아니라고 했다. 무지개는 음양의 기이고, 순식간에 생겼다가 사라지므로 비록 형태는 있지만 실체는 없다면서 무지개가 마실 수 있다는 설을 두고 '괴이하다'고 했다.[276] 그러면서 "대저 무지개는 햇빛에 비쳐 만들어진다. 진실로 음양의 기가 비추어 서로 맞아 감응하면 저절로 나타난다. 마치 자석이 바늘을 잡아당기고, 호박(琥珀)이 지푸라기를 거두는 것과 같이 자연히 감응하여 부른다. 그 우물을 마시고 술을 마신다는 것은 아울러 이 이치를 따른 것일 따름이다"라고 했다. 그러니 이해하기 어려운 이치로 돌려서 놀랍고 신기하게 여겨서는 안 된다고 했다.[277]

이러한 태도는 천둥·번개의 변증에서도 확인할 수 있다. 그는 천둥·번개에 관한 장문의 변증설을 남겼는데, 다양한 문헌을 참고해서 천둥·번개의 생성 원리를 객관적으로 설명했다. 가령, 방중리(方中履, 1634~1698)의 『고금석의(古今釋疑)』를 인용해서[278] 대개 천둥은 있지만 번개가 없는 것도 있고, 번개는 있지만 천둥이 없는 것도 있으며, 번개도 크고 천둥도 큰 것도 있는데, 모두 음기(陰氣)의 성(盛)함으로 말미암아 양기(陽氣)가 안에서 밖으

有此記已贅, 而愚更鄭重其說, 亦復何哉. 蓋取其便於考閱, 以備遺亡故也, 是爲辨證焉."

275) 『五洲衍文長箋散稿』, 「虹飮辨證說」, "古今虹投飮吸, 爲災爲祥, 其說甚多, 略辨其已見者."

276) 『五洲衍文長箋散稿』, 「虹飮辨證說」, "夫虹乃陰陽之氣, 倏忽生滅, 雖有形而無質, 乃能飮食, 亦可怪矣."

277) 『五洲衍文長箋散稿』, 「虹飮辨證說」, "大抵虹蜺, 映日光而成. 苟有陰陽之氣射, 適與之感應, 則固自相就. 若磁石之吸針, 琥珀之拾芥, 自然感召. 其飮井吸酒, 竝從是理耳. 何足驚異以歸諸難解之理歟."

278) 方中履는 方以智의 3남으로 부친의 博學과 考證學을 물려받았다. 『古今釋疑』는 그의 이러한 학문 성향이 잘 드러난 저술이다. 富平美波, 「方中履『古今釋疑』の執筆と刊行について」, 『アジアの歴史と文化』 19, 2015, 1~28쪽 참고.

로 나오지 못해 서로 부딪혀 천둥이 만들어진다고 했다. 그리고 "천둥은 번개의 소리이고, 번개는 천둥의 빛이다. 혹 음기(陰氣)의 위가 얇고 아래가 두꺼우면 천둥이 얇은 곳으로 빠져나가기 때문에 천둥소리만 들리고 번개는 보이지 않는다. 만약 음기(陰氣)가 얇으면 양기(陽氣)가 쉽게 빠져나가므로 번개는 보이지만 천둥소리는 들리지 않는다. 혹은 천둥소리가 들려도 진동하지는 않는다. 오직 구름이 두꺼운데 음기(陰氣)가 이를 압박하고 양기(陽氣)가 다시 성해서 서로 세차게 뿜으면서 나오면 빠른 천둥과 큰 번개가 일어난다. 또 빛은 보이지만 번개가 보이지 않는 것은 번개가 구름 속에 있거나 지면 가까이 있거나, 또는 구름에 가려졌기 때문이다. 그 금빛 선과 같은 것은 번개가 구름 밖으로 나온 것이다. 그러므로 빠른 천둥의 번개는 종종 〈금빛〉 선으로 보인다"라고 했다.[279)]

이규경은 『고금석의』 외에도 여러 문헌을 참고해서 천둥과 번개의 생성 원리를 고증했다. 그런데 그 결과는 천둥과 번개는 '음양의 기운이 충돌해서 발생한 것으로 죄를 벌하기 위해 내려친다는 말은 모두 억측이다'라는 것이었다. 즉, "천둥은 불의 정수를 얻었기 때문에 그 기(氣)가 바위를 만나면 바위가 갈라지고 나무를 만나면 나무가 부러지고 집을 만나면 집이 무너진다. 어떤 사물에 닿으면 즉시 죽는데, … 그 죽은 것은 천둥과 우연히 만나서 그렇게 된 것이지, 천둥이 공격한 게 아니다. 천둥 근처에 있으면서도 상처를 입지 않은 것은 화독(火毒)이 우연히 몸에 닿지 않아서 그런 것이다"라면서 "이를 미루어 보면 천둥은 음양의 두 기가 서로 충돌해서 발생한 것일 뿐 죄를 벌하려고 내려친다고 하는 말은 모두 억측[臆說]"이라고 했다.[280)]

---

279) 『五洲衍文長箋散稿』, 「雷電霹靂辨證說」, "方中履古今釋疑曰, … 蓋有雷而不電者, 有電而不雷者, 有大電大雷者, 由於陰氣盛, 而陽氣在內不得出, 擊搏成雷. 雷者電之聲, 電者雷之光也. 或陰氣上薄下厚, 雷遂從薄處上出, 故聞雷而不見電. 如陰氣薄, 則陽氣易出, 故見電而不聞雷, 卽聞雷聲, 亦不震. 惟雲厚而陰氣迫之, 陽氣復盛, 相迸而出, 故爲迅雷大電. 且有見光而不見電者, 電在雲中, 或近地, 又有雲掩之也. 其如金線, 則電出雲外也, 故迅雷之電, 往往見線焉."; 『古今釋疑』 卷12, 「雲雨霜雪雷電之理」.

280) 『五洲衍文長箋散稿』, 「雷電霹靂辨證說」, "雷得火之精, 故其氣也, 在石則裂, 在木則折, 在屋則毁, 其氣著物, 無不立死, … 其死者, 偶與雷相値, 非雷擊之也, 有近之而不傷者, 其火毒偶未著

이어서 벼락도 뜻이 있어서 어떤 물체를 공격하려고 만들어지는 것은 아니라고 했다. 이는 마치 부싯돌에 불을 붙일 때 불꽃이 우연히 다른 물체에 붙어서 불타는 것과 같은 이치라고 했다.[281] 또 번개는 기복(起伏)이 일정하지가 않아서 예기치 않게 만난 것이 사람을 치더라도 이는 특별한 이유가 있어서 그런 것은 아니니 하늘의 분노가 작동해서라고 해서는 안 된다고 했다.[282] 오히려 천둥·번개를 하늘이 내는 것으로 생각하고서 뇌공(雷公)이 종일 요란하게 다니면서 사람을 찾아 공격하는 것이라고 여기면 이는 하늘의 위엄을 더럽히는 것이라고도 했다.[283] 이규경에게 무지개나 천둥·번개는 재이가 아니라 단순한 기상 현상이었을 뿐이다.

그렇다면 고대 역사 기록에 남아 있는 물리적으로 일어날 수 없는 재이는 어떻게 보아야 하는 것이었을까. 이규경은 고대[三古]의 재이를 누락 없이 후세에 전한다는 것은 어려운 일이고, 또 이를 변증하는 것도 유익하지 않다고 했다.[284] 그러면서 「오잡조」에서 읽은 기사를 하나 소개했다. 즉, "주(周) 소왕(昭王) 때 아홉 개의 달이 나란히 나타나 자미궁(紫微宮)의 영역을 관통했는데, 얼마 지나지 않아 왕이 강을 건너다 물에 빠져 죽었다. 지금 사람은 요(堯) 임금 때 열 개의 해가 나란히 나온 것은 아는데, 도리어 주(周) 대에 아홉 개의 달이 나란히 나타난 설은 알지 못한다"라는 것이다.[285] 여러 개의 해나 여러 개의 달이 나타난다는 것은 있을 수 없는 일이다. 이규경 또한 이러한 재이는 걸주(桀紂)의 시대에도 듣지 못했던 것으로

身也. 推此言之, 則雷爲陰陽擊搏之氣, 與罰殛有罪云者, 悉臆說也."

281) 『五洲衍文長箋散稿』, 「雷電霹靂辨證說」, "震者, 意者非擊物而設也, 如今擊火燧者, 火矢偶落他物則燃之之理."

282) 『五洲衍文長箋散稿』, 「雷電霹靂辨證說」, "蓋其起伏不恒, 或有卒遇之者, 至於擊人, 則非大故, 不足以動天之怒耳."

283) 『五洲衍文長箋散稿』, 「雷電霹靂辨證說」, "曰, 此所以爲天也, 使雷公終日轟然, 搜人而擊之, 則天之威褻矣."

284) 『五洲衍文長箋散稿』, 「上古日月變辨證說」, "三古災異, 誰能載筆不漏, 以傳于後, 辨之何益."

285) 『五雜組』 卷1, 天部1, "周昭王時, 九月竝出, 貫紫微之座, 無何, 而王濟江溺死. 今人知堯時之有十日, 而不知周時之九月也."

와전된 오류가 대대로 전해진 것일 거로 생각했다.[286]

그래서 이규경은 그 와전의 경위를 추적했다. 우선, '요(堯) 임금 때 열 개의 해가 나란히 나왔다'라는 고사는 여러 문헌에서 보인다. 『장자(莊子)』에는 순(舜)이 요(堯)에게 "옛날에 열 개의 해가 나란히 나와 만물을 모두 비추었는데, 하물며 덕이 해보다 더 나은 사람이겠습니까"라고 말한 고사가 있고,[287] 『회남자(淮南子)』에는 "옛날 요(堯) 임금 때는 열 개의 해가 나란히 나와 곡식이 타고 초목이 말라 죽어 백성이 먹을 게 없었다"라는 고사가 있다.[288] 이 밖에도 여럿이 있는데, 이규경이 참고한 명 양신(楊愼, 1488~1559)의 『단연총록(丹鉛總錄)』에는 "예로부터 '여장(呂葬)이 해를 쏘았는데 아홉 까마귀가 떨어졌다'라는 고사가 전한다. 까마귀는 맞추기가 가장 어렵다. 하루에 아홉 까마귀가 떨어졌다는 것은 활이 민첩하다는 것을 말한다. 그런데 후대에 이 설을 얻지 못한 자가 드디어 아홉 해를 쏜 것으로 여기게 되었다. 세속에는 틀린 설이 흘러 기괴하게 전해졌고, 문사(文士)는 이름 따라 기이한 해석을 제멋대로 폈다"라고 되어 있다.[289] 또 이수광(李睟光, 1563~1628)의 『지봉유설(芝峯類說)』에도 같은 내용의 기사가 수록되어 있다.[290]

이규경은 여기에서 착안하여 "'유궁후(有窮后) 예(羿)가 열흘 동안 날마다 활을 쏘아 한 마리 까마귀를 떨어뜨렸다'가 세상에 '열 개의 해가 나란히 나왔다'로 와전되었듯[291] '주 소왕 때 아홉 개의 달이 나란히 나왔다'라는

286) 『五洲衍文長箋散稿』, 「上古日月變辨證說」, "今適閱五雜組, 周昭王時, 九月竝出, 貫紫微之府, 無何而王濟江溺死. 今人知堯時有十日竝出, 而更不知周時之有九月之竝見也云. 如許災異, 雖桀紂之世, 無聞焉, 是或訛誤相傳也."

287) 『莊子』, 第2篇, 齊物論, 제2장, "舜曰, 夫三子者, 猶存乎蓬艾之間, 若不釋然, 何哉. 昔者, 十日竝出, 萬物皆照, 而況德之進乎日者乎."

288) 『淮南子』 本經訓, "逮至堯之時, 十日竝出, 焦禾稼, 殺草木, 而民無所食."

289) 『丹鉛總錄』, 羿射日落九烏, "古傳言羿射日落九烏, 烏最難射, 一日落九烏, 言射之捷也, 而後世不得其說者, 遂以爲射九日矣, 流俗謬說而傳怪, 文士循名, 而騁寄異哉."

290) 『芝峯類說』 卷6, 經書部2, 諸子(上, 578쪽-李睟光(南晩星 譯), 『芝峯類說』, 乙酉文化社, 1994의 책수와 원문 쪽수), "稗史言羿射日落九烏, 烏最難射, 一日落九烏, 言射之捷也, 而後世遂以爲射九日云, 其言似可取也."

것도 가을 9월의 '9월'이 아닐까"라고 추측했다. 그러면서 "천문지(天文志)의 일월변(日月變) 중에는 '다섯 개의 해, 열 개의 해가 함께 나왔다'는 기록도 있고, 또 '두세 개의 달에서 여덟아홉 개의 달까지 〈여러 달이〉 함께 보였다'는 이변도 있으며, 각각 점상(占象)도 있다. 즉 이는 천문 담당관[司天氏]이 습관처럼 쓴 것인데, 이것이 잘못 전해져 와전되었을 것"이라고 추측했다.292)

사실 '열 개의 해나 아홉 개의 달'처럼 음양으로 대비되는 자연물의 재이는 그 현상의 유무를 따지기보다는 대개 그 안에 내포된 가치나 이념에 주목하기 마련인데, 이규경은 처음부터 물리적으로 일어날 수 없는 현상으로 규정하고 이러한 설이 전해지게 된 경위를 합리적인 근거와 나름의 추론을 통해 실증적으로 밝히고자 했다. 이러한 대목에서 그의 박학적이고 고증적인 면모를 엿볼 수가 있다.

그러나 이규경이 재이론 자체를 부정했다고 할 수는 없다. 근본적으로 재이론을 부정하지는 않았는데, 다만 그는 '천인(天人)은 음양의 두 기를 공유하며, 군주의 실정이나 인사의 잘못이 감응하여 재이를 부른다'는 전통적인 천인감응론에서가 아니라 재이를 일정한 규칙에 따라 발생하는 하나의 자연 현상으로 간주하면서도, 그 의미는 되새겨야 한다고 생각했다.

이규경에게 '천인감응'은 믿음이나 인정 여하의 대상이었다기보다는 역사적 산물에 가까웠다. 이규경의 천인감응론을 보면, 그는 천인감응을 인간과 자연의 상호작용으로 이해했다. 인간은 자연에 적응하며 삶을 영위하고, 자연의 변화에 따라 삶의 모습도 달라지기 마련이다. 인간의 역사는 이렇게 자연과의 관계 속에서 전개되었고, 이규경은 이러한 인간과 자연의 상호작용을 '감응(感應)'으로 보았다.

이규경의 이러한 통찰은 「천지인상응변증설(天地人相應辨證說)」에서 엿볼

---

291) 『五洲衍文長箋散稿』, 「上古日月變辨證說」, "余嘗見楊愼丹鉛總錄, 以爲有窮后羿, 十日, 日射一烏而落者, 世仍訛傳爲十日竝出也云."

292) 『五洲衍文長箋散稿』, 「上古日月變辨證說」, "若然則周昭時九月竝出云者, 無乃秋九月之九月耶. 嘗考天文志, 於日月之變, 有五日十日竝出之文, 或有自二三月至八九月竝見之異, 各有占象, 則是或司天氏所掌故, 而以訛傳訛者歟."

수 있다. 이규경은 기본적으로 하늘과 땅과 사람은 서로 감응한다고 했다. 모든 땅의 운행에는 변화가 있고 하늘의 기운은 이를 따르고, 하늘의 운행에 변화가 있으면 땅의 기운도 이를 따른다고 했다. 또 하늘의 기운이 위에서 움직이면 사람은 여기에 감응하고, 사람의 행위가 아래에서 감응하면 하늘의 기운은 이를 따른다고 했다. 이것이 천지인 삼재(三才)의 감응이고 이는 변함없는 이치라고 했다.[293] 그런데 이러한 감응은 천지인 삼재(三才)가 음양의 두 기를 공유해서 일어난다는 게 아니었다. 실제 역사 속에서, 특히 지상에서의 자연·환경의 변화가 추동한 인간 삶의 변화를 '감응'이라고 보았다.

이규경은 이를 중국 황하의 변화로 설명했다. 황하는 천지 사이의 첫 번째 혈맥(血脈)이라고 했다. 그리고 이 황하의 물줄기가 서쪽에서 남쪽으로, 또 남쪽에서 동북쪽으로 바뀌면서, 그 가운데 기주(冀州)가 형성되었다고 했다. 황하는 마치 띠와 같고, 오악(五嶽)이 이를 둘러, 여기가 천하제일의 대풍수(大風水)라고 했다. 그래서 기주를 도읍으로 한 시절에 요·순·우의 세 성인이 출현한 것이라고 했다.[294] 그런데 한(漢) 이후로 황하가 점차 남쪽으로 내려가 회수(淮水)와 사수(泗水)로 흘러 들어갔고, 이로 인해 기운의 변화가 일어났다는 것이다. 그래서 사람들이 강남이 번영한 것이 송이 남쪽으로 이주해서라고들 말하지만, 사실은 황하가 남쪽으로 옮겨 가 기운도 이에 따라 남쪽으로 내려갔고, 이것이 바로 하늘의 운행에 따라 땅의 기운이 감응한 것이라고 했다.[295] 즉, 황하의 중심이 남쪽으로 이동하면서 그 사이에서 인간의 활동도 남쪽으로 이동하게 되었고, 이것이 바로 '감응'이

---

293) 『五洲衍文長箋散稿』, 「天地人相應辨證說」, "凡地運有推移而天氣從之, 天運有轉從而地氣應之. 天氣動乎上, 而人爲應之, 人爲應乎下, 而天氣從之. 蓋三才相應, 乃理之常也."

294) 『五洲衍文長箋散稿』, 「天地人相應辨證說」, "如黃河是天地間第一血脈也. … 是河從西轉南, 從南轉東北, 而冀居其中. 黃河如帶, 五嶽俱朝, 爲天下第一大風水也. 故冀都, 一時, 堯舜禹三聖人出焉."

295) 『五洲衍文長箋散稿』, 「天地人相應辨證說」, "自漢黃河漸徙而南, 直走淮泗, … 豈非黃河南徙, 氣運使之固然耶. 人言江南之盛, 以宋南渡而然, 不知黃河徙南而天運亦南徙也, 何謂天運有轉從而地氣亦應之."

라는 것이었다.

이러한 인식이다 보니 이규경의 변증설 중에는 '인사가 재이를 부른다' 또는 '재이는 천견이다'라는 유(類)의 논의는 발견되지 않는다. 이규경에게 재이는 하나의 자연 현상이었다. 우선, 일월식은 규칙적인 천체 현상이었다. 그는, 교식은 비록 하늘에서 일어나지만, 그 원인은 지구[地]에 있다고 했다. 즉, "달은 태양 빛을 받아 빛을 낸다. 합삭(合朔) 때 일식은 달이 해를 가리는 현상이고, 망일(望日) 때 월식은 지구의 그림자가 해를 가로막는 현상이다. 무릇 달이 보이는 곳에서 월식을 보면 모두 같지만, 일식은 보는 곳에 따라 다르다. 해가 정수리 부분에 위치하지 않고 비스듬히 기울어진 경우는 일식이 보이지 않고, 관측지별로 분초가 다르다. 이는 구체적으로 증험이 가능하다[質測]"라는 것이었다.[296] 이러한 논의는 일월식의 발생이 인간 사회의 치란(治亂)과 관련이 있다고 보는 주자학적 일월식론과는 분명히 다른 것이다.

그리고 다섯 행성이 서로 모이는 현상[五星相聚]도 규칙적인 천체 현상일 뿐이었다. '오성상취' 현상은 역대 천문지에서 중요하게 다룬 재이였다. 이규경은 이 중 몇 사례를 소개하며 중국의 이십이대사(二十二代史)를 조사하면 더 많이 발견할 수 있을 거라고 했다.[297] 그는 다섯 행성이 서로 모이고

---

296) 『五洲衍文長箋散稿』, 「交食辨證說」, "交食雖在天, 其故在地. 月質以日映爲光, 合朔日食, 月質掩日也, 望日月食, 地球之影隔日也, 凡見月之處, 見食皆同, 而日食則異焉. 其不當頂而斜迤者, 皆不見日食也, 故分秒各別, 此質測也." 李圭景이 『五洲衍文長箋散稿』를 집필하면서 참고한 문헌이 모두 661종인데, 이 중 가장 많이 인용한 것이 221회의 『物理小識』이다. 그가 언급한 '質測'은 '通幾'와 함께 방이지의 자연학 탐구에서 중요한 방법론으로 꼽힌다. 쉽게 '질측'은 자연에 대한 객관적 관찰과 추론, '통기'는 그러한 자연변화의 내재적인 필연성에 대한 깊은 연구 정도로 볼 수 있다[임종수, 「'方以智의 自然認識」, 『동양철학연구』 49, 2007, 264~267쪽]. 이러한 측면에서도 방이지의 영향을 짐작해 볼 수 있다. 다만, 이규경이 '방이지 학파'의 우주론을 대단히 높게 평가했던 것 같지는 않다. 이 또한 흥미로운 하나의 우주론에 불과했고, 그에게는 고전적 학설이나 서양의 학설이나 방이지 학파의 학설은 모두 '辨證의 대상'이었을 뿐이다. 이러한 논의는 문중양, 「19세기 조선의 자연지식과 과학담론 : 明末淸初 중국 우주론의 늦은 유입과 그 영향」, 『다산학』 13, 2008, 30~31쪽 참고.

297) 『五洲衍文長箋散稿』, 「五星相聚辨證說」, "若考二十二代史, 則更未知幾度相聚也."

네 행성이 서로 모이는 현상을 두고 '길조다 흉조다' 이렇게 구애(拘礙)해서는 안 된다고 했다.[298] 또 별과 달이 서로 침범하는 현상을 식(食)이라 하고 길흉은 각 종류에 따라 감응한다고 하면서도 결코 과장해서는 안 된다고 했다. 왜냐하면, 점성이 다 맞는 것은 아니기 때문이었다. 해와 달, 그리고 오행성은 모두 황도(黃道)를 다니기 때문에 어쩔 수 없이 행도(行度)를 침범하게 되고, 각각이 가까우면 재앙이 크고 멀면 해[傷]가 없는 것뿐이었다.[299]

그렇지만 이러한 천체 현상의 점성적(占星的) 의미를 가볍게 여겨서도 안 된다는 게 이규경의 생각이었다. 특히, 유성(流星)은 농가(農家)에서 기상을 점칠 때 유용하게 활용된다고 했다. 점성은, 『관상완점(觀象玩占)』이나 『상이부(祥異賦)』 등의 책에서 유명한 별자리의 점치는 법을 다루어서 다시 자세히 언급할 필요는 없지만, 많은 사람이 대부분 무지하고 별자리에 대한 기본 지식도 없어 설령 별의 움직임에서 어떤 증험을 발견하더라도 그 의미를 알지 못한다고 했다. 특히, 유성은 부인이나 젖먹이처럼 무지한 자도 한 번 보면 알 수 있어, 변증을 벽에 붙여 놓으면, 농가에서는 풍우(風雨)의 시기를 점칠 수 있다고 했다.[300] 이규경은 「천문서(天文書)」를 인용한 『군방보(群芳譜)』를 참고해 가령, "유성이 동쪽에서 서쪽으로 흐르면 다음날 비가 온다, 북쪽에서 동쪽으로 흐르면 연일 비가 오고 멈추지 않는다, 북쪽에서 남쪽으로 흐르면 다음날 비가 온다, … 서쪽에서 북쪽으로 흐르면 내일 비바람이 크게 일어난다, 남쪽에서 동쪽으로 향하면 가문다, 북쪽에서 서쪽으로 향하면 농작물이 물에 잠긴다, …"와 같이 유성의 점성적 풀이를 정리했다.[301]

---

298) 『五洲衍文長箋散稿』, 「五星相聚辨證說」, "大抵凡五星四星相聚, 有吉有凶, 則亦不可拘也."

299) 『五洲衍文長箋散稿』, 「五星相聚辨證說」, "星月相陵曰食, 吉凶各以類應, 不可誣也. 然有或不盡如所占者何也. 日月五星, 俱行黃道, 不能無侵犯, 惟近則殃大, 遠則毋傷也."

300) 『五洲衍文長箋散稿』, 「流星占陰晴辨證說」, "占星, 有觀象玩占祥異賦等書, 各占於列宿之有名者, 不必更贅, 而衆生蠢蠢無知, 素昧星象, 縱有占驗, 安得知之. 至於流星, 則雖婦孺無知者, 一見可知, 故辨證黏壁, 爲農家占望風雨之期."

301) 『五洲衍文長箋散稿』, 「流星占陰晴辨證說」, "群芳譜引天文書曰, 星自東流向西, 來日雨. 北流向東, 連日雨不斷. 北流向南, 來日有雨. … 西流向北, 來日風雨大作. 南流向東, 主旱. 北流向

이상을 정리해 보면, 이규경은 많은 참고문헌에서 역대의 다양한 재이를 찾아 정리했지만, 이는 천인감응에 대한 믿음에 기초한 것은 아니었다. 재이는 하나의 자연 현상일 뿐 인사가 원인이 되어 재이가 발생한다고는 믿지 않았다. 이렇게 인사 때문에 발생한다거나 또는 인사의 전조로서 발생한다고 보는 설은 억측이라고 했다. 그리고 고전에 남아 있는 물리적으로 일어날 수 없는 재이 현상의 경우 그러한 기록이 남겨지게 된 경위를 고증을 통해 밝히기도 했다. 다만, 이규경이 재이론 자체를 부정하지는 않았다. 재이 현상은 하나의 자연 현상으로 보았으면서도, 그 의미는 되새겨야 한다는 것이 그의 기본적인 생각이었다.

이상으로 18세기 중반부터 19세기 중반까지 활동한 네 명의 실학자, 이익, 홍대용, 홍석주, 이규경의 재이론에 대해 살펴보았다. 이들은, 출신 가문, 당색, 활동 지역, 관력(官歷) 등은 모두 달랐지만, 각자의 위치에서 재이론의 합리적 활용을 고민했던 지식인이었다. 이들의 재이론에서는 몇 가지의 공통점을 찾을 수 있다.

첫째, 천인(天人)의 감응을 믿지 않았다. 하늘과 인간은 음양의 기를 공유하고 있어 한쪽이 어그러지면 다른 한쪽도 어그러진다는 전통적인 천인감응론을 일체 배격했다. 이들에게 재이는 하나의 자연 현상이었다. 자연의 법칙에 따라 생겼다 사라지는 수많은 자연 현상 중 하나였을 뿐이고, 인사의 득실에 따라 발생하고 소멸하는 천인감응의 소치가 아니었다. 둘째, 재이론의 가치를 존중하며 역사적으로 재이론이 영위된 의미와 그것의 정치·사회적 기능을 긍정했다. 그들은 재이론을 군주의 수양과 민생의 안정을 도모하는 사상이자 이념으로 여겼다. 이것의 신비주의적이고 미신적인 측면은 부정적으로 보았지만, 역사적으로 재이론은 군주의 수양과 민생의 안정을 지향하고 꾀했다고 보았다. 셋째, 재이론의 재인식을 통한 가치의 전승을

西, 水淹田禾. …"

고민했다. 이들 중 재이론을 부정하거나 폐기해야 한다고 주장한 이는 한 명도 없었다. 모두 재이론의 합리적 활용 방안을 모색했고, 또 나름의 대안도 제시했다. 실제로 이익의 액운론은 훗날 성호학파 내 후배세대에게 일정 부분 계승되기도 했다. 요컨대 아마도 천인감응에의 천착은 일절 거부하면서도 재이론의 의미와 가치는 전승하려는 자세가 당시 지식인이 재이론에 대해 품었던 생각이 아니었나 여겨진다.

4. 재이론의 정치적 기능 변질과 관습화

1) 영조 대 '가탁구언(假托求言)'의 처벌과 '함묵성풍(含默成風)'의 장기화

17세기 후반 붕당정치의 격화 속에서 재이론의 정략적 활용은 극에 달했다. 현종은 재위 중에 당리당략에 따른 편당적인 응지상소는 구언에 응한 것이라도 용서하지 않겠다는 뜻을 분명히 밝혔다.[302] 현종의 이러한 뜻은 말로만 그치지 않고, 실제 처벌로 이어졌다.[303] 이러한 강경한 태도 때문인지 '상이 간언을 수용하는 거조(擧措)가 없어 그럭저럭 세월만 보내는 게 오늘날의 고질적인 폐단이다'라는 한탄이 나오기도 했다.[304]

숙종은 현종의 뜻을 이어 즉위 초부터 정략적인 재이론에 강경하게 대응했다. 숙종 원년(1675) 1월 8월(정묘) 흰 무지개가 해를 꿰뚫은 백홍관일(白虹貫日)이 있었다.[305] 이틀 뒤 숙종은 직언을 구한다는 비망기를 내렸고,[306] 1월 18일(정축) 전교관 황세정(黃世楨, 1622~1705)은 귀양 간 송준길과 송시

302) 『顯宗實錄』 卷9, 6年 1月 22日(己酉) ; 同 卷14, 8年 7月 20日(壬戌).
303) 『顯宗實錄』 卷9, 6年 1月 21日(戊申).
304) 『顯宗實錄』 卷14, 9年 3月 28日(丙寅).
305) 『肅宗實錄』 卷2, 元年 1月 8日(丁卯).
306) 『肅宗實錄』 卷2, 元年 1月 10日(己巳).

열을 옹호하는 응지상소를 올렸다가 진도(珍島)에 찬배(竄配)되었다.[307] 허적과 윤휴는 구언에 응하여 상소한 자를 벌주어서는 안 된다고 막았지만, 숙종은 자신이 듣고자 한 것은 이러한 말이 아니고 절도 찬배는 오히려 가벼운 벌이라며 뜻을 굽히지 않았다.[308] 이것이 숙종의 첫 번째 구언이었다. 숙종 대의 구언 정치는 이렇게 시작부터 파행적으로 전개되었고, 이후의 양상도 대략 예상할 수 있었다.

숙종은 재위 12년(1686) 6월 27일(기묘) 가뭄의 재이를 맞아 구언했다.[309] 그리고 7월 6일(무자) 부교리 이징명(李徵明, 1648~1699)은 구언에 응해 장녀(張女)[희빈장씨]를 내보내야 한다고 상소했다. 숙종은 대노(大怒)했고, 언근(言根)을 색출하며 이징명을 파직했다. 숙종은 "본인은 배우지 못해 아는 게 없지만, 이런 호서배(狐鼠輩)의 말은 차마 들을 수 없나"라며, 이징명을 구원하고 해명하는 소가 잇따르자 도리어 죄를 더 씌워서 삭직하여 내쫓았다.[310] 김수항(金壽恒, 1629~1689)의 중재로 진정되긴 했으나,[311] 이징명의 응지상소는 이 시기의 극심했던 재이론의 정략적 활용을 엿볼 수 있는 대표적인 사례라고 할 수 있다.

이 무렵 관인·유자도 재이론의 올바른 활용을 두고 고심했던 것 같다. 가령, 영남 남인 권두경(權斗經, 1654~1725)은 숙종 15년(1689) 기사환국(己巳換局) 정국 때 스승 이현일(李玄逸, 1627~1704)에게 재이를 근거로 하는 시무소의 상주(上奏)를 요청한 적이 있다. 그는 하루라도 조정에 있으면 조정의 잘못을 말하지 않을 수 없고, 군덕(君德)의 과실[愆違]은 바로잡지

---

307) 『肅宗實錄』 卷2, 元年 1月 18日(丁丑).

308) 『肅宗實錄』 卷2, 元年 1月 21日(庚辰).

309) 『肅宗實錄』 卷17, 12年 6月 27日(己卯).

310) 『肅宗實錄』 卷17, 12年 7月 6日(戊子), "臣願聖上, 放出張女, 毋累淸明之治. 疏入, 上大怒, 不答張女事, 以勉戒坤聖, 爲非所宜言, 迫問言根, … 仍下備忘, 特命徵明罷職不敍, … 有予本不學無識, 予雖昏庸, 決不忍受制於此等狐鼠輩等語, 又以相繼救解, 由於罪徵明律輕, 加罪削黜."

311) 『肅宗實錄』 卷17, 12年 7月 10日(壬辰). 金壽恒은 효종 대 김홍욱 사건을 예로 들며 숙종을 설득했고, 그제야 숙종은 본인이 성급했다며 화를 풀었다. 이징명의 직첩은 8월 28일(경진)에 돌려주었다[『肅宗實錄』 卷17, 12年 8月 28日(庚辰)].

않을 수 없으며, 민생(民生)의 이익과 손해[利病] 그리고 국계(國計)의 안락과 근심[休戚]에도 마음을 쓰지 않을 수 없다고 했다.[312] 당시 권두경은 문과에 급제하기 전이었고,[313] 그야말로 초야의 선비로서 산속에서 조용히 지내는 중이었다. 그가 보기에 당시는, 비록 어떤 정치가 잘못이고 어떤 일이 부족하다는 말은 듣지 못했지만, 위로는 재이가 연이어 일어나 천심(天心)이 편안하지 못하고 아래로는 관리(官吏)들의 부정한 재물 축재[貪贓]와 방자한 행동[肆行]으로 민생이 뜻대로 되지 않는 상황이었다.[314] 염치는 사라지고 아첨과 비리만 성행했는데, 과거(科擧) 하나만 보더라도 경향(京鄕)을 불문하고 사심[私意]이 횡행하고 부정한 방법이 넘쳐 온 나라가 떠들썩하고 식자(識者)는 한탄하며, 혼조(昏朝) 때의 폐해가 다시금 되풀이되는 듯하다고 했다.[315]

당시는 다시금 남인이 집권한 초기였다. 권두경은 이제 막 개혁을 시작하는 시기에 마땅히 군신(君臣)이 함께 힘쓰고 대소신료 또한 협력해, 시행하는 정책과 조치가 모두 바름[正]에서 나와야 한다고 했다. 그렇게 하여 어떤 틈이나 흠도 보여서는 안 되고, 헛된 논란[浮議]과 참언(讒言)이 일어나지 않도록 해야 한다고 했다.[316] 자신을 다스리는 일은 한 터럭만큼도 소홀해서는 안 되고, 군주를 보필하는 일 또한 한 가지라도 놓아서는 안 된다면서, 자신을 바로 잡아 남을 이끌고, 허물을 책망하며 선을 펼치고, 크고 바른

---

312) 『蒼雪齋集』 卷8, 書, 「上葛庵先生己巳」, 1ㄴ(169책, 133쪽), "一日而立朝則朝政之闕失, 不可以不言, 君德之愆違, 不可以不正, 民生之利病, 國計之休戚, 不可以不留心."

313) 권두경은 21세 때 처음 만난 이현일을 평생의 스승으로 모셨다. 숙종 원년(16175) 22세 때 사마시에 합격하고 성균관에 들어갔으나, 문과에는 57세 때인 숙종 36년(1710)에야 합격했다. 『蒼雪齋集』 卷17, 附錄, 「墓碣銘(李栽撰)」, 3ㄱ~5ㄱ(169책, 307~308쪽) 참고.

314) 『蒼雪齋集』 卷8, 書, 「上葛庵先生己巳」, 1ㄴ(169책, 133쪽), "斗經雖跧伏山中, 不聞某政之闕某事之失, 然上則災異荐臻而天心未豫矣, 下則貪贓肆行而民生不遂矣."

315) 『蒼雪齋集』 卷8, 書, 「上葛庵先生己巳」, 1ㄴ~2ㄱ(169책, 133쪽), "廉恥道喪, 奔競成風, 至以科擧一事言之, 內而京試, 外而鄕選, 私意橫流, 蹊徑紛然, 國言藉藉, 有識寒心, 不謂昏朝覆轍, 復見於今日也."

316) 『蒼雪齋集』 卷8, 書, 「上葛庵先生己巳」, 2ㄱ(169책, 133쪽), "在今改軌之初, 正宜君臣交勵, 大小協謀, 施爲擧措, 一出於正. 使無隙可議, 無間可乘, 猶恐不足以鎭浮議而杜讒口."

도를 행하여 편벽된 사사로움을 끊어내야 한다고 했다.[317]

권두경은 이현일에게 이러한 문제의식을 내보이며, 위로는 군주의 신임에 보답하고 아래로는 백성의 기대에 부응할 수 있는 뜻을 결단하는 게 어떻겠냐고 물었다.[318] 구체적으로 한 가지만 시험 삼아 상소하여 숙종이 어떻게 대하는지 살펴보고 진퇴[行藏]를 결정하는 게 어떻겠냐고 물었다. 그는 이렇게 하는 게 공연히 예의만 차리면서 시간만 허비하는 것보다 더 낫다고 보았다.[319]

이현일은 권두경에게 답장을 보내 숙종 초에 '외람되게도' 관직을 맡게 되었다면서,[320] 고인(古人)의 출처(出處)의 의리에 대해 논의했다. 군주를 섬길 때는 진실로 자기의 분수에 따라 일을 하고자 해야 하고, 군주에게 간언했는데도 군주가 그대로 행하지 않고 또 듣지 않으면 몸을 깨끗이

---

317) 『蒼雪齋集』 卷8, 書, 「上葛庵先生己巳」, 2ㄴ~3ㄱ(169책, 133쪽), "自治之功則一毫不敢忽易, 致君之業則一事不敢放過, 正己而率物, 責難而陳善, 行大中之道, 絶偏私之累."

318) 『蒼雪齋集』 卷8, 書, 「上葛庵先生己巳」, 3ㄱ(169책, 133쪽), "庶乎上酬明主之知, 而下慰蒼生之望, 不審先生其有意乎, 如其不可則曷若及今早與之判決."

319) 『蒼雪齋集』 卷8, 書, 「上葛庵先生己巳」, 3ㄱ(169책, 133쪽), "試以一事爲之兆, 以觀明主之俯仰, 而定其行藏, 不猶愈於坐縻虛禮, 逡巡有待, 而未免顚沛於末流者哉."

320) 『葛庵集』 卷11, 書, 「答權天章庚午」, 6ㄴ~7ㄱ(128책, 24~25쪽). 이현일은 22세 때인 인조 26년(1648) 가을 科擧 낙방을 계기로 科業을 그만두고 향리에 머물며 학문 연마와 후학 양성으로 일생을 보냈다. 향리에 있으면서 상소를 몇 차례 올린 적도 있지만, 그가 중앙 정계와 인연을 맺은 것은 그의 나이 51세 때인 숙종 3년(1677) 4월이 처음이다. 이때 이현일은 사헌부 지평을 제수받고 강경한 언론 활동을 펼쳤다. 숙종 4년(1678) 2월 남인의 淸濁 분기에 빌미를 제공한 李沃과 柳命天을 모두 仕版에서 삭제해야 한다고 주장했다가 동료들과의 의견 충돌로 引避했고, 곧이어 3월 상소를 올려 陳賀의 정지와 辨誣使 파견의 철회를 요청했다가 수용되지 않자 곧바로 관직을 내려놓고 고향으로 돌아갔다. 이현일에게 1년 남짓의 관직 생활은 정치 현실을 직시하는 계기가 되었고, 이로부터 10여 년 동안 다시 향리에 隱居하며 학문에 전념했다. 그리고 이현일은 기사환국 직후에 다시 徵召되었다. 권두경이 이현일에게 편지를 보낸 시점은 10여 년의 향리 은거를 끝내고 숙종 15년 4월 63세의 나이로 다시 관직 생활을 시작할 무렵이었다. 이현일의 생애와 정치 활동은 『葛庵集』, 附錄, 卷1, 年譜, 1ㄱ~56ㄱ(128책, 510~537쪽) ; 정호훈, 「17세기 후반 영남남인학자의 사상-이현일을 중심으로-」, 『역사와 현실』 13, 1994, 140~142쪽 ; 김학수, 「갈암(葛庵) 이현일 연구-정치활동을 중심으로-」, 『조선시대사학보』 4, 1998, 103~112쪽 참고.

하여 떠날 뿐 진실로 즐거운 마음으로 그렇게 한 것은 아니었다고 했다.[321] 그리고 재이론의 활용도 신중해야 한다고 당부했다.

> 재이로써 정사와 형벌의 잘못을 논할 때는 감히 어떤 일과 어떤 인물을 지척(指斥)하여 어떤 응험이 드러난 필연(必然)이라고 해서는 안 됩니다. 무릇 정사가 해이해져 겨울에도 항상 따뜻한 날씨가 계속되는 재변을 초래했다고 한 것은 옛날부터 제현(諸賢)이 말했고, 주자(朱子) 역시 겨울 날씨가 너무 따뜻하고 우레가 친 것으로 인하여 차자를 올려 '정사에 혹 제대로 거행되지 않은 것이 있지는 않습니까. 형벌에 혹 요행으로 벗어난 자가 있지는 않습니까'라고 경계만 했습니다. 재이를 끌어다가 견강부회해서 나무라서는 안 될 것입니다.[322]

이현일은 권두경에게 재이론을 펼 때는 견강부회해서는 안 된다고 주의시켰다. 특정한 사건이나 인물을 탓[指斥]해서는 안 되고 '정사가 제대로 되고 있는지 잘 모르겠다' 또는 '요행을 부려 형벌에서 벗어난 자가 있는지 모르겠다' 정도로 에둘러서 말해야 한다고 조언했다. 이는 권두경에게 한 당부였지만, 재이론을 지나치게 정략적으로 활용하는 당시의 세태를 향한 당부였다고도 할 수 있다.

권두경은 다시 편지를 보내 보다 솔직한 심정을 전했다. 그는 우의정 김덕원(金德遠, 1634~1704)이 책면(策免)된 사연을 전하면서, 자세하지는 않지만, 혹자는 지난 조정을 거론해서라고 하지만[323] 실제로는 대군(大君)의

321) 『葛庵集』 卷11, 書, 「答權天章庚午」, 7ㄱ(128책, 25쪽), "然竊嘗聞古人出處之義, 其出身事主, 固將循涯分, 欲有所爲, 至諫不行言不聽而潔身以去, 實非其心之所樂也."

322) 『葛庵集』 卷11, 書, 「答權天章庚午」, 7ㄴ(128책, 25쪽), "至於因災異論政刑不擧之失, 非敢指某事斥某人, 以著事應之必然. 夫政事縱弛, 以致常燠之徵, 從昔諸賢固嘗言之, 朱子亦以冬氣太溫雷電震激, 箚陳政或未擧刑或幸免之戒, 恐未可以傅會災異譏之也."

323) 『肅宗實錄』 卷23, 17年 1月 3日(己丑) ; 5日(辛卯). 우의정 金德遠은 숙종에게 당시 奢侈의 폐단에 대해 진언하면서 '인조와 효종은 검소하여 內帑이 풍부했지만, 금상은 궁중에서 나고 자라 절약이 부족해 內藏이 비었다'라고 한 내관 强義忠의 말을 전했다. 이

전지를 장씨(張氏)[희빈장씨]에게 주는 게 마땅치 않다는 논의를 했다가 숙종의 뜻을 거슬러 그렇게 된 것이라고 하는 전언(傳言)을 들었다고 했다. 그러면서 만약 그렇다면 재상(宰相)으로서 부끄럽지 않은 말을 한 것인데, 단 한 번의 언행으로 쫓겨나 체모(體貌)을 지킬 수 없게 되었으니 이런 식이라면 신하들이 무엇을 믿고 감히 비판적인 직언을 할 수 있겠냐고 토로했다.[324]

권두경은 다시 혹자의 전언(傳言)이라 확실하지는 않다면서, 당시 숙종은 간관(諫官)이 논한 바는 옳고 그름을 막론하고 모두 배척하여 어떤 말도 듣지 않는다고 했다.[325] 간혹 충심에서 나온 지극한 논의가 있어도, 그저 형식적으로만 칭찬할 뿐 수용하는 실질적인 태도는 보이지 않고, 거절하며 물리치는 태도가 불행하세도 점차 심해지는 듯하다고 했다.[326] 그는 자신이 비록 초야에 묻혀 있어도 이러한 세태에 대해 근심이 크다면서, 중책을 맡은 스승 이현일에게 격군(格君)의 도리를 기약할 방도가 있는지, 군신상하를 정문일침할 지혜가 있는지를 물었다.[327]

이현일은 권두경의 이 편지를 고향 집에서 받아 보았을 것이다. 그는

말을 전해 들은 숙종은 분노하여 김덕원을 遞差했다.

324) 『蒼雪齋集』 卷8, 書, 「上葛庵先生辛未」, 5ㄱ(169책, 135쪽), "右揆策免, 未詳厥由, 或云雖坐語觸先朝, 實以論大君田不宜與張氏, 致忤上意. 果爾庶無愧宰相之言, 而一鳴斥去, 略不存體貌, 若是則人臣其將何所恃而敢進批鱗之言哉."

325) 『蒼雪齋集』 卷8, 書, 「上葛庵先生辛未」, 5ㄱ(169책, 135쪽), "此則出於傳聞, 雖不敢謂必然, 而竊瞯近日凡言官所論執, 無論是非, 一切揮拒而不納." 숙종 15년 9월 25일(무오) 修撰 沈季良의 "災異를 만나 求言함은 天譴에 응하는 것인데, 말하는 자가 조금 모남이 있으면 전하께서 문득 譴罰을 내리시는 까닭에 간혹 求言의 하교가 있어도 모두 緘口하고 경계하여 傳旨에 응하는 사람이 없다"라는 비판도 참고된다[『肅宗實錄』 卷21, 15年 9月 25日(戊午), "修撰沈季良, 以雷變上疏陳戒曰, 遇災求言, 所以應天譴也. 言者少有稜角, 則殿下輒賜譴罰. 故間有求言之敎, 而皆懷緘口之戒, 未有應旨之人"].

326) 『蒼雪齋集』 卷8, 書, 「上葛庵先生辛未」, 5ㄱ(169책, 135쪽), "間有忠言至論, 不過略示嘉尙之意, 全無翕受之實, 訑訑拒人, 不幸而近之矣."

327) 『蒼雪齋集』 卷8, 書, 「上葛庵先生辛未」, 5ㄱ(169책, 135쪽), "草野疎賤, 猶不勝漆室之憂, 况如先生任大責重如此, 格君之道, 其必有所出矣, 不知曾向頂門上下一鍼乎, 此區區所願聞也, 未涯面稟, 伏紙惘然."

숙종 16년(1690) 9월 23일(경술) 사직한 후 고향으로 내려갔고,[328] 이듬해(숙종 17, 1691) 1월 숙종은 사관(史官)을 보내 면유(勉諭)하고 이현일과 함께 오도록 했다.[329] 권두경은 이 소식을 듣고 사관이 이미 도착했을 듯하다면서 진퇴(進退)의 예의(禮義)를 정했는지 장차 어떻게 처신할 계획인지를 묻고자 이 편지를 보낸 것이었다.[330]

편지를 받고 이현일도 고민이 많았을 것 같다. 기사환국 이후 집권 남인이 이현일에게 요구한 역할은 국왕 보도(輔導)였다. 그들은 이현일이 경연에 출입하여 국왕을 보도하고 성균관 좨주를 겸직하여 선비의 모범이 되어 주기만을 기대했을 뿐 국정에 깊이 간여하는 것은 원하지 않았다.[331] 하지만 이현일은 관직에 있는 동안 자신의 책임을 다하고자 했고, 그 사이에서 적잖은 마찰도 있었다. 그가 입조(入朝)와 낙향(落鄕)을 수차례 반복한 것도 이 때문이었다. 훗날 자신을 천거한 영의정 권대운(權大運, 1612~1699)에게 "대개 군자가 출신(出身)하여 군주를 섬기는 의리는 장구(章句)를 외워 형식이나 갖추고 숫자나 채우며 침묵만 지키고 자리만 채워서 당세에 칭찬만을 취하는 것이 아닙니다. 반드시 관직에 있으면 그 직책을 잘 수행해야 하고, 간언할 책임이 있으면 할 말을 다 해야 합니다"라고[332] 언급한 데에서 그의 생각을 짐작할 수 있다.

이때도 이현일은 사직소(辭職疏)를 올려 정국(政局)을 비판했다. 숙종 16년 12월 경상도 관찰사 이담명(李聃命, 1646~1701)이 백성 구휼(救恤)을 위해 편의상 품의(稟議)하지 않고 도내 인민의 신역(身役)을 감면해 주었다가

---

328) 『肅宗實錄』 卷22, 16年 9月 23日(庚戌) ; 『葛庵集』, 附錄, 卷1, 年譜, 24ㄴ(128책, 521쪽), "庚戌, 具疏言四當去, 不待批, 徑出國門, 便道下鄉."

329) 『肅宗實錄』 卷23, 17年 1月 19日(乙巳), "遣史官勉諭于大司憲李玄逸, 令與偕來."

330) 『蒼雪齋集』 卷8, 書, 「上葛庵先生辛未」, 4ㄴ~5ㄱ(169책, 134~135쪽), "伏見十行恩綸, 辭意鄭重, 竊計史官已臨到矣. 伏惟進禮退義, 成筭已定, 其將何以處之."

331) 김학수, 앞의 글, 1998, 106~107쪽.

332) 『葛庵集』 卷8, 書, 「答權相國大運, 壬申」, 5ㄴ(127책, 520쪽), "蓋以爲君子出身事主之義, 不但誦說章句, 以應文備數, 循默充位, 以取媚當世而已. 必也有官守則擧其職, 當言責則盡其言爾, 玄逸之誦此言也久矣."

좌의정 목내선(睦來善, 1617~1704)의 지적을 받고 처벌받은 일이 있었다.[333] 이에 이현일은 이담명을 변호하며 영남의 기근이 심하고 사세가 급해 그리했던 것인데 지금 조정은 인심(人心) 수습을 급무(急務)로 여기지 않고 경용(經用) 부족을 걱정한다면서 비판했다.[334] 또 권두경이 편지에서 언급한 우의정 김덕원의 체차(遞差) 사건을 들어 김덕원이 한마디 말로 성상의 뜻을 거슬러 파척(罷斥)을 당했지만, 그의 본의는 참으로 보좌하여 잘못을 바로잡고자 하는 것이었다며 이는 대성인(大聖人)이 대신(大臣)을 후하게 예우하고 직언을 받아들이는 의리가 아니라고 비판했다.[335]

얼마 후 이현일은 권두경에서 다시 답장을 보내 사직소를 통해 어리석은 소회를 모두 밝혔다고 했다. 그러면서 권두경이 편지에서 한 말이 자신에게는 정문일침이며, 본인도 숙종의 심술(心術)을 개도(開導)해 시비(是非)와 정사(邪正)를 분별하고 싶지만, 스스로 성기(成己)의 공부가 부족해 숙종을 깨우치지 못하고 있다면서 논의를 끝냈다.[336]

권두경과 이현일이 주고받은 편지에서 당시 재이론의 활용과 숙종의 태도가 어떠했는지를 대략 엿볼 수 있었다. 권두경의 진의는 남인이 다시금 집권한 초기에 그야말로 경세(經世)를 펼쳐야 한다는 것이었지만, 이현일의

---

333) 『肅宗實錄』 卷22, 16年 12月 23日(己卯), “左議政睦來善請對, 袖進箚記, 極陳慶尙監司李聃命不稟朝廷任自蠲役之失, 而仍請從重推考. … 上命, … 李聃命從重推考.”

334) 『肅宗實錄』 卷23, 17年 2月 10日(丙寅) ; 『葛庵集』 卷4, 疏, 「再辭大司憲兼陳所懷疏辛未正月」, 19ㄱ~20ㄴ(127책, 441쪽), “臣前在洛下, 已聞嶺南饑饉之慘, 及歸田里, 塊伏窮村, 而逐日所見, 亦可流涕, 況通都大邑人物繁夥之處乎. … 迺者, 道臣李聃命, 以受人牛羊求牧與芻之意, 累請移粟賑濟, 旣又急於施置, 有便宜從事之擧, 廟堂以不經稟議, 再請問備, 殿下皆允其請, 臣於此不能無慨然也. … 古之人臣, 每以收拾人心爲急務, 而今之議者, 反以經用闕乏爲憂.” 이현일의 疏로 인해 목내선이 都城을 나가 辭職 箚子를 올리고 숙종이 優批를 내리고 승지를 보내어 諭示하는 등 소란이 일어났다[『肅宗實錄』 卷23, 17年 2月 11日(丁卯)].

335) 『葛庵集』, 附錄, 卷1, 年譜, 25ㄴ(128책, 522쪽), “十七年辛未【先生六十五歲, 正月庚戌】再疏辭, 兼陳所懷【… 會右相忤旨罷, 因言一言忤意, 便被斥罷, 原其本情, 實出於補察匡救之意, 則殊非大聖人優禮大臣, 容受讜言之義也】.”

336) 『葛庵集』 卷11, 書, 「答權天章辛未」, 8ㄱ~ㄴ(128책, 25쪽), “敢因乞退之章, 略效其愚矣. … 來喩所云, 從頂門上下一鍼者. 豈不欲其開導人主心術, 使之判然於是非耶正之分乎. 但念自家成己工夫蔑蔑, 其如精神言語不足以感悟萬一何.”

당부처럼 재이론을 활용하여 상소할 때는 특정 사건이나 인물을 탓하는 견강부회를 취해서는 안 되었다. 권두경은 당시 충언도 일체 배격하는 숙종의 태도를 염두에 두고 한 말이었지만, 이현일의 지적처럼 결코 쉽게 여길 사안은 아니었다.

하지만 권두경과 이현일의 고심이 무색할 정도로 재이론의 정략적 활용은 숙종 대 내내 이어졌다. 숙종은 재위 21년(1695) 9월 29일(무자) 한재로 구언했다.[337] 그리고 11월 22일(경진) 유학(幼學) 강민저(姜敏著, 1651~1705)는 응지상소를 올려 장희재(張希載)를 옹호하는 남구만(南九萬, 1629~1711)을 간신이라고 고발했다.[338] 남구만은 갑술환국(甲戌換局)으로 집권한 소론의 좌장으로서 후궁으로 강등된 희빈장씨와 실각한 남인에 대해 동정하는 뜻을 표명했고,[339] 강민저의 상소는 이러한 남구만의 태도를 비판하는 것이었다. 숙종의 입장은 남구만과 같았고, 숙종은 강민저의 국문을 지시했다.

대사간 송창(宋昌, 1633~1706)은 응지상소를 처벌할 수는 없다고 만류했고,[340] 정언 어사휘(魚史徽)도 선비의 명색으로서 상소한 것이므로 처벌하는 것은 불가하다고 했다.[341] 대간의 이와 같은 국문 반대 의견은 언로의 확보를 명분으로 삼았던 것이지만 숙종의 판단은 달랐다.

> 〈상(上)이〉 답하여 말했다. "겉으로는 비방하고 배척하는 모습을 보이면서 속으로는 음흉[鬼蜮]한 무리를 구제하려 하니 이와 같은 대각(臺閣)의 모습이 어디에 있다는 말인가. 교묘하게 명목을 만들어 장보(章甫)[유생]라 하고, 응지상소라 하고, 부의(扶義)라 하면서 벌을 주어서는 안 된다고 하니 이런 무법(無法)의 나라는 없을 것이다."[342]

337) 『肅宗實錄』 卷29, 21年 9月 29日(戊子).

338) 『肅宗實錄』 卷29, 21年 11月 22日(庚辰).

339) 李迎春, 『朝鮮後期 王位繼承 硏究』, 集文堂, 1998, 290쪽.

340) 『肅宗實錄』 卷29, 21年 11月 22日(庚辰).

341) 『肅宗實錄』 卷29, 21年 11月 24日(壬午).

342) 『肅宗實錄』 卷29, 21年 11月 24日(壬午), "答曰, 陽示非斥, 內實伸救, 鬼蜮之輩, 安有如許臺閣

겉으로는 강민저의 잘못을 지적하면서도 '유생의 의로운 응지상소'라는 핑계를 대며 그를 구제하려는 대간의 태도가 교묘하다는 것이었다. 『숙종실록보궐정오(肅宗實錄補闕正誤)』에서는 "강민저는 당인(黨人) 무뢰배가 꾸며 보냈다. 음흉한 이가 남의 간사한 부추김으로 국사(國事)를 방해한 것이 진실로 밉다"[343]라고 하여 강민저의 응지상소가 정략적으로 제기된 것이었다고 지적했다. 공방 끝에 강민저는 절도에 정배되었다.[344] 재이론의 정략적 활용이 이렇게 노골적으로 전개되는 상황에서는 응지상소 처벌 불가 원칙 또한 지켜질 수 없었다.

한편 17세기 중반 효종 대 '김홍욱(金弘郁, 1602~1654) 장살(杖殺) 사건'을 계기로 입을 다물고 아무런 논의도 하지 않는, 일종의 침묵시위와도 같은 '함묵(含默)'의 풍조가 일었다.[345] 이때의 '함묵성풍(含默成風)'은 정치적 상황에 따라 일시적·간헐적으로 나타난 것이었다. 그런데 영조 대 이후 응지상소자에 대한 처벌이 잇따르면서 '함묵성풍'이 장기간 이어지게 되었다. 이와 관련해서는 영조 대의 첫 번째 구언이 참고된다.

영조는 즉위하고 석 달이 채 되지 않은 즉위년(1724) 11월 1일(신축) 전날 밤의 천둥 번개를 계기로 구언했다.[346] 영의정 이광좌(李光佐, 1674~1740), 좌의정 류봉휘(柳鳳輝, 1659~1727), 우의정 조태억(趙泰億, 1675~1728)은 바로 사직소를 올렸고,[347] 승정원에서는 ① 간언을 들일 것 ② 절약할 것 ③ 사대부의 대방(大防)을 허물지 말 것 ④ 재야의 선비들을 예우할 것 ⑤ 형옥의 원기(怨氣)를 해소할 것 ⑥ 조정의 화합에 힘쓸 것 ⑦ 양역의 폐단을 없애고 역을 균등히 할 것 ⑧ 흑백(黑白)과 현사(賢邪)를 구분할

樣子乎. 巧作名目, 曰是章甫也, 應旨也, 扶義也, 不可罪云爾, 則必無如此無法之國也."

343) 『肅宗實錄補闕正誤』 卷29, 21年 11月 22日(庚辰), "敏著, 卽黨人無賴輩所粧出也. 怪鬼之受人陰嗾, 沮敗國事, 固可痛嫉, 而旣是儒冠, 則嘉肺之問過矣."

344) 『肅宗實錄』 卷29, 21年 12月 2日(庚寅).

345) 본서 제5장 1절 2소절 참고.

346) 『承政院日記』 577冊, 英祖 卽位年 10月 30日(庚子) ; 『英祖實錄』 卷2, 卽位年 11月 1日(辛丑).

347) 『英祖實錄』 卷2, 卽位年 11月 1日(辛丑).

것 등을 미재책(弭災策)으로 제시하면서 『대학』의 격치(格致)와 성정(誠正)과 수제(修齊)의 수양[工]에 기필하여 반성하길 쉼 없이 하는 것이 천변에 응하는 실제이며 재이를 없애는 근본이라고 했다.[348] 그리고 봉조하 최규서(崔奎瑞, 1650~1735)는 진실로 더욱 경계하고 수양하여 방심(放心)하지 말라고 했고,[349] 부응교 조익명(趙翼命, 1677~1744) 등은 수성(修省)의 도리를 다하여 붕당을 없애고 성학(聖學)에 힘쓸 것을 주문했다.[350] 또 정언 김호(金浩, 1688~?)는 오직 한결같은 덕으로 수양[着工]하는 것을, 재이를 없애고 나라를 보전하며 백성을 편안히 하는 기반으로 삼으라면서 시폐 7조를 상소했다.[351]

삼정승의 사직소나 승정원, 홍문관, 사간원의 응지상소는 원론적 차원의 논의였다고 할 수 있다. 유교의 왕도정치론에서 음양의 조화를 책임지는 자는 재상이었기 때문에[352] 음양의 부조화로 재이가 발생하면 재상은 관행적으로 사직소를 올렸다. 그리고 주자학적 재이론은 군주성학론(君主聖學論)으로 귀결되었으며, 성학에 힘쓰고 도덕적으로 수양하라는 주문은 15세기 후반 이래로 줄곧 있었다.[353]

그런데 이렇게 원론적인 논의만 있었던 것은 아니다. 구언 후 엿새 뒤인 11월 6일(병오) 유학 이의연(李義淵, 1692~1724)은 우참찬 김일경(金一鏡, 1662~1724)의 토역반교문(討逆頒敎文)에 보이는 '금정접혈(禁庭蹀血)'이란 말의 음험함을 지적하고 신임(辛壬) 이후의 정사가 선왕의 뜻이 아니라 군소배의 농간에 의한 것임을 밝혀야 한다는 응지상소를 올렸다.[354] 이것은 한편으로는 김일경 등의 급소(急少)를 공격하면서 다른 한편으로는 노론 피화자의

---

348) 『承政院日記』 578冊, 英祖 卽位年 11月 1日(辛丑).

349) 『承政院日記』 578冊, 英祖 卽位年 11月 1日(辛丑).

350) 『英祖實錄』 卷2, 卽位年 11月 3日(癸卯).

351) 『承政院日記』 578冊, 英祖 卽位年 11月 5日(乙巳).

352) 韓永愚, 『(改訂版)鄭道傳思想의 硏究』, 서울대학교 출판부, 1983, 141쪽.

353) 본서 제4장 참고.

354) 『英祖實錄』 卷2, 卽位年 11月 6日(丙午).

신원을 노린 것이었다.[355]

이의연의 상소를 두고 승정원에서는 응지를 핑계로 흉역(凶逆)을 비호하고 선류(善類)를 일망타진하려는 저의가 있다고 했고, 영조도 이의연의 상소는 오로지 당을 비호하는 데에서 나왔으며 이는 응지라 할 수 없다고 했다.[356] 이의연의 상소 이후 노론과 소론은 치열한 공방을 펼쳤고, 영조 대의 탕평책은 이러한 상황 속에서 처음 제기되었다.[357] 영조는 우선 소론의 요구를 들어 이의연을 절도(絶島)에 원찬(遠竄)하면서 동시에 김일경을 삭직(削職), 그날로 절도에 안치시킴으로써 양 당파의 인물을 똑같이 처벌했다.[358] 뒤이어 김일경과 함께 임인옥사(壬寅獄事)를 일으킨 목호룡(睦虎龍, 1684~1724)을 역적으로 처참(處斬)하면서 이의연도 함께 장살(杖殺)했다.[359]

영조는 이의연을 도배(島配)하고 김일경을 삭출(削黜)하면서 이것은 "호오(好惡)를 밝히고 붕당을 타파하여 강상(綱常)을 중히 여기려는 것"이라고

---

355) 景宗 元年(1721) 11月 26日(癸丑) 경종은 극심한 흉년으로 구언했다. 그리고 열흘 후에 金一鏡, 朴弼夢, 李明誼, 李眞儒, 尹聖時, 鄭楷, 徐宗厦 등 少論系 관인·유자의 聯名 상소가 올라왔다. 辛丑疏라 불리는 이 상소에서 이들은 代理聽政 논쟁에서 老論이 보여준 태도를 신랄하게 비난했다. 특히, 金昌集, 李頤命, 李健命, 趙泰采 등 4명의 老論 大臣이 겨우 3일 동안의 형식적인 庭請을 벌인 후 代理聽政 명을 받들겠다는 내용의 聯名箚子를 올린 것은 君臣의 義理를 저버리고 君主에 대하여 貳心을 품고 있었음을 나타낸 것이니 그들을 逆律로 다스려야 한다고 주장했다. 이것을 계기로 老論 4대신은 축출되었고, 집권당이 老論에서 少論으로 바뀐 辛丑換局이 단행되었다. 그리고 이듬해인 景宗 2年(1722) 3月 27日(壬子) 睦虎龍의 고변으로 老論 4대신이 처형당하는 壬寅獄事가 일어났다. 영조 즉위년 李義淵의 응지상소는 辛丑換局과 壬寅獄事에 대한 문제 제기였다고 할 수 있다. 이른바 신임사화의 전개와 의미는 鄭會善, 「景宗朝 辛丑換局의 전개와 金一鏡」, 『全北史學』 11·12, 1989, 177~201쪽 ; 李熙煥, 「景宗代의 辛丑換局과 壬寅獄事」, 『全北史學』 15, 1992, 163~205쪽 참고.

356) 『英祖實錄』 卷2, 卽位年 11月 6日(丙午). "政院啓曰, 李義淵托以應旨, 來呈一疏, 而一篇精神, 專在於扶護凶逆, 網打善類, 至以北門潛入, 竟遂其計, 釀成奇禍, 誅戮世家等語, 肆然爲說. … 上曰, 今觀李義淵疏, 則一篇精神, 專出護黨. 噫, 辛丑之敎, 追惟今日, 心驚痛切, 抑何心更爲提說. 此等疏, 不可以應旨答之, 須卽還給"

357) 鄭萬祚, 「英祖代 初半의 蕩平策과 蕩平派의 活動-蕩平基盤의 成立에 이르기까지-」, 『震檀學報』 56, 1983, 34쪽.

358) 『英祖實錄』 卷2, 卽位年 11月 9日(己酉).

359) 『英祖實錄』 卷2, 卽位年 12月 5日(甲戌) ; 8日(丁丑) ; 10日(己卯).

밝혔다.[360] 영조는 후일 이른바 양치양해(兩治兩解) 혹은 쌍거호대(雙擧互對)라 하여 노·소론 한 편을 치죄할 일이 있으면 반드시 그 상대 당의 사람도 똑같이 다스려 어느 한 당파를 편파적으로 처리하지 않음으로써 공평을 유지한다는 탕평 방법의 하나를 보였다.[361]

당론에 따라 정략적으로 펼치는 재이론은 영조의 이와 같은 탕평책하에서 존립할 수 없었다. 이의연의 상소가 있고 얼마 뒤 동학훈도 이봉명(李鳳鳴, 1682~1746)이 김일경의 치죄를 요청하는 응지상소를 올렸는데, 영조는 이를 두고 "이 무리가 사당(死黨)하기로 작정했다"라고 하면서 "지금 이후로는 일이 당론에 관계되는 것은 응지(應旨)라 하더라도 절대 봉입(捧入)하지 말라"고 했다.[362] 그리고 파행으로 끝난 첫 번째 구언이 있고 한 달여 뒤에 다음과 같은 비망기를 발표했다.

> 탕평하는 것은 공(公)이고, 당(黨)에 물드는 것은 사(私)이다. 여러 신료는 공을 하고자 하는가 사를 하고자 하는가? 내가 비록 덕이 없으나 폐부(肺腑)에서 나온 말이다. 만약 <u>구언(求言)에 가탁하여</u> 경알(傾軋)하는 무리는 마땅히 먼 변방에 귀양 보내는[投裔] 법을 쓸 것이다.[363]

영조는 이렇게 구언에 거짓으로 기대어 경알, 즉 당끼리 서로 모함하고 정치적 갈등을 조장하는 이른바 '가탁구언(假托求言)'을 자행하면 처벌하겠다는 뜻을 분명하게 밝혔다. 그래서인지 다음의 구언 때는 정치적으로 민감한 사안이 거론되지 않았다. 영조는 재위 원년(1725) 7월 19일(갑인)에

---

360) 『英祖實錄』 卷2, 卽位年 11月 9日(己酉). "嗚呼, 昨命島配義淵, 今又削黜一鏡者, 乃明好惡也, 乃破朋黨也, 乃重綱常也."

361) 鄭萬祚, 앞의 글, 1983, 34쪽.

362) 『英祖實錄』 卷2, 卽位年 11月 9日(己酉). "噫, 兩大臣之斷斷無他, 業已詳知, 而今番求言批旨中, 極言朋黨之弊, 則此等之輩, 甘心死黨, 有此投疏之擧, 誠極駭異. 原疏給之, 今後則事係黨論者, 雖稱應旨, 切勿捧入."

363) 『英祖實錄』 卷3, 元年 1月 21日(庚申). "蕩平者, 公也, 染黨者, 私也. 群臣欲爲公乎, 欲爲私乎. 予雖否德, 言由肺腑. 若<u>托求言</u>, 而傾軋之類, 當施投裔之典."

한재로 구언했는데, 상소의 내용은 진휼정책이나 쌀 환매에 대한 폐단,[364] 인징과 족징의 폐단,[365] 양역(良役)·옥송(獄訟)·이서(吏胥)의 폐단 등[366] 민생과 관련된 내용이 대부분이었다.

응지상소라도 당론을 따른 것이라면 처벌하겠다는 영조의 의지는 재위 내내 유지되었던 것 같다. 영조 10년(1734) 1월 5일(임인)의 실록 사론(史論)에 따르면 '비록 구언하는 명이 있더라도 조정의 득실에 관계된 응지상소는 경알한다고 하면서 벌을 주기도 하고, 혹 의리와 시비에 관계된 경우에는 당습(黨習)이라고 하면서 척출(斥黜)시키기도 했다'면서 '진달한 내용은 조경(助耕)에 관한 말에서 그쳤다'고 한다.[367] 즉, 응지상소라도 당론을 따른 것이라면 처벌하다 보니 상소는 농사일에 관련된 내용이 주를 이루게 되었다는 것이다. 그리고 영조 12년(1736) 10월 20일(경진) 좌의정 김재로(金在魯, 1682~1759)는 붕당을 깨려는 조치는 좋으나 중도를 어긴 말이나 궁금(宮禁)에 관계된 일은 받아들이지를 않고 조그만 일도 가혹하게 적발하여 신료들이 말하는 것을 꺼리고 있다고도 했다.[368]

사실 정치적으로 민감한 사안이 아니고서는 굳이 구언에 의거할 필요는 없었다. 물론 어떠한 사안이든 재이[하늘]에 근거한다면 국왕을 보다 강하게 압박할 수는 있었겠지만, 굳이 재이를 통하지 않고서도 조경(助耕)에 관한 내용이나, 민생과 안민(安民)에 관계된 사안은 어렵지 않게 거론할 수가 있었다. 문제는 조정의 득실이나 시비, 중도를 어긴 말, 궁금에 관계된

---

364) 『英祖實錄』 卷7, 元年 8月 5日(庚午).

365) 『英祖實錄』 卷7, 元年 8月 9日(甲戌).

366) 『英祖實錄』 卷7, 元年 9月 2日(丙申).

367) 『英祖實錄』 卷37, 10年 1月 5日(壬午), "右通禮文德麟進曰, 民無種糧, 將至廢農. 上命助種糧, 特加褒諭. 史臣曰, 雖有求言之命, 而前後言者, 或涉於朝政得失, 則謂之傾軋而罪之, 或涉於義理是非, 則謂之黨習而斥之. 故下之所陳者, 止於德麟助耕之言而已. 古人曰, 不從其令而從其心. 信哉."

368) 『英祖實錄』 卷42, 12年 10月 20日(庚辰), "左議政金在魯陳戒曰, 災異至此, 何其尙無求言之敎耶. 殿下於禽色, 固無可戒, 而所不足者, 磊落氣像. 破朋非不至, 而言或失中, 事關宮禁, 則多不翕受. 每於臺閣, 苛摘小故, 有若索瘢, 故以言爲諱矣."

말을 안전하게 말할 수 있는 창구가 사라졌다는 점이었다. 역사적으로 재이론은 정치적으로 민감한 사안을 안전하게 논의할 수 있는 완충장치의 기능을 담당했는데, 이것이 제재되면 재이론의 정치적 유용성은 그만큼 떨어지게 되는 것이었다.

영조 10년(1734) 4월 12일(정사) 헌납 신만(申晩, 1703~1765)은 이러한 영조 대의 구언과 응지상소 양상에 대해 다음과 같이 말했다.

> 전하께서는 매양 재이를 만나시면 번번이 도움을 구하는 하교를 내리시는데 재이가 지나간 뒤에는 이 마음이 계속되지 않고 기상(氣像)이 〈도움을 구하기〉 이전과 같으니 하늘 공경을 실질로써 하는 도리가 어찌 이와 같을 뿐이겠습니까? 지난겨울에는 『육지주의(陸贄奏議)』에 흥감(興感)하여 대고(大誥)를 발표하고 언로를 널리 열었는데,[369] 이미 공거(公車)[소장]에 쌓인 것이 없고 추요(芻蕘)[아랫사람의 견해]를 택했다는 말을 듣지 못했습니다. 심지어는 지척의 앞자리에서 오로지 찬송만 일삼고 동류(同類)를 추켜세워 은덕을 베푼 기색을 보이려 하면서 나랏일 보기를 월시진척(越視秦瘠)과 다를 바 없이 하니 이래서 나라가 나라 구실을 할 수 있겠습니까?[370]

재이를 만나 구언을 자주 하지만 재이가 사라지고 나면 자세를 바꿔서 자신의 뜻을 어긴 자를 처벌하니 결국 신료는 직언을 피하고 아부하는 말만 일삼아 나랏일에 무관심[越視秦瘠]하게 되었다는 지적이었다.

그리고 몇 해가 더 흐른 뒤에는 아부하는 말조차도 하지 않게 되었다. 영조 18년(1742) 1월 5일(을축) 여기(癘氣)가 쌓인 탓에 소회(所懷)가 있는 자는 들어와 고(告)하라고 했는데 끝내 응지상소를 올리는 자는 아무도

369) 『英祖實錄』 卷36, 9年 12月 9日(丙辰).

370) 『英祖實錄』 卷38, 10年 4月 12日(丁巳). "殿下每遇災異, 輒下求助之敎, 而災過之後, 此心不繼, 氣象如舊, 敬天以實之道, 豈若是而已哉. 至於前冬, 興感於陸贄奏議, 渙發大誥, 廣開言路, 而旣無公車之積, 未聞芻蕘之擇. 甚至於咫尺前席, 專事贊頌, 獎詡同類, 要示德色, 而視國事無異越視秦瘠, 如此而國爲國乎."

없었다고 한다.[371] 홍문관에서는 구언을 해도 진언하는 사람이 없는 것은 영조가 마음을 비우고 화평하게 받아들이는 아량이 모자라기 때문이라고 했고,[372] 좌의정 송인명(宋寅明, 1689~1746)은 영조의 이이(訑訑), 즉 잘난 체하는 안색과 음성 때문에 그런 것이 아니겠냐고 했다.[373]

말년에는 사소한 내용이라도 자신의 뜻에 어긋나면 처벌하려고 했다. 영조 50년(1774) 5월 17일(기사) 영조는 심한 가뭄으로 구언했다.[374] 그런데 응하는 사람이 아무도 없었다고 한다. 시임 대간으로서 말하지 않는 자는 파직하겠다고 했지만 역시나 상소하는 자는 없었다. 이런 와중에 전승지 이유철(李有喆, 1717~?)이 안재규(安載奎)의 자급을 빼앗고 먼 곳에 정배할 것을 요청하는 상소를 올렸다.[375] 이보다 열흘 전 영조는 경희궁 건명문 앞에 나가서 자신이 먹는 탕약[湯劑]이 쓰다면서 탕약을 정지할 수 있도록 말을 잘하는 자는 두 자급을 올려주고 백금의 상을 주겠다고 하령한 일이 있었다. 탕이 지나치다고 생각하는 자는 건명문 앞의 북[신문고]을 두 번 치고, 자신의 영(令)이 지나치다고 생각하는 자는 북을 한 번만 치라고 했는데, 모든 유생과 달리 안재규만이 홀로 북을 두 번 쳤다고 한다.[376]

---

371) 『英祖實錄』 卷55, 18年 1月 5日(乙丑). "仍宣旨, 今在廷百官, 有所懷者, 使入告, 終無一人應旨者."

372) 『英祖實錄』 卷55, 18年 1月 5日(乙丑). "玉堂李昌誼李成中鄭翬良等進曰, 正門朝參求言之下, 滿庭臣僚無一人進言, 殿下虛心翕受之量, 有所未盡而然. 宜加意勉勵, 恢廣言路."

373) 『英祖實錄』 卷55, 18年 1月 5日(乙丑). "寅明曰, 觀古治世, 人得以言之, 今也導之使言, 而亦不言, 此乃聖躬自反處也. 無乃訑訑之顔色聲音, 有以致之耶."

374) 『英祖實錄』 卷122, 50年 5月 17日(己巳).

375) 『政堂故事』 9冊, 「求言事」, "是時, 枯旱屢月, 祈雨累次不應, 上憂慮命疏, 釋罪囚人, 至殺人承服當死者數人, 皆釋之. 又釋趙榮順, 又累下敎許應旨上疏, 自袞闕以下悉言無諱, 亦無應旨者, 累下敎促立禁以促之, 然卒無一人. 又時任臺諫不言者, 亦罷職而又無應旨者, 最後有宂從直講之屬數人, 及鄕儒一兩人應旨而已. 前承旨李有喆上疏, 引中庸註, 天地之心氣, 須然後可致位育之功, 今殿下之心未正, 氣未順, 故致此旱耳. 又言安載奎干恩詭言, 宜奪資而定配之批而當猛省而安事過矣. 其明日, 下敎以爲李疏, 雖可嘉旣非言及, 又非刑官, 而輒請徒配, 非矣. 李刊版勿擬於言職. 又明日, 又下嚴旨, 後數日, 臺官金瑞應啓曰, 以應旨上書, 而罪之則不可, 請還寢, 許之."

376) 『承政院日記』 1,351冊, 英祖 50年 5月 8日(庚申), "仍下敎曰, 儒生等, 有以日三湯劑爲過者, 撞鼓二次, 有以三貼爲可者, 撞鼓一次. … 儒生皆撞一次, 其中一人, 獨撞二次, 卽命召入進前.

이것을 기특하게 여긴 영조는 실제로 안재규를 가자(加資)해 주었고,[377] 이유철은 응지상소를 통해 이것을 문제 삼았던 것이다.[378] 그러자 영조는 이유철이 응지한 것은 가상하나 말이 안 되는 소리이고, 형관(刑官)도 아니면서 정배를 청하는 것은 옳지 않다면서 이유철을 언관직에 의망하지 말라고 지시했다. 사실 이것은 정치적으로 민감한 사안도 아니었고 해프닝으로 끝날 수도 있었지만, 영조는 이것이 국체(國體)에 관계된 일이므로 처분하지 않을 수 없다며 처벌하려 했다.[379] 얼마 뒤 대관 김서응(金瑞應, 1713~?)의 요청으로 처벌은 면했지만[380] 영조의 이와 같은 태도는 재이에 따른 언론 활동을 위축시키기에 충분했다.

그렇다고 영조가 재이론에 무심했다고 해서는 안 된다. 오히려 영조는 누구보다도 재이 대응에 정성을 쏟았고, 그 진의에 다가가고자 했던 국왕이었다. 이러한 영조의 재이론은 경천(敬天)의 정치 이념을 바탕으로 한다.[381] 영조는 '경천근민(敬天勤民)'이야말로 재이를 없애는 요체라고 생각했다.[382] 재이가 있으면 조정이 바르지 않고 백성이 곤궁하여 그런 것이라며 자신의 부덕을 탓했다.[383] 영조의 경천은 자책(自責)에서부터 시작했고, 이것이야말

上下問曰, 汝姓名誰也. 奏曰, 姓名則安載圭也."

377) 『承政院日記』 1,351冊, 英祖 50年 5月 9日(辛酉), "備忘記, 傳于韓光綮曰, 內局至誠懇請, 承旨來欲同見, 更思旣命初次, 公然三貼, 是豈誠乎. 承旨雖來, 只見承旨, 意謂承旨必宿於此, 內局卽令休焉, 闕門·城門皆閉事, 分付. 若是困我觀也, 安載圭宜加一資, 可也. 其令速休."

378) 『承政院日記』 1,351冊, 英祖 50年 5月 25日(丁丑), "副司直李有喆疏曰, … 臣以爲, 安載圭之超資還收, 邊遠定配, 一以懲日後之弊, 一以應上天之警, 可也."

379) 『承政院日記』 1,351冊, 英祖 50年 5月 26日(戊寅), "而渠非刑官, 亦非臺臣, 則何敢邊遠定配四字, 定律名而請焉乎. 故旣有萬萬過中之敎, 而靜而思之, 關係國體, 不可不處, 而噫, 旣已應旨, 則其何過乎. 初意欲爲永刊仕版, 爲今世惜鳥卵之意, 李有喆亟施不敍之典, 勿復檢擬於臺望."

380) 『英祖實錄』 卷122, 50年 5月 27日(己卯), "諫院[司諫金瑞應]申前啓, 不允. 又啓曰, 前司直李有喆應旨陳疏, 其志可尙, 而遽下嚴敎, 恐有欠於大聖人容受之量. 請寢李有喆不敍勿復檢擬之命. 上嘉納."

381) 영조의 '敬天의 정치사상'은 구만옥, 『영조 대 과학의 발전』, 한국학중앙연구원출판부, 2015, 33~40쪽 참고.

382) 『英祖實錄』 卷104, 40年 11月 19日(丙寅), "又以敬天勤民, 爲消弭之道, 陳所懷, 上可之."

383) 『英祖實錄』 卷24, 5年 10月 6日(丁未), "以虹變, 下敎求言, 略曰, 涼德君臨, 德不能正朝廷,

로 재이[하늘]에 대한 실질적인 대응이라고 했다.[384] 영조는 비교적 진솔하게 자신의 잘못을 인정했는데, "지성(至誠)으로 백성을 구제하려 하지 않은 것은 아니나 7년 동안 재위하면서 혜택이 백성에게 털끝만큼도 미친 것이 없는 것은 한갓 그런 마음만 있었고 그 실효가 없었기 때문이니 이는 내 허물이다"라고 하면서 구민(救民)의 마음을 먹지 않았던 것은 아니지만 그 실효를 발휘하지 못한 것은 자신의 잘못이라고 했다.[385]

여기에서 보면, 영조는 백성의 구제를 재이[하늘]에 대응하는 실질이자 경천의 요체라고 간주했다고 할 수 있다. 이와 동시에 시상(時象)을 협잡(挾雜)하는 말은 자신의 뜻에 부합하지 않는다는 점을 분명히 밝혔다.[386] 재이로 영조 자신의 허물을 진언하는 것은 그 말이 과하더라도 벌을 주지 않을 것이지만 협잡한 사사로운 뜻을 가지고 지나간 일을 들춰내는 말은 듣지도 보지도 않겠다는 게 영조의 확고한 뜻이었다.[387] 영조에게 재이는 자신의 경천근민의 정치 이념을 효과적으로 펼칠 수 있는 도구였다. 요컨대 당리당략의 정략적인 재이론 활용은 영조의 경천근민의 정치 이념에 반하는 것이었고, 구언에 가탁한 응지상소의 처벌은 이러한 정치 이념을 배경으로 하는 것이었다.

17세기 이래 간헐적으로 나타났던 '함묵성풍'은 영조 대 이후로 오랫동안 지속하였다. 영조 즉위년 이의연의 처벌 이후로 응지상소라도 당론에 관계된 것이면 '탕평'의 기조 아래에서 처벌받았고, 이것이 재위 내내 이어지면서

恩不能濟元元, 朝象泮渙, 生民困窮."

384) 『英祖實錄』 卷28, 6年 10月 12日(丁未), "敬天之道, 當以實不以文, 先自責于寡躬, 乃應天以實之道."

385) 『英祖實錄』 卷29, 7年 6月 3日(甲午), "噫, 予過予知. 心欲爲治, 而燭理不明, 處事失當, 此予之過也. 非不欲至誠救民, 而七載臨御, 惠澤無毫分及民者, 徒有其心而無其實, 此予之過也."

386) 『英祖實錄』 卷29, 7年 6月 3日(甲午), "予當嘉納, 言雖不中, 予不爲罪, 而其挾雜時象者, 乃負予意, 咸須知悉."

387) 『英祖實錄』 卷24, 5年 10月 6日(丁未), "大小臣僚, 各陳所蘊, 匡予不逮. 言雖過中, 予不爲咎, 而至於挾雜私意, 追提往事者, 非特不聽決不見焉."

재이론은 형식화되었다. 영조가 재이를 맞아 구언을 하지 않았던 것은 아니지만[388] 이른바 '가탁구언'은 어김없이 처벌했던 탓에 응지상소의 내용은 다소 일반적이고 상투적인 것으로 채워졌고, 나중에는 이마저도 말하지 않는 분위기가 형성되었다. 역사적으로 재이론은 다소 민감한 정치적 논의를 안전하게 소통할 수 있게 해주었고, 여론을 조절하는 역할을 맡았는데, 이러한 과정을 거치면서 재이론은 점차 본연의 기능을 상실해 갔다.

2) 정조 대 민우국계(民憂國計)의 미재책(弭災策)과 그 한계

정조 대에도 분위기는 유사했다. 정조 4년(1780) 11월 1일(을해) 정조는 천둥으로 구언했는데, 정조의 교지에 따르면 일전에도 직언을 널리 구했지만 여러 날이 되도록 말하는 사람은 아무도 없었다고 한다. 정조는 다시 구언해도 전과 다를 바 없을 거라고 하면서도 거듭 구언했다.[389] 그리고 정조 6년(1782) 5월 22일(무오)에도 정조는 비가 내리지 않아 구언했는데, 역시나 응지상소를 올리는 자는 아무도 없었다고 한다.

> 대각(臺閣)의 신하들은 한결같이 망설이고 주저하기만 하여 일이 임금의 과실에 관한 것이면 마치 숨겨야 하는 것처럼 여기고 말이 관사(官師)에 관계된 것이면 혹 거스름이 있을까 두려워하여 입 다물고 침묵 지키는 것을 일로 삼고 해임되는 것을 다행으로 여기는 것이 하나의 규모(規模)로

---

388) 영조 대 구언은 총 18회 하교되었다. 즉위년과 원년에 많았고, 戊申亂 이후 사도세자의 대리청정 전까지는 거의 해마다 있었다. 대리청정 기간에는 구언이 없었고, 임오화변 직후에 구언이 있었다. 이후로는 재위 40년에 1회, 48년에 1회, 51년에 2회 한 것이 전부다. 재위 전반기의 구언 정치에서는 정치적 갈등이 두드러졌고, 후반기에는 구언을 신중히 하면서도 영조의 우월한 지위가 확연했다. 이상은 하서정, 「영조대 政局과 求言의 시행」, 『국학연구』 55, 2024, 265~297쪽 참고.

389) 『正祖實錄』 卷10, 4年 11月 1日(乙亥), "雷. 下綸音求言曰, 院啓堂箚, 雖援例不爲, 在予恐懼之心, 豈以晦朔之殊, 有所間然哉. 向因遇災, 廣求直言有日, 而訖無一人之應旨. 藉令今又求言, 必當如前, 其在務實之政, 不可不申求讜言."

굳어져 깨려야 깰 수가 없다. 내가 믿고 이목(耳目)으로 여기는 자들도 이와 같다.[390]

자신이 신뢰하는 이들조차 구언에 침묵한다는 한탄이었다. 영조 대 이후로 재이에 대해 '함묵'하는 사습이 굳어진 탓이었을 것이다.

그런데 신료의 생각은 달랐다. 재이론을 두고 군신(君臣) 간에 뚜렷한 인식 차가 있었던 것 같다. 정조 12년(1788) 1월 23일(병술) 장령 오익환(吳翼煥, 1754~1797)은 언로가 막힌 것은 하루아침의 일이 아니고, 벼슬에 연연하는 마음이 많고 나서기를 꺼려하는 풍습이 만연하여 군주가 꾸짖어도 효과가 없고, 바른말을 하라고 내리는 전교도 신뢰를 얻지 못한다고 했다. 그러면서 고질적인 폐단을 두 가지로 정리했는데, 하나는 시론(時論)이 무너진 것이고 다른 하나는 대간이 억압[掣]당하는 것이라고 했다.[391]

우선, 시론의 붕괴는 정조의 정치적 입장 표명이 모호해서 빚어지게 된 것이라 했다. 귀에 거슬리는 말을 해도 화를 내지 않고, 비위를 상하게 해도 꾸짖지를 않으니 신료들이 지레 겁을 먹고 구차하게 아부만을 한다는 것이었다. 어쩌다가 기휘(忌諱)에 저촉되는 말을 하면 오히려 주변에서 핀잔을 주고, 일을 만든다고 나무라며, 전조(銓曹)는 다시 의망하지 않아 세상이 버린 사람 취급을 한다고도 했다. 이런 분위기에서는 기개와 절개가 뛰어난 사람이 아니고서는 자리를 지키려 하지 아무도 경솔하게 무익한 말을 하여 시론(時論)에 버림받으려 하지 않을 것이라고 했다.[392]

---

390) 『正祖實錄』 卷13, 6年 5月 22日(戊午), "臺閣之臣, 一味媕婀, 事關袞闕, 爲若可諱, 言涉官師, 或恐有忤, 以緘默爲工, 以卸免爲幸, 作一規模, 牢不可破. 予之所恃而爲耳目者, 又如是矣."

391) 『正祖實錄』 卷25, 12年 1月 23日(丙戌), "言路之壅閼, 非一朝一夕之故也. 得失之患, 旣膠于中, 忌諱之習, 又鑠其外. 不言之斥, 宜其罔效, 來諫之敎, 無怪不孚. 請擧痼弊, 論其一二, 時論壞之一也, 臺體掣之二也."

392) 『正祖實錄』 卷25, 12年 1月 23日(丙戌), "何謂時論壞之. 自殿下位宁以來, 逆耳之怒, 不見於色, 批鱗之誅, 不加於人, 而群臣皆妄自疑阻, 惟事苟容. 或有一言稍涉忌諱, 親戚咎其妄發, 朝廷謂之生事, 甚至銓曹, 不復檢擬, 擧世目爲棄人. 苟非忠義根性, 氣節超俗, 皆欲得殿下尺寸之祿, 爲自己妻兒之計, 夫孰肯輕發無益之狃言, 甘爲時論之所棄也."

다음으로 대간의 억압은, 쉽게 말해 대간이 국왕과 시류(時流)의 '눈치'를 본다는 것이었다. 옛날의 간신(諫臣)은 임금을 지적하고 재상을 꾸짖었으며 군주가 물리쳐도 물러가지 않고 천자가 사과시켜도 사과하지 않았는데, 지금은 대간이 한마디만 저지당해도 바로 피혐(避嫌)하고 대신(大臣)이 물러난 뒤라도 품은 생각을 진술하지 못하며 조금이라도 거스름이 있으면 배척을 당한다는 것이었다. 그래서 시대의 조류에 따라 종일 시키는 대로 순종만 할 따름이라는 것이었다.[393)]

결국 국왕 정조 때문에 구언이 있어도 함묵하는 분위기가 계속된다는 지적이었다. 이러한 반론은 사실 오래전부터 있었던 상투적인 지적이라고 할 수 있다. 앞에서 살폈듯이 영조 대 신만도 국왕 때문에 '함묵'의 풍조가 형성되었다고 지적했다. 국왕이 소통의 분위기를 형성해 주지 않고 혹은 직언을 해도 가납(嘉納)하지 않기 때문에 관인·유자가 함묵한다는 것이었다.

그런데 전대와 달랐던 점은, 정조는 듣고자 했던 내용이 분명했다는 점이다. 정조가 듣고자 했던 바는 민우국계(民憂國計)의 방략이었다. 정조는 7년(1783) 7월 2일(신묘) 한재(旱災)로 인한 구언에서 자신의 뜻을 다음과 같이 밝혔다.

> 그런데 어찌하여 대소(大小)의 군신[群工]들은 하나같이 함묵(含默)하면서 처음부터 끝까지 두려워하며 앞뒤만 살피다가 한마디라도 하면 오직 남에게 저촉되고 자신에 해로울까 걱정하며 <u>민우국계(民憂國計)</u>는 아득히 먼 망각 속에 방치해 두는가.[394)]

393) 『正祖實錄』 卷25, 12年 1月 23日(丙戌), "何謂臺體掣之. 古之諫臣, 乘輿可斥, 宰相可叱, 人主麾之退, 可以不退, 天子使之謝, 可以不謝, … 一辭見阻, 旋卽爲避嫌, 大臣旣退, 不許陳所懷, 小有違誤, 斥以生疎. 生者不識忌諱, 踈者不能迎合, 惟恐臺諫不生踈, 奈何以此斥之. 由是內畏時論, 外拘臺體, 擧世滔滔, 終日唯唯, 實非治世之美事, 卽似危邦之陋風."

394) 『正祖實錄』 卷16, 7年 7月 2日(辛卯), "而其奈大小群工, 一味含默, 畏首畏尾, 顧後瞻前, 惟恐一言之出, 有觸於人, 爲害於己, 而<u>民憂國計</u>, 邈然置之相忘之域."

정조가 듣고자 했던 것은 당론에 따른 정치적 현안이 아니라 '민우국계(民憂國計)', 즉 백성의 걱정거리와 나라의 살림살이 문제를 해결할 방안이었다. 영조가 재이에 거짓으로 의탁하여 경알하지 말라고 한 데에서 한 걸음 더 나아가 정조는 재이를 통해 민우국계의 방략을 제시하라고 한 것이다.[395]

정조 대는 탕평책 추진을 통해서 실학사상을 정책에 반영하려는 노력이 가장 적극적으로 경주된 시기였다.[396] 정조는 개혁정치와는 대척점에 있던 주자학을 포용하고 '군주도통설(君主道統說)'을 구상하여 군주의 전제권이 주자학의 도통적 지위를 압도하는 초월적 존재임을 천명했다. 그리고 이러한 초월적 군주권에 입각하여 전반적인 제도 개혁을 탕평의 '대의리(大義理)'로 추진했다.[397]

특히, 정조는 조정의 신료들은 물론이고 지방의 수령, 재야의 지식인들로부터 광범위하게 개혁을 위한 의견을 수렴하였고, 그뿐만 아니라 민서(民庶)의 의견도 직접 순문(詢問)하는 등 개혁 방안의 마련을 위한 여론 수렴에 적극적인 노력을 기울였다.[398] 이 점에서 재이 해소 방안으로 민우국계의 방략을 제시하라는 정조의 지시는 재이론을 개혁정책의 마련을 위한 의견

---

395) '민우국계'는 숙종 대부터 빈번하게 언급됐던 것 같다. 주로 붕당의 폐단을 지적하면서 '붕당의 무리가 당리당략에 빠져 민우국계의 계책은 챙기지도 않는다'는 어투였다. 주요 용례로는 숙종 11년(1685) 10월 4일(신묘) 副修撰 金構의 상소[『肅宗實錄』 卷16, 11年 10月 4日(辛卯)]가 참고된다.

396) 김용흠, 「조선의 정치에서 무엇을 볼 것인가-탕평론·탕평책·탕평정치를 중심으로-」, 『한국민족문화』 58, 2016, 563쪽.

397) 金成潤, 『朝鮮後期 蕩平政治 硏究』, 一潮閣, 1997, 200~201쪽 ; 金駿錫, 「18세기 蕩平論의 전개와 王權」, 『韓國 中世 儒敎政治思想史論 Ⅱ』, 지식산업사, 2005, 210~211쪽. 반면 정조의 개혁정책이 朱子學에 기반해 있다고 보는 견해도 있다. 實學을 '反朱子學'으로 보지 않으면서 正祖 代 義理蕩平과 국가·사회개혁의 성과를 주자학적 의리론에 기반해 있는 것이라고도 본다. 최성환, 「조선 후기 정치의 맥락에서 탕평군주 정조 읽기」, 『역사비평』 2016년 여름호, 2016, 145~149쪽 참고.

398) 金容欽, 「19세기 전반 世道政治의 형성과 政治運營」, 오영교 편, 『세도정권기 조선사회와 대전회통』, 혜안, 2007, 91쪽. 정조의 疏通論에 대해서는 한상권, 「正祖의 君主觀」, 『朝鮮時代史學報』 41, 2007, 163~172쪽 참고.

수렴의 창구로 활용하겠다는 의지의 표현이었다고 생각한다.

정조 10년(1786) 정월의 『병오소회등록(丙午所懷謄錄)』이 대표적인 예이다.[399] 정조 10년 1월 1일(병오)에 일식에 있자 정조는 구언과 감선(減膳)을 하교했다.[400] 구언윤음의 끝에다가는 "형식적인 겉치레[文具]"로 보지 말라고도 당부했다. 그리고 20여 일 뒤에 정조는 인정문에 나와 조참을 행하고, 재상과 시종은 재이 해소의 방책을 상주(上奏)하고 서관(庶官) 이하는 소회(所懷)를 써서 제출하라고 했다.[401] 이렇게 해서 진언한 자가 300여 명이고, 등록에 수록된 진언(陳言)은 총 360여 건이었다고 한다. 다시 360여 건의 진언을 세부 내용별로 분석해 보면 548개의 현안으로 분류할 수 있다. 정치에 관한 것이 212개, 군정에 관한 것이 128개, 경제에 관한 것이 189개, 학술·사상에 관한 것이 18개, 기타가 1개였다. 다음날 정조는 진언한 내용을 자세히 살펴 처리하고, 책자로 만들어 묘당(廟堂)에 보관하라고 지시했다.[402] 이것이 성책되어 『병오소회등록』으로 남게 되었다. 그리고 이 연장에서 정조 22년의 민은소(民隱疏),[403] 22·23년의 농정소(農政疏)가[404] 제출되었다. 정조 대 '민우국계'를 위한 미재책(弭災策)은 이렇게 모였다.

그런데 사실 이러한 방식의 재이론 전개는 재이론의 역사적 성격이나 그 사상적 속성에 비추어 볼 때 어색한 것이었다. 역사적으로 재이론의 미덕은 국왕이 듣기 싫어하는 말이라도 가납하는 데에 있었다. 유교·주자학

---

399) 서울대학교 규장각한국학연구원 소장(奎15050). 韓沽劤, 「『正祖丙午所懷謄錄』의 分析的 연구」, 『韓沽劤全集 7(朝鮮時代의 言權)』, 2001a, 175~246쪽 ; 韓沽劤, 「『正祖丙午所懷謄錄』 해제」, 『韓沽劤全集 12(朝鮮時代 史料 解題 譯註)』, 2001b, 113~123쪽.

400) 『正祖實錄』 卷21, 10年 1月 1日(丙午), "丙午朔. 日有食之. 教求言減膳."

401) 『正祖實錄』 卷21, 10年 1月 22日(丁卯), "御仁政門, 行朝參. 命卿宰侍從, 進前奏事, 庶官以下, 書陳所懷."

402) 『正祖實錄』 卷21, 10年 1月 23日(戊辰), "又命以諸臣所陳, 各令該堂, 看詳稟處, 錄成冊子, 藏之廟堂."

403) 安秉旭, 「19世紀 鄕會와 民亂」, 서울대학교대학원 국사학과 박사학위논문, 2000, 10~16쪽.

404) 金容燮, 「十八世紀 農村知識人의 農業觀」, 『(증보판)朝鮮後期農業史研究 I』, 지식산업사, 1995, 5~16쪽.

에서 재이는 기본적으로 국왕의 실정(失政)이나 잘못에 대한 경고로 여겨졌기 때문에 국왕은 겸손한 자세로 수긍하고 받아들여야 했다. 그래서 재이론은 국왕에게 '쓴소리'를 공식적으로 또 안전하게 할 수 있는 언론 창구였다고 할 수 있다. 물론 연산군처럼 재이론에 폭력적으로 대응한 국왕도 있었지만, 그의 말로에서 볼 수 있듯이 재이(론)에 대한 폭력적인 대응은 국왕의 올바른 태도가 아니었다. 대체로 조선왕조의 국왕은 재이가 있으면 스스로 반성하면서 관인·유자로부터 자신의 잘못을 지적받았고 또 이것을 너그럽게 수용했다. 그래서 구언을 통해 자신이 듣고자 하는 말을 들으려 했던 정조의 태도는 어색한 것이었다.

이러한 정조의 태도 때문에 신료와 갈등을 빚기도 했는데, 요컨대 정조의 구언은 구언이 아니라는 불만이었다. 정조 13년(1789) 11월 17일(기해) 우의정 김종수(金鍾秀, 1728~1799)는 차대에서 『경연고사비례(經筵故事比例)』를 인용하여 정조 본인은 휘언(諱言)의 뜻이 없다고 생각하겠지만 조정에는 휘언의 모습이 있다고 하면서 이것은 구언의 마음이 구언의 령(令)과 같지 않아서라고 했다.[405] 이미 한 해 전에도 지평 박유환(朴猷煥)이 지적했는데, 정조가 재이를 맞아서 바른말을 구해 듣겠다고 구언을 하긴 하지만 정작 구언 후에는 본인이 듣고자 하는 말만 듣고 말이 본인의 뜻에 맞지 않으면 의례(依例)적인 대답만 하면서 기쁜 마음과 편안한 기색으로 받아들이지를 않으니 백관이 서로 함구하는 풍속이 생긴다는 것이었다.[406] 본인이 듣고자 하는 말만 골라서 구하는 구언은 진정한 구언이 아니라는 것이었다.

---

405) 『正祖實錄』 卷28, 13年 11月 17日(己亥), "比例曰, 殿下無諱言之意, 而朝廷有諱言之象, 殿下求言之心, 不如求言之令."; 『經筵故事比例』, 納諫 第4(서울대학교 규장각한국학연구원 奎7284), 25면, "嗚呼, 今日廷臣上自輔弼, 下至三司以及艸野之士, 未聞有一言磨切聖躬者, 臣壹怪夫殿下無諱言之意, 而朝廷有諱言之象, 此何故也, 臣竊計殿下嗣服以來, 未嘗罪一言者, 亦屢下求言之敎, 而風習一切如此, 豈殿下求言之心, 不如求言之令, 故在下者從其心, 不從其令歟."; 『夢梧集』 卷3, 經筵故事, 納諫 第4, 38ㄱ(245책, 524쪽).

406) 『正祖實錄』 卷25, 12年 1月 23日(丙戌), "我聖上求言之意, 每勤於綸音, 寂寥之歎, 累發於中朝, 及其敢言也, 或欠翕受康色之量. 言或不槪, 只賜例批, 百僚相師, 緘默成風, 識者之憂歎, 爲如何哉."

그러나 정조의 의지는 재위 후반으로 갈수록 더 확고해졌다. 상투적인 내용이나 시의에 적절치 않은 정치적 발언은 재이에 실(實)로써 대응하는 태도가 아니므로 현실에 바로 적용이 가능한 내실 있는 내용을 응지상소로서 제기하라는 것이 정조의 한결같은 입장이었다.[407] 요컨대 정조대에는 재이론을 통해 '민우국계'를 위한 미재책이 수습되었다는 성과도 있었지만, 다른 한편으로는 다소 일방적으로 소통이 이루어졌다는 한계도 있다. 특히 국왕이 일방적으로 주도하는 재이론은 재이론의 역사적 성격에 비추어 봤을 때 어색한 면이 없지 않다. 어떻게 보면 이러한 양상이 재이론의 정치·사상적 형식화가 이미 상당히 진행되었다는 사실을 말해주는 방증인지도 모르겠다.

> 근일에 하늘이 보인 경계가 한두 번이 아니다. 마치 귀를 잡아당겨 얼굴을 마주하고 가르치는 듯하여 경계하고 두려워하며 수성(修省)의 방도를 생각하고 있다. 그런데 무릇 재이를 만날 때에는 위에서 비망기를 내리고 아래에서 소차를 올려 마치 무언가를 하려고 할 듯이 하다가 시일이 조금 흐른 뒤에는 또다시 전같이 두려운 마음이 해이해진다. 생각이 여기에 이르게 되니 어찌 두렵지 않겠나.[408]

재이가 있을 때만 두려워하고 무언가 할 듯하다가 금세 이전처럼 마음이 해이해진다는 정조의 고백이었다. 수사적 언급이었을 수도 있지만, 재이론 활용에서 군신(君臣)의 갈등이 장기 지속하면서 재이론은 정치적으로도 형식화되고 본래의 기능을 다하지 못하는 조선왕조의 관습(慣習)이 돼 가고 있었다.

---

407) 『弘齋全書』 卷34, 教5, 「閔旱求言教 二首」, 11ㄴ(262책, 574쪽), "今或名以應旨, 拖泥帶水, 是豈應之以實之道也, 言須剴切, 可以感人."

408) 『正祖實錄』 卷10, 4年 10月 4日(己酉), "近日, 上天示警, 非止一再, 有若耳提而面命者然, 警惕恐懼, 思所以修省之方, 而凡遇災之時, 則上下備忘, 下上疏箚, 若將有爲. 及其時日稍久之後, 伈伈泄泄, 又復如前. 思之及此, 寧不懔惕."

3) 세도정치기 구언의 정례적 시행과 재이론의 관습화

18세기 후반부터 19세기 전반까지 서울에서 활동한 윤기(尹愭, 1741~1826)는[409] 당시 재이론에 관해 다음과 같은 글을 남겼다. 먼저 예로부터 재이는 한둘이 아니고, 그 도(道)를 따르지 않고 그 시(時)에 맞지 않아 사람에게 놀랍고 괴이한 것은 모두 재이라고 했다. 그러면서 재이를 크게 두 부류로 나눴는데, 비와 가뭄, 바람과 해충, 서리와 우박 등은 모두 눈앞에서 곡식을 해치는 것으로 보았고, 일월식, 지진, 산사태와 하천의 고갈, 혜패와 태백성, 분침(氛祲), 겨울의 우레와 번개 등은 모두 먼 곳에서 조짐을 보였다가 세상에서 증험되는 것이라고 보았다.[410] 재이를, 인간 사회에 직·간접적으로 피해를 주는 재해(災害)와 일상적이지 않은 자연 현상인 변이(變異)로 구분한 것이다.

다음으로 경중을 따진다면 변이보다 재해가 더 위험하다고 했다. 세상에서 증험되는 변이는 심원하여 예측하기가 어렵고, 또 그 보응으로는 전쟁이나 역병, 기근 등이 있는데 잘 맞지도 않는다고 했다. 반면에 곡식에 해를 주는 재해는 매우 가까워 알기가 쉽고, 또 백성이 하늘로 여기는 곡식을 끊어 백성을 구학(溝壑)에서 나뒹굴게 하므로 그 독(毒)이 매우 위급하다고 했다.[411]

그런데 조정에서는 재해를 근심하지 않는 것은 아니지만 변이를 더 경동(驚動)한 것으로 삼고, 특히 겨울의 우레를 가장 중요한 재이로 여긴다고 지적했다. 겨울 우레는 음력으로 8월 이후부터 이듬해 2월까지의 것이 모두

---

409) 安大會, 「18세기 후반 서울의 都市相과 尹愭의 시선」, 『大東文化硏究』 89, 2015, 55~83쪽.

410) 『無名子集』 文稿, 12冊, 「井上閒話」(256책, 502쪽), "自古所謂灾異者不一, 凡不順其道, 不以其時, 驚怪於人者, 皆灾異也. 曰雨曰旱, 曰風曰蟲, 曰霜曰雹, 皆在於目前而害於穀者也. 曰日月薄蝕, 曰地震, 曰山崩川竭, 曰彗孛太白, 曰氛祲, 曰冬雷電, 皆兆於幽遠而驗於世者也."

411) 『無名子集』 文稿, 12冊, 「井上閒話」(256책, 502쪽), "而語其輕重, 則驗於世者, 深遠而難測, 害於穀者, 切近而易知. 驗於世者, 語其應者, 或曰兵革, 或曰癘疫, 或曰饑饉, 而未必皆然. 害於穀者, 絶民之天而使之顚連於溝壑, 其毒尤急."

재이인데, 조정에서는 유독 음력 10월의 우레만을 재이로 여긴다고 했다.[412)]

> 그런데 지금은 반드시 10월의 우레를 재이로 여긴다. 굉음과 섬광이 없어도 언뜻 작은 울림만 들으면, 임금은 감선(減膳)과 구언(求言)으로 고사(故事)에 응하고, 삼공(三公)은 책면(策免)했던 고사를 끌어와 물러나기를 요청하며, 삼사(三司)에서는 경계할 것을 진언한 고사를 좇아 소장을 올리는데, 10월 이전과 이후는 논하지 않는다.[413)]

『서운관지(書雲觀志)』에서는 뇌시수성(雷時收聲) 이후부터 뇌내발성(雷乃發聲) 이전까지의 우레를 재이로 규정한다.[414)] 윤기가 음력으로 8월 이후부터 이듬해 2월까지의 우레를 재이로 본다는 것은 이것을 두고 하는 말이다. 그런데 10월 이전과 이후의 것은 별다른 논의를 하지 않으면서 유독 10월의 우레만을 재이로 여겨, 굉음이나 섬광이 없어도 작은 소리만 들리면 마치

---

412) 『無名子集』 文稿, 12冊, 「井上閒話」(256책, 502쪽), "今之言灾者, 非不以害於穀者爲憂, 而每以驗於世者爲驚動, 且以冬雷爲灾之最, 夫雷也者, 八月而收聲, 二月而發聲, 始電則八月以後二月以前, 無非灾也."

413) 『無名子集』 文稿, 12冊, 「井上閒話」(256책, 502쪽), "而今也則必以十月之雷爲異. 不待轟爆, 乍聞微響, 則上以減膳求言應故事, 三公引策免故事而乞退, 三司循陳戒故事而上章, 十月前後則不論也."

414) 성주덕 편저(이면우·허윤섭·박권수 역주), 『서운관지』, 소명출판, 2003, 83쪽. 이것의 유래는 『禮記』 「月令」이다. 주지하듯 조선왕조는 『禮記』 「月令」을, 자연 현상을 이해하는 규범으로 삼았다[한정수, 「조선 초 月令의 이해와 국가운영」, 『韓國思想史學』 36, 2010, 152~153쪽]. 「月令」은 『呂氏春秋』의 「十二紀」에서 유래되었다. 『呂氏春秋』 「十二紀」에는 열두 달[紀]의 천문·기후현상이 적혀있고, 이어서 농업생산의 측면과 통치자의 입장에서 실천해야 할 활동들이 정리되어 있는데, 이러한 열두 달의 月曆이 漢 대에 『禮記』에 편입되어 「月令」이 된 것이다[본서 제5장 1절 2소절 주136 참고]. 한편 연중의 계절과 절기의 자연 현상이 적혀 있다 보니 「月令」은 해당 자연 현상이 재이인지의 여부를 가늠하는 준거가 되기도 했다. 예컨대 「月令」에는 "孟秋에는 우레가 비로소 소리를 거둔다"라고 되어 있다[『禮記集解』 卷17, 「月令」 6(中, 475쪽), "孟秋, … 是月也, 日夜分, 雷始收聲"]. 孟秋는 음력 7월(양력 9월 경)을 말하므로, 「月令」에 따르면 음력 8월부터는 우레가 없어야 하는 것이다. 그런데 드물긴 하지만 한겨울에도 우레는 있다. 그리고 한겨울의 우레는 「月令」에 어긋나는 현상이므로 재이로 간주되었다. 이러한 인식이 굳어져 『書雲觀志』의 雷電 규정으로 된 것이다.

짜인 순서처럼 국왕은 구언과 감선을 하고, 삼공은 책임을 지고 사직하겠다고 하며, 삼사는 경계할 것을 진언한다고 했다. 이것은 모두 고사, 즉 옛일을 좇아서 관습처럼 하는 것이었다.

윤기는 겨울 우레가 재이이긴 하지만 다른 재이에 비하면 가볍고, 그러므로 해마다 일상적인 것으로 여겨지며, 그 응험의 신령스러움도 보지 못했다고 한다. 그런데도 10월의 우레만을 큰 변이로 여겨 대응하는 행동은 즉시 하면서 다른 재이는 우연히 일어난 것으로 여겨 의문이라고 했다. 그가 보기에 재이론은 이미 형식적으로만 대응하고 예만 갖추는 도구가 되어 있었다.415)

〈표 7-4〉 순조~철종 대 구언 현황

연번	왕대	연월일	서기	사유	내용	비고	출전
1	순조	1년 5월 00일	1801	旱災	(未詳)	-	실록
2		1년 10월 22일	1801	雷(21日)	畢陳無隱(大王大妃)	減膳三日(大王大妃) 減膳三日(純祖)	실록
3		2년 10월 4일	1802	雨雷	陳消災之方(大王大妃) 陳修省之要(純祖)	減膳三日(大王大妃) 減膳三日(純祖)	실록
4		3년 12월 3일	1803	仁政殿災	須陳過失(大王大妃) 其悉陳厥咎(純祖)	減膳(大王大妃) 減膳五日避殿撤樂(純祖)	실록
5		4년 10월 8일	1804	雷	悉言召災之端	減膳三日	실록
6		6년 9월 7일	1806	夜有雷(6日)	悉言無諱	減膳三日	실록
7		7년 10월 10일	1807	雷電(9日)	悉言無諱	減膳三日	실록
8		9년 10월 13일	1809	雨雹雷電	悉言無諱	×	실록
9		10년 10월 8일	1810	雷電	正直無諱	×	실록
10		10년 10월 26일		夜雷	×	減膳三日	실록
11		11년 4월 7일	1811	旱	陳箚論啓	減膳責躬	실록
12		11년 4월 13일		旱(?)	發策求言	×	실록
13		11년 5월 2일		旱(?)	×	減膳六日避正殿	실록
14		11년 10월 3일		夜雷(2日)	直言無諱	×	실록

415) 『無名子集』文稿, 12冊, 「井上閒話」(256책, 502쪽), "夫冬雷亦灾也, 而比諸他灾則猶爲輕也, 故歲以爲常, 未見其應驗之孔神, 而獨以此爲大變, 亟行答應之擧, 而他灾則反視以偶然流行, 玆曷故焉. 噫, 人以戲應天, 天亦以戲應人, 以乞退陳戒爲應文備例之具, 此冬雷所以無歲無之也."

15		12년 11월 5일	1812	雷電	直言過失	自今初五日, 至初七日減膳	실록
16		13년 10월 1일	1813	微雷	×	政院聯啓陳勉	실록
17		13년 11월 4일		雷電	×	減膳撤樂	실록
18		14년 10월 18일	1814	雷(17日)	×	雷異聯疏陳勉	실록
19		15년 5월 6일	1815	光陵失火	×	避正殿減膳撤樂	실록
20		19년 10월 1일	1819	夜雷 (9月 30日)	各陳袞闕無或有諱	減膳五日	실록
21		21년 10월 18일	1821	雷(17日)	其各無隱進言	減膳五日	실록
22		22년 10월 13일	1822	雷雨	其各進言無諱	減膳五日	실록
23		24년 10월 15일	1824	雷雨雹	其各悉陳袞闕	減膳, 避正殿三日	실록
24		28년 10월 26일	1828	雨雷(24日)	忠切之言(純祖) 各進忠言(世子)	減膳避正殿五日 (純祖, 25日)	실록
25		28년 10월 30일		雨雷(29日)	×	減膳避殿五日(純祖) 減膳五日(世子)	실록
26		32년 7월 5일	1832	雨	×	五日減膳, 祈晴祭	실록
27		33년 10월 17일	1833	大造殿 등 火	×	減膳三日	실록
28		34년 10월 16일	1834	雷(15日)	×	自今日至十八日減饍撤樂	실록
29	헌종	1년 8월 11일	1835	昭寧園失火	×	避殿減膳	실록
30		2년 10월 22일	1836	雨而雷	下敎求言	減膳(大王大妃, 上亦如之)	실록
31		3년 10월 4일	1837	御容綃面, 片碎狼藉	×	減膳撤樂(大王大妃)	실록
32		6년 10월 8일	1840	雨雷	×	減膳三日(大王大妃) 避正殿減膳三日(憲宗)	실록
33		12년 10월 28일	1846	雨雷	各陳袞闕	減膳三日	실록
34		13년 10월 14일	1847	雷	×	避正殿減膳撤樂	실록
35		14년 10월 5일	1848	雨而雷	咸言得失	避正殿撤樂減膳三日	실록
36		14년 10월 16일		雨而雷	×	特減常膳	실록
37	철종	3년 10월 12일	1852	雷電	極言闕失	限三日避正殿減膳撤樂	실록
38		4년 7월 8일	1853	亢旱	×	三日避正殿減饍撤樂	실록
39		9년 10월 7일	1858	雷(6日)	咸言闕失	減膳三日	실록
40		10년 10월 3일	1859	雷(2日)	咸言闕失	減膳三日	실록
41		12년 10월 6일	1861	雷(5日)	×	減膳三日	실록

실제로 〈표 7-4〉의 순조~철종 대 24차례의 구언 중에서 20차례가 10월의 우레 때문에 내려진 것이었다.[416] 세도정치기 구언과 응지상소는 지극히 형식적이고 관례적이었다. 3일 또는 5일씩 기간을 정해 두고 하는 감선(減膳)

416) 김인걸, 「19세기 '세도정치기'의 求言敎와 應旨疏-'탕평정치기'와의 비교를 중심으로-」, 『韓國文化』 54, 2011, 87쪽, 〈표 2〉와 실록을 참고하여 작성했다.

도 마찬가지였다. 이러한 형태의 재이론으로는 국왕과 관인·유자가 서로 활발한 토론을 할 수 없었고, 원만한 소통도 할 수 없었다. 이것은 그저 오래전부터 해왔던 것이므로 폐지할 수 없는 관습화된 정치 행위밖에는 되지 않았다.

순조 대의 첫 번째 구언은 순조 원년(1801) 5월에 있었다. 한재로 인한 것이었는데, 헌납 송문술(宋文述)은 구언에 응하여 김이재(金履載, 1767~1847)의 석방을 요구했다가 거제도에 유배되었다. 이 당시 김이재는 정조 24년(1800) 5월 29일(경술) 정조의 오회연교(五晦筵敎)로 인해서 언양현에 유배되어 있었다.[417] 오회연교는 정조가 죽기 직전에 하교한 것으로 순조 초에는 정조의 유지(遺志)처럼 여겨졌다.[418] 특히, 정순왕후는 정조가 오회연교에서 벽파(僻派)의 정당성을 인정했다고 하여 시파(時派)를 정치적으로 축출하려 했다.[419] 이러한 정국에서 송문술은, 노론 시파로서 이미 유배가 있던 김이재의 석방을 요구했으니 그의 처벌은 '당연한' 수순이었다고 할 수 있다. 아무튼 재이론을 통한 정치적 현안 논의는 순조 대 초에도 여전히 허용되지 않았고, 재이론의 정치적 형식화와 관습화는 본격적으로 나타나기 시작했다.

두 번째 구언은 순조 원년(1801) 10월 22일(을축) 겨울의 첫 우레 때 수렴청정 중이던 대왕대비[정순왕후]의 전교로 내려졌다. 영의정 심환지(沈煥之, 1730~1802), 좌의정 이시수(李時秀, 1745~1821), 우의정 서용보(徐龍輔, 1757~1824) 등은 바로 연명차자를 올려 책면(策免)을 요청했고, 사헌부와 사간원에서는 재이를 물리치기 위해서는 오직 군주가 수성(修省)해야 한다고 진언했다.[420] '10월의 우레→ 국왕의 구언→ 삼정승의 면책 요구→ 삼사의

417) 『正祖實錄』 卷54, 24年 5月 29日(庚戌).

418) 五晦筵敎의 정치사적 의미에 대해서는 金成潤, 앞의 책, 1997, 305~311쪽 ; 최성환, 「정조대 탕평정국의 군신의리 연구」, 서울대학교 대학원 국사학과 박사학위논문, 2009, 306~313쪽 참고.

419) 노대환, 「19세기 정조의 잔영과 그에 대한 기억」, 『역사비평』 2016년 가을호, 2016, 177~178쪽.

수성 요청→ 국왕의 가납' 이것이 윤기가 지적한 형식화된 재이론의 전개 모습이었고, 국왕이나 신료 모두 여기에서 크게 벗어나는 언행은 하지 않았다. 장령 강휘옥(姜彙鈺)은 하늘의 경계에 답하기 위해서는 이미 죽은 채제공(蔡濟恭, 1720~1799)의 관작을 삭탈해야 한다는 상소를 올렸다가 "그렇게 해서 재이를 그치게 할 수 있겠냐"는 핀잔만 들었다.[421]

다음 구언도 역시 순조 2년(1802) 10월 4일(임인)의 우레에 의한 것이었다. 같은 날 바로 승정원에서는 연명계사(聯名啓辭)를 올려 면려(勉勵)할 것을 진달(陳達)했고, 사헌부에서는 하늘에 응하는 도를 실심(實心)으로 실천하라고 진계했다.[422] 그리고 다음날 삼정승은 연명차자(聯名箚子)를 올려 파직을 요청했다.[423] 순조는 "마땅히 유념하겠다[當體念矣]"는 비답(批答)을 내려 구언을 마무리했다. 10월에 우레가 없었던 순조 3년(1803)을 제외하고 순조 4년(1804)부터 12년(1812)까지 거의 매년 10월 우레가 있을 때 구언과 감선을 했다. 방식과 내용은 이전과 같았다.

그리고 순조 13년(1813)부터 18년(1818)까지는 구언이 없었다. 그런데 구언 없이도 승정원, 삼정승, 삼사는 관습적인 면책을 요청했다. 예컨대 순조 13년(1813) 10월 1일(갑오) 미미한 우레가 있자 승정원과 옥당(玉堂), 양사에서는 연명으로 차자를 올려 진면(陳勉)했고, 이어서 좌의정 한용귀(韓用龜, 1747~1828)도 진면차자(陳勉箚子)를 올렸다.[424] 순조 14년(1814) 10월 18일(을해)에도 우레가 있자 삼정승은 연명으로 상소하여 면직을 요청했고, 승정원과 옥당도 마찬가지로 연명하여 진면했다.[425] 이렇게 10월에

420) 『純祖實錄』 卷3, 元年 10月 22日(乙丑).

421) 『純祖實錄』 卷3, 元年 10月 22日(乙丑), "掌令姜彙鈺疏請, 追奪蔡濟恭官爵, 以答天警, 批曰, 所陳果爲今日弭災之道乎."

422) 『純祖實錄』 卷4, 2年 10月 4日(壬寅).

423) 『純祖實錄』 卷4, 2年 10月 5日(癸卯).

424) 『純祖實錄』 卷17, 13年 10月 1日(甲午), "甲午朔, 微雷. 政院聯啓陳勉, 玉堂兩司聯箚陳勉, 竝賜批嘉納. 左議政韓用龜, 上箚陳勉, 仍乞斥退, 賜批嘉納敦勉."

425) 『純祖實錄』 卷17, 14年 10月 17일(甲戌), "甲戌, 雷."; 同 18日(乙亥), "領議政金載瓚, 左議政韓用龜, 右議政金思穆, 以雷異聯疏陳勉, 且乞免, 賜批敦勉. 政院議啓, 陳勉玉堂聯箚陳勉,

우레가 있으면 국왕의 구언이 없어도 승정원과 언론기관, 삼정승은 연명으로 상소하여 면직을 요청했고, 재이론은 이렇게 형식적이고 상투적으로 전개되었다.

헌종 대와 철종 대의 구언도 크게 다를 바 없었다. 헌종 대에는 2차례 있었고, 철종 대에는 3차례 있었는데, 주목할 만한 구언과 응지상소는 보이지 않는다. 구언을 해도 응지상소를 올리는 사람은 아무도 없었고, 삼정승은 '적당히' 연명으로 진면하여 퇴직을 요청할 뿐이었다. 국왕은 본인에게 잘못이 있다면서 역시나 '적당한' 비답을 내리는 것으로 구언은 마무리되었다.[426]

이 무렵 백성의 시급한 구휼을 미재(弭災)의 요체로 여겼던 홍석주는[427] 이러한 재이론의 형식화 및 관습화 경향을 혹독하게 비판했다. 순조 2년(1802) 10월 4일(임인) 홍문관 교리 시절 홍석주는 홍문관 관원과 함께 응지상소를 올려 민생의 피폐함이 어느 때보다도 심한데 조정에서 시행하는 정사(政事)는 그저 문서상 자질구레한 절차만 처리하는 말단에 불과하다고 지적했다.[428] 문서상의 공언(空言)이 백성의 귓가에 닿을 리 만무하거늘, 말단적 조치만으로 그들의 뼈에 사무치는 고질적인 병폐가 낫길 바랄 수는 없었다.[429]

그리고 홍석주는 언로의 개폐는 국가의 원기(元氣)에 직결된 사안이라면서 구언의 형해화 문제를 지적했다.

> 대략 언로의 개폐(開閉)는 실로 국가의 원기(元氣)와 관련되어 있습니다.

竝賜批嘉納."

426) 여기의 서술은 김인걸, 앞의 글, 2011, 71~96쪽에서 시사 받은 바가 크다.

427) 본서 제7장 3절 3소절 참고.

428) 『承政院日記』 1,859冊, 純祖 2年 10月 4日(壬寅) ; 『淵泉集』 卷5, 疏箚1, 「弘文館因雷異陳戒聯名箚子」, 50ㄱ(293책, 135쪽), "民生之困悴, 莫今日若也, 而廟堂之奉行, 不越乎簿書期會之末務."

429) 『淵泉集』 卷5, 疏箚1, 「弘文館因雷異陳戒聯名箚子」, 50ㄱ(293책, 135쪽), "紙上空言, 未必能到於窮民之耳邊, 況冀其有瘳於切骨之痼瘼乎."

> 그러나 점차 경직돼 가는 분위기에 온갖 금기가 더해져 위언(危言)과 당론(讜論)을 듣지 못한 지도 이미 오래입니다. 비록 군덕(君德)과 시정(時政) 한두 가지를 논의하는 자가 있어도 '체념(體念)' 두 글자만으로 형식적인 비답을 내리니, 말을 하고 난 이후나 이전이나 다를 바가 없습니다. 이러한 구언의 방식은 태평하고 한가롭다는 한탄을 면하지 못할 것입니다.[430]

그는 우레의 재이가 있은 뒤라 분명히 조정의 장계와 대간의 상소는 빈 수레에 쌓이듯 올라올 것이라고 했다. 하지만 아랫사람은 윗사람에게 보여주기 위한 형식적인 글만 짓고 위에서도 관례로만 보아, 결국 재이를 맞아 구언하는 성의(盛意)는 실질이 없는 형식적인 천견 대응으로 귀결될 것이라 했고, 홍석주는 이것이 가장 걱정스러운 일이라고 했다.[431]

홍석주의 이러한 걱정은 이미 수십 년 전부터 진행된 재이론의 관습화 경향에 대한 것으로, 몇 사람의 노력으로 바꿀 수 있는 게 아니었다. 영조 대 이후 구언에 거짓으로 의탁하여 정치적 갈등을 조장하는 '가탁구언'에 대한 처벌이 잇따르면서 구언이 있어도 침묵을 지키는 '함묵성풍'이 굳어졌다. 정조는 이러한 기조를 유지한 가운데 구언을 통해 '민우국계'의 방략을 듣고자 했지만, 국왕이 듣고자 하는 바를 정해 놓고 하는 구언은 정상적인 구언이라 할 수 없었고, 한계가 짙었다. 순조 대 이후 구언과 응지상소는 본래의 기능을 상실하게 되었다. 매년 10월의 첫 우레가 울리면 국왕은 관습적으로 구언하고, 삼정승, 승정원, 삼사는 역시나 관습적으로 면직과 감선을 요청했다. 재이론은 본의를 잃고 구언은 제 기능을 상실한 채 유명무

---

430) 『淵泉集』 卷5, 疏箚1, 「弘文館因雷異陳戒聯名箚子」, 50ㄱ~ㄴ(293책, 135쪽), "至若言路開閉, 實關於國家之元氣. 而骫骳之積習, 加以忌諱之多端, 危言讜論之寥寥不聞者, 亦已久矣. 雖或有君德時政之一二論及者, 而體念二字, 便歸批旨之例語, 既言之後, 猶夫未言之前, 是則求言之方, 亦未免於恬嬉暇豫之歎矣."

431) 『淵泉集』 卷5, 疏箚1, 「弘文館因雷異陳戒聯名箚子」, 50ㄴ~51ㄱ(293책, 135~136쪽), "今此雷異之後, 亦必有院啓, 臺章之堆積於公車者, 而在下者旣難免應文. 自上而又視以備例, 則遇災求言之盛意, 反或不免爲應天不以實之歸, 此尤臣等之所大恐也."

실의 관습(慣習)이 되었다. 이를 통한 상하의 의사소통이나 의견 수렴이라는 구래(舊來)의 방법은 점차 종언을 고하게 되었다.

제8장 결론

서두에서 밝힌 이 책의 문제의식은 다음의 세 가지로 요약할 수 있다. 첫째, 조선후기 재이론의 역사적 변천을 발전이나 쇠퇴의 관점이 아닌 '변화'에 초점을 맞추어 고찰한다는 것이다. '재이론이 왜 그토록 조선 사회에서 오랫동안 영향력을 발휘할 수 있었을까, 그리고 그토록 오랫동안 영향력을 발휘한 재이론이 언제 어떻게 사라지게 되었을까'라는 질문에 답을 구하는 것이 이 책의 주된 목적이었다. 이러한 재이론의 변화가 역사상의 발전인지 쇠퇴인지 평가하기보다는 재이론이 왜 변화했는지 규명하는 작업에 집중했다.

둘째, 재이 기록에 관한 적절한 연구 방법을 찾고자 했다. 재이 기록의 역사성을 올바로 짚기 위해서는 기록의 내용만큼이나 기록이 남겨지게 된 경위와 맥락을 이해하는 게 중요하다고 생각한다. 이 점에서 재이 기록은 언제 어떤 재이가 있었는지를 알려주는 일지(日誌)인 동시에 기록한 자와 그 시대의 자연관(自然觀)을 들여다볼 수 있는 '창(窓)'이기도 하다. 이 책에서는 이 점을 깊게 고려했다.

셋째, 재이론의 변화 과정을 일관된 체계 속에서 설명하고자 했다. 하나의 사상을 온전히 이해하기 위해서는 그 사상의 내적인 이론체계와 외적인 시대적 또는 사회적 기능을 유기적으로 살펴보아야 한다. 재이론을, 이론의 영역과 정치·사회적 기능의 영역으로 나누고, 역사적 흐름에 따른 양자의 구조적 변화상을 체계적으로 파악해 보는 것이 목표였다.

이상의 문제의식에 따라 연구한 내용을 정리하면 다음과 같다. 동아시아에서 재이론을 하나의 정치사상으로 체계화시킨 인물은 전한(前漢)의 동중서(董仲舒)이다. 동중서는 상호 모순적인 종래의 천견설(天譴說)과 천인감응론(天人感應論)을 논리적으로 결합하여 이념적으로는 군주권을 지지하면서도 현실 정치에서는 군주권에 제약을 가하는 양면적 속성의 재이론을 입론했다. 이로써 재이는 군주의 천명(天命) 수수(授受)의 징표이자 군주의 실정(失政)에 대한 천견(天譴)으로 여겨지게 되었다. 군주든 신료든 재이에 관해서는 모두 명분이 있었기 때문에 재이론은 군신(君臣) 간 소통의 창구로 기능할 수 있었다.

후한(後漢) 이후 재이론은 예언·참위화의 변질을 겪었다. 당(唐) 대에는 이러한 예언·참위적 재이론에 대한 비판이 거세게 일었고, 북송(北宋)의 유학자는 천리(天理)에 부합하는 강상윤리의 실천을 재이론의 중심에 놓으며 이를 이론적으로 재편했다. 그리고 이 연장에서 남송(南宋)의 주희(朱熹)는 재이론을 군주성학론(君主聖學論)의 우주론적 근거로 활용했다. 주자학에서 재이는 군주의 마음이 바르지 않고 또 성학을 독실하게 탐구하지 않는 자세에 대한 경고였다. 주희는 동중서 재이론을 이학적(理學的)으로 재해석하며 '소통의 창구'라는 정치적 유용성에 '군주성학론'이라는 사상적 유용성을 더했다. 그래서 주자학적 재이론은 도학정치(道學政治)의 전개에서 정치·사상적으로 유용한 기제(機制)가 될 수 있었다.

한국 재이론의 역사에서 고려 중기는 중요한 변곡점이었다. 고려 중기에는 북송 신유학(新儒學)의 영향으로 나름의 합리적인 재이관이 형성되었다. 천인감응에 대해 강한 천착을 거부하고 재이를 군주 수성(修省)의 계기로 삼아야 한다는 것이었다. 고려 인종 대에 편찬된 『삼국사기(三國史記)』에는 이러한 재이관(災異觀)이 투영되었다. 또 예보된 일식(日食)이 일어나지 않았을 때 올리던 하례(賀禮)도 고려 중기 이후 자취를 감추었다. 이러한 합리적 재이관을 바탕으로 고려 후기에는 '군주의 책임'을 강조하는 인사(人事)

중심의 재이론도 등장하게 되었다. 이러한 변화를 겪으면서 고려의 재이론은 점차 유교적인 그것으로 경도되어 갔다.

물론 조선 초까지도 유불도(儒佛道)의 이질적인 재이론이 혼재해 있었던 게 사실이다. 그런데 재이에 대한 대응은 종교·신앙적 믿음의 발로였다기보다는 그것을 실천하고 영위함으로써 얻어지는 효과를 기대한 측면이 더 컸다. 조선 초의 다양한 계열의 재이론은 사상적으로는 서로 이질적이었을지 몰라도 왕조 교체 이후 정권의 안정화를 도모했다는 기능적 측면에서는 동질성이 더 컸다고 할 수 있다.

세조 대의 패권정치에 반발하며 등장한 15세기 후반의 사림(士林)은 도학정치(道學政治)의 구현을 염원했고, 이것의 구현을 위한 정치·사상적 기제로서 재이론에 주목했다. 이른바 '주자학적 재이론'의 대두였다. 재이론은 안전한 언론 활동을 보장해 주고, 도학정치가 왜 필요한지, 또 이것을 조선 사회에 왜 구현해야 하는지 우주론적으로 정당화해 주었다. 주자학의 학문·사유체계 내에서는 이러한 주장을 천인합일(天人合一)의 정연한 논리로 펼칠 수 있었고, 군주에게 심성수양(心性修養)과 성학에 대한 탐구를 강도 높게 요구할 수 있었다. 그들의 정치론 전개에서 재이론은 유용하게 활용되었고, 이러한 재이론의 정치·사상적 유용성은 16세기 재이론의 활성화로 이어지게 되었다.

15세기 후반~16세기 초반 조선의 관인·유자는 재이론을 군주권 견제의 논리로 재편했고, 또 그들의 정치적 요구를 관철하는 데에 실효성 높은 논리로 활용했다. 도학정치에 공감하지 않는 인사는 배척의 대상이 되었고, 부합하지 않는 제도와 정책은 혁파의 대상이 되었다. 이는 마땅히 최고 권력자인 국왕의 의지에 따라 좌우되었고, 이에 대한 시비(是非) 분별은 오롯이 국왕의 몫이었다. 그래서 국왕이 사심(私心)과 사욕(私欲)에 치우치지 않고 무엇이 시(是)이고 비(非)인지 판단할 수 있으려면 도덕적인 심성수양을 바탕으로 수기치인(修己治人)의 학문, 즉 성학을 닦아야 한다는 주장에 이르게 되었다. 그들에게는 군주가 성학을 열심히 닦고 바른 마음을 길러 천리(天

理)를 회복하는 것이 도학정치를 구현하는 최우선의 과제이자 재이를 해소하는 요체였다. 주자학의 논리 구조상, 주자학적 재이론은 자연스레 군주성학론으로 귀결되었다.

주자학적 재이론은 수기(修己)에 관한 문제뿐 아니라 치인(治人), 즉 경세(經世)에 관한 사안도 광범위하게 담지했다. 가령, 이이(李珥)는, 천리의 회복을 위해서는 군주의 성학과 함께 경장(更張)을 통한 안민(安民)이 필요하다고 했다. 이 시기 다양한 사회·경제 문제가 주자학적 재이론에 담겨 논의된 것은 재이론이 그만큼 효과적인 언로(言路)였다는 사실의 방증(傍證)이기도 하다.

16세기 주자학적 재이론이 정치·사상적으로 유용한 기제였던 것은 분명하지만, 한계 또한 분명했다. 이는 자연히 17세기 관인·유자가 해결해야 할 과제가 되었다. 첫째, 재이론의 논의 구조상 재이론은 정치적 언론 활동에 종속될 수밖에 없었다. 선조 대 이후 재이론의 당론화는 이러한 논의 구조 때문에 나타난 현상이었다. 정치 세력이 동·서인으로 분화하고, 언론 활동이 붕당에 따라 나뉘면서 재이론이 그 근거 논리로 복무하게 되었다. 특히, 인조 대 이후에는 정치 세력의 분화와 정치론의 분기 속에서 재이론의 당론화가 본격적으로 진행되었다. 이러한 과정을 거치면서 17세기 재이론의 정략적 활용이 일반화되었다. 이에 재이론의 정략적 활용을 경계하면서 재이론의 본의(本意)를 되새기고자 하는 지적(知的) 활동이 펼쳐지게 되었다. 17세기 국왕에게 수성(修省)할 것을 요청하는 재이 문헌이 잇따라 편찬된 것은 이러한 맥락에서 이해할 수 있다.

둘째, 재이론의 메커니즘을 경험적으로 설명하기 어렵다는 근원적인 한계로 인해 재이론은 원인론 설명이 어려웠다. 쉽게 말해 재이는 치세(治世)와 난세(亂世)를 가리지 않고 성군(聖君)의 시절이든 폭군(暴君)의 시절이든 종잡을 수 없이 일어나는데, 과연 인사가 불렀다고 할 수 있냐는 것이었다. 이러한 한계를 논리적으로 보완하는 이론적 강화 작업이 16세기 말~17세기 초에 있었다. 역학(易學) 연구의 심화를 배경으로 북송 소옹(邵雍)의 상수학

(象數學)에 대한 이해가 깊어지게 되었는데, 재이론이 기수설(氣數說) 및 역학과 결합하면서 이론적 체계성이 한층 강화되었다. 상수학을 적극적으로 수용한 그룹 중 일부는 주자학적 재이론과 기수설의 절충을 시도하기도 했다. 또 장현광(張顯光)은 재이론을 역리(易理)의 체계 속에 융회(融會)하기도 했다. 이러한 역학적 재이론을 통해서 원인론과 대책론을 역리의 일관된 원리로 설명할 수 있었고 주자학적 재이론의 체계성과 설득력을 높일 수 있었다.

셋째, 군주성학론 위주의 미재책(弭災策)은 시의성이 떨어졌다. 이에 17세기 전반에는 미재책으로 민생 안정을 위한 변통론(變通論)이 자주 논의되었다. 하지만 그 실천은 상당히 보수적으로 검토되었다. 특히, 서인 산당계의 태도가 그러했다. 이는 주자학적 재이론에서 미재의 요체를 군주의 성학으로 삼았던 탓이 크다. 백성의 구제나 민폐(民弊)의 혁파에 관심이 없었던 것은 아니지만, 이보다는 군주의 성학이 더 근본이고 우선이라고 여겼다. 그들은 군주가 성학을 통해 도덕적인 심성수양만 잘 이루면, 변통과 같은 법제의 개편은 자연히 해결될 것이라 보았다. 서인 한당계도 백성의 구제나 민폐(民弊)의 혁파를 미재의 요체로 간주하고 다양한 변통론을 미재책으로 제출했지만, 이들 역시 군주의 성학을 중시했고, 자연관의 측면에서도 본질적인 차이가 있진 않았다. 한편 17세기 중반 근기남인계 일각에서도 현실사회의 문제를 직접 거론하며 재이론을 변통론의 근거로 활용했다. 이들의 주장은 서인 한당계보다 과감했고 재이관의 측면에서도 일정한 차이를 보였다. 이들의 논의는 '존왕'과 '안민'으로 요약된다. 이들은 군신(君臣) 상하(上下)의 차별적·계서적 질서에 문제가 생겼을 때 재이가 일어난다고 보았고, 재이를 해소하기 위해서는 군신 상하의 질서를 바로잡아야 한다고 했다. 그런데 이러한 예적 질서의 확립은 국왕의 전제권 강화를 목표로 한 것이 아니라, 국왕을 정점으로 하는 국가 공권력의 신장을 지향한 것이었고, 이는 곧 백성의 안정화를 위한 것이었다.

17세기에는 다양한 재이 문헌이 편찬되었다. 17세기 재이 문헌의 편찬은 기본적으로 국왕에게 공구수성(恐懼修省)할 것을 요청하는 차원에서 이루어진 활동이었다. 하지만 개별 문헌을 하나씩 살펴보면 구체적인 저술 배경과 목적, 지향점은 모두 달랐다. 가령, 『역대요성록』(현종 5년, 김익렴), 『역대수성편람』(현종 9년, 이옥), 『천동상위고』(숙종 34년, 최천벽)는 17세기 후반~18세기 초반의 정치·사상사와 밀접한 관련이 있다. 각 저자가 서인 산림계, 남인 청남계, 서인 소론계의 당색이 짙은바, 붕당 간의 정치적 이해관계 속에서 편찬되었다고 할 수 있다.

『역대요성록』과 『역대수성편람』은 현종 대 서·남인의 정치적 대립 속에서 저술되었고, 『천동상위고』 또한 숙종 대 후반 집권 소론의 영수 최석정이 기획에 참여한바, 그의 황극탕평(皇極蕩平) 이념과 무관하지 않다. 『역대요성록』이 정치 지향적이고 대명의리에 대한 이념적 성향이 강하다면, 『역대수성편람』은 군주의 '수덕(修德)'이라는 재이론 본연의 의미를 강조하면서도 '존군(尊君)'을 지향한다. 한편 『천동상위고』는 재이론에 대한 천착을 경계하면서도 전통적 천인감응론의 재이와 응험을 『주역』의 관상완사(觀象玩辭)로 재해석하여, 재이론의 초점을 철저히 군주 수성(修省)에 맞췄다.

이러한 재이 문헌은 단순히 언제 어떤 재이가 있었는지 알아보기 위한 목적으로 편찬된 것이 아니다. 국왕에게 수성할 것을 요청하면서도 각각이 설정한 정치·사상적 지향과 목적을 달성하기 위한 것이었다. 물론 이러한 재이 문헌의 편찬이 정치적 이해관계 속에서 이루어졌다는 점에서 이를 재이론의 정략적 활용의 연장이라고 볼 수도 있지만, 정치적 언론 활동을 정당화하는 논리로서가 아니라 재이론 자체를 관심의 대상으로 삼았다는 점에서는 이전 시기의 논의 양상과는 다른, 이 시기만의 중요한 특징이라고 할 수 있다.

한편 17세기에 전개된 이와 같은 재이론의 변화는 유기체적 자연인식이라는 큰 범주 내에서 일어난 것으로 천인(天人)의 상관적 사유를 근본적으로 부정하거나 의심하는 논의는 사실상 없었다. 재이론을 활용하는 와중에 크고 작은 정치적 부작용과 이론적 한계가 드러나기도 했으나, 재이론이 군주에게 수성을 요청하는 '공식적인' 기제라는 점은 모두가 인정했다. 그리고 재이론을 활용하면서 나타난 부작용과 한계는 자정과 보완으로 극복했지, 이것이 재이론을 부정하거나 폐기하는 논의로 번지지는 않았다.

그런데 18세기 중반 재이론은 정치·사상적으로 중요한 변화를 맞게 되었다. 두 가지 측면에서 일어난 변화였다. 하나는 서양 과학지식의 유입 및 확대에 따른 재이론의 이론적 균열이고, 다른 하나는 재이론의 정략적 활용이 극에 달하면서 일어난 구언 정치의 변질과 재이론의 정치적 관습화이다.

먼저, 재이론의 이론적 균열은 '신구(新舊) 재이론의 갈등'이라는 측면에서 살펴볼 수 있다. 18세기 중반 서양 과학지식의 우수성을 인정하는 관인·유자가 늘어나면서 재이론의 이론체계에 질적인 변화가 일어나게 되었다. 가령, 마땅히 일어나야 하는 일월식(日月食)이라도 군주의 수덕(修德) 여하에 따라 일어나지 않을 수도 있다는 주자학적 일월식론의 '당식불식(當食不食)' 논의는 '당식(當食)은 필식(必食)한다'는 서양 과학지식의 전래로 이론적 균열을 맞게 되었다. 그리고 서호수(徐浩修)의 『동국문헌비고』「상위고」에서 볼 수 있듯이 '규칙적인 천체 운동은 인사(人事)와는 무관하다'라는 인식이 번지면서 기존에 재이로 여겨졌던 많은 재이 현상이 재이의 범주에서 제외되었다.

그러나 중세사상으로서 재이론이 맡았던 역할과 기능은 무엇으로도 대체하기가 쉽지 않았고, 전통 재이론의 의미와 가치를 고수하려 한 관인·유자 또한 적지 않았다. 이들은 주희가 일월식의 규칙성을 알지 못해 당식불식론을 펼친 게 아니라면서, 여전히 주희의 정론을 고수했고, 경천근민(敬天勤民)의 정치 이념을 받들었던 국왕 역시 원론적 차원일지라도 재이론을 부정할 수 없었다.

이 무렵의 관인·유자는 합리적인 재이론 활용을 고민했다. 가령, 이익(李瀷), 홍대용(洪大容), 홍석주(洪奭周), 이규경(李圭景)은, 비록 가문, 당색, 지역, 관력은 모두 달랐지만, 각자의 위치에서 재이론의 합리적 활용 방안을 고민했다. 이들은 모두 재이는 인사와 무관하다는 사실을 인정했다. 하지만 재이론의 기능을 포기할 수 없는 현실 속에서, 어떻게 하면 재이는 인사와 무관하다는 점과 그럼에도 군주는 재이를 수성의 계기로 삼아야 한다는 점을 모순 없이 결합할 수 있을까를 고민했다.

그리고 이러한 변화가 일어나는 동안 정치 현장에서 재이론은 하나의 '관습'이 되어 갔다. 발단은 구언 정치의 변질과 왜곡이었다. 인조 대 이후 본격화된 재이론의 정략적 활용은 현종·숙종 대 예송(禮訟)과 환국(換局)을 거치면서 극단으로 치달았다. 이 과정에서 이른바 구언 정치가 왜곡·변질되었다. 이는 재이론의 정략적 활용이 낳은 일종의 부작용이었다. 이에 누구보다 재이론의 본의를 강조했던 영조는 즉위 초부터 구언에 응한다는 핑계로 공격적인 당론을 펼치는 소위 '가탁구언(假托求言)'의 처벌을 공식화했다. 이러한 기조는 정조 대까지 이어졌다. 그런데 이것이 수십 년 동안 이어지다 보니 19세기 이후 조선의 구언 정치는 하나의 관습이 되어버렸다. 세도정치기 구언 정치는 본래의 의미와 기능을 상실한 체 '10월의 우레→ 국왕의 구언→ 삼정승의 면책 요청→ 삼사의 수성(修省) 요청→ 국왕의 가납'이라는 형식화된 모습을 띠게 되었다. 과도기적 시기를 맞아 재이론은 이론적 균열에 정치적 관습화가 더해지면서 그 본의(本意)는 퇴색되었고, 19세기 후반 유명무실한 '전통'으로 전락하게 되었다. 이렇게 조선의 재이론은 이론체계의 균열에 정치적 기능의 상실이 더해지면서 종언을 맞게 되었다.

재이론은 이론의 영역보다는 기능의 영역이 변화를 추동한 측면이 더 컸다. 천인감응에 대한 강한 천착은 재이론에 대한 강한 반발로 나타났고, 재이론의 이론적 정비는 결국 재이론의 안정적인 활용을 목적으로 하는 것이었다. 그리고 해체·소멸에서도 이론의 균열보다는 기능의 쇠퇴와 형해화가 더 큰 요인이었다.

20세기 후반까지도 재이론은 근대과학이 발달하지 못한 전통사회의 미신이나 종교 정도로 치부되었다. 그러나 재이론이 역사적으로 실존할 수 있었던 것은 초월적인 믿음보다는 현실에서의 필요가 더 큰 동기였다고 할 수 있다. 조선의 지식인이 품었던 고민은 견강부회하지 않는 재이론 활용이었다. 그들은 적지 않은 허점을 확인했으면서도 재이론을 부정하거나 폐기하지 않고, 이를 보완하고 재편해 나갔다. 이 점에서 재이론이 오랫동안 존속하며 정치·사상적으로 변화·발전할 수 있었던 것은, 이것이 미신적 또는 종교적 믿음의 발로(發露)여서가 아니라 현실에서 담당했던 역할과 기능 때문이었다고 할 수 있겠다.

재이론은 이념적으로는 군주의 정치권력과 통치를 정당화하면서도 현실에서는 이것의 무한한 팽창을 예방하고 억제하는 절묘한 정치·사상적 기제였다. 재이론은 이미 오래전에 역사 속으로 사라졌지만, '오래된 미래'로 평가받기에 충분하다.

참고문헌

1. 자료

1) 연대기류

『삼국사기(三國史記)』『고려사(高麗史)』『고려사절요(高麗史節要)』
『조선왕조실록(朝鮮王朝實錄)』『승정원일기(承政院日記)』
『사기(史記)』『한서(漢書)』『후한서(後漢書)』『삼국지(三國志)』『진서(晉書)』
『구당서(舊唐書)』『신당서(新唐書)』『구오대사(舊五代史)』『신오대사(新五代史)』
『송사(宋史)』『원사(元史)』『명사(明史)』

2) 문집류

이곡(李穀, 1298~1351), 『가정집(稼亭集)』
정도전(鄭道傳, 1342~1398), 『삼봉집(三峰集)』
권근(權 近, 1352~1409), 『양촌집(陽村集)』, 『입학도설(入學圖說)』, 『오경천견록(五經淺見錄)』
변계량(卞季良, 1369~1430), 『춘정집(春亭集)』
김종직(金宗直, 1431~1492), 『점필재집(佔畢齋集)』
김시습(金時習, 1435~1493), 『매월당집(梅月堂集)』
남효온(南孝溫, 1454~1492), 『추강집(秋江集)』
김일손(金馹孫, 1464~1498), 『탁영집(濯纓集)』
정희량(鄭希良, 1469~1502), 『허암유집(虛庵遺集)』
박상(朴祥, 1474~1530), 『눌재집(訥齋集)』
권벌(權橃, 1478~1548), 『충재집(冲齋集)』
서경덕(徐敬德, 1489~1546), 『화담집(花潭集)』
이언적(李彦迪, 1491~1553), 『회재집(晦齋集)』
송희규(宋希奎, 1494~1558), 『야계집(倻溪集)』

이준경(李浚慶, 1499~1572), 『동고유고(東皐遺稿)』
박광전(朴光前, 1526~1597), 『죽천집(竹川集)』
기대승(奇大升, 1527~1572), 『고봉집(高峯集)』
성혼(成渾, 1535~1598), 『우계집(牛溪集)』
이이(李珥, 1536~1584), 『율곡전서(栗谷全書)』
김우옹(金宇顒, 1540~1603), 『동강집(東岡集)』
유성룡(柳成龍, 1542~1607), 『서애집(西厓集)』
장현광(張顯光, 1554~1637), 『여헌집(旅軒集)』
이수광(李睟光, 1563~1628), 『지봉유설(芝峯類說)』, 『지봉집(芝峯集)』
정경세(鄭經世, 1563~1633), 『우복집(愚伏集)』
신흠(申欽, 1566~1628), 『상촌고(象村稿)』
정온(鄭蘊, 1569~1641), 『동계집(桐溪集)』
김집(金集, 1574~1656), 『신독재유고(愼獨齋遺稿)』, 『신독재전서(愼獨齋全書)』
조익(趙翼, 1579~1655), 『포저집(浦渚集)』
강석기(姜碩期, 1580~1643), 『월당집(月塘集)』
김육(金堉, 1580~1658), 『잠곡유고(潛谷遺稿)』
이식(李植, 1584~1647), 『택당집(澤堂集)』
조경(趙絅, 1586~1669), 『용주유고(龍洲遺稿)』
이경여(李敬輿, 1585~1657), 『백강집(白江集)』
윤선도(尹善道, 1587~1671), 『고산유고(孤山遺稿)』
장유(張維, 1587~1638), 『계곡만필(谿谷漫筆)』, 『계곡집(谿谷集)』
선우협(鮮于浹, 1588~1653), 『돈암전서(遯菴全書)』
허목(許穆, 1595~1682), 『기언(記言)』
이경석(李景奭, 1595~1671), 『백헌집(白軒集)』
송준길(宋浚吉, 1606~1672), 『동춘당집(同春堂集)』
조석윤(趙錫胤, 1606~1655), 『낙정집(樂靜集)』
송시열(宋時烈, 1607~1689), 『송자대전(宋子大全)』
윤휴(尹鑴, 1617~1680), 『백호집(白湖集)』, 『백호전서(白湖全書)』
홍여하(洪汝河, 1620~1674), 『목재집(木齋集)』
이현일(李玄逸, 1627~1704), 『갈암집(葛庵集)』
민정중(閔鼎重, 1628~1692), 『노봉집(老峯集)』
이원록(李元祿, 1629~1688), 『박곡집(朴谷集)』
박세당(朴世堂, 1629~1703), 『서계집(西溪集)』
권상하(權尙夏, 1641~1721), 『한수재집(寒水齋集)』
이옥(李沃, 1641~1698), 『박천집(博泉集)』
최석정(崔錫鼎, 1646~1715), 『명곡집(明谷集)』
임영(林泳, 1649~1696), 『창계집(滄溪集)』

권두경(權斗經, 1654~1725), 『창설재집(蒼雪齋集)』
이만부(李萬敷, 1664~1732), 『식산집(息山集)』
이익(李瀷, 1681~1763), 『성호사설(星湖僿說)』, 『성호전집(星湖全集)』
양응수(楊應秀, 1700~1767) 『백수집(白水集)』
임성주(任聖周, 1711~1788), 『녹문집(鹿門集)』
이헌경(李獻慶, 1719~1791), 『간옹집(艮翁集)』
채제공(蔡濟恭, 1720~1799), 『번암집(樊巖集)』
황윤석(黃胤錫, 1729~1791), 『이재난고(頤齋亂藁)』, 『이재유고(頤齋遺藁)』
홍대용(洪大容, 1731~1783), 『담헌서(湛軒書)』
윤기(尹愭, 1741~1826), 『무명자집(無名子集)』
이덕무(李德懋, 1741~1793), 『청장관전서(靑莊館全書)』
정약용(丁若鏞, 1762~1836), 『여유당전서(與猶堂全書)』
홍석주(洪奭周, 1774~1842), 『연천집(淵泉集)』
허전(許傳, 1797~1886), 『성재집(性齋集)』
남병철(南秉哲, 1817~1863), 『규재유고(圭齋遺藁)』
김평묵(金平默, 1819~1891), 『중암집(重菴集)』
이규경(李圭景, 1788~1856), 『오주연문장전산고(五洲衍文長箋散稿)』
송근수(宋近洙, 1818~1903), 『송자대전수차(宋子大全隨箚)』
허유(許愈, 1833~1904), 『후산집(后山集)』
곽종석(郭鍾錫, 1846~1919), 『면우집(俛宇集)』

3) 재이 관련 문헌

『관상완점(觀象玩占)』
『동국문헌비고(東國文獻備考)』「상위고(象緯考)」
『문헌통고(文獻通考)』「상위고(象緯考)」
『역대상위고(歷代象緯考)』
『역대요성록(歷代妖星錄)』
『역대수성편람(歷代修省便覽)』
『재이고(災異考)』
『증보문헌비고(增補文獻備考)』「상위고(象緯考)」
『천동상위고(天東象緯考)』

4) 기타

『경국대전(經國大典)』, 『국조인물고(國朝人物考)』, 『누판고(鏤板考)』,
『동국통감(東國通鑑)』, 『묵재일기(默齋日記)』, 『서운관지(書雲觀志)』,

『시강원지(侍講院志)』, 『연려실기술(燃藜室記述)』, 『정당고사(政堂故事)』,
『천문류초(天文類抄)』, 『해동야언(海東野言)』, 『퇴계선생언행록(退溪先生言行錄)』,
『청사현종사문묘소초(請四賢從祀文廟疏草)』『국조문과방목(國朝文科榜目)』,
『추안급국안(推案及鞫案)』
『의령남씨족보(宜寧南氏族譜)』, 『전주최씨족보(全州崔氏族譜)』
『서경(書經)』, 『춘추(春秋)』, 『주역(周易)』, 『논어(論語)』, 『순자(荀子)』, 『국어(國語)』
『상서주소(尙書注疏)』, 『논어집주(論語集註)』, 『맹자집주(孟子集註)』, 『시전(詩傳)』,
『예기집해(禮記集解)』, 『주역(周易)』, 『주역전의(周易傳義)』, 『주역정의(周易正義)』,
『중용장구(中庸章句)』, 『춘추좌씨전(春秋左氏傳)』, 『춘추공양전(春秋公羊傳)』,
『춘추공양전주소(春秋公羊傳注疏)』, 『자치통감(資治通鑑)』, 『대학연의(大學衍義)』,
『춘추번로(春秋繁露)』, 『백호통의(白虎通義)』, 『삼조명신언행록(三朝名臣言行錄)』,
『성리대전(性理大全)』, 『송조대조령집(宋朝大詔令集)』, 『신법산서(新法算書)』,
『역상고성(曆象考成)』, 『이정유서(二程遺書)』, 『자치통감강목(資治通鑑綱目)』,
『속자치통감강목(續資治通鑑綱目)』, 『주자어류(朱子語類)』, 『하남정씨유서(河南程氏遺書)』,
『회암집(晦庵集)』, 『치당독사관견(致堂讀史管見)』, 『역대명신주의(歷代明臣奏議)』,
『통감절요(通鑑節要)』, 『황명통기집요(皇明通紀輯要)』, 『봉주강감회찬(鳳州綱鑑會纂)』,
『오잡조(五雜組)』

2. 논저

1) 단행본

(1) 국문

姜文植, 『권근의 경학사상 연구』, 일지사, 2008.
具萬玉, 『朝鮮後期 科學思想史 硏究 I』, 혜안, 2004.
구만옥, 『영조 대 과학의 발전』, 한국학중앙연구원출판부, 2015.
구만옥, 『조선후기 성호학파의 자연학』, 혜안, 2023.
권오영, 『조선후기 유림의 사상과 활동』, 돌베개, 2003.
琴章泰, 『朝鮮前期의 儒學思想』, 서울대학교출판부, 1997.
金燉, 『朝鮮前期 君臣關係 硏究』, 서울대학교 출판부, 1997.
김범, 『사화와 반정의 시대』, 역사비평사, 2007.
김덕진, 『대기근 조선을 뒤덮다-우리가 몰랐던 17세기의 또 다른 역사』, 푸른역사, 2008.
김동민, 『춘추논쟁, 중국 최초의 대일통 제국을 탄생시킨 사유의 격돌』, 글항아리, 2014.
金文植, 『朝鮮後期經學思想硏究』, 一潮閣, 1996.
김석우, 『자연재해와 유교국가-漢代의 災害와 荒政 硏究-』, 일조각, 2006.
김성언, 『남효온의 삶과 시』, 태학사, 1997.

金成潤, 『朝鮮後期 蕩平政治 硏究』, 一潮閣, 1997.
김연희, 『한국 근대과학 형성사』, 들녘, 2016.
김영식, 『과학, 역사 그리고 과학사』, 생각의 나무, 2008.
김영식, 『주희의 자연철학』, 예문서원, 2005.
金容燮, 『(증보판)朝鮮後期農業史硏究 Ⅰ』, 지식산업사, 1995.
金容欽, 『朝鮮後期 政治史 硏究 Ⅰ-仁祖代 政治論 分化와 變通論-』, 혜안, 2006.
金宇基, 『朝鮮中期 戚臣政治 硏究』, 集文堂, 2001.
김우철, 『조선후기 지방군제사』, 경인문화사, 2000.
김일권, 『『고려사』의 자연학과 오행지 역주』, 한국학중앙연구원, 2011.
金駿錫, 『朝鮮後期 政治思想史 硏究』, 지식산업사, 2003.
金駿錫, 『韓國 中世 儒敎政治思想史論 Ⅰ』, 지식산업사, 2005.
金駿錫, 『韓國 中世 儒敎政治思想史論 Ⅱ』, 지식산업사, 2005.
金泰永, 『朝鮮 性理學의 歷史像』, 경희대학교출판국, 2006.
金泰永, 『조선 전기 사회와 사상』, 경희대학교 출판문화원, 2023.
金泰永, 『실학, 그 역사상의 재인식』, 경희대학교 출판문화원, 2023.
김홍경, 『조선초기 관학파의 유학사상』, 한길사, 1996.
都賢喆, 『高麗末 士大夫의 政治思想硏究』, 一潮閣, 1999.
문중양, 『조선후기 과학사상사-서구 우주론과 조선 천지관의 만남-』, 들녘, 2016.
박권수, 『한국의 술수과학과 문명』, 들녘, 2022.
박성래, 『한국사에도 과학이 있는가』, 교보문고, 1998.
박성래, 『한국과학사상사』, 책과함께, 2012.
朴仁鎬, 『朝鮮後期 歷史地理學 硏究』, 以會文化社, 1996.
朴平植, 『朝鮮前期商業史硏究』, 지식산업사, 1999.
邊太燮, 『『高麗史』의 硏究』, 三英社, 1982.
서태원, 『조선후기 지방군제 연구』, 혜안, 1999.
신병주, 『남명학파와 화담학파 연구』, 일지사, 2000.
申採湜, 『東洋史槪論』, 三英社, 1993.
申瀅植, 『『三國史記』硏究』, 一潮閣, 1981.
안상현, 『우리 혜성 이야기』, 사이언스북스, 2013.
오영교, 『朝鮮後期 鄕村支配政策 硏究』, 혜안, 2001.
禹仁秀, 『朝鮮後期 山林勢力 硏究』, 一潮閣, 1999.
유봉학, 『燕巖一派 北學思想 硏究』, 일지사, 1995.
尹仁淑, 『조선전기의 사림과 『소학』』, 역사비평사, 2016.
이욱, 『조선시대 재난과 국가의례』, 창비, 2009.
이동희, 『주자』, 성균관대학교출판부, 2007.
이문규, 『고대 중국인이 바라 본 하늘의 세계』, 문학과지성사, 2000.
李丙燾, 『(改訂版)高麗時代의 硏究-特히 圖讖思想의 發展을 中心으로-』, 亞細亞文化社, 1980.

이병휴, 『朝鮮前期 畿湖士林派 硏究』, 一潮閣, 1984.
이석규, 『조선 전기 민본사상과 민』, 국학자료원, 2020.
李成茂, 『朝鮮初期兩班硏究』, 一潮閣, 1980.
李迎春, 『朝鮮後期 王位繼承 硏究』, 集文堂, 1998.
李殷晟, 『曆法의 原理分析』, 정음사, 1985.
李載龍, 『朝鮮初期社會構造硏究』, 일조각, 1984.
이태진, 『(증보판)한국사회사연구』, 지식산업사, 2008.
이태진, 『새韓國史-선사시대에서 조선 후기까지-』, 까치글방, 2012.
李熙德, 『高麗儒敎政治思想의 硏究』, 一潮閣, 1984.
李熙德, 『韓國古代自然觀과 王道政治』, 혜안, 1999.
李熙德, 『高麗時代 天文思想과 五行說硏究』, 一潮閣, 2000.
鄭杜熙, 『朝鮮初期政治支配勢力硏究』, 一潮閣, 1983.
鄭杜熙, 『朝鮮 成宗代의 臺諫 硏究』, 韓國硏究院, 1989.
정두희, 『(증보신장판)조광조』, 아카넷, 2001.
정성희, 『조선 도학의 분수령, 김종직』, 성균관대학교출판부, 2009.
정호훈, 『朝鮮後期 政治思想 硏究-17세기 北人系 南人을 중심으로-』, 혜안, 2004.
조성산, 『조선후기 낙론계 학풍의 형성과 전개』, 지식산업사, 2007.
秦榮一, 『고려국왕과 재이사상』, 제주대학교출판부, 2010.
車柱環, 『韓國道敎思想硏究』, 서울대학교출판부, 1983.
崔承熙, 『朝鮮初期 言官·言論 硏究』, 서울대학교출판부, 1976.
崔承熙, 『朝鮮初期 政治史 硏究』, 지식산업사, 2002.
韓永愚, 『(改訂版)鄭道傳思想의 硏究』, 서울대학교출판부, 1983.
한영우, 『서경덕과 화담학파, 조선 중기 주자학의 도전자들』, 지식산업사, 2022.
韓㳓劤, 『儒敎政治와 佛敎-麗末鮮初 對佛敎施策-』, 一潮閣, 1993.
韓政洙, 『한국 중세 유교정치사상과 농업』, 2007.
한춘순, 『明宗代 勳戚政治 硏究』, 혜안, 2006.
洪以燮, 『朝鮮科學史』, 正音社, 1946.

(2) 영문·일문·중문

Park, Seong Rae, Portents and Politics in Korean History, Seoul : Jimoondang, 1998.
藪內淸, 『中國の天文曆法』, 東京 : 平凡社, 1969.
吾妻重二, 『朱子學の新硏究』, 東京 : 創文社, 2004.
陳來, 『朱子書信編年考證』, 上海 : 上海人民出版社, 1987.
陳遵嬀, 『中國天文學史』 第一·三冊, 台北 : 明文書局, 1984.

(3) 번역서·편서

국립기상연구소, 『관상감이 기록한 17세기 밤하늘』, 기상청, 2013.

金谷治 외 지음(조성을 옮김), 『中國思想史』, 이론과실천, 1986.
廖名春·康學偉·梁韋弦 지음(심경호 옮김), 『주역철학사』, 예문서원, 1994.
마이클 로이 지음(이성규 옮김), 『고대 중국인의 생사관』, 지식산업사, 1987.
蒙培元 지음(홍원식·황지원·이기훈·이상호 옮김), 『성리학의 개념들』, 예문서원, 2008.
미야자키 이치사다(전혜선 역), 『수양제-전쟁과 대운하에 미친 중국 최악의 폭군-』, 역사비평사, 2014.
미우라 쿠니오 지음(이승연·김영식 옮김), 『인간주자』, 창작과비평사, 1996.
미우라 쿠니오 지음(이승연 옮김), 『주자와 기 그리고 몸』, 예문서원, 2003.
미조구치 유조 외 엮음(김석근·김용천·박규태 옮김), 『中國思想文化事典』, 책과함께, 2011.
徐敬德·朴世堂 著(金學主 譯), 『(韓國名著大全集)花潭集·思辨錄』, 大洋書籍, 1975.
성주덕 편저(이면우·허윤섭·박권수 역주), 『서운관지』, 소명출판, 2003.
守本順一郎(김수길 역), 『東洋政治思想史硏究』, 동녘, 1985.
양계초·풍우란 외(김홍경 편역), 『음양오행설의 연구』, 신지서원, 1993.
안대회 편역, 『(개역판)漢書列傳』, 까치글방, 2010.
안영숙 외 지음, 『조선시대 일식도』, 한국학술정보, 2011.
야마다 케이지 지음(김석근 옮김), 『朱子의 自然學』, 통나무, 1991.
야부우치 기요시 지음(전상운 옮김), 『중국의 과학문명』, 민음사, 1997.
에드워드 와그너(이훈상·손숙경 옮김), 『조선왕조 사회의 성취와 귀속』, 일조각, 2007.
오영교 편, 『조선 건국과 경국대전체제의 형성』, 혜안, 2004.
오영교 편, 『조선후기 체제변동과 속대전』, 혜안, 2005.
오영교 편, 『세도정권기 조선사회와 대전회통』, 혜안, 2007.
이건창 저(김용흠 역해), 『당의통략, 조선의 정치와 당쟁을 다시 읽는다』, 아카넷, 2020.
李能和(李鍾殷 역), 『朝鮮道敎史』, 普城文化社, 1977.
조셉 니덤 지음·콜린 로넌 축약(이면우 옮김), 『중국의 과학과 문명 : 수학, 하늘과 땅의 과학, 물리학』, 까치, 2000.
존 헨더슨 저(문중양 역주), 『중국의 우주론과 청대의 과학혁명』, 소명출판, 2004.
朱子思想硏究會 譯, 『朱子封事』, 혜안, 2011.
陳來 지음(안재호 옮김), 『송명 성리학』, 예문서원, 1997.
채웅석 편저, 『동아시아 전통사회 재해 사료의 특징과 활용』, 혜안, 2023.
풍우 지음(김갑수 옮김), 『동양의 자연과 인간 이해, 중국의 천인관계론』, 논형, 2008.
한국사상사연구회 편, 『조선 유학의 개념들』, 예문서원, 2002.
한국사상사학회 편, 『한국사상사입문』, 서문문화사, 2006.
한국역사연구회 17세기 정치사 연구반, 『조선중기 정치와 정책』, 아카넷, 2003.
허태구 등, 『동아시아 전통사회 재해 인식과 대응』, 혜안, 2024.
戶川芳郞·蜂屋邦夫·溝口雄三 지음(조성을·이동철 옮김), 『유교사』, 이론과실천, 1990.
히하라 도시쿠니 지음(김동민 옮김), 『국가와 백성 사이의 漢』, 글항아리, 2013.
Peter K. Bol 지음(김영민 옮김), 『역사 속의 성리학』, 예문서원, 2010.

2) 논문

(1) 학위논문

김경래, 「宣祖代 초반의 정국과 栗谷 李珥의 개혁론」, 서울대학교 대학원 국사학과 박사학위논문, 2015.

金貞信, 「朝鮮前期 勳舊·士林의 政治思想 比較」, 연세대학교 대학원 사학과 박사학위논문, 2008.

金洪徹, 「許衡의 思想과 元代 朱子學의 定立-實踐躬行과 朱子學 官學化와 關聯하여-」, 한양대학교 대학원 박사학위논문, 2004.

金勳埴, 「麗末鮮初 君主修身論의 性格」, 서울대학교 대학원 국사학과 석사학위논문, 1983.

박권수, 「조선후기 象數學의 발전과 변동」, 서울대학교 과학사 및 과학철학 협동과정 박사학위논문, 2006.

서정현, 「숙종대 초기 尹鑴 상소문에 나타난 災異論의 추이와 성격」, 성균관대학교 대학원 사학과 석사학위논문, 2022.

송웅섭, 「조선 성종대 公論政治의 형성」, 서울대학교 대학원 국사학과 박사학위논문, 2011.

신유아, 「朝鮮前期 遞兒職 硏究」, 서울대학교 사회교육과(역사전공) 박사학위논문, 2013.

李東麟, 「17세기 許穆의 古學과 春秋災異論」, 서울대학교 대학원 국사학과 석사학위논문, 2000.

이진호, 「白軒 李景奭의 散文 硏究」, 충남대학교 대학원 한문학과 박사학위논문, 2018.

전용훈, 「조선후기 서양천문학과 전통천문학의 갈등과 융화」, 서울대학교 대학원 과학사 및 과학철학 협동과정 박사학위논문, 2004.

秦榮一, 「妙淸亂에 관한 一考察-災異觀과 관련하여-」, 서울대학교 대학원 국사학과 석사학위논문, 1984.

한민섭, 「徐命膺 一家의 博學과 叢書·類書 編纂에 관한 硏究」, 高麗大學校 大學院 國語國文學科 博士學位論文, 2010.

(2) 일반논문

강명관, 「16세기 말 17세기 초 擬古文派 수용과 秦漢古文派의 성립」, 『韓國漢文學硏究』 18, 1995.

姜文植, 「權近의 五經 인식-經學과 經世論의 연결을 중심으로-」, 『泰東古典硏究』 24, 2008.

姜信曄, 「崔錫鼎의 生涯와 思想」, 『芝邨金甲周敎授華甲紀念史學論叢』, 芝邨金甲周敎授華甲紀念史學論叢刊行委員會, 1994.

姜制勳, 「朝鮮 世祖代의 朝會와 王權」, 『史叢』 61, 2005.

경석현, 「『朝鮮王朝實錄』 災異 기록의 재인식-16세기 災異論의 정치·사상적 기능을 중심으로-」, 『韓國史硏究』 160, 2013.

경석현, 「17세기(인조~현종) 연대기 자료의 災異 기록 재검토-『東宮日記』를 중심으로-」, 『朝鮮時代史學報』 68, 2014.

경석현, 「17세기 『재이고(災異考)』의 자연 기록과 그 의미」, 『한국과학사학회지』 37-1, 2015.
경석현, 「18세기 초 최천벽(崔天璧, 1640~1713)의 『천동상위고(天東象緯考)』 연구」, 『韓國思想史學』 51, 2015.
경석현, 「조선후기 天文學兼教授의 활동과 그 의미」, 『東方學志』 176, 2016.
경석현, 「18세기 후반 『문헌비고(文獻備考)』 「상위고(象緯考)」의 재이(災異) 기록과 재이론(災異論) 연구」, 『韓國思想史學』 54, 2016.
경석현, 「15세기 후반 朱子學的 災異論의 대두-성종 9년(1478) 南孝溫(1454~1492)의 「昭陵追復疏」를 중심으로-」, 『朝鮮時代史學報』 81, 2017.
경석현, 「조선후기 當食不食 논의와 그 의미」, 『東方學志』 189, 2019.
경석현, 「조선후기 재이론의 정치적 기능의 변질과 관습화」, 『韓國史硏究』 188, 2020.
경석현, 「17세기 중반 災異論의 政略的 활용과 정치적 갈등」, 『고궁문화』 16, 2023.
경석현, 「17세기 현종 대 『역대요성록』의 정치 지향적 재이론」, 한국유교문화진흥원 편, 『충청국학 학술총서 3(과학의 눈으로 세상을 본 충청의 지식인들)』, 2024.
경석현, 「조선 현종 9년(1668) 이옥(李沃,1641~1698)의 『역대수성편람』 편찬과 존군적(尊君的) 재이론」, 『한국문화』 110, 2025.
계승범, 「국내 한국사학계의 환경·기후 문제 연구 동향과 과제-소빙기 학설의 활용을 중심으로-」, 『韓國史學史學報』 46, 2022.
高柄翊, 「『三國史記』에 있어서의 歷史敍述」, 『東亞交涉史의 硏究』, 서울대학교 출판부, 1970.
高錫珪, 「『紀年兒覽』에 나타난 李萬運의 歷史認識」, 『韓國文化』 8, 1987.
고영진, 「17세기 후반 근기남인학자의 사상 : 윤휴·허목·허적을 중심으로」, 『역사와 현실』 13, 1994.
고영진, 「이황학맥의 호남 전파와 유학사적 의의」, 『退溪學과 韓國文化』 32, 2003.
고태우, 「한국 재난 인식 연구의 성과와 과제-근대 이전 시기 역사학계의 연구를 중심으로-」, 『인문학연구』 59, 2020.
곽신환, 「이율곡(1536-1584)의 자연관-策文을 중심으로-」, 『인문학연구』 22, 숭실대학교 인문과학연구소, 1992.
具萬玉, 「星湖 李瀷의 科學思想」, 『民族과 文化』 9, 2000.
具萬玉, 「朝鮮後期 尊君卑臣論의 災異觀-許穆(1595~1682)의 春秋觀과 災異論을 중심으로-」, 한국사연구회 편, 『韓國實學의 새로운 摸索』, 경인문화사, 2001.
具萬玉, 「朝鮮後期 日月蝕論의 變化」, 『韓國思想史學』 19, 2002.
具萬玉, 「조선전기 朱子學的 自然觀의 형성과 전개－理法天觀의 自然學的 의미를 중심으로-」, 『韓國思想史學』 23, 2004.
具萬玉, 「17세기 朱子學的 自然觀의 변화와 實學的 自然認識의 擡頭」, 오영교 편, 『조선후기 체제변동과 속대전』, 혜안, 2005.
구만옥, 「조선후기 천문역산학의 개혁 방안 : 정조의 천문책에 대한 대책을 중심으로」, 『한국과학사학회지』 28-2, 2006.
구만옥, 「朝鮮後期 天文曆算學의 주요 爭點-正祖의 天文策과 그에 대한 對策을 중심으로-」,

『韓國思想史學』 27, 2006.
구만옥, 「朝鮮後期 實學的 自然認識의 전개와 世界觀의 轉變」, 오영교 편, 『세도정권기 조선사회와 대전회통』, 혜안, 2007.
구만옥, 「[과학사]한국 전통과학사 연구 : 심화를 위한 다양한 모색」, 『歷史學報』 207, 2010.
구만옥, 「마테오 리치(利瑪竇) 이후 서양 수학에 대한 조선 지식인의 반응」, 『韓國實學研究』 20, 2010.
具萬玉, 「肅宗代(1674-1720) 天文曆算學의 정비」, 『韓國實學研究』 24, 2012.
具萬玉, 「星湖의 西學觀과 科學思想」, 재단법인 실시학사 편, 『성호 이익 연구』, 사람의무늬, 2012.
구만옥, 「徐有本(1762~1822)의 학문관과 自然學 담론」, 『한국사연구』 166, 2014.
구만옥, 「황윤석(黃胤錫)의 '천문(天文)' 인식과 『상위지요(象緯指要)』」, 『韓國思想史學』 51, 韓國思想史學會, 2015.
구만옥, 「한국 전근대 과학기술사 연구의 현황과 과제」, 『한국과학사학회지』 42-3, 2020.
권민균, 「『漢書·五行志』를 통해 본 班固의 災異觀」, 『중국사연구』 125, 2020.
權延雄, 「朝鮮前期 經筵의 災異論」, 『歷史教育論集』 13·14, 1990.
權延雄, 「世祖代의 佛教政策」, 『震檀學報』 75, 1993.
권오영, 「19세기 강우학계(江右學界)와 김진호(金鎭祜)의 학문 활동」, 『남명학연구』 21, 2006.
권은나, 「광해군대 반역 사건을 통해 본 정국운영」, 『대구사학』 148, 2022.
금장태, 「중암 김평묵(重菴 金平默)에서 경학과 경세론의 연관적 인식」, 『태동고전연구』 27, 2011.
金 燉, 「燕山君代의 君·臣 權力關係와 그 推移」, 『歷史教育』 53, 1993.
金 燉, 「朝鮮中期의 反正과 王權의 위상」, 『典農史論』 7, 2001.
김 현, 「조선 유학에서의 귀신 개념」, 한국사상사연구회 편, 『조선유학의 자연철학』, 예문서원, 1999.
金塘澤, 「高麗 仁宗朝의 西京遷都·稱帝建元·金國征伐論과 金富軾의 『三國史記』 편찬」, 『歷史學報』 170, 2001.
김동민, 「조선조 간행본 『春秋』 註解書의 특징 : 규장각 소장 『춘추』 자료를 중심으로」, 『한국문화』 73, 2016.
金斗鉉, 「清朝政權의 成立과 發展」, 서울大學校東洋史學研究室 編, 『講座 中國史 Ⅳ』, 지식산업사, 1989.
김문기, 「17세기 중국과 조선의 小氷期 기후변동」, 『역사와 경계』 77, 2010.
김문기, 「17세기 중국과 조선의 재해와 기근」, 『이화사학연구』 43, 2011.
김문기, 「17세기 중국과 조선의 기근과 국제적 곡물유통」, 『역사와 경계』 85, 2012.
김문식, 「동국문헌비고 '예고'의 자료적 특징」, 『震檀學報』 104, 2007.
김문식, 「楓石 徐有榘의 학문적 배경」, 『震檀學報』 108, 2009.
김미성, 「조선시대 생태환경사 연구의 현황과 과제-기후사·재해사 관련 연구를 중심으로-」, 『생태환경과 역사』 8, 2022.
김민현, 「『增修附註資治通鑑節要續編』의 유통과 활용에 대한 연구」, 『奎章閣』 52, 2018.
金庠基, 「女眞關係의 始末과 尹瓘의 北征」, 『東方史論叢』, 서울대학교출판부, 1974.
김세봉, 「예론(禮論)의 전개와 그 양상」, 한국역사연구회 17세기 정치사 연구반 편, 『조선 중기 정치와 정책-인조~현종시기』, 아카넷, 2003.
김수연, 「소재도량(消災道場)을 통해 본 고려시대의 천문기양사상(天文祈禳思想)」, 『韓國思想史學』 45, 2013.
金蓮玉, 「韓國의 小氷期 氣候-歷史 氣候學的 接近의 一試論-」, 『地理學과 地理敎育』 14, 1984.
金蓮玉, 「朝鮮時代의 氣候環境-史料 分析을 中心으로-」, 『地理學論叢』 14, 1987.
김영식, 「미신과 술수에 대한 정약용의 태도」, 『다산학』 10, 2007.
김영주, 「東州 李敏求의 文學論 硏究」, 『동방한문학』 20, 2001.
金永炫, 「高麗時代의 五行思想에 관한 一考察」, 『忠南史學』 2, 1987.
金龍德, 「昭顯世子硏究」, 『史學硏究』 18, 1964.
金容燮, 「十八世紀 農村知識人의 農業觀」, 『(증보판)朝鮮後期農業史硏究 Ⅰ』, 지식산업사, 1995.
김용운·김용국, 「『삼국사기』의 일식 기사」, 『(개정증보판)韓國數學史』, 살림, 2009.
金容欽, 「조선전기 勳舊·士林의 갈등과 그 政治思想的 含意」, 오영교 편, 『조선 건국과 경국대전체제의 형성』, 혜안, 2004.
金容欽, 「17세기 政治的 갈등과 朱子學 政治論의 分化」, 오영교 편, 『조선후기 체제변동과 속대전』, 혜안, 2005.
김용흠, 「19세기 전반 世道政治의 형성과 政治運營」, 오영교 편, 『세도정권기 조선사회와 대전회통』, 혜안, 2007.
김용흠, 「조선의 정치에서 무엇을 볼 것인가-탕평론·탕평책·탕평정치를 중심으로-」, 『한국민족문화』 58, 2016.
김우창, 「학제간 연구와 인식론적 반성」, 『인문사회과학논총』 3-1, 인제대학교 인문사회과학연구소, 1996.
김우형, 「『經筵日記』에 나타난 율곡의 災異觀」, 『율곡학연구』 18, 2009.
김인걸, 「19세기 '세도정치기'의 求言敎와 應旨疏-'탕평정치기'와의 비교를 중심으로-」, 『韓國文化』 54, 2011.
김인경, 「조선후기 慶州 金門의 형성과 성장-김홍욱 가문을 중심으로-」, 『朝鮮時代史學報』 64, 2013.
김인호, 「이규보의 현실이해와 정치경제 개선론」, 『學林』 15, 1993.
김일권, 「『삼국사기』의 천문오행지적 재구성 시안 : 『증보문헌비고』 「상위고」 체제를 참고하여」, 『高句麗渤海硏究』 44, 2012.
김일권, 「『승정원일기』(1623-1910)의 조선후기 서리(霜) 기상기록 연구」, 『朝鮮時代史學報』 87, 2018.
金丁鎭, 「道德政治의 哲學的 意義와 中庸九經行義 考察-晦齋 李彦迪先生의 道學思想을 中心으로-」, 『韓國의 哲學』 9, 慶北大學校 退溪硏究所, 1980.

김종수, 「조선시대 궁중연향의 변천」, 『東方學』 6, 2000.
김종희, 「董仲舒의 『論語』 활용과 그 의미-天人三策 분석을 중심으로-」, 『中國古中世史研究』 65, 2022.
김주부, 「息山 李萬敷의 學問形成과 交遊樣相 一考察-嶺南 南人系 學人을 中心으로-」, 『漢文學報』 19, 2008.
金駿錫, 「朝鮮前期의 社會思想-『小學』의 社會的 機能 分析을 중심으로」, 『韓國 中世 儒敎政治思想史論 Ⅰ』, 지식산업사, 2005.
金駿錫, 「金堉의 安民經濟論과 大同法」, 『韓國 中世 儒敎政治思想史論 Ⅰ』, 지식산업사, 2005.
金駿錫, 「18세기 蕩平論의 전개와 王權」, 『韓國 中世 儒敎政治思想史論 Ⅱ』, 지식산업사, 2005.
金駿錫, 「朝鮮後期 黨爭과 王權論의 추이」, 『韓國中世儒敎思想史論 Ⅱ』, 지식산업사, 2005.
金澈雄, 「高麗中期 道敎의 盛行과 그 性格」, 『도교문화연구』 10, 1996.
김철웅, 「변계량의 사상과 도교 인식」, 『국학연구』 46, 2021.
金哲埈, 「高麗中期의 文化意識과 史學의 性格-『三國史記』의 性格에 대한 再認識-」, 『韓國史研究』 9, 1973.
金泰永, 「朝鮮 初期 祀典의 成立에 對하여-國家意識의 變遷을 中心으로-」, 『歷史學報』 58, 1973.
金泰永, 「朝鮮초기 世祖王權의 專制性에 대한 一考察」, 『韓國史研究』 87, 1995.
金泰永, 「조선 성리학과 실학의 역사적 연관」, 『실학, 그 역사상의 재인식』, 경희대학교 출판문화원, 2023.
金恒洙, 「宣祖 初年의 新舊葛藤과 政局動向」, 『國史館論叢』 34, 1992.
김현수, 「白湖 尹鑴의 禮敎思想 研究」, 『東洋哲學研究』 54, 2008.
김홍경, 「卞季良의 哲學思想 研究-自然認識과 人間觀을 중심으로-」, 『민족문화』 14, 1991.
김효정, 「박천(博泉) 이옥(李沃)의 시세계 일고찰-유배 시기 창작시를 중심으로-」, 『동양문화연구』 41, 2024.
김훈식, 「朝鮮初期의 정치적 변화와 士林派의 등장」, 『韓國學論集』 45, 2011.
김희만, 「한국사 디지털 자료의 활용 현황과 과제」, 『韓國史學史學報』 48, 2023.
나영훈, 「숙종 초 근기남인의 정치적 논쟁과 대립」, 『朝鮮時代史學報』 105, 2023.
羅逸星, 「觀象監과 現代 天文學 : 星變測候單子篇」, 『東方學志』 20, 1978.
羅逸星, 「『承政院日記』와 朝鮮 正祖時代의 天文觀測記錄」, 『한국천문학회지』 12-1, 1979.
羅逸星, 「朝鮮 英·正祖 두 時代의 天文記錄(1)-彗星篇」, 『東方學志』 29, 1981.
羅逸星, 「延世大學校 所藏 星變 및 客星謄錄」, 『東方學志』 34, 1982.
羅逸星, 「朝鮮 觀象監의 星變測候單子」, 『百濟研究』 17, 1986.
羅逸星, 「『高麗史』 「天文志」의 日月食 記錄」, 『東方學志』 96, 1997.
羅鍾一, 「17世紀 危機論과 韓國史」, 『歷史學報』 94·95, 1982.
남지대, 「朝鮮 成宗代의 臺諫 言論」, 『韓國史論』 12, 서울대학교 국사학과, 1985.
남지대, 「재이와 태종의 왕권」, 『인문과학연구』 13, 서원대학교 인문과학연구소, 2003.
노대환, 「19세기 정조의 잔영과 그에 대한 기억」, 『역사비평』 2016년 가을호, 2016.
도현철, 「성리학의 수용과 조선의 지배이념」, 한국사상사학회 편, 『한국사상사입문』,

서문문화사, 2006.
도현철, 「권근, 조선 유학의 기틀을 마련하다」, 『내일을 여는 역사』 47, 2012.
류창규, 「조선 초기 太宗과 河崙의 天譴論을 빙자한 정국 운영 양상」, 『역사학연구』 45, 2012.
문중양, 「16·17세기 조선 우주론의 상수학적 성격-서경덕(1489~1546)과 장현광(1554~1637)을 중심으로-」, 『역사와 현실』 34, 1999.
문중양, 「18세기 조선 실학자의 자연지식의 성격-象數學的 우주론을 중심으로-」, 『한국과학사학회지』 21-1, 1999.
문중양, 「18세기 후반 조선 과학기술의 추이와 성격-정조대 정부 부문의 천문역산 활동을 중심으로-」, 『역사와 현실』 39, 2001.
문중양, 「18세기말 천문역산 전문가의 과학활동과 담론의 역사적 성격」, 『東方學志』 121, 2003.
문중양, 「『東國·增訂·增補文獻備考』「象緯考」의 편찬과 영정조대의 한국 천문학」, 『震檀學報』 106, 2008.
문중양, 「19세기 조선의 자연지식과 과학담론 : 明末淸初 중국 우주론의 늦은 유입과 그 영향」, 『다산학』 13, 2008.
문중양, 「한국과학사 연구의 현황과 쟁점-전근대 천문지리학 및 우주론 연구를 중심으로-」, 『역사와 현실』 92, 2014.
文喆永, 「麗末 新興士大夫들의 新儒學 수용과 그 특징」, 『韓國文化』 3, 1982.
文喆永, 「고려후기 新儒學 수용과 士大夫의 의식세계」, 『韓國史論』 41·42, 서울대학교 국사학과, 1999.
閔晶熙, 「朝鮮前期의 巫俗과 政府政策」, 『學林』 21, 2000.
閔賢九, 「高麗前期의 對外關係와 國防政策 : 文宗代를 中心으로」, 『亞細亞研究』 41-1, 1998.
박계화 등, 「오잡조(五雜組)」, 『中國小說研究會報』 118, 2022.
박광용, 「『東國文獻備考』 편찬의 역사적 배경」, 『震檀學報』 104, 2007.
박권수, 「徐命膺(1716~1787)의 易學的 天文觀」, 『韓國科學史學會誌』 20-1, 1998.
박권수, 「서명응·서호수 부자의 과학활동과 사상-天文曆算 분야를 중심으로-」, 『韓國實學思想』 11, 2006.
박권수, 「術數와 災異에 대한 李瀷의 견해」, 『성호학보』 3, 2006.
박권수, 「조선후기 서양과학의 수용과 상수학의 발전 : 17세기 말 천문학 지식에 대한 상수학적 해석의 시작」, 『한국과학사학회지』 28-1, 2006.
박권수, 「『승정원일기』 속의 천변재이 기록」, 『史學研究』 100, 2010.
박근필, 「17세기 小氷期 氣候 연구의 현황과 과제」, 『大邱史學』 80, 2005.
朴同玄, 「『高麗史』「天文志」에 기록된 彗星에 關해서」, 『韓國文化研究院論叢』 2, 1960.
朴同玄, 「「高麗史天文志」에 기록된 流星에 관한 研究(1)」, 『德成女大論文集』 9, 1980.
朴同玄, 「「高麗史天文志」에 기록된 流星에 관한 研究(2)」, 『德成女大論文集』 13, 1984.
朴秉濠, 「朝鮮時代 立法者의 法律觀」, 成均館大學校 大東文化研究院 편, 『韓國思想大系Ⅲ(政治·法

制思想篇)』, 1979.
朴星來, 「韓國의 災異와 災異觀」, 『傳統科學』 1, 1980.
朴星來, 「百濟의 災異記錄」, 『百濟研究』 17, 1986.
朴星來, 「論壇 Ⅰ : 李泰鎭교수 "'小氷期'(1500~1750년)의 天體 現象的 원인-『朝鮮王朝實錄』의 관련 기록 분석-"」, 『歷史學報』 149, 1996.
朴星來, 「科學史」, 『역사학보』 152, 1996.
박성래, 「과학과 기술」, 국사편찬위원회 편, 『한국사 17(고려전기의 교육과 문화)』, 국사편찬위원회, 2002.
朴星來, 「보론 : 한국사의 자연현상 기록과 그 정확성」, 『한국과학사상사』, 책과함께, 2012.
朴成桓, 「朝鮮 顯宗 5年(1664) 大彗星의 軌道」, 『韓國科學史學會誌』 4-1, 1982.
朴成桓, 「朝鮮 顯宗時代의 彗星觀測」, 『東方學志』 31, 1982.
朴元熇, 「明初 文字獄과 朝鮮表箋問題」, 『史學研究』 25, 1975.
朴元熇, 「명과의 관계」, 국사편찬위원회 편, 『한국사 22 : 조선왕조의 성립과 대외관계』, 탐구당, 2003.
박인호, 「이만운」, 『한국사시민강좌』 36, 2005.
박인호, 「강항의 『강감회요』 편찬과 사학사적 의의」, 『역사학연구』 84, 2021.
박재경, 「조선시대 대책(對策)의 중국 대책 수용양상-동중서(董仲舒)의 「천인삼책(天人三策)」을 중심으로-」, 『정신문화연구』 40-2, 2017.
박창범, 「日本 古代 日蝕記錄의 分析」, 『韓國科學史學會誌』 18-2, 1996.
박창범·라대일, 「三國時代 天文현상 기록의 독자 관측사실 검증」, 『한국과학사학회지』 16-2, 1994.
박혜정, 「21세기에 읽는 17세기 위기-17세기 위기 논쟁의 기후사적 재고-」, 『역사학보』 258, 2023.
朴熙秉, 「申欽의 學問과 그 思想史的 位置」, 『民族文化』 20, 1997.
裵祐晟, 「18세기 全國地理志 편찬과 지리지 인식의 변화」, 『韓國學報』 85, 1996.
邊太燮, 「編纂過程을 통하여 본 『高麗史』」, 『『高麗史』의 研究』, 三英社, 1982.
손계영, 「17세기 李元禎(1622-1680)의 장서목록과 장서구성」, 『書誌學研究』 88, 2021.
宋相庸, 「韓國科學史 研究略史」, 『韓國科學史學會誌』 3-1, 1981.
宋相庸, 「韓國學研究 半世紀 : 科學史」, 『震檀學報』 57, 1984.
송웅섭, 「김종직 문인 그룹 형성 무대로서의 '서울'」, 『서울학연구』 31, 2008.
송웅섭, 「성종대 臺諫 避嫌의 증가와 그 의미」, 『조선시대사학보』 62, 2012.
송웅섭, 「조선 초기 言路로서의 求言」, 『奎章閣』 48, 2016.
송인창·성명자, 「旅軒 張顯光 易學思想의 구조와 목표」, 『철학논총』 61-3, 2010.
송혁기, 「災異 관련 應旨上疏文의 관습과 수사」, 『東아시아古代學』 33, 2014.
송희준, 「桐溪 鄭蘊의 학통과 학문사상」, 『嶺南學』 26, 2014.
신동원, 「박성래 선생님과 한국과학사」, 『한국과학사학회지』 26-2, 2004.
신명호, 「선조말·광해군초의 정국과 외척」, 『청계사학』 10, 1993.

신병주, 「17세기 중·후반 근기남인 학자의 학풍」, 『한국문화』 19, 1997.
辛聖坤, 「唐宋變革期論」, 서울大學校東洋史學硏究室 編, 『講座中國史 Ⅲ』, 지식산업사, 1989.
申瀅植, 「新羅史의 時代區分-『三國史記』 內容分析을 中心으로-」, 『韓國史硏究』 18, 1977.
申瀅植, 「『三國史記』 本紀內容의 統計的 分析」, 『『三國史記』 硏究』, 一潮閣, 1981.
申瀅植, 「[서평]李熙德 著, 『韓國古代自然觀과 王道政治』(서울 : 韓國硏究院, 1994), p.283」, 『歷史學報』 147, 1995.
신호철, 「慶大升정권의 성립」, 『역사와 담론』 67, 2013.
심경호, 「17세기 초반 지성사의 한 단면-지천 최명길과 월사·상촌·계곡·택당-」, 『漢文學報』 18, 2008.
안상현·배현진·조혜진·정성욱, 「천년 전의 별똥비」, 『천문학논총』 17-1, 2002.
안세현, 「15세기 후반~17세기 전반 성리학적 사유의 우언적 표현 양상과 그 의미」, 『民族文化硏究』 51, 2009.
安芮璿, 「歐陽脩 『新五代史』의 서사 기획-『舊五代史』와의 비교를 중심으로-」, 『中國語文論叢』 74, 2016.
양기석, 「百濟 박사제도의 운용과 변천」, 『백제문화』 49, 2013.
양홍진·박창범·박명구, 「고려시대 흑점과 오로라 기록에 보이는 태양활동주기」, 『천문학논총』 13, 1998.
엄연석, 「상촌 신흠의 역학에서 상수역과 의리역의 상보적 특성」, 『동양철학』 48, 2017.
여호규, 「한국사 연구의 신경향과 패러다임 전환을 위한 제언」, 『역사학보』 251, 2021.
吳洙彰, 「仁祖代 政治勢力의 動向」, 『韓國史論』 13, 서울대학교 국사학과, 1985.
吳洙彰, 「붕당정치의 성립」, 국사편찬위원회 편, 『한국사 30(조선 중기의 정치와 경제)』, 탐구당, 2003.
오종록, 「'一綱十目疏'에 나타나는 李彦迪의 政治思想과 中宗 末葉의 政治」, 『新羅文化』 33, 2009.
吳恒寧, 「朝鮮 孝宗代 政局의 變動과 그 性格」, 『泰東古典硏究』 9, 1993.
오항녕, 「조선 초기 경연의 『자치통감강목(資治通鑑綱目)』 강의」, 『韓國思想史學』 9, 1997.
유경로, 「『조선왕조실록』에 기재된 Kepler 超新星의 관측기록」, 『天文學論叢』 5-1, 1990.
유지원, 「사르후(Sarhu) 전투와 누르하치」, 『명청사연구』 13-1, 2000.
윤정, 「宣祖 후반~광해군 초반 궁궐 경영과 '慶運宮'의 수립」, 『서울학연구』 42, 2011.
윤정, 「숙종대 明史 진강과 명 사적의 재인식-『皇明通紀』의 진강을 중심으로-」, 『역사와 실학』 74, 2021.
尹絲淳, 「栗谷(李珥)의 自然觀」, 『民族文化硏究』 25, 1992.
이욱, 「朝鮮前期 鬼神論에 관한 연구」, 『종교연구』 15, 1998.
李旭, 「15세기 후반 기후특성의 비교사적 고찰-『조선왕조실록』 기후 관련 기록 신빙성 검토의 한 사례-」, 『국학연구』 21, 2012.
이정, 「[과학사] 물질, 삶과 만나는 변방의 낯선 과학」, 『역사학보』 247, 2020.
이강래, 「『삼국사기』의 성격」, 『정신문화연구』 24-1, 2001.

이경동, 「東岡 金宇顒의 현실인식과 經世論」, 『영남학』 70, 2019.
李基白, 「回顧와 展望 : 古代」, 『歷史學報』 49, 1971.
이난숙, 「율곡의 「천도책」에 담긴 천문 기상에 관한 인식과 재이관 고찰」, 『율곡학연구』 54, 2023.
李東麟, 「許穆의 春秋災異論에 나타난 '漢學的' 경향」, 『韓國史論』 49, 서울대학교 국사학과, 2003.
이문규, 「『論衡』에 나타난 王充의 自然觀」, 『한국과학사학회지』 15-2, 1993.
이문규, 「『晉書』 「天文志」의 천문 사례」, 『한국과학사학회지』 23-1, 2001.
李範稷, 「朝鮮後期 王室 構造 硏究-仁祖代를 중심으로-」, 『國史館論叢』 80, 1988.
이병휴, 「朝鮮 中宗朝 靖國功臣의 性分과 動向」, 『大邱史學』 15·16, 1978.
이병휴, 「15世紀 後半·16世紀 初의 社會變動과 金宗直 및 그 門人의 對應」, 『歷史敎育論集』 35, 2005.
이상배, 「택당 이식(1584~1647)의 삶과 현실인식」, 『강원문화연구』 28, 2009.
이상필, 「㴩溪 宋希奎의 生涯와 文學」, 『南冥學硏究』 47, 2015.
이상호, 「『조선왕조실록(朝鮮王朝實錄)』에 나타난 성종기(成宗期) 재이관(災異觀)의 특징」, 『국학연구』 21, 2012.
이상호, 「세종 즉위기 3년간(즉위년~세종 2년)의 기상·기후 현상과 세종의 대처」, 『한국학논집』 57, 2014.
李碩圭, 「朝鮮初期의 天人合一論과 災異論」, 『震檀學報』 81, 1996.
李碩圭, 「朝鮮初期의 求言-民本政治·言路擴大와 관련하여-」, 『韓國思想史學』 15, 2000.
이석규, 「조선초기의 응지상소자-성종대 언론활동의 변화와 관련하여-」, 『朝鮮時代史學報』 20, 2002.
李碩圭, 「朝鮮初期 應旨上疏에 나타난 制度論」, 『朝鮮時代史學報』 39, 2006.
李碩圭, 「조선 초기 應旨上疏를 통해 본 成宗代의 변화」, 『朝鮮時代史學報』 41, 2007.
이석규, 「연산군·중종대 求言의 성격 변화와 그 의미」, 『史學硏究』 88, 2007.
이석규, 「조선 明宗代의 求言과 民本理念의 변질」, 『朝鮮時代史學報』 51, 2009.
李成珪, 「史官의 傳統과 中國 歷史敍述의 特色」, 가락국사적개발연구원 편, 『강좌 한국고대사』 5, 가락국사적개발연구원, 2002.
李成茂, 「鮮初의 成均館硏究」, 『歷史學報』 35·36, 1967.
李成茂, 「17世紀의 禮論과 黨爭」, 李成茂·鄭萬祚 외 편, 『朝鮮後期 黨爭의 綜合的 檢討』, 韓國精神文化硏究院, 1992.
이승민, 「11~12세기 한·중 재해 기록과 五行志의 자료적 성격」, 『한국중세사연구』 67, 2021.
李迎春, 「服制禮訟과 政局變動-第二次禮訟을 中心으로-」, 『國史館論叢』 22, 1991.
이영춘, 「붕당정치의 전개」, 국사편찬위원회 편, 『한국사 30 : 조선 중기의 정치와 경제』, 탐구당, 2003.
이영춘, 「孤山 尹善道의 학문과 예론」, 『국학연구』 9, 2006.
이욱근, 「1196년 慶元黨禍의 사상정국에서 주희의 정치적 좌절을 통해서 본 주희의 도학정치고찰」, 『東洋古典硏究』 37, 2009.
李遠碩, 「魯齋 許衡(1209~1281)의 생애와 철학사상」, 『奎章閣』 29, 2006.
이원택, 「17세기 尹鑴의 권력구조 개편론-「公孤職掌圖說」의 三公三孤制를 중심으로-」, 『동방학지』 125, 2004.
李殷晟, 「한국의 日食記錄의 과학적 처리」, 『韓國科學史學會誌』 2-1, 1980.
이은순, 「이경석의 국정운영과 대외 시국인식」, 『조선시대사학보』 29, 2004.
이익주, 「고려말 신흥유신의 성장과 조선 건국」, 『역사와 현실』 29, 1998.
이정림, 「李瀷의 새로운 災異 분류와 재이에 대한 책임 소재의 확대」, 『한국과학사학회지』 42-1, 2020.
이정주, 「朝鮮 建國을 둘러싼 正統과 異端의 激突-高麗 恭讓王 3年 斥佛論爭 참가자 분석-」, 『韓國史學報』 10, 2001.
이정철, 「조선 태조·정종·태종연간 가뭄 기록과 가뭄 상황」, 『국학연구』 23, 2013.
이정철, 「선조대 '동서분당' 전개의 초기 양상」, 『民族文化』 42, 2014.
이정철, 「조선왕조실록 가뭄 현상의 기록과 실제-세종 즉위년~세종 18년을 중심으로」, 『국학연구』 25, 2014.
이정철, 「조선왕조실록 가뭄 기록과 그 실제-세종 대(1418~1450)를 중심으로」, 『국학연구』 29, 2016.
이정호, 「『高麗史』 五行志의 체재와 내용-自然災害의 발생추세를 중심으로-」, 『韓國史學報』 44, 2011.
이정호, 「高麗前期 異變現象 기록을 통해본 災異觀과 위기인식-『高麗史』 五行志 기록을 중심으로」, 『역사와 담론』 80, 2016.
이종성, 「우계 성혼의 도학적 삶과 학문연원」, 『牛溪學報』 28, 2009.
이준호, 「1623~1800년 서울지역의 기상기후 환경-'승정원일기'를 토대로-」, 『한국지역지리학회지』 22-4, 2016.
李志慶, 「16世紀 士林派 政治思想 硏究 : 晦齋 李彦迪을 中心으로」, 『社會科學硏究』 8, 西原大學校 社會科學硏究所, 1995.
李泰鎭, 「15世紀 後半期의 '鉅族'과 名族意識－『東國輿地勝覽』 人物條의 分析을 통하여」, 『韓國史論』 3, 1976.
李泰鎭, 「小氷期(1500-1750) 천변재이 연구와 『朝鮮王朝實錄』-global history의 한 章-」, 『歷史學報』 149, 1996.
李泰鎭, 「小氷期(1500-1750)의 天體 現象的 원인-『朝鮮王朝實錄』의 관련 기록 분석-」, 『國史館論叢』 72, 1996.
李泰鎭, 「고려~조선 중기 天災地變과 天觀의 변천」, 『韓國思想史方法論』(이기백 외 著), 小花, 1997.
李賢珍, 「仁祖代 元宗追崇論의 推移와 性格」, 『北岳史論』 7, 2000.
이현진, 「조선전기 昭陵復位論의 추이와 그 의미」, 『朝鮮時代史學報』 23, 2002.
이형성, 「牛溪 成渾 문인 조사에 의한 牛溪學 계승성 연구」, 『공자학』 23, 2012.

李熙德, 「王道와 天災地變-『高麗史』 權敬中傳의 檢討-」, 『高麗時代 天文思想과 五行說 研究』, 일조각, 2000.
李熙煥, 「景宗代의 辛丑換局과 壬寅獄事」, 『全北史學』 15, 1992.
임종태, 「朝鮮後期 科學史 研究의 쟁점과 과제」, 『歷史學報』 191, 2006.
임종태, 「[과학사]實學에서 中國의 문제로」, 『역사학보』 231, 2016.
임혜련, 「명종 전반기 재이론과 수렴청정 인식」, 『韓國思想과 文化』 53, 2010.
임혜련, 「1671년(현종 12) 숙종비 인경왕후의 국혼과 광산김씨 가세」, 『역사와 담론』 71, 2014.
장정해, 「빈계지신(牝雞之晨)-그 현상(現象)과 의미-」, 『중국어와문학』 13, 2008.
張學根, 「燕山君의 災異論에 대한 認識變化-君權·言權 論爭을 中心으로-」, 『慶南史學』 7, 1995.
張會翼, 「조선후기 초 지식계층의 자연관-張顯光의 「宇宙說」을 중심으로-」, 『韓國文化』 11, 1990.
張會翼, 「조선 성리학의 자연관-李珥의 『天道策』과 張顯光의 『宇宙說』을 중심으로-」, 『과학과 철학』 2, 통나무, 1991.
전덕재, 「삼국과 통일신라시대 가뭄 발생 현황과 정부의 대책」, 『韓國史研究』 160, 2013.
全相運, 「李圭景과 그의 博物學」, 『研究論文集』 4, 성신여자사범대학 인문과학연구소, 1972.
전용훈, 「朝鮮中期 儒學者의 天體와 宇宙에 대한 이해-旅軒 張顯光(1554~1637)의 『易學圖說』과 『宇宙說』」, 『한국과학사학회지』 18-2, 1996.
전용훈, 「19세기 조선 수학의 지적 풍토 : 홍길주(1786-1841)의 수학과 그 연원」, 『한국과학사학회지』 26-2, 2004.
鄭求福, 「『문헌비고』의 자료적 성격과 사학사적 의미」, 『震檀學報』 106, 2008.
鄭東哲, 「漢代 災異說의 一考察-眭弘의 上書와 昭帝의 卽位 背景-」, 『東亞研究』 4, 1984.
鄭杜熙, 「朝鮮 成宗 9年 "戊戌之獄"의 정치적 성격」, 『서강인문논총』 29, 2010.
鄭萬祚, 「英祖代 初半의 蕩平策과 蕩平派의 活動-蕩平基盤의 成立에 이르기까지-」, 『震檀學報』 56, 1983.
鄭萬祚, 「朝鮮 顯宗朝의 公義·私義 論爭과 王權」, 조선시대사학회 편, 『동양 삼국의 왕권과 관료제』, 국학자료원, 1998.
鄭萬祚, 「17세기 중반 漢黨의 정치활동과 國政運營論」, 『韓國文化』 23, 1999.
鄭炳連, 「浦渚 趙翼의 道學的 政治思想」, 『東方學』 5, 1999.
정연식, 「조선시대 觀天臺와 日影臺의 연혁-창경궁 일영대와 관련하여-」, 『한국문화』 51, 2010.
정재상, 「고대 중국의 시간과 공간 관념의 형성과 전개 - 진(辰)의 의미를 중심으로-」, 『道教文化研究』 58, 2023.
丁仲煥, 「文獻備考의 研究」, 『東亞論叢』 11, 1974.
정진희, 「고려 熾盛光如來 신앙 고찰」, 『정신문화연구』 36-3, 2013.
정출헌, 「추강 남효온의 생애자료에 한 변증과 탐색—한 인간의 삶을 재구하는 集成年譜를 편찬하기 위한 서설」, 『大東漢文學』 35, 2011.

정호훈, 「尹鑴의 經學思想과 國家權力强化論」, 『韓國史硏究』 89, 1995.
조 원, 「明·오이라트 通貢·互市의 양상과 성격」, 『몽골학』 67, 2021.
鄭會善, 「景宗朝 辛丑換局의 전개와 金一鏡」, 『全北史學』 11·12, 1989.
조민환, 「栗谷 李珥의 도교 비판에 기반한 자연재해 인식에 관한 연구」, 『도교문화연구』 56, 2022.
조성산, 「17세기 후반 林川趙氏 가문의 經世學」, 『한국사상사학』 30, 2008.
曺永祿, 「明太祖(재위 1368~1398)의 君主權 강화와 言路 개방책」, 高柄翊先生回甲紀念史學論叢 刊行委員會 편, 『歷史와 人間의 對應(高柄翊先生回甲紀念史學論叢)』, 한울, 1984.
趙允旋, 「朝鮮後期 天觀과 災異論의 自然法思想的 접근」, 『仁荷史學』 10, 2003.
조인성, 「『三國史記』 凡例의 摸索-本紀 記事의 選定 基準을 中心으로-」, 『韓國古代史硏究』 40, 2005.
曺蒼錄, 「조선조 開城의 학풍과 徐命膺 家의 학문」, 『大東文化硏究』 47, 2004.
조창록, 「鶴山 徐浩修論」, 『民族文化』 31, 2008.
池斗煥, 「朝鮮前期 文廟從祀 論議-鄭夢周·權近을 중심으로-」, 『釜大史學』 9, 1985.
지두환, 「白江 李敬輿의 家系와 生涯-17世紀 前半 政局變動과 관련하여-」, 『韓國思想과 文化』 13, 2001.
지두환, 「朝鮮前期 士族勢力의 形成과 變遷-沙溪 金長生 집안을 中心으로-」, 『韓國思想과 文化』 59, 2011.
秦榮一, 「高麗前期의 災異思想에 관한 一考-君王의 성격과 관련하여-」, 邊太燮 편, 『高麗史의 諸問題』, 삼영사, 1986.
秦榮一, 「『高麗史』 五行·天文志를 통해 본 儒家秩序槪念의 分析」, 『국사관논총』 6, 1989.
秦榮一, 「三國史記·諸王·災異」, 『제주대학교논문집』 34(인문·사회과학편), 1992.
차인배, 「光海君 前半 逆獄事件과 捕盜廳의 活動」, 『역사민속학』 27, 2008.
車長燮, 「朝鮮前期 實錄의 史論」, 『國史館論叢』 32, 1992.
蔡雄錫, 「고려 인종대 '惟新' 정국과 정치갈등」, 『한국사연구』 161, 2013.
채웅석, 「고려시대 災異 연구의 현황과 과제」, 채웅석 편저, 『동아시아 전통사회 재해 사료의 특징과 활용』, 혜안, 2023.
채웅석, 「고려시대 日官 災異 占辭의 자료적 특징과 기능」, 채웅석 편저, 『동아시아 전통사회 재해 사료의 특징과 활용』, 혜안, 2023.
崔先惠, 「조선초기 태조·태종대 醮祭의 시행과 왕권 강화」, 『韓國思想史學』 17, 2001.
최성환, 「조선 후기 정치의 맥락에서 탕평군주 정조 읽기」, 『역사비평』 2016년 여름호, 2016.
최승희, 「世祖代 國政運營體制」, 『朝鮮初期 政治史 硏究』, 지식산업사, 2002.
최일례, 「한국 고대 기록자로서 '史'의 원형에 대한 접근-巫, 巫者, 占者, 日者, 日官의 기능 및 변화를 단서로-」, 『歷史學硏究』 75, 2019.
최정연, 「성호 이익의 재이설의 양면성과 실천론-『성호사설』을 중심으로-」, 『한국학연구』 47, 인하대학교 한국학연구소, 2017.

최종석, 「조선 초기 제천례와 그 개설 논란에 대한 재검토-태종·세종대를 중심으로-」, 『朝鮮時代史學報』 67, 2013.
최채기, 「송자대전, 조선 후기 정치와 학술 연구의 보고(寶庫)」, 한국고전번역원DB 해제.
하서정, 「仁祖대 災異에 대한 인식과 대응」, 『대구사학』 127, 2017.
하서정, 「孝宗대 정국변화와 災異 논의의 활용」, 『대구사학』 134, 2019.
하서정, 「영조대 政局과 求言의 시행」, 『국학연구』 55, 2024.
河元洙, 「宋代 士大夫論」, 서울大學校東洋史學硏究室 編, 『講座中國史 Ⅲ』, 지식산업사, 1989.
河炫綱, 「回顧와 展望 : 高麗」, 『歷史學報』 72, 1976.
韓明基, 「光海君代의 大北勢力과 政局의 動向」, 『韓國史論』 20, 서울대학교 국사학과, 1988.
한명기, 「조청관계(朝淸關係)의 추이」, 한국역사연구회 17세기 정치사 연구반, 『조선 중기 정치와 정책』, 아카넷, 2003.
한명기, 「광해군의 즉위 환경과 明의 존재」, 『明淸史硏究』 56, 2021.
한민섭, 「조선후기 家學의 한 국면-徐命膺 일가의 문학을 중심으로-」, 『한국실학연구』 14, 2007.
한상권, 「正祖의 君主觀」, 『朝鮮時代史學報』 41, 2007.
한영국, 「科學史와 韓國史」, 『한국과학사학회지』 4-1, 1982.
韓永愚, 「朝鮮 開國功臣의 出身에 대한 硏究」, 『朝鮮前期社會經濟硏究』, 乙酉文化社, 1983.
韓㳓劤, 「朝鮮王朝 初期에 있어서의 儒敎理念의 實踐과 信仰·宗敎-祀祭問題를 中心으로-」, 『韓國史論』 3, 서울대학교 국사학과, 1976.
韓㳓劤, 「『明宗實錄』 解題」, 『民族文化』 17, 1994.
韓㳓劤, 「『正祖丙午所懷謄錄』의 分析的 연구」, 『韓㳓劤全集 7(朝鮮時代의 言權)』, 2001.
韓㳓劤, 「『正祖丙午所懷謄錄』 해제」, 『韓㳓劤全集 12(朝鮮時代 史料 解題 譯註)』, 2001.
韓政洙, 「고려시대 『예기』 월령사상의 도입」, 『사학연구』 66, 2002.
韓政洙, 「高麗前期 天變災異와 儒敎政治思想」, 『韓國思想史學』 21, 2003.
한정수, 「고려후기 天災地變과 王權」, 『歷史敎育』 99, 2006.
한정수, 「고려시대 월령과 국가 운영」, 『쌀·삶·문명연구』 4, 2010.
한정수, 「조선 초 月令의 이해와 국가운영」, 『韓國思想史學』 36, 2010.
한희숙, 「연산군대 虛庵 鄭希良의 現實認識과 그 변화」, 『한국인물사연구』 22, 2014.
許宗恩, 「李瀷의 自然과 人間의 關係에 대한 연구」, 『유교사상문화연구』 40, 2010.
許眞映, 「17世紀 危機論에 대한 一考」, 『大丘史學』 15·16, 1978.
玄正晙, 「韓國의 古代 日蝕記錄에 관하여」, 『東方學志』 22, 1979.
홍승태, 「『宋史筌』 「五行志」의 “災異” 기록과 그 의미」, 『한국사학사학보』 28, 2013.
홍승태, 「北宋 災異說과 黨爭-王安石‘天變不足畏說’에 대한 再考-」, 『中國史硏究』 108, 2017.
홍승현, 「『後漢書』 「五行志」 譯註 Ⅰ」, 『중국사연구』 122, 2019.
홍원식, 「한주 이진상의 성리설과 그 계승」, 『퇴계학과 유교문화』 38, 2006.
洪致模, 「17世紀 西歐의 危機論에 대한 檢討」, 『論文集』 1, 總神大學校, 1981.
黃義東, 「牛溪學의 傳承과 그 學風」, 『범한철학』 28, 2003.

黃義東, 「聽訟 成守琛의 道學精神과 務實學風」, 『韓國思想과 文化』 69, 2013.

(3) 영문·중문·일문

Ahn, Sang-Hyeon, "A Study on the Establishment of Pochonka and Chonmun yucho in the Early Choson Dynasty," *Journal of Astronomy and Space Science*, Vol. 26-4, 2009.

Jeon, Junhyeok·Kwon, Young-Joo·Lee, Yong-Sam, "A new interpretation of the historical records of observing Venus in daytime with naked eye : Focusing on the meteorological factors in the astronomical observation records," *Advances in Space Research*, Vol. 61-8, 2018.

Kim, Yong-woon, "A Study of the Records of Solar Eclipses in SamgukSagi(1)," *Korea Journal*, Vol. 16-7(July), 1976.

Lee, Ki-won, "A Study of Solar Eclipse Records during the Three Kingdoms Period in Korea," *Journal of Korean Earth Science Society*, Vol.29-5, 2008(sep).

Lee, Ki-Won·Yang, Hong-Jin·Park, Myeong-Gu, "Orbital elements of comet C/1490 Y1 and the Quadrantid shower," *Monthly Notices Of The Royal Astronomical Society*, Vol. 400-1, 2009.

Lee, Sung Kyu, "Ancient Chinese Astrology : Its Characteristics and Influences on Chinese Thought," *Journal of the Korean History of Science Society*, Vol. 6-1, 1984.

Park, Seong-rae, "Portents and Politics in Early Yi Korea, 1392-1519," Ph.D. Dissertation, University of Hawaii, 1977.

Yang, Hong-jin·Park, Chang-bom·Park, Myeong-gu, "Analysis of Historical Meteor and Meteor Shower Records : Korea, China, and Japan," *Icarus*, Vol. 175, 2005.

久保田和男, 「玉清昭応宮の建造とその炎上-宋眞宗から仁宗(劉太后)時代の政治文化の変化によせて-」, 『都市文化研究』 12, 2010.

飯島忠夫, 「三國史記の日食記事について」, 『東洋學報』 15-3, 東京 : 東洋學術協會, 1926(飯島忠夫, 『支那古代史と天文學(飯島忠夫著作集 3)』, 東京 : 第一書房, 1982에 재수록).

富平美波, 「方中履 『古今釋疑』の執筆と刊行について」, 『アジアの歴史と文化』 19, 2015.

影山輝國, 「漢代における災異と政治 : 宰相の災異責任を中心に」, 『史學雜誌』 90-8, 1981.

莊興亮, 「明代史家陳建的學述生平及其「皇明通紀」研究述評」, 『史學史研究』 2013 No.4, 2013.

津田左右吉, 「前漢の儒教と陰陽學」, 『儒教の研究(津田左右吉全集 16)』, 東京 : 岩波書店, 1987.

ABSTRACT

Studies on the Theory of Portents in the Late Joseon Dynasty

Kyung, Seokhyun

This book traces the historical transformation of the theory of portents (災異論) in the Late Joseon period, emphasizing the dynamics of change rather than framing the process as a linear progression or decline. It poses a central question : Why did the theory remain so influential in Joseon society for such a long time, and how and when did this influence eventually wane? Rather than judging these changes normatively, the study aims to uncover the underlying causes and contexts of the theory's transformation.

A second major focus is methodological: the book emphasizes the importance of interpreting records of portents not only by analyzing their content but also by understanding the historical conditions under which they were produced. These records are treated not merely as chronological logs but as reflections of the intellectual, cultural, and political milieus of their time, revealing insights into the perspectives of the recorders and the period's sensibilities.

Finally, the book seeks to build a coherent analytical framework for understanding the transformation of portent theory. It distinguishes between the internal theoretical foundations of the discourse and its external political and social functions, examining how both aspects evolved in response to broader historical developments. This integrated approach rests on the premise that intellectual ideas must be understood both conceptually and historically.

While the book does not definitively answer these central questions, it structures its inquiry around three interconnected themes : the nature of historical change, methodologies for interpreting records, and the integrated analysis of theory and function.

In East Asia, the first scholar to systematize the theory of portents(災異論) into a coherent political ideology was Dong Zhongshu(董仲舒) of the Former Han Dynasty(前漢). He reconciled two previously conflicting doctrines－Heavenly Punishment(天譴說) and the Correspondence between Heaven and Humanity(天人感應論)－into a twofold theory of portents. This framework ideologically legitimized monarchy while also placing practical limits on royal authority. Consequently, portents(災異) were interpreted both as signs of the conferral or revocation of the Mandate of Heaven(天命) and as warnings (天譴) against political misrule(失政). Within this system, both the monarch and Heaven were recognized as legitimate agents, and the theory functioned as a communicative medium between the ruler and his ministers(君臣), grounded in a cosmological relationship between human governance and the moral order of the universe.

After the Later Han Dynasty(後漢), the theory of portents increasingly emphasized prophecy. During the Tang period(唐), this ominous and predictive interpretation faced significant criticism. In the Northern Song(北宋), Confucian scholars restructured the theory, centering it on ethical practice aligned with Heaven's moral principle(天理). Building on this, Zhu Xi(朱熹) of the Southern Song(南宋) employed the theory of portents as a cosmological foundation for his theory of Royal Sage Learning(君主聖學論). For Zhu Xi, portents were moral warnings signaling a monarch's failure to cultivate virtue and internalize Neo-Confucian principles. He reinterpreted Dong Zhongshu's theory, preserving its role as a communicative "window" between the ruler and his ministers, while further embedding it within an ideological system that reinforced Neo-Confucian monarchy. Thus, Zhu Xi transformed the theory of portents into a political and ideological mechanism within the broader Neo-Confucian framework.

In Korea, the mid-Goryeo period marked a pivotal shift in the history of portent theory. Influenced by Northern Song Neo-Confucianism, scholars undertook a rational re-evaluation of the theory, moving away from strict adherence to the doctrine of the Correspondence between Heaven and Humanity. Portents were instead seen as opportunities for royal introspection and moral self-correction. This perspective is reflected in the Samguk Sagi (三國史記), compiled during King Injong's(仁宗) reign. Notably, the ritual of submitting celebratory reports for solar eclipses that failed to materialize disappeared after the mid-Goryeo period, indicating a decline in superstitious interpretations. By the late Goryeo period, this rationalist trend had evolved into a version of portent theory emphasizing personnel governance and royal accountability, gradually imparting a distinctly Confucian character.

Although heterodox interpretations of Confucianism persisted into early Joseon, responses to portents increasingly shifted away from religious or mystical interpretations and toward pragmatic readings—as calls for moral reform and policy adjustment. While early Joseon interpretations maintained some ideological diversity, they converged functionally, especially in stabilizing the new dynasty.

In the late 15th century, Sarim(士林) scholars opposed to the authoritarian politics of King Sejo(世祖) sought to implement Neo-Confucian governance and turned to the theory of portents as a political and ideological instrument. This marked the emergence of the so-called "Neo-Confucian theory of portents"(朱子學的 災異論). Portents provided a relatively safe means of political critique and a cosmological rationale for realizing Neo-Confucian principles in Joseon society. Within Neo-Confucian thought, this was systematized through the principle of the unity of Heaven and humanity(天人合一), allowing Sarim scholars to urge the monarch to pursue moral self-cultivation(心性修養) and rule according to Confucian ideals. The theory of portents thus became an effective instrument of their political philosophy, with its dual ideological and practical utility contributing to its revival and expanded use throughout the 16th century.

From the late 15th to early 16th century, Joseon officials and Confucian scholars restructured the theory of portents(災異論) into a logic aimed at restraining royal authority, deploying it persuasively to advance political demands. Those who rejected this value system were marginalized, and institutions or policies that conflicted with it were reformed or abolished. Ultimately, its application depended on the monarch's will as the supreme authority, with the sole responsibility for discerning right from wrong resting on him. Scholars argued that to make fair and impartial judgments free of self-interest, the monarch must cultivate moral character through self-cultivation and governance(修己治人)–the core of Sage Learning(聖學). For these scholars, the monarch's sincere commitment to Sage Learning and cultivation of a righteous mind to restore Heavenly Principle(天理) were essential to realizing moral governance(道學政治) and resolving the occurrence of portents. Within Neo-Confucian logic, this naturally gave rise to the theory of Royal Sage Learning.

The Neo-Confucian theory of portents encompassed not only self-cultivation(修己) but also the governance of others(治人), i.e., broader statecraft(經世). For example, Yi-I(李珥) argued that the restoration of Heavenly Principle required both the monarch's Sage Learning and reforms(更張) to bring peace and stability to the people(安民). The broad range of social and economic issues addressed within this framework during the period demonstrated how effectively the theory functioned as a channel for political discourse.

While the Neo-Confucian theory of portents in the 16th century was a politically and ideologically powerful mechanism, its limitations were evident. Addressing these became a key task for scholars in the 17th century.

First, due to its structural logic, the theory was inevitably subordinated to political expression. Its alignment with factional positions(黨論化) after King Seonjo's(宣祖) reign stemmed from this discursive structure. As political forces split into Easterners and Westerners and factionalism intensified, the theory of portents was increasingly mobilized to support partisan agendas. This tendency strengthened after King Injo's(仁祖) reign, when factions further fragmented and political ideologies diverged. Consequently, the strategic or partisan use of portent theory became normalized in the 17th century. In response, intellectual efforts emerged to guard against such instrumentalization and to reaffirm the theory's original intent(本意). The compilation of numerous portent-related writings during the 17th century, urging the king's self-reflection (修省), reflects this context.

Second, the theory faced a fundamental limitation : the mechanism of the theory was difficult to explain empirically, making causal explanations of calamities challenging. Calamities occurred unpredictably in times of peace or chaos, under sage kings or tyrants, raising doubts about attributing them to human actions. To address this, theoretical reinforcement efforts took place in the late 16th to early 17th centuries. With the deepening study of the I Ching(易學), understanding of Shao Yong's(邵雍) image-number numerology (象數學) advanced. Calamity theory, in combination with Qi and numerical theory (氣數說) and I Ching studies, developed into a more coherent framework. Groups embracing numerical symbolism attempted compromises between Neo-Confucian calamity theory and Qi-numerical theory. Zhang Xianzhong(張顯光) further integrated calamity theory within the system of I Ching principles(易理). This I Ching-based calamity theory enabled more consistent causal explanations and policy responses grounded in unified principles, enhancing the systematization and persuasiveness of Neo-Confucian calamity theory.

Third, disaster mitigation measures(弭災策) that focused primarily on the monarch's cultivation of sagehood(君主聖學論) were insufficiently timely. In the early 17th century, flexible approaches(變通論) aimed at stabilizing the people's livelihood were frequently discussed, but their implementation was reviewed conservatively—especially by the Seoin (Westerners) faction's Santang group. This was in large part because Neo-Confucian disaster theory prioritized the monarch's sage cultivation as the core of mitigation efforts. Although they did not disregard the relief of the people or the elimination of social evils(民弊), they regarded the monarch's sagehood as more fundamental and primary. They believed that if the monarch cultivated moral virtue properly, reforms such as legal adjustments would naturally follow. The Seoin Handang faction also emphasized the monarch's sagehood while proposing flexible measures to address social issues, sharing a similar naturalistic view. Meanwhile, in the mid-17th century, some members of the Geukinam faction of the Namin (Southern faction) directly addressed social problems and employed disaster theory as the basis for flexible policies. Their views were bolder than those of the Seoin Handang faction and exhibited notable differences in their interpretation of disasters. Their arguments centered on 'Revering the King'(尊王) and 'Stabilizing the People'(安民). They saw disasters as arising when the hierarchical order between ruler and subjects(君臣) was disrupted and held that restoring this order was crucial to resolving calamities. However, this ritual order was not intended to strengthen absolute royal power but to enhance the state's public authority under the king as its apex, ultimately aimed at stabilizing the people.

In the 17th century, various texts on portent theory were compiled. Their fundamental purpose was to urge the monarch to engage in earnest self-reflection rooted in reverence and fear(恐懼修省). However, each work had distinct backgrounds, purposes, and orientations. For example, Yeokdae Yoseongnok (compiled in the 5th year of King Hyeonjong's reign by Kim Ik-ryeom), Yeokdae Suseong Pyeonram (9th year of King Hyeonjong's reign by Yi Ok), and Cheondong Sangwigo (34th year of King Sukjong's reign by Choi Cheon-byeok) are closely tied to the political and intellectual history of the late 17th to early 18th centuries. The authors were affiliated with political factions—the Westerners' Sarim faction, the Southerners' Cheongnam faction, and the Westerners' Soron faction, respectively—indicating that these works were compiled within the context of factional rivalries and political interests.

Yeokdae Yoseongnok and Yeokdae Suseong Pyeonram were written amid the political conflicts between the Westerners and Southerners during King Hyeonjong's reign. Meanwhile, Cheondong Sangwigo was planned with the involvement of Choi Seokjeong, the leader of the ruling Soron faction during the late reign of King Sukjong, thereby reflecting his ideology of royal moderation(皇極) and political reconciliation. While Yeokdae Yoseongnok is politically oriented, placing strong ideological emphasis on the principle of the "Great Ming," Yeokdae Suseong Pyeonram emphasizes the original meaning of portent theory as the monarch's "self-cultivation of virtue(修德)," advocating loyalty to the king(尊君). Meanwhile, Cheondong Sangwigo cautions against an excessive focus on portent theory, yet reinterprets the traditional theory of Heaven - Human Correspondence and portent manifestations through the lens of the I Ching's symbolic observation and creative interpretation of signs, thereby focusing the theory squarely on the monarch's self-reflection(恐懼修省).

These compilations were not merely records of when and what kinds of portents occurred. While urging the monarch's self-reflection, they also aimed to achieve specific political and ideological goals. Although the compilation of these texts can be viewed as an extension of the strategic use of portent theory for political purposes, what distinguishes this period, however, is the serious intellectual engagement with the theory itself—rather than using it merely as a tool for political justification. This marks a unique characteristic of the era, setting it apart from earlier discussions.

The changes in portent theory that unfolded during the 17th century occurred within the broader framework of an organic understanding of nature, and there was virtually no fundamental skepticism or denial of the idea of a correlation between Heaven and humanity(天人). Although various political byproducts and theoretical limitations arose in the course of applying the theory, it continued to be widely recognized as the "official" mechanism by which the monarch was called to engage in self-reflection. Moreover, its shortcomings were addressed through processes of internal critique and supplementation, rather than through rejection or abandonment of the theory.

By the mid-18th century, portent theory underwent a qualitative political and intellectual transformation driven by two factors : first, the theoretical disruptions caused by the influx and spread of Western scientific knowledge ; and second, the distortions of factional politics and the ritualization of portent theory at the peak of its strategic use.

The theoretical rupture can be understood as a conflict between "old" and "new" cosmological paradigms. As more officials and Confucian scholars came to recognize the superiority of Western scientific thought, a qualitative shift emerged. For instance, the traditional Neo-Confucian claim that "an eclipse that should occur may not occur depending on the monarch's virtue"(當食不食) was challenged by the Western assertion that "an eclipse that should occur will inevitably occur"(當食必食). Moreover, as seen in the Sangwigo section of Seo Hosu's Dongguk Munheon Bigo, a growing view that "the regular movements of celestial bodies are unrelated to human affairs" gained ground, leading many phenomena formerly interpreted as portents to be excluded from that category.

However, the role and function of portent theory as a medieval ideological mechanism could not be easily replaced. Many officials and Confucian scholars sought to preserve its significance and value. They argued that Zhu Xi was well aware of the regularity of eclipses and did not deny their potential portentous meaning. Instead, they upheld what they saw as Zhu Xi's orthodox interpretation. Likewise, a monarch committed to the ideals of "reverence for Heaven and diligence in caring for the people"(敬天勤民) could not fundamentally repudiate portent theory.

Around this time, government officials and Confucian scholars explored ways to apply portent theory more rationally. Thinkers such as Yi Ik, Hong

Dae-yong, Hong Seok-ju, and Yi Gyu-gyeong—despite their differences in family background, factional affiliation, region, and official status—each sought to engage with the theory from their own perspectives. While they recognized that portents were not directly related to personnel appointments, they nonetheless acknowledged the practical necessity of the theory's function. As a result, they wrestled with how to reconcile the continued use of portents as a means of prompting the monarch's self-reflection and reform without internal contradiction.

During this period of change, portent theory gradually became a political "custom." This development stemmed from the growing distortion of factional politics. From King Injo's reign onward, the strategic use of portent theory intensified and reached Its peak during the ritual disputes(禮訟) and political purges(換局) in the reigns of Kings Hyeonjong and Sukjong. In this process, factional politics became increasingly distorted—an unintended consequence of the theory's instrumentalization.

King Yeongjo, who more than anyone emphasized the theory's original purpose, instituted formal penalties early in his reign against so-called false appeals for portents(假托求言), in which partisan agendas were advanced under the pretense of seeking celestial signs. This policy continued under King Jeongjo. However, as the practice persisted for decades, by the 19th century, the politics of appealing for portents had become a mere political custom. During the era of entrenched factionalism, the practice lost its original intent and function, devolving into a formalized sequence: "October thunder → royal appeal for portents → the three highest ministers' requests for exemption → the three offices' request for royal self-reflection → the king's concession."

In this transitional period, the theory of portents experienced both conceptual fracture and ritualized formalism, ultimately leading to the erosion of its original significance. By the late 19th century, it had degenerated into an ineffective tradition. Thus, Joseon's theory of portents came to an end, as its theoretical structure fractured and its political utility diminished.

The evolution of portent theory was driven more by shifts in its functional role than by theoretical advancement. An excessive preoccupation with Heaven - Human Correspondence(天人感應) provoked a backlash against the theory, and efforts to reform it focused on enabling more stable and rational application. In its decline, the loss of function proved more consequential than theoretical collapse.

Until the late 20th century, portent theory was often dismissed as superstition or religious belief—an artifact of traditional societies lacking scientific knowledge. However, its historical endurance owed less to mystical faith than to practical necessity. Joseon intellectuals wrestled with how to apply the theory without resorting to forced or illogical interpretations. Aware of its limitations, they neither rejected nor discarded it, but rather sought to revise and supplement it. This helps explain why portent theory survived for so long and continued to evolve—politically and intellectually—not as mere superstition, but because of the real functions it fulfilled.

Ideologically, portent theory justified the monarch's authority and governance; practically, it served as a subtle mechanism for regulating and restraining that authority. Though long absent from contemporary political thought, portent theory remains worthy of reflection—as a kind of Ancient Future that reveals how past societies negotiated the balance between cosmology, ethics, and power.

찾아보기

_ ㄷ

_ ㅁ

_ ㅂ

_ㅇ

_ ㅈ

지은이 **경 석 현**
경희대학교 사학과 졸업(문학사)
경희대학교 대학원 사학과 석사 졸업(문학석사)
경희대학교 대학원 사학과 박사 졸업(문학박사)
전(前) 국립고궁박물관 연구원
현(現) 국립대구과학관 선임연구원

주요 논저

『18세기 어느 천문학자 집안의 흥망성쇠 이야기』(저서, 2024), 「조선 현종 9년(1668) 이옥(李沃, 1641~1698)의 『역대수성편람(歷代修省便覽)』 편찬과 존군적(尊君的) 재이론」(2025) 외

동아대학교 석당학술총서 47

조선후기 재이론 연구

경 석 현 지음

초판 1쇄 발행 2025년 12월 30일

펴낸이 오일주
펴낸곳 도서출판 혜안

등록번호 제22-471호
등록일자 1993년 7월 30일

주소 04052 서울시 마포구 와우산로 35길 3(서교동) 102호
전화 02-3141-3711~2 / **팩스** 02-3141-3710
이메일 hyeanpub@daum.net

ISBN 978-89-8494-710-8 93910

값 45,000 원